近代日本の戦争遺跡研究
―地域史研究の新視点―

菊池 実 著

雄山閣

近代日本の戦争遺跡研究─地域史研究の新視点─　目次

序章　近代日本の戦争遺跡研究のために ……………………………………………… 1
　第1節　本研究の課題と方法 ……………………………………………………… 1
　第2節　戦争遺跡の調査・研究そして保存・活用を考えるために ……………… 5
　第3節　戦争遺跡調査の視点 ……………………………………………………… 13
　第4節　戦争遺跡を調査研究するための史資料 ………………………………… 21

第1章　陸軍岩鼻火薬製造所の研究 ………………………………………………… 29
　第1節　製造所の跡地、県立公園「群馬の森」周辺を踏査する ……………… 29
　第2節　明治・大正期の陸軍岩鼻火薬製造所 …………………………………… 37
　第3節　明治・大正期の災害 ……………………………………………………… 47
　第4節　昭和期における敷地・建物の変遷 ……………………………………… 66
　第5節　陸軍軍需動員下の岩鼻火薬製造所　─1937年〜40年の動向─ ……… 78
　第6節　写真偵察─陸軍岩鼻火薬製造所 ………………………………………… 110
　第7節　製造所跡地採集の遺物と地下壕出土のダイナマイト ………………… 122

第2章　陸軍前橋飛行場の研究 ……………………………………………………… 145
　第1節　発掘調査と史料から判明した飛行場設定前後の状況　─景観復元の試み─ ……… 145
　第2節　発掘された飛行場関連の遺構と遺物 …………………………………… 166
　第3節　飛行場設定と米軍艦上機空襲 …………………………………………… 177
　第4節　陸軍特別攻撃隊─誠第36・37・38飛行隊の足跡を追って─ ………… 199

第3章　群馬県内の戦争遺跡群研究 ………………………………………………… 227
　第1節　歩兵第15連隊兵営跡の調査 ……………………………………………… 227
　第2節　陸軍特殊演習場の研究　その一
　　　　　─赤城演習場跡採集の迫撃砲弾と東部第41部隊（迫撃第1連隊）─ …… 239
　第3節　陸軍特殊演習場の研究　その二　─化学戦部隊としての迫撃第1連隊─ …… 250
　第4節　戦時地下工場の研究
　　　　　─強制連行・強制労働によって構築された地下工場など─ ………… 259
　第5節　本土決戦下の研究　その一
　　　　　─1944年からの群馬県内駐屯部隊を追って─ ………………………… 279
　第6節　本土決戦下の研究　その二
　　　　　─青葉兵団（陸軍第202師団）の群馬県移駐─ ………………………… 307

第4章　空襲研究―群馬県下空襲の実像を追って― ……………………… 339
　第1節　中島飛行機太田製作所に対する米軍艦上機空襲 ……………… 339
　第2節　二つの碑から―館林上空の空戦を追って― …………………… 349
　第3節　中島飛行機小泉製作所に対する米軍艦上機空襲 ……………… 361
　第4節　1945年8月5－6日の前橋空襲を検証する ……………………… 380

終章　近代日本の戦争遺跡調査における諸問題 …………………………… 403
　第1節　各章における研究の総括 ………………………………………… 403
　第2節　戦争遺跡をとおして考える遺跡と遺物 ………………………… 407
　第3節　戦争遺跡調査の問題点 …………………………………………… 412
　第4節　戦争遺跡の調査研究を考える …………………………………… 419

あとがき ………………………………………………………………………… 423

参考文献一覧 …………………………………………………………………… 425

序章　近代日本の戦争遺跡研究のために

第1節　本研究の課題と方法

　本研究は序章から終章までの6つの章からなる。近代日本の戦争遺跡について筆者が行ってきた考古学的調査と史料調査の成果を総合することで、地域史研究の新たな視点を提示するものである。各章の研究課題と論文意図などについて記す。

1　序章について

　序章は第1節から第4節の構成である。
　戦争遺跡とは何か、その種類や遺物、発掘調査された遺跡について記し（第2節・第3節）、さらに史料調査（第4節）や文化財としての取り扱い、保存運動について言及したものであり、研究史的な意味合いをもっている。
　戦争にかかわる跡や物を調べようとする取り組みの中で比較的早かったのは、空襲にかかわる記録運動であろう。1970年代のことであった。東京・大阪などの大都市や地方都市までも結んだ「空襲・戦災を記録する会全国連絡会議」が調査や聞き取りを行っている。これらの活動には多くの市民参加があり、そして現在に至るも継続した活動が行われている。
　そして1990年代に入ってから戦争遺跡の調査や保存運動に多くの研究者も関心を寄せるようになった。その推進役となってきたのは、歴史教育者協議会所属教職員による地域の掘り起こし運動であろう。身近な生活エリアで具体的な軍事施設跡・軍需工場跡・防空壕跡などを調査している。その報告は大阪・京都・静岡・神奈川・東京などの都府県単位や長崎・広島・川崎などの都市単位で発行され、日本各地の軍備拡張や戦争遂行の歴史を明らかにしてきた。しかし、これらの報告では戦争遺跡の場所と歴史の記述はあっても、詳細な記録類（実測図等）の作成は不十分な場合が多かった。また戦争遺跡という用語も考古学研究者の中から生まれてきたものではなかった。このために考古学サイドからの近代戦争遺跡に対する調査研究の提言や取り組みが急務となってきたのである。
　第2節は1996年3月に、第3節は2000年7月にそれぞれ発表したものを2005年段階で改稿したものであるが、今回さらに現在の状況を踏まえて若干の改稿を行った。戦争遺跡の調査や取り扱いがどのように進展してきたかを知る基準となるものである。第4節は第1章から第4章で使用した各種の史資料について解説を試みたものである。近現代史研究者には当然に知られている史料であっても、考古学研究者や文化財研究者にとっては未知の史料が多数であろう。一方で、遺跡踏査における地形図の活用や空中写真の判読、現存する遺構の図化や遺物の実測とその鑑定、発掘調査報告書の分析など、近現代史研究者にとっては考古学の調査方法は未知の分野となろう。
　戦争遺跡を調査研究する場合、双方の史資料の取り扱いに精通する必要が求められる。第1章から第4章の各研究において、遺跡に関係する日米両軍の史料やその他史料の可能な限りの収集と分

析、さらに現地踏査や発掘担当者として関わった遺跡の図面や遺物図などの成果報告をとりまとめたものとなっているのは、このような方法論に依拠しているからに他ならない。

2　第1章から第4章全般について

　本研究の中核となる第1章から第4章までは、群馬県内に所在する近代戦争遺跡の個別研究を行いながら、方法論の検討やさらなる実践を積み重ねてきたものである。それらの事例を検討するだけでも、戦争遺跡に対する調査方法、遺跡の伝える様々な側面や問題点を理解できるものと思われる。

　たとえば、第1章で研究した陸軍岩鼻火薬製造所跡は、文化庁の近代化遺産や近代遺跡の対象遺跡とされた遺跡であり、第2章の陸軍前橋飛行場跡は筆者自身が発掘調査の担当者として調査してきた遺跡である。第3章で取り上げた各遺跡の研究内容は次のとおりである。行政による発掘調査された遺跡（第1節）、採集された遺物の分析や史料調査をとおして遺跡の内容を明らかにすることを目的に（第2節・第3節）、分布調査や史料調査から遺跡の現状とその構築の歴史的背景や問題点を指摘（第4節）、本土決戦下における群馬県の様相の一端をまとめ、さらに関連する遺跡についても言及したものである（第5節・第6節）。第4章は、米軍史料の活用と分析から、群馬の空襲・戦災史研究のあらたな構築を目指したものである。

　このように各章で語られている問題の数々は、日本全国にある同様な遺跡にも当てはまる問題であり、今後各地の調査を進めていく上で大きな指針となるものと思われる。

3　第1章―陸軍岩鼻火薬製造所の研究について

　本章は第1節から第7節までの構成で、高崎市綿貫町に所在する県立公園「群馬の森」一帯にかつて存在した、陸軍岩鼻火薬製造所の歴史を詳述するものである。

　陸軍岩鼻火薬製造所は、1882（明治15）年の操業開始から1945（昭和20）年8月15日のアジア太平洋戦争の敗戦に至るまで、実に64年にわたり黒色火薬を製造し、さらにダイナマイトや無煙火薬の生産を行っていた。明治から大正期にかけての名称は、「東京砲兵工廠岩鼻火薬製造所」といった。1923（大正12）年から「陸軍造兵廠火工廠岩鼻火薬製造所」となり、そして1940年から「東京第二陸軍造兵廠岩鼻製造所」となった。1945年4月以降は「臣二九六一ろ部隊」とも名乗った。

　敗戦時の敷地面積は32万5,000坪（107万2,500平方メートル）で、従業員3,956人が生産活動に携わっていた。戦後、製造所の広大な敷地は三分割された。北側に日本原子力研究所（現在、独立行政法人日本原子力研究開発機構　高崎量子応用研究所）が開所し、中央部には県立公園「群馬の森」が開園、そして南側には日本化薬株式会社高崎工場が開所して今日に至っている。

　第1節は現地にどのような遺構や遺物が現在まで残されているのかを調査した、その踏査報告であり、その活用の提言でもある。第2節から第6節までが、明治操業期から昭和期に至る陸軍史料、各種の配置図、旧版地図、空中写真などの史料をとおして、これまでほとんど明らかにされていなかった、敷地・建物の変遷と各時代における災害の状況、さらに生産部隊である火薬製造所の動向から日中全面戦争へ突入していった状況、軍需動員下の生産体制、空襲問題を考察する。第7節は

採集した遺物から製造所建物の変遷や製品について考察したものである。

4　第2章―陸軍前橋飛行場の研究について

　本章は第1節から第4節までの構成である。

　陸軍前橋飛行場は1943年から44年にかけて設定されている。そして筆者自身がその遺跡の発掘担当者として調査を実施、その発掘の結果と発掘とともに行った日米両軍の史料調査の成果を詳述する。

　発掘調査は2000（平成12）年4月に開始し、2003年9月まで実施した。遺跡は榛名山の東南麓、群馬県高崎市引間町および棟高町に所在する。陸軍前橋飛行場跡地中央部の北端近くに位置し、発掘面積は3万5,116平方メートルで、飛行場敷地の約2.2パーセントにあたった。1990・91年に群馬県教育委員会が実施した、近代化遺産総合調査のリストには未掲載の遺跡である。

　第1節では、棟高辻久保遺跡の調査と史料調査から明らかとなった飛行場造成前後の景観を復元するものである。第2節は、引間松葉遺跡と塚田村東Ⅳ遺跡から検出された、飛行場にかかわる遺構と遺物からのアプローチである。第3節では、飛行場の設定と1945年7月10日の前橋飛行場に対する米軍艦上機空襲の実態を「米国海軍・海兵隊艦載機戦闘報告書」から、第4節は飛行場で訓練を行った陸軍特別攻撃隊員の日記をその分析の中核として、前橋飛行場での訓練の日々や沖縄への特攻作戦の実態をそれぞれ明らかにするものである。

　陸軍前橋飛行場のような旧日本軍施設については、1945年8月15日の敗戦後、関係史料の焼却処分によって、その実態については今日に至るも不明な部分が多い。しかし、遺跡を調査することによって、その一部を解明することは可能と思われる。また、その必要性は当然にある。地域の近代史を解明するためになくてはならない遺跡だからである。しかしながら遺跡調査の限界性とその遺存性とによって、得られる情報の質と量が極めて限定的であることも事実である。そこでこれらを克服するためには、史料調査や関係者・体験者に対する聞き取り調査もあわせて実施していかなければならない。とりわけ「米国海軍・海兵隊艦載機戦闘報告書」の訳出・分析は、全国的にもほとんど行われておらず、日本側記録との照合による歴史的事実の確定は重要な検証方法と思われる。

5　第3章―群馬県内の戦争遺跡群研究について

　本章は、群馬県内の戦争遺跡群研究として第1節から第6節までの構成である。

　第1節は1873（明治6）年に東京鎮台高崎分営が設置され、1884年からは歩兵第15連隊が設置された近世の高崎城遺跡（歩兵第15連隊兵営跡）の調査成果と問題点に言及する。第2節・第3節は1940年から敷地買収が開始された陸軍特殊演習場の研究である。敷地内から採集された遺物の分析や史料調査によって、遺跡の内容を明らかにすることを目的とする。第4節は戦時地下工場の問題である。1944年から45年にかけて構築された地下工場は全国各地に残されている。しかし調査の対象や保存の対象となった遺跡はほとんどなく、その多くは戦後長い間放置されてきた。そこで県内の分布調査を実施して遺跡の現状とその構築の歴史的背景、問題点を明らかにする。第5節・第6節は1944年から45年にかけての本土決戦下研究である。本土決戦下における群馬県の状

況については、これまで詳細な分析は行われてこなかった。このために当時の国民学校校舎が兵舎として使用されたことから県下国民学校に関わる諸史料、たとえば「宿直日誌」「学校沿革史」「学校誌」などから、さらに防衛研究所所蔵史料や国立国会図書館憲政資料室所蔵史料などをもとに、本土決戦部隊の移駐状況を明らかにする。さらに関連する遺跡についても言及するものである。

6　第4章─空襲研究　群馬県下空襲の実像を追って

　米軍による群馬県下への空襲は、1945年2月10日の中島飛行機太田製作所に対するB-29の攻撃から始まる。以後、2月16日（艦上機空襲─中島飛行機太田・小泉の両製作所）、2月25日（艦上機空襲─中島飛行機小泉・太田の両製作所）、4月3日（B-29─中島飛行機小泉製作所）、7月10日（艦上機─飛行場）、7月28日（P-51─軍事施設、列車銃撃など）、7月30日（艦上機─橋梁・水力発電所など）、8月5-6日（B-29─前橋市街地）、8月13日（艦上機─飛行場）、8月14-15日（B-29─伊勢崎市街地）の合計10回におよんだ。4月までは航空機工場、7月は陸軍の各飛行場、そして8月は前橋・伊勢崎などの地方都市に対して徹底した空襲が敢行された。

　本章では上記の内、2月16日と25日の中島飛行機太田・小泉の両製作所に対する艦上機空襲、8月の前橋市街地に対するB-29空襲に焦点をあてる。なお、7月10日の飛行場に対する艦上機空襲については、第2章第3節で取り扱った。攻撃を実施した側の記録である米軍史料の訳出と分析を行い、空襲の実態を解明したものである。これまでの県内も含む全国における空襲記述（自治体史など）は、大本営と軍管区司令部発表や新聞記事などを使用するなど根拠不明の数字をもとにしている場合が多く、事実からかけ離れたものが多かった。そこで「米国海軍・海兵隊艦載機戦闘報告書」などに代表される、これまでほとんど活用されてこなかった米軍史料の分析と現存する慰霊碑や遺品もその対象として調査を行った第1節から第3節、さらにB-29の「作戦任務報告書」と「損害評価報告書」を分析した第4節からなる。照準点や爆撃中心点の位置を示している「照準点参照用リト・モザイク地図」が数多く入る、こうした米軍史料の活用と分析は、群馬の空襲・戦災史研究のあらたな構築を可能とするものになる。

　考古学的調査方法が近代の戦争遺跡に対しても有効であることは確実である。遺跡を踏査し、発掘された遺構や遺物、あるいは地上に遺る建造物などを実測し、その使用方法や関連する空間的配置なども測量して記録を作成していく。人間が行った特定の行為は、一方では物的証拠としての考古学資料を残し、他方ではその行為に関する記録が残されることになる。しかし遺跡・遺物の遺存性の問題や調査の限界性から、考古学資料として残存している情報はごく断片的なものとなってしまう。もちろん、記録についても同様で常に同じ様な量で存在するとは限らず、残存状況の偏りを考慮に入れなければならない。ましてや戦時中の陸海軍史料についてはなおさらである。そこで重要なことは、この二つの行為の残存形態を一つの歴史復元として合体させる努力をいかに行うかであろう。様々な歴史資料を総動員して総合的・複眼的・立体的に地域の歴史像を再構成することが重要なのである。

　第1章から第4章の各研究はその試みである。

第2節　戦争遺跡の調査・研究、そして保存・活用を考えるために

はじめに

　1995（平成7）年3月、文化庁の「特別史跡名勝天然記念物及び史跡名勝天然記念物指定基準」の一部が改正され、第二次世界大戦終結頃までの政治、経済、文化、社会などあらゆる分野における重要な遺跡が史跡指定の対象となった。これを受けて5月、文化財保護審議会は広島市の原爆ドーム（旧広島県産業奨励館）を国の史跡に指定するように文相に答申、6月27日、国は原爆ドームを文化財保護法の史跡に指定した。そして9月22日、「世界の文化遺産及び自然遺産の保護に関する条約（世界遺産条約）」の「世界遺産」に政府推薦された。「人類史上初めて使用された核兵器の惨禍を伝え、時代を超えて核兵器の究極的廃絶と世界の恒久平和の大切さを訴え続ける人類共通の記念碑」という理由からだ。原爆ドームは96年12月にメキシコのメリダで開かれた第20回世界遺産委員会で「戦争関連施設は遺産リストに含めるべきではない」とするアメリカなどの反対はあったものの、最終的に世界遺産基準「すぐれて普遍的な価値をもつ出来事、思想、信仰に関するもの」を満たす遺跡として登録された（その後2010年7月には、原爆ドームに続き核兵器の惨禍を伝える「負の遺産」として、ビキニ環礁が世界文化遺産として登録されている）。

　こうした背景には、核兵器廃絶への国民的願いと市民団体や歴史関係団体の息の長い取り組みがあった。1964年に広島の平和団体や被爆者団体などが、原爆ドームの保存を広島市長に要請し、市長がドームの永久保存の意志を表明したのが翌年、そして市議会が原爆ドーム保存を決議したのが66年のことである。30年来の取り組みの成果といっても過言ではないが、その間、実に多くの被爆の事実を伝える建物などが消えていった。95年当時の事例でも、もうひとつの原爆被爆地長崎の旧浦上刑務支所の被爆遺構の保存問題をあげることができる。「被爆遺構としての価値がない」など、さまざまな理由をつけられて「原爆の証人」が消えていった。

　ところで、原爆ドームをはじめとする被爆遺構は、核兵器の惨禍を伝えるものとするだけにとどまらず、日本の戦争責任を明らかにする遺跡としても重要な意義をもっている。広島は日清戦争からアジア太平洋戦争に至るまで、一貫してアジア・太平洋地域侵略の兵員・物資輸送を担う重要な兵站基地であった。また呉には海軍鎮守府（1889年開庁）がおかれて、広島湾全域が要塞地帯となった。そして、アジア各地を侵略し破壊し尽くした結果として、1945年8月6日の原爆投下につながったのである。

1　戦争遺跡の概略

　富国強兵とそれに伴う殖産興業は、明治日本の近代化を推進するための重要な国策であった。ことに富国強兵はアジア第三等国から欧米列強のように軍事的強国への道を歩むうえで最大の目標であり、そしてその行き着くところ、他国を戦場とし、他国の民衆を抑圧しながら領土獲得と勢力圏

獲得を目的としたアジア諸国への侵略となった。

　この近代日本が繰り返した戦争と、その戦争遂行のために民主主義や平和を否定し弾圧した事件を物語る「跡」や「物」を特に「戦争遺跡・遺物」と呼び、それにかかわる調査や研究を「戦跡考古学」と呼んでいる[1]。「戦跡」は本来「戦闘のあった跡」という意味であるが、戦争関係の遺構や事件の跡地など、広く戦争にかかわる遺跡を包含している。

　従来、戦跡考古学は国内で唯一住民を巻き込んで地上戦が行われた沖縄県の研究者から提唱されていた。それは「沖縄戦における戦争遺跡や戦争遺留品という過去の物質的資料を認識の手段として、住民を巻き込んだ悲惨な沖縄戦の実相を考古学的手法により記録していくこと」[2][3]であった。しかし、現在では沖縄戦に限定せず、近代日本が繰り返した戦争全体に焦点をあてるべきであり、日本全域を対象とし、さらにかつて日本が侵略したアジア諸国までも視野に入れていく必要が求められている[4][5]。

　具体的な戦争遺跡となると、国内にあっては次のようなものが考えられる[6]。
①政治・行政関係—陸軍省・海軍省などの中央官衙、師団司令部・連隊本部などの地方官衙、陸軍病院、陸軍学校、研究所など。
②軍事・防衛関係—要塞（堡塁砲台）、軍港、高射砲陣地、陸海軍の飛行場、掩体壕、陸軍演習場、練兵場、試射場、通信所、監視哨、洞窟陣地、特攻隊基地、待避壕など。
③生産関係—陸軍造兵廠、飛行機製作所などの軍需工場、経済統制を受けた工場、地下工場など。
④戦闘地・戦場関係—硫黄島、沖縄諸島などの戦闘が行われた地域、地点。東京・大阪・名古屋などに代表される空襲被災地、広島・長崎の被爆地も広義の戦場として含む。
⑤居住地関係—外国人強制連行労働者居住地、俘虜収容所、防空壕など。
⑥埋葬関係—陸軍墓地、海軍墓地、捕虜墓地など。
⑦交通関係—軍用鉄道軌道、軍用道路など。
⑧その他—飛行機の墜落跡、奉安殿など。

　以上の分類は、今後検討していかなければならないが、実に多岐にわたる遺跡が網羅されている。こうした遺跡は地域に直結した生活の場そのものであるということがわかる。また、これらの遺跡は地中に埋没しているもののほかに、現在でも見ることのできるものが数多く存在しているが、消滅してしまった遺跡もまた数多い。

2　戦争遺跡の調査・保存活動

　前記の分類にもとづいて、すでに実施されている代表的調査例や保存運動の取り組みを紹介しよう。
①政治・行政関係

　高崎市教育委員会は歩兵第15連隊兵営跡の遺構・遺物を詳細に調査している[7]。調査は近世高崎城三ノ丸遺跡を主体としたものであったが、検出された遺構・遺物は、明治から1945年8月の敗戦までの兵営の構造を明らかにするものとなった。

　保存運動では長野市の「松代大本営の保存をすすめる会」の活動があげられる。1986年から保存運動に取り組み、90年には地質学研究者を中心として「松代大本営第1次学術調査団」を結成、地下壕の内部調査が実施された。そして、保存公開への提言などからなる調査報告書がまとめられ

たが、これは市の保存事業に少なからず影響をあたえるものであった（そして2003年10月には考古学研究者や学生を中心とした、第2次学術調査が皆神山地下壕で実施された。その報告書は2006年に刊行されている。また、明治大学では生田キャンパスにあった陸軍登戸研究所の建物1棟をそのまま保存・活用して歴史資料館を2010年に開館させている）。

②軍事・防衛関係

島根県斐川町の平野遺跡群[8]や名古屋市見晴台遺跡[9]では、高射砲陣地が検出された。茨城県鹿島町山王台遺跡[10]では、神之池海軍基地の遺構（防空壕・格納庫・貯水槽）が確認され、川崎市黒川地区遺跡群 No.29 遺跡[11]では照空隊陣地跡が検出された。照空隊とは、高射砲隊に協力し、夜間に飛来する敵機を照空燈によっていち早く光芒の中に捕捉することを主要な任務とした。町田市では法政大学多摩校地遺跡群[12]の調査で、多摩送信所の送信施設が復元された。同じく町田市田中谷戸遺跡[13]からは、1人用待避壕（タコツボ）が39基検出された。調査は1974（昭和49）年に実施されたものであるから、戦争関連遺跡としては古い調査例になる。浜松市瓦屋西C古墳群・瓦屋西Ⅱ遺跡[14]からは飛行機掩体などが確認、また鹿屋市西原掩体壕跡[15]の調査では、誘導路跡およびその付属施設も検出された。宇佐市では旧海軍宇佐航空隊の掩体壕が95年3月に市の文化財に指定されている。掩体壕とは、飛行機を敵の攻撃から守るための秘匿施設である。上部を土で覆い、草や木を植えて敵機からわからないようにしていた。

横浜市では日吉台地下壕（連合艦隊司令部壕）の保存運動が進められている。1989年に「日吉台地下壕保存の会」が結成され、現在までに見学会、講習会、映画会、展示会などの活動を行い保存を訴えている（2001年、慶応義塾は連合艦隊司令部地下壕の整備を行い、照明を設置して壕内の安全を確保した。2009年と2010年には慶応義塾大学民族学考古学研究室によって、敷地内にあった航空本部地下壕の出入口関連遺構の確認と記録保存を目的とする発掘調査を実施している）。

③生産関係

地下（軍需）工場跡については、それが中国人や朝鮮人の強制連行・強制労働を抜きにしては語れない遺構、日本の戦争責任の問題を考えさせる貴重な遺跡であるにもかかわらず、調査・保存の取り組み運動は比較的新しい。地下壕だけでも全国に3,000とも4,000ともいわれているが、調査が進められているのはその一部にすぎない。その代表的な取り組みは、1995年夏、第6回をむかえた「朝鮮人・中国人強制連行・強制労働を考える全国交流集会」の活動をあげることができる。全国の調査活動・保存運動の紹介、検討すべき問題点などが話し合われている（2004年10月には第14回の全国交流集会が札幌で開かれている）。

保存運動団体としては「高槻『タチソ戦跡』保存の会」、「明世の地下壕利用を考える会」、「瀬戸地下軍需工場跡を保存する会」、「旧中島飛行機太田地下工場を保存する会」などがあり、地域で活発な活動を行っている。また、歴史教育者協議会所属の教職員による戦争遺跡の掘り起こし運動も特筆される。北九州市の市民団体「給水塔保存推進会議」が主体となって軍都・小倉の象徴、陸軍小倉造兵廠の「給水塔」の一部保存が決まった。

しかし、こうした調査・保存運動関係者と考古学・文化財関係者との交流、調査方法に対する提言など求められているものは数多いと思うのだが、現在に至るもほとんどない（その後、全国各地で戦争遺跡の調査・研究と保存運動を進めている団体・個人によって、1997年、戦争遺跡保存全国ネットワークが結成された。そして戦争遺跡の調査研究の推進、情報の交換、行政への働きかけ、毎年夏のシン

ポジウムの開催、研究誌の発行などを行っている。2011年8月には慶応義塾大学日吉校舎で第15回のシンポジウムが開催されている)。

なお、東京都北区教育委員会による赤羽上ノ台遺跡[16]の調査では、旧陸軍被服本廠にかかわる遺構・遺物が検出された。

④戦闘地・戦場関係

戦場関係は、沖縄での取り組みに代表される。南風原町の文化財に指定された南風原陸軍病院壕の調査、そしてその保存活用を考える「壕シンポジウム」も1995年6月に開催された。さらに首里にあった第32軍(沖縄守備軍)の司令部壕の調査が行われているが、調査は壕だけに限定されるべきではない。沖縄の研究者が実際の発掘調査で、戦争遺跡とどのように対峙しているのか、安里進の指摘[17]も含めて、その率直な声を聞きたい。

東京都教育委員会の『小笠原諸島他遺跡分布調査報告書』[18]では、南の島に残された戦跡も紹介された。また、茅ヶ崎市では遺跡内から発掘された焼夷弾の報告[19]、練馬区では爆弾破裂跡の調査[20]もある。

⑤居住地関係

発掘現場でいちばん多く調査されているのが防空壕であろうが、畠の耕作畝やゴミ穴などと同じく、「攪乱」と処理されてきたケースも多い。実際、こうした遺構や遺物の取捨については、調査担当者にゆだねられている現状があるからである。それでも岩手県白木野Ⅱ遺跡[21]、狛江市弁財天池遺跡[22]、下小足立北遺跡[23]、横浜市上の山遺跡[24]、茅ヶ崎市下寺尾西方A遺跡[25]、藤沢市湘南藤沢キャンパス内遺跡[26]、奈良市鳴川遺跡[27]、大分県左知遺跡[28]、指宿市橋牟礼川遺跡[29]などで検出され、報告されている。

「先史時代の調査を行う過程で避けて通れぬものであったが、しかし、この調査の成果もこの地域の歴史的な流れを知る上の大切な記録となろう」[30]、「防空壕もきちんと調査し資料化して後世に伝えていくことが、今や歴史の中に入りつつある第二次世界大戦の悲劇を再び繰り返すことのないようにする為にも必要ではないか」[31]など、報告書で語られた担当者の率直な声に耳を傾けたい。

このように戦争遺跡の調査にあたっては、それぞれの遺跡が形成された歴史的背景を地域や日本全体の動きの中で把握し、そしてどのような役割を果たしたのかを考える視点が重要となる。戦争遺跡は近代日本の歴史を考える場合になくてはならない遺跡となろう。

3 戦争遺跡をめぐる問題

現在、近世考古学の分野は確立されたが、近現代考古学の分野となると、それ自身まだ体系化しておらず、問題意識に応じて必要な分野をやっていくという状況にある[32]。

ところで、こうした分野の調査研究・保存活用を進めるにあたって最大の問題は何か。それは文化庁が「近・現代の埋蔵文化財」の不認知行政を維持しながら全国で進めている「近代化遺産総合調査」と、1995年に報告された「近代遺跡の保護について」とで矛盾する点が多いことである[33]。しかし、この矛盾の解消には、すでに文化財保存全国協議会の「戦争遺跡を保存する決議」(本節末の参考資料)の中で指摘しているように、「文化財保護行政で取り扱う周知の遺跡の対象も従来の近世までを拡大して、近現代の戦争遺跡や産業遺跡などを積極的に登録していくことが求められ」

る。もちろん、戦争遺跡や産業遺跡を埋蔵文化財とするからには、同時代のあらゆる活動の痕跡もまた埋蔵文化財として把握しなければならない。これに対して、現代まで埋蔵文化財対象幅とする社会的コンセンサスが得られるのかとの指摘、さらに発掘調査件数の膨大な増加、経費、人的問題、開発行為への影響も懸念されているが[34]、少なくとも近代（幕末開国頃から第二次世界大戦終結頃）については、広範な人々の関心の高まりがあり、この時代を取り込むことについては、もはや異論はないであろう（その後、文化庁は 1998 年になって埋蔵文化財として扱うべき遺跡の範囲を通知している。それによると、近現代の遺跡については、地域において特に重要なものを調査の対象とすることができるとした）。

　原始から近世の遺跡は調査の対象となるが、現状では近代以降の遺跡は調査される機会もなしに、次々に消滅していく。発掘現場では遺構や遺物の取捨について、担当の調査者に委ねられている。遺物のすべてが今日まで残存しないのと同様に、遺跡もまたそれらが形成されてから今日に至るまでの間に、さまざまな変化を受け消滅する場合が少なくないが、こと戦争遺跡においては意図的な抹消も行われかねない。新宿区戸山の旧陸軍軍医学校跡地から発掘された大量の人骨をめぐる問題はその最たるものである。さらに国土庁（現国土交通省）が、「戦時中に旧軍隊等によって築造された防空壕（この中には地下軍事施設・地下工場も含む―筆者注）のなかには、戦後適切な措置が講ぜられないまま放置されているものがあります。このため、これらの防空壕の残存状況を把握し、事故災害を未然に防止するための資料」として進めた『特殊地下壕実態調査』（国土庁防災局防災調整課など）についても、過去の歴史的事実を封印する意図を感じざるを得ない。それはひいては戦争美化の動きと連動することにもなりかねない。戦争遺跡の早急な保存対策は、戦争遺跡だけがもつ固有の問題ではなくて、今日の文化財全般を取り巻く緊急課題でもある（2001 年度現在、特殊地下壕は全国で 5,003 ヵ所の存在が判明している。05 年 4 月、鹿児島市の地下壕で中学生 4 人がなくなる事故が発生した。このため国は緊急に全国に現存する特殊地下壕の実態を再調査した。その結果、2005 年現在 10,280 ヵ所の地下壕が確認され、一部埋め戻しなどの処置が施された。09 年度現在、全国で地下壕の数は 9,850 ヵ所となっている）。

おわりに―戦争遺跡の活用に向けて

　原爆ドームをはじめ朝鮮人・中国人の強制連行・強制労働によって構築された戦時地下壕は、継承してはならない過去文化の遺産、しかも忘れてはならない事実の厳粛なるモニュメントである[35]。さらに身近な地域の中に埋もれている戦争遺跡の数々は、かつて日本国民が経験したもっとも大きな戦争体験の風化を防ぎ、そして戦中・戦後を含むアジア諸国民の癒しがたい労苦（植民地支配と侵略戦争の被害）に思いを馳せ、心に刻み、過ちを再び犯さないための―戦争の実相を伝え平和の尊さを後世に継承する―貴重な文化財なのである。

　足下の地域から起こされた戦争、その遺跡の調査は今ならまだ間に合う。ひとつひとつの戦争遺跡の歴史的事実を確定し、語り伝えるためには、考古学研究者だけではなく、近現代史研究者・教育者・建築学その他領域の専門家の学際的協力と、幅広い市民の参加が必要だ。国内の事例ではないが、筆者が参加した中国黒龍江省虎林市虎頭鎮所在の旧関東軍国境要塞の日中共同調査の取り組み、そしてその日本側調査報告書[36]の実践例は参考になろう。

戦争遺跡の活用、その活用には真の「戦争責任」を不問にすることはできない。このことを確認しながら、簡単にまとめると次のようになる。
① 地方自治体の遺跡・文化財として登録し、早急な史跡指定を行い、歴史教育、不再戦・平和教育の教材としての活用。
② 近現代史の地域史作成のための活用。
③ 平和的・文化的な町づくりの拠点としての活用と、それに連動した資料館建設の運動。市民が歴史と連帯の中で生きられる場の構築、そのための平和（戦争）博物館なり資料館建設、である。

すでに判明している遺跡ばかりでなく、埋もれている遺跡の発掘と事実の究明に、考古学関係者や文化財関係者の積極的な役割が望まれる。

〔参考資料〕

戦争遺跡を保存する決議

戦後50年の国会決議が本年（1995年）6月9日採択されました。「不戦」「謝罪」の表現は盛り込まれず、内容的に乏しいものとなりました。当然の結果として、国内からの批判があったのはもちろん、被害を受けたアジア諸国からは残虐行為の明確な謝罪なし（韓国・中国）、望むのは反省ではなくて謝罪（台湾）等々の反発、批判が相次いでいます。日本が朝鮮や台湾を植民地として支配し、中国をはじめ東南アジア諸国を侵略した歴史的事実を直視しない決議であったからです。
近代日本の戦争遺跡とは、日本の侵略戦争の準備とその結果として形成された遺跡であり、そこからは「戦争責任」や「補償や謝罪」などの諸課題についても、多くのことを考えさせてくれる遺跡です。そして、近代日本が繰り返した戦争の実相を伝え、平和を考える場合には無くてはならない資料であり、全国人民の共通の財産として大切に調査し、保存もされなければならない遺跡です。
戦争遺跡と戦争史料は近現代史研究には不可欠であり、考古学研究の領域も近現代に及び、「戦跡考古学」も認められつつあります。本年3月文化庁の史跡指定基準が「第二次世界大戦終結頃まで」と拡大されたので、文化財保護行政で取り扱う周知の遺跡の対象も従来の近世までを拡大して、近現代の戦争遺跡や産業遺跡などを積極的に登録していくことが求められています。
戦争遺跡は日本全国に存在しており、近現代の遺跡の代表として調査する条件は十分に備わっています。実際、各地の発掘現場からは、戦時下の「国民生活」（神奈川県下寺尾A遺跡）、軍事施設の構造（群馬県高崎城三ノ丸遺跡、東京都赤羽上之台遺跡、鹿児島県西原掩体壕跡）、国土防衛の実態（名古屋市見晴台遺跡）などが判明する調査も行われています。沖縄では、沖縄戦の実相を調査するために南風原陸軍病院壕跡や第32軍司令部壕跡の調査が進められています。
そして、戦争遺跡の代表例が広島市の原爆ドームであり、長野県の松代大本営予定地壕です。原爆ドームについては、歴史関係学会や全国人民の運動によって、1995年5月に国の史跡に指定答申され、世界遺産に登録される方向へ動き出しました。しかし、朝鮮人や中国人の強制連行・強制労働を抜きに語ることのできない地下軍事施設や地下工場についての調査・保存活用は、市民団体や歴史教育者協議会の取り組みを除けば、そのほとんどは手つかずの状況にあります。一方、731

部隊展の運動の高まりから、中国や東南アジアでの戦争遺跡調査も取り組まれつつあります。

　戦後50年にあたり、本大会は、以下の事項を関係機関に強く要望いたします。

記

1. 過去の戦争の実相を解明し、二度と悲劇を繰り返さないために、歴史的事実を伝える戦争遺跡と遺物、戦争に関わる歴史資料の調査を進め、地方自治体の遺跡・文化財として登録すること
2. 松代大本営予定地壕、沖縄戦跡をはじめ、各地の戦争遺跡を早急に史跡指定し、保存・活用すること

以上、決議します。

（1995年6月、文化財保存全国協議会第26回総会）

注

1) 池田一郎「戦争遺跡・遺物、戦跡考古学について」『考古学研究』第41巻第3号、pp.3-5、1994年。
2) 當眞嗣一「戦跡考古学のすすめ」『南島考古学だより』第30号、p.2、1984年。
3) 當眞嗣一「戦跡考古学」『考古学の世界第5巻　九州・沖縄』p.223、1993年。
4) 西川宏「戦跡考古学の発展のために」『展望考古学』pp.332-338、1995年。
5) 菊池実「戦跡考古学研究と虎頭要塞」『ソ満国境　虎頭要塞』pp.206-211、青木書店、1995年。
6) 伊藤厚史「負の文化財―戦争遺跡の重要性」『文化財学論集』pp.823-832、1994年。
7) 中村茂・黒沢元夫『高崎城三ノ丸遺跡』高崎市教育委員会、1994年。
8) 宍道年弘ほか『平野遺跡群発掘調査報告書Ⅰ』斐川町教育委員会、1983年。
9) 伊藤厚史『見晴台遺跡発掘調査報告書　近代編』名古屋市見晴台考古資料館、1992年。
10) 茨城県鹿島町教育委員会『山王台遺跡分布調査報告書』1981年。
11) 谷本靖子ほか『黒川地区遺跡群報告書Ⅳ』黒川地区遺跡調査団、1992年。
12) 峯岸章雄ほか『法政大学多摩校地遺跡群Ⅰ―A地区』法政大学、1986年、伊藤玄三ほか『法政大学多摩校地遺跡群Ⅲ―C・R地区』法政大学、1988年。
13) 浅川利一『町田市田中谷戸遺跡』町田市田中谷戸遺跡調査会、1976年。
14) 太田好治・村瀬隆彦『瓦屋西C古墳群・瓦屋西Ⅱ遺跡範囲確認調査報告書』浜松市遺跡調査会、1985年。
15) 新東晃一『中ノ原遺跡(Ⅱ)中原山野遺跡　西原掩体壕(5分冊)』鹿児島県教育委員会、1985年。
16) 黒済和彦・柿崎良夫『赤羽上ノ台遺跡』東京都北区教育委員会、1990年。
17) 安里進「沖縄の「戦跡考古学」の課題」『近藤義郎古希記念　考古文集』pp.2-6、1995年。
　この中で安里は、内間7号墓（近世に造営されてから現在まで使用された亀甲墓）から出土した戦時中の遺物について次のように述べている。「その内容はあまりにも貧しくて、沖縄戦の実相に迫ることはほとんど不可能である。このため「証言」などの助けをかりてはじめて具体的内容の資料にすることができるが、同時に「証言」のもつ限界を共有することになる。「証言」の限界を超えて、考古学がどこまで沖縄戦の実相に迫ることができるのか」
18) 堀苑孝志『小笠原諸島他遺跡分布調査報告書』東京都教育委員会、1992年。
19) 大村浩司「遺跡内から発見される焼夷弾」『文化資料館調査研究報告3』pp.69-72、1995年。
20) 河野重義『練馬区武蔵関北調査報告書』武蔵関北遺跡調査団、1993年。

21）（財）岩手県文化振興事業団埋蔵文化財センター『白木野Ⅰ・Ⅱ・Ⅲ遺跡発掘調査報告書』1994年。
22）對比地秀行・江上幹幸『弁財天池遺跡』狛江市教育委員会、1992年。
23）小林義典『下小足立北遺跡発掘調査報告書』狛江市下小足立北遺跡調査会、1984年。
24）横浜市埋蔵文化財センター『上の山遺跡』1992年。
25）大村浩司『下寺尾西方A遺跡』茅ヶ崎市埋蔵文化財調査会、1988年。
26）岡本孝之『湘南藤沢キャンパス内遺跡　第4巻　弥生時代〜近世・近代』慶應義塾藤沢校埋蔵文化財調査室、1992年。
27）奈良市教育委員会『第11回平城京展—平成3・4年度発掘調査成果速報展』1993年。
28）坂本嘉弘『左知遺跡』大分県教育委員会、1989年。
29）渡部徹也『橋牟礼川遺跡』鹿児島県指宿市教育委員会、1991年。
30）注15）に同じ。
31）注25）に同じ。
32）注4）に同じ。
33）注1）に同じ。
34）杉本宏「戦争遺跡と埋蔵文化財」『考古学研究』第42巻第1号、pp.2-3、1995年。
35）塚本學「文化財概念の変遷と史料」『国立歴史民俗博物館研究報告』第35集、pp.273-293、1991年。
36）菊池実ほか『ソ満国境　虎頭要塞』青木書店、1995年。

　このほかに次の論文から多くの教示を受けた。

　　大日方悦夫「「戦争遺跡」保存の意義と課題—松代大本営の「史跡」指定問題をめぐって」『歴史評論』522号、pp.93-96、1993年。

　　大日方悦夫「戦争遺跡の掘りおこしと保存運動」『戦争を掘る』pp.476-490、長野県歴史教育者協議会、1994年。

　　寺田英夫「戦争遺構・遺跡を保存する意義」『平和教育』20号、pp.90-100、日本平和研究協議会、1985年。

第3節　戦争遺跡調査の視点

1　近代遺跡としての戦争遺跡

　幕末・開国頃から第二次世界大戦終結頃までに形成された近代遺跡はさまざまな分野にわたる。たとえば、文化庁の「近代遺跡調査実施要項」ではそれを11の分野に区分している。①鉱山、②エネルギー産業、③重工業、④軽工業、⑤交通・運輸・通信業、⑥商業・金融業、⑦農林水産業、⑧社会、⑨政治、⑩文化、⑪その他である。この中の⑨政治分野に軍事に関する遺跡があげられ、これを戦争遺跡ととらえてよいものかも知れない。
　しかしながら従前の研究を踏まえ、より具体的に指摘すればこうなるであろう。
　戦争遺跡とは、近代日本の国内・対外（侵略）戦争とその遂行過程で形成された遺跡である。したがって調査研究の対象地域は、国内の戦争遺跡（戦時下の日本国民の生活に関わる遺跡も含まれる）はもちろんのこと、朝鮮半島、中国大陸、東南アジア、南太平洋地域、すなわちアジア・太平洋全域に残されている遺跡にまで及ぶ。かつての大東亜共栄圏がこれに該当しよう。戦争遺跡の考古学的研究は、近現代考古学の一部を構成する研究領域となる[1]。
　近代の戦争については、戦史、戦略・戦術、軍隊組織、軍事技術・武器、軍事思想などを対象とする研究がある。さらには体験者や関係者の数々の証言や聞き取り・聞き書きによる個人の歴史（体験史）の重要性も指摘されている。
　しかしながら明治維新直後から形成された、近代軍事関係の遺構や遺物を分析対象とする研究、すなわち考古学的研究の蓄積はこれまで十分とはいえなかった。ところが近年の発掘調査では近現代の遺跡も、より古い時代の遺跡調査に伴って数多く実施されるようになり、その中で戦争に関係する遺跡も多く調査されるようになってきた[2]。もちろん検出された遺構や遺物を詳細に調査報告したものはまだ少ない。それは近現代の遺跡が埋蔵文化財としては認知されておらず、研究者としての行政担当者の学問的関心や良心にもとづいて調査されている、という現実があるからである。
　こうした中で1980年代後半から90年代に入って東京都町田市の法政大学多摩校地遺跡（1986・1988年報告）をはじめ、東京都目黒区大橋遺跡（1998年報告）のように詳細な調査報告例も増加している。また海外の調査例としては、筆者らが行った旧満州国所在の関東軍国境要塞遺跡群の日中共同調査がある。これは、中国東北部に残る要塞跡の計測調査、採集遺物の鑑定、日本国内での史料調査、関係者への聞き取り調査を1993年から2004年にかけて継続的に実施したものである。その後は韓国の済州島で戦跡調査を行っている。

2　戦争遺跡と遺物の種類

　旧日本軍の施設の多くは、戦災による消滅（国内外）、敗戦時における意図的な破壊（主に国外―満州第731部隊施設などに代表される）があり、さらに関連資料の焼却（陸海軍文書など）、軍装品や毒ガス弾に代表される砲弾類の地中や水中への処分、すなわち証拠隠滅が徹底的に行われた。そし

て戦後の解体や都市開発によっても少なくなっているが、それでも地上に残るものは多く、また地中に残されているものも数多い。

　地上に残る代表的なものに、木造・煉瓦造・コンクリート造などの建造物や構造物（掩体壕を含む）、土塁などの土木構築物がある。その大きさや形状、構造などの情報を得るためには、平面図や断面図の作成、全景や細部の写真撮影などの調査が必要である。地下壕（地下工場）や地上にその痕跡をとどめる砲台は、その規模を確認するための計測調査を実施するだけでもさまざまな情報が得られる。

　一方、建造物などが消滅してしまった場合でもその基礎構造は地中に残り、さらに様々な遺跡は埋没しているものである。この場合の調査は発掘がもっとも有効な調査方法である。検出された遺構と遺物の出土状況と遺存状況、さらに遺物そのものからも戦争遺跡の実態を解明することは可能であろう。機能・用途が不明な物であっても、遺構が記録され、遺物が採集されていれば、機能・用途の明らかな資料との比較検討ができる。とりわけ過去の調査例から見ると、ごみ穴（土坑）や地下壕に多くの情報が埋もれていることがわかる。それは日本軍による組織的証拠隠滅が、これらの施設によって実施されたからにほかならない。昭和時代の戦争遺跡の特殊性といえる。

　このように近代の戦争遺跡は非埋没資料と埋没資料に分かれる。地中や水中に埋没した物質資料を、その調査研究の対象とするのが考古学である。しかし埋没していない地上資料であっても、モノである以上考古学的調査研究の対象となる。

　非埋没資料については、文化庁建造物課の進めた「近代化遺産総合調査」、同庁記念物課の「近代の遺跡調査」により全国的にどのくらいの遺跡が網羅されるのか注目したい。

　文化庁記念物課は、「近代遺跡調査実施要項」を定め、1996年度から近代遺跡の全国調査を始めた。所在調査は98年度に、詳細調査は選定2002年度、調査02・03年度、報告書作成04年度以降である。「近代遺跡（戦跡）の所在調査一覧」では、43都道府県から544件の戦争遺跡が報告されている。02年8月、このうち50（後追加1）件の遺跡が詳細調査の対象とされた。その概要が『近代遺跡調査報告書』として刊行される予定であるが、2014年11月現在刊行されていない。そのうえで選定された遺跡を指定・登録記念物候補として、地方公共団体や所有者と地域の文化財保護団体関係者の意向を聞きながら、史跡指定すべきかどうかの検討に入ることになっている。なお、2014年7月現在で戦争遺跡の史跡指定は、国指定文化財23件、県指定13件、市町村指定95件、国の登録文化財70件、市区町村登録文化財13件、道遺産・市民文化資産3件の計217件である。

　一方、埋没資料については、過去の調査例からもわかるように従来さまざまな対応がとられてきた。たとえば、発掘当初から明確な調査目的をもって調査された遺跡もあれば、調査地に軍事施設が存在したことが確かな遺跡でも、調査される場合とそうでない場合があった。偶然に発見された場合でも同様で、記録として残されることは少なく調査対象外とされてしまうことが多かった。

　ところで非埋没・埋没資料を問わず国内の戦争遺跡は、その内容、性格などから概略次の8種類に区分されている[3]。

　①政治・行政関係（陸軍省・海軍省などの中央官衙、師団司令部・連隊本部などの地方官衙、陸軍病院、陸軍学校、研究所など）、②軍事・防衛関係（要塞、軍港、高射砲陣地、陸海軍の飛行場、掩体壕、陸軍演習場、練兵場、試射場、監視哨、通信所、洞窟陣地、特攻隊基地、待避壕など）、③生産関係（陸海軍工廠、飛行機製作所などの軍需工場、経済統制を受けた工場、地下工場など）、④戦闘地・戦場関係（沖

縄諸島、硫黄島などの戦闘が行われた地域、空襲被災地、原爆被爆地など）、⑤居住地関係（外国人強制連行労働者居住地、捕虜収容所、防空壕など）、⑥埋葬関係（陸海軍墓地、捕虜墓地、忠霊塔など）、⑦交通関係（軍用鉄道軌道、軍用道路など）、⑧その他（飛行機の墜落跡、奉安殿など）である。

　しかしながら、これらの遺跡を明確に区分することは不可能である。たとえば、②軍事・防衛関係と④戦闘地・戦場関係、あるいは⑤居住地関係の防空壕は密接な関係にあり、また③生産関係の地下工場と⑤居住地関係の外国人強制連行労働者居住地なども、これが一体として把握されないかぎりその遺跡の性格を明らかにすることは難しい。前記の区分はどのような遺跡が網羅できるのかの参考と考えたほうがよい。

　また戦争遺跡から出土した主な遺物には次のようなものが報告されている[4]。

　①兵器類（銃砲、銃砲弾、手榴弾、焼夷弾、薬莢、軍刀、銃剣など）、②軍用品（軍用食器、鉄兜、認識票、軍靴、ベルト、ボタン、徽章、書類、化学薬品用陶器など）、③日用品（医療品容器、調味料容器、飲料品容器、防衛食器、歯ブラシなど）、④建築資材（赤煉瓦、耐火煉瓦、タイル、柱材など）、⑤工具（金槌、ヤスリ、レンチ、ドライバー、スコップ、ツルハシ、小刀など）、⑥電気器具（ソケット、ケーブル、コード、碍子、電線など）である。

　遺物には兵器類や軍用品のように特殊な遺物（戦争遺跡では一般的）も多く、一定の軍事知識が要求されるが、さらには専門家による鑑定も必要となろう。新宿区の陸軍軍医学校跡地から出土した人骨群（約100体）、同じく市谷本村町の尾張藩上屋敷跡遺跡（参謀本部跡）の発掘で出土した焼却文書（陸軍文書335冊）は、いずれも埋蔵文化財の取り扱いをうけなかったが、これらの資料は当該遺跡を特徴付ける代表的な遺物といってもよい。

　ここで発掘された公文書類について少し言及してみたい。

　日本陸海軍は敗戦とともに多くの公文書を焼却処分にした。戦争犯罪追及に直結するからである。このことは後の実証的な歴史研究にとって大きな障害となった。ところが、発掘調査では時としてその焼却された公文書や書籍類の焼け残りが発見されることがある。

　すでに記した、東京都目黒区大橋遺跡（陸軍輜重兵学校跡）、東京都市谷本村町尾張藩上屋敷跡遺跡（参謀本部跡）、高崎城三ノ丸遺跡（歩兵第15連隊跡）の調査では、陸軍の公文書や書籍類が多量に発掘された。これらは、ゴミ穴・防空壕・地下壕などから出土したものである。いずれも1945年8月15日の敗戦にともなって、証拠隠滅を図る目的で組織的に焼却されたものであったが、公文書の綴りは大部なため、また書籍も比較的厚いために、完全燃焼に至らず残ったものである。

　目黒区大橋遺跡[5]から発掘された多量の焼却文書は、第3号ゴミ穴の上面においてガラス瓶、炭化した木材とともに検出された。ほとんど埋まりかけたゴミ穴の上面で焼却されたようであった。「これらの文書類は裁断されることなく一気に投じられたため、多くの文書が焼けたものの一部は原型を留め文字の判読できるものが多々みられた」という。発掘された文書総数は99編で、そのうち判読可能な文書は69編あった。内訳は、輜重兵関連文書23編、法令関連8編、戦術及び教育関連16編、自動車取扱規則9編、対外情報関連4編、戦闘記録3編、その他6編である。防衛研究所図書館、国立国会図書館に所蔵されている史料の中で、発掘された文書と同一の史料はわずかに9点であったという。

　また、自衛隊市ヶ谷駐屯地で東京都埋蔵文化財センターが尾張藩上屋敷跡遺跡の発掘中、戦時中に掘られた簡易防空壕から多量の文書が検出された。防空壕の入口で書類を焼却したものの完全

に焼却できずに、その焼け残りが発掘されたものであった。約50年間にわたり土中にあったために劣化が著しかったが、東京都から移管を受けた防衛省戦史部では史料的価値の高いものを選別・抽出し修復作業を進めた。文書は主として参謀本部第3課（編制・動員課）が保管していたもので、防衛研究所図書館所蔵の文書中にはない、1943（昭和18）年から敗戦までを部分的に補完するものであった。これらの史料群は現在「市ヶ谷台史料」として公開されている。

　一方、中国東北部にあった関東軍の虎頭要塞跡からも日本軍文書が発掘されている。虎頭要塞のひとつを構成する虎東山地下陣地跡を虎林市文物管理所が発掘調査を行った。様々な遺留品とともに守備隊文書の残滓が出土した。この資料は、2001年に開館した「虎頭要塞遺址博物館」（中国黒龍江省虎林市虎頭鎮）に展示されている。また吉林省では焼却文書ではなく隠匿された関東軍文書が発掘されたことがあった。旧関東軍司令部の地下倉庫から、関東憲兵隊と関東軍との多数の往復文書が発見されたが、地下に保存されていたためにたまたま焼却を免れたものであったという。大連市档案館（文書館）や遼寧省档案館には、焼却された文書の残滓が「紙灰档案」として保存されている[6]。

　戦争遺跡の調査においては、こうした事例は今後も増加するものと思う。

　なお、遺物の中で比較的研究が進められているものには、赤煉瓦、耐火煉瓦、戦時統制下の陶磁器群、ガラス瓶があげられる。

3　戦争遺跡の調査

　では調査の進展が見られた1990年代に報告されたいくつかの遺跡から、戦争遺跡の調査経緯、検出された遺構と遺物、成果と問題点を簡単にみたい。

名古屋市見晴台遺跡（高射砲陣地跡、1992年報告）（図1）

　古代のみが遺跡ではなくて、高射砲陣地を昭和の遺跡として位置づけ、遺跡をとおして戦争を考える学習が行われてきた。調査では通信所跡、兵舎跡、砲台跡、ケーブル溝、廃棄土坑などが検出され、遺物には高射砲の部品、銃剣、工具、食器、碍子、通信ケーブルなどがある。聞き取り調査による情報を発掘調査で検証し、また修正することが可能になり、考古学的な方法によって日本軍の要地防空体制の一端を明らかにできることを具体的に示した。

高崎城三ノ丸遺跡（歩兵第15連隊の兵営跡、1994年報告）（図2）

　現地表直下に近代の遺構があり、特に15連隊の建物の基礎が比較的良く残されていた。調査ではこれらを無視することができなかった。東京鎮台高崎分営の建物跡、15連隊の兵舎跡、被服庫、兵器庫、蔬菜庫、厠、地下壕などが多数検出された。地下壕からは軽機関銃・小銃・砲弾函、防毒面、スピンドル油の缶などの兵器または兵器の手入れ品、カバンや被服の金具類、文書・新聞・革製品の燃えさし、1万枚に近い認識票が出土した。調査によって兵営の建物の変遷、配置の復元が可能となったが、発掘の成果と文献の記述に食い違いが認められた。

川崎市黒川地区遺跡群宮添遺跡（照空隊陣地跡、1995年報告）

　検出された遺構は、照空灯掩体跡1基、聴音機掩体跡1基、離隔操縦機掩体跡1基、不明遺構1基、兵舎跡1基、聴測班待機所跡1基、竪穴状遺構3基、通路3箇所、ケーブル溝8条である。同遺跡群No.29遺跡と一体となった軍事施設である。聞き取り調査の重要性が発揮され、防衛省防衛

研究所図書館に保管されている記録類との照合・検証によって照空隊陣地跡のほとんど全てが解明されている。

東京都板橋区加賀一丁目（東京家政大学構内）遺跡（陸軍板橋火薬製造所跡、1995年報告）

　遺跡をとりまく歴史的環境や日本考古学の情勢などを考慮した結果、近代以降の遺構を記録し、遺物を収集することに努めたという。近代以降の遺構は、土坑22基、溝11条、ピット7基である。遺物には防衛食器を含む多量の陶磁器、ガラス製品、鉄兜、煉瓦などがある。陸軍の火薬製造についての考古学的アプローチである。（同様に筆者が調査した陸軍岩鼻火薬製造所跡については第1章に詳述している。）

横須賀市吉井池田地区遺跡群大塚台遺跡（高角砲台跡、1997年報告）（図3-1.3-2）

　古墳の墳丘と高角砲台の掩体跡が地表面に残存していた。古墳の調査を行うには、当然砲台跡の発掘によって古墳の破壊状況をも調査しなければならず、戦争遺跡の調査も発掘当初から計画せざるをえなかった[7]。検出された遺構は、照空灯座1基、高角砲座4基、機関銃座1基、半地下式建物跡1基、天水溜1基、通路4本、ケーブル用溝17条である。遺物には高角砲や機銃などの兵器の部品の一部、碍子、ガラス製品などがある。

東京都文京区駕篭町遺跡（防空壕、1997年報告）（図4）

　近現代という新しい時代の産物であるが、無視することのできないものと考え、次代へ報告したいという意味を込めて掲載されている。12基の防空壕が検出された。整然と位置決めされたこれらの防空壕が構築された背景には、政府や国民の空襲への認識の変化が考えられるという。戦争遺跡の中で最も調査例が多いのが防空壕である。ところが本遺跡のように事実記載や実測図・写真が報告されることはこれまであまりなかった。

東京都目黒区大橋遺跡（陸軍輜重兵学校跡、1998年報告）（図5-1.5-2）

　建物跡17棟、地下遺構33基、ゴミ穴20基、近代桝などの遺構が多数検出された。出土した遺物は、磁器の飯碗・汁碗・湯呑み碗・皿・灰皿・印判磁器の碗・皿・蓋、ガラス製の薬瓶・化粧瓶・インク瓶・食器容器、陶製煙管、ホーロー製の碗、手榴弾、弾丸、砲弾、擬製弾、拍車、机上演習用のコマ、歯ブラシ、銭貨などである。出土した食器群については陸軍輜重兵学校における使用食器の区分について類型化している。また遺物を考古学的に分析するだけではなくて、聞き取り調査の結果から出土した遺物を取り扱うにあたっては使用者の階級や立場、さらには身体という要素を無視しては成立しないことを指摘されている[8]。

　一方で、戦争遺跡は現在と非常に近い時代の遺跡にもかかわらず、埋蔵文化財としての調査の限界性と遺跡としての価値が認められてこなかったことによる遺存性の問題とによって、得られる情報の質と量が極めて限定的であることも事実である。これらを克服するためには史料調査や聞き取り調査もあわせて実施していかなければならないであろう。すでに紹介した遺跡の報告書には、検出された遺構・遺物について文字による記述と実測図・写真を掲載する以外に、当時の状況を知る体験者・関係者からの聞き取りや陸海軍史料の調査を行い、その結果もあわせて紹介している。それらは戦争遺跡をどのように調査し、報告するかについての指針となっている。

4　史料調査・聞き取り調査

　近代は文書史料が豊富に残されている。さらに写真や映像記録などもあり、前時代には見られなかった史料も存在する。

　ところが、戦争遺跡調査を進めるうえで必要となるであろう陸海軍の公文書類は、すでに記したように敗戦時にそのほとんどが焼却処分されてしまった。このためにいまだに陸海軍の歴史の空白や謎が解明されない部分があるという。しかし焼却の機会を逸し、または関係者の独断で焼却されなかった文書もあり、それらが現在、防衛省防衛研究所などに保管されている[9]。また戦地で連合国軍に押収された多数の日本軍関係文書が、アメリカ、オーストラリア、オランダ、ロシアなどに存在することが確認されている。こうした文書史料の調査は、遺構・遺物の名称をはじめ、機能・用途などの解明のためにも考古学研究者は積極的に行うべきものと考える。

　もちろん、かつての大本営発表を始めとする各種の戦況報告のように文書類が必ずしも真実を表していないことは確かであろう。こうした場合にも考古資料の研究から、さらにはさまざまな体験者・関係者への聞き取り調査の併用によって文書史料の誤謬を訂正したり、また、より真実に迫っていくことが可能である。戦争遺跡に限らないが、近現代の遺跡調査では、証言そのものも考古資料を含めた関係諸資料とつきあわせて、その歴史的価値を確定できるという非常にめぐまれた条件が存在しているのである。ここに近現代を対象とする考古学研究が、前時代の考古学研究と大きく異なる点であろう。このように考古資料は証言や史料を吟味・検証できる性格を備えている。

5　戦争遺跡調査の今後

　今回取り上げた遺跡のように詳細に調査報告された背景には、時代の経過、学問的認識・関心の広がりがあげられよう。地域に残された戦争遺跡は、地域の近代史を、あるいは日本の近代史を考えるためには欠くことのできない遺跡である。そのためには前時代の遺跡の調査と同様に発掘や保存もされ、検出された遺構・遺物の詳細な観察と記録化が行われることを大前提としなければならない。従来の戦争研究が具体的な戦争遺跡と結びついていない場合が多かっただけに、精緻な発掘記録が地域の戦争の実態解明につながるものと思われる。すでに行われた調査は、要塞や軍事施設の構造、兵営内における生活の一端、軍の要地防空体制、陸軍演習場の実態[10]、そして戦時下の国民生活の一端などを考古資料から明らかにできることを実証している。

　さらに国内はもとより海外の戦争遺跡の所在調査も今後実施していかなければならないであろう。アジア・太平洋各地に残る戦争遺跡を私たち自身の問題として調査することが21世紀を迎えた現在、求められている。「戦争の世紀」といわれた20世紀を振り返る時、それは戦争遺跡をとおして日本の「戦争と平和」を考えることにつながるのではなかろうか。様々な地域にも必ず戦争遺跡は残されている。ひとつひとつの戦争遺跡の歴史的事実を確定していくことが、日本考古学の新たな潮流となることを期待したい。

注

1) 五十嵐彰・阪本宏児「近現代考古学の現状と課題」『考古学研究』第 43 巻第 2 号、pp.8-108、1996 年。
2) 菊池実・金井安子編「戦争遺跡関連文献目録と保存運動団体一覧」『明日への文化財』41 号、pp.82-97、1998 年。
3) 伊藤厚史「負の文化財」『文化財学論集』pp.823-832、1994 年。
4) 金井安子・菊池実「調査研究のすすめ方」『戦争遺跡は語る』pp.55-57、1999 年。
5) 目黒区大橋遺跡調査会『大橋遺跡』1998 年。
6) 井村哲郎「1940 年代の中国東北関係資料」『1940 年代の東アジア：文献解題』pp.61-84、アジア経済研究所、1997 年。
7) 大坪宣雄「神奈川県内における戦争遺跡について」『考古論叢神奈河』第 7 集、pp.89-106、1998 年。
8) 桜井準也「目黒区大橋遺跡(陸軍輜重兵学校)出土の近代遺物と遺物使用者」『東京考古』17、pp.139-155、1999 年。
9) 原　剛「陸海軍文書の焼却と残存」『日本歴史』3 月号、pp.56-58、1998 年。
10) 菊池　実「赤城演習場採集の迫撃砲弾と東部第四十一部隊（迫撃第一連隊）」『赤城村歴史資料館紀要』第 2 集、pp.19-29、2000 年。

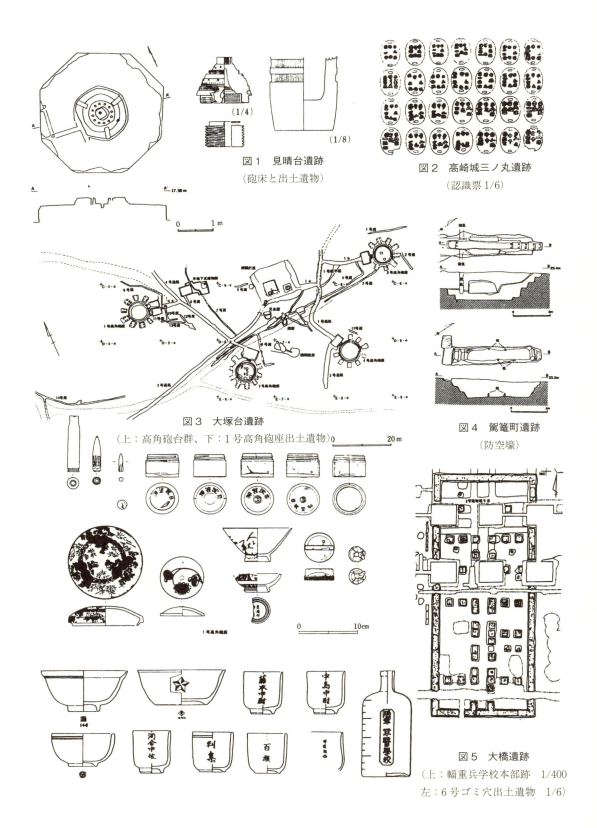

図1 見晴台遺跡
（砲床と出土遺物）

図2 高崎城三ノ丸遺跡
（認識票1/6）

図3 大塚台遺跡
（上：高角砲台群、下：1号高角砲座出土遺物）

図4 駕篭町遺跡
（防空壕）

図5 大橋遺跡
（上：輜重兵学校本部跡 1/400
左：6号ゴミ穴出土遺物 1/6）

第4節　戦争遺跡を調査研究するための史資料

　本節は第1章から第4章の各節において、収集・分析した各種の史資料について報告するものである。遺跡の調査と併行して調査を進めた日米両軍の史料類、遺跡の変遷を追うために活用した戦前・戦中の空中写真や旧版地図類などの資料について記述する。

1　文献

　戦争遺跡を研究するための史料としては、①陸海軍その他政府機関の公文書、②米軍史料があり、また③元兵士や市民の戦争体験記[1]、さらに④戦争遺跡の発掘調査報告書、近代化遺産調査報告書、自治体史や学校史などの図書類がある。

　①の史料中で陸海軍文書の代表的所蔵先は防衛研究所戦史研究センター（旧図書館）である。同センター所蔵史料には、冊子になった目録から検索するものとカードで検索するものとがある。そして2001年に開設された「アジア歴史資料センター」のホームページ（http://www.jacar.go.jp/）からも史料を検索することができるようになった。国立公文書館や外務省外交史料館所蔵史料も同ホームページから閲覧できる。②は国立国会図書館憲政資料室で閲覧でき、③④の図書は各県の公立図書館などで調べることになる。

　①陸海軍文書
　陸海軍文書の多くは敗戦直後に命令によってそのほとんどが焼却された。しかしすべての文書を完全に焼却することは困難であろう。疎開していた文書（「陸軍省大日記」など）や隠匿された文書がわずかながら残ることになった。ただ残された文書は、時期的にも地理的にも空白が多く、どれほどの史料群のなかのどの程度の分量と位置を占めるのか、判然としない。このような状況下でも防衛研究所戦史研究センターに所蔵されている陸海軍関係の史料の全貌を把握している人はほとんどいないという。

　本節では本論稿の主体となる陸軍関係の史料について紹介する。

　陸軍文書の代表的なものに「陸軍省大日記」がある。これは陸軍省来簡の公文書類を、所管の陸軍大臣官房が、歴代編冊し保存してきた簿冊などの総称である[2]。1868（明治元）年から1942（昭和17）年にわたるものであるが、一部欠けているものもある。この「大日記」は永久保存（機密・（秘）密・普（通）の区分）と5ヶ年間保存がある。

　永久保存大日記は次の17種類に区分されている。

（一）軍事機密大日記	（動員・作戦・要塞・兵器・物品材料・衣糧・船舶・通信等、明治32年から昭和6年）
（二）陸機密大日記	（軍事機密を変更、内容は上に同じ。昭和8年から昭和15年）
（三）密大日記	（訓令・訓示・官制官規・恩賞・賜金・編制・兵役・作戦・動員等、明治36年から昭和17年）
（四）大日記甲輯	（第一類より第六類に分類、明治45年から昭和15年）
（五）大日記乙輯	（第一類より第四類に分類、明治44年から昭和15年）
（六）欧受大日記	（第一次世界大戦に関する普通文書、大正3年から昭和元年）
（七）西密受大日記	（シベリア出兵に関する秘密文書、大正7年から昭和元年）
（八）西受大日記	（シベリア出兵に関する普通文書、大正7年から大正14年）
（九）陸満機密大日記	（満州事変に関する機密文書、昭和8年から昭和15年）
（一〇）陸満密大日記	（満州事変に関する秘密文書、明治37年から40年、昭和7年から昭和16年）
（一一）陸満普大日記	（満州事変に関する普通文書、明治37年から明治42年、昭和7年から昭和13・17年）
（一二）陸支機密大日記	（日中戦争に関する機密文書、昭和3・12年から昭和15年）
（一三）陸支密大日記	（日中戦争に関する秘密文書、昭和3・12年から昭和17年）
（一四）陸支普大日記	（日中戦争に関する普通文書、昭和3・4・13年）
（一五）陸亜機密大日記	（太平洋戦争に関する機密文書）
（一六）陸亜密大日記	（太平洋戦争に関する秘密文書、昭和17年）
（一七）陸亜普大日記	（太平洋戦争に関する普通文書、昭和17年）

5年間保存大日記には大正期・昭和期の文書はほとんどなく、その主体は明治期の文書である。発翰先により次の5種類に区分されている。

（一）壱大日記	（内閣、省院、府県、各種団体、会社関係の発来簡文書、明治18年から昭和17年）
（二）弐大日記	陸軍省、参謀本部、教育総監部、東京警備司令部、台湾軍司令部、憲兵司令部関係の発来簡文書、明治19年から昭和14年）
（三）参大日記	（朝鮮軍・支那駐屯軍、技術本部、運輸部、航空本部等の発来簡文書、明治11年から昭和13年）
（四）肆大日記	（各師団発来簡文書、明治19年から昭和14年）
（五）伍大日記	（兵器行政本部、造兵廠、被服本廠、製絨廠、築城本部、獣医学校等に関する発来簡文書、明治21年から昭和13年）

この他、陸軍各部隊、各学校等で作成された史料が、部隊別・戦域別・戦争別等に77のカードボックスに分類され検索することができる。たとえば、そのいくつかを例示する。1～14までのボックスには「総軍・方面軍・軍・旅団・師団・歩兵連隊」、15は「工兵・輜重兵・騎兵・戦車」等、16・17は「砲兵」、18「自動車・鉄道」、19「船舶」、20「警備隊・守備隊・憲兵」、21「各廠」、22「その他の部隊」、23～27「陸軍航空（部隊別・戦域別・全般）」、28～34「大東亜戦争（本土・北東・沖台・豪北・満州等）」、37～50「典範」、66「軍需動員」等々である。

ところで1999年2月、防衛庁（現防衛省）は旧軍関係史料約11万6,000件のうち約7,000件を非公開にしていることを明らかにした。その後、公文書と私文書の「非公開史料目録」が公開されたが、それによると公文書では陸軍934件、海軍88件、私文書では陸軍58件、海軍78件となって

いる。

　本論稿の「第1章　陸軍岩鼻火薬製造所の研究」や「第3章　群馬県内の戦争遺跡群研究」の第2節・第3節では、「大日記乙輯」「陸支密大日記」や「軍需動員」関係の史料を主体的に収集し分析を試みたものである。

②米国戦略爆撃調査団史料

　米国戦略爆撃調査団（The United States Strategic Bombing Survey, USSBS）は、1944年11月に設置された。その任務は、ドイツおよびヨーロッパのドイツ占領地域に対する連合軍の航空爆撃の効果に関して調査し将来の計画に役立たせるためであった。その後、対日航空戦についても同様の調査を行うために、日本降伏後の1945年9月初めに東京の明治ビルに司令部を設置した。そして約3ヶ月間、日本各地や日本の旧植民地・占領地各地で調査を行い、翌年7月以降108のタイトルからなる『米国戦略爆撃調査団報告書（太平洋戦争部門）』を刊行した。

　この公刊報告書および調査団が同報告書を作成するために収集・利用した史料群が、「米国戦略爆撃調査団史料」と総称される。米国国立公文書館に保管されている「米国戦略爆撃調査団史料」は、72の史料群にわかれる。このうち、エントリー番号6～40がヨーロッパ戦争部門、41～60が太平洋戦争部門、1～5が両者に共通する史料群、61～72が映像・音声史料である[3)4)5)]。

　国立国会図書館憲政資料室では、この調査団史料のうち太平洋戦争部門の史料群を主にマイクロフィルムの形態で利用することができる。その一覧は次のとおりである（注は『マイクロフィルム目録』や『空襲通信』準備号を参考とした）。

○エントリー番号2「最終報告書」マイクロフィルム25巻 　ヨーロッパ調査（212報告書）・太平洋調査（108報告書）の公刊報告書。
○エントリー番号5「索引」図書1冊
○エントリー番号41「報告書草案及び作成用資料」マイクロフィルム508巻 　大半は日本人への尋問と質問への応答、捕獲された日本側文書、USSBSの現場チームの調査報告書・観察記録。
○エントリー番号42「最終報告書　太平洋編」図書50冊またはマイクロフィルム8巻 　エントリー番号2の最終報告書太平洋編の写し。
○エントリー番号43「日本政財界・軍部指導者尋問記録」マイクロフィルム9巻 　尋問は日本の戦時における社会・政治・軍事の全局面にわたり、健康・戦意・工業生産・軍事的および民間防衛に重点をおいた。
○エントリー番号44「日本航空戦力調査」マイクロフィルム1巻 　日本の航空戦力の展開および使用に関して日本陸軍省に質問調査を行い、それに対する日本側の回答報告書。
○エントリー番号45「雑資料」マイクロフィルム1巻 　大部分は日本の文書のUSSBSによる翻訳か、USSBSの照会に対する日本側の回答を、それを要請した部局が翻訳したもので、もとは日本が作成した資料。
○エントリー番号46「各種日本関係情報」マイクロフィルム118巻 　米国の日本および日本占領地への空襲と、日本の軍事・経済・政治・社会・文化に関する公刊・未公刊の幅広い資料。

○エントリー番号47「空襲目標情報：地域別及び目標別」マイクロフィルム3巻
　東南アジアから東アジアまでの目標をリストアップして、目標情報票や地図、写真などを揃えたもの。

○エントリー番号48「空襲目標情報：地域別標的別」マイクロフィルム2巻
　日本各地を南樺太から九州まで39の地区に区分して、そこにある軍需工場・飛行場などの目標の写真・地図などの概要を記す。

○エントリー番号49「空襲目標情報：陸海軍合同地域調査」マイクロフィルム20巻
　日本本土の爆撃目標に関する情報収集のまとめとして作成。

○エントリー番号50「空襲目標情報：地域調査」マイクロフィルム6巻

○エントリー番号51「空襲・爆撃データに関する諸統計表」マイクロフィルム11巻
　日本および太平洋戦域の攻撃目標への空襲に関するもので、連合軍および米国航空隊の公式数値である。少数機による爆撃の裏付けを取るのに有効。

○エントリー番号52「陸軍航空隊統計概報」マイクロフィルム3巻
　この中に第20航空軍の任務別の作戦リストが入っている。

○エントリー番号53「第20・21爆撃軍団作戦任務報告書（B-29攻撃記録）」マイクロフィルム6巻
　作戦任務番号順に編成。第20爆撃軍団の報告書は、1945年3月のシンガポールおよびラングーン地域における作戦任務、第21爆撃軍団の報告書は、日本の攻撃目標に対する作戦任務を取り扱う。地上の空襲体験を裏付ける基礎的資料。1945年2月4日の神戸から1945年8月14日の空襲とその後の捕虜への物資補給作戦が入っている。

○エントリー番号54「海軍・海兵隊陸上機戦闘報告書」マイクロフィルム36巻
　報告書の項目には、報告班名・発進基地・任務名および日時・参加機数・機体・乗員の損害・日本機の損害・日本軍の対空攻撃・日本の船舶および地上の目標物への攻撃・作戦任務の戦術的作戦の分析。

○エントリー番号55「海軍・海兵隊艦載機戦闘報告書」マイクロフィルム29巻
　2種類の報告書からなる。ひとつは艦載機戦闘報告書（54に同じ）、もうひとつは戦闘報告書である。戦闘報告書は航空群または航空母艦の全作戦の簡潔な概要・戦力配備・戦略・対日攻撃報告・使用兵器量および損害・死傷者のリスト・勧告を伴う作業分析を備えている。来襲米機の機種・機数、主な目的・任務は何か、どのような戦闘行動をとったかを明らかにすることができる。

○エントリー番号56「海軍航空隊作戦報告書」マイクロフィルム1巻
　7つの報告書および概要からなる。

○エントリー番号57「海軍海上戦闘報告書」マイクロフィルム2巻
　1945年7月2日〜8月15日の日本領海および東シナ海の対艦掃海に参加した、第3艦隊の任務部隊航空小隊の司令官によって準備されたもの。

○エントリー番号58「極東における機雷敷設」マイクロフィルム1巻

○エントリー番号59「空襲損害評価報告書」マイクロフィルム17巻
　米陸海軍の空襲により日本・中国・満州・朝鮮・台湾の攻撃目標が受けた損害に関する文書類からなる。作戦任務報告書の調査終了後、調査すべき史料群。照準点や爆撃中心点の位置を示している「照準点参照用リト・モザイク地図」が数多く入る。

○エントリー番号60「第20航空軍損害評価カード」マイクロフィルム1巻
　第20航空軍とそれに先立つ第21爆撃軍団が、日本の攻撃目標に与えた爆撃被害を示す。

○エントリー番号72「空襲目標：航空写真」マイクロフィルム2巻
　1944〜45年にかけて日本の攻撃目標を撮影したもの。攻撃目標の位置・規模・性質に関する情報を含む。

○ノーエントリー「雑資料：原爆、太平洋戦域での両軍の軍事作戦、中国共産党に関する日本の報告書」
　マイクロフィルム8巻
　「米国戦略爆撃調査団活動史」マイクロフィルム1巻

上記の史料群中、エントリー番号53「第20・21爆撃軍団作戦任務報告書（B-29攻撃記録）」は空襲・戦災の研究に活用されてきたが、それ以外の史料群はあまり利用されていない。エントリー番号55「海軍・海兵隊艦載機戦闘報告書」などもその代表的な例であろう。
　これらの史料群中のエントリー番号48・50・72から空襲目標とされた軍事施設の情報と施設の航空写真を確認し、エントリー番号53・59からはB-29の作戦行動とその結果を詳細に把握することができる。それは「第4章　空襲研究—群馬県下空襲の実像を追って—」の「第4節　1945年8月5日-6日の前橋空襲を検証する」で結実している。エントリー番号55からは「第2章　陸軍前橋飛行場の研究」の「第3節　飛行場設定と米軍艦上機空襲」、「第4章　空襲研究—群馬県下空襲の実像を追って—」の第1節から第3節で活用・分析することができ、さまざまな知見を得ることができた。

③戦争体験記など
　戦争体験記は事実を綴ろうとする思いと、戦後を生きた自分がその間に培った人生観そのものを投影しようとする働きが加わっている[6]。その意味では、戦争体験記は一つの戦後史でもある。戦争体験記を数多く収集しているのは国立国会図書館であるが、都道府県・市町村の公立図書館の郷土資料コーナーにも多くの体験記が所蔵されている。戦友会誌や郷土出身の元兵士が自費出版した本、地域の公民館主催でまとめられた体験記などである。
　これらを調べることによって貴重な証言を収集することが可能となる。本論稿では「第4章　空襲研究—群馬県下空襲の実像を追って—」の第4節において、数々の証言記録と米軍史料の照合を行い、空襲の実像を明らかにしている。

④発掘調査報告書、近代化遺産調査報告書、自治体史など
　遺跡の発掘調査報告書は発行部数も三百部ほどと限定されているために、一般の人が入手することは困難である。県単位で組織されている埋蔵文化財調査センターなどの図書室を利用することになる。それぞれの組織には図書室があり、県内（市町村分を含めた）報告書はほぼ完備されている。また県外の報告書も県発行の報告書はほぼ網羅されている。しかし、一般公開されている施設は多くないので利用にあたっては不便である。このために、自治体史、近代化遺産調査報告書を含めた図書類については、各県立図書館郷土資料コーナーなどでの調査が必要となる。
　発掘調査報告書では、遺跡の調査に至る経緯、遺構図の確認とその説明、出土遺物の観察表などを確認する。調査担当者や報告書作成者がどのような目的意識をもって調査に臨み、どのような視点から報告しているかを判断することが必要である。そして関連する遺構の資料集成や比較検討、その分析を行う。

2　写真

　写真は戦争遺跡調査に限らず近現代史研究における重要な資料のひとつであるが、戦争遺跡調査においては空中写真の活用は重要である。
　空中のある一点から撮影された写真を空中写真という。撮影にあたっては航空機が多用されるこ

とから航空写真とも呼ばれ、空中写真と同義語のように使用されている。

わが国では西南戦争1877（明治10）年のとき、偵察目的で気球から撮影を試みたのが始まりであり、1911（明治44）年、徳川好敏機に同乗した伊藤中尉が地上の風物を撮影したのが、飛行機による空中写真の始まりであった。その後、軍事目的の写真撮影、都市計画や防空計画目的のための空中写真撮影が実施されてきた。

戦前・戦中撮影の空中写真と戦後まもなく撮影された空中写真には、地上から消滅してしまった多くの軍事施設などが写しだされている。景観の変貌が著しい今日、それらを撮影時のリアルタイムで把握できるという点で空中写真は重要な資料となろう。

いずれも今後の戦争遺跡調査において充分に活用されてしかるべき写真類である。

①戦前・戦中の空中写真

地域によっては日本陸軍が昭和10年代から20年にかけて撮影した空中写真がある。さらに京阪神地区では大正末年から昭和にかけての都市計画目的の空中写真がある。いずれの写真についても今日までその存在は余り知られていなかった。陸軍写真については、どの地域が撮影されているのか、また写真はあったとしてもその中に軍事施設が写しだされているのかは、実際の写真にあたってみないと分からない。北から順に、北海道・福島県・茨城県・栃木県・群馬県・埼玉県・千葉県・神奈川県・東京都・山梨県・岐阜県・静岡県・愛知県・三重県・広島県・福岡県・大分県・鹿児島県の1都1道16県の地域が部分的に撮影されている。

ちなみに、第1章で研究した陸軍岩鼻火薬製造所については、1940（昭和15）年2月16日、1942年3月23日の空中写真が存在しており、大変貴重な情報を伝えてくれる。たとえば、製造所敷地の拡張や施設の拡充等がかなり明瞭に判読できるからである。

一方、米軍が撮影した空中写真には、戦中に撮影されたものと戦後まもなく撮影されたものの大きく分けて二種類存在する。従来、戦後のものが比較的活用されていたが、最近になって日本本土に攻撃を加えた米軍側の「米国戦略爆撃調査団史料」中に、数多くの空中写真があることがわかってきた[7]。

たとえば、日本本土、日本統治下にあった朝鮮半島・台湾、満州などの都市・工業施設などの空襲目標に与えた損害に関する報告書であるエントリー番号59「空襲損害評価報告書」には、B-29から高高度撮影した空襲前の偵察写真と空襲中の写真、空襲後の写真が含まれている（第4章・第4節参照）。これらの「写真を子細に分析することで、各都市の空襲の経時的変化をかなり克明に追跡・再現できる」[8]という。エントリー番号55「海軍・海兵隊艦載機戦闘報告書」にも、生々しい空襲の状況を撮影した資料多数が含まれている。群馬県下の事例では、中島飛行機太田製作所・同小泉製作所、桐生飛行場などへの艦上機による攻撃写真がある（第2章・第3節、第4章・第1節、同第3節参照）。さらに、エントリー番号48「空襲目標情報：地域別標的別」・エントリー番号47「空襲目標情報：地域別及び目標別」には、日本各地や東南アジアから東アジアまでの空襲目標をリストアップして、軍需工場、発電所、港湾、鉄道、飛行場などの写真や地図などが記されている。エントリー番号72「空襲目標：航空写真」には、約3,000の目標の写真が収録されている。筆者もこれら史料群から、1945年2月12日に偵察された陸軍岩鼻火薬製造所の写真や陸軍前橋飛行場の写真を見つけることができた。それを検証したのが「第1章第6節　写真偵察—陸軍岩鼻火

薬製造所」である。

②戦後の米軍写真

　1947年から48年頃、米軍によって日本全域（4万分の1）と主要平野（1万分の1）の撮影が実施されている。戦後まもなくの撮影であることから、数多くの軍事施設跡や飛行場跡も写真から判読できる。戦前・戦中の空中写真は地域が限定されている。このために目的とする写真が検索できない場合には、この空中写真を利用することになる。

　たとえば、1944年から45年にかけて全国に構築された地下工場（地下壕）の存在については、かなりの情報を提供してくれる。群馬県利根郡月夜野町後閑（現みなかみ町）に中島飛行機小泉製作所（海軍・機体）尾島工場の地下工場がある。掘削は1945年2月から開始され、敗戦直前の8月10日に完成した。1947年の空中写真を検討すると、地下工場構築のために新たに作られた軍道や掘削の際にでた土砂の捨て場、朝鮮人の飯場とおぼしき建物などが写っていた（第3章・第4節参照）。同様に地下工場の出入口や掘削の際の土砂捨て場などを写真から検討したものに、『松本市における戦時軍事工場の外国人労働実態調査報告書』（松本市・1992年）があり、参考になる。

3　地図・図面類

　現在、書店などで入手できる地形図には、2万5,000分の1、5万分の1があり、さらに小縮尺の20万分の1地勢図などがある。また地域によっては1万分の1地形図もある。2万5,000分の1、5万分の1地形図は、日本全土をカバーしており地域調査をする場合の基礎資料として活用できる。しかし戦争遺跡調査では、これら地形図を使用した場合、地名の変更や軍事施設の消滅等によって、地図上からその存在を確認することは困難である。そこで地図上から軍事施設の変遷をあとづけるためには、明治から昭和前半にかけての地形図を入手することが必要となる。

　関東平野一帯については、1880～86（（明治13～19）年にかけて作成された「第1師管地方2万分1迅速測図」（復刻版「明治前期関東平野地誌図集成」柏書房　1992年）、大阪地方では1884～90（明治17～23）年にかけて作成された「京阪地方仮製2万分1地形図」（復刻版「関西地誌図集成」柏書房　1989年）がある。このほか大正・昭和に出版された陸地測量部あるいは地理調査所発行の2万5,000分の1や5万分の1地形図がある。

　明治の迅速測図、大正・昭和前半の旧版地形図を年代ごとに比較検討することで、軍事施設の変遷をある程度把握することが可能となろう。その実践例の一つが「第1章・第2節　明治・大正期の製造所」である。

　一方、軍事施設などの個別の図面類については、防衛研究所戦史研究センター所蔵の「陸軍省大日記」の中の「乙輯第二類」や「伍大日記」などでも確認することができる。これらには土地や建物に関する文書多数が綴られており、丹念に調べていくと施設関係の図面等を発見することができる。その成果の一端を第1章全般で紹介してある。

注

1) 林　博史「戦争史料の見方、扱い方」『図書館雑誌』Vol.93 No.8、pp605-607、1999年。
2) 近藤新治「陸軍省・海軍省」『日本古文書学講座第九巻近代編Ⅰ』pp.160-168、1979年。
3) 辻川　敦「戦争研究のための米軍史料ガイダンス」『歴史と神戸』第34巻第4号、pp.2-13、1995年。
4) 空襲・戦災を記録する会全国連絡会議『空襲通信』準備号、1999年。
5) 国立国会図書館憲政資料室『米国戦略爆撃調査団文書マイクロフィルム目録』
6) 藤井忠俊『兵たちの戦争　手紙・日記・体験記を読み解く』p.297、朝日選書、2000年。
7) 金子　力「米軍資料と空襲史研究」『空襲通信』準備号、pp.13-18、1999年。
8) 中山伊佐男「米軍資料『空襲損害評価報告書』の概要」『空襲通信』準備号、pp.19-26、1999年。

第1章　陸軍岩鼻火薬製造所の研究

第1節　製造所の跡地、県立公園「群馬の森」周辺を踏査する

はじめに

　群馬県の明治百年記念事業の一環として県立公園「群馬の森」が開園したのは、1974（昭和49）年である。この群馬県の事業により、旧製造所の建築物 111 棟、建築物に付属する工作物 57 基が解体されていった（写真1・2）。しかし建物は壊されたものの、園内には火薬工室を取り囲んだ土塁やトンネル多数が残された。土塁には爆風よけのために植樹されたシラカシが密生している。「群馬の森」の由縁である。
　本節では、公園内外を歩き製造所施設関連の構造物などを確認したい。

1　園内に製造所施設跡を見る

　公園の正門右手の遊歩道を進む。その右手には粕川が流れている。左に大芝生広場を見ながら、直進すると遊歩道右手に土塁が見える。
　この土塁は火薬工室で万が一爆発事故が起こった場合、周囲に被害を及ぼさないために構築されたものである。また土塁に付属するコンクリート製のトンネルもあるが、これは内部にあった工室に行くための通路である。公園造成時に火薬製造所の建物関係はすべて壊されてしまったが、土塁だけは残され、今日火薬製造所の面影を見学することができるのである。

ダイナマイト碑（写真3）
　さらに進むと、左手の小芝生広場奥まったところには、「我が国ダイナマイト発祥の地」の碑がある。台石は御影石、竿は仙台石を使用した高さ3メートル、幅1.4メートル、厚さ37センチの大きさがある。裏面には次の建碑記が刻まれている。

　　ここ、旧岩鼻火薬製造所の歴史は明治十二年にはじまる
　　富国強兵、産業の振興をはかり、近代国家の確立をめざした明治政府は火薬類の軍需、民需の急増に応えるため烏川の沿岸で当時としては唯一の動力源である水車の利用に適し、水利と水運に恵まれ、東京にも近いこの地に建設を決定した
　　明治十三年　建設に着手
　　明治十五年　竣工、黒色火薬の製造を開始、施設の増設、技術の革新をはかった
　　明治三十八年　ダイナマイトの製造を開始して、わが国産業爆薬製造の発祥地となった
　　昭和九年　ニトログリセリン入り無煙火薬の製造を始めた

昭和二十年　第二次世界大戦の終結による閉鎖にいたるまで六十四年間、ここで生産された火薬類は軍需のほか民間需要にも応へ、わが国近代産業史に残した足跡は大きい
　群馬県が明治百年の記念事業として、この地に「群馬の森」を開設し、新しい時代の役割を担う地を計画すると聞き、この地にゆかりあるもの相計り、由来を述べて建碑の記とした。
　　　昭和四十八年五月十三日　　　　　　　　　　　　　　　従業員
　　　　　　　　　　　　　　　　　　　　　　　　旧岩鼻火薬製造所遺　族　有志一同
　　　　　　　　　　　　　　　　　　　　　　　　　　　　　　関係者

　ダイナマイト碑は岩鼻火薬製造所の歴史を伝えるために、かつての関係者などが1973年に建立したものである。岩鼻火薬製造所は陸軍唯一のダイナマイト工場であり、また黒色火薬と無煙火薬の製造所でもあった。
　碑の建設の話が持ち上がったのは、1969年のことである。服部誠吾元所長の「今後、ここ（岩鼻火薬製造所跡地）が群馬の森として発足するなら何か陸軍の印を残してもらいたい」という話からであった。申請書の提出の際には、当時の知事から「軍国主義的復古調的のものでなければ」との条件で検討されていったという[1]。
　なお、碑に記された「明治三十八年　ダイナマイトの製造を開始」は、明治三十九年が正しい。

火薬工室（写真4）
　碑をあとにして遊歩道を少し進むと、日本化薬株式会社との敷地境界に、屋根はトタン葺きで鉄筋コンクリート造りの建物複数棟が見られる。中には壁の一部だけが残っているものもある。これらは火薬の作業工室で、圧伸圧延室と呼ばれた工室と思われる。火薬をソーセージのように押し出して成型する部屋で、1937年後半頃の建築である。工室は周囲を土塁に囲まれている。鉄柵は公園と日本化薬株式会社敷地を分けるものである。

射場（写真5）
　さらに遊歩道を東に進んで公園敷地の東端近くに来ると、日本化薬株式会社の敷地内から続いている巨大なコンクリート製トンネルを金網越しに見ることができる。これは1935年に完成した隧道式の射場である。敷地内にあった露天の大砲・小銃用の射場を、小火器専用の射場として完備したものであった。そして大口径用の射場として、多野郡八幡村（現高崎市）ほか1ヶ村地内の土地買収が、1938年に実施された。

土塁群
　遊歩道を一旦もどり、今度は北に進むとたくさんの土塁群が見られる。園内北側にある「わんぱくの丘」「かたらいの丘」に上ると、土塁構築の様子がよくわかる。これらの土塁群は1905（明治38）年のダイナマイト工場の設置と同42年に拡張されたダイナマイト工場地帯の遺構の一部である。これらの土塁内部は、ある程度埋め戻されているものの、植樹されたシラカシとともに往事の姿を彷彿とさせてくれる。

ダイナマイト工室

　公園北側の独立行政法人日本原子力研究開発機構高崎量子応用研究所との敷地境の土塁に登ると、木造のダイナマイト工室の建物が2棟見られる。西側の建物はすでに倒壊寸前である（写真6）。旧製造所の建物番号では第180号家になる。このダイナマイト工室（捏和室）は、木造平屋建である。最初の建物は1905（明治38）年に建造されたが、1938年5月27日の爆発事故で改築されたものであった。工事区分乙、積量76、単価30円、小計2,280円で改築された、かつてのダイナマイト工場地帯に残るほぼ唯一の木造工室となる。この工室を含め、現在までに残されている施設の保存を真剣に考えていかなければならないであろう。

群馬県朝鮮人・韓国人強制連行犠牲者の追悼碑

　この碑は公園の北東部に設置してある。2004（平成16）年4月24日に「記憶　反省　そして友好」追悼碑の除幕式が執り行われた。建立場所が県立公園内ということで碑文をめぐって群馬県当局と議論が繰り返された。最終的には次の碑文が刻まれることになった[2]。

　　追悼碑建立にあたって
　　二〇世紀の一時期、わが国は朝鮮を植民地として支配した。また、先の大戦のさなか、政府の労務動員計画により、多くの朝鮮人が全国の鉱山や軍需工場などに動員され、この群馬の地においても、事故や過労などで尊い命を失った人も少なくなかった。
　　　二一世紀を迎えたいま、私たちは、かつてわが国が朝鮮人に対し、多大の損害と苦痛を与えた歴史の事実を深く記憶にとどめ、心から反省し、二度と過ちを繰り返さない決意を表明する。過去を忘れることなく、未来を見つめ、新しい相互の理解と友好を深めていきたいと考え、ここに労務動員による朝鮮人犠牲者を心から追悼するためにこの碑を建立する。この碑に込められた私たちのおもいを次の世代に引き継ぎ、さらなるアジアの平和と友好の発展を願うものである。
　　　　　　　　　　　　　　　二〇〇四年　四月二四日
　　　　　　　　　　「記憶　反省　そして友好」の追悼碑を建てる会
　碑文中「朝鮮」及び「朝鮮人」という呼称は、動員された当時の呼称をそのまま使用したもので、現在の大韓民国、朝鮮民主主義人民共和国、及び両国の人達に対する呼称である。

　このような文面が日本語とハングルで記されている。
　製造所内では強制連行された朝鮮人などは働かされていなかった。しかし、1945年5月から暗号名「ト号工事」と呼ばれた火薬製造所の地下工場の建設が開始されるが、この掘削にあたっては強制労働に従事させられていた朝鮮人や中国人多数がいたのである。詳細については第3章・第4節を参照願いたい。

2　日本化薬株式会社高崎工場周辺を見る

　公園正門をでて塀に沿って南に進むと旧製造所時代の正門が見える。

正門と事務所（写真7）

　旧火薬製造所の正門は1938年から39年にかけての敷地拡張に伴って建設されたものである。その正面奥には鉄筋コンクリート造平屋建ての堅固な建物がある。当時の事務所である。中央に天窓のついた大きなホールがあり、左右に事務室が配置されている。現在、日本化薬株式会社高崎研究所事務所として使用されている。陸軍が初めて本格的な鉄筋コンクリート構造の導入を計ったのは関東大震災の復興にあたってからで、この建物は1929年の建築である。

共栄門

　塀に沿ってさらに南に進むと「共栄門」の表札のある門がある。製造所時代にはこの門を入ると物置2棟があり、その東に共栄会という食堂があった。ここで使用された食器を紹介する。

　図1は、岩鼻火薬製造所の共栄会で使用されていた食器（丼）で、高崎市倉賀野町在住の島田儀一郎氏から提供されたものである。

　図1-1の口径は16.2センチ、器高8.2センチ、底径6.8センチを計る。内外面の色調は灰白色。外面口縁部には二条（一条の幅1ミリ）の緑灰色の横線が描かれ、体部には火と爆弾をイメージしたマークが同じく緑灰色で表示されている。このマークは1873（明治6）年9月24日制定の下士兵卒臂章に火工のマークとして制定されているものである[3]。おそらくは火薬を取り扱った部署・人員を対象として表示されたものと思われる。高台内には「岐1070」の生産者別標示記号がクロム印（クロム呉須によって押印されたもの）されている。岐阜県の瑞浪陶磁器工業組合所属の山内利市の生産品である。

　図1-2は図1-1とほぼ同規格である。口径は16.5センチ、器高8.2センチ、底径6.8センチを計る。内外面の色調は灰白色。外面口縁部には二条（一条の幅1.8ミリ）の緑灰色の横線が描かれ、体部には火と爆弾をイメージしたマークが同じく緑灰色で表示されているが、やや薄くなっている。高台内には型印（石膏形にすでに押印されているもの）による生産者別標示記号がありそうであるが、残念ながら判読できない。

　岩鼻火薬製造所共栄会で使用された、この爆弾マーク入り工場食器の使用は、1941年前後からと考えられる。そして当時の国民服同様に甲乙の二種類あった。本資料は甲種で、この器（蓋付き）を使用した甲弁は乙弁よりご飯が多く金額が高かったという。乙種食器の内側は白、外側は国防色であった。また甲弁の食券は青色、乙弁はローズピンク色であり、材質はセルロイド製である（島田儀一郎氏ご教示）。

　図2は陸軍造兵廠岩鼻病院の食器である。日本化薬株式会社高崎工場の正門をはいって正面左側に木造の建物がある。かつての陸軍造兵廠岩鼻病院である。1940年4月からこのような名称となったが、それまでは診療所と呼ばれていた。食器はそこで使用されていた碗である（島田儀一郎氏提供）。共栄会使用の碗と比べるとやや小振りである。汁碗であろうか。口径10.8センチ、器高5.8センチ、底径5センチの大きさである。器の外面には緑色の二重線が巡り、赤十字のマークが入っている。高台内には「日陶製」の文字が記されている。「日陶」とは、日本陶器合名会社のことで、名古屋にある現在のノリタケカンパニーの前身である。こうした碗が使用されるのは、1941年以降のことである。

　これらは、軍用に即時転用可能なものを、統一規格による大量生産で民間に流通させると同時に、

戦時統制の精神を徹底させる道具でもあった。国策に応じた産品とされたため、多くの窯業工場でつくられた。軍用にも流用され陸軍徽章の星印が描かれた陸軍食器、白色無地の海軍食器、軍需工場で使用された工場食器などがそれである。

　この食器は地域の歴史を語るうえで貴重な近代遺物の一種と考えてよいものであろう。

頌徳碑（写真8）
　日本化薬株式会社構内には1944年建立の「頌徳碑」が、旧製造所の正門をはいったすぐ左手にある。碑文は次のように刻まれている。

　　　事変以来奉公至誠身ヲ致シテ臣節ヲ盡シ名ヲ不朽ニ垂ルルモノ
　　　世其美譚ニ乏シカラス而モ我カ岩鼻製造所故技術雇員瀧澤篤
　　　三郎君故陸軍属大澤四方二君ノ殉職ノ如キハ蓋シ其ノ尤ナルモ
　　　ノカ昭和十九年四月三日室長瀧澤君ハ部下大澤君ト共ニ第二工
　　　場ニ在リ周到ナル注意ヲ怠ラス造兵ニ専念ス夜半其ノ身邊ニ於
　　　テ突如発火ノ気配ヲ感シ低響ヲ耳ニス一瞬瀧澤君ハ大澤逃レヨ
　　　ト叫ヒツツ辛クモ身ヲ脱ス然レトモ大澤君ノ姿ナキヲ知ルヤ火
　　　傷ヲ顧ミルノ遑ナク再ヒ大澤君ヲ求メテ大呼シツツ遂ニ僵レタ
　　　リ大澤君ハ重傷ニ屈セス漸ク危急ヲ避ケタレトモ工場前ニ是亦
　　　仆レタリ時ニ午前零時ナリ既ニシテ瀕死ノ床ニ在リテ瀧澤君ハ
　　　只管官物ヲ焼失セルノ過誤ヲ謝シ其ノ一言家事ニ及ヒシヲ聞カ
　　　ス又大澤君ハ其ノ母ニ告ケテ曰ク児欣然トシテ護国ノ鬼トナラ
　　　ム願ハクハ嘆キ給フ勿レト室長ハ部下ニ思ヲ馳セ部下ハ室長ノ
　　　身ヲ案シツツ倶ニ大君ノ万歳ヲ奉唱シ終リテ絶ス哀シイ哉嗚呼
　　　二君　壮堅実克ク孝悌ヲ致シ職ヲ我造兵廠ニ奉スルヤ上司ノ
　　　信頼ト僚友ノ敬愛トヲ鐘ム一朝不測ノ災禍ニ遭ヒ挺身其ノ責務
　　　ヲ全ウシ従容職ニ殉ス厥ノ荘厳ノ烈洵ニ臣子ノ亀鑑ニシテ千載
　　　ノ下益々光輝ヲ放タム
　　昭和十九年十一月三日　　陸軍大佐従五位勲三等増田信夫撰并書

　昭和期8回の爆発事故のうち、死亡した職員・従業員の事故直後の行動がわかるのは、決して多くはない。そんな中で、この建碑には、死亡した2名の行動を讃えながらも、全従業員に対する造兵報国の精神を徹底させようとした狙いがあったのでないだろうか。

将校集会所（写真9）
　旧官舎地帯の天神山の北側に木造平屋建て、瓦葺き寄せ棟屋根で、外壁は下見板張りの上げ下げ窓のついた洋風建築の建物がある。L字型の洋館で、これに集会や宿泊に使用されたと思われる和館が接続している[4]。1937年の正月元旦、玄関前で撮影された幹部職員の写真が残されている（写真10）。官舎地帯にあった当時の建物は、現在これだけになってしまった。

陶製の硝酸製造装置

　県道前橋長瀞線に戻って、南へ坂道を登ったところの信号左手に料理屋がある。その庭に展示されているのが、1936年まで岩鼻火薬製造所で使用されていた陶製の硝酸製造装置である。大日本京都陶器師高山銘があることから、高山耕山化学陶器株式会社製である。明治初年、大阪造幣局から硫酸瓶の注文を受けて以来、耐酸陶器や化学薬品の製造装置を専門としていた。古くは京都五条坂で丸屋源兵衛と名乗った代表的陶器問屋である。化学薬品用陶器を増産し、1949年に廃業している。広島県大久野島の毒ガス資料館に展示されている毒ガス製造の冷却器もこの会社の製品である。

おわりに

　県立公園「群馬の森」周辺一帯には、シラカシやシイ、クヌギなどの樹木が生い茂り、また高さ4～5メートルほどの土塁に囲まれた場所が数多くある。かつての火薬製造所が1880（明治13）年から1945年まで存続していた名残りである。

　火薬製造所時代には、敷地内の平野林・防火林の確保に努力がはらわれていたが、戦後の放置期間にナラ・ケヤキ・ムク・松などの自生植物のほか、シラカシなどの植樹類もほぼ自生化し、今日関東平野地域を代表する平野林の景観を呈している。

　明治から現在に至るこの地域の自然環境・歴史的環境の保全と当面群馬の森周辺の一隅（日本化薬・日本原子力研究所構内を含む）にその歴史的背景を踏まえた「歴史の森」「平和の森」の設立を考え、建造物を含めた近代遺跡の活用をはかっていったらどうだろうか。

　次節以降の研究は陸軍岩鼻火薬製造所の歴史を可能な限り詳細に復元したものである。今日までに遺されている遺跡を将来にわたり伝えていくための基本研究となるものである。

注
1）『岩鼻火薬製造所跡記念碑建立協賛者名簿』1973年。
2）『記憶、反省そして友好』群馬県朝鮮人・韓国人強制連行犠牲者の追悼碑を守る会、2006年。
3）『陸海軍服装総集図典』国書刊行会、1996年。
4）群馬県教育委員会『群馬県近代化遺産総合調査報告書』1992年。

第1章　陸軍岩鼻火薬製造所の研究

写真1　解体される火薬工場（1970年12月撮影）
原田雅純氏提供

写真2　解体される火薬工場（1970年12月撮影）
原田雅純氏提供

写真3　ダイナマイト碑と無煙火薬圧伸工室
原田雅純氏提供

写真4　現在に残る火薬工室

写真5　射場

写真6　ダイナマイト工室

写真7　旧火薬製造所の正門

35

写真 8　頌徳碑

写真 9　旧将校集会所

写真 10　将校集会所前での記念撮影（1937年1月1日）

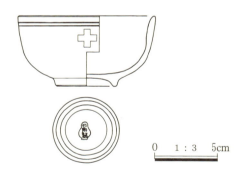

図2　岩鼻病院使用の食器

図1　共栄会使用の食器

第2節　明治・大正期の陸軍岩鼻火薬製造所

はじめに

　東京の板橋火薬製造所に次いで、わが国二番目の陸軍火薬製造所の建設が、当時の群馬県西群馬郡岩鼻町（現高崎市岩鼻町）に決定したのは、1879（明治12）年のことである。

　東京から距離があるものの、東京との間に船便があり、また水利に富み水車の利用が可能なことから選定されたものであった。同年4月、小澤少将、原田大佐、関大佐の3名が、翌月には西郷従道陸軍卿、川村純義海軍卿、大山巌参謀部次長らが建設地の視察を行い[1]、翌年5月に建設工事がはじまった。

　そして1882（明治15）年10月から黒色火薬の製造を開始した。これにより陸軍の火薬は、板橋と岩鼻の両製造所で製造されることになったのである。当時の正式名称は、「東京砲兵工廠岩鼻火薬製造所」といった。

　その後、幾多の変遷を遂げながら1945年8月の敗戦まで、黒色火薬・ダイナマイト・無煙火薬の製造を行い、実に64年の歴史を刻んだ。その歴史を振り返ることは、日本の近代史、とりわけ軍事・産業史を考える上で重要なことであろう。

1　明治操業期の敷地と黒色火薬工場

　操業当初の敷地面積は、工場敷地10万1,386坪（約33万4,574平方メートル）、官舎敷地1万6,082坪（約5万3,070平方メートル）の計11万7,468坪（38万7,644平方メートル）であった。建設費は機械類12万6,000円、建築物3万1,000円、民有地買収5万円である。計画主任者は参謀本部の牧野毅中佐および星山貞吉少佐で、工事の責任者は町田實秀砲兵大尉（後、初代所長となる）がこれにあたった[2]。

　敷地測量図や製造所建物などの設計図は今のところ確認できていない。しかし、これにかわるものとして「第一軍管地方（関東地方）二万分一迅速測図」（明治18年　フランス式彩色地図・図1）「高崎及富岡近傍第一号（第一師管地方迅速測図）倉賀野駅（明治18年測量、同29年修正・図2）」が参考になる。この両図には東西約700メートル、南北約370メートルの工場敷地と東西約200メートル、南北約250メートルの官舎敷地、烏川から取水する水源水路などが描かれている。

　この水源水路の工事は、地下12メートルほどの所に長さ720メートルほどのトンネルを掘るものである。その間72メートルずつ隔てて井戸の様なものを掘ってトンネルの中の岩石を滑車で引き上げる大工事であった[3]。

　地図には操業時すでに敷地の確保されていた井野川対岸の八幡原火薬庫は描かれていないが、これら敷地が操業当時の火薬製造所敷地の範囲と考えられる。敷地北側を粕川が東流し、北西部に若干の建物、南側には用水下水堀と黒色火薬工場地帯が描かれている。八幡原火薬庫の建設は、1884（明治17）年から始まり『日本陸軍火薬史』によると1890年にその使用を開始している。火薬庫の

面積は1万5,972坪4合5勺（5万2,707平方メートル）である[4]。

ところで、最近になって1895（明治28）年から1905年にかけて所長を務めていた寺田利英（第2代所長）によりまとめられた「諸表」と、それに添付された製造所建造物配置図（2,000分の1）（図3）[5]が防衛研究所所蔵史料の中から見つかった。

この配置図（図4）を見ると、工場建物に一連番号が付され、その用途が一覧表にまとめられている。たとえば、第1号家は事務所、第2号家・工場員室および職工会食所、第3号家・門番所、第22号家・硝石精製場、第23号家・第1木炭場、第32号家・硫黄砕末場といった具合である。事務所は敷地中央の西端に位置し、粕川を挟んで敷地北西部には火薬の原料となる硝石、硫黄、木炭の倉庫やその精製場などがある。黒色火薬工場地帯の建物番号は、西側から順に第32〜43、47〜49、51号となっている。これらは第1圧磨場から第6圧磨場、第1・第2破砕場、第1造粒場、第1光沢場などとなっている。また官舎地帯には第61〜71号の建物が存在している。

製造所敷地内の最終建物番号は第75号である。これらの建物群と敷地がほぼ操業段階のものと考えられるようになってきた。

2　黒色火薬の原料

1871（明治4）年の陸軍創設から1894年の日清戦争に至るまでの軍用火薬は、黒色火薬を使用していた。日清戦争では、海軍の軍艦吉野と陸軍の村田式連発銃だけが無煙火薬を使用し、その他は黒色火薬や褐色火薬（黒色火薬と同じ成分）を使用していたのである。

黒色火薬の製造に必要な原料は、硝石・硫黄・木炭である。「火薬製造法大意（明治時代）」[6]『火薬学』（1932年初版発行）[7]『明治工業史　火兵編鉄鋼編』（1969年発行）[8]などの資料や図書を参考として、その精製法をまとめると次のようである。

精硝石－銅製の釜で1,350リットルの清水を沸騰させる。そこに粗硝石2,700キログラムをかきまぜながらだんだんと投入する。全硝石の溶解が終わるまで、その液面に浮かぶ汚物や泡沫を絶えず除去する。全液が透明白色となれば、結晶槽に移して絶えずかき動かす。結晶になると槽の両側に堆積し水分を流下させた後、洗浄槽に移し清水を注入して再び塩分を除去する。そしてその一部を分析場に送って試験し、合格したものは乾燥器に移して乾燥させ冷却させる。そして桶に充たして計量し、火薬製造用とするものであった。

硫黄－硫酸やヒ素を含まない、あらかじめ精製した硫黄を粉砕し、篩にかけて桶に充たして計量し、火薬製造用とする。

木炭－木炭は黒色火薬の品質を左右する重要なものである。小銃用の火薬には、楊あるいは榛（奥州産）、坑山用の火薬には楮幹（上州産）を専ら用いた。その炭化方法などは、ほぼ同一である。それは春期あるいは秋冬期成採の楊材で、湾曲しないで節も少なく、また腐食部もない1ヶ年以上大気中にさらしたものを温湯で洗浄する。乾燥すれば炭化竃に充填して炭化する。それを取り出して消炭筒内に密閉して7日間以上貯蔵した後、爆発の原因となる恐れのある腐食部や節部などの土砂を除去して、約1センチの不正形の塊とする。それを篩にかけて桶に充たして計量し、火薬製造用とする。

これらの原料を収納した倉庫が製造所敷地の北西部にあり、硝石を精製する硝石精製場、木炭を

洗浄する木炭材洗浄場、そして木炭場などがその西側に配置されていた。精製された火薬原料は、黒色火薬工場地帯の用水堀を挟んだ北にある、第1・第2秤量場に運ばれて計量され、火薬製造に使用されたのであった。

3　黒色火薬の製造

　精硝石75、硫黄10、木炭15の割合で混合して小銃用の火薬を造った。その工程についても前記資料や図書を参考として記述する。

　圧磨－精硝石22キロ500グラム、硫黄3キロ、木炭4キロ500グラムを圧磨機（図5）の盤面に敷き、その上を注水しながら重量約5トンの圧輪2個で2時間30分から3時間、毎分6回の回転で転圧して十分にまぜあわせる（混和）。混和したものを圧磨剤という。

　破砕－圧磨剤に水分を与えて破砕機で破砕し破砕剤とする。

　水圧－銅板上に木枠をのせて綿布を広げ、破砕剤5キロ500グラムを入れて平らにした後、綿布をたたんで木枠を取り去る。これを繰り返して30段として水圧機に持ち込み所定の圧度を加える。

　薬餅破砕（第二破砕）－水圧した薬餅を木槌で一辺2～3センチの薬塊とする。

　造粒－ルヘーブル造粒機でこれを行う。小銃薬は0.6ミリ～1.2ミリの間を成粒として粉末を除去する。

　1次光沢－光沢機は銅または木製のドラムである。成粒を入れて毎分28回の回転で1時間30分、成粒は互いに摩擦して川砂利のように丸みのある滑らかな粒となる。

　乾燥－できた粒は、なお2～2.5パーセントの水分を含んでいるので、日光で約10時間、もしくは乾燥室で乾燥させる。

　掃粉－乾燥した後、掃粉機で篩にかけて粉末を除去する。

　2次光沢－二区に区分された大光沢槽内の各区に150キログラムを入れて、毎分14回の回転で12時間これを行う。

　分粒－小銃薬は0.6ミリと1.4ミリの篩で過小過大の粒を除去する。

　混同－分粒した火薬の性状を同一にするために600キログラムで小混同を行い、さらに小混同したもの6種を混同して3,600キログラムの同一性状の火薬とする。

　そして検査に合格したものを制式の火薬箱に27キログラムずつ収納した。

　これら一連の作業を行った場所は、すでに記した製造所敷地南側の土塁に囲まれた地帯である。そこには、西側の第1圧磨場から第6圧磨場において圧磨作業を行い、第1破砕場で破砕作業、第1水圧場で水圧作業、第2破砕場で薬餅破砕、第1造粒場で造粒作業、第1光沢場で光沢作業、乾燥場で乾燥の作業をそれぞれ行い、そして東端にある掃分場で掃分作業を、最後に敷地中央東部にある分粒場や分粒混同場で最終工程の作業が行われていったのである。

　現在、製造所施設の一部を引き継いだ日本化薬株式会社高崎工場に保存されている縦軸水車は、黒色火薬を製造する圧磨機や破砕機を運転するための動力源として用いられた12基のうちの1基である。鉄製で、高さ95センチ、幅180センチ、全長160センチの大きさがある（図6）。電力設備を改修した1923（大正12）年まで使用されていた。展示説明版（縦軸水車記）には次のように記載されている。

明治十五年当製造所創業以来黒色火薬製造ニ要スル動力ハ烏川ノ水ヲ構内用水溜堀ニ導キ之ヲ以テ各工室ニ設ケタル縦軸水車ヲ運転セリ即チ此水車ハ大正十二年電力設備ニ改修セラルル迄ニ実ニ四十五年ノ久シキニ亘リ継続使用セラレタルモノトス茲ニ昭和五年三月当所設備計画ノ事業一段落ヲ告ルヲ期トシ此処ニ陳列シ以テ記念トナスコトトセリ　昭和五年四月　縦軸水車総数一二基　水力能力　水高落差八呎（フィート）　七六馬力　一分間所要水量　五六七立方呎　一分間回転数　一七〇回　一案内羽数　一二個

また、同じく屋外展示されている炭化器は、硫黄と混ぜる木炭を作るものである。フランス製で1893（明治26）年に据え付け、1928（昭和3）年まで使用されていたものである。展示説明版には次の記載がある。

本炭化器ハ仏国製ニシテ明治二十六年ニ現在ノ第二十三号家ニ据付ラレテヨリ爾来三十五ヶ年間（自明治二十六年至昭和三年）使用セラル　仕込容量　九十キログラム　炭化所要時間　六時間　本器ハ固定式ナルヲ以テ炭材ノ炭化度ハ筒内ノ各部ニ於テ異ナル欠点アリシモ副生瓦斯ヲ炉内ニテ燃焼セシムル装置ヲ有スルヲ以テ燃料節約シ得ル利点アリ

1886（明治19）年当時の黒色火薬の製造量は、年間14万キログラムくらいであった。1902年の平均10時間の火薬製造高は、炸薬（砲弾などに詰めて、これを炸裂させる軍用の破壊薬）300キログラム、坑山火薬475キログラムの計775キログラムで、日露戦争勃発前の1903年の主要生産量は、年間の作業日数301日で、小粒薬2万キログラム、坑山用火薬35万9,400キログラムとなっている[9]。

4　わが国はじめてのダイナマイト製造

1894（明治27）年の日清戦争では板橋火薬製造所、目黒火薬製造所（海軍のち陸軍）とともに黒色火薬を供給し、日露戦争中の1905（明治38）年、陸軍が旅順の東鶏冠山北堡塁爆破に、ノーベル社製ダイナマイトを使用して大成功を収めたこと、さらに戦時中鉱業用爆薬の需要が増加したことから、急遽、工学博士の石藤豊太を第3代所長としてダイナマイト工場を製造所構内に建設している。それは建物43棟、1,616坪（5,333平方メートル）、建築費23万380円、器具機械12万2,714円であり、同年5月に完成した[10]。9月、黒色火薬製造場を甲製造場、ダイナマイト製造場を乙製造場と呼んでいる。

翌1906年に、ニトログリセリン、珪藻土ダイナマイト（鶴印・亀印）、膠質ダイナマイト（桜印・梅印）の製造を開始したが、これらはいずれもわが国はじめてのことであった。以後、岩鼻火薬製造所は陸軍唯一のダイナマイト工場として、1945年8月の日本の敗戦まで、ダイナマイト生産を続けたのである。

ダイナマイトの主成分はニトログリセリンである。このニトログリセリンは敏感な爆発物で、その取り扱いは非常に危険なものであった。1866年、スウェーデンのノーベルは、これを珪藻土に

しみこませて珪藻土ダイナマイトの製造に成功、その後、弱綿薬を混合融和させてコロイド化したニトログリセリンを使った膠質ダイナマイトの製造にも成功していた。

　ニトログリセリンの製造は、硝酸と硫酸の混液にグリセリンを注入して科学反応をおこさせる（これを硝化という）極めて危険な作業である。化学反応によってガスが発生し、もうもうと煙がたちのぼった。その後、予洗い、洗浄、濾過の作業工程を経る。これらの作業を行う建物は、万一爆発が起こってすぐに吹き飛ばされてもほかに大損害をあたえないように木造であり、さらにその建物全体を土塁で囲った。

　珪藻土ダイナマイトの鶴印は、ニトログリセリン75、珪藻土25の配合比で、亀印はニトログリセリン70、珪藻土30であった。

　また膠質ダイナマイトの桜印や梅印は、ニトログリセリンに綿火薬、硝石、木粉などを配合したものである。これらを静かに混和して泥状とし、予捏和器にいれて器の外槽に摂氏50度から60度の温湯を通し、加温しながら木ベラで静かにかき混ぜる。約2時間で品質均等な膠状となる（予捏和作業）。これを捏和機にいれて回転させる。この時間は約1時間である（捏和作業）。そして捏和された塊を適当な大きさに切り、それを圧伸器に移して棒状として裁断、包装して火薬箱に収納する一連の作業が続いた。

　1909（明治42）年になるとダイナマイト製造量の増大に伴い工場を拡張した。それは発電場、グリセリン硝化室、八幡原火薬庫綿火薬乾燥室など41棟の増設工事で、同年7月工事に着手し、翌年に完成している。この拡張工事に伴って、請負業者8人と東京砲兵工廠の工事監督員である軍属・技手の贈収賄事件が摘発された。八島町の土木請負業井上保三郎がその建築工事を請負、下請として歌川町の鉄工業小島彌平らがいた。請負金額は25万4,136円47銭という、当時としては巨額であった。「上毛新聞」は、この事件の裁判経過を詳細に伝えている。工事監督が過酷なために、工事を幾分ゆるくしてもらうつもりで金銭物品を贈ったものである、と指摘する検事論告の大要を伝え、またその中には、陸軍に関する工事では、監督員となる軍属は常に収賄をあえてするように聞いている、との指摘もあった。被告の中で、井上と小島の両名は元高崎市議・市参事をつとめるなど相当な地位名望のある人であったことから、県下の耳目を集める事件となった。前橋地裁の判決では、請負業者5人に執行猶予付の有罪がくだり、残り3人は無罪となっている[11]。一方の監督員6人は、陸軍第14師団管下の軍法会議にかけられ有罪が確定した[12]。

　1905年・1909年に拡張のダイナマイト工場地帯は、粕川と例幣使街道の中間地点にあたる。現在、県立公園「群馬の森」から日本原子力研究所構内に残る土塁群は、その工場地帯の遺構の一部である。

　火薬の生産量も増加し、とりわけ日露戦争中の火薬製造量は、平時の3倍に達したという。

5　大正期の敷地拡張

　1914（大正3）年7月、第一次世界大戦が勃発した。連合軍に供給する軍需資材は、弾薬が主であったので火薬生産は活況を呈したが、一方、ダイナマイトの輸入は途絶した。当時は、国内鉱業が一段と隆盛を極めていた時期であったので、ダイナマイトの需要は急増していたのである。これに対処するために岩鼻火薬製造所は全力をあげて増産につとめた。

こうした状況下、死者こそでなかったものの、1916年にニトログリセリン・ダイナマイト関係の爆発事故が2件発生、翌年も2件、1918（大正7）年には3件の爆発事故が発生した。これら事故は周辺村落をも巻き込んだ大きな被害をもたらしたために、1918年3月、危害予防地として民有地の買収が行われた[13]。
　直接には前年の爆発事故に起因している。爆発した建物番号は第182号家、構内西北方にある第3号硝化室と称する間口4間奥行5間の木造平屋建の建物であった。「上毛新聞」6月28日付は次のように報じている。

> 二十七日午前十一時三十分頃陸軍岩鼻火薬製造所の一部轟然たる大爆音と共に爆発し附近村落は勿論高崎市に於ても著しき震動を感じ且つ白煙高く天に冲するを認め又前橋方面に於ても爆音を聞くを得たり（中略）附近民家中に二階床板或は屋根を吹き飛ばされたるものあれども被害は未詳なり。

　爆発事故の被害が民間をも含めた広範囲におよび、その対策として周辺の土地買収が考えられたのである。
　この時期の火薬製造所構内の配置が明確にわかるのは、「岩第一号　岩鼻火薬製造所　千分之一　大正十一年四月調」（図7）である。これによると製造所北側は例幣使街道に接し、木柵と生垣で画し、北東側は鉄条柵と木柵と生垣、東側は竹柵と生垣、西側を木柵と生垣、医務室の南から生垣、南側は竹柵と生垣、猪之川（井野川）対岸の敷地は鉄状柵で囲んでいる。前記の買収場所は第216号家の北側、土塁と例幣使街道に挟まれた区域である。

6　陸軍造兵廠火工廠岩鼻火薬製造所

　1923（大正12）年に東京砲兵工廠と大阪砲兵工廠は合併し、新たに陸軍造兵廠が設立された。この時、各火薬製造所は一団として新たに火工廠を設け、造兵廠に従属することとなり、岩鼻の正式名称は、「陸軍造兵廠火工廠岩鼻火薬製造所」となった。
　火工廠設立当時は、第一次世界大戦後の平和軍縮の時代であり、兵器の平時注文量は激減し作業経営としては最も困難な時期であった。ところが、黒色火薬工場地帯の南、用水溜堀の南に工場群が増設されている。
　工場群増設の背景には、1923年の関東大震災が大きく影響していた。この震災により目黒火薬製造所は大被害を受け、その復旧を中止せざるをえなかった。その結果、残存設備を岩鼻火薬製造所に移設することになったのである。この工事は1928（昭和3）年まで継続されている。
　なお、1926（大正15）年におけるダイナマイト生産量は2,137トンに達している。

おわりに

　黒色火薬の製造にはじまった岩鼻火薬製造所は、日清戦争において板橋・目黒火薬製造所とともに火薬を供給し、日露戦争中にわが国初めてのダイナマイト製造のための工場を建設している。し

かし時すでに遅く戦争が終結していたため、軍用ダイナマイトの需要も消滅していた。ここにあらためて輸入防遏の目的をもって民需品を製造することになったのである。

明治末年から大正の初年にかけては、日露戦争後の軍備拡張期であったので、岩鼻火薬製造所においては、1909（明治42）年、ダイナマイト工場の拡張を実施し、翌年3月にこれを竣工させている。また、1906年に板橋火薬製造所が黒色火薬の製造を中止し、そして1924（大正13）年には目黒火薬製造所が閉鎖されたため、岩鼻は陸軍唯一の黒色火薬製造工場になって、軍用および産業用黒色火薬の研究、製造の中心となった。さらに、陸軍唯一のダイナマイト工場でもあった。

明治から大正期にかけての岩鼻火薬製造所は幾多の拡張・変遷を遂げてきたが、大きな変化は昭和に入ってからである。

注
1)「東京日日新聞」1879年4月21日・5月27日付。
2)『日本陸軍火薬史』p.157、1969年。
3)「郵便報知」1881年4月25日付。
4)『自明治元年至明治十九年　東京陸軍兵器本廠歴史前記　陸軍兵器本廠』防衛研究所所蔵。
5)「諸表　岩鼻火薬製造所長寺田利英」防衛研究所所蔵。
6)「火薬製造法大意」防衛研究所所蔵。
7)西松唯一『火薬学　改訂増補版』1951年。
8)『明治工業史　火兵編鉄鋼編』（復刻版）1969年。
9)『日本陸軍火薬史』1969年。
10)『日本陸軍火薬史』p.158、1969年。
11)「上毛新聞」1910年8月28日付。
12)「上毛新聞」1910年7月14日付。
13)『大正七年　乙輯第二類第一冊　永存書類　陸軍省』防衛研究所所蔵。

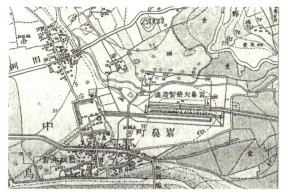

図1　第一軍管地方（関東地方）二万分一迅速測図
（(財)日本地図センターより）

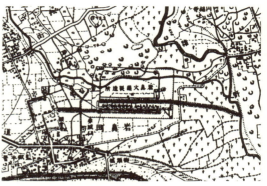

図2　第一師管地方迅速測図
（(財)日本地図センターより）

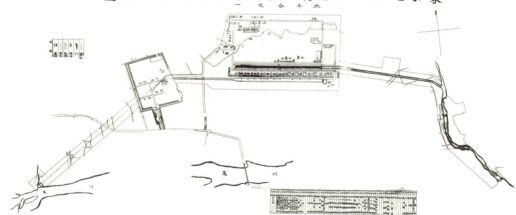

図3　建造物配置図（「諸表」より）

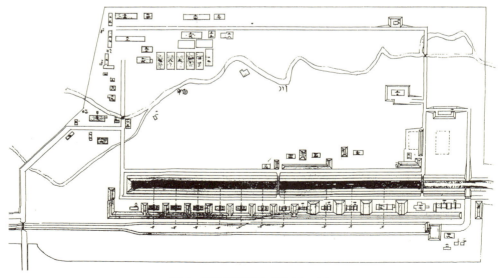

図4　製造所配置図（「諸表」より）

一	事務所	三九	第一破砕場
二	工場員室及職工会食所	四〇	第二破砕場
三	門番所	四一	第一水圧場
四	湯浄場	四二	第一造粒場
五	物置	四三	第一光沢場
六	人夫溜	四四	第一秤量場
七	炭材圍場	四五	第二秤量場
八	同	四六	分粒場
九	同	四七	乾燥場
一〇	同	四八	機関場第二光沢第二造粒第二水圧第三光沢
一一	同	四九	□□鑵場
一二	同	五〇	分粒混同場
一三	石炭置場	五一	掃粉場
一四	同	五二	蓄電場
一五	運車格納場	五三	□分□破砕場
一六	砲車置場	五四	木材庫
一七	工具置場	五五	硫黄庫
一八	厩	五六	硝石庫
一九	厠	五七	同
二〇	同	五八	同
二一	火薬試験器械室	五九	材料庫
二二	硝石精製場	六〇	仮火薬庫
二三	第一木炭場	六一	第一番官舎
二四	第二木炭場	六二	第二番第三番官舎
二五	硝石適液煎熬場及分析場	六三	第四番第五番官舎
二六	第一木工場	六四	第六番第七番官舎
二七	木炭材洗浄場	六五	第八番第九番官舎
二八	亜鉛工場	六六	第十番官舎
二九	鍛工場	六七	第十一番第十二番官舎
三〇	第二木工場	六八	第十三番第十四番官舎
三一	湿薬場	六九	第十五番第十六番官舎
三二	硫黄砕末場	七〇	第十七番第十八番官舎
三三	第一圧磨場	七一	第十九番第二十番第二十一番第二十二番第二十三番官舎
三四	第二圧磨場	七二	消防具置場及消防夫溜
三五	第三圧磨場	七三	厠
三六	第四圧磨場	七四	事務所厠
三七	第五圧磨場	七五	厠
三八	第六圧磨場		

図5 圧磨機（『火薬学』より）

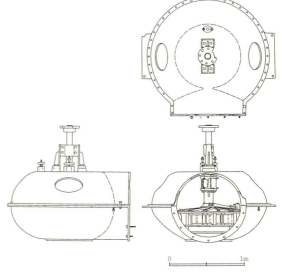

図6 縦軸水車（『板橋区郷土資料館紀要』第7号より）

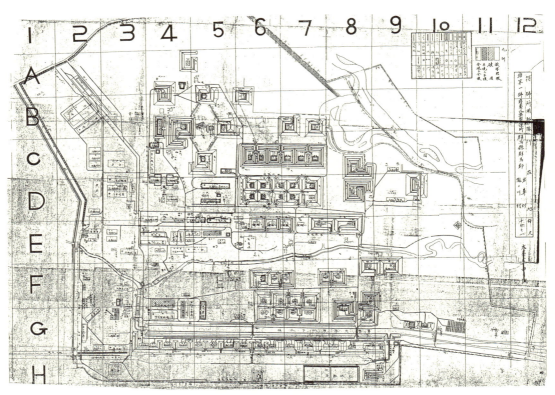

図7 大正11年の岩鼻火薬製造所（防衛研究所所蔵）

第3節　明治・大正期の災害

はじめに

　高崎市岩鼻町に所在する日本化薬株式会社高崎工場の西、県道を挟んだ高台に天神山があり天満宮がある。そこには1932（昭和7）年11月に建立された石碑（写真1）があり、その碑文には次の文字が刻まれている。

　　義は山嶽よりも重く死は鴻毛よりも軽しと覚悟せよとは畏しくも明治大帝の軍人に賜りたる勅諭に宣らせ給ふ　聖訓にして我等の常に拳拳服膺して就業上の一大精神とする所なり夫れ火薬爆薬の製造は最も危険なる作業にして之に従事する者晨には万全の希望に起き夕には感謝を懐いて眠る作業中は終始毫も心身の緊張を欠かすと雖も時に不測の危難に遭遇することあり明治十五年当所創設以来職に殉せしもの二十八名を算す一は責任感の熾烈迸って自ら生を殞しし者一は不慮の災厄に職責を全ふして之に殉せし者なり惟ふにこれ皆　聖訓の一端に応へ奉りしものにして技術上の進歩改良に貢献せしこと甚大なるのみならす亦人心作興上に貴重なる教訓を垂れたり今や国家多難の秋に当り追憶の情切なり因て現従業員相諮り碑を天神山に建て殉職者の氏名を銅碑に銘し礎石に伝へんとす殉職先進の霊尚はくは之を饗けよ
　　茲に建碑の趣旨を簡記す
　　　　昭和七年十一月三日　之を建つ
　　　　　　　　　陸軍造兵廠火工廠岩鼻火薬製造所
　　　　　　　　　　　　　　従業員一同
　　　　　　　　　　　　　　藤澤群黄刻

　慰霊碑の建てられた昭和7年は満州事変の翌年で、この時点で火薬製造作業などに伴い、すでに28名の犠牲者がでていることがわかる。その後もたびかさなる爆発事故などが発生して、近隣町村や付近住民にも多大なる被害を及ぼしたと伝えられている。しかしこうした事実は、地元年配者の記憶の中にとどめられているだけで、やがては風化し忘れ去られようとしている。
　今回、岩鼻火薬製造所で発生した災害、とりわけ爆発事故を中心に検討したのは、過去にどのような災害が発生し、その被害の実態はどうであったのか。発生した災害にたいして、陸軍当局や地元はどのような対策を検討し、また当時の新聞はそれをどのように報道したのか。そして度重なる災害発生の、その歴史的背景を考えていこうとするものである。
　こうした事実の集積は、従来かえりみられることのなかった旧軍事施設の歴史の一端を解明する手がかりとなるものである[1]。

1　検討資料の解説

　現在、岩鼻火薬製造所で発生した事故などの記録はほとんど公にされておらず、その実態については一部の資料でしかわからない。

　敗戦後、内務省は火薬類に関する書類の焼却処分を実施したが、事故についての記録は、疎開していたために保安上貴重な資料として今日まで残されている。この記録をもとに1964（昭和39）年、日本産業火薬会資料編集部によって、1902（明治35）年から1962年までの火薬類による製造・貯蔵・運搬および消費中の事故が『火薬類による事故集』[2]（以下、『事故集』）としてまとめられた。そこには岩鼻火薬製造所の事故も記載されている。その数は11件、死者32名とある。

　また1967年には『日本産業火薬史』[3]（以下、『産火史』）がまとめられ、この中にも事故記録の一部が再録された。それは負傷者3名以上又は死亡者をだした事故、そして今後の参考のために必要と考えられた事故が収録されたものである。岩鼻関係では8件、死者32名である。しかし『事故集』にしても『産火史』にしても1943年から45年までの記録が欠落している。1969年に編纂された『日本陸軍火薬史』[4]（以下、『陸火史』）には、陸軍火薬製造所における1894（明治27）年から1945年までの代表的事故がまとめられている。件数および死者の数は35件107名であり、このうち岩鼻関係は11件、死者34名。これは陸軍火薬製造所の中では件数、死者数ともワースト記録である。

　しかし、こうした数少ない資料においても、すべての事故についての記録はなく、また事故発生年月日や被害者を含めた実態についても相違が認められる。

　そこで岩鼻火薬製造所の災害を調べるにあたり、前記資料とともに防衛研究所史料を中心に検討してみた。同戦史研究センターには大正12年度から昭和14年度までの『陸軍造兵廠歴史』（以下、『陸造史』）が所蔵されている。年度ごとにまとめられたもので、この中に「天災事変」の項目と「罰」の項目があり、陸軍火薬製造所で発生した爆発、火災などの人為的災害や事故と自然災害がまとめられ、そしてこれらの事故に対する責任者の処分などが記されていた。

　さらに高崎市立岩鼻小学校に所蔵されている『当宿直日誌』（大正2、4、9、11、13〜15年、昭和2〜9、11〜20年）と、岩鼻町観音寺に保管されている『殉職者刻名札入』（以下「観音寺保管名札」）を検討した。前者は宿直の教職員が日々の出来事を簡潔にまとめたものであり、小学校から至近の距離にあった岩鼻火薬製造所の動向と事故、学校の対応などを、僅かな行間から読み取ることができる。後者は木箱に収められた長さ18センチ、幅5センチの銅版名札で、岩鼻火薬製造所殉職者の氏名、住所、没年が1枚1枚に刻まれている。

　また当時の新聞である「東京日日新聞」「東京朝日新聞」「上毛新聞」などの記事も貴重な資料として、岩鼻火薬製造所の操業開始から明治・大正の期間で発生した爆発事故などの災害を復元する助けとなる。

2　明治年間の災害

　岩鼻火薬製造所の爆発が最初に報告されたのは、1883（明治16）年4月10日の「上野新報」の雑報記事の中である[5]。弾薬倉庫の破裂の見出しで「昨日四時三十分岩鼻弾薬製造所第三号倉庫忽

然として破裂し、之が為め傷を負し者三人にして、其一人は当所一才小路の士族前島松太郎と云者なる由委細は探訪の上報道すべし」というものであった。操業開始から5ヶ月後のことである。従来の記録(『事故集』『産火史』『陸火史』)は、1912（明治45）年1月の爆発を最初に報告していることから、この新聞報道は貴重なものである。

「観音寺保管名札」には、明治時代の殉職者22名の名札が残されている。これによると明治26年11月1日に殉職者1名、28年6月23日には初代所長の町田實秀が殉職者として記録されているが、これは爆発の責任をとって自刃したとの話もある。30年6月4日・1名、32年2月1日・1名、38年5月7日・5名、38年6月19日・1名、翌日2名、42年2月1日・1名、43年8月10日・1名、44年6月20日・1名、45年1月24日・6名、45年5月23日・1名である。

これらの名札と当時の新聞記事から確認できる爆発事故の死亡者は、明治32年2月1日の1名、38年5月7日の5名、同年6月19日の1名と翌日に亡くなった2名、42年2月1日の1名、45年1月24日の6名、同年5月23日の1名の計17名である。

1899（明治32）年2月1日の爆発事故は、同月4日付「東京朝日新聞」に「岩鼻火薬製造所爆発」の見出しで報じられている[6]。これによると1日午前7時に火薬製造所第1号並びに第16号工場が爆発し、職工6名が重軽傷を負い、この内の1名が死亡したものである。重傷者は陸軍衛戍病院へ運ばれ、軽傷者3名は自宅で治療を受けている。原因は器械の摩擦により発火し爆発に至ったものである。爆発音は約12キロメートル離れた前橋市内まで聞こえたという。

1905（明治38）年5月7日に発生した事故は、翌8日と9日付「東京日日新聞」と9日付「東京朝日新聞」に取り上げられている[7]。それによると午後4時50分「爆発したる工場は四棟にして第一造粒工場第二篩工場第三水搾工場第四光沢工場に及び（何れも間口六間奥行三間なり）予て工場と工場との間には危険を予防する為五十間乃至七十間の間隔を置き其間に土塁を築き堀を穿ち且つ樹木植えつけありしも爆薬の猛烈なりしため次から次へと爆発し」、さらに12棟が破損したものである。また「即死者五名重傷者三名軽傷者二名を出したり」という大惨事であった。被害は近隣町村にも及び「岩鼻村倉賀野町辺の振動は最も烈しく戸障子を破砕されたもの頗る多し」、高崎市内までも非常に振動したという。高崎連隊区司令官、高崎警察署長などは現場に急行し、また県警部長は警部巡査を従えて出張、近隣の町村長は消防夫を召集して警戒にあたらせている。爆発原因は機械の心棒が油の切れていたために摩擦し発火したものと認定された。『陸軍兵器本廠歴史　明治38年自1月至12月』[8]の中には、この災害が報告されている。

　　五月八日岩鼻火薬製造所災害に関し東京兵器支廠長より左の報告に接す
　　　　　　報告
　　岩鼻破裂当庫無事委細後昨夜八時頃著電八幡原火薬庫より報告あり

同年6月19日の午前8時30分には装薬工場が爆発し、1棟が焼失し死者3名、軽傷者3名を生じている[9]。残念ながら当時の新聞からはこれ以上の事実を知ることはできない。

1909（明治42）年2月1日午後0時15分頃、火薬製造所構内東北隅にあるダイナマイト原料洗浄室第2号室（間口5間奥行4間板葺平屋）で爆発が発生した[10]。この爆発で建物8棟が破壊され、さらに構内建物はいずれも多少の損害をうけたという。被害者は死亡1名、重傷者2名、軽傷者2

名に及んでいる。負傷者の手当は歩兵第15連隊から軍医と看護卒数名が駆けつけ応急手当を行い、重傷者の2名を高崎病院に送っている。被害は製造所だけではなく、岩鼻村全村の民家の硝子障子および雨戸などがことごとく破壊されて、高崎・前橋までも大音響が伝わり、戸障子の震動が激しかった。1905年5月の爆発時と同様の被害を岩鼻村民はまたも受けている。倉賀野町駐在巡査と滝川村駐在巡査が爆発と同時に真っ先に駆けつけ、さらに高崎警察署長、県警察部からは保安課長が出張している。ダイナマイト洗浄室の爆発は過去に外国で1例あるだけで、わが国では初めてのことなので田代所長以下極めて慎重にその原因を研究中と報じている。

なお、洗浄室における作業は従来2名で実施していたが、1906年頃より経費節減のために1名で作業を実施していた。また、今回の爆発は火薬製造所操業以来8回目と伝えている。

従来の記録で最初の爆発事故として報告されていたのは、すでに記したとおり、1912（明治45）年1月24日午後2時40分、予捏和室で起きたダイナマイトの爆発である[11]。作業中の取り扱い疎漏によりダイナマイト33.7キログラムが爆発し、即死6名、傷者5名、同工場が破壊されたものである。季節的に1月末は特に寒いので、凍結ニトログリセリンに起因したのではないかと考えられている。

翌25日付「上毛新聞」には岩鼻火薬庫爆発との見出しで、神山知事より内務大臣宛報告が伝えられている。さらに26日には爆発後報として詳細な報道がされている[12]。それによると爆発のために大破した建物は3棟（間口4間奥行5間平屋建）、破損した建物30棟に及ぶこと、さらに硝子破片の飛散で軽傷者数十名の多数に上ったという大惨事であった。死者に対してはその遺族に一時金500円ないし1,000円を供与する前例があるということで、今回もその手続き中であることを伝えている。即死者は遺族に引き取られて葬儀を執行されたが、「屍体は頭髪又は手足の指位なるを以て何れも涙の種ならざるは無かりし」という酸鼻を極めたものであった。また、高崎連隊は急報に接して負傷者の救護にあたっている。付近の民家にも被害が及び戸障子が外れ硝子が割れた。前橋からは「大音響と共に白雲天に沖し凄絶を極むるを見たり」と報じられている。

なお、爆発した予捏和室とその左右にある捏和室配合室の3棟は、「一昨年政府は獨逸より爆薬輸入を防遏する為機械建築物約二十七万円の大工費を投じて建設したるものにて家屋建築は十八万円を以て高崎市矢島町土木請負業井上安三郎の請負になり収賄事件を惹起したる有名な工事」という、いわく因縁のある建物であった。

同年5月21日午後2時50分には、第42号造粒室（間口4間奥行3間屋根アスファルト下は一面のゴム張）において黒色火薬による爆発が発生して傷者2名を数えた[13]。原因は室内において粉薬を粒薬に製造中何かが化合して摩擦をおこし爆発したものと考えられた。「観音寺保管名札」には5月23日に没した1名の殉職者名札があり、この事故の犠牲者である。

何度も記したように従来の記録によると明治時代の爆発事故は、1912（明治45）年1月の爆発を嚆矢とするが、当時の新聞記事や「観音寺保管名札」によって、1883（明治16）年に最初の爆発が記録され、1899（明治32）年、そして1905（明治38）年2月には多数の犠牲者をだした大惨事が発生したことが分かった。この大惨事の前年には日露戦争が勃発し、火薬の製造が頗る急増したため、急遽職工を増員し徹夜作業を実施したという。その結果、火薬製造量は実に平時の3倍に達した。また、わが国初のダイナマイト製造のために1905年1月から工場拡張に着手し、同年5月に突貫工事の末竣功させている。大惨事はこうした背景の中で発生したのである。その後も1905年6月、

1909年、そして1912年には立て続けに爆発事故がおこった。ダイナマイトの製造量の増大に伴って、さらに工場の拡張に着手したのは1909年のことである。

従来の記録では1912（明治45）年の2件の爆発事故と7名の死者、重傷者6名、軽傷者数十名が報告されているだけであったが、現在確認できたものでも爆発事故7件、死亡者17名、重傷者10名以上、軽傷者数十名に達している。しかし、1909年の爆発事故が操業以来8回目ということから、明治年間だけに限れば10回の爆発災害が発生したことになる（表1）。

表1　明治時代の災害

事故発生年月日	災害の種類	場所	被害状況
明治16年4月9日	爆発	第3号倉庫	負傷3名
20年5月	火災		工場焼失
32年2月1日	爆発	第1・16号工場	死亡1名・5名重軽傷爆発音前橋市内まで
37～38年日露戦争			
38年5月7日	爆発	第1造粒・第2篩・第3水搾・第4光沢工場	即死5名・重傷3名・軽傷2名、12棟破損、岩鼻村・倉賀野町被害
38年6月19日	爆発	装薬工場	死亡3名、軽傷3名
42年2月1日	爆発（操業以来8回目）	ダイナマイト原料洗浄室第2号室	死亡1名・重傷2名・軽傷2名、8棟破壊、岩鼻村大被害
45年1月24日	爆発	予捏和室	即死6名・重傷5名・軽傷数十名、大破3棟・破損30棟、岩鼻村被害
45年5月21日	爆発	第42号造粒室	死亡1名、傷者2名

さらに新聞報道からは製造所だけではなくて、近隣町村に大なる被害を及ぼしていたことがわかる。しかし当時の新聞報道の限界からか、また陸軍側の対策等の資料が現在のところ充分に確認されていないために不明な部分が多い[14]。

なお、1887年5月には楢炭の自然発火によって工場が焼失している（『陸火史』）。

また初代所長町田實秀が殉職者となった背景には次のようなことがあったと思われる。それは日清戦争の時、戦地に携行したスペンセル（スペンサー）銃が点火不良で、発火の実包は10分の3にも達しないという問題があった。この責任をとっての自刃である可能性が考えられるのである。現在、高崎市岩鼻町観音寺には町田實秀のお墓がある。實秀の母堂登茂子のお墓の隣にある墓石正面には、「陸軍技師正六位勲四等町田實秀之墓」とあり、裏面には鹿児島県士族、没年月日である明治二十八年六月二十三日、そして「享年六十一歳」と刻んである。實秀は鹿児島の士族出身である。『明治過去帳』によれば、1872（明治5）年頃、陸軍造兵権大令史に任官、1874年頃陸軍九等出仕に、そして1877年の西南戦争では砲兵大尉として出征している。1880年頃、東京砲兵工廠火薬製造所建築掛となり、岩鼻火薬製造所工事の責任者となった。そして1886年12月28日に定年により一旦退職しているが、同日後備軍駆員を命ぜられて陸軍四等技師、1890年8月15日東京砲兵工廠（岩鼻火薬）製造所長に補されている。そして1895年6月23日に没している。

1911年6月20日の殉職者1名は、火薬製造所消防手が作業中川に転落して溺死したものである。

3　大正年間の災害

　従来の記録（『事故集』『産火史』『陸火史』）には、大正元年から11年までの爆発災害などは見当たらない。この間、全く爆発災害などは発生しなかったのだろうか。「観音寺保管名札」には大正8年9月12日に1名、12年2月23日に1名の殉職者名札が残されている。しかし、爆発事故による殉職者であるかどうかは定かではない。

　しかし今回の調査によって、1918（大正7）年8月20日午後3時40分、5号硝化室が爆発したことが判明した[15)][16)]。グリセリンと硝酸を化合してニトログリセリンを製造する間口4間奥行5間の木造平屋建室内で、100キログラム以下のニトログリセリンが爆発し、同室を粉砕し爆発場所から約80メートル離れた木造工室の硝子を破損した。負傷者2名を数えた。

　大正12年以降についての記録は『陸造史』に残されていた。これをもとに災害事故の概要を紹介する。

　1923（大正12）年9月1日の関東大震災時の岩鼻火薬製造所の動向については従来詳細不明のままであったが、『大正十二年関東地方震災関係業務詳報・附表及附図』には、岩鼻方面の9月1日から10月にかけての、混乱を極めた状況が記載され、また被災図・警戒配置図等の図面が残されていた[17)]。

　それによると震災当日の火薬製造所の被害は「一、煙突二箇及硝酸製造装置を主とし其他若干損害ありしも死傷者なし　二、高等官宅直を宿直とし雑工二十名消防夫二名を警戒の為増加したり」と記載している。その後、作成された『建造物及器具機械災害調書』によると、建造物では煉瓦造煙突2基倒壊、1基半壊、製氷および機関室ほか6件が破損、また器具機械では硝酸製造装置の破損2、硫酸製造装置破損2、蒸気装置破損1、グリセリン硝化装置破損1、罹災現時価格は合計9万144円であった。

　同年12月14日には爆発事故が発生している[18)]。

　午前9時50分、岩鼻火薬製造所製薬工場（建第111号家）第4予捏和室において作業中に突然爆発がおこった。このために作業中の職工2名のうち1名（火薬工、男工）が重傷、もう1名（火薬工、男工）はやや重傷、また窓硝子の破片で1名（火夫、男工）が軽傷をおった。爆発の起こった工室は飛散し、土塁を隔てた隣接の工室も半壊、数丁内の工室にも多少の破損があった。爆発場所から80～120メートルにわたって被害が及んでいた。

　爆発物はニトログリセリン約324キログラムと綿薬約15キログラムの混合物である。この事故による損害は諸建造物6万3,850円、器具機械工作物500円、材料雑費2,957円、業務用品27円である。さらに隣接町村の被害は、岩鼻村では町、台新田、綿貫などで窓硝子や障子等の破損があり、滝川村八幡原、小野村にも同様の被害があった。倉賀野、玉村、新町などには被害はなかった。

　この事故に対する責任者の処分は次とおりである。所長陸軍砲兵少佐中山徳治軽謹慎2日、陸軍砲兵少尉畠山良造軽謹慎3日、陸軍砲兵1等火工長渡辺義夫軽謹慎2日であった。

　この爆発事故は「俄然天地を震ふ大音響　火薬庫の爆発」との見出しで翌日の「上毛新聞」[19)]に報道されている。陸軍側の資料では重傷者2名、軽傷者1名となっているが、新聞からはさらに火傷をおったもの数名がいたようである。さらに目撃者の談として今回の爆発は大正7年3月以来（記事には3月とあるが、8月の誤りと思われる－筆者注）であること、「黄いろい煙りがモヤモヤと

四五丈高く見え木片や鉛の塊は余り遠くへは降らぬやうでありましたがその光景は随分凄惨でありました」。

爆発音は高崎・前橋方面まで聞こえたという。また、重傷者の妻は「家には子供が五人あり農業も少しやって居りますが夫に若し万一の事があれば実に困る訳である」とその心中を吐露している。

そして関東大震災からちょうど1年目の1924（大正13）年9月1日には、大惨事に発展しかねない火災が発生した[20]。

出火の場所は岩鼻火薬製造所八幡原清涼火薬庫。午前7時30分、火薬庫監視中の守警2名は、第8号倉庫から異様な物音と僅かな煙りを認め、直ちに詰所より電話で報告した。報告に接した所長は即時現場に急行。すでに警戒掛雇員磯田清太郎が到着して、倉庫を開扉しているところであった。所長は倉庫内のダイナマイト（432箱）を搬出することなく、消火活動することを指揮命令した。次いで消防隊も到着して送水に努力。この結果、ダイナマイト1箱の燃焼と倉庫西半分内壁及び堆積火薬箱の外面の燻焼に止まった。午前8時30分に鎮火し約1万キログラムのダイナマイトの大爆発を免れたというものである。

原因はダイナマイト1箱より自然燃焼を起こしたものである。その直接原因は数日来気温が高く、前夜大雷雨があって気温が急激に低下。この気象の激変に基づき自然発火したものであった。人馬死傷者はなし。罹災建造物の名称は岩鼻火薬製造所第197号家第8号倉庫で、その構造は次のとおりである。周壁は石綿盤張、内壁は木造、屋根は瓦葺50坪の火薬庫である。損害及びその価格は約1,000円であった。

付近の住民は高崎・前橋方面に避難するものがいた。また岩鼻小学校では生徒を引率して避難し、相当の混雑を極めた。地方消防は火薬庫からの出火を知った段階で引き返してしまった。

将来、火薬庫の鎮火には水の利用を痛感しこれの研究をする。技術課長を隣村役場と高崎陸軍各部隊に派遣して挨拶と、火薬庫爆発に対する誇大の恐怖の緩和に努めたと、『陸造史』には記載されている。

この火災で9月6日、火工廠岩鼻火薬製造所長砲兵少佐である中山徳治は、譴責処分をうけている。また11月13日には消火活動に顕著な功績のあった磯田清太郎に勲7等瑞宝章が、さらに職工2名が陸軍大臣より賞状と賞品を授与されている。12月20日には消防夫を含めた10名が造兵廠長官より賞状と銀時計が与えられた。

火災発生の翌2日と3日付の「上毛新聞」は次のように報道している[21]。もしダイナマイトが爆発していれば「其被害は三里四方に及ぶと云ふ」ものであり、県警察部からは谷警察部長が部員を従え、清水高崎署長も署員数名を従えて現場へ急行した。また軍関係では飯島高崎憲兵分隊長も数名を、高崎連隊よりも将卒が現場へ急行して消防について尽力した。

一方、付近町村民は高崎・玉村・藤岡方面に避難している。また岩鼻小学校と滝川小学校では職員生徒も避難させている。岩鼻小学校長が記者に語ったところでは「午前八時は我が校では始業式をやって居ると火薬庫から火事が出来て危険であるから児童を密集せしめず何処へか避難せよとの報告が役場から達せられました（中略）倉賀野方面に避難する事となって各職員が引率して駆足で佐野の小学校校庭迄逃げて来ました。其間は殆ど生徒も職員も夢中でもうドーンと云う爆発の音が聞こえるかと生た心地はなくヒヤヒヤして後ろを振り返り乍ら来ました（後略）」児童にもし万が一のことがあればと教育者としての率直な感想を述べている。

岩鼻尋常高等小学校の当宿直日誌[22]の記載には「九月一日　月曜　曇　一・八号倉庫に発火し、爆発の恐れある為校外に避難す」「二十一日　来校者　中山火薬所長殿他一名」とある。

それにしても、事後処理として陸軍側が火薬庫爆発にたいする誇大な恐怖の緩和に努めたというが、すでに爆発事故を何度も体験している付近住民にすれば、一歩間違えば大惨事になることを危惧しての必死の行動だったのであろう。こうした度重なる爆発事故と、周辺住民の避難行動に対処するために、陸軍造兵廠火工廠技術課では、爆薬の爆発威力波及び半径について調査せざるをえなかったのである。そして土塁の効力を約50パーセントと報告している[23]。

1925（大正14）年8月には水害が発生し、土塁の崩壊・亀裂・沈下が報告されている[24]。

そして1926（大正15）年8月には亜硫酸ガス漏出事故が発生した[25]（図1）。8月27日、岩鼻村大字綿貫の住民が、所長に面会を求めてその被害を訴えている。

工場隣接の稲葉赤くなり、欅は落葉、また桑も幾分赤くなった。原因は製造所の酸瓦斯被害によるものであるから、損害ないように注意を払ってほしいというものである。9月1日には岩鼻村村会議員と被害者総代が所長に面会を求めて、賠償問題に言及。翌日、製造所側は両名に来所を求め、会談を行っている。その会談内容は次のとおりである。大正7・8年頃にも今回と同様な被害があり、2回目であること。所長も相当な被害を認めていることから、造兵廠本部の承認を得て損害賠償について処置する。そして製造所側は被害者総代岩鼻村長と同村農会副長の出頭を求めて、高崎憲兵分隊長立ち会いのもと、被害現場を実査。損害見込み割合に関して双方に相違があったが、7日には協定書が結ばれた。損害賠償額は366円14銭である。

以上、大正年間における岩鼻火薬製造所の災害は、確認できたもので爆発事故2回、火災事故1回、水害そして亜硫酸ガス漏出事故である（表2）。従来の記録には、爆発事故1回と火災事故が報告されているだけであった。そして岩鼻の爆発事故と度重なる周辺住民の避難を契機として、とりわけ1924年の火薬庫火災の時には地元消防の協力が得られなかったことについて陸軍側の受けた衝撃は大きく、火薬庫の鎮火には水の利用を痛感しこれの研究をすること、さらに翌年早々には爆発被害距離と土塁の効力について言及しているのである。

表2　大正時代の災害

事故発生年月日	災害の種類	場所	被害状況
大正7年8月20日	爆発	5号硝化室	負傷2名
7〜8年頃	亜硫酸ガス漏出		田畑被害
12年9月1日	関東大震災		煙突2個・硝酸製造装置等の被害
同年12月14日	爆発	製薬工場第4予捏和室	重傷2名・軽傷1名、工室飛散、岩鼻村・滝川村・小野村被害
13年9月1日	火災	八幡原火薬庫	岩鼻村・滝川村民避難
14年8月6日	水害		土塁崩壊、亀裂、沈下、井野川岸決壊
15年8月	亜硫酸ガス漏出	発煙硫酸工場	田畑被害

また亜硫酸ガス漏出事故については、爆発事故だけではない軍工廠の抱える恐るべき実態を垣間見せてくれた。しかしこれは氷山の一角といって良いだろう。岩鼻火薬製造所に続いて日清戦争中の1894（明治27）年に設置された京都の宇治火薬製造所における明治期の衛生調査報告によれば、

「工場附近又は其排水の流入せる沼沢は蘆草枯死し水は強酸性を呈し生物は絶滅し草木は枯死し荒涼なる状態を現出せり而して硝化場より発する瓦斯の臭気は遠く宇治川を隔て尚ほ感すべし」[26] というものであった。さらに化学工場特有の薬品による労働災害に関する記述もある。このような実態は大正期に至るも、また岩鼻火薬製造所においても決して例外ではありえなかった。

4　明治・大正期の災害補遺

　本節前半において「明治・大正期の災害」を、本章第5節で昭和期に発生した災害についても詳述した。もちろん、この2編をもって陸軍岩鼻火薬製造所の操業期間中（1882年から1945年）に発生した災害すべてを網羅できたとは考えていない。このために、引き続き防衛研究所に所蔵されている陸軍関係の史料調査を進めてきたところである。そして、「明治十五年中　砲兵方面並砲兵工廠」「明治二十一年　編冊　砲兵方面　砲兵工廠　工兵方面」「明治四十四年　乙輯第二類第二冊　永存書類　陸軍省」等の史料中から災害に関する記事を新たに入手することができた。

　また、群馬県立歴史博物館の1995年度受贈資料（以下、県博資料）中にも「岩鼻火薬製造所（ニトログリセリン　ダイナマイト関係）爆発事故一覧表」が含まれていることが明らかにされた。そこで、これら史料にもとづいて本節前半を補足していきたい。

5　明治期の補遺

　明治期の災害を、爆発災害7件、死亡者17名、重傷者10名以上、軽傷者数十名に達するとした。また、火災事故件1件については『日本陸軍火薬史』の記述により、それを1887年5月と紹介した。

　ところで、岩鼻火薬製造所の建設工事が着手されたのは1880（明治13）年5月、工事が竣工し製造所の開設、そして黒色火薬の製造が開始されたのは1882年10月のことであった。陸軍省の記録からは操業を開始した月の5日、早くも水害に見舞われたことがわかる。

　「去る五日急報致候岩鼻火薬製造所水害之場所近々減水に付取調候処左之通に有之候」として、製造所の次の場所が指摘されている[27]。

　　1、第9工廠右側障壁塁牆　　1、第9第10工廠中間同　　1、第10第11工廠中間同
　　1、第11第12工廠中間同　　1、前面塁牆内蒸気機関室江之通路切開き挿芝築立之場所
　　1、覆道口掘割際北側　　1、下水堀第1工廠近傍北側　　1、同南側間藪17間余
　　1、同第8工廠近傍南側間藪9間余　　1、郭外下水堀南側間藪35間余　　1、同南側6間程。

　水害により計11ヶ所の被害が東京砲兵工廠提理陸軍砲兵大佐黒田久孝より陸軍卿大山巌宛に報告された。被害状況は塁牆の崩壊、頂面の破損などであったが、下水堀第1工廠近傍北側は同年7月初旬の大雨によっても崩壊している場所であった。

　1888（明治21）年5月15日には火災が発生している。『日本陸軍火薬史』では、この火災を87年5月「楮炭自然発火し工場焼失する」と記載しているが、次の史料[28]により誤りであることが

わかった。

    岩鼻火薬製造所出火之儀申送
  此十五日午後九時辺岩鼻火薬製造所木炭所より出火同所焼失同十時鎮火他に不条無之旨電報到
  来到候詳細之儀者追而上申可致候得共不取敢此段申送候也
  明治二十一年五月十六日
      東京砲兵工廠提理黒田久孝
  陸軍大臣伯爵大山巌殿

　次に爆発事故では新たに3件が判明した。それは、1908年1月に2件、1910年8月に1件発生したものである。
　岩鼻火薬製造所においてダイナマイト製造のために工場拡張に着手したのは、日露戦争勃発の翌年、1905年1月のことである。そして工場（敷地1,616坪、建物43棟）が竣工し桜印梅印各ダイナマイトの製造に着手したのは、同年11月のことであった。
　「東京朝日新聞」1908（明治41）年1月14日付は、岩鼻火薬製造所爆発公報として「十一日午前十一時三十七分東北隅なるダイナマイト製造工場にて硝化作業中酸性ニトログリセリンの自然分解より爆発を来したり損害は木造平屋（三十坪）一棟破壊此損害約千四百余円、近傍家屋の局所破損三カ所此損害約四百円、其他機械等にて約二千円也従業中の職工三名共屋外に避難せり内一名は飛来せる木片の為め疾病休業約一週間の打撲傷をうけたり」と報じた。県博資料では1908（明治41）年1月12日の爆発事故をニトログリセリン・ダイナマイト関係爆発事故の嚆矢としている。「室名　第二硝化室　年月日　明治41.1.12　曜　土　時刻　前11.30　被害人員死傷　0　1　原因の概要「グリセリン」注入後N/Gの化成充分ならさるに分離器に移せし為自然分解」とある。日付が異なっているのは記載ミスであろう。
　また、同年1月28日付「東京朝日新聞」は、「今二十七日午後一時二十五分岩鼻陸軍火薬製造所構内第二号室にて原料混合の際突然爆発し間口四間奥行三間の板葺平屋一棟破壊と共に火災を起したるも半焼にて同三十二分鎮火人畜に死傷なし本県よりは警部出張取調中なり」と報じている。県博資料は「第一圧伸室　41.1.27　月　后1.30　0　0　綿薬の粘度不良にして抗力大雑巾にて被筒を温めし為発熱分解」とある。
　そして1910（明治43）年8月9日午前9時、第4填薬室で爆発事故が発生した。原因の概要は填薬器円筒下部の底鈑ゴム落失の為撃突し爆発したものである。観音寺保管「殉職者刻名札入」には翌10日に殉職した多野郡小野村出身の女性1名の名札が残されている。爆発事故の犠牲者である。この事故は、当時の新聞には報道されず、また陸軍関係の史料中でも確認されていない。唯一、県博資料中に記載されているのみであった。
　事故当日、群馬県下一帯は未曾有の洪水に見舞われ各紙ともその報道に紙面を割いたためであろう。10日の「東京日日新聞」は「数日来の豪雨今尚ほやまず（中略）烏川は高崎附近に於て一丈余の増水となり浸水家屋六百余戸に達し尚増水のため堤防の崩壊しつつあるもの多く人畜等の被害も亦少なからず」、11日「中仙道の群馬郡瀬賀町（倉賀野町の誤り―筆者注）架橋の第一の鉄橋柳瀬橋は浸水の為全く交通途絶せり」、13日「多野郡小野村字森新田立石新田中島家屋大部分流失死者約

四十名」という惨状であった。

　岩鼻火薬製造所においては水害復旧工事が進められていたものの、東流する井野川の水流が変化してしまった。このために復旧工事の変更が申請されている[29]。

　　　　水源水路復旧工事実施致度件申請
　　明治四十四年一月十二日
　　　　　　　　　東京砲兵工廠提理兵頭雅譽印
　　陸軍大臣子爵寺内正毅殿
　　客年八月群馬地方洪水の際に於ける岩鼻火薬製造所水害の状況に就ては其当時発甲第三二七号を以て認可報告し直に復旧工事を実施すへきものに対しては同年十月経伺の上伍第三二一号を以て認可を得候然るに本工事は当時原形に復旧する計画を以て調査中の処減水の状況によれは水流全く変化し原形通りにては其効用乏しきにより更に別紙設計の通り変更実施する必要相認候最も本工事は当廠作業上差置き難く是非実施を要するを以て所要経費はさきに伍第三二一号認可済工事中岸第三号猪ノ川護岸修繕工事を一と先中止し本工事費に転用し尚ほ不足額は乙号工事経費比較表の通り現予算残額を以て彼是流用支弁致度工事経費比較表相添へ此段申請候也

　以上判明した災害を一覧表に追加すると次のようになる（表3）。

　今日までに確認できた明治期の災害は、爆発事故10件、死亡者17名、重傷者10名以上、軽傷者数十名であり、このほかに水害3件が新たに追加された。また火災事故1件の年月日が訂正された。

表3　明治期の災害（追加・訂正された事例）

事故発生年月	災害の種類	場所	被害状況
明治15年7月初旬	水害	下水堀第1工廠近傍北側	崩壊
15年10月5日	水害	製造所内11箇所	塁牆崩壊、頂面破損
16年4月9日	爆発	第3号倉庫	負傷3名
21年5月15日	火災	木炭所	工場焼失
32年2月1日	爆発	第1・16号工場	死亡1名・5名重軽傷、爆発音前橋市まで
38年5月7日	爆発	第1造粒・第2篩・第3水搾・第4光沢工場	即死5名・重傷3名・軽傷2名、12棟破、岩鼻村・倉賀野町被害
38年6月19日	爆発	装薬工場	死亡3名・軽傷3名
41年1月11日	爆発	ダイナマイト製造工場	1棟破壊、軽傷1名、近傍家屋局所破損3箇所
41年1月27日	爆発	第2号室	1棟破壊
42年2月1日	爆発	ダイナマイト原料洗浄室第2号室	死亡1名・重傷2名・軽傷2名、8棟破壊、岩鼻村被害
43年8月9日	爆発	第4填薬室	死亡1名
43年8月	水害	水源水路	
45年1月24日	爆発	予捏和室	即死6名・重傷5名・軽傷数十名、大破3棟・破損30棟、岩鼻村被害
45年5月21日	爆発	第42号造粒室	死亡1名、傷者2名

6　大正期の補遺

　大正期の災害は、「確認できたもので爆発事故 2 回、火災事故 1 回、水害そして亜硫酸ガス漏出事故である。従来の記録には、爆発事故 1 回と火災事故が報告されているだけであった」とした。そして次の災害を報告した（表 2）。

　今回、県博資料によって新たに次の事例が追加された（表 4）。

表 4　大正期の災害（追加）

室名	年月日	曜	時刻	被害人員 死	被害人員 傷	原因の概要
第 3 濾過室	2.9.17	水	后 3.00	0	1	硝化及洗浄水は下水に落し之を溜桝に導き居りしに混酸場の「ユソク」破損し硫酸流入せしため溜桝中の沈澱「ニトロ」爆発
古酸煎熬室	5.3.4	金	前 6.30	0	2	煎熬炉内にて N/G の爆発
廃薬焼却場	5.12.13	水		0	1	廃薬焼却中に被包せられたるものありし為
硝化室外	6.2.25	日	后 0.20	0	0	予洗器より放流する下水掃除の泥
第 3 硝化室	6.6.27	水	前 11.30	0	7	N/G 分離後予洗へ流すこと能はす数十分置きたる為自然分解
トロック	7.4.12	金	前 10.30	0	0	車軸受保油用として N/G 濾過に用ひたる古海綿を使用せんとて打撃したるため
古酸分離室	7.8.1	木	后 10.45	0	0	古酸貯鉄槽中昼間気温昇騰のため夜間に至り分解
第 1 硝化室	8.6.5	木	前 8.00	0	0	硝化室床根太折損の為か又は空気管の故障か注入管内に爆発
第 1 硝化室	9.5.25	火	后 3.45	0	0	送液器内に在りし古酸の N/G 分解のため
分酸室	9.12.9	木	后 10.00	0	2	古酸送液中 N/G「パイプ」内にて凍りたるを 2,3 回叩きたるため
鍛工場	10.12.9	金	后 1.30	0	0	捏和機翼「アセチリン」にて加熱中鋳巣に N/G 侵入しありし為

　追加されたのは爆発事故 11 件である。1913（大正 2）年 1 件、1916 年 2 件、1917 年 2 件、1918 年 2 件、1919 年 1 件、1920 年 2 件、1921 年 1 件である。毎年のように複数件の事故が発生したことに驚かされる。1914 年、1915 年、1922 年に事故記録がないだけである。『火薬類による事故集』（1964 年）、『日本産業火薬史』（1967 年）、『日本陸軍火薬史』（1969 年）には、大正元年から同 11 年までの爆発災害などは全く記録されていなかった。

　追加された災害の中で当時の新聞報道で確認できたのは、1917（大正 6）年 6 月 27 日に発生した爆発事故である。

　「上毛新聞」6 月 28 日付は次のように報じている。「二十七日午前十一時三十分頃陸軍岩鼻火薬製造所の一部轟然たる大爆音と共に爆発し附近村落は勿論高崎市に於ても著しき震動を感じ且つ白煙高く天に冲するを認め又前橋方面に於ても爆音を聞くを得たり」「爆発したるは構内西北方なる第三号硝化室と称する間口四間奥行五間の木造平屋建」「損害高は建物四五千円薬品五百円位なるべく実に大正元年春の爆発以来の椿事なりと（中略）附近民家中に二階床板或は屋根を吹き飛ばされたるものあれども被害は未詳なり」と伝えた。また、「何にせよ度々の事だから今度は充分に原因を究めて今後の参考にする積りである」と、武田砲兵工廠庶務課長談を掲載している。

所長の鈴木貞造砲兵少佐は爆発原因を「目下尚調査中なるが硝酸と硫酸とグリスリンとを化合するに際し温度と空気との作用に依り変兆を来したる為め」と語っている。東京砲兵工廠提理宮田太郎、同廠技術課長杉浦善助両少将は井之口3等軍医正を従えて27日夜に来県し、鈴木所長より爆発の顛末を聴取した。翌早朝より現場で原因調査をなし、従業員の取り調べを終わり、午後帰京したことを「上毛新聞」6月29日付は報じている。この事故の翌年2月には岩鼻火薬製造所危害予防地として民有地の買収の伺いが陸軍大臣大島健一宛提出された[30]。事故の被害が民間をも含めた広範囲に及んだ結果であり、その対策として周辺の土地買収が考えられたのである。
　また、1918（大正7）年8月20日の爆発に関連するものとして次の史料[31]が明らかになった。

　　東京砲兵工廠発甲第四六六号
　　災害復旧工事実施の件伺
　　大正七年十月十一日
　　　　　東京砲兵工廠提理宮田太郎印
　　　陸軍大臣田中義一殿
　　岩鼻火薬製造所第二〇四号家硝化室一棟は本年八月二十日爆発の為亡失到候処他に充当すへき家屋無之作業上支障不尠候に付別冊設計要領の通至急復旧工事実施し可然哉此段相伺候也
　　　　追て本工事に要する経費は本年九月三十日附陸普第三三二三号を以て令達相成候本年度当廠作業歳出予算増額支弁のものに付申添候

　以上、確認できた大正期の爆発事故は13件で、死亡者はなく負傷者は18名を数えた。しかし、県博資料はニトログリセリン・ダイナマイト関係の爆発事故記録であり、今のところ黒色火薬製造に伴う事故記録は明らかにされていない。

7　『業務詳報』に記された関東大震災時の状況

　1923（大正12）年9月1日午前11時58分44秒、関東一円にマグニチュード7.9の未曾有の大地震が発生した。家屋の倒壊とともに各所から火の手があがり、東京の東半分は焦土となった。死者・行方不明者は10万5,000余人、全壊家屋10万9,000、半壊家屋10万2,000、焼失家屋21万2,000余（全半壊後の焼失を含む）にのぼった。
　群馬県の被害については、3日付の「上毛新聞」に、高崎の板紙株式会社や上州絹絲紡績会社の大煙突の倒壊などが報道されている。しかし、流言蜚語（社会主義者と朝鮮人が暴動をおこすなど）により引き起こされた朝鮮人虐殺事件の現場（本庄・神保原など）と近接し、また藤岡事件の舞台となった藤岡町（現藤岡市）に隣接していた岩鼻火薬製造所の動向については、詳細不明のままであった。
　ところが陸軍造兵廠の編集になる『大正十二年関東地方震災関係業務詳報・附表及附図』[32]（以下、『業務詳報』）には、岩鼻方面の9月1日から10月にかけての、混乱を極めた状況が記載され、また被災図・警戒配置図（図2）などの図面が残されていたのである。
　『業務詳報』によると、震災当日の火薬製造所の被害は「一、煙突二箇及硝酸製造装置ヲ主トシ

其他若干損害アリシモ死傷者ナシ　二、高等官宅直ヲ宿直トシ雑工二十名消防夫二名ヲ警戒ノ為増加シタリ」と記載している。

　その後、作成された『建造物及器具機械災害調書』によると、建造物では煉瓦造煙突2基倒壊、1基半壊、製氷および機関室ほか6件が破損、また器具機械では硝酸製造装置の破損2、硫酸製造装置破損2、蒸汽装置破損1、グリセリン硝化装置破損1、罹災現時価格は合計9万144円であった。

　震災翌日には、東京地方の情報を得て、夜になって歩兵第15連隊の下士官以下9名を八幡原火薬庫の警戒にあたらせている。3日になると流言蜚語による付近村落の状況を、4日にはますます盛んになる流言蜚語について、次のように記している。

　　三日－一、東京附近災害ニ関シ不逞鮮人に対スル流言蜚語盛ニシテ住民皆殺気立チ停車場ハ勿論各要所要所ニハ在郷軍人、消防、青年団等凶器ヲ携ヘ鮮人ヲ警戒シ附近村落喧噪ヲ極メタリ
　　四日－一、三日夜来民心殊ニ動揺シ附近一般ニ喧騒ヲ極メタルヲ以テ将校二名ヲシテ付近ノ情況ヲ偵察セシム
　　右両名ハ玉村、倉賀野附近ノ状況ヲ視察シ村役場、高崎憲兵隊及歩兵第十五連隊等ニ付キ調査スルニ不逞鮮人襲来等ハ全ク流言蜚語ニシテ何等根拠ナク撲殺サレシ鮮人ノ多クハ不逞ノ者ニアラス（中略）然ルニ夜ニ到リ流言蜚語ハ益々盛ンニシテ約百名ノ鮮人火薬庫ヲ襲来スルトカ或ハ鮮人鉄橋ヲ爆破セリトノ流言アリ人心頗ル動揺シ皆凶器ヲ携ヘ物々シク警戒シ官憲ト雖手ヲ付クルコト能ハス（以下、略）

と記載している。

　5日には神保原で起きた朝鮮人の撲殺を伝え、また藤岡の自警団による朝鮮人17名の惨殺事件（藤岡事件）についても記載している。製造所側はこうした不穏な状況から、付近の安定を計り警戒を統一するために、当日岩鼻町代表者（村長、在郷軍人分会長、消防組頭、青年団長など）と、翌六日には滝川地区代表者と、それぞれ凶器を所持しないことなどを協議している。

　しかし6日にいたるも流言蜚語は相変わらず盛んなため、将校を高崎憲兵分隊と歩兵第15連隊に派遣して状況を調査、住民の不穏な動きが益々悪化していることが報告された。その大要は次のようである。

　　九月四日東京方面ヨリ高崎方面ニ避難セシムヘキ鮮人（不逞にアラス適当ノ保護ヲ加フヘキコトヲ証明セラレタル者）百余名自動車ニテ護送中熊谷町ニ於テ最後尾ノモノ約三十名地方民ニ殺害セラレ残リノ通過セシモノハ本庄町ニ於テ自動車二台ニ搭乗セルモノ及警察署ニ於テ保護セシモノ合セテ約八十名殺戮セラレ尚残リノ者三十名ハ自動車ニテ藤岡警察署ニ赴カムトシテ途中神保原ニ於テ全部虐殺セラレタリ又藤岡ニ於テハ暴民警察ニ襲来シテ之ヲ破壊シ留置中ノ鮮人十六名ヲ殺害セリト

翌七日の状況は次のようである。

　　一、藤岡、新町、本庄方面ハ軍隊ノ派遣ニヨリ平穏ニ帰シタルモ岩鼻、八幡原、玉村附近ハ製

造所火薬庫ニ接スルト当所某技手社会主義的傾向ヲ有スル為メトニテ喧噪不穏ヲ極ム
二、夜岩鼻村長外警戒関係者所長官舎ヲ訪問シ製造所某大尉ト前記某技手ト何等カ関係アルモノノ如ク申出テタルヲ以テ全ク関係ナキキコトヲ言明セリ

　『業務詳報』は6日から7日にかけての緊迫した状況、自警団の不穏な動きをよく伝えている。さらに、酸鼻を極めた朝鮮人虐殺の模様を伝えている。無実の朝鮮人を平然として虐殺する背景には、日本の植民地であった朝鮮の人々に対する侮蔑・差別感といった民族的偏見があった。
　8日早朝に歩兵第15連隊から将校以下21名、機関銃1挺を携帯して到着。付近一帯には歩哨を配置した。10日には軍隊の警戒により地方一帯は平静となったが、玉村では軍隊の配備がないと町長排斥の声があり、なお不穏の空気動揺があると伝えている。12日から14日までの記載はなく、15日になってようやく「岩鼻方面殆ント平穏ニ帰ス」と結んでいる。

8　製造所技手・藤田悟

　ところで7日の記事にある製造所某技手とは藤田悟（26歳）のことである。彼は1921（大正10）年3月に富山薬学専門学校を卒業して同月東京砲兵工廠雇員として採用された。そして岩鼻火薬製造所で各種薬物の分析業務を行い、1923年2月7日に陸軍技手「判任三等月俸七十円」に任ぜられダイナマイトなどの検査係となっていた[33]。
　『業務詳報　第八　社会主義者等ニ関スル事項』の中に「本人ハ群馬県群馬郡玉村（岩鼻東方約一里）ニ居住シ豫テ社会主義ヲ奉シ附近ニ於ケル小作争議等ノ際若干活動ヲ為シタル模様」と記載されている。
　藤田は震災後、付近住民の「社会主義者をたたき殺せ」という騒ぎに驚き、身の危険を感じ親交のある帝大文科生原田和三郎の勧告に従って、6日午後6時頃、富山へ逃走した。翌7日朝、藤田の休暇願いを製造所側に伝えるために原田が出頭している。
　その後、藤田の自宅を玉村消防隊が家宅捜査したところ「ダイナマイト」十数本が発見された。「朝鮮人暴動」の背後に社会主義者の策動があり、暴動をおこすための証拠物件と思われたのであろう。
　藤田は高崎憲兵分隊からの通報によって富山において捕らえられた。「十三日第十四師団法務官該製造所ニ来リ憲兵ト共ニ藤田カ常用セル机ヲ臨検シタル際群馬県共産党主義綱領等過激ニ亘ル文書数点アリ」。そして9月17日、前橋地方裁判所検事正中村正臣から岩鼻火薬製造所長宛に次の通知があった。

　　貴廠在勤陸軍技手藤田悟ニ対シ先頃来当局ニ於テ取調中ノ所出版法第二十六条ニ該当シ朝憲ヲ
　　紊乱スヘキ文書ヲ印刷頒布シタル事実判明シタルニ付取調ノ便宜上左記共犯者ト共ニ昨夕当裁
　　判所ニ予審ヲ求メ前橋刑務所ニ拘留候状及通知候

　そして共犯者として、梅澤佐蔵、高津渡、小林邦作三名の住所、職業、年齢が記されていた。
　なお、藤田の自宅から発見された「ダイナマイト」は、後日憲兵隊が鑑定したところ岩鼻火薬製

造所の製作した模造品であることがわかった。このため爆弾窃取の点については、証拠不明確のために起訴の手続きはとられていない。しかしこの一件は、後に群馬青年社会科学研究会事件（群馬青年共産党事件）へと発展していく、社会主義者への弾圧のはじまりであった。

9 災害補給の実施

　震災発生に伴って、従業員多数を抱えていた東京の陸軍造兵廠では、まず食糧品の確保に乗り出し、職員を付近郡部や高崎に派遣して応急の食糧品の収集にあたらせた。また火工廠本部は岩鼻火薬製造所に蝋燭2,500本の調達送付を命じた。

　3日、蝋燭2,500本を携行し本部に出頭した製造所の照山主計には、さらに高崎方面で精米や副食物の調弁が命じられている。そして6日夜半までに、干うどん180箱、梅干10樽、味噌30樽、ラッキョウ漬20樽、塩鮭11箱、福神漬20箱、精米3石6斗（649.4リットル）を調達して王子駅に発送、到着している。9日朝には、さらに精米52石（9,360リットル）、干うどん135箱が王子駅に到着した。10日にも精米52石、続く12・13日も精米各52石が王子駅に到着している。

　9月19日までに高崎方面で調弁した食糧品とその分配は、次のようであった。

品目	個数	数量	分配 東京工廠	火工廠
干うどん	215	963〆200	50	165
ラッキョウ漬	20	200〆000	20	0
塩鮭	11	220〆000	6	5
福神漬	20	360〆000	20	0
梅干	10	80〆000	10	0
味噌	30	540〆000	30	0
精米	529	211石600	132	397

　なお、この他に高田方面からも精米、玄米、味噌の調弁が行われ、それぞれの工廠に分配されている。

おわりに

　岩鼻火薬製造所をはじめ全国各地の軍事施設は、戦災やその後の取り壊しによって少なくなっていき、その存在そのものが忘れ去られようとしている昨今である。また施設関係の資料も敗戦処理に伴って焼却処分を受けていたり、敗戦時の混乱期における資料の散逸によって、軍事施設の歴史的調査が困難な状況にあることは、岩鼻火薬製造所についても決して例外ではない。

　このような状況下であっても、陸軍史料や地域に残されている史料の発掘から、岩鼻火薬製造所では操業以来、爆発、火災、公害などの社会的災害（人災）、および風水害、地震などの自然災害（天災）がたびたび発生したことを解明することができた。そして近隣町村や付近住民に多大なる被害を及ぼしたが、これに対して陸軍当局や地元はどのような対策を検討し、また当時の新聞はそ

れをどのように報道したのかを見てきた。風化し忘れ去られようとしている歴史の一端を解明することができた。

　日露戦争後の明治末期から大正の初年にかけては、戦後の軍備拡張期であった。岩鼻火薬製造所においては1909（明治42）年、ダイナマイト製造量の増大に伴い工場の拡張を実施し、翌年3月に竣工させている。明治期の大爆発事故が38年以降に集中しているのは、まさにこうした時期にあたっている。

　そして1914（大正3）年には第一次世界大戦が勃発した。連合軍に供給する軍需資材は弾薬が主であったので、火薬生産は活況を呈した。こうした状況下、死者こそでなかったものの、1917年から1918年にかけての爆発事故は周辺村落をも巻き込んだ大きな被害をもたらした。このために危害予防地として製造所周辺民有地の買収が進められていったのである。このことは陸軍省史料によって裏付けることができた。

　さらに『業務詳報』によって、関東大震災当時の岩鼻火薬製造所の被害状況とその対策、軍施設を取り巻く流言蜚語や周辺住民の動勢を知ることができるようになった。製造所を含めた軍関係者は、震災の混乱下でも、相当正確な情報を得ていた。しかし、自警団などによる朝鮮人虐殺を阻止する手だてをほとんどこうずることはなかった。震災初期の頃、自警団はまさに野放し状態であったのである。「朝鮮人暴動」の背後には社会主義者の策動がある、といったいわれなき根拠から製造所技手の藤田悟が逮捕され、この機会に乗じて後に群馬青年社会科学研究会事件へと発展する社会主義者への弾圧がはじまった。

注

1）菊池　実「旧陸軍宇治火薬製造所と岩鼻火薬製造所」『季刊　群馬評論』第60号、1994年。「旧陸軍岩鼻火薬製造所ダイナマイト」『群馬文化』第240号、1994年。「旧陸軍岩鼻火薬製造所と地下工場」『季刊　群馬評論』第61号、1995年。「関東大震災と岩鼻火薬製造所」『月刊上州路』No.254、1995年など。
2）日本産業火薬会保安部編『火薬類による事故集』1964年。
3）日本産業火薬会『日本産業火薬史』1967年。
4）桜火会編『日本陸軍火薬史』1969年。
5）群馬県史編さん委員会『群馬県史　資料編19　近代現代3』1979年。
6）「東京朝日新聞」1899年2月4日付。
7）「東京日日新聞」1905年5月8日・9日付、「東京朝日新聞」5月9日付。
8）陸軍兵器本廠『陸軍兵器本廠歴史』明治38年自1月至12月　防衛研究所所蔵。
9）「東京朝日新聞」1905年6月20日付。
10）「東京日日新聞」1909年2月2日付、「東京朝日新聞」2月4日付。
11）2）～4）参照。
12）「上毛新聞」1912年1月25日、26日付。
13）「東京日日新聞」1912年5月22日付。
14）例えば『陸軍兵器本廠歴史明治四十二年自一月至十二月』の中に、同年8月20日に発生した大阪陸軍兵器支廠所管の禁野弾薬庫の爆発の概況が綴られている。爆発の原因や建築物の損害と人員の損害が記されているが、周辺住民に与えた被害については全く触れていない。なお、爆発したのは岩鼻製

ダイナマイトである。
15)「東京朝日新聞」「東京日日新聞」1918年8月21日付。
16) 火工廠技術課「火薬爆発による被害距離について」『造兵彙報』第3巻第2号、pp.27-30、1925年。
17) 陸軍造兵廠『大正十二年関東地方震災関係業務詳報』防衛研究所所蔵。
18) 陸軍造兵廠『大正十二年度陸軍造兵廠歴史』防衛研究所所蔵。
19)「上毛新聞」1923年12月15日付。
20) 陸軍造兵廠『大正十三年度陸軍造兵廠歴史』防衛研究所所蔵。
21)「上毛新聞」1924年9月2日、3日付。
22) 岩鼻尋常高等小学校『大正十三年度当宿直日誌』高崎市立岩鼻小学校所蔵。
23) 16）に同じ。
24) 陸軍造兵廠『大正十四年度陸軍造兵廠歴史』防衛研究所所蔵。
25) 陸軍造兵廠『大正十五年度昭和元年度陸軍造兵廠歴史』防衛研究所所蔵。
26) 久保在久編「大阪砲兵工廠衛生調査報告書」『大阪砲兵工廠資料集』1987年。
27)『明治十五年中　砲兵方面並砲兵工廠』防衛研究所所蔵。
28)『明治二十一年　編冊　砲兵方面　砲兵工廠　工兵方面』防衛研究所所蔵。
29)『明治四十四年　乙輯第二類第二冊　永存書類　陸軍省』防衛研究所所蔵。
30)『大正七年　乙輯第二類第一冊　永存書類　陸軍省』防衛研究所所蔵。
31)『大正七年　乙輯第二類第三冊　永存書類　陸軍省』防衛研究所所蔵。
32)『大正十二年度陸軍造兵廠歴史別冊　大正十二年関東地方震災関係業務詳報　陸軍造兵廠』防衛研究所所蔵。
33)『大正十三年裁第一八号』法政大学大原社会問題研究所所蔵。

第1章　陸軍岩鼻火薬製造所の研究

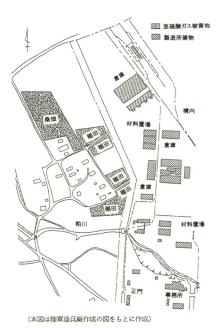

図1　亜硫酸ガス被害地付近略図

写真1　「殉職者之碑」（1932年建立）

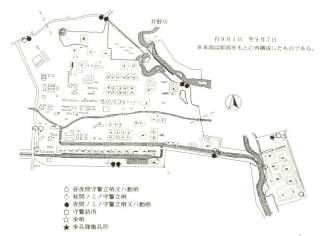

図2　関東大震災時における岩鼻火薬製造所
警戒配備要図

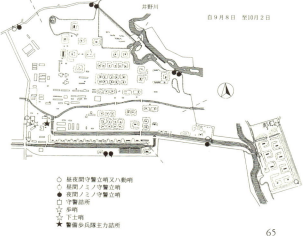

第4節　昭和期における敷地・建物の変遷

はじめに

　岩鼻火薬製造所の変遷を考えるためにこれまでに収集した昭和期の岩鼻火薬製造所の配置図には、「陸造甲第五三四号」附属の粕川南を中心とした図（以下、昭和2年図・図1）[1]、「岩鼻火薬製造所　縮尺　二千四百分ノ一　昭和十二年四月一日現在」（以下、昭和12年図・図2）[2]、「岩鼻製造所構内配置図　縮尺　四千分之一」（以下、昭和19年図）、「秘号　臣二九六一二ろ部隊配置図」（以下、昭和20年図・図3）[4]、そして戦後の図面としては「旧岩鼻製造所」縮尺二〇〇〇分の一」（以下、旧岩鼻図）[5] などがある。

　また旧版地図としては次のものがある。昭和2年6月印刷発行の5万分の1地形図（明治40年測図大正14年鉄道補入、以下、昭和2年5万分の1図・図4）、昭和7年8月印刷発行の2万5,000分の1地形図（昭和4年測図、以下、昭和7年2万5,000分の1図・図5）、昭和15年7月印刷発行の5万分の1地形図（明治40年測図昭和4年修正測図同9年要部修正測図、以下、昭和15年5万分の1図・図6）である。

　さらに、空中写真4枚もある。そのうちの2枚は、昭和15年2月16日（写真1）と昭和17年3月23日（写真2）に日本陸軍撮影のもの、他の2枚は昭和20年2月11日の米軍による偵察写真である。

　これらの配置図・旧版地図・空中写真と、さらに陸軍省大日記（防衛研究所戦史研究センター所蔵）の史料をとおして、昭和期の敷地・建物の変遷をあとづけたい。

1　昭和初期の敷地拡張

　1926（昭和元）年から日本敗戦の1945年8月までに、岩鼻火薬製造所は大きく見て4回の敷地拡張が行われた。

　まず大正末年から昭和初年にかけて大きな動きがあった。それは大正14年度から陸軍造兵廠製造の兵器の中で、特に弾薬類の作業が著しく減少し作業経営に困難を生じるようになった。このため経営を容易にする目的で、関東大震災によって大きな被害を受けた目黒火薬製造所の黒色火薬製造を中止し、岩鼻にその製造を集中させることになったのである[6]。その移設工事は、1928年まで継続される。移設場所は黒色火薬工場地帯の南、すなわち用水堀の南である。この工場移設などにかかわり土地の買収が行われた。

　　陸造甲第三〇〇号[7]
　　　　　岩鼻火薬製造所土地買収ノ件申請
　　昭和二年五月二十七日　陸軍造兵廠長官吉田豊彦印
　　　　陸軍大臣　白川義則殿

当廠所管土地建造物整理ニ伴フ首題ノ件概要左記ノ通ニ付認可セラレ度別紙図面添付ス
　　　　　　左　　　記
一、　買収坪数　二万四千五百坪
　　　　内訳　畑二一、二〇〇　　山林三、二七二　　　原野二八
二、　買収地域内ニアル道路ハ別紙図面ノ如ク買収地外側ニ沿フテ附替ヲナス
三、　買収地ノ内抵当権設定シアルモノ一筆アリ所有権者ヲシテ浄除セシメ買収ノ予定
四、　所有者全部買収協議ニ応スル見込
　　　　　　　　　　　　　　　了

陸造甲第三七二号[8]
　　　　岩鼻火薬製造所買収土地編入ノ件伺
　　昭和二年七月四日　陸軍造兵廠長官　吉田豊彦印
　　　　陸軍大臣白川義則殿
六月二十四日附陸普二七〇六ヲ以テ概要認可アリシ首題ニ関シ別紙土地調書記載ノ通各所有権者ノ売渡承諾ヲ遂ケタルニ依リ本年度土地建造物整理費令達予算ヲ以テ支弁シ当廠敷地ニ編入差支ナキヤ指示セラレ渡関係図書添付ス
　　追テ買収区域中二筆（五畝十六歩）別紙明細図ニ示ス如ク土地所有権者一名失踪中ノモノアリ利害関係者ニ於テ裁判手続中ニ付之カ確定ヲ待ツテ取得ノ予定ニ付申添フ

陸造甲第五四号[9]
　　　　岩鼻火薬製造所土地買収済ノ件
　　昭和三年二月四日　陸軍造兵廠長官　吉田豊彦印
　　　　陸軍大臣白川義則殿
客年七月四日陸造甲三七二伺同月二十五日附陸普三二六一指令ヲ受ケ実施ニ係ル首題ノ件別紙調書ノ通買収ヲ了シタルニ依リ図面添付報告ス
　　追テ陸造甲三七二追書記載ノ土地二筆（五畝十六歩）ニ対シテハ所有権者失踪ノ為時効ニ因リ占有者小林晴司ヨリ所有権確認ノ訴訟提起中ノ処判決確定占有者ニ於テ所有権取得、登記済ノ上買収シタルモノニ付申添フ
　　　　　　　　　　　　　了

　買収地は用水堀南の畑地1万8,500坪（6万1,050平方メートル）、粕川の井野川（猪之川）合流点付近の畑地2,700坪（8,910平方メートル）、八幡原火薬庫北側の山林3,272坪（1万798平方メートル）、原野28坪（92平方メートル）の計2万4,500坪（8万850平方メートル）である（図7）。買収地1平方メートルあたりの単価は約2円で、土地買収費は16万1,954円となった。この土地買収には「円満ニ行ハレアルニ不拘附近ノ労農党員ト称スルモノ扇動的宣伝ノナセル噂アルヲ以テ速ニ指令ノ上買収ヲ完了致度[10]」、と銃砲課の付箋がつけられている。当時の「上毛新聞」（昭和2年4月13日付）には「敷地問題交渉中々纏まらず」として、陸軍当局と村民との間で価格交渉を重ねていること、「陸軍側では他に適当の場所を選定すると云っているが村民側も足許を見てかなかな鼻息が

荒い」ことを伝えている。しかしこの交渉も6月下旬までには纏まったことが陸軍文書からわかる。

　昭和2年図（図1）で見ると土塁に囲まれた17の工室が描かれている。新たに構築されたものである。左から順に三昧（建物番号不明）、圧磨（265）、圧磨（266）、水圧破砕（260）、仮置（20）、造粒（269）、仮置（番号不明）、光沢篩分（280）、光沢（281）、仮置（282）、管薬圧搾（283）、仮置（297）、収函（298）、仮置（273）、仮置（274）、仮置（番号不明）、仮置（番号不明）となり、これらが移設された工室群である。

2　1937年までの概況

　日中戦争の始まる1937年頃まで、製造所にはあまり大きな変化は見られない。ここに至るまでの動向を造兵廠長官による、毎年の初度巡視所見（検閲所見）から見よう。

　　工場ノ配置ハ作業カ一側ヨリ順調ニ他側ニ流ルル如クシ鉄道引込線モ之ニ順応シ原料ノ卸下及製品ノ積込ミカ此作業ノ頭ト終リニ適切ニ敷設サルヲ理想トス又将来ノ拡張殊ニ戦時ニ於ケル工場ノ増設ヲ考慮シ各工場ハ作業ノ流レト直角方向ニ拡張シ得ル如ク計画シ置クヲ可トス、将来戦ヲ顧慮シ新築ノ事務所ノ如キハ屋上ニ厚キ砂嚢ヲ積ミ得ル丈ノ抗力ヲ持タスコト、地下室ヲ設ケ戦時ニハ臨機瓦斯ニ対シ集団防護ノ施設ヲ容易ニ為シ得ル如ク計画スル必要アリト認ム（昭和3年5月6月初度巡視所見[11]）。

　　当所ハ比較的僅少ナル職員ヲ以テ広大ナル地域複雑セル設備ヲ管理シ然モ最モ危険トスル分散隔離ノ工室ヲ有シ其ノ統制極メテ困難（昭和4年度　検閲所見[12]）。

　　新設セル水濠ハ幅員狭小ニシテ強行通過ヲ防止シ得サルモノト認ムル、国有財産タル土地ニ対シ水濠築設ノ為土地ヲ掘削シタルカ如キハ管轄者ノ承認ヲ受ケテ実施スヘキモノトス、将来法規ニ違背スル如キ行為ニ関シテハ厳ニ慎ムト共ニ既設事項ニ関シテハ速ニ爾後ノ承認ヲ受クルヲ要ス（昭和7年度検閲所見[13]）。

　1935年になると隧道式の射場を新設した[14]。これは、敷地内にあった露天の大砲・小銃用の射場を、小火器専用の射場としてコンクリート製トンネルを完備したものである。設置場所は製造所敷地の東端にあたる。この年の検閲所見には、「「ダイナマイト」製薬工場、八幡ヶ原火薬庫、岩鼻駅等ノ地理的関係上「ダイナマイト」其ノ他ノ運搬系統並方法ハ根本的ニ考究スルノ要アリ」[15]との指摘がある。

　一方、製造所のある岩鼻村の状況を、「上毛新聞」1930年9月2日付と1935年5月15日付が伝えている。それによれば、前者は火薬庫の存在で付近の耕地6、70町歩が使用に堪えないこと、従業員の住宅が官舎のために家屋税付加税が徴収できないこと、従業員の子弟が相当多数に上り教育費の負担が加重であること、さらに前後10数回の爆発事故による莫大な損失をこうむっていることなどから同村の財政状態は悪く、このために陸軍省に補償金の交付を陳情したことを伝えている。また、後者はトラックによる火薬の運搬許可申請に対して、これを危険視する沿道住民の願いで取

りやめさせたことを伝えている。

　旧版地図と配置図からこの時期の製造所敷地を検討してみよう。昭和2年5万分の1図（図4）は、明治40年に測図されたものであることから、昭和初期の正確な製造所敷地は図示されていない。昭和3年まで継続された黒色火薬の移設工室群は、昭和7年2万5,000分の1図（図5）に描かれている。昭和12年図（図2）を見ると、建物の増加は認められるものの敷地については、前者と変化はない。

3　1938年の敷地拡張

　日中戦争の拡大にともない、1938年から39年にかけて新たな射場の設置と敷地拡張が行われた。射場は多野郡吉井町入野（現高崎市吉井町）に所在し、岩鼻火薬製造所の南西約7キロメートルの丘陵地帯に位置している。

　　極秘　陸造秘第一、一二七号[16]
　　　　　　土地買収概要ノ件申請
　　昭和十三年六月十六日　陸軍造兵廠長官　永持源次印
　　　　　　陸軍大臣　板垣征四郎殿
　　火工廠岩鼻火薬製造所製品検査ニ要スル射場設置ノ為昭和十三年度国防充備費令達予算ヲ以テ概ネ左記目途ニ依リ土地買収致度ニ付申請ス
　　　　　　　左　　　記
　　　　場所、群馬県多野郡八幡村外一ケ村地内
　　　一、射場敷地、山林其他約五万五千坪
　　　　　　此代金約　四万四千円也
　　　二、立木竹及地上物件移転補償見込額　金一万六千円也
　　　　　　　　　　　　　　　　　　　以　　上

　そして1939年度事業費550万円をもって設置が進められた。鉄筋コンクリート造りの射垜新設では、当初10センチ級砲の試験に対応するものであったが、その後24センチ級砲の試験対応に変更した[17]。なお、「秘　支那事変業務実施報告　第35号　自12月1日至12月31日」[18]には、岩鼻射場拡張用地6.5万坪と記され、申請書とは1万坪の違いがある。書類の記載ミスか買収面積に変更があったものと思われる。この射場に対する1945年12月の調査によれば、面積21万9,374平方メートルとあり、ほぼ6.5万坪に相当するからである。また射場には事務所建物2棟、工場1、倉庫3、雑12、建物計18棟があった[19]。

　併行して敷地拡張は次のように進められた。

　　極秘　陸造秘第一、二〇九号[20]
　　　　　　土地買収概要ノ件申請
　　昭和十三年六月二十四日　陸軍造兵廠長官　永持源次印

　　　　陸軍大臣　板垣征四郎殿
　　火工廠岩鼻火薬製造所敷地拡張ノ為昭和十三年度国防充備費令達予算ヲ以テ別紙図示ノ通概
　ネ左記目途ニ依リ土地買収致度ニ付申請ス
　左　記
　　場所、群馬県群馬郡岩鼻村外一ヶ村地内
　　一、民有畑地其他約三万坪
　　　此ノ買収見込額約五万九千円也
　　二、地上物件移転、補償金見込額約一千円也
　　　　　　　　　　　　　　　　以上

陸造甲第一四三一号 [21]
　　　　土地買収ノ件伺
昭和十三年十二月二十二日　陸軍造兵廠長官　小須田勝造印
　　　陸軍大臣　板垣征四郎殿
　　六月二十七日附陸普第三、八二九号指令ヲ受ケ実施中ニ係ル岩鼻火薬製造所敷地拡張ニ関ス
　ル首題ノ件別紙図書ノ通各所有権者ト協議ヲ遂ケタルニ附本年度国防充備費令達予算ヲ以テ取
　得シ当廠公用財産ニ編入差支ナキヤ指示セラレ度
　　追テ神社並寺院所有地ニ対スル地方長官許可書謄本ハ後送スヘキニ付申添フ

　同年10月20日、防空の見地から陸軍造兵廠の各施設を検討するために、作業部長、火工廠長官
その他本部、東京工廠、火工廠関係者計12名は、熊谷陸軍飛行学校所沢分教場から軍用輸送機に
搭乗して、王子、板橋付近の東京工廠および火工廠、相模兵器製造所、多摩派出所、福岡工場、岩
鼻火薬製造所の上空を飛行した。空中から視察検討して、既設施設の改善並びに将来のために好資
料を得た [22]、ことが報告されている。

陸造甲第五一六号 [23]
　　　　土地買収済ノ件報告
昭和十四年五月十二日　陸軍造兵廠長官　小須田勝造印
　　　陸軍大臣　板垣征四郎殿
　　客年十二月二十六日附陸普第八〇一二号指令ヲ受ケ実施中ニ係ル岩鼻火薬製造所工場拡張ニ
　要スル首題ノ件別紙ノ通実施済ニ付報告ス
　　追而神社及寺院所有ニ係ル当該地方長官ノ許可書、謄本添付ス尚土地明細図ハ国有財産取扱
　規定第六条伺出ノ際添付セルモノト異動ナキヲ以テ省略セシニ付申添フ

　敷地造成は当初一式8,000円であったが、4万4,540円に変更となった。その理由は、岩鼻にお
ける数次の爆発事故のために危害予防上、黒色火薬製造工室の分散配置の必要からである [24]。
　前記の史料中には、土地買収図の添付はない。また1940年以降になると史料そのものの存在が
乏しくなる。このため土地買収区域や施設拡張について検証するためには、次の方法によった。

1938年からアジア太平洋戦争開戦前にかけての敷地造成は、昭和12年図（図2）と同15年の空中写真（写真1）の比較検討、アジア太平洋戦争開戦後については、昭和17年の空中写真（写真2）と同19年図・20年図（図3）との比較、そして各図面に表示されている建物番号を検討した。さらに米軍の偵察写真も参考とした。

それでは製造所がどのように拡張されていったのかを、昭和12年図（図2）と同15年2月の空中写真（写真1）から検討しよう。昭和12年図に描かれた最終の建物番号は、射場に近接した412である。そして413以降は昭和19年図・20年図に描かれているが、463までの建物は従来の敷地内に新設されている。空中写真からは製造所西側の拡張と黒色火薬工場地帯の南から東南にかけて造成されたことがわかる。さらに北側で、土塁に囲まれた464～466（硝化室）、467～471（洗浄室）、472～474（沈殿室）までの工室群が写し出されている。昭和12年図に描かれていないこの区域が、新たに増設されたダイナマイト工場地帯である。西側地区に対する写真は明瞭でないが、北側の増設された工室群に続く番号の475、476（食堂）の建物が新築されている。南から東南にかけて、施設などはまだ建設されていない。

史料にある約3万坪の土地買収は、製造所の西側と南から東南にかけて行われ、さらに北側のダイナマイト工場地帯の増設が行われた。こうした拡張に伴い、1940年4月から守衛14名を増員する一方[25]、9月からは歩兵第15連隊の改編で派遣衛兵の人員が将校以下25名から18名に改正されている[26]。さらに国民防諜思想の普及徹底を図るために、製造所当局は高崎憲兵隊と協議のうえ、付近町村長、郵便局長、駅長を委員とする国民防諜連絡委員会を設置した[27]。この委員会の決議によって、製造所付近要点に写真撮影禁制札が樹立されることになったのである。軍事施設に対する防諜は日ごと厳しさを増し、この年発行の5万分の1図（図6）では、岩鼻火薬製造所は地図から完全に消されることになった。

4　アジア太平洋戦争期間の敷地拡張

この期間の敷地や工場増設に関する史料は、「軍需動員実施ノ概況並ニ意見」（昭和16年4月～18年3月）、「陸軍兵器廠歴史」（昭和17年4月～10月）の中に散見される。

たとえば、1941年10月から12月にかけて、臨時軍事費第6次によって溜置室2棟（530・531）などが新築され、翌年3月までに土塁新設などが行われている[28]。

昭和17年3月の空中写真（写真2）には、製造所南側の黒色火薬工場地帯に、土塁に囲まれた2列の工場群の増設（北列の建物番号－46三昧混和室・182破砕室・484水圧室・513造粒室・366造粒室・181光沢室・540光沢室・128篩分室・542篩分室・541光沢室・553篩分室・554篩分室・555混同室、南列の建物番号－234仮置室・485仮置室・178仮置室・512仮置室・247仮置室・557仮置室・558仮置室・559収函室・556乾燥室）（図3）が認められる。各工室の周囲にある土塁築造にあたっては、周辺の土地掘削が行われた。空中写真は幅38メートル、長さ520メートルにわたる掘削の痕跡を明瞭にとらえている。

1942年7月以降については「G無煙薬月製二一〇トン拡充工事ハ炭火（化）工室及薬包関係ノ移転ト溜置、収函地帯ノ拡張ニ関連シ概ネ十二月中完成ノ予定ナリ。九番管状薬装備ハ建物完成シ目下機械据付中ニシテ十一月末ヨリ作業開始ノ予定」[29]である。薬包関係の移転は八幡原火薬庫の

北側で、溜置、収函地帯の拡張は製造所の井野川に接する東端区域の工室群（577 溜置室・578 収函室・588 溜置室・589 溜置室（図3））である。また臨時軍事費第7次で倉庫4棟が新築されているが、これらは北西部の倉庫地帯にある、532・550・573・575の番号が該当しそうである。そして12月までには、黒色火薬分散配置の設備移転と九番管状薬の設備を完了し、臨時軍事費第6次による溜置室2棟（588・589）の新築、同7次による冷水室（北西部の572）などの新築が行われている[30]。

このように、製造所の南西隅にある560〜565（黒色火薬関係）、北西隅の532・550・573・575・572、西側拡張地帯の581〜585、東端の577・578・588・589の建物（図3）が、アジア太平洋戦争開戦後、1942年末までに増設された施設群であろう。しかし、この頃から設備資材の取得に困難を生じはじめている。

1943年になると、設備用の資材取得は依然として困難で、その実施に支障をきたすことが多くなった。史料には次のことが指摘されている。「本期間に於ける建造物関係は主要資材たる木材の納入遅延及び各種資材の欠乏に二次製品の欠乏に依り鋭意之が進捗に努力せるも補修工事に於て約三五％、臨時軍事費工事に於て約四〇％の未確定繰り越しを生ずるのやむなき状況」[31]である。また黒色火薬の分散配置は約40パーセントの完成にとどまっている。この時期の建造物の主な竣工工事は、土塁新設外5廉外5件、臨時軍事費第6次による炭化放令室（南西端の618）新築外2件、臨時軍事費第7次による橋梁新設などがある[32]。今のところ史料で確認できるのは、1943年3月までである。

そこで昭和19年図と20年図を見ると、製造所東南隅に619（溜置室）・620（溜置室）・645（溜置室）・646（溜置室）の土塁に囲まれた工室がある。その周囲には土塁築造のために土地の掘削が東西方向2ヶ所、南北方向1ヶ所認められる。これらの工室群が1943年3月以降に増設された施設であろう。

両図面で確認できる建物の最終番号は、北西部にある665の倉庫である。しかし1945年2月12日の米軍偵察写真には、図面には描かれていない倉庫地帯の建物をとらえている。また製造所の南端にある土塁築造のための掘削溝もとらえていた。

おわりに

昭和期の敷地変遷を再確認しよう。第1回目は、大正末年から昭和初年にかけて黒色火薬工場の移設に伴う2万4,500坪の拡張、第2回目は日中戦争勃発後の1938年から39年にかけて6万5,000坪の射場設置、第3回目は同年にかけて約3万坪の敷地拡張、第4回目はアジア太平洋戦争開戦後の1942年の敷地拡張である。その間、細かく見ると様々な施設の増設が行われているが、それも1943年になると設備用資材の取得が困難となり、その実施に支障をきたすようになった。この状況は敗戦時まで続いた。

敗戦時、約32万5,000坪に及んだ陸軍岩鼻火薬製造所の敷地は、戦争の拡大と軌を一にして拡張されていったことがわかる。

県立公園「群馬の森」周辺では、現在も土塁や火薬工室、火薬庫、コンクリート製射場、堀など製造所施設を数多く見ることができる。これら施設の構築年代を確定させるためには、今回のような作業が必要である。これによってそれらの年代把握が可能となった。

注

1) 『昭和二年乙輯　第三類第二冊　永存書類　陸軍省』防衛研究所所蔵。
2) 『昭和十三年乙　第二類第一冊　永存書類　陸軍省』防衛研究所所蔵。
3) 筆者所蔵。
4) 「臣二九六一二ろ部隊配置図」『新編　高崎市史　資料編10　近代・現代Ⅱ（大正・昭和前期）付図4』1998年。
5) 筆者所蔵。
6) 『密大日記　大正十四年六冊の内第三冊』防衛研究所所蔵。
7) 『昭和二年乙　第二類第一冊　永存書類　陸軍省』防衛研究所所蔵。
8) 『昭和三年　第二類第一冊　永存書類　陸軍省』防衛研究所所蔵。
9) 『昭和三年乙　第二類第一冊　永存書類　陸軍省』防衛研究所所蔵。
10) 『昭和三年乙　第二類第一冊　永存書類　陸軍省』防衛研究所所蔵。
11) 「秘　昭和三年五月六月初度巡視所見」『昭和三年度陸軍造兵廠歴史』防衛研究所所蔵。
12) 「昭和四年度岩鼻火薬製造所検閲所見」『昭和四年度陸軍造兵廠歴史』防衛研究所所蔵。
13) 「昭和七年度岩鼻火薬製造所随時検閲所見」『昭和七年度陸軍造兵廠歴史』防衛研究所所蔵。
14) 『昭和十年乙　第二類第一冊　永存書類　陸軍省』防衛研究所所蔵。
15) 「昭和十年度岩鼻火薬製造所随時検閲所見」『昭和十年度陸軍造兵廠歴史』防衛研究所所蔵。
16) 『昭和十四年乙　第二類第一冊　永存書類　陸軍省』防衛研究所所蔵。
17) 『昭和十四年陸支受大日記(密)第五五号　陸軍省』防衛研究所所蔵。
18) 『昭和十四年陸支受大日記(密)第二号　陸軍省』防衛研究所所蔵。
19) 『昭和二十年・十二造兵廠・土地建物・器具機械調査一覧表』東京第二陸軍造兵廠　防衛研究所所蔵。
20) 『昭和十五年密大日記第九冊　陸軍省』防衛研究所所蔵。
21) 20)に同じ。
22) 「秘　支那事変業務実施報告　第三三号　自十月一日至十月三十一日」『昭和十三年支受大日記（密）陸軍省』防衛研究所所蔵。
23) 20)に同じ。
24) 『昭和十四年陸支受大日記(密)第五五号　陸軍省』防衛研究所所蔵。
25) 「軍需動員実施ノ概況及意見　昭和十五年四月」防衛研究所所蔵。
26) 「軍需動員実施ノ概況並ニ意見　昭和十五年九月」防衛研究所所蔵。
27) 「軍需動員実施ノ概況及意見　昭和十五年六月」防衛研究所所蔵。
28) 「軍需動員実施ノ概況並ニ意見　自昭和十六年十月至昭和十六年十二月」防衛研究所所蔵。
29) 「軍需動員実施ノ概況並ニ意見　自昭和十七年七月至昭和十七年九月」防衛研究所所蔵。
30) 「軍需動員実施ノ概況並ニ意見　自昭和十七年十月至昭和十七年十二月」防衛研究所所蔵。
31) 「軍需動員実施ノ概況並ニ意見　自昭和十八年一月至昭和十八年三月」防衛研究所所蔵。
32) 「軍需動員実施ノ概況並ニ意見　自昭和十八年一月至昭和十八年三月」防衛研究所所蔵。

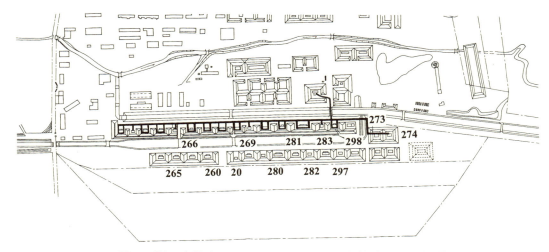

図1　昭和2年図（本図は原図を再トレース、一部改変）（防衛研究所所蔵）

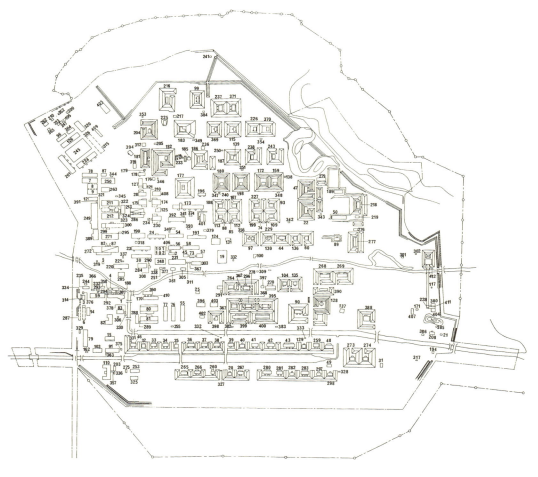

図2　昭和12年図（本図は原図を再トレース、一部改変）（防衛研究所所蔵）

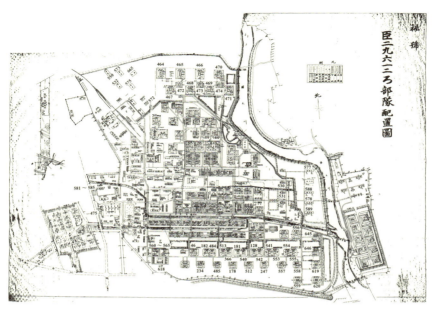

図3　昭和20年図（新編高崎市史　資料編10　付図より、一部改変）

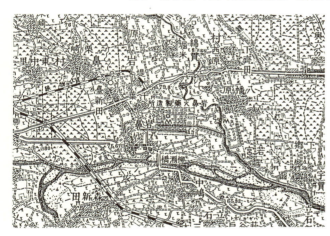

図4　昭和2年　1:50,000 地形図
（(財) 日本地図センターより）

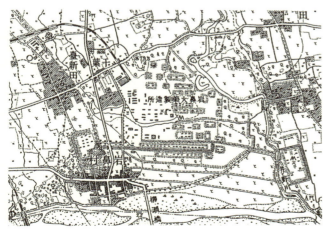

図5　昭和7年　1:25,000 地形図
（(財) 日本地図センターより）

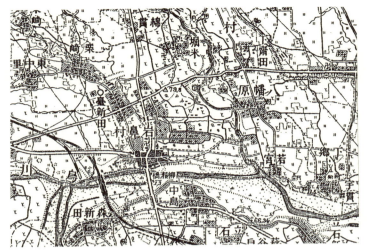

図6　昭和15年 1:50,000 地形図
((財) 日本地図センターより)

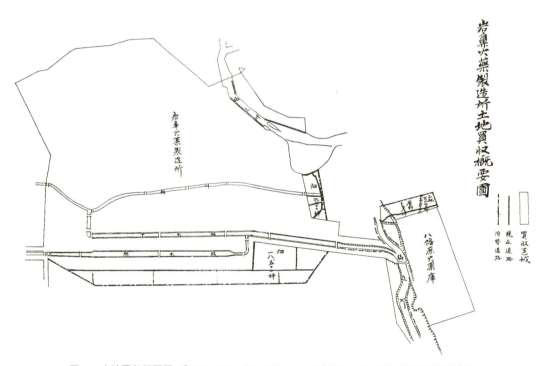

図7　土地買収概要図（『昭和2年乙　第2類第1冊　永存書類　陸軍省』）（防衛研究所所蔵）

第1章 陸軍岩鼻火薬製造所の研究

写真1　昭和15年2月、陸軍撮影

写真2　昭和17年3月、陸軍撮影

第5節　陸軍軍需動員下の岩鼻火薬製造所
―1937年～40年の動向―

はじめに

　1937（昭和12）年7月の日中戦争勃発とともに陸軍軍需動員が下令された。生産部隊である岩鼻火薬製造所では、休止設備の運転開始、全設備の昼夜運転、民間工場の利用などにより増産体制を整える完全な戦時体制に入った。この動向を、戦場における戦闘状況とは別の視点から、『陸軍省大日記』・『支那事変経験録第二号』・「軍需動員関係史料」などをもとに明らかにするものである。

1　陸軍軍需動員と陸軍造兵廠

　1937年7月7日、北京西郊・蘆溝橋において日中両軍による武力衝突が発生した。蘆溝橋事件の勃発である。ほどなく戦火は華北から華中および日中全面戦争へと突入した。日本をあの長く苦しい悲劇のドロ沼に引きずり込んでいった。1937年末までに計16個師団約70万の大軍が中国大陸に送られたが、本格的な戦闘が行われるに及んで戦場における弾薬の補給が大問題となった。とりわけ上海方面補給用および数次の動員部隊用弾薬所要火薬類で、なかでも無煙薬および茶褐薬などがその量を著しく増大した。

　当時、弾薬の平時整備可能量はきわめて小さく、年間高補給率の7.5師団会戦分と算定されていた[1]。上海に出兵するやいなや、たちまち中国軍の頑強な抵抗にあい非常な苦戦に陥った。当時、陸軍省兵器本廠付兼陸軍省軍務局軍務課国内班長であった佐藤賢了中佐は、後年その著『佐藤賢了の証言』の中で「北方ソ連に備えて、内地に控置してある兵団の動員用砲弾までからっぽになった。万一、北方に事が起こったら、少し誇張したいい方であるが、優良兵団はあるけれども、持って行く弾薬がない、という大失態を演じなければならない」[2]と記しているほどである。このように平時と戦時における需要量の差の最も著しいのは弾薬であった。たとえば日中戦争初期、砲弾では中小口径火砲なかでも各種歩兵砲用弾薬が多く、これを薬種別に見ると1号方形薬、2号方形薬、1号帯状薬、3号帯状薬、3番管状薬、8番管状薬、茶褐薬、小粒薬などが主なものであった[3]。そしてその補給充足のため兵器費の大部分は弾薬の増産に向けられる状況になった。

　軍需品の整備もまた本格的となり、同年10月5日遂に陸軍軍需動員の実施が発令された。陸軍軍需動員実施の主体は、軍の製造機関の拡張と生産拡大、民間工場の活用にあった。しかし民間工場の生産転換には日数を要するため、軍需動員発動の初期においては特に軍の製造機関による必要があった。陸軍造兵廠[4]は軍需動員発令後、整備計画の示すところに従い、休止設備の運転開始、全設備の昼夜運転（既設製造所の整備充実）、民間工場の利用などにより、増産体制を整える完全な戦時体制に入った。

　従来の軍動員および軍需動員計画は対ソ作戦を目標として計画されていたので、対中国作戦を主とする現情勢に適合するように計画の一部を変更し、特に「支那事変」と冠称を付して陸軍軍需動

員は発令された[5]。

　生産担当の造兵廠の動員業務を『日本陸軍火薬史』は次の様にまとめている。
　1、年度訓令に示す整備品目の生産を完遂すること。
　2、これが為要すれば、民間工業力の利用を図り其の実施を管理監督すること。
　3、訓令の示す設備の整備各自由計画に基いてその遅滞なき実現を図ること。
　4、物資動員計画、軍需動員計画に従い他部隊のために委託された物資を、責任を以て調達、供給すること。

　従って動員業務も行動としては日常業務と大差なく、しかも業務量も特殊のものを除いては、漸進的に増加するので、業務全般としては格別の混雑や抵抗もなく円滑に動員態勢に移行した、と記しているものの、その実態を見ると管下各製造所は増産体制のために作業は相当に混雑を極め輻輳していた。このため、事変発生直後の8月16日には、宇治火薬製造所で爆発事故が発生[6]し、板橋火薬製造所の片肺作業で無理な生産が続けられていた。翌1938年には岩鼻火薬製造所において4回の爆発事故が発生、そして39年3月には禁野火薬庫の爆発事故[7]と大事故が続発していった。それはとりもなおさず、陸軍弾薬の生産・整備・補給体制に大きな支障をもたらし、またその復旧には非常の努力が払われていった。一方、これらの大事故によって民間にも甚大な被害が生じたが、時局がらそれらがおおやけにされることはほとんどなかった。

　ところで、『支那事変経験録第二号』（以下、『経験録』）は、陸軍造兵廠火工廠[8]が編纂した、昭和12年10月1日から12月31日までの動員業務の報告である。この『経験録』に綴られた従業員・通勤状況・教育・作業・衛生状態・警戒取り締まりについて、動員初期における岩鼻火薬製造所の動向をまとめたのが次項である。

　なお、『経験録』第一号および第三号以降については残念ながら現在までその所在は不明である。3ヶ月毎にまとめられた報告と考えられ、第一号は事変発生の7月から9月末日、第三号は昭和13年1月から3月末日までの資料と思われる。現存しているものか否かもわからない。

2　軍需動員発令後の岩鼻火薬製造所

①従業員

　軍需動員に伴う従業員の補充については、東京管区要員募集実施要領に依り業務を実施している。その募集要項は次のとおりである。ただし、この募集要項は1939年3月のものであるが、採用条件など参考になるので紹介する。

陸軍造兵廠火工廠岩鼻火薬製造所募集要項

　一、工場所在地　　群馬県群馬郡岩鼻村大字岩鼻
　一、下車駅名　　　高崎線倉賀野駅より約2粁
　一、募集人員　　　約数百名
　一、採用条件　　　イ、給料、初任給1円12銭（10時間に対し）
　　　　　　　　　　　（月収約40円）
　　　　　　　　　　ロ、勤務時間、12時間

　　　　　　ハ、年令、満18才以上35才未満
　　　　　　　（但し帰郷軍人は年令を不問）
　　　　　　ニ、兵役関係、不問
　　　　　　ホ、教育程度　尋常小学卒業程度
　　一、提出書類　　自筆履歴書
　　　　　　　　　　身元証明書（刑罰を受けたる事なきこと、兵役関係）
　　一、銓衡日時場所　決定次代通知す
　　一、銓衡要領　　身体検査、口頭試問の上即日採否決定す
　　一、其　　他　　採用者には赴任旅費及日当を支給す
　　　　　　　　　　下宿間借の斡旋をなす（下宿料月約17円
　　　　　　　　　　位自転車を有する者は携行するを便とす）

　　　　　　　　　　身体検査標準

区　分	身　長	体　重	胸　囲	摘　要
男　子	四尺九寸五分	十二貫	二尺四寸八分	

　　　　　　　　　　　　　　　　　（旧埼玉県秩父郡高篠村役場文書・埼玉県立文書館所蔵）

　従業員総数は1937年9月末日現在で、将校5名、技師3名、準士官・下士官6名、判任文官（属・技手）16名、嘱託（事務・技術・医師）4名、雇員（事務・技術）16名、傭人（守衛・消防夫・小使・給仕・看護婦）79名、工員1,137名[9]の計1,266名である。この他に67名の休務者がいる。これが12月末日現在になると、将校8名、技師3名、準士官・下士官8名、判任文官20名、嘱託5名、雇員26名、傭人80名、工員1,570名の計1,720名になっている（表1参照）。

表1　従業員数比較表

区分	将校	技師	準士官 下士官	判任文官	嘱託	雇員	傭人	工員	計
7月10日現在	5	3	6	18	4	12	68	575	691
9月末日現在	5	3	6	16	4	16	79 (1)	1137 (66)	1266 (67)
12月末日現在	8	3	8	20	5	26	80 (4)	1570 (113)	1720 (117)

　　　　　　　　　　　　　　　　　　　　　　　　　　　　（　）内数字は休務者

　前記職員数と比較するために、前年の昭和11年12月31日現在の従業員数をあげると次のとおりである。将校・技師7名、準士官・下士官8名、属5名、技手12名、事務雇員4名、技術雇員8名、工員487名の計531名である。事変（蘆溝橋事件）直後でも将校5名、技師3名、準士官・下士官6名、判任文官18名、嘱託4名、雇員12名、傭人68名、工員575名の計691名であったから、工員については前年の約3・2倍の増加である（図1）。職員（将校〜雇員）1名に対する工員数は、事変前12名、9月末23名、12月末22名である。

　高等官である将校・技師、判任官である準士官・下士官・判任文官の定数は、ほとんどかわらないが工員の増加に著しい特徴がある。補充された工員について詳細に見ると次のようになる。

1937（昭和12）年7月から12月までの半年間に、男子2,804名、女子465名の計3,269名の応募者があった。身体検査による第1合格者は、男子694名と女子104名の計798名、第2合格者は男子942名と女子143名を数え、不合格者は男子1,168名、女子218名であった。身体検査による不合格者の主要な疾病は、体質薄弱205名、眼疾患48名、呼吸器疾患13名、花柳病14名となっている。第1・第2合格者に対してさらに人物および性能考査が実施され、男子278名、女子40名の不合格者をだしている。最終採用人員は男子1,084名、女子127名となり、応募者人員に対する合格率は男子49％、女子45％であった（表2参照）。

表2　傭人工員採用率表（自10月1日至12月31日）

男女別		応召人員	身体検査			人物及性能考査		応召人員に対する合格％	採用人員
			第1合格	第2合格	不合格	合格	不合格		
男		980	242	341	397	421	162	43	526 (1)
女		219	41	67	111	80	28	37	37 (4)
累計	男	2804	694	942	1168	1360	276	49	1084 (13)
	女	465	104	143	218	207	40	45	127 (5)

累計は7月からの人員、（　）内数字は傭人

　ところで、10月から12月末日までに採用された男子工員526名の年齢別構成を見ると、18歳〜20歳未満63名、20歳〜25歳未満194名、25歳〜30歳未満151名、30歳〜35歳未満118名である（表3参照）。入職前の職業は、農業従事者が一番多くて327名（約62パーセント）、次いで工業の76名、雑業60名、商業36名、無職22名となり、軍人・官吏・事務員は最も少数の5名であった（表4参照）。兵役関係別人員では、予備役下士官2名、兵93名、第1補充133名、第2補充50名、第2国民・外無関係者248名となっている（表5参照）。学歴は、実業学校卒21名、同中退2名、中学校卒5名、同中退9名、高等小学校卒371名、同中退18名、尋常小学校卒96名、同未終了4名である（表6参照）。実に、高等小学校卒以下までが、全体の約93パーセントを占めている。

表3　補充工員年齢別人員（男）（自10月1日至12月31日）

18歳以上	20歳以上	25歳以上	30歳以上	35歳以上	40歳以上	計
63	194	151	118	0	0	526

表4　補充工員入職前の職業別人員（男）

軍人・官吏・事務員	農業	工業	商業	雑業	無職	学生	計
5	327	76	36	60	22	0	526

表5　補充工員兵役関係別人員（男）

予後備			第1補充	第2補充	第1国民	第2国民、外無関係者	計
尉官	准士官下士官	兵					
0	2	93	133	50	0	248	526

表6　補充工員学歴別人員（男）

実業学校卒業		実業学校中退		中学校		高等小学校		尋常小学校		計
理工	その他	理工	その他	卒業	中退	卒業	中退	卒業	未終了	
7	14	0	2	5	9	371	18	96	4	526

　同じく女子について見ると次のようになっている。10月から12月末日までの採用者37名の年齢別構成は、16歳未満1名、16歳～18歳未満15名、18歳～20歳未満10名、20歳～25歳未満8名、25歳～30歳未満3名である（表7参照）。入職前の職業は男子と同様に農業従事者が多くて24名、次いで無職10名、商業2名、工業1名である（表8参照）。学歴は、実業学校卒3名、同中退1名、女学校卒1名、高等小学校卒26名、尋常小学校卒6名であった（表9参照）。高等小学校卒以下は約86パーセントを占めている。

表7　補充工員年齢別人員（女）（自10月1日至12月31日）

16歳未満	16歳以上	18歳以上	20歳以上	25歳以上	30歳以上	計
1	15	10	8	3	0	37

表8　補充工員入職前の職業別人員（女）

官吏事務員	農業	工業	商業	雑業	無職	学生	計
0	24	1	2	0	10	0	37

表9　補充工員学歴別人員（女）

実業学校卒業		実業学校中退		女学校		高等小学校		尋常小学校		計
理工	その他	理工	その他	卒業	中退	卒業	中退	卒業	未終了	
0	3	0	1	1	0	26	0	6	0	37

　事変発生から半年間における男女採用者1,211名のうち、約55パーセントにあたる669名が縁故募集によるものであった。こうした事実は工員の身元を憲兵隊、警察署に依頼して調査し取り締まった結果の反映と考えられる。次いで広告による単独申込者267名、約22パーセント、廠外に委託したもの275名、約22.7パーセントであった。縁故募集に依り極めて順調に補充することができているが、工員にあっては体格、素質など漸次低下していることが指摘されている。また技術工員である分析手、電気手、製図手、鍛工、木工などは当初不足を感じていたが、逐次応募者を得て1937年末日までには、ほぼ支障なき程度になっている。

　傭人については事変発生以来の累計で、守衛11名、消防夫2名、看護婦5名が補充され、12月

末日現在の人員は守衛50名、消防夫21名、看護婦9名となった。

　もちろん、従業員補充だけでなく減退も記録されている。その最たるものが軍に召集され、戦地に送られることである。岩鼻火薬製造所では事変発生以来、その数は127名に達している。10月から12月末日までに召集された60名中、戦死者は4名を数えた（表10参照）。この他に103名の減退も記録されたが、それは解雇申し出による者が圧倒的に多かった。急需募集のために人物を厳選する余裕がなかったことで、応募者の中に勤労報国の精神に欠ける者や、身体被服等の汚損する化学工場の作業に耐えられなかった者、火薬・爆薬の製造を危険視する者がいたためであると、当局側はその理由を判断している。

表10　傭人工員中在郷軍人にして召集せられたる者（自10月1日至12月31日）

応召者数	内訳						上記人員中	
	工員				傭人			
	普通工			試工			戦死（戦傷死）者	召集解除
	召集猶予者	召集猶予者（追加）	非召集猶予者		召集猶予者（追加）	非召集猶予者		
60 (127)	0 0	16 (54)	10 (16)	31 (53)	0 0	3 (4)	4	2

　　　　　　　　　　　　　　　　　　　　　　　　　　（　）内数字は事変発生以来の累計

②通勤状況

　当時の群馬郡岩鼻村（現在の高崎市岩鼻町）は交通の不便な場所であった。通勤手段としては、自転車使用者が大多数を占め、従業員総数1,600余名中、実に8割強の1,300（内女子工員120）余名に上っている。次いで徒歩通勤者が280余名、自動車利用者15名、汽車利用者は僅かに3名に過ぎない。

　従業員の居住地は、高崎市86名、前橋市16名、群馬郡513名、多野郡494名、佐波郡157名、勢多郡38名、碓氷郡4名、北甘楽郡3名、埼玉県児玉郡84名である（表11参照）。

表11　従業員通勤状況調

居住地名	人員	徒歩	自転車	自動車		汽車
				専用	自転車併用	
高崎市	男　86 女　　4		84	3	2 1	
前橋市	男　16		11	1	2	2
群馬郡	男　513 女　132	183 83	328 47	2 2		
多野郡	男　494 女　81	6 11	487 70	1		
佐波郡	男　157 女　12	1 1	156 10	1		
勢多郡	男　38		38			
碓氷郡	男　4		4			
北甘楽郡	男　3		3			
埼玉県児玉郡	男　84	1	82			1
計	男　1395 女　229	191 95	1193 127	4 6	4 1	3

さらに詳細に見ると、一番多いのが地元岩鼻村の285名（内、女子68名）、次いで多野郡小野村（現藤岡市）158名（内、女子37名）、佐波郡玉村町95名（内、女子10名）、群馬郡倉賀野町（現高崎市）107名（内、女子20名）、高崎市内90名（内、女子4名）、八幡原火薬庫のある群馬郡滝川村（現高崎市）は107名（内、女子27名）、多野郡八幡村（現高崎市）82名（内、女子10名）、多野郡新町（現高崎市）77名（内、女子15名）と続いている（図2）。

通勤距離別人員では、4キロメートル以内の者758名、8キロメートル以内647名、12キロメートル以内182名、16キロメートル以内34名、20キロメートル以内3名である。製造所周辺には適当な下宿がないために、補充された工員のなかには遠距離通勤者が多数を占めていた。製造所側は作業能率などを考慮して寺院の借り入れを検討している。

③教育

新入（補充）工員は、採用当初まず工員としての一般心得事項を教育され、採用後3日乃至20日間において精神教育、技能教育、軍機保護法[10]の教育と危害予防に関する教育を受け、製造所の雰囲気に慣れるに従い工員（傭人）としての一般的必要事項の教育を受けている。

補充工員とそれ以前の工員との比率、すなわち未経験者と経験者の割合は12月末において73パーセントと27パーセントとなった。このために危害予防に関しては、あらゆる機会を捉えて教育の徹底に努めることを謳っている。そして職員の充実に伴い夜間作業監督者の増加を図っている。この時期、造兵廠全体で見ても動員部隊配属などのために17～18パーセントの熟練工を抽出され、さらに新入工員の教育訓練のためにも熟練工を引き当てざるを得なかった。大部分が12時間就業、約15パーセントが14時間就業に服しているのはこうした理由にもよった[11]。

ところで、1937年8月1日に入職された前橋市在住の松下一朗さんは、当時を回顧し筆者に次のように語ってくれた（1996年聞き取り）。松下さんは1912（大正元）年8月23日生まれで、当時は数え26歳で家業の農業に従事していた。20歳の時に徴兵検査を受けたが、身長が足らずに、俗に言う徴免甲種で兵役免除となった。これには落胆し、いつかは軍の仕事につきたいと考えていたという。その後、青年学校に4年間皆勤し、また地元群馬郡東村（現前橋市）青年会の会長も歴任していた。こうした実績が認められ、青年学校の指導教官から岩鼻火薬製造所の受験を勧められたという。試験は身体検査を主に、学科試験もあった。身体検査は徴兵検査と全く同じであったという。

入職してまず第一に教えられたことは、防毒面の付け方、作業着であるゴムのズボン、ゴム長靴、ゴム手袋の着用の仕方と手入れ方法であった。1週間ほど職工長に引率され工場の施設などの説明を受けたが、物珍しさと先輩工員すべてが金歯をしていることに驚いてしまったという。なんと金持ちばかりいるのか。この思いはすぐに打ち消されてしまい、火薬製造作業による歯牙酸蝕症であることがわかったという。精神教育は、軍人勅諭の暗唱と上官に対する敬礼の仕方、上官の命令は朕が命令と心得よなど、軍隊そのものであった。

④作業

火薬製造の増産体制を整えるために、主要土地建造物の増築・補修が国防費・軍事費・補修費をもって実施された。薬盒成形室・仮置場・綿薬硝化工場・綿薬配合室・圧伸圧延室・乾燥室・病室などが新築され、また自動車置場を化学試験室に、倉庫を施工場や鉛工場などに改増築された。さ

らに休止工場や休止設備の使用がなされた。これらの状況と主要在庫器具・機械の利用状況、増設主要器具・機械表、主要器具・機械取得状況をまとめたのが表12-1～表12-5である。

表12-1

主要土地建造物増築補修状況表

工事名称	構造	数量又は積量		経費	工事区分	摘要
電力地下線増設工事用材料				43,038.60	請負	国防費
舗道増設外4廉	コンクリート造	1,252米	00	16,300	直営	軍事費
乾燥室電灯装置増設				3,800	〃	軍事費
第137号家溜置室の一部を風晒室（甲）に移改増築	鉄筋コンクリート造平屋	200	00	9,700	請負	補修費
第137号家溜置室の一部を風晒室に移改増築	鉄筋コンクリート造平屋	210	00	9,500	〃	補修費
病室新築外4廉	木造平屋	163	00	7,000	〃	補修費
土塁新設外2廉				9,000	〃	補修費
自営水道改増設				4,800	〃	補修費
第82号家自動車置場を化学試験室に改増築	煉瓦及鉄筋コンクリート造平屋	500	00	7,200	〃	補修費
第250号家倉庫を施工場及鉛工場に改築	鉄骨造平屋	475	00	17,600	〃	補修費
第263号家倉庫を鍛工場及電気溶接場に改増築	同	360	00	8,920	〃	補修費
第248号家工員会食所及第53号家物置を倉庫に移合築	木造平屋	727	00	11,600	〃	補修費
薬盒成形室新築外6廉	同	2,228	00	60,820	〃	軍事費
仮置場新築外1廉	同	96	00	3,000	〃	軍事費
電力地下線増設	鋼帯鎧装及絨斗巻	6,955	00	19,985	〃	国防費
綿薬硝化工場新築外3廉	鉄筋コンクリート造2階建（一部3階）	819	00	48,000	〃	軍事費
貯酸槽上家新築	鉄骨造吹払	500	00	19,000	〃	軍事費
同右	同	432	00	17,700	〃	軍事費
綿薬配合室新築外1廉	鉄骨鉄筋コンクリート造一部2階建	712	00	56,000	〃	軍事費
圧伸圧延室（4棟）新築外1廉	鉄骨鉄筋コンクリート造平屋	1,168	00	98,800	〃	軍事費
乾燥室（2棟）新築	鉄筋コンクリート造一部木造平屋	380	00	22,600	〃	軍事費
避雷針移増設	柱上式	18	基	4,000	〃	軍事費
第67号自営水道移増設	鋳鉄管及瓦斯管	748米	00	6,000	〃	軍事費
圧伸圧延室電灯装置増設外4廉				10,000	〃	軍事費

（本表は3,000円以上の工事のみ記載）

表12-2

主要休止工場並休止設備使用状況表

名称	員数	使用工場	用途	摘要
第230号家硝酸製造室		原料工場	硝酸製造	事変当初に於ては一部硝安の煮詰めに利用せしかその後硝酸の増産の為中止し全部硝酸製造を実施す
第174号家古酸煎熬室	3基	原料工場	硝安製造	一部硝安煮詰めを実施中なりしか目下前設備とも硝安製造に利用す

表 12-3

名　称	型式寸度	員数	利用月日	据え付け又は使用工場名	摘　要
フレット	エッジランナーミル	2	10.11	第266号家造粒室	火道薬製造用
伝導装置		1	〃	〃	火道薬製造用
電動装置	15KW 200ボルト 50サイクル	1	〃	〃	火道薬製造用
火薬破砕機	ロール2段型	1	11.1	第280号家光沢室	火道薬製造用
乾燥機	棚12段房式	6	〃	第268号家乾燥室	無煙薬製造用

表 12-4

増設主要器具機械表

名　称	型式寸度	員数	価格		設備工場名	設備状況	供給者	摘　要
フレット据付	エッジランナーミル式	2	1,300	000	粒薬	火道薬急需品製造の為 10.10	在庫	黒色薬圧磨用（補修費）
酸冷却機新調	クロムニッケル鋼製在来型	1	1,200	000	原料	硝安並硝酸製造の為 10.10	廠内製	（補修費）
洗浄タンク新調	コンクリート製 3米6米	1	1,000	000	〃	綿薬増産の為 11.20	〃	綿洗浄用（〃）
火薬軌道車新調	在来型 木製	15	1,500	000	無煙薬	無煙薬増産の為 11.18	〃	無煙薬運搬用（〃）
硝安製造装置部品補充	クロムニッケル製塔式	部一	1,500	000	原料	硝安製造の為 11.30	〃	連結式薫発器新調（〃）
送液装置増設	流下樋式	式一	1,500	000	製薬	「ニトログリセリン」増産の為 11.28	〃	流下樋新調（〃）
工場車新調	日下式 400K	15	1,125	000	無煙薬	無煙薬増産の為 11.25	高田商会	無煙薬運搬用（〃）

（本表は 1,000 円以上のもののみを記載）

表 12-5

主要器具機械取得状況

名　称	員数	価格		供給者	契約月日	同納期	実際納期	検査成績	摘　要
工場車	15	1,125	000	高田商会	12.10.10	12.11.20	12.11.25	良	補修費
ストーカ	1	1,050	000	浅野物産株式会社	12.7.1	12.9.30	12.10.9	良	補修費
ダイナマイト圧出機	1	1,286	000	保田鉄工所	12.8.9	12.10.15	12.11.30	良	補修費
微粉機	1	1,986	000	奈良自由造	12.11.4	12.12.25	12.12.22	良	補修費

　作業日数は月27日とし月1日は装置、器具機械の手入れ、点検、物品の整理、検査など十分にして次の作業に対する危害予防並びに作業の順調をはかっている。作業計画は表13のとおりである。動員16ヶ月後、すなわち1939年1月までの小粒薬・粉火薬・細粒薬・管薬・3号火導薬・2号火導薬・無煙薬の生産量を記している。これによると当初生産予定量の2号火導薬で10倍、管薬約6.7倍、無煙薬約3.2倍に達している。無煙薬、特に1号方形薬の大量引き渡し要求に対しては綿薬の不足を緩和し急需に応ずるため、溶剤火薬製造設備を臨時転用し急速に整備している。

第 1 章　陸軍岩鼻火薬製造所の研究

表13　事変作業計画

暦日		1937.10　11　12	1938.1　2　3　4　5　6　7　8　9　10　11　12	1939.1
動員月次		1　2　3	4　5　6　7　8　9　10　11　12　13　14　15	16
小粒薬	瓩	50 -------	------- 53 55 -------------------	--- 56
粉火薬	〃	2 -------	------- 2.5 ---------------------	--- 3
細粒薬	瓩	300 ------	------ 400 ----------------------	-- 400
管薬	個	4,500 -----	-------15,000--------21,000-------	--30,000
三号火導薬	瓩	400 ------	---------------------------------	-- 400
二号火導薬	瓩	20　20　50	------- 200 ---------------------	-- 200
無煙薬	月	45　54　54	108------------- 130--------------	-- 146
	日	1.7　2　3	4 ------------ 4.8 ---------------	-- 5.4

（昭和12年9月25日　陸造秘第1208号による）

　火薬・爆薬の原料の中で、取得困難なものは硝酸、石炭酸、ヂニトロクロールベンゾール、トルオールである。これら原材料の取得は、陸海軍間に競合を生ずるおそれが多分にあった。したがって軍需動員主務者は火薬爆薬原材料の陸海軍取得に関して協議をすすめ、陸海軍軍需工業動員火薬爆薬原材料取得協定が調印された[12]。

　こうした状況下、岩鼻火薬製造所における「アンモニア」酸化法による硝酸の製造並びに国内民間各社より取得した硝酸を補足するため、硝酸曹達法による硝酸製造開始のために休止設備の運転を始めた。また硝安の補給を円滑にするために、一部休止設備を利用し製造を開始している。その日製設備能力は硝酸6トン、硝安6トンとなっている。また、在庫フレットの使用により火導薬の製造能力を増加している。

　このような増産体制の結果、1937年の無煙薬生産量17トンが翌38年には生産量956トンに、黒色火薬では380トンが685トンに、ダイナマイトでは1,160トンが1,300トンにそれぞれ増加している[13]。とりわけ無煙薬の急増が顕著である（図3）。

　工員の就業時間は、昼夜二交代制で12時間作業を実施し、10月から12月までの3ヶ月間における平均就業時間は次のようになっている（表14参照）。

表14

工員平均就業時間調査表　自10月1日至12月31日								
性別	平均1日在籍人員	休業%	10時間以内%	11時間%	12時間%	13時間%	14時間以上%	昼夜作業の夜間就業者%
男	1,251	9	1	1	59	1	12	17
女	210	12	5	27	52	0	3	1

　1日の男子工員在籍平均人員は1,251名であり、このうちの1パーセントの工員が10時間以内の作業を実施、1パーセントが11時間作業、そして半数以上の59パーセントの工員が12時間作業を実施している。さらに1パーセントが13時間、12パーセントが14時間以上の作業を実施し、昼夜作業の夜間就業者は17パーセントであり、休業者は9パーセントとなっている。女子工員210名については、10時間以内作業者5パーセント、11時間作業者27パーセント、12時間作業者52パーセント、14時間以上3パーセント、昼夜作業の夜間就業者1パーセント、休業者12パーセントとなっている。実に男子工員の89パーセント、女子工員の56パーセントが12時間以上の

作業に従事していることになる。また、工員の徹夜作業人員は、1日平均男子205名、女子3名となっている（表15参照）。

表15

夜間（徹夜）作業人員表							
月別	日数	1 日 平 均 人 員					監督者一名に対する工員数
		監 督 者		工　　員			
		職員	工長及工員長	男	女	計	
10月	31	2.9	5.4	139	0	139	17
11月	30	3.6	8.4	224	8	232	19
12月	31	5.2	7.4	252	0	252	20
計	92	3.9	7.1	205	3	208	19

さらに製造所の工場別に見ると、原料工場では工員1日の概数は昼間230名、夜間90名。粒薬工場では昼間120名、夜間20名。製薬工場昼間200名、夜間3名。無煙薬工場昼間610名、夜間104名となっている（表16参照）。欠勤率は岩鼻火薬製造所では1パーセントと他の製造所と比較して最も低い。

表16

製造所工場別作業状況　昭和12年、12調				
工場名	昼夜別	工員一日の概数	監督職員	
			高等官	その他
原料	昼間	230	1	4
	夜間	90		2
粒薬	昼間	120	1	4
	夜間	20		1
製薬	昼間	200	1	4
	夜間	3		
無煙薬	昼間	610	3	4
	夜間	140		2

前出の松下さんは、作業について次のように語っている。朝番の作業は午前7時からであるが、夜勤者との作業引継のために6時30分に出勤し午後6時30分まで作業をする。夜勤は午後6時30分に作業引継をし翌朝6時30分までの勤務で、これは2週間交代であった。松下さんも入職半年くらいから夜勤も経験するようになったという。当時の給料は日給月給制で、男子の1日8時間の日給は1円12銭、12時間勤務でも残業代はなかったが危険手当が2割4分、夜勤手当は4割8分ついた。当時、農業の合間にしていた土木作業で1日60銭であったから、給料は非常に良かったが、作業は厳しくきつかった。

⑤衛生状態

作業量の増大は、業務傷病患者の増加にもつながった。火工廠全体で見ると、業務傷病患者数は

前年同期（1936年10月〜12月）の実数で22倍強、罹患率7倍弱に激増している。これを原因別に見ると、有害ガスによるもの645名（内きい1号240名、あか1号184名、四塩化炭素122名を主とし全部忠海兵器製造所）、毒・劇物によるもの54名（内31名宇治火薬製造所）、機械を用いない運搬又は取り扱いの物体によるもの28名（内25名忠海兵器製所）、運転中の機械または動力伝導装置によるもの20名（内9名岩鼻火薬製造所）の順序になっている。勤続年数別で見ると、事変以前の入職工員は3.5パーセントに過ぎず、ほとんど全部は新入工員の罹患によるものであった。未経験者にとっては、いかに過酷な作業であったかがわかる。そして衛生環境の悪化に伴う長期病欠者が多くなった。

これを岩鼻火薬製造所だけで見ると、前年同期の休業患者男子1名、就業患者男子4名であったが、1937年10月〜12月では業務傷病患者数は43名であり、この内休業患者6名、就業患者37名になっている（表17参照）。非業務傷病患者数は、休業患者数男子65名、女子15名、就業患者数男子271名、女子50名である。休業患者80名を病類別に観察すると、一番多いのが消化器病32名、耳鼻咽喉病22名、呼吸器病8名の順となっている（表18参照）。

表17

自昭和11年10月至同12月				自昭和12年10月至同12月			
休業患者		就業患者		休業患者		就業患者	
男	女	男	女	男	女	男	女
1	0	4	0	6	0	36	1

表18 非業務傷病類別患者表（自昭和12年10月至12月）

	男	女
伝染病及全身病	1	
神経系病	4	
眼病		
耳鼻咽喉病	20	2
呼吸器病	8	
循環器病	3	1
消化器病	24	8
泌尿生殖器病	2	
花柳病	1	
外被病	2	4
運動器病		
外傷		
合計	65	15

非業務傷病といえども、工場の衛生状態・作業労働の強化と関連していることを報告書は認めている。夜間作業の実施に伴い、冬季工室の気温低下は最低室温零度におよぶことがあり、夜間の冷感相当顕著なることが指摘されているのである。

このような状況下の12月14日、原料工場綿精製室で死亡事故が発生した。本事故は作業規定に

違反したもので、一般従業員に対して作業法の厳守を謳っている。

患者数の激増に伴い、所内診療所の外科嘱託医 1 名と看護婦 4 名が増員された。この診療所には病室の設備がなく、必要に依り室内に最大 3 名を収容するだけであった。このため新たに病室（163平方メートル収容予定 10 人）を新築している（表 12 参照）。

　⑥警戒取り締まり

中国大陸における戦線の拡大に伴う火薬製造作業の増大は、必然的に新入工員の増加を促した。さらに設備拡張や新設諸工事の実施、そして危険薬品、成品、半成品の大量貯蔵保有などへとむかった。こうした現状から、警戒取り締まり、機秘密の保持、防諜、思想取り締まり、火災予防に最大の注意が払われていくことになる。このために衛兵並びに憲兵隊、警察署との連絡を密にし万全の体制がとられたが、それは必然的に製造所内外を問わず監視の眼が向けられていくことになった。

具体的には、機密保持ならびに防諜については、外来者の出入りと製造所内における監視監督を厳しくし、守衛、消防夫の警邏眼の向上に意を用いるというものである。火災予防については、設備拡張、新設諸工事実施のために火気使用箇所が増加している現状から、工事現場における監督者は常に工事請負人を督励して火気使用に留意すること。また事務所、工場はそれぞれ発火物の取り締まりを厳しくし、かつ守衛、消防夫の巡回を増加する、というものである。

さらに、歩兵第 15 連隊からは、下士官以下 24 名の警備衛兵が派遣されている。憲兵隊員は現在宿泊していないが常に来所して内外の警戒にあたっている。たとえば、従業員および退職者の居住地やその他における動静を探査すること、また私服で所内休憩所（食堂）で工員と食事をともにし情報を得るなどの活動である。工員に対する監視の眼は厳しい状況になっている。

3　1938 年の岩鼻火薬製造所

1 月 16 日、政府が発した「爾後国民政府を対手とせず」との声明は、事変短期収拾の望みが絶えていよいよ長期戦体制に進んだことをしめした。日中戦争が長期化・泥沼化への道に踏み込んだ年であり、また日本の国家主義的色彩は更に濃厚になっていった。陸軍大臣は長期戦に対処する陸軍軍人の覚悟について訓示、造兵廠長官も 1 月 29 日、大臣訓示を伝達するとともに「時艱克服、造兵報国」の訓示を与えている。昭和 13 年第 1・4 半期における軍需動員実施上、眼につくのは臨時構築物工事が多くなったことと、軍需品製造工場の秘密保持が強調されたことである。3 月 31 日、陸軍大臣は陸支機密第 52 号をもって「支那事変陸軍軍需動員第二次実施訓令」を令達した[14]。

この年の 5 月 5 日に施行された「国家総動員法」は、国家の人的・物的資源を政府が統制・運用し、国家の総力を国防目的に集中させる国家総動員を行うための基本法である。これにより、国民は軍需産業に徴用され、衣料品、食料品、医薬品、石油、電力、建設資材などが政府の統制下におかれることになり、国民生活に重大な影響をあたえた。一方、大陸における戦闘は、この年 10 月の、武昌・漢口・漢陽の武漢三鎮の占領まで攻めつづけていたものの、このあと、国民政府は重慶に移り、持久戦・消耗戦を中心にして日本軍を泥沼状態におちいらせてしまう。広大な中国大陸にあって、日本軍は延びきった戦線を維持するのがやっとであった。

岩鼻火薬製造所では 3 月に所長の交代があった。石河龍夫所長にかわって第 14 代所長に林光道

陸軍砲兵中佐[15]が火工廠本部作業課長から転じた。3月8日、新任挨拶のために岩鼻尋常高等小学校に来校している。林中佐は陸軍幼年学校から陸軍士官学校に進んだ生粋の軍人である。その軍人としての経歴のほとんどを陸軍の火薬製造界に過ごしていた。

製造所構内ではさまざまな工事が実施され、道路改増設外3廉（軌道・舗道・橋梁）、電力架空線を地下線に改修、水路改修、電力架空線改修、電話架空線を地下線に改修、電灯装置補修および増設、第104・135号家を第137号家風晒室と群改合築、第213号家を酸処理室に増築模様替え、第174・125号家を酸処理室に改造合築などが、昭和13年度事業費工事明細書[16]に記載されている。

4月中旬、工員および官舎の居住者に腸チフス患者が発生した。井野川上流地域の群馬郡京ケ島村大字元島名地区に同一患者が発生していて、病原は流水の誘導に起因するものであった[17]。前出の松下さんはこの時、腸チフスに感染して4月27日、東村の隔離病院に入院を余儀なくされたが、これが幸いして危うく命拾いすることになった。それは、5月に入って立て続けに爆発事故が発生したからである。増産命令に伴う作業の過酷さは馴れない工員の作業ミスを誘発し、また停滞量の規則が守られずに爆発事故が続発した。これらの事故は岩鼻火薬製造所操業以来の大惨事となり、また陸軍火薬製造所の中でも最大の事故となっていった。

①5月17日の爆発

第1回の爆発は5月17日午後2時30分に発生した。無煙薬工場（第4圧伸室）において無煙薬圧伸作業中（火薬をソーセージのように押し出して成形する）に爆発したものである。

即死1名、重傷者2名、軽傷者6名をだした爆発は、翌日の「讀賣新聞群馬版」と19日の「上毛新聞」が報じた。製造所の二階堂庶務課長は新聞記者にこう語っている。「こんなことはちょいちょいあるので原因、死傷者の名前等詳細な事は発表の限りではない」。現在の感覚からすれば信じがたいコメントが発せられている。岩鼻町観音寺に保管されている殉職者名札[18]には、この事故で亡くなった新潟県南蒲原郡出身者の名札が残されている。

この事故に対する陸軍の処分は次のとおりである。19日に技師1名が部下の監督指導不行届により軽謹慎1日、同日技手1名も同様に譴責処分となった。そして所長の林光道砲兵中佐は、所長として平素部下の指導監督不行届により26日に軽謹慎1日（帯罰服務）、さらに火工廠長河内権五郎少将も譴責処分になった。『昭和13年度陸軍造兵廠歴史』の刑罰欄には、火工廠長の譴責処分について次のとおり記載されている[19]。

> 昭和13年5月17日岩鼻火薬製造所第4圧伸室爆発事故に際し捏延作業手の操作適切にして同室の従業員に死傷者なく又従業員中勇敢に防火に努めたるものあるは共に平素の指導訓練宜しきを得たるものと認むるも
> 1、爆発事故の生起に関し業務掌理者たる廉に依り
> 2、作業場の従業員か階段を降下し終らさるに先ち作業を開始し為に負傷者若干を増加したるは平素の指導監督に於て欠くるところありたるものありと認むるに依り譴責す
> （処断官　陸軍造兵廠長官）

「死傷者なく」とあるが、実際には死傷者が生じている。事故現場は製造所構内のほぼ中央に位

置していたものと思われるが（図4）が、現時点では建物の特定はできていない。また、民間被害についても不明である。

② 5月27日の爆発

前記事故からわずか10日後の5月27日、製薬工場において作業中「ニトログリセリン」洗浄室（第5洗浄室、合成したニトログリセリンを水などで洗浄する）でニトログリセリン約6,000キログラムが爆発した。沈殿室で作業中ニトログリセリン分離用ガラス版を取り落としたか、洗浄室内ニトログリセリン流下樋へ流す洗浄槽排出ゴムホース押さえの鉛塊をニトログリセリンの流れている樋中に落として衝撃を与えたのではないかと『火薬類による事故集』[20]には記載されている。

この事故は翌日の「讀賣新聞群馬版」「東京日日新聞群馬版」に報じられた。これによると午後3時28分頃、第1、第5洗浄室から爆発し、第2熱化室はそのため火災を起こした。危険になったので全従業員を避難させたが、当日の死者は6名、翌日に亡くなった者1名の計7名の死者がでた大惨事になった。さらに10数名が負傷している。爆発の大音響は数里に聞こえ、付近一帯の窓ガラスや壁を破壊し、付近の畑で作業中の農民数名も爆発の際、はねあがった建物の破片などで負傷した。急報により歩兵第15連隊から1個中隊が出動し、看護兵16名が急行。また県衛生課や前橋日赤病院からも救護班が出動している。

この爆発は近接する岩鼻尋常高等小学校の『当宿直日誌』[21]にも記録され、学校側も甚大な被害を受けたことがわかる。5月27日の項目には、「火薬所爆発　負傷者なし」、翌日には火薬所爆発についての会礼があり、校舎破損個所の大整理が行われている。火薬所長、火工廠長官が挨拶におとずれ、所員が被害調査を行っている。校長は爆発状況報告のため県へ出張した。また、この日から建具職人・大工職人・ガラス職人が修繕にあたり、それは6月12日までかかっている。破損した窓ガラスの総数は164枚に達した。この間、伊香保、金子、国府の町長、村長がお見舞いに訪れている。

当時、小学校訓導であった佐藤好三先生は、後年この爆発事故の模様を次のように書き残している[22]。「午後3時半近く猛烈な爆風が襲い、同時に大爆音、宿直室のガラス戸を頭にかぶった。火薬所の中天に約1,000米の茶褐色の茸雲が立っている。平屋校舎に駆けつける。窓枠が外に飛んで、飛ばないのは大方ガラスが無い。教室に入る。1センチ幅に立割れたガラス棒が机、腰掛、床と斜めに突きささっている。無数の手裏剣だ。放課後で幸いであった。もしや、授業中なら犠牲は計り知れないものがあったに違いない。思わず戦慄をおぼえた。次は誘爆だ。村人は混乱して西方へ逃げている。情報が入らない。（中略）ドカンとくれば、何もかも終わりだ。腹を決め近くで爆風を避けることにした。（中略）半時が過ぎたか、村人がさんさん帰る。危険は去った。（中略）岩鼻の町では度重なる経験で、ひどい中で落ち着いたものである。「子どもは無事。覚悟していた。」といわれ、老いた両親に頭が下がった」爆発の凄まじさを如実に表した一文である。

さらにこの爆発は第二の悲劇を生んだ。爆死した夫を慕い5人の子供を残しながら妻の後追い自殺がひきおこされたことを「上毛新聞」6月3日付は報じている。

『昭和十三年乙第二類第一冊　永存書類　陸軍省』[23]の中には、この火薬爆発事故による被害建物その他復旧および応急諸費が綴られている。

陸軍造兵廠岩鼻火薬製造所災害費工事明細書
災害費　　　岩鼻火薬製造所火薬爆発被害建物其他復旧及応急諸費
一金拾七萬六千七百四拾九円也

内　　訳

名　称	構造	工事区分	積量	単価	小　　計
岩鼻火薬製造所第186号家 洗浄濾過室改築	木造平屋	乙	99	40.000	3,960.000
同　　　　第183号家 洗浄濾過室改築	同	〃	89	40.000	3,560.000
同　　　　第217号家 沈澱室改築	同	〃	40	40.000	1,600.000
同　　　　第198号家 捏和室改築	同	〃	76	40.000	3,040.000
同　　　　第182号家 硝化室改築	同	〃	76	30.000	2,280.000
同　　　　第216号家 硝化室改築	同	〃	83	30.000	2,490.000
同　　　　第177号家 混和室改築	同	〃	63	30.000	1,890.000
同　　　　第115号家 配合室改築	同	〃	79	30.000	2,370.000
同　　　　第369号家 配合室改築	同	〃	63	30.000	1,890.000
同　　　　第236号家 沈澱室改築	同	〃	40	30.000	1,200.000
同　　　　第225号家 沈澱室改築	同	〃	69	30.000	2,070.000
同　　　　第233号家 沈澱室改築	同	〃	33	30.000	990.000
同　　　　第185号家 沈澱室改築	同	〃	182	30.000	1,380.000
同　　　　第181号家 古酸分離室改築	木造一部2階	〃	79	30.000	5,460.000
同　　　　第204号家 硝化室改築	木造平家	〃	112	30.000	2,370.000
同　　　　第176号家 冷水室改築	木造2階	〃	357	30.000	3,360.000
同　　　　第190号家 倉庫移築	木造平家	〃	79	17.000	6,069.000
同　　　　第226号家 予捏和室移築	同	〃	76	30.000	2,370.000
同　　　　第370号家 予捏和室改築	同	〃	73	30.000	2,280.000
同　　　　第187号家 予捏和室改築	同	〃	76	30.000	2,190.000
同　　　　第338号家 予捏和室改築	同	〃	76	30.000	2,280.000
同　　　　第243号家	同	〃	76	30.000	2,280.000

予捏和室改築 同	第180号家	同	〃	76	30.000	2,280.000
捏和室改築 同	第159号家	同	〃	76	30.000	2,280.000
捏和室改築 同	第178号家	同	〃	126	24.000	3,024.000
混酸室改築 同	第121号家	木造吹掃	〃	129	10.000	1,290.000
混酸槽上屋改築 同	第99号家	木造平家	〃	93	30.000	2,790.000
洗浄濾過配合室補修 同	第237号家	木造2階	〃	149	13.000	1,937.000
混和除水室補修 同	第371号家	同	〃	149	13.000	1,937.000
混和除水室補修 同	第196号家	木造平家	〃	122	20.000	2,440.000
準備室移築 同	第172号家	同	〃	76	30.000	2,280.000
捏和室改築 同	第127号家	同	〃	228	9.000	2,052.000
混酸室補修 同	第38号 第43号	土築及鉄筋「コンクリート」	〃	一式		7,000.000
土塁改設 同		屋上式	〃	30基	120.000	3,600.000
避雷針改設 同		壁間照明器具	〃	一式		35,000.000
電灯装置補修 同		被覆銅線	〃	一式		1,000.000
電力架空線補修 同			〃			14,460.000
其の他各所修繕 同						
洗浄装置			〃			36,000.000
計						176,749.000
民間被害補償料						9,251.000
合計						186,000.000

　この資料から、爆発被害を受けた建物総数は計32棟に及んだことがわかる。その内訳は改築を余儀なくされた建物25棟、移築を余儀なくされた建物3棟、補修建物4棟である。また、沈澱室および捏和室の単価に40円と30円の二種類あるのは、災害の程度によるもので、特に被害の大きかった建物が単価40円となっている。この他に土塁、電灯・電線関係などの被害、そして民間の被害が含まれ、被害総額は18万6,000円にのぼった。

　図4は、1937年4月1日現在の岩鼻火薬製造所構内配置図をもとに、爆発場所の特定と被害状況を復元したものである。爆発場所は建物番号186号家（洗浄濾過室）と236号家（沈澱室）で、構内の北部に位置している。被害はこの建物を中心として東西400メートル、南北260メートルの

範囲で構内の約20パーセントに及んだ。とりわけ被害甚大であったのは、前記建物の他に183号家（洗浄濾過室）、198号家（捏和室）である。

前記災害費は、事変当初爆発事故のため倉庫4棟の倒壊を見た陸軍宇治火薬製造所の災害費にほぼ匹敵するものであった。宇治の災害復旧予算額は30万円であり、その内訳は建築費19万3,573円、機械類新調費5万円、慰謝料5万6,427円である。宇治火薬製造所の場合、民間に大きな被害を及ぼした関係から慰謝料が岩鼻に比べて高額になったものであろう[24]。

この事故に対する陸軍の処分は次のとおりである。

技師1名が、工場長として平素部下の指導監督不行届のため5月31日軽謹慎3日（帯罰服務）に、また技手1名が工場員として指導監督不行届のため同日軽謹慎2日（帯罰服務）に処せられている。所長の林光道砲兵中佐は6月1日軽謹慎3日（帯罰服務）、火工廠長河内権五郎少将は、爆発およびこれに伴う死傷者並びに各種損害生起事故に関し業務掌理者たるの廉に依り6月4日軽謹慎1日（帯罰服務）に処せられた[25]。

③9月23日の爆発

5月の大惨事から約4ヶ月後の9月23日午後3時20分、製薬工場において作業中捏和室でダイナマイト約300キログラムが爆発した。この時の犠牲者の数は『昭和十三年度陸軍造兵廠歴史』や当時の新聞記事からは、もはやわからない。また事故の詳細も不明である。『火薬類による事故集』、『日本陸軍火薬史』は死者1名と記録しているが、観音寺保管名札によって、この事故の犠牲者数は3名であることがわかる。岩鼻尋常高等小学校の『当宿直日誌』には「午後3時15分火薬所爆発せしも学校被害なし」と記された。

陸軍の処分は次のとおりである。技師1名が工場長として平素部下の指導監督不行届のため10月3日軽謹慎2日（帯罰服務）、火工曹長1名は工場員として指導監督不行届のため同日軽謹慎1日（帯罰服務）、所長の林光道中佐は、所長として平素部下の指導監督不行届のため10月14日軽謹慎2日（帯罰服務）、火工廠長河内権五郎少将は業務掌理者たる廉に依り10月15日譴責処分になった[26]。

④12月19日の爆発

4回目の爆発事故は12月19日午後2時35分発生した。『昭和十四年乙第四類第五類合冊　永存書類　陸軍省』の中に、陸軍造兵廠作成になる被害状況調書がある。12月23日付の作成であることから、事故発生4日後の記録である。これによると、被害等次のようになっている。

　　岩鼻火薬製造所被害状況調書　　　昭和一三・一二・二三
　　　　　　　　　　　　　　　　　陸軍造兵廠
　1、爆発の日時
　　　昭和十三年十二月十九日午後二時三十五分
　2、場所
　　　岩鼻火薬製造所黒色火薬工場中分粒混同室、光沢室、仮置室を爆発し附近建物及工作物等に被害を及ほしたり

3、爆発の状況
　　最初第四八号家混同室爆発し第二五九号光沢室、第二九七号家仮置室相次て爆発し附近防火壁を倒壊し建物に全半壊及小破損を生せしめたり
4、被害の状況
　（1）人員の死傷
　　　死亡　一三（雇員一　工員一二）　微傷　五（就業程度のもの）
　（2）建造物器具機械其他（除火薬並半途品、備品、被服品）

区分	被害額	復旧見込額	摘要
建造物	七二,二六八円余	二一三,八六〇円	内二万五千円応急復旧を要す
器具機械	二,七二〇円余	七,三一〇円	
民家建物被害	軒数五六〇	二,五〇〇円	
計	七四,九八八円余	二二三,六七〇円	

岩鼻火薬製造所火薬爆発被害復旧費
一金　貳拾貳萬参千六百七拾円
　　　　　内　訳
　建築費　　　　　　二一三,八六〇円
　器具機械復旧費　　　七,三一〇円
　被害応急諸費　　　　二,五〇〇円
　　（別紙調書の通）

　黒色火薬4,800キログラムの爆発で、停滞量が基準をオーバーしていたために、爆発は1つの工室にとどまらず、2ヶ所に殉爆して、合計3ヶ所で爆発したものであった。停滞量が規則どおりであったら、殉爆は当然に起こらなかったというものである[27]。過去の教訓が全く生かされていなかったことがわかる。爆発場所は図4でわかるように構内の東南偶に位置していた。被害状況調査による建造物の復旧見込額は、5月27日の爆発時の復旧及び応急諸費よりも高額になっていることから、かなりの建造物に被害が及んだのであろう。また、民家建物被害数が560軒に達したことは、驚くべき数字である。一度の爆発で、周辺の数百戸の民家に被害が及ぶことがわかる。
　死者13名、重軽傷者5名に達し、岩鼻火薬製造所操業以来の大惨事となった。それはまた、明治時代から昭和13年までの陸軍火薬製造所全体の事故記録で見ても、一度の爆発事故による最大の犠牲者を数えた。死亡者は多野郡出身者6名、群馬郡出身者3名、高崎市・碓氷郡・北甘楽郡・埼玉県児玉郡出身者各1名であった。爆発の際、周囲約1キロメートルにわたって破片が飛び、風下の多野郡小野村巡査駐在所付近に火災を起こしている。岩鼻尋常高等小学校の『当宿直日誌』では「爆音ありたるも被害軽微」と記載されたが、爆発場所が製造所東南偶であったことが幸いした。
　この事故に対する陸軍の処分は次のとおりである。12月30日、林光道中佐は所長として平素の指導監督不行届のため譴責処分。大尉1名は工場長として平素の指導監督不行届のため譴責処分。少尉1名は区長として平素の指導監督不行届のため譴責処分であった[28]。これほどの大惨事をひきおこしても、処分は大変軽いものであった。

しかし、たびかさなる爆発事故のために、翌年早々に所長の交代があった。2月18日、新旧所長の挨拶が『当宿直日誌』に記録されている。新所長は服部誠吾陸軍中佐[29]。前任地は広島の大久野島にある忠海製造所の所長であった。林中佐は、岩鼻火薬製造所に在職中に頻繁に爆発事故が続いたために、爆発将軍という異名を受けるに至った。そのために昇進も遅れた。敗戦時には、満州遼陽の関東軍火工廠の工廠長として在職し、敗戦直前に一人息子を召集によってソ満国境に送くり、その所属部隊は全滅。息子については生死不明のまま行方がしれなかったと、かつての部下は記している[30]。

4　1940年度の岩鼻火薬製造所

1940年という年は、100万に近い大軍を中国大陸に送ったまま「長期持久」の態勢を余儀なくされていた。5月から6月にかけての宜昌作戦、華北平定戦、8月に中国共産軍が行った大遊撃戦「百団大戦」では、点在する日本軍守備隊が各地で全滅、戦火はやむことはなかった。そんな中、1939年9月の第2次世界大戦の勃発による国際情勢の激変は、一気に「南進」の機運を高め、北部仏印（ベトナム）に進駐したのは1940年6月のことであった。

① 1940年4月の概況[31]

3月30日付勅令第209号を以て陸軍兵器の製造および補給の両機関が統合され、4月1日から新に陸軍兵器本部が編制された。これに伴い「陸軍造兵廠火工廠」は「東京第二陸軍造兵廠」と改称され、隷下（配下）の各製造所名から火薬や兵器の冠称が外れて何々製造所と呼ばれることになった。1923（大正12）年からの「陸軍造兵廠火工廠岩鼻火薬製造所」の名称は、ここに「東京第二陸軍造兵廠岩鼻製造所」となったのである。

当年度の東京第二陸軍造兵廠への研究試験費の配当は、特別会計から43万4,000円、一般会計から約9万円である。このうち岩鼻製造所へは特別会計から3万5,500円が配当された。この金額は研究所（旧東京研究所）を除くと、宇治製造所の4万6,000円、板橋製造所の3万6,500円に次ぐものであった。

岩鼻では技術幹部候補生教育が行われ、また民間工場への指導として、ダイナマイトおよび綿薬製造の実習とそれに関する装置の実習が行われた。

4月の製造所受験者は、男子154名、女子4名の計158名で身体検査成績表は次のとおりである（表19）。

表19

	受験人員	第一合格	第二合格	第三合格	不合格	摘　要
男	154	48	31	40	35	視力異常　13 慢性呼吸器病　10 慢性腎炎　3 体重不足　3
女	4	1	3			

一方、応召または入営した人員は応召工員1名で、召集解除者は6名であった。
　工員の就業時間調査表によれば、昼夜交替作業人員は昼間24（29）パーセント、夜間16（19）パーセントの計40（48）パーセントで、昼間のみの作業人員は10時間以内7（4）パーセント、11時間4（4）パーセント、12時間46（42）パーセント、13時間2（2）パーセント、14時間以上1パーセント、欠勤率は4（4.5）パーセントとなっている。なお、括弧内の数字は直接生産に従事する工員の状況である。全従業員の60パーセントにあたる昼間のみの作業者については、12時間以上の勤務者が81.6パーセント、直接生産に従事する工員に限れば84.6パーセントにのぼっている。これには男女の区別はない。
　作業に伴う業務傷病は1名、非業務傷病は88名を記録しているが、構内にある岩鼻病院の1日平均取り扱い患者数は247名となっている。このために工場衛生には注意が払われ、次の3点が実施された。
　それは、（1）工員の携行する弁当の調査を実施すること。（2）原料工場撰綿、切断室作業員39名に対してイワタ式洗眼器を個人支給すること。（3）4月8日から4月23日にかけて、特に結核性疾患の早期発見に重点をおいた春季定期健康診断を実施し、あわせて全従業員の腸寄生虫卵検査を実施する、ことであった。腸寄生虫卵検査の結果、32パーセントにあたる734名が寄生虫卵の保持者であることがわかった（表20）。

表20

検査人員	十二指腸虫卵回虫卵	十二指腸虫卵	回虫卵
2287	101	241	392

　戦前から戦中、そして戦後直後まで、回虫症は結核とならぶ「国民病」であった。実に国民の8割以上が回虫卵の保有者であった、という。おもに土を感染の場所とするために、都市部よりも農村部、そして大人よりも子供が高い感染率を示した[32]。製造所従業員の回虫感染率は、当時としてはさほど驚くほどの数値ではなかったようだ。
　4月の編制改正に伴い、本部に技能者養成所が新設されたが、岩鼻、宇治、忠海各製造所にはその分所が開設されることになり、見習工員科・養成工員科・青年工員科・研究科がおかれた。岩鼻での生徒数は、見習工員科1年20名、2年14名、養成工員科1年40名、青年工員科2年53名、3年4名、4年11名、5年27名、研究科34名の計203名である。
　日中戦争の長期化は、物資の需要と供給に支障をもたらし、さらに多くの働き手が兵士として出征したために、国内では著しい労働力不足となった。火薬の原材料や人的資源の不足について、次の指摘が行われている。

（一）グリセリン原料タル植物油及魚油ノ食糧ニ充当セラルル関係上其ノ割当数ノ減少シタル主産品タル石鹸価格カ公定サレアル為会社経営ノ関係上生産品高トナリアリテ其ノ価格値上方ヲ要求シアリ

（二）ダイナマイト用穀粉ハ外米ノ四割混入ヨリ更ニ六割余リヲ混入セル状況ニアリ且内地米ノ大半ハ七分搗米ヲ以テ配給セラレアリ為ニ共栄会十條支部ニ於ケル穀粉ノ副生量ハ激減シ

岩鼻製造所ニ於ケル所要量ノ約四割ヲ供給シ得ルニ過キス他部隊ヨリノ供給ニ関シ調査中ナルモ規格ニ合セサル為之カ可否ニ付調査中ナリ
（三）木材ハ大陸輸出及軍用材ノ需要増大セルニ対シ之カ輸送用燃料、労力ノ不足等ニ基因シ供給力ヲ欠キ従ツテ価格昂騰シアリ
黒色（火）薬用榛木等ハ原木価格及皮剥其ノ他製材手間等ノ騰貴ニヨリ前年度ニ比シ其ノ価格三割余リノ値上要求アリ且人的資源ノ不足ニヨリ所望ノ取得困難ナル状況ナリ

なお、史料には貯蓄額調書もまとめられている。高等官（将校・技師）、判任官以下（技手）、工員と区別された貯蓄額は次のとおりである（表21）。

表21

区分	貯蓄人員	貯蓄総額	1人当たり貯蓄額
高等官	13 人	9,284 円	714 円 15 銭
判任官以下	82 人	29,310 円	357 円 44 銭
工員	2134 人	216,924 円	101 円 65 銭
計	2229 人	255,518 円	114 円 63 銭

全体の約96パーセントを占める工員1人当たりの貯蓄額は、高等官の約7分の1、判任官以下の約3.5分の1でしかなかった。しかしこの貯蓄額は、板橋製造所の工員（1人当たり86円40銭）、宇治製造所の工員（同71円89銭）、忠海製造所の工員（同77円65銭）よりも多かった。

②同年5月の概況[33]
5月16日、補給部長の視察が行われ、20日には兵器本部長の初度巡視（着任行事）が行われた。
27日から31日まで要員確保のための選考が行われたが、農繁期に向かうなかで働き手は更に枯渇し、各機関の努力にもかかわらず要員の取得はますます困難な状況となった。
5月の製造所受験者は、男子82名、女子5名の計87名で身体検査成績表は次のとおりである（表22）。

表22

	受験人員	第一合格	第二合格	第三合格	不合格	不合格理由
男	82	19	21	27	15	高血圧 視力異常 慢性呼吸器病 体重不足
女	5	2	1		2	

一方、応召または入営した人員は応召工員3名で、召集解除者は工員3名、傭人（守衛・給仕など）1名であった。
技能者養成所の人員は、見習工員科1年20名、2年14名、養成工員科1年39名、青年工員科（男子）1年10名、2年48名、3年7名、4年10名、5年26名、研究科35名の計209名となって

いる。各学年で若干の増減はあるものの全体では前月に比べ6名増えている。

　工員の昼夜交替作業人員は、昼間20（22）パーセント、夜間15（16）パーセントの計35（38）パーセントである。なお、括弧内数字は直接生産工員の状況を示している。また昼間のみの作業人員は、10時間以内6（2）パーセント、11時間4（4）パーセント、12時間52（55）パーセント、13時間2（1）パーセント、14時間以上1パーセント、そして欠勤率は3.6（4.1）パーセントであった。直接生産工員に限れば、男女の区別なく依然として90.3パーセントの高率で12時間以上の勤務が続いている。東京の板橋製造所や多摩製造所では、昼夜交替作業人員がいずれも80パーセントを超えているが、岩鼻では昼間のみの作業人員が多い。毒ガスを取り扱った、忠海製造所や曽根製造所も昼間のみの作業人員が多いことから、板橋・多摩、そして京都の宇治製造所と比べると、より危険な作業が多かったと判断できるのかも知れない。

　さらに無煙薬工場作業者については、従来昼間夜間1週間交替であった勤務を昼間2週間、夜間1週間の勤務に改められた。また薬嚢（火薬をおさめる絹の袋）製造作業に従事する女子工員の中で座って作業を行う者については、午前と午後の各1回、規定の休憩以外に短時間体操を実施することになった。

　作業に伴う業務傷病は1名、非業務傷病は101名を数え、岩鼻病院における1日平均の取り扱い患者数は278名である。また伝染病による登廠禁止者はジフテリア患者1名、腸チフス患者1名の計2名であった。いずれも廠外での感染である。製造所では出入り商人や炊事従業員の健康診断と検便、検痰を実施したが陽性者はいなかった。

　工場衛生確保のために引き続き次のことが実施されている。それは、（1）7日より13日にわたり健康増進運動週間を実施、12日には所長の衛生施設検査を実施し改善すべき点は理由を付して関係箇所に通報した。（2）22日より1日30名ずつ、工員の梅毒血液検査（村田氏反応）を行い陽性者にはワッセルマン反応により再検を実施した。そして（3）特定人員30名について夜間作業と体重との関係を調査し、その状況は次のようであった（表23）。

表23

区分	夜間作業開始時	同終了時	昼間作業開始時	同終了時
平均体重(kg)	54.9	54.2	54.3	54.9

　夜間作業終了時における体重は、平均700グラムの減少であったが、昼間作業中にこれを回復する成績が得られている。

③同年6月の概況[34]

　当月の要員需給状況も良好ではなかった。所要人員は欠員補充程度であったが、労務資源の枯渇と農繁期と重なったためである。このために職業紹介機関との連携を強め、懇談会を開いたり、現地選考の回数を増やすなどの措置が講ぜられた。11日から15日まで栃木県に選考班が派遣され、25日から29日までは県内にも派遣された。

　そんな中、農家出身の工員には農繁期休暇を与え帰郷させることになった。6・7月の農繁期に休暇を与えられた人員は250名、延べ人員1,389名に達した。農村における労力不足もまた深刻で

あったのである。

6月の製造所受験者は、男子46名、女子6名の計52名であった（表24）。

表24

	受験人員	第一合格	第二合格	第三合格	不合格	不合格理由
男	46	16	14	5	11	体質薄弱　視力異常 慢性呼吸器病など
女	6	2	3		1	

一方、応召された傭人は1名、工員は3名の計4名で、召集解除者は工員5名である。

技能者養成所では、6月15日に青年工員科女子部が開設された。その結果、人員は次のようになった。見習工員科1年20名、2年14名、養成工員科1年39名、青年工員科（男子）1年26名、2年50名、3年11名、4年16名、5年27名、研究科36名、青年工員科（女子）1年218名の計457名である。前月よりも248名増加した。

工員の昼夜交替作業人員は、昼間23（27）パーセント、夜間18（21）パーセントの計41（49）パーセントである。また昼間のみの作業人員は、10時間以内7（3）パーセント、11時間10（11）パーセント、12時間40（36）パーセント、13時間1（1）パーセント、14時間以上1パーセントであり、欠勤率は5.4（5.0）パーセントであった。直接生産工員の72.5パーセントが12時間以上の勤務で、その比率はやや下がっている。これは今月から体力の愛惜と母性保護のために、女子工員の就業時間を一般11時間就業に変更したためであった。

作業に伴う業務傷病は4名、非業務傷病は113名で、腸チフス患者1名が発生した。岩鼻病院の1日平均取り扱い患者数は246名である。

工場衛生に関しては次の指導が行われている。それは共栄会炊事係を督励して調理法および献立の改善を図り、養価の向上に努めると共に咀嚼を十分に行うように各掛工場に連絡指導している。拡張工事がおこなわれていた共栄会食堂は、15日から使用を開始した。

製造所では、この月G無煙薬57トン、黒色火薬53トンが生産された。また東京第二陸軍造兵廠に対して、97式曲射歩兵砲試製98式榴弾薬包40万発分、96式中迫撃砲96式榴弾薬包5万発分の急需兵器の要求があった。このため造兵廠では中迫撃砲薬包および97式薬包の内、24万発分を岩鼻製造所に配当し急需に応ずるように作業を進めさせている。

一方、薬品類・紙類・木材などは依然供給の円滑を欠いている。

④同年7月の概況[35]

7月1日より1週間、総合安全運動を実施し安全報国の信念を牢固にして災害の絶滅を期すべく教育、訓練が実施された。16日から翌8月15日まで、東京帝国大学の火薬学専攻の学生3名に対して夏季実習教育が行われ、また横浜高等工業学校と桐生高等工業学校の応用化学専攻生各1名に対しても夏季実習が行われている。

技能者養成所人員は計466名となり、前月より9名増加した。養成所では体位向上の目的で体育訓練を実施し、21日には耐熱行軍を実施した。

梅雨があけ暑さが増してくるこの時期、体力の減退とともに伝染病が蔓延する。このために、製

造所の坂少佐は合宿所および各掛工場の衛生巡視を実施し、衛生施設の改善について各事務主任に所要の注意を与えた。また7月10の職員会議では、（イ）未成年工員ノ保育ニツイテ、（ロ）災害発生時ニ於ケル救護隊ノ雷撃的出動ノ其ノ準備ニ就テ、（ハ）救急箱内容品ノ研究、（ニ）医務掛ノ工場進出具現ニ就テ、（ホ）工員ノ保健ト福利施設、についての研究討議が行われている。

工員の昼夜交替作業人員は、昼間25（27）パーセント、夜間15（18）パーセントの計40（45）パーセントである。昼間のみの作業人員は、10時間以内7（4）パーセント、11時間6（7）パーセント、12時間45（43）パーセント、13時間2（1）パーセント、欠勤率は7.3（8.2）パーセントであった。

作業に伴う業務傷病は4名、非業務傷病は180名、そして岩鼻病院の1日平均取り扱い患者数は222名で、相変わらず200名を超える患者の発生があった。伝染病による登廠禁止者は、赤痢患者7名、疫痢患者5名、腸チフス患者1名の計13名である。

また製造所全体で20日から29日まで、1940年度第二次国民防空訓練実施要項に基づき防空訓練が実施された。

この月G無煙薬74トン、黒色火薬39トンが生産され、また作業計画の一部変更があった。それは16番管状薬（小銃や機関銃の発射火薬）を20万キロから30万キロへ、20番管状薬を20万キロから25万キロへ、97式曲射歩兵砲試製98式榴弾薬包200万個から294万個へ、96式中迫撃砲96式榴弾薬包22万8,000個から39万個の変更であった。

⑤同年8月の概況[36)]

引き続き要員の確保のために現地選考が行われている。この月の岩鼻製造所受験者数はわからない。かわって東京第二陸軍造兵廠全体で見ると次のようになっている（表25）。

表25

	受験人員	第一合格	第二合格	第三合格	不合格	不合格理由
男	581	86	246	93	156	気管支、肺胸膜の慢性病、胸囲不足、体質薄弱など
女	201	19	82	43	57	
計	782	105	328	136	213	
受験者に対する百分率		18.8	39.3	16.2	25.7	

岩鼻製造所の応召または入営工員は1名で、召集解除者は5名であった。

技能者養成所の見習工員科と養成工員科の生徒に対して夏季休暇が与えられている。第1学年は8月6日から2週間、第2学年は10日から10日間である。しかし、この間に軍紀教育と困苦欠乏に堪える団体訓練である野外訓練が行われている。見習工員科1年20名、2年14名、養成工員科1年39名がこの訓練に参加した。

工員の昼夜交替作業人員は、昼間20（22）パーセント、夜間13（15）パーセントの計33（37）パーセントである。昼間のみの作業人員は、10間以内6（4）パーセント、11時間11（12）パーセント、12時間48（46）パーセント、13時間2（1）パーセント、欠勤率は5.6（6.4）パーセントである。

作業に伴う業務傷病は1名、非業務傷病は164名で、1日平均取り扱い患者数は233名である。

また伝染病による登廠禁止者は赤痢8名、腸チフス4名の計12名であった。

工場衛生については、次のことが実施された。（1）共栄会洋服部に修理洋服消毒箱を設置しフォルマリン消毒を実施する。（2）青年工員に対する育成法対策の着手として精密身体検査を実施する。（3）製造所付近の町村に伝染病の発生が多いために飲料用水道水のクロール消毒要領を改善強化する。

この月の生産量はG無煙薬111トン、黒色火薬21トンである。G無煙薬の生産が増加した。

⑥同年9月の概況[37]

要員の需給状況は、充足率約70パーセントで前月とほぼ同様であった。ポスターや広告による募集、県下では軍事講演や映画会が催され、要員の確保にあたった。東京第二陸軍造兵廠全体での受験者数は856名で、合格者678名、不合格者は178名であった（表26）。

表26

	受験人員	第一合格	第二合格	第三合格	不合格	不合格理由
男	630	187	230	92	121	気管支、肺胸膜の慢性病、体重不足、体質薄弱など
女	226	41	84	44	57	
計	856	228	314	136	178	
受験者に対する百分率		26.64	36.68	15.89	20.79	

応召工員は4名で召集解除者は7名である。

工員の昼夜交代作業人員は、昼間19（22）パーセント、夜間13（13）パーセントの計32（35）パーセント。昼間のみの作業人員は、10間以内12（9）パーセント、11時間8（9）パーセント、12時間46（46）パーセント、13時間7（4）パーセント、欠勤率は4.3（4.9）パーセントであった。

作業に伴う業務傷病は4名、非業務傷病は84名、そして1日平均取り扱い患者数は197名であった。患者数がはじめて200名を割った。当月、赤痢患者1名が発生したが、これは廠外よりの感染であった。登廠禁止者は赤痢8名、腸チフス2名、猩紅熱1名の計11名である。

工場衛生では、新たに所内の全電話器の消毒を実施すること、医務掛長による各掛工場の精密衛生巡視を実施すること、である。

この月の生産量はG無煙薬95トン、黒色火薬31トンである。

⑦1940年10月から1941年3月の概況

10月から翌41年3月までの「軍需動員実施ノ概況竝ニ意見」の史料は確認できていない。これに変わる史料としては、4ヶ月毎にまとめられた、「労務一般状況調査報告」[38]が参考となる。12月から翌年3月までの岩鼻製造所受験者数は次のとおりである（表27）。

表27

	受験人員	第一合格	第二合格	第三合格	不合格	不合格理由
男	252	115	42	32	63	気管支、肺胸膜の慢性病、体質薄弱、視力異常など
女	104	60	20	16	8	
計	356	175	62	48	71	
受験者に対する百分率		49.2	17.4	13.5	19.9	

　工員1日の就業時間は各製造所とも一般12時間就業であった。12時間を超える就業者は全工員の約5パーセントである。しかし長期にわたる日中戦争に対処するために、1940年12月から各製造所ともに一般11時間作業に変更した。それでも平均1日の就業時間は11.2時間、なお、12時間を超える人員は全工員の5パーセントであった。

　12月から翌年3月までの業務傷病者は13名、非業務傷病者は347名の計360名で、1日の取り扱い患者数は215名であった。本期間の医務規定による登廠禁止者は腸チフス患者2名、赤痢患者1名、ジフテリア患者1名の計4名である。診療所には深部治療レントゲン装置が据えつけられた。共栄会では、物資統制の強化や物価の昂騰などにより生活必需品の供給に円滑を欠いている。

　岩鼻製造所を含めた東京第二陸軍造兵廠の1940年度の動向を見よう[39)40)41)]。

　4月から7月までの要員の需給状況は、所要人員約4,000名に対して充足人員は約2,300名で、充足率57パーセントであった。職業紹介機関によるものが約60パーセントで、縁故募集によるものが約40パーセントである。8月から11月までの期間では、所要人員約4,500名に対して充足人員は約3,400名、充足率76パーセントであった。職業紹介機関によるものは約65パーセント、残り約35パーセントは縁故募集であった。そして12月から翌年3月までの期間では、所要人員約2,400名に対して充足人員は約2,200名、充足率約93パーセントにのぼった。職業紹介機関によるものは約60パーセント、縁故募集は約40パーセントである。職業紹介機関と縁故募集がほぼ同率に推移している。1年間で約1万900名の要員を必要としたが、充足人員は7,900名で充足率約72パーセントにとどまった。日中戦争の長期化によって多くの働き手が戦地にとられた結果、国内では著しい労働力不足となっていたことを如実に示している。

　このため要員確保の対策としては、職業紹介機関との一層の緊密な連携と懇談会の開催、ポスター、広告による募集、現地選考の回数を増やすことが実行されている。

　一方、解雇者についてはどのようになっているのであろうか。4月から7月までの解雇者は、傭人60（男43名、女17名）名、工員1,208（男814名、女397名）名で、解雇率は傭人1.9パーセント、工員2.4パーセントであった。その理由は、解雇申し出による者が約85パーセント、就業意志のないものが約8パーセントである。男子では家庭の都合で帰農するもの、女子では婚姻によるものが解雇申し出の多数であった。8月から11月では、解雇者は傭人56（男40名、女16名）名、工員1,349（男992名、女357名）名で、解雇率は傭人1.7パーセント、工員2.5パーセントであった。解雇申し出による者が約80パーセント、就業意志のないものが約15パーセントで、これは漸次増加している。12月から翌年3月では、解雇者は傭人41（男31名、女10名）名、工員1,480（男986名、女494名）名で、解雇率は傭人1.2パーセント、工員2.5パーセントであった。解雇申し出による者が約88パーセント、就業意志のないものが約5パーセントである。

この頃の入職者は身体虚弱で労務に堪えられずに退職する者が相当多かった。当局では、その対策として福利施設の完備、非衛生的作業設備の改善などをうたっている。

岩鼻製造所の男子工員の補充は、退職者の減少に伴い所要人員も僅少となったために比較的困難ではなかった。しかし女子工員では一時退職者の増加にかかわらず補充には困難をきたしている。

工員1日の就業時間は、一般12時間就業であった。これには男女の差はない。岩鼻製造所では6月から女子工員の就業時間を一般11時間就業に変更している。その後、長期戦に対処するために1940年12月から各製造所では一般11時間就業に変更した。しかし、それでも1日平均の就業時間は、11.2時間で、12時間を超える人員は全工員の5パーセントにのぼった。

作業に伴う業務傷病や非業務傷病も数多く記録され、岩鼻に限ってみても4月から7月では業務傷病10名、非業務傷病482名の計492名であった。業務傷病では中毒、挫創、挫傷が多く、非業務傷病では急性胃腸炎、喉頭炎などが多かった。これは工場衛生と深く関わっていたものであろう。8月から11月では業務傷病8名、非業務傷病は349名の計357名である。12月から翌年3月では、業務傷病13名、非業務傷病は347名の計360名である。

おわりに

1882（明治15）年から操業を開始した陸軍岩鼻火薬製造所は、1945年8月の敗戦とともに、その64年の歴史に幕を閉じた。今回はその長い歴史のわずか4年ほどの動向をまとめたものに過ぎない。それでも、戦場における戦闘状況とは別の視点から、生産部隊である火薬製造所の動向から日中全面戦争へ突入していった完全な戦時体制下の状況を、従業員の増減と通勤状況、新入工員に対する教育、増産体制を整えるための土地建造物の増改築と作業内容、それを取り巻く衛生環境、そして警戒取り締まりなどを通して垣間見ることができた。また従来、公にされることのなかった度重なる爆発事故も『陸軍省大日記』の史料をとおして、その被害状況を明らかにすることができた。

さらに完全な戦時体制に入ってすでに2年半が経過していた、1940年4月からアジア太平洋戦争開戦前の41年3月までを、防衛研究所戦史研究センター所蔵の「軍需動員実施ノ概況及意見」「軍需動員実施ノ概況並ニ意見」「労務一般状況調査報告」などの史料から、受験者、応召、就業時間、業務傷病と非業務傷病、工場衛生、技能者養成所、生産などについてまとめてみた。従業員の資質の向上のために精神教育に重点をおき、軍人勅諭の精神で堅忍持久、上下一致、そして事変作業の完遂に遺憾のないように指導している。1941年1月8日に示達された、戦陣訓を印刷して全従業員に配布、国民道徳昂揚の資とした。また日中戦争の長期化に伴い国民体位の向上は緊急の課題となった。要員の体位は漸次低下しているために、一層保健に留意し時局作業に精進するように指導している。

以上が1940年度、アジア太平洋戦争開戦前の全般的な状況であった。

注

1) 防衛庁防衛研修所戦史室『陸軍軍需動員〈2〉実施編』p.69、1970年。
2) 佐藤賢了『佐藤賢了の証言』1976年。
3) 陸軍造兵廠火工廠『支那事変経験録第二号』防衛研究所所蔵。

1号方形薬の主成分は綿薬で安定剤を1.5％含有。主要用途、41式山砲・中小口径各種榴弾砲装薬。2号方形薬の主成分は綿薬で安定剤1.5％含有。大中口径各種榴弾砲 装薬。1号帯状薬の主成分は綿薬で安定剤を1.5％含有。7cm半級加農装薬。3号帯状薬の主成分は綿薬、安定剤を1.5％含有。中口径加農・大口径榴弾砲装薬。3番管状薬の主成分は綿薬、安定剤を1.5％および少量の膠化剤を含有。7mm7各種機関銃装薬。8番管状薬の主成分は綿薬およびニトログリセリンで安定剤を3％および膠化剤、硝石および消焔剤を含有。94式37mm装薬。茶褐薬の成分はトリニトロトルオール。主要用途は各種砲弾、各種爆弾炸薬、爆破用火薬。以上の記述は『部外秘 陸軍制式火薬表 昭和十一年十月六日調製 陸軍省』（防衛研究所所蔵）によった。

4) 1923年、東京・大阪両砲兵工廠を合併して陸軍造兵廠が設立された。陸軍所要の兵器（航空以外）の考案設計、兵器その他の軍需品・海軍所要の火薬および一般火薬類の製造修理を行い、これら製品および兵器材料の検査と軍用に関する調査研究を行った組織。工廠は東京・名古屋・大阪・小倉の4ヶ所に、また直轄製造所は平壌に置かれていた（大久保弘一『陸軍読本』1938年）。

5) 桜花会編『日本陸軍火薬史』p39、1969年。

6) 宇治火薬製造所の爆発事故とは、1937年8月16日午後11時15分頃に発生しピクリン酸合計約11トンが爆発。死者8名、重傷13名、軽傷14名、3工場破壊、全壊4棟、そして民間の公式損害家屋は全壊142戸、半壊139戸、小壊700戸にのぼるものであった。その復旧には非常の努力が払われたが、事故原因は増産命令に伴い、全能力の発揮を要求された結果と見られている。作業自体も極めて危険を伴うものであったことに加え、製造された爆薬は各室に停滞満量状態となり移動集積する場所を不足する状態にあった。このため、爆発は前後3回におよんだ。この事故の教訓から、仮倉庫を新設して需品格納に遺憾ないように岩鼻火薬製造所については面積80坪の倉庫3棟を新築していたのである。陸軍の処分は、火工廠長軽謹慎2日（帯罰服務）、所長砲兵中佐軽謹慎5日（帯罰服務）、工場長砲兵大尉軽謹慎5日（帯罰服務）、区長火工曹長軽謹慎4日（帯罰服務）、砲兵技術准尉軽謹慎3日（帯罰服務）。

7) 爆発は一昼夜に及び、火薬庫を中心に半径2キロメートル以内の地域は、爆風や飛散した弾薬破片のために被害を受けた。民間建造物の被害は4,733棟に及び、そのうち全焼・全壊が555棟、半焼・半壊が266棟で、家財・家畜の損害などを合わせれば、被害額は272万6,531円であった。人的被害も大きく、94名が死亡し、負傷者は602名に達した。

8) 造兵廠が設立されたとき、各火薬製造所を一団として新たに火工廠が設けられ、大阪工廠、東京工廠などと対等の立場において造兵廠に隷属することになった。当時、火工廠傘下の製造所には、板橋（東京）、岩鼻（群馬）、宇治（京都）、忠海（広島）、曽根（福岡）が存在していた。

9) 1936年12月10日陸軍省令第28号をもって、「職工」を「工員」に、「職工長」を「工員長」に、「職工副長」を「工員副長」に、「工員」を「特務工員」に、「職工手帳」を「工員手帳」に、「職工名簿」を「工員名簿」に改正している。

10) 1899年施行。改正法は1937年8月14日に公布となり、10月10日から施行されたが、事変を前提にした改正ではなかった。しかし、結果的に、事変下でスパイ防止法としてにらみをきかせた（北博昭『日中開戦』1994年）。

11) 防衛庁防衛研修所戦史室『陸軍軍需動員〈2〉実施編』p78、1970年。

12) たとえば、陸軍ではトルオールを日鉄八幡、同輪西、同兼二浦各製鉄所、三池染料及び昭和製鋼所（大和染料を含む）から取得し、また石炭酸は三池染料、日本染料、九州曹達より取得、ヂニトロクロー

ルベンゾールは三池染料、日本曹達、帝国染料より取得していた。また濃硝酸(98パーセント)および希硝酸(40度「ホーメ」)は日窒三社、住友化工、三池染料、矢作工業、昭和肥料から陸海軍へ、日本化学から陸軍(昭和13年4月以降)に納められていた。

13) 日本産業火薬会編『火薬類統計集録』1号、1955年。
14) 防衛庁防衛研修所戦史室『陸軍軍需動員〈2〉実施編』p.169、1970年。
15) 1940年3月9日、大佐。8月1日、南満造兵廠監督課長。41年5月23日、同廠庶務課長。43年8月2日、同廠技術課長。44年3月1日、同廠第3製造所長。45年6月10日、少将(外山操編『陸海軍将官人事総覧〈陸軍編〉』1981年)。
16) 『昭和十三年乙第二類第一冊　永存書類　陸軍省』防衛研究所所蔵、「上毛新聞」1938年4月19日付。
17) 『昭和十三年乙第二類第一冊　永存書類　陸軍省』防衛研究所所蔵。
18) 岩鼻町観音寺に保管されている「殉職者刻名札入」。木箱に収められた長さ18センチ、幅5センチの銅板名札65枚で、岩鼻火薬製造所殉職者の氏名、住所、没年が1枚1枚に刻まれている。
19) 陸軍造兵廠『昭和十三年度陸軍造兵廠歴史』防衛研究所所蔵。
20) 日本産業火薬会保安部編『火薬類による事故集』1964年。
21) 岩鼻尋常高等小学校『昭和十三年度当宿直日誌』高崎市立岩鼻小学校所蔵。
22) 佐藤好三「火薬所の爆発と御真影」『百十二年史』pp.176-177、1986年、高崎市岩鼻小学校校史編纂委員会。
23) 『昭和十三年乙第二類第一冊　永存書類　陸軍省』防衛研究所所蔵。
24) 6)に同じ。
25) 19)に同じ。
26) 19)に同じ。
27) 中原正二「陸軍岩鼻火薬製造所(その1)」『防衛技術』Vol.10 No.8、1990年。
28) 19)に同じ。
29) 1939年1月13日、火工廠岩鼻火薬製造所長。8月1日、大佐。42年8月1日、東二造坂市製造所長。44年3月1日、少将。45年1月23日、東二造研究所長(外山操編『陸海軍将官人事総覧〈陸軍編〉』1981年)。
30) 辻　薦『月は光を放たず　満州敗戦記』p.58、1987年。
31) 「軍需動員実施ノ概況及意見(昭和十五年四月)東京第二陸軍造兵廠」防衛研究所所蔵。
32) 石谷二郎「回虫」『モノと子どもの戦後史』2007年。
33) 「軍需動員実施ノ概況及意見(昭和十五年五月)東京第二陸軍造兵廠」防衛研究所所蔵。
34) 「軍需動員実施ノ概況及意見(昭和十五年六月)東京第二陸軍造兵廠」防衛研究所所蔵。
35) 「軍需動員実施ノ概況並ニ意見(昭和十五年七月)東京第二陸軍造兵廠」防衛研究所所蔵。
36) 「軍需動員実施ノ概況並ニ意見(昭和十五年八月)東京第二陸軍造兵廠」防衛研究所所蔵。
37) 「軍需動員実施ノ概況並ニ意見(昭和十五年九月)東京第二陸軍造兵廠」防衛研究所所蔵。
38) 「労務一般状況調査報告(自昭和十五年十二月至同十六年三月)東京第二陸軍造兵廠」防衛研究所所蔵。
39) 「労務一般状況調査報告(自四月至七月)東京第二陸軍造兵廠」防衛研究所所蔵。
40) 「労務一般状況調査報告(自八月至十一月)東京第二陸軍造兵廠」防衛研究所所蔵。
41) 「労務一般状況調査報告(自昭和十五年十二月至同十六年三月)東京第二陸軍造兵廠」防衛研究所所蔵。

図1 月別人員比較表

イ. 岩鼻　ロ. 宇治　ハ. 板橋
ニ. 本部　ホ. 王子　ヘ. 忠海

図3　兵器用火薬生産量（『火薬類東経収録』より）

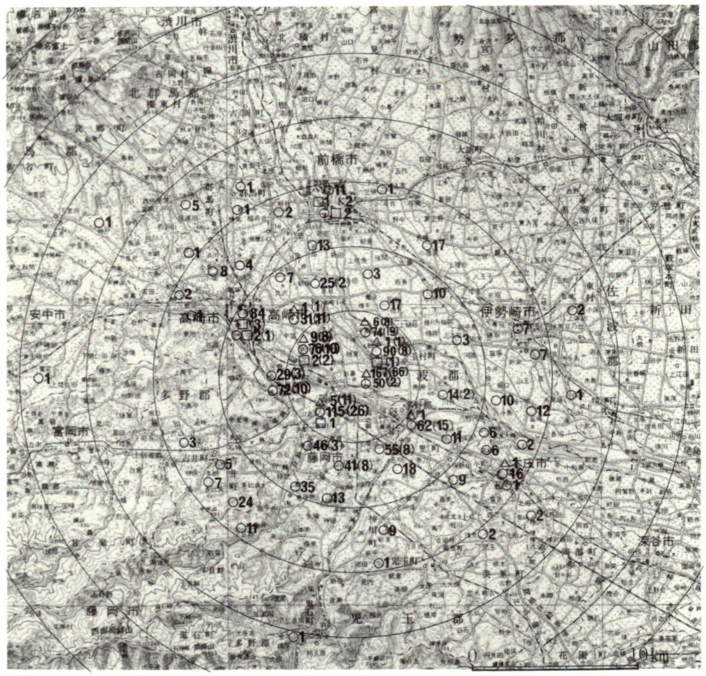

★ 黒色火薬　1882（明治15）年から製造
＊ ダイナマイト　1906（明治39）年から製造
☆ 無煙火薬　1933（昭和8）年から製造

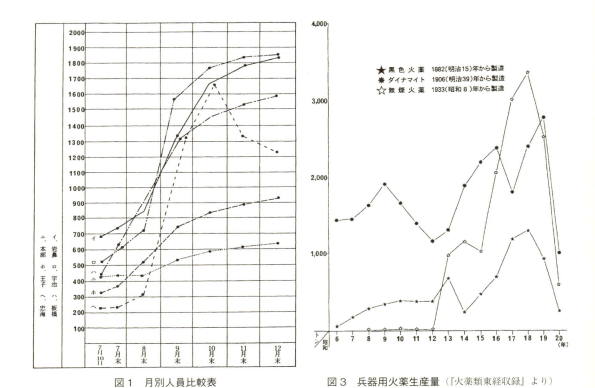

凡　○自転車　□自動車　（　）女　昭和12年12月17日現在
例　△徒歩　K汽車　※本図は『支那事変経験録（第2号）』資料をもとに作成

図2　㊙工員傭人現住所並びに通勤種別状況図

第1章　陸軍岩鼻火薬製造所の研究

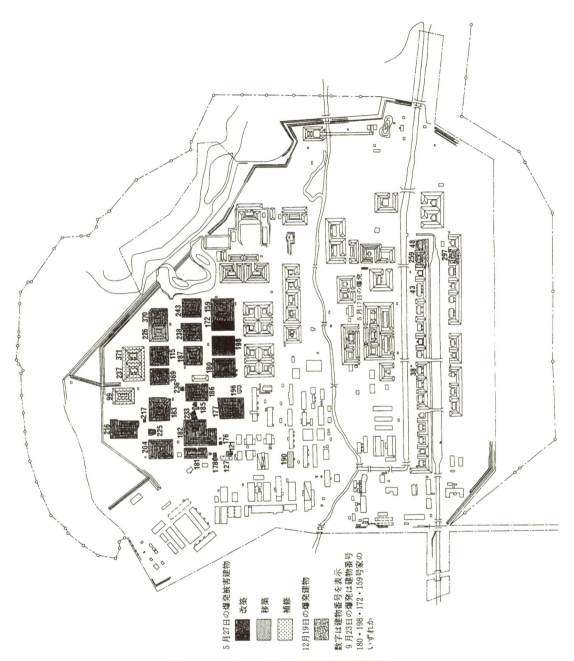

図4　1938（昭和13）年の爆発事故現場復元図

第6節　写真偵察―陸軍岩鼻火薬製造所

はじめに

1945（昭和20）年2月12日、1機のB-29が小田原より大月・五日市・秩父を経て群馬県上空に飛来した。このB-29を目撃した住谷修は日記に次のように記した。

「午前九時三十分警戒警報発令、十時六分南方より高々度にて一機当村に飛来村東上空にて東南に折れると見るや忽ち急降下し墜落するのかと見る間に東方へ走る。太田上空にて二十数発の高射砲を発射せるも全然命中せず敵機の遙後方にて炸裂午後三時のラヂオにて此の一機は銚子沖にて我軍撃墜せりと発表あり、午前十時二十三分警戒警報解除」[1]。

「本土防空作戦記録（関東地区）」[2]によると、このB-29の侵入時刻は午前十時八分、経路は新島–小田原–大月–五日市–秩父–太田–栗橋–成田–九十九里浜で、脱出時刻は午前十時二十分となっている。

そして翌日の上毛新聞には「きのふのB29一機、見事、銚子沖で撃墜　十二日午前十時頃B29一機が関東地区に来襲したがわが制空部隊は之を銚子沖東方洋上に追撃見事撃墜した」「東毛地区を旋回我が地上部隊の邀撃に合ひ一弾も投ずる事なく蒼惶として遁走したが此の来襲企図こそ去る十日太田地区を爆撃した状況及び本県下に於ける航空機生産施設を徹底的に偵察今後連続的空襲を狙って居る事は明らかであり、此の秋に当り県民は如何なる事があらうとも断固たる決意を持ち今後来るべき空襲にも打ち勝つ敢闘精神と用意をしなければならぬ」との記事が掲載された。

この日、群馬県に飛来した1機のB-29の任務は、新聞報道でも明らかなように中島飛行機太田製作所にたいする2月10日の爆撃成果の確認であった。さらにもう一つの任務があった。それは当時の群馬郡岩鼻村（現高崎市岩鼻町）に所在した、東京第2陸軍造兵廠岩鼻製造所（以下、陸軍岩鼻火薬製造所）の写真偵察である。

1　第3写真偵察戦隊

日本本土への写真偵察を実施したのは、米第311航空団所属の第3写真偵察戦隊であった。F-13と呼ばれた写真偵察用に改造されたB-29によるマリアナからの最初の任務は、1944年11月1日、東京上空を飛行して写真撮影を行うことであった。この最初の作戦により約7,000枚のプリントが得られた。以後、同年の暮れまでに50回の写真偵察が行われた。45年になると沖縄の地図作製のために沖縄への写真偵察、1月10日以降は沖縄から離れて本州や四国、九州の写真偵察が実施された[3]。

1945年2月12日午前3時17分（マリアナ時間、日本時間は12日午前2時17分）、R. E. ヒッケシャー（Hickethier）中尉を機長とするB-29（F-13A-811）1機がサイパン島を離陸した。第3写真偵察戦隊の作戦ごとの戦闘報告「COMBAT MISSION NO. 45」[4]によると、この任務の第1目標は太田で、2月10日に実施された2つの航空機工場に関する爆撃成果を測定するためであった。第1

目標の撮影が不可能であった場合の第2目標は、東京の中島飛行機武蔵製作所である。

写真偵察のためにF-13には3種類、計6台の大型カメラが装備された。TRI-MET（トライメトロゴン）用カメラK-17B・3台、SPLIT VATICAL（カメラK-22）・2台、VATICAL（カメラK-18）・1台である。カメラK-17B・3台は地図作製用として、地上30〜50キロの幅を撮影できた。カメラK-22・2台は実体視用として、高度6,000メートルで撮影すると地上の3キロ程度の幅を覆うことができた。カメラK-18・1台はK-22より広い範囲を撮影できた[5]。

R. E. ヒッケシャー機はサイパン離陸後7時間26分で、伊豆半島上空に到達した。日本時間の午前9時43分である。その13分前の9時30分（別資料では9時40分）に関東地区に警戒警報が発令されている。さらに横須賀鎮守府は、9時41分、中管区警戒警報第1種第2警戒配備甲を発令した。当日の天候は、午前6時段階で晴れ、北の風2.5メートル、気温マイナス0.4度、視界は4-10、正午では快晴、北の風5.2メートル、気温6.2度、視界20-50であった。海軍防空戦闘機隊の第302航空隊（厚木基地）は、午前9時48分、雷電四機を厚木北方上空の哨戒に出動させた[6]。

「COMBAT MISSION NO. 45」からR. E. ヒッケシャー機の行動をみよう（図1）。

サイパンから日本本土への飛行や本土に接近してからの飛行は何事もなく、東京の西を横切り、芦ノ湖から山中湖にかけて北北西に飛行、それから第1目標の太田に向けて北北東に飛行した。高崎上空で東南に、任務を終えて南南東へ飛行、利根川を横切り、栗原、成田、そして銚子沖から離脱したのは、午前10時20分であった。高度は3万2,000フィート（約1万メートル）、毎時およそ500マイルの対気速度（約800キロ）になった風の下で飛行、航路の天候は良好、目標上空に雲はなかった。

住谷修日記の中の「東南に折れると見るや忽ち急降下」時に、陸軍岩鼻火薬製造所が撮影されたものと思われる。

第1目標上空での飛行経路は太田と小泉製作所の間、飛行場滑走路上空を一直線に飛行した。二つの航空機工場は滑走路でつながっている。操縦者は滑走路に加えて両工場の100パーセント範囲を含んだ一つのプリントを得た。両工場はK-18と6インチカメラでおおわれ、ネガはよかった。目標上空でいくらかの攻撃を受けたが被害はなかった。

R. E. ヒッケシャー機は日本本土上空で37分間の偵察を試みた。この間およそ14機の日本軍機を認めたが、攻撃はしてこなかった。本土を離れてから1機の単発機が5時方向から攻撃をしかけてきたが失敗、2回目の攻撃は未遂に終わり、単発機は蒸気を発する痕跡を残しながら飛び去った。「COMBAT MISSION NO. 45」には、日本軍単発機に損害を与えたとして撃破1と記録された。この単発機は第302海軍航空隊所属の雷電4機のうちの1機である。しかし同隊の「戦時日誌」には、「被害　ナシ」[7]と記録されている。

その後の基地への旅は平穏無事であった。グアム基地に着陸したのは2月12日午後5時14分（マリアナ時間、日本時間午後4時14分）で、帰路は5時間54分の飛行であった。

総合偵察の戦果として次のことが報告されている。

1．長方形と円形の反射物は湾線に沿ってあった。2．6機の銀色と2機の黄色の単発機が太田の目標飛行場に、3．東京湾に5隻の大きな船とたくさんの小さな船があった。4．大きな黒色単発機を東京上空で見たが、乗組員は前の任務で見た飛行機と同タイプと思った。

さらに小泉飛行場に143機の飛行機、谷田部飛行場に59機の単発機、利根（前橋か—筆者注）飛

行場に7機の飛行機、古河飛行場に19機の飛行機、館林飛行場に39機の単発機、太田（尾島―筆者注）飛行場に81機の飛行機を目視している[8]。

「COMBAT MISSION NO. 45」には、陸軍岩鼻火薬製造所の撮影について直接的な記述はない。しかしこの偵察飛行中に撮影されたプリントが、その後連合軍によって詳細に分析されていったのである。1945年7月2日付の「機能分析報告・航空軍-194」がそれである。これについては後ほど述べる。

2　空襲目標情報：地域調査

写真偵察だけではなくて、米軍は様々な形で日本の軍事情報を集めた。その機関は、統合参謀本部の下に陸軍情報部（G-2）、海軍情報部（ONI）、戦略諜報局（OSS）であり、また各戦域で司令官の下に独自の諜報機関や情報収集機関があった。たとえば、情報収集機関として南西太平洋連合軍の下にATIS（南西太平洋連合軍翻訳尋問部隊）、南東太平洋連合軍の下にSEATIS、中部太平洋艦隊の下にはJIPOAなどである[9]。

しかし日本本土への工作員の侵入は困難で絶望的、さらに日本の植民地であった満州（現中国東北部）や朝鮮においても同様であった。そこで米軍は、捕虜や遺棄文書から日本軍の貴重な情報を得ることになった。日系二世を中心とした諜報部隊を編成し、各地の戦線で、日本兵捕虜の尋問調書多数がつくられたのである。日本人捕虜は、前線の配置、戦力、戦意の情報を豊富に提供した。また日本の本土や植民地、占領地域の軍事情報を知る手がかりを与えてくれたのであった。連合軍の主力である米軍と英軍は、日本兵捕虜を日本軍や日本本土、日本占領地域の情報を知る貴重な情報源として重視し、それぞれが得た情報を相互に交換するようになった[10]。この中には、群馬県内の情報多数も含まれていた。

米国戦略爆撃調査団史料の「空襲目標情報：地域調査　群馬県」（Entry50, Japanese Resources Reference Notebooks,1945）[11]中からそれを見よう。

群馬県に対する調査票は40頁に及ぶが、この中には目標情報票（Target Information Sheet）3枚が綴られているので、計43頁となる。この3枚の目標情報票は、空襲損害評価報告書（Entry59, Security-Classified Damage Assessment Reports, 1945）に綴られているものと同一のものである。

調査票の2頁には群馬県下の主要な都市として、前橋・高崎・桐生・太田‐小泉が記載されている。そして各都市の1935年の人口が記載されている。たとえば前橋は8万7,181人、高崎6万4,283人、桐生7万6,145人で、太田‐小泉について未記載であった。3頁から県下の様々な情報がまとめられているが、それは大きく分けて、軍事4頁、産業26頁（このうち航空機産業4頁を含む）、公益事業6頁、輸送機関2頁である。

軍事4頁の内訳は、要塞と防空防御施設（記載なし）、レーダーと無線方向探知器（記載なし）、その他の軍隊、捕虜収容所（記載なし）である。産業26頁のうち記載のある項目は、石油（精製所）、鉄と鋼鉄、航空機産業、化学製品、織物、衣類、紙、パルプ、軍需品と兵器、電気製品、工作機械、非鉄、自動車とモーター付機器である。未記載の項目は、石油（油田）、鉱業、コークス、人造オイル、機械類、鉄道車両、ガラス、セメント、ゴムと建築材料、食糧、薬、ボールベアリング、船舶エンジン、精密機械、他の産業である。公益事業6頁のうち記載のある項目は、電気と電灯、ラ

ジオ局で、未記載は上水、下水、他の公共の役に立つものである。輸送機関 2 頁のうち鉄道については記載があり、道路は未記載であった。

結果として、40 頁のうち 20 頁については空白であったが、航空機産業については日本人捕虜からの情報多数が収録されていた。次いで電気と電灯、鉄道、その他の軍隊、軍需品と兵器があげられる。

陸軍岩鼻火薬製造所については、軍事の中の「その他の軍隊」、産業の中の「軍需品と兵器」の項目に収録されている。前者には、従順な捕虜からの情報として、東京第 2 陸軍造兵廠岩鼻工場（岩鼻村）のほかに、太田を本拠地とする監視部隊、高崎陸軍病院、高崎を本拠地とする連隊管区、空軍の太田出張所、第 1 海軍航空廠小泉補充工場（邑楽郡）、東部第 38 部隊（115 連隊）（高崎市）、東部第 41 部隊（迫撃第 1 連隊）（利根郡沼田町）が記載されている。また、抵抗する捕虜情報としては、次の記載がある。連隊管区は 1941 年に高崎から前橋に移転した。沼田で軍兵舎が建設されていると聞いていた、などである。

「軍需品と兵器」の欄には、1．高崎陸軍造兵廠（36-19 139-00、AAFAOF 情報）、2．岩鼻には大きな火薬工場がある。動力は東京電気会社によって供給されている（捕虜情報）。以上の記載はタイプ印刷であるが、さらに手書きで東京第 2 陸軍造兵廠岩鼻工場（従順な捕虜）、東京（造兵廠）岩鼻工場 - 群馬県群馬郡岩鼻村（従順な捕虜）の記載がある。捕虜情報にある東京第 2 陸軍造兵廠の名称が付いたのは、1940 年以降のことである。

一方、目標情報票には、前橋市街地の北緯・東経・標高が記載され、次の項目にわたってまとめられている。1．概要説明、2．位置と確認、3．目標の説明、4．重要性、5．照準点である。

米軍の史料からは、群馬郡岩鼻村に所在した火薬製造所の存在は、捕虜情報からも把握されていたことがわかる。

3　資料の比較検討

第 3 写真偵察戦隊撮影の偵察写真(1945 年 2 月 12 日撮影、3PR/5M45、プリント番号 2V-22、2V-23)を分析した、1945 年 7 月 2 日付の「機能分析報告・航空軍 -194」[12]と 1945 年 4 月現在と思われる陸軍岩鼻火薬製造所平面図（「臣二九六一二ろ部隊配置図」[13]、以下「部隊配置図」図 2）、戦後まもなく作成されたと思われる図面（以下、「戦後図」図 3）[14]をもとに、米国を中心とした連合軍が製造所施設をどの程度把握していたのかを検討しよう。

はじめに製造所の二つの図面について記す。東京第 2 陸軍造兵廠岩鼻製造所が「臣二九六一二ろ部隊」名になった正確な時期は不明である。しかし同じく東京第 2 陸軍造兵廠管轄であった、忠海兵器製造所は 1945 年 4 月に「臣二九六一二部隊」に変更したという元工員の証言があることから[15]、岩鼻も同年同月に同部隊名になったものと考えられる。とすれば、「部隊配置図」はこの時期のものとなるが、図面本体はそれ以前に作製された可能性は多分にある。「戦後図」の正確な作製時期も不明であるが、図面上に記された英文やその訳文にある「尚引込線附近ニ昭和二十年八月十四日ニ焼失倉庫若干（三棟？）アリ」から判断すると、占領軍に提出するために作製された図面と思われる。

偵察写真の 5/M45 は 1945 年の作戦任務 45、2V-23 の V は vertical の略号で、直下を撮影したこ

とがわかる。この写真が分析されている報告書は、連合軍の使用方のために航空本部の補佐長官局によって発せられた、米国と英国軍務の合同人員による情報である。航空写真の研究と合同目標集団によって供給される評価された基本情報の考慮から準備された。

　米軍による岩鼻火薬製造所の目標番号は90.13-2043である。この90.13は地域コードを表示している。名称は岩鼻造兵廠、所在地は岩鼻，本州、座標は北緯36度18分、東経139度05分と記され、さらに目的、所在地、交通の便、施設の証明に分けて記述している。それによると、岩鼻造兵廠は爆薬製造所で、ニトログリセリン、ニトロセルロースと無煙火薬の製造、有望な高性能爆薬の製造、成分、推進薬そして高性能装薬の製造を行っている。充填作業は小規模で無煙火薬と高性能爆薬は最終生産品と考えられるかもしれない、としている。目標は岩鼻町の北東に隣接する。それは鏑川と烏川の合流点の東北東1マイル（約1.61キロメートル）で、高崎の南東4・1/2マイルである。軌条は高崎－東京間の鉄道から、製造所の北西の隅まで通じている。工場の至る所から周辺の道路や岩鼻の南の主要国道橋（柳瀬橋―筆者注）まで、すばやくアクセスし得る。製造所は機能研究上、A〜Iまでの九つの区画に分離されるとして、写真上に区画と番号を付している（写真1）。偵察写真をもとに製造所施設一つ一つの特定が行われていったのである。

　製造所北西隅を区画Aとして、ここを基点に東部から南部にかけて各区画を設定している。

　区画Aは主要入口で、1を守衛所、2〜9は居住区（おそらく憲兵の）で防衛事務所とした。連合軍が製造所の主要入口と判断した根拠は、鉄道引き込み線の存在によったものであろう。製造所配置図によると、1は守衛詰所で特定されているが、2〜9は製造所の施設外になり一般民家であった。

　区画Bは区画Aの東部から南部にかけての区域である。この区域を倉庫地帯として10〜61の番号が付された。倉庫地帯と把握したことは正解であったが、個々の建物の特定になると、その精度はどのくらいであろうか（表参照）。「部隊配置図」や「戦後図」に記された建物名称と比較検討してみよう。写真に番号が付された建物で、「部隊配置図」に記載のない建物は全部で25ヶ所にのぼった。⑬・⑮・⑯・⑰・⑲・20・㉒・㉓・㉕・㉖・27・29・31・33・㊱・38・㊵・41・43・㊽・49・51・54・56・58の番号が該当する。このうち○で囲んだ12ヶ所の建物は、「戦後図」にも未記載であった。これらの相違について第1に考えられることは、「部隊配置図」の作成時期と写真撮影された時期との時間差によることである。偵察写真にあって両図面に記載のない12ヶ所の建物は、撮影された2月12日以降に製造所側によって解体されていった建物と考えることができる。また偵察写真にあって「部隊配置図」になく、「戦後図」に記載がある13ヶ所については、前者の作製が2月12日以前のことである根拠になりそうだ。撮影された時点では、すでに建物が完成していた。あるいは、使用されていなかったために記載されなかったと判断することも可能であるが、前者に分がありそうである。こうした動きは、1944年からはじめられた工場疎開と関係がありそうである。

　第2に考えられることは、解体や移築された建物の痕跡を現有施設として連合軍が判定してしまったことであるが、写真を観察するかぎりでは、建物の存在は明瞭そうだ。さらに19・22のように、恒常的な建物でなくて、簡易の倉庫までも把握しているように解析能力の高さをうかがわせるからである。

　偵察写真から建物の特定がなされたものは、11・12・14・21・24・28・30・32・37・39・42・45・46・48〜55の21ヶ所である。また、間違いが認められたのは、10・18・34・35・44・47・

56～60の11ヶ所である。さらに、連合軍が不詳とした建物は16と61であった。

区画Cは、区画Bの東部で、その東側で井野川に接する。連合軍はこの地帯を硝化地域とした。ニトログリセリンとトルエンの硝化は、多分この地帯で行われているものと判定しているが、利用できる写真からは作業の配備を示唆するには不確かである、とした。硝化とは、硝酸と硫酸の混合した液に綿およびグリセリンをひたし、化学反応を起こさせることである。番号は62～82を付している。

「部隊配置図」で検討すると、この地帯はダイナマイト製造地帯にあたる。土塁で囲まれた各種の工室が記載されているが、それらは硝化室、洗浄室、沈殿室などであった。

軍用火薬を作用上から分類すると、起爆薬、発射火薬、破壊用火薬に大別される。起爆薬は他の火薬の爆発を誘致する役目、発射火薬は銃砲に装填して弾丸を発射するための火薬で、無煙火薬、黒色火薬などがある。破壊用火薬には黄色薬、綿火薬、ダイナマイトなどがある。当時、使用されていた無煙火薬は、綿を硝酸および硫酸で処理した綿火薬、すなわちニトロセルロースと、グリセリンを硝酸および硫酸で処理したニトログリセリンとがあった。そしてダイナマイトの原料は、ニトログリセリンと綿薬とトリニトロトルオールである[16)][17)]。

連合軍がこの地帯を硝化地帯としたことは正解であったが、報告書に記されているように個々の工室の役割を特定するまでにはいたっていない。

区画Dは区画Cの南東部にあたる。推進薬調合地域として、溶解力のあるタイプ、ダブルベース火薬は準備されてここにあり得るが、利用できる写真からは特定活動のための建物認知を許さない、とした。番号は83～117である。区画Cと同様に工室の特定までにはいたっていないようである。

この地帯もダイナマイト製造地帯で、すべて土塁に囲まれた各種の工室が存在している。混和除水室、予捏和室、捏和室、仕上室などである。

区画Eは製造所のほぼ中央から西部にかけての地帯である。セルロース硝化と酸の地域とし、118～161までの番号が付された。この地帯は製造所の無煙火薬・原料地帯にあたる。

区画Fは製造所の南西部である。勤務地域としたが、詳細な分析はできないとしている。機械工場、役所、その他の建物はここに位置するとして、163～227までの番号が付された。ここは製造所の事務所地帯になり、個々の建物の特定はできなくても基本的なことは把握していたようである。

区画Gは製造所の南東部で、充填地域としている。230～343までの番号が付された。この地帯の北側は無煙火薬地帯で、南側は黒色火薬地帯になる。

区画Hは井野側の対岸にあり、廃薬処理地帯である。344・345の番号が付された。

区画Iも同じく井野側の対岸にあり、346～363の番号が付された。製造所の八幡原火薬庫地帯である。349～354までの薬包室を、連合軍は充填した弾薬倉庫とし、355～363の火薬庫を弾薬庫とした。区画H・Iについては、施設をほぼ特定しているといってもよい。

さらに報告書の末尾には、写真から判読された活動状況を記している。それは、次のようなものであった。気動車は、工場の北西区画で、側線で見られる。火薬庫251・252を保護している土手で建設される構築物は、土手（いずれにせよ活動のさらなる徴候）をカモフラージュするマウンドではないか、としている。

おわりに

　筆者はこれまでに陸軍岩鼻火薬製造所の空中写真を4枚確認している。そのうちの2枚は、日本陸軍によって1940年2月16日と1942年3月23日に撮影されたものである。どのような目的で撮影されたものかは定かでないが、今では敷地や施設の拡充変遷を検証するうえで貴重な空中写真となっている。そのことは第6節で明らかにした。そして残りの2枚は米軍の偵察写真である。いずれも1945年2月12日撮影のものである。

　米軍の攻撃目標に陸軍岩鼻火薬製造所が含まれていたことは想像に難くない。しかし、敗戦の8月15日までは空襲を受けていない。攻撃目標からはずされていたのであろうか。こうした疑問にこたえられる史料の存在は、これまで明らかにされていなかった。今回、米国戦略爆撃調査団史料中の損害評価報告書に綴られていた、連合軍の1945年7月2日付「機能分析報告・航空軍-194」の存在、そしてそれに添付されていた第3写真偵察戦隊撮影の1945年2月12日の偵察写真、また同年5月14日付の「JOINT TARGET GROUP, WASHINGTON, D.C. TARGET LOCATION SHEET」[18]に使用された2枚の偵察写真（それはおよそ1万分の1と3万3,000分の1スケール、写真2）によって、はじめて岩鼻火薬製造所が米軍の空襲目標とされていたことが判明したのである。

　偵察写真をもとにした連合軍の分析は、製造所施設一つ一つの特定を試みるという緻密なものであった。かなりの施設の特定が行われているが、上空から分析することの限界もあった。とりわけ区画C・区画D・区画Fについては、詳細な分析はできなかったとしている。それは製造所のダイナマイト製造地帯と事務所地帯であった。

　また米軍は偵察写真だけではなくて、日本軍捕虜情報を収集するなど可能な限りの情報収集に努めている。「空襲目標情報：地域調査　群馬県」には、陸軍岩鼻火薬製造所の情報も含まれていたのである。

　今回報告した史料によって、日本側史料の空白部分を埋め、さらには日本側の伝聞・憶測の誤りや軍発表の虚構を克服できるようになった。その一例は、B-29偵察機が日本軍制空部隊によって撃墜された、と報じた当日午後3時のラジオ放送や翌日の新聞記事の信憑性である。邀撃に飛び立ったのは、厚木基地の第302海軍航空隊所属の雷電4機であった。同航空隊の「戦時日誌」によると、出動時間は午前9時48分から同11時4分、厚木北方上空を哨戒し、戦果撃墜1機と報告している。第302海軍航空隊本来の任務は、鎮守府のある横須賀周辺の防空を担当することであったが、その後、B-29の侵入に伴い邀撃空域は静岡から千葉に拡がり、さらに愛知、兵庫にまで至った[19]。戦場乱離の間、間違うこともあるだろうし、多少の希望的観測もあるだろうが、戦後61年を経過して漸くに軍発表の虚構の一部を訂正することができた。もちろん米軍報告に記載された日本軍単発機1機撃破についても同様である。

　1945年8月14日夜半から15日にかけて、B-29・93機は伊勢崎・高崎などに焼夷弾（M19-500ポンド焼夷集束弾とM47-100ポンド焼夷弾）を投下した。伊勢崎市街地の25パーセントが焼かれ、罹災者8,511名、戦災戸数1,953戸、死者29名、重軽傷者150余名に及んだ。隣接した玉村町にも焼夷弾の投下で伊勢崎市の死者を上回る犠牲者があった。このときに製造所構内に焼夷弾約530個、100キロ焼夷弾25～27個投下されたが、構内に被害はほとんどなかった[20]。これは製造所を攻撃目標としたものではなくて、玉村に投下されたものの一部が降り注いだ結果であろう。「戦後図」

によって、その場所は製造所北西の引き込み線付近であることがわかった。

　陸軍岩鼻火薬製造所が写真偵察されたのは、米軍の日本本土空襲の第1段階、すなわち航空機工場などの軍需工場に対する高々度精密爆撃作戦の時期である。これを指揮したのはハンセル准将であったが、思うように戦果があがっていないと判断され更迭された。代わってカーチス・E・ルメイ少将が指揮をとるようになり、1945年3月10日の東京大空襲に代表される大都市に対する夜間焼夷弾作戦が第2段階の爆撃作戦として実行されたのである。そして第3段階は、同年6月17日から攻撃が開始された、地方都市に対する夜間焼夷弾作戦である。人口10万以上の地方都市を空襲した後、次に目を向けたのが県内では前橋や伊勢崎などの10万以下の地方都市であった。人口の多い都市から順番に焼夷弾で焼き払い、日本本土の都市を事実上壊滅させるのが米軍の一貫した作戦であった。

　では、地方都市空襲の一段落した後、米軍が予定していた日本本土空襲の対象には何が選定されたのであろうか。1945年8月段階では、いまだ空襲をうけていない陸軍岩鼻火薬製造所などの軍需工場の可能性も否定できないが、鉄道などに代表される全国の交通網であったという。交通網の破壊は、米軍の対日作戦最終段階に予期される本土決戦の前に日本軍の人員・兵器・軍事物資などの迅速な移送を不可能にするための意図があった、と推定されている[21]。

　1945年2月12日に写真偵察された陸軍岩鼻火薬製造所は、同年5月に入ると米軍のあらたな攻撃目標としてリストアップされたものと思われる。そして7月2日に連合軍による機能分析報告がまとめられた以降は、いつなんどき米軍による空襲が実行されても不思議な状況ではなかった。それが、ギリギリのところまで温存策が図られていたのは、日本降伏後の施設全般の利用を考えてのことではなかったろうか。

注
1) 住谷　修「村日記」『国府村誌』国府村誌編纂委員会　1968年、『戦災と復興』1964年では、警戒警報の発令時間を午前9時40分としている。
2) 「本土防空作戦記録(関東地区)」防衛研究所所蔵。
3) 工藤洋三「写真偵察機F-13」『空襲通信』第3号、pp.35-41、2001年。
4) 「COMBAT MISSION NO. 45」3RD PHOTO RECON SQUADRON 1945。
　報告書は次の内容から構成されている。戦闘司令官報告、写真研究室データ、カメラ修繕資料、航行・航路形態、戦闘情報報告、カメラ情報報告、故障・装備・隊員・失敗、作戦概要である。原本は米マクスウェル空軍基地歴史資料室に保存されている。筆者は工藤洋三氏からその写しの提供をうけた。
5) 3) に同じ。
6) 『第三〇二海軍航空隊戦時日誌』防衛研究所所蔵。302空司令は小園安名大佐である。1945年2月現在の使用可能機数(整備または修理中)は、雷電31(19)、零戦18(18)、月光14(5)、極光0(0)、銀河6(5)、彗星7(12)である。当時、雷電は他の戦闘機の半分の時間(約30分)で1万メートルまで上昇することができた。昼間高々度で来襲するB-29とまともに戦える唯一の戦闘機として期待されていた(『迎撃戦闘機「雷電」』碇　義朗　2006年)。
7) 6) に同じ。
8) 作戦要約(Operational Summary)について、工藤洋三氏からご教示をうけた。

9) 山本武利『日本兵捕虜は何をしゃべったか』pp.45-46、文春新書、2001年。
10) 山本武利「解説太平洋戦争下での日本兵捕虜の意識と行動」『米軍による日本兵捕虜写真集』2001年。
11) 「空襲目標情報：地域調査」（Entry50, Japanese Resources Reference Notebooks, 1945）国立国会図書館憲政資料室所蔵。
12) 「空襲損害評価報告書」（Entry59, Security-Classified Damage Assessment Reports, 1945）国立国会図書館憲政資料室所蔵。
13) 「臣二九六一ニろ部隊配置図」『新編　高崎市史　資料編10　近代・現代Ⅱ（大正・昭和前期）付図4』1998年。
14) 「戦後図」については、高崎市史編纂室より提供をうけた。
15) 辰巳知司『隠されてきた「ヒロシマ」』1993年。
16) 安積幸二『我等の兵器　火薬』1942年。
17) 『兵器学教程（火薬爆薬）第二巻』陸軍兵器学校高等官集会所、1941年。
18) 「TARGET LOCATION SHEET」国立国会図書館憲政資料室所蔵。
19) 渡辺洋二編著『本土防空戦 [海軍航空隊] 編』1981年。
20) 長谷川治良編『日本陸軍火薬史』p.169、桜花会、1969年。
21) 米山和也「地方都市空襲の区分」『空襲通信』第2号、2000年。

第1章　陸軍岩鼻火薬製造所の研究

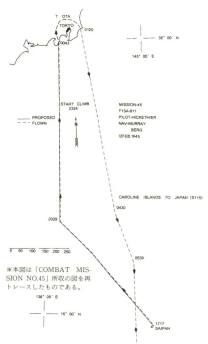

図1　1945年2月12日のB-29航跡
(数字はグリニッジ標準時。9時間を加えると日本時間になる。ただし報文中では離陸1706、着陸0730と記されている)

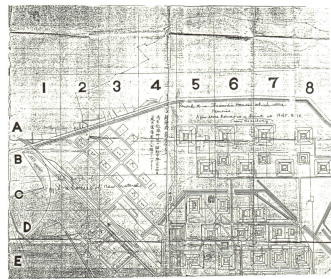

図3　戦後図（製造所の北西部分）（高崎市史編纂室提供）

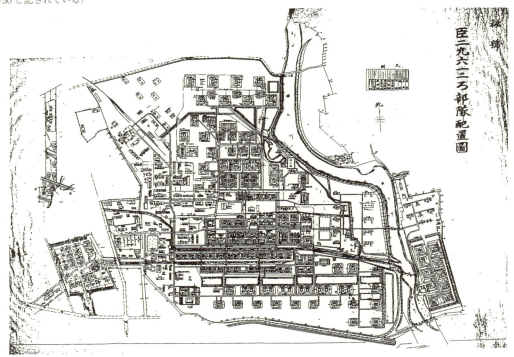

図2　部隊配置図（高崎市史編纂室提供）

119

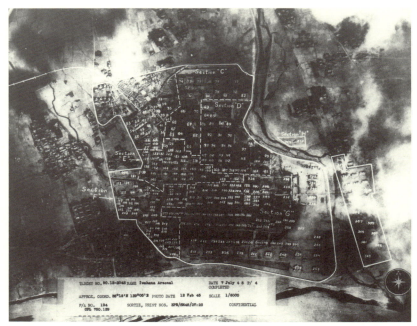

写真1　米軍の偵察写真（国立国会図書館憲政資料室所蔵）

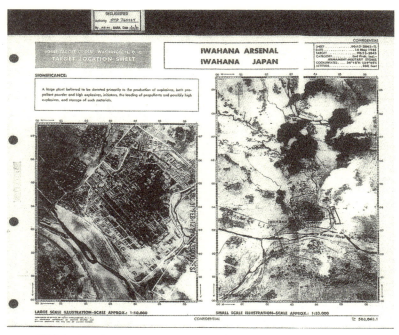

写真2　TARGET LOCATION SHEET（国立国会図書館憲政資料室所蔵）

表　日米資料の比較

第7節　製造所跡地採集の遺物と地下壕出土のダイナマイト

はじめに

　戦後の岩鼻火薬製造所の歩みは次とおりである。敗戦の年、1945（昭和20）年10月14日に占領軍150名が弾薬・機械の接収と処理を目的として進駐している。その後、土地・設備等は大蔵省の管理するところとなったが、1946年4月に日本化薬株式会社に施設の一部が貸与の後払下げられ、また1964年には元ダイナマイト工場と原料工場を中心とした敷地に日本原子力研究所高崎研究所が開所した。そして群馬県の明治百年記念事業の一環として県立公園「群馬の森」が両者に挟まれた地帯に、1974年開園した[1]。

　この群馬県の事業により、旧製造所の綿火薬精製室、空気圧縮室、硝酸製造室などの建築物111棟、建築物に付属する水槽サイロなどの工作物57基が解体されていった。そして建物を取り壊した跡地に面積約2ヘクタールの大芝生広場が、また樹林地内に点在していた建物跡地には小芝生広場が整備され、県民憩いの場として今日に至っている。

　本節で紹介する遺物は、小芝生広場の芝生張り替え工事に伴って出土した煉瓦類と、筆者が公園内から採集した煉瓦である。

1　採集の経緯

　1998（平成10）年2月28日、たまたま公園散策に訪れおり、園内で工事が行われていた。関係者にうかがったところ、芝生の張り替え工事で、その対象面積は500平方メートルとのこと。すでに小型重機で地表面を約43センチほど掘削し、一部に排水施設が敷設されていたが、排土や掘削面に多量の煉瓦を確認した。そこで工事関係者の了解のもとに、煉瓦やその他の遺物を可能な限り採集した。翌日、再度現場を訪れ、掘削断面の土層スケッチと工事状況の写真撮影を行った。

2　採集した場所

　公園北入口からふるさとの道を抜け園内に入る。ここから南西方向約150メートルのところ、芝生広場の一角が採集した場所である。公園東部に位置し東西に土塁が存在する（図1）。

　工事場所の表土は黒褐色土層で厚さ14センチ、第2層は黒灰色土層で厚さ約20センチ、炭殻とともに多量の煉瓦が混入していた。第3層は茶褐色土層で厚さ10センチであった（図2）。表土は公園造成時に芝生を植えるために盛られた土で、第2層は公園造成時に製造所時代の建物を取り壊した際の廃棄物などを埋め戻した土であった。第3層にはコンクリート管が埋設されていたという。この管は製造所時代の遺構であった可能性が高いが、筆者が現場を確認したときにはすでに壊されてしまっていた。

　この場所は旧岩鼻火薬製造所のどの位置にあたるのであろうか。現在までに収集した製造所配置

図をもとに検討したい。

　製造所の建物配置が明確にわかるのは、1922（大正11）年4月調査の「岩第一号千分之一」の図面（以下、「大正11年図」・図3）[2]、大正12年10月の「岩鼻火薬製造所構内一般配置図　縮尺四千分之一」（以下、「大正12年図」・図4）[3]、1927（昭和2）年10月、「陸造甲第五三四号」付属の粕川南を中心とした図面（以下、「昭和2年図」）[4]、1937年4月1日現在の「岩鼻火薬製造所二千四百分の一」（以下、「昭和12年図」・図5）[5]、1944年頃に作成された「岩鼻製造所構内配置図　縮尺四千分之一」（以下、「昭和19年図」）[6]、1945年頃の「臣二九六一二ろ部隊配置図」（以下、「昭和20年図」・図6）[7]、戦後まもなくの「旧岩鼻製造所　縮尺2,000分の1」（以下、「旧岩鼻図」）[8]、1969（昭和44）年2月に実施された公園予定地測量平面図（以下、「昭和44年図」・図7）[9]である。

　このほかに参考となる図には、「陸造甲第三〇〇号」付属の「明治四十年測図大正二年鉄道補入　五万分一地形図」、「高崎及富岡近傍第一号（第一師管地方迅速測図）倉賀野駅（明治十八年測量、同二十九年修正）」である。ただし、これらの図では建物配置は明確でない。

　「大正11年図」には採集場所に建物などの記載はない（★印場所）。西側に土塁に囲われた硝化室（第84号家）、北側に綿薬風晒室（第50号家）、その北に第89号家（湿綿薬倉庫・矢印）が認められる。採集場所の東側土塁はまだ築造されていない。ところが、「大正12年図」には、第89号家は第50号家の南に移動している。番号に変化がないことから移築されたものであろう。その後、「昭和2年図」「昭和12年図」では、この建物の周りに土塁状の高まりが描かれ、東側に第277号家とこれを囲む土塁が描かれている。「昭和19年図」では建物だけの記載、そして「昭和20年図」には建物に第425・426号の工作物が付属している。この状況は「旧岩鼻図」でも変わらない。「昭和44年図」になると、すでにこの時点で建物は倒壊してしまったのであろうか、地形の高まりだけが描かれている。

　ところで芝生張り替え工事で破壊されたコンクリート管はこの「湿綿薬倉庫」に伴うものであろう。建物番号が比較的若いことから判断すれば、明治時代に建設されたものが1922（大正11）年4月以降、1923年10月以前に移築されたものと考えられる。その背景には、1923年9月1日の関東大震災の被害が考えられる。

3　採集遺物

　採集した煉瓦は、耐火煉瓦17点、赤煉瓦16点、その他1点、この他に陶磁器、ガラス瓶も採集した。その後、公園敷地内から耐火煉瓦3点（図8の1、図9の13・14）、赤煉瓦2点（図10の21・22）を採集している。これらをあわせて紹介する（表1）。

　図8～10の1～19は耐火煉瓦である。1～8は採集された耐火煉瓦中、最も多い「SHINAGAWA」の刻印を有する品川白煉瓦株式会社製である。1は公園内の別地点から採集した。煉瓦の平均形状寸法は長手227ミリ、小口106ミリ、厚さ63ミリ、格子目5ミリである。8の側面には溶解物が付着している。いずれも1887（明治20）年以降の製品であるが、1と2では文字列刻印の相違と菱形枠に大小の違いがある。また、文字列刻印Nにも微妙な変化が認められる。それは1・3・5～8のNと4のNとの相違である。これらは製造年の違いを反映したものであろうが、製造時期の特定は難しい[10]。

品川白煉瓦株式会社の創業は1875（明治8）年に遡るが、1884（明治17）年に工部省の耐火煉瓦工場の払い下げを受けて工場を移転、伊勢勝白煉瓦製造所と称した。1887年品川白煉瓦製造所、1903年品川白煉瓦株式会社となる[11]。

　9～11は日本耐火工業製である。平均形状寸法は長手226ミリ、小口107ミリ、厚さ58ミリ、格子目4ミリである。

　12は大阪窯業株式会社製である。小口に溶解物が付着している。格子目5ミリ。1894（明治27）年、日本硫酸瓶製造株式会社を改組して発足した。当初赤煉瓦の製造を主としていたが、1906年から耐火煉瓦の製造を開始している[12]。

　13～15は東洋硝子株式会社製である。13・14は公園内の別地点から採集したものである。平均形状寸法は長手233ミリ、小口106ミリ、厚さ63ミリ、格子目4ミリである。自社の硝子製造に供すべき目的をもって製造を始めた。製品は1898（明治31）年以降である[13]。

　16は「AOID PROOF KIOTO TAKAYAMA KOZAN」の刻印を有する高山耕山化学陶器株式会社製である。明治初年、大阪造幣局から硫酸瓶の注文を受けて以来、耐酸陶器や化学薬品の製造装置を専門とした。古くは五条坂で丸屋源兵衛と名乗った代表的陶器問屋である。源兵衛の長男の愛太郎が耕山家を継ぎ、五条橋東の工場を拡張したが、生産増強で七条に800坪の工場を新設したのは1916（大正5）年。化学薬品用陶器を増産しているが、耐火煉瓦の製造年については不明である。1949年に廃業[14]。これと同じ耐火煉瓦は京都の宇治火薬製造所跡からも検出されている[15]。

　また、1936年まで岩鼻火薬製造所で使用されていた陶製の硝酸製造装置が、公園の近くの川魚料理屋「新さかや」に展示されている。このほか、廃薬甕が『旧陸軍造兵廠福岡工場（川越製造所）』（上福岡市教育委員会1998年）に紹介されている[16]。

　17は刻印「H. KAT」が認められるが製造元は不明である。小口には「3」の刻印。格子目4ミリ。

　18は刻印「C2」が認められるが製造元は不明である。平・長手・小口面に深い刻みを有するが、これを接着面を広くするための耐震煉瓦の一種とすれば、製品は1892（明治25）年末以降となる[17]。

　19は表面に化粧土が付着していたが、これを剥がしたところ「OSAKA YOGYO」の刻印を確認した。製品は1906年以降である。12とは刻印を異にするが、これは1919（大正8）年、第1次世界大戦後の工業不振のため第1回の耐火煉瓦生産の中止を行っており[18]、再開後刻印を変更した結果であろうか。この場合、12の刻印が新しく、19が古いものと考えられる。

　20は煉瓦と同じ胎土、焼成である。用途は不明。

　図10・11の21～38は赤煉瓦である。21・22は「上敷免製」の刻印がある。公園内の別地点から採集したものである。「上敷免」は埼玉県深谷市内の地名（旧埼玉県榛沢郡上敷免村）で、日本煉瓦株式会社が1887（明治20）年にこの地に本格的な機械抜き成形法の煉瓦工場を設立した。機械抜き煉瓦の特徴は平面に粘土成形の際に使用するピアノ線によるカットの痕跡が縮緬上に残ることで、これが手抜き成形のものと顕著な違いとなっている[19]。製品は明治20年～大正14年である。

　23・24は平面にピアノ線によるカットの痕跡が認められない手抜き成形法によるものである。とくに23では撫で板の痕跡が明瞭に残っている。

　25～38は平面にピアノ線によるカットの痕跡が残る機械抜き成形法によるものである。多くの煉瓦は壊れていて、またモルタルの付着したものが多い。機械抜き成形法の煉瓦の平均形状寸法は、長手219ミリ、小口104ミリ、厚さ59ミリである。

図 12 の 39 は陶器製の甕と思われる。刻印から松風工業株式会社製である。松風家は、代々京都の陶芸家であるが、3 代目松風嘉定は 1904（明治 37）年に松風陶器合資会社を設立し、石炭窯を導入して輸出向けの陶磁器の製造を近代化した。1917（大正 6）年、碍子専業メーカーとして社名を松風工業株式会社に改称した。1922 年松風陶歯製造株式会社を設立。戦時中は満州第 731 部隊の細菌爆弾（宇治式爆弾）を製造し、末期には陶製コインを生産した[20]。

40・41 は陶器製の甕である。40 には刻印が認められる。

42 はガラス瓶の破片である。「指定」の文字が読みとれる。

43 は磁器製の碗である。42・43 は共栄会で使用されていたものであろうか。

4　敷地建物と採集煉瓦との関係について

「群馬の森」予定地内取壊申請建物一覧表[21] によると、鉄筋コンクリート造 23 棟、煉瓦造 14 棟、木造 63 棟の計 100 棟となっている。さらに鉄筋コンクリート造の細分は平屋建 12 棟、2 階建 10 棟、6 階建 1 棟であり、煉瓦造 14 棟と木造 63 棟はすべて平屋建である。

公園建設で取り壊された建物は最終的には 111 棟であった。鉄筋コンクリート造 29 棟、煉瓦造 12 棟、鉄骨造 12 棟、木造 58 棟である[22]。前記資料とは数値を異にするが、工事前の状況と工事後の最終状況の違いであろう。

申請建物一覧表によると、資料作成時にはすでに全壊していた建物は 10 棟に及んでいる。すべて木造平屋建である。鉄筋コンクリート造や煉瓦造の建物は、戦後意図的な破壊がなければ建物は存在したであろうから、公園予定地に存在した第 89 号家（湿綿薬倉庫）の構造は木造建であったと考えられ、採集した赤煉瓦とは直接には結びつかない。また、建物用途が倉庫であることから耐火煉瓦も同様であろう。

では、これらの赤煉瓦は製造所のどの建物の一部を構成していたのであろうか。採集した赤煉瓦は、いわゆる焼きすぎ煉瓦ではなくて普通煉瓦であった。これらは水分を吸収することが多いので基礎部分に使用されることは少ないという。また、2 点を除いて機械抜き成形の煉瓦であり明治 20 年以降の製品である。これらは規格も色合いも均一であることから建物の壁部分に使用された可能性が高い。

壊された煉瓦造 12 棟の建物配置は図 7 のとおりである。第 22 号家（篩分室―大正期・判読不能）、第 100 号家（アルコール回収室―大正期・第 1 冷室）、第 191 号家（工員会食所及工場員詰所―大正期・製氷室）、第 211 号家（接触室―大正期・接触炉室）、第 212 号家（焚硫室―大正期・焚流炉室）、第 220 号家（工員会食所及工場員詰所―大正期・化学試験室）、第 231 号家（湿綿薬置場―大正期・鍛工場）、第 608 号家（動力室）であり、この他に番号の不明なもの 4 棟（油庫など）である。これらの建物を壊した後の煉瓦の一部が埋め戻されたのであろう。あるいは採集場所からいちばん近い第 22 号家の煉瓦の一部の可能性も考えられるが、さらに検討してみよう。

公園内には、1937 年 4 月現在、前記建物の他に次の煉瓦造建物があった。第 23 号家（木粉室）、第 24 号家（焼硅室）、第 101・102 号家（第 6・7 倉庫）、第 173 号家（木粉硅藻土精製室）、第 190 号家（硝石精製室）、第 213 号室（機械室）である。これらの建物は日中全面戦争に突入していった 1937 年から 38 年頃にかけて取り壊され、鉄筋コンクリート造の建物に変わり、用途も変更されて

いったと考えられる。たとえば、第213号家は「昭和十三年度事業費工事明細書」[23]中に記載があり、また第23号家、第101・102号家、第190号家は「昭和19年図」には、すでに別の建物にかわっている。

　これらの変遷を追うと図13のようになる。建物番号から判断すると第22～24号家は1880（明治13）年から工事に着手され明治15年の操業時にはすでに存在した建物であろう。そして第24号家は1911（明治44）年10月に増築工事[24]が行われている。また、八幡原火薬庫の建設が1884年～87（明治17～20）年にかけて行われており[25]、その建物番号が160番台であること[26]、さらに清涼火薬庫1棟（第197号家）が1912（大正元）年9月に建設されている[27]ことから判断すれば、第100～102号家も操業時には存在した可能性が高い（その後の調査で明治38年頃建設）。第191号家は明治44年8月の新築[28]、第173号家は大正元年9月に増築工事[29]、第190号家は第191号家と同時に新築されたものであろう。これらのことから第211～213、220、231号家は大正時代の建設となり[30]、採集した機械抜き成形煉瓦の帰属は、第191、211、212、220、231号家とそれに附属する油庫などとなる。

　なお、第608号家は1937年～38（昭和12～13）年にかけて取り壊された煉瓦造建物の煉瓦を再利用して建てられたと考えられる。

　耐火煉瓦を使用していた可能性のある建物は、第211号家、第212号家、第19号家（汽缶場）などが考えられる。8種類の製品が確認されたが、2種類については製造元不明である。これらの耐火煉瓦は建物などの関係から、いずれも大正時代にかけての製品と考えられるが、品川白煉瓦製や大阪窯業製に刻印の相違が認められたことから製造年は異なっているものと判断される。

　ところで、日本化薬株式会社敷地内には煉瓦造建物十数棟が現存している。このうちの黒色火薬工場と火薬一時置場の2棟が『群馬県近代化遺産総合調査報告書』[31]に紹介されているが、建築年代を不詳とするなど充分な調査が行われたとは言い難い。

5　煉瓦出土遺跡

　発掘調査によって赤煉瓦・耐火煉瓦が出土している県内の遺跡としては、高崎城三ノ丸遺跡[32]をあげることができる。旧歩兵第15連隊関連の建物跡などが発掘され、これに伴って多量の煉瓦が出土している。煉瓦使用の建物は、第2兵舎とこれを取り巻く土管に伴う沈澱桝、兵器庫、被服庫、大隊炊事所前の排水本管に伴う桝、厠の便漕桝、水道管に伴う消火栓桝などであった。第2兵舎は南北140メートル・東西15メートルであり、その基礎は深い布堀の底部に栗石を敷き、その上に分厚いコンクリートを打ち、さらにその上に煉瓦を積み上げたものである。地上部分は、木造大壁造り2階建て瓦葺きの建物で、中央に煉瓦の防火壁があった。「上敷免製」刻印煉瓦を使用していた。「上敷免製」煉瓦の製造は1887（明治20）年以後とされており、従来、第2兵舎の落成は明治19年と伝えられていたことから建築年代に疑問がだされている。また、耐火煉瓦は品川白煉瓦製であり、岩鼻採集品の図1の14と同種のものである。

　桐生市指定史跡「日本織物株式会社発電所跡」隣接地では、発電所水路を潜る通路のために造られた煉瓦積遺構が調査されている[33]。煉瓦は桐生煉瓦製造会社製で1888年の製品である。また、発掘調査ではないが近代化遺産調査として旧上毛モスリン㈱関連の建物などが調査され、採集され

た煉瓦が報告されている[34]。それによると、上敷免製赤煉瓦8点・富永煉瓦15点が、揚返工場防火壁上・受電室付近から採集され、また耐火煉瓦は、日本耐火工業製12点・品川白煉瓦製4点・大阪窯業製3点・日本窯業製2点・三石耐火煉瓦製造所製3点が、ボイラー室（明治末期建設）・繰糸工場の壁などから採集されている。拓本が図示されていないので残念ながら比較検討はできない。

この他に他県の事例を紹介する。東京都文京区駕篭町遺跡[35]からは総点数13点の煉瓦が井戸・土坑・防空壕から出土している。耐火煉瓦は日本耐火工業製であり、岩鼻採集品と同種のものである。港区汐留遺跡[36]からは膨大な量の煉瓦が出土し、刻印を有するものが報告されている。耐火煉瓦の種類は多様で、「赤羽製作寮」「SHINAGAWA」「HIRAMATSU」「三石耐火煉瓦株式会社」「NIPPON耐 F.B.CaLD」「INAGAKI OKAYAMA JAPAN」「SEIKOUSIYA」「IWAKITAIKWA」「井セキカナイ」「盛工舎」の刻印煉瓦である。品川白煉瓦製には菱形枠の大小の違い、文字列刻印Nに相違が認められる。また、日本耐火工業製は岩鼻採集品とは刻印が異なる。これらの耐火煉瓦は主に鋳物場（明治17～30年）の溶鉱炉に使用されていた。

目黒区大橋遺跡[37]では東京砲兵工廠目黒火薬製造所の射撃場遺構が調査され、赤煉瓦・耐火煉瓦が報告されている。品川白煉瓦製には文字列刻印の相違から3種類の耐火煉瓦が確認された。それは菱形枠のないもの、菱形枠の大小の違いである。しかし報告書では指摘されていないが文字列刻印のNにも相違が認められる。

以上、遺跡出土の耐火煉瓦については、さまざまな変遷がたどれると思われるが、明確な製造年を指摘することは遺構の詳細な調査とともにさらに資料の増加を待たねばならない。

6 長野県松代大本営予定地壕から発見された岩鼻製ダイナマイト

岩鼻火薬製造所製の不発ダイナマイトが発見された。発見場所は長野県松代町にある松代大本営予定地壕の「象山地下壕」と「皆神山地下壕」内部からである。前者からは1994（平成6）年7月30日に採集され、後者からは2003年10月11日から13日にかけて採集された。両者の発見の経緯を次にを記し、不発ダイナマイトの意味する歴史的背景に焦点をあてる。

①「象山地下壕」の不発ダイナマイト採集状況

1994年7月30・31日の両日、長野県松代町と長野市を会場として「第5回朝鮮人・中国人強制連行・強制労働を考える全国交流集会」が開催された。これに参加されていた奈良県生駒町の田中寛治氏が不発ダイナマイトの採集者である。第1日目の集会の後、「象山地下壕」を視察して発見している。その晩、宿舎で発見の状況を直接うかがうことができた。さらに後日、田中氏から送付された文面には、次のような採集状況が記載されていた。

1、採取場所　松代象山地下壕の公開部分、最終地点より手前約30メートルの地点、北側壁面下部より約2メートル10センチ（片手を伸ばしてやっと届くところ）にあるダイナマイト用ロッド穴の中。

2、採取状況　外見上何の変哲もないロッド穴であったが、少し木片のようなものが見えた。指を入れてみると、ぽろぽろと木の屑がこぼれ落ちる。実は木の屑ではなくダイナマイトの火薬で

あった（一緒に出てきた油紙を見て直感的にダイナマイトだと判断）。
　何度も指を入れて引っ張っていると、奥から、ソーセージのような塊が出できた（長さ約15センチ、直径約4センチ）。
　3、報告　受付場所で採取状況を報告後、ダイナマイトの火薬と桜のマークの入った油紙の一部は現地で受付をしていた長野の実行委員会（上田のグループ）に資料として提出しておいた。
　4、製造所　紙は水で洗い延ばすと、桜のマークとともに製造所がはっきりと確認できた。
・乙桜印ダイナマイト・岩鼻製造所の文字が鮮明である。

　このような文面とともにダイナマイト包紙の現物が同封されてきた。
　ダイナマイト包紙の一部は地元に提供してあるために、現状では縦11.5センチ、横10センチの紙片である（図14）。径1.8センチの桜のマークに径3ミリの14文字（乙桜印ダイナマイト・岩鼻製造所・）が取り囲むように印刷され、この下2センチと左右3センチのところには径1.5センチの新の文字も印刷されている。

②「皆神山地下壕」の不発ダイナマイト採集状況
　2003年10月11日から13日まで「皆神山地下壕」の壕内・壕外の学術調査が実施された。これは1990年4月の「象山地下壕」学術調査に続く、第2次調査で、歴史学・考古学・地質学・建築学などの研究者が参加した。調査メンバーの一員であった私は地下壕の計測調査を担当したが、その過程でメンバーとともにダイナマイト3点を採集することになった。
　これら3点の不発ダイナマイトの採集地点と遺存状況などは次のとおりである（図15・図16）[38]。
　1の採集場所はD2〜D3の通路である。採集した3点の中では、比較的遺存状態がよかった。現存長は8.2センチ、幅2〜3センチ、重さ8グラムを測る。色調は明褐灰色〜にぶい黄橙色をしている。両端に白色包紙の一部が残存している。
　2の採集場所はB6〜C6の西壁である。長さ5.6センチ、幅1.2センチ、重さ3グラムを測る。色調はにぶい黄橙色である。ほぼ全面に包紙の痕跡が付着している。
　3の採集場所はB6〜B7の側壁である。長さ5.9センチ、幅1.3〜1.8センチ、重さ3グラムを測る。色調はにぶい黄橙色である。2と同様にほぼ全面に包紙の痕跡が認められる。
　3点の不発ダイナマイトは、指でさわると崩れてしまいそうなほど遺存状態が悪い。わずかに残っていた包紙からは製造所名の記載を確認することはできなかったが、いずれも陸軍岩鼻（火薬）製造所製と思われる。
　というのも、この調査に引き続いて地質調査のために2005年に入壕した、平川豊志氏が新たにダイナマイトを発見し、その包紙2ヶ所に桜マークと新の文字が記されていることを報告しているからである。さらに同年12月発行の『松代で何があったか！』（西条地区を考える会編）に掲載された、ダイナマイト箱の存在である。西条地区は松代大本営予定地壕の一つである、「舞鶴山地下壕」の工事現場に近かった。箱の上蓋に「桐印　爆薬　ダイナマイト二二瓩八　岩鼻製造」、横板には「三号　29瓩113瓦200本　製造20年6月6日」の文字が記されていたのである。ニトロゲルに硝酸アンモンを混合して造る桐印ダイナマイトの製造は、1941年から開始されたものであった。

7　岩鼻製造所製ダイナマイトについて

　ダイナマイトとは、アルフレッド・ノーベルの発明による、ニトログリセリンを主剤とした爆薬である。ニトログリセリンを珪藻土のような多孔質の物質と混合して餅状とすると運搬上、使用上安全であることを発見して、ダイナマイトが発明されたのは1866（慶応2）年のことであった。そして40年後の1906（明治39）年3月、わが国で初めて陸軍岩鼻火薬製造所（当時の正式名称は東京砲兵工廠岩鼻火薬製造所）が珪藻土ダイナマイト（鶴印・亀印）を製造し、同年5月には膠質ダイナマイト（松印・桜印）も製造している。そして10月からはこれら民間への払下げを開始した。膠質ダイナマイトとは、ニトログリセリンとある範囲の窒素量のニトロセルロースを混ぜるとゲル化してゴム状の強力な爆薬ができるもので、これについてもノーベルが発見したものであった。

　わが国でダイナマイトを製造するに至った動機は、1905年、陸軍が旅順の東鶏冠山北堡塁の攻撃・爆破に英国ノーベル社製ダイナマイトを使用して大成功を収めたこと、さらに戦時中鉱業用爆薬の需要が増加したことによった。そして突貫工事で岩鼻火薬製造所にダイナマイト工場を建設、その製造を開始したのである。

　その後、1910（明治43）年1月には炭鉱用として梅・蘭・楓印ダイナマイトを製造している。1915（大正4）年には、製造に時間と手数を要するとの理由から珪藻土ダイナマイトの製造が中止された。

　なお、民間で初めてダイナマイトが製造されたのは、日本火薬製造（現日本化薬）厚狭作業所で1917年のことである。

　日本のダイナマイトの名称には植物の名が使用され、その名によって成分の概略が分かるようになっている。

　「乙桜印ダイナマイト」は1915年に製造を始めたものである。従来の桜ダイナマイト（ニトログリセリン54パーセントに硝石、木粉を加えたもの）より強力なものを硬岩用、または心抜き用として用いる目的で、ニトログリセリン58パーセントのダイナマイトを製造した。これを「甲桜印ダイナマイト」と称し、ニトログリセリン50パーセントのものを「乙桜印ダイナマイト」と呼ぶことになった。さらに1928（昭和3）年下期からは硝石の代わりに硝酸ソーダを使用したものには「新」を付け、新甲桜、新乙桜を製造しているが、これは硝石不足に対応するためであった。

　1930年4月改正の岩鼻火薬製造所ダイナマイト説明書[39]によると、次の各種ダイナマイトが製造されている。

- 一　松印ダイナマイト（爆発力もっとも強大。成分はニトログリセリン約93パーセント、綿火薬約7パーセントである。用途は隧道、竪坑、金属鉱等硬くて普通ダイナマイトで掘進や爆破の困難な所、また坑道の心抜き用。）
- 二　甲桜印ダイナマイト（1915（大正4）年から製造。成分はニトログリセリン58パーセント、その他綿火薬、硝石、木粉等を含む。用途は硬軟各種の岩石、金属鉱、隧道、竪坑、土木諸工事、坑道の心抜き用。）
- 三　特桜印ダイナマイト（大正15（1926）年から製造。爆発力は甲乙両種桜印の中間。ニトログリセリン量約54パーセントで、用途は広範囲に及ぶ。）

四　乙桜印ダイナマイト（1915（大正4）年から製造。ニトログリセリン量約50パーセント、
　　　　　用途は払い用。）
　　　五　丙桜印ダイナマイト（1930（昭和5）年から製造。ニトログリセリン量約40パーセント、
　　　　　鉱石の採取、砂混じりの岩石、粘土など爆発ガスの漏れる傾向ある場所に適当。）
　　　六　新甲桜印ダイナマイト（1928（昭和3）年から製造。硝石の代わりに硝酸ソーダを使用。
　　　　　甲桜印にくらべ爆力を幾分強く、用途は甲桜印と同様。価格は低廉。）
　　　七　新乙桜印ダイナマイト（1928年から製造。用途は乙桜印と同様。）
　　　八　新不凍桜印ダイナマイト（零下8度まで凍結しない。）
　　　九　1号梅印ダイナマイト（微焔性。炭坑の岩石層、炭岩及び採炭用。）
　　　十　2号梅印ダイナマイト（微焔性。採炭用。）
　　　十一　桃印硝安ダイナマイト（1929年から製造。安全度が良い。採炭用。）
　　　十二　難凍桃印硝安ダイナマイト（零下10度まで凍結しない。）
　　　十三　菊印硝安ダイナマイト（1930年から製造。硝酸アンモニアを主剤。威力強大、価格は低廉。）

　その後、1932年になって農業用・鉱山用として丁桜印ダイナマイトが、1934年に菊印30番硝安ダイナマイトが製造された。また梅印も3号・4号と製造された。日中戦争が勃発し、アジア太平洋戦争に突入するとダイナマイト用資材の入手が困難となり、鉱山用には菊印、炭坑用には4号梅印の2種に統制払い下げが行われた[40]。
　このようにダイナマイト製造の変遷を見てくると、「象山地下壕」から発見されたダイナマイトは印刷されている文字から判断して、払い用の「新乙桜印ダイナマイト」であることがわかる。また、「皆神山地下壕」のダイナマイトも2005年発見の桜マークと新の文字から、2004年の3点についても岩鼻製であることは間違いない。岩鼻は陸軍唯一のダイナマイト製造工場であったからだ。

8　ダイナマイト残留の意味するもの

　ダイナマイトを爆発させるためには、雷管と導火線あるいは電気雷管と電気用導線および発電機などが必要である。その他に雷管鋏、糸、耐水剤などの付属品である。
　導火線による発破法は、孔に雷管付の方を前にしてダイナマイトを入れ、木の込棒で孔底に届くまで静かに押し込む。この時、導火線を傷つけないようにする。次に粘土か砂で15センチばかり木の込棒でゆるく詰め込む。そしてその上を孔の口まで、粘土砂で隙間のないようによくふさぐ。1の孔に数本のダイナマイトを使う場合は、1本づつ各ダイナマイト間には隙間のないように孔に入れ、最後に雷管付ダイナマイトを入れて前記の通りに詰め物を行う。良好な爆発効果をあげるには、良い雷管、適度な寸度のダイナマイトの選択（孔径よりやや小さいくらい）、詰め物の緊密なことである。
　そして導火線の端に点火し安全な場所に退避する。もしダイナマイトが爆発しない場合は、少なくとも15分間はこれに近寄らないで、時間の経過を待って点検にかかる。不発ダイナマイトは引き出さないでそのままとして、30センチ以上離れた場所に前の孔と平行に新孔を作る。これにダイナマイトを装填して、発破を行い前の不発ダイナマイトをも同時に誘爆させる。

電気発破法は、導火線による発破法に比べると安全で爆発も確実なものとなる。多くの装薬孔を同時に爆発させたい場合、竪坑のように避難の面倒なとき、大発破を行う場合などは導火線発破を用いない。ダイナマイトの孔への入れ方や詰め物の仕方は、導火線の場合と同じで、不発の場合でも一度装填したダイナマイトは、決して引き出してはならない。

　ダイナマイトの不発、あるいは半爆発又はただ燃焼を起こす原因は次のとおりである。雷管の不良、または起爆力の薄弱、導火線の途中消火、発電機の不良、導線の不良、孔内ダイナマイト両端間の空隙または妨害物の介在、詰め物の過小および凍結ダイナマイト使用などである。発破後その近辺をよく捜索して、不発ダイナマイトの残留がないように注意する。

　調査などで採集された不発ダイナマイトは、前記のような原因のいずれかによって残留し、さらに誘爆などの処置が施されないまま掘削工事が進められ結果、今日まで残ったものと思われる。

9　地下壕の掘削

　不発ダイナマイトの発見された松代大本営予定地壕の掘削工事は、1944年11月から始まった。B-29による空襲に対処し、天皇中心の国家体制を維持し続ける（国体護持）ためのものであった。参謀本部・御文庫（天皇の避難する防空建物）および大本営・官庁・閣僚・日本放送協会を一同に臨戦移転しようとしたものである[41]。

　政府機関、日本放送協会、中央電話局の派遣が予定されていた「象山地下壕」は、総延長5853.6メートル、概算掘削土量5万9,635立方メートル、床面積2万3,404平方メートルの規模で、敗戦時80パーセントの進捗状況であった。

　現在、見学できるのは恵明寺口から500メートルの区間であり、天井には壕の東西、水平を測った測点、壁面には無数の鑿岩機ロッド跡、さらに床面にはズリを運んだトロッコの枕木跡などを確認することができる。壁面に残されている無数のロッド穴の1つから不発ダイナマイトが49年目に発見されたのであった。

　また「皆神山地下壕」は当初皇族用として計画されたが、食糧貯蔵庫に変更された。総延長は約1,600メートルで当初設計2,900メートルの55パーセントの進捗であった。「象山地下壕」の3分の1の規模になる。主坑は南北6本東西6本で、北と東に斜めの導坑・爆風坑がついている。北の坑道8本は掘削後埋め戻しされる捨導坑で、坑口から10～50メートルは埋め戻しをされている。A坑・B坑ともに、西に向かって途中まで掘削されていた。これは当初、設計図通りに掘削を始めたものの、地質が悪く崩落の危険が大きかったため、変更を余儀なくされた結果であろうと思われる。C坑にいたっては、まったく掘削されることはなかった。また、7坑から北東に延びる斜坑の14.9メートルの地点から28.2メートルまで坑道が新たに掘削されていた。この坑道は設計図には記載されていなかったものである。

　なお「舞鶴山地下壕」は大本営用として掘削されたものであった。

　これらの松代大本営予定地壕に限らず、全国各地にはB-29による空襲や本土決戦に備えて地下軍事施設、地下軍需工場などの地下壕多数が構築されたが、その多くは完成を見ずに敗戦を迎えている。これらの構築にあたって、陸海軍建設部隊や民間建設業者の下で危険な掘削工事に動員されたのが、非強制連行者を含む多数の朝鮮人であり、中国人であった。中国人強制連行の実態につい

てはある程度判明しているが[42]、朝鮮人については今日に至るも充分な解明がなされているとは思われない。

おわりに

　群馬県では『近代化遺産総合調査報告書』が1992年に刊行され、この中で岩鼻火薬製造所施設が報告された。それらは日本化薬高崎工場内に存在する黒色火薬工場・火薬倉庫・事務所・官舎などである。しかしすでに触れたように建築年代についてはすべて不詳としているように、充分な調査が実施されたとは言い難い。また見事なまでに残る土塁についてはまったくの未調査である。「群馬の森」建設に先立っては1969年7月に地区内の現存建物など解体調査が実施されているだけであった。当時としてはやむを得なかったであろうが、一部建物の保存などが考えられてもよかったのではなかろうか。

　筆者は、これまでに収集した陸軍史料、そして日本化薬株式会社構内や日本原子力研究所構内に残る当時の製造所建造物、また公園内から採集することのできるさまざまな遺物などの存在から、明治・大正・昭和に至る岩鼻火薬製造所の歴史の一端を解明する研究を行ってきた。今回紹介した煉瓦は多種に亘り、その編年史を辿るだけでも、近代考古学上貴重な資料となり得る。そしてすでに失われてしまった製造所建物の復元と現存する遺構群の研究とをあわせて進めていくことは、近代日本の軍事史・産業史の解明に大きく寄与できるものと考えている。

　ところで戦時中、国内でさかんに構築された地下壕の掘削工事に伴っては、多数の死傷事故があったと思われる。敗戦後、内務省は火薬類の書類を焼却処分にしたが、事故の記録だけは疎開していたということで今日まで残されている[43]。

　1964年に日本産業火薬会資料編集部によって1902（明治35）年から1962年までの事故例が纒められているが[44]、その中で消費中の事故例2068件が報告された。その内訳は、不発および残留によるもの（503件）、退避遅延によるもの（402件）、岩石落下または飛石によるもの（266件）、装填中（160件）、電気雷管結線中（22件）、信号警戒不完全によるもの（71件）、早期接近によるもの（216件）、退避場所不適当によるものなどである。産業火薬ということで炭鉱、鉱山、隧道工事などの例が報告されているが、1942年12月の報告例を最後に1945年までの記録が欠如している。残念ながらそのへんの事情については触れられていない。

　それにしてもダイナマイトの不発および残留による事故が多いことがわかる。それは地下軍事施設・軍需工場の掘削工事とて決して例外ではあり得なかったことを示唆して余りある。松代大本営予定地壕から採集された不発ダイナマイトの存在は、あらためて工事の危険性を伝える物証なのである。

注

1）公園敷地は東西約1,200メートル、南北約250メートルで、総面積25万8,689平方メートル（7万8,258坪）であったが、現在は26万2,000平方メートルとなっている。日本化薬の敷地は56万1,000平方メートル（約17万坪）、日本原子力研究所敷地は31万5,541平方メートルである。

2）『大正十二年度陸軍造兵廠歴史別冊　大正十二年関東地方震災関係業務詳報　陸軍造兵廠』防衛研

所所蔵。
3) 2) に同じ。
4)「陸造甲第五三四号　実施予定工事計画変更致度件伺」『昭和二年乙輯　第三類第二冊　永存書類　陸軍省』防衛研究所所蔵。
5)「陸造甲第九一六号　昭和十二年度事業費工事追加実施致度件伺」『昭和十三年乙第二類第一冊　永存書類　陸軍省』防衛研究所所蔵。
6) 高木　淳氏提供資料。
7) 高崎市市史編さん委員会編『新編　高崎市史　資料編10　近代現代Ⅱ』1998年。
8) 高木　淳氏提供資料。
9) 都市公園事務所提供資料。
10) 当時の資料が乏しくて製造時期を特定することはできませんでしたが、過去の資料から、大正時代から昭和初期であろうと推測されます、とは品川白煉瓦㈱ 技術部 技術室の畠田文比古氏のご教示。
11) 竹内清和『耐火煉瓦の歴史』1990年、内田老鶴圃。
12) 11) に同じ。
13) 大日本窯業協会編『日本窯業史総説　第1巻』1991年、柏書房。
14) 池田一郎氏ご教示。
15) 八木司郎氏ご教示。
16) 上福岡市教育委員会『旧陸軍造兵廠　福岡工場（川越製造所）』1998年。
17) 松尾喬江「煉瓦」『東京都目黒区茶屋坂遺跡』1994年。
18) 11) に同じ。
19) 八木司郎「建築物に使われた材料」『東京砲兵工廠銃包製造所建造物調査報告書』1996年、東京都北区教育委員会。
20) 池田一郎氏ご教示。
21) 群馬県土木部提供資料。
22) 品田　憲「群馬県立公園群馬の森造成」『群馬県の明治百年記念事業―群馬県明治百年記念事業実績報告書―』1981年。
23)「昭和十三年度設備に関する件」『昭和十三年乙第二類第一冊　永存書類　陸軍省』防衛研究所所蔵。
24)「東京砲兵工廠発甲第四二六号　工事実施の件伺」『明治四十四年乙輯　第二類第三冊　永存書類　陸軍省』防衛研究所所蔵。
25)『自明治元年至明治十九年　東京陸軍兵器本廠歴史前記　陸軍兵器本廠』防衛研究所所蔵。
26) 2) に同じ。
27)「東京砲兵工廠発甲第六〇号　工事実施致度件伺」『明治四十五年大正元年乙輯　第二類第五冊　永存書類　陸軍省』防衛研究所所蔵。
28)「東京砲兵工廠発甲第二九九号　工事実施致度儀之件伺」『明治四十四年乙輯　第二類第三冊　永存書類　陸軍省』防衛研究所所蔵。
29)「東京砲兵工廠発甲第七三号　工事実施致度件伺」『明治四十五年大正元年乙輯　第二類第五冊　永存書類　陸軍省』防衛研究所所蔵。
30)「大正12年図」では建物番号256号までが確認できる。

31) 群馬県教育委員会『群馬県近代化遺産総合調査報告書』1992年。
32) 中村茂・黒沢元夫『高崎城三ノ丸遺跡』高崎市教育委員会　1994年。
33) 桐生市教育委員会『桐生市指定史跡「日本織物株式会社発電所跡」隣接地煉瓦積遺構調査報告』1989年。
34) 野口三郎「工場について」『旧上毛モスリン㈱関連近代化遺産調査報告書』館林市教育委員会、1997年。
35) 都立学校遺跡調査団『小石川(近世・近代遺物編)』1998年。
36) 東京都埋蔵文化財センター『汐留遺跡』1997年。
37) 目黒区茶屋坂遺跡調査会『東京都目黒区茶屋坂遺跡』1994年。
38) 『松代大本営皆神山地下壕学術調査報告書』第二次松代大本営学術調査団、2006年。
39) 『昭和五年四月改正　岩鼻火薬製造所製ダイナマイト説明書　陸軍造兵廠火工廠』1930年。
40) 間藤徹十郎「岩鼻火薬製造所のダイナマイトの製造」『工業火薬協会誌』Vol.35, No.1、1974年。
41) 日垣隆『「松代大本営」の真実』1994年。
42) 中国人俘虜殉難者慰霊群馬実行委員会『群馬県中国人俘虜殉難者慰霊報告』1953年。
43) 日本産業火薬会編『火薬類統計集録』1号、日本産業火薬会、1955年。
44) 日本産業火薬会保安部編『火薬類による事故集』日本産業火薬会資料編輯部、1964年。

その他

津金澤吉茂・飯島義雄・大久保美加「群馬県高崎市岩鼻町「群馬の森」を中心とする地域の歴史について」『群馬県立歴史博物館紀要』第2号、1981年。

第1章 陸軍岩鼻火薬製造所の研究

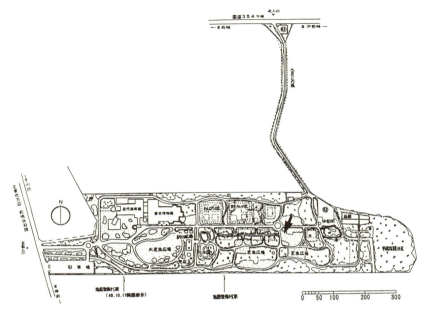

図1 群馬の森平面図（矢印 採集場所）

1．表土
2．黒灰色土層
3．茶褐色土層

図2 層序

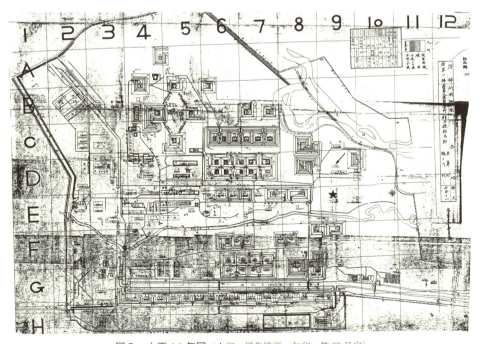

図3 大正11年図（★印＝採集場所、矢印＝第89号家）

135

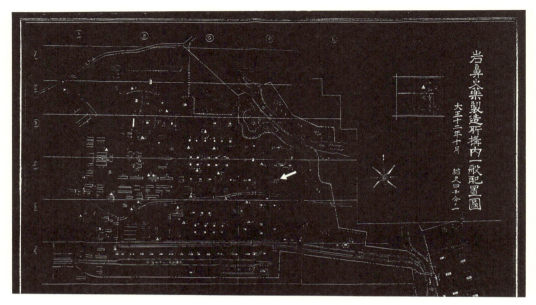

図4　大正12年図（一部削除、矢印＝第89号家）

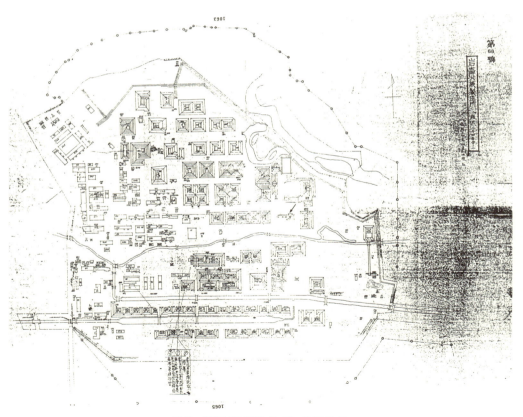

図5　昭和12年図（矢印＝第89号家）

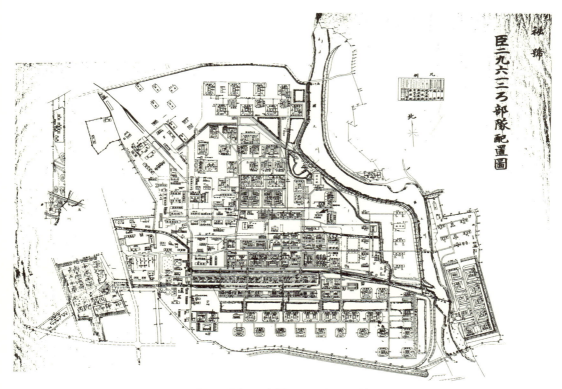

図6　昭和 20 年図（矢印＝第 89 号家）

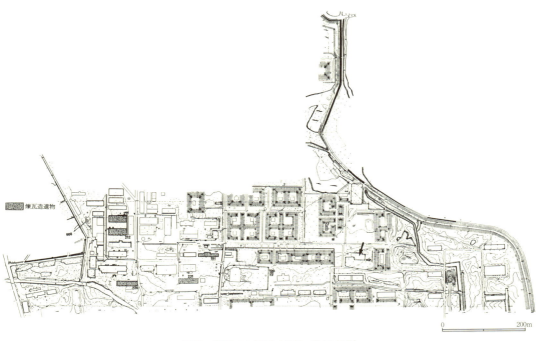

図7　昭和 44 年図（矢印＝第 89 号家）

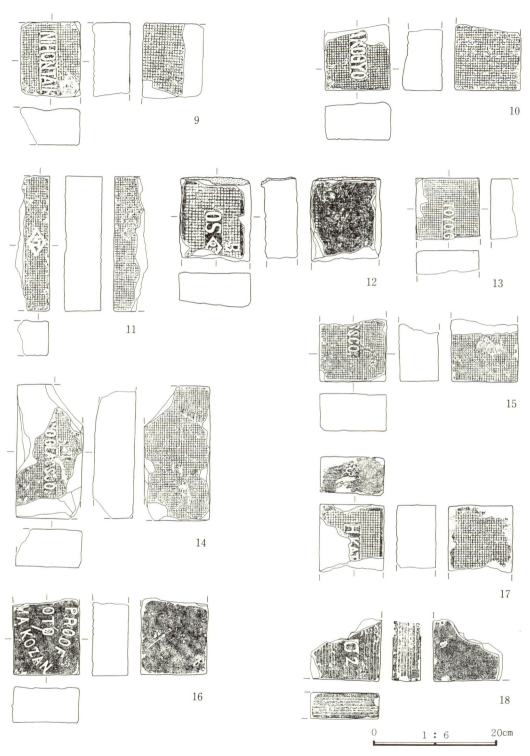

図8 採集遺物（1）

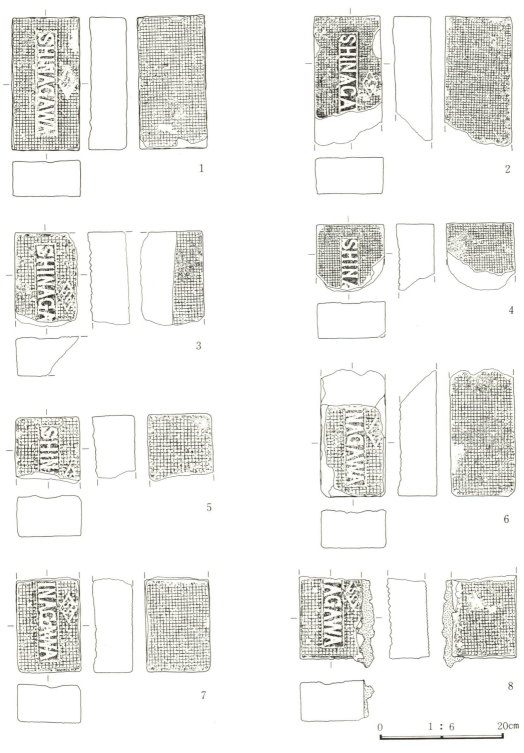

図9 採集遺物（2）

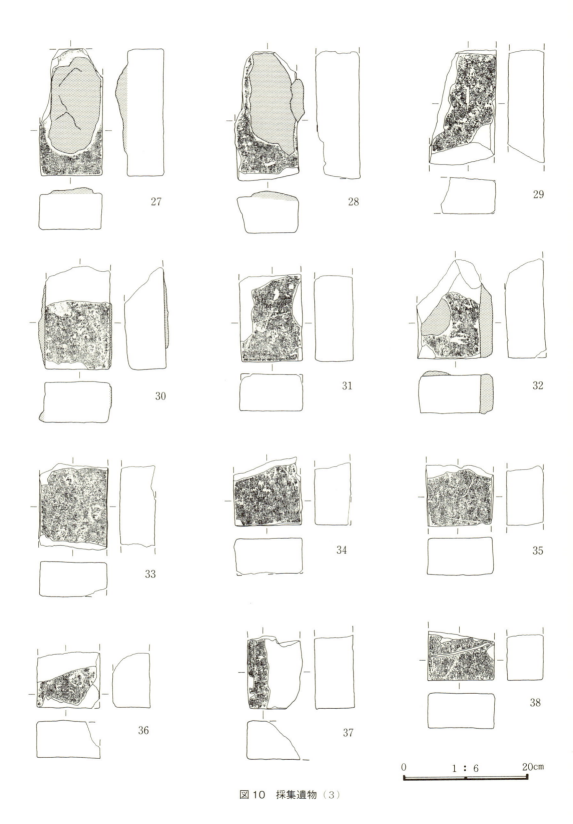

図10 採集遺物（3）

第1章 陸軍岩鼻火薬製造所の研究

図11 採集遺物（4）

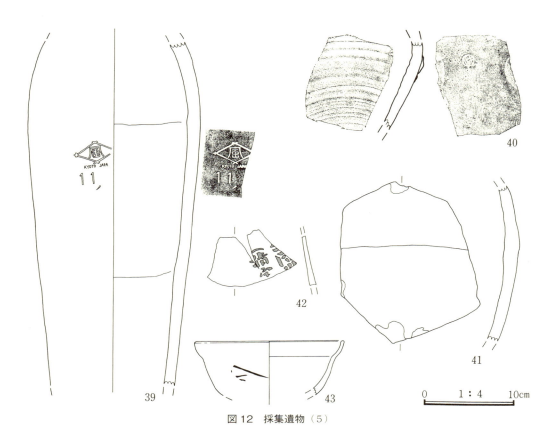

図 12　採集遺物（5）

煉瓦造＼年	明13 1880年	明44 1911	大11 1922	大12 1923	昭 2 1927	昭12 1937	昭19 1944	昭20 1945	昭44 1969	
第 23 号家 用　途			炭化室		木粉室		第450号家	綿薬硝化室	鉄筋コンクリート造 2・3 階建	取りこわし
第 24 号家 用　途		明.44.10 増築工事	焼硅室				図変化	硝石室	鉄筋コンクリート造 平家建	〃
第101・102号家 用　途			第六・七倉庫		倉庫		第458号家	煮洗細断室	鉄筋コンクリート造 平家建	〃
第 173 号家 用　途		大正.元.9 増築	木粉硅藻土精製室			図拡大	分割	配剤精製室	左・鉄筋コンクリート造 右・木造	〃
第 190 号家 用　途			硝石精製室				第455号家	貯酸槽上家	基　礎	〃
第 213 号家 用　途			機械室			昭13 工事	拡大	酸処理室	鉄筋コンクリート造 平家建	〃

昭和12年以降壊された煉瓦造建物

煉瓦造＼年	明13 1880年	明44 1911	大11 1922	大12 1923	昭 2 1927	昭12 1937	昭19 1944	昭20 1945	昭44 1969	
第 22 号家 用　途						土塁変化		篩分室	煉瓦造 平家建	取りこわし
第 100 号家 用　途			第一冷室		別名			アルコール 回収室	煉瓦造 2 階建	〃
第 191 号家 用　途		明.44.8 新築	製氷室		空気圧縮室	昭.11. 一部移築		工員会食所及 工場員詰所	煉瓦造 平家建	〃
第 211 号家 用　途			接触炉室					接触室	煉瓦造 平家建	〃
第 212 号家 用　途			焚流炉室					焚硫室 油庫	煉瓦造 平家建	〃
第 220 号家 用　途			化学試験室		分別室		規模拡大 木　造	工員会食所及 工場員詰所	煉瓦造平家建 木造基礎	〃
第 231 号家 用　途			鍛工場		鍛工室			湿綿薬 置場	煉瓦造 平家建	〃
第 608 号家 用　途						ナシ		動力室	煉瓦造	〃

図 13　煉瓦建造物の変遷（第 23 号家は明治 13 年時点で第 1 木炭場、第 24 号家は同第 2 木炭場、第 22 号家は同硝石精製場に、第 101・102 号家は明治 28 年以降の建設になる。詳細は第 2 節参照。）

第1章　陸軍岩鼻火薬製造所の研究

番号	種別	長さcm	幅cm	厚さcm	重量g	胎土　色調　刻印　●判読不能
1	耐火煉瓦	22.7	10.9	6.4	2660	にぶい黄橙　格子目押型に「SHINAGAWA」上部菱形枠内に「S.S」
2	〃	21.5	10.9	6.0	2090	粗　淡　黄　格子目押型に「SHINAGA●」上部菱形枠内に「S.S」
3	〃	14.4	10.3	6.1	1310	中　浅黄橙　格子目押型に「SHINAGA●」上部菱形枠内に「S.S」
4	〃	11.3	11.0	6.1	970	粗　浅黄橙　格子目押型に「SHINA●」上部菱形枠の痕跡
5	〃	11.0	10.5	6.8	1200	粗　淡　黄　格子目押型に「SHINA●」上部菱形枠内に「S●」
6	〃	21.4	10.5	6.4	2130	中　浅黄橙　格子目押型に「●INAGAWA」上部菱形枠内に「S.S」
7	〃	15.8	10.3	6.4	1860	中　浅黄橙　格子目押型に「●INAGAWA」上部菱形枠内に「S.S」
8	〃	13.5	10.3	6.5	1680	中　浅黄橙　格子目押型に「●NAGAWA」上部菱形枠内に「S.S」
9	〃	12.2	9.8	5.8	980	中　淡　黄　格子目押型に「NIHONTAIK●」上部菱形枠内不明
10	〃	11.0	10.7	6.4	1010	中　浅黄橙　格子目押型に「●AKOGYO」
11	〃	22.6	5.5	5.2	900	中　浅黄橙　格子目押型、上部菱形枠内に「NT」
12	〃	13.8	11.5	5.8	1500	細　灰　白　格子目押型に「OS.OS●」上部に「B」
13	〃	10.5	10.4	3.5	740	細　明黄褐　格子目押型に「TOYOG●」
14	〃	23.3	10.7	6.2	2280	細　明黄褐　格子目押型に「●OYOGLASSCO」上部は方形の枠
15	〃	10.5	10.9	6.4	1050	細　黄　橙　格子目押型に「●SSCO」
16	〃	12.9	11.0	5.8	1720	細　暗赤褐　「●PROOF●OTO●MAKOZAN」
17	〃	11.0	10.5	6.1	1210	細　浅黄橙　格子目押型に「H.KAT●」小口に「3」
18	〃	10.4	11.2	4.4	710	細　淡　黄　表面・側面に沈線、「C2」
19	〃	21.3	8.0	7.5	1930	細　灰　白　菱形押型に「OSAKA YOGYO」、表面に化粧土
20	〃	15.0	10.0	11.0	2750	細　暗赤褐・淡橙
21	赤煉瓦	21.0	11.0	5.8	2000	細　明赤褐　機械抜き成形、上敷免製の刻印
22	〃	23.0	10.8	6.0	2520	細・白色鉱物粒含　暗赤褐　機械抜き成形、上敷免製の刻印
23	〃	21.2	10.1	5.5	2330	細・白色鉱物粒含　暗赤褐　手抜き成形
24	〃	21.7	10.9	6.0	1970	中　明赤褐　手抜き成形
25	〃	23.0	11.0	5.8	2550	細・白色鉱物粒含　明　褐　機械抜き成形、モルタル付着
26	〃	21.1	10.1	6.0	2300	細　暗赤褐　機械抜き成形、モルタル付着
27	〃	21.0	10.0	6.0	2080	細・白色鉱物粒少　暗赤褐　機械抜き成形、モルタル付着
28	〃	21.5	10.0	6.0	2030	細・白色鉱物粒少　赤　褐　機械抜き成形、モルタル付着
29	〃	18.2	10.5	5.8	1400	細・白色鉱物粒少　暗赤褐　機械抜き成形
30	〃	17.1	10.5	6.0	1700	細・白色鉱物粒少　赤　褐　機械抜き成形、モルタル付着
31	〃	14.5	10.0	6.2	1510	細・白色鉱物粒少　赤　褐　機械抜き成形
32	〃	16.4	10.0	6.0	1560	細・白色鉱物粒少　赤　褐　機械抜き成形、モルタル付着
33	〃	13.5	10.8	5.7	1340	細・白色鉱物粒少　赤　褐　機械抜き成形、モルタル付着
34	〃	10.4	10.9	5.9	940	細・白色鉱物粒多　にぶい赤褐　機械抜き成形
35	〃	10.2	10.6	6.0	1070	細・白色鉱物粒多　暗赤褐　機械抜き成形、モルタル付着
36	〃	9.3	10.1	6.1	830	細・白色鉱物粒少　にぶい赤褐　機械抜き成形、モルタル付着
37	〃	12.0	8.3	6.2	720	細・白色鉱物粒少　赤　褐　機械抜き成形、モルタル付着
38	〃	8.0	10.5	5.8	800	細・白色鉱物粒少　にぶい赤褐　機械抜き成形
39	陶器	39.0	18.8	1.4		外面・暗赤褐　内面・灰赤色　松葉に風KYOTO JAPA●11,の刻印
40	陶器	破片				外面・明赤褐　内面・褐色　刻印あり
41	陶器	破片				外面・暗褐色　内面・褐色
42	ガラス	破片				指定の文字
43	磁器	口径15.7				内外面・灰白色

表1　採集遺物・観察表

143

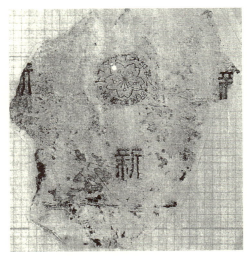

図14 ダイナマイト包み紙

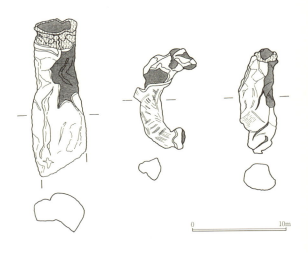

図16 不発ダイナマイト実測図

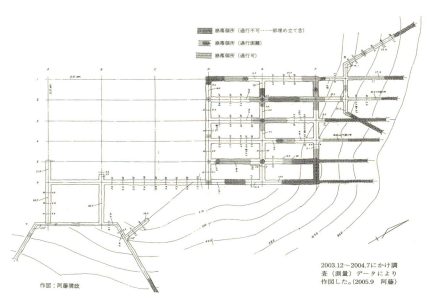

図15 皆神山地下壕（ハ号倉庫）の崩落状況

第2章　陸軍前橋飛行場の研究

第1節　発掘調査と史料から判明した飛行場設定前後の状況
―景観復元の試み―

はじめに

　本章第1節から第4節で取り上げる陸軍前橋飛行場跡は、筆者自身が発掘調査の担当者として調査をしてきた棟高辻久保遺跡の一部を構成している。調査は一般県道前橋足門線バイパス（西毛広域幹線道路）建設に伴い、2000（平成12）年4月に開始し、2003年9月まで実施した。

　遺跡は榛名山の東南麓、群馬県高崎市引間町および棟高町（調査時は、群馬郡群馬町大字引間および同大字棟高）に所在する。陸軍前橋飛行場跡地中央部の北端近くに位置し、発掘面積は飛行場敷地の約2.2パーセントにあたった。1990・91年に群馬県教育委員会が実施した、近代化遺産総合調査のリストには未掲載の遺跡である。

　発掘調査報告書は2006年3月に刊行され、縄文時代から近代に至るまでの各種遺構や遺物が報告されている。筆者はその報告書編集に携わってきた。その報告書の中で記載した、1943（昭和18）年5月から翌44年にかけての陸軍前橋飛行場設定に伴い埋没した田畑などの昭和（戦中）時代の遺構について、発掘調査の成果とあらたに行った史料調査の成果を元に当時の景観復元を試みたのが、本節である。

1　飛行場の設定

　1943年、陸軍の飛行場用地として当時の群馬郡国府村分約22町歩、同堤ヶ岡村分約136町歩（菅谷84町6反3畝13歩（1,129筆）、棟高51町4反4畝10歩（713筆））、同中川村分1町9反の田畑約160町歩が強制的に接収されることになった[1]。それは図1からわかるように、国府村分は村の南西、堤ヶ岡村と接する貴重な水田地帯を、中川村は村の北東端の桑園を、そして堤ヶ岡村は村の東側に位置する一帯の耕地、水田、畑、平地林など村にとって極めて重要な産業の源を、軍に奪われることになったのである。

　この陸軍前橋飛行場が設定された当時、現在の群馬郡群馬町（発掘調査時）は北の金古町、東の国府村、中央に堤ヶ岡村、西に上郊村の4町村で構成され、南は中川村（現高崎市）に接していた。この4町村時代は1889（明治22）年から1954年まで存続し、そして1955年に誕生した群馬町も半世紀を経て、平成の大合併により2006年1月に高崎市と合併することになった。

　明治・大正時代のこの地域の農業は、桑畑を主体とした畑作地帯であり、あまり水に恵まれない地域であった。主な農業生産は、養蚕、米麦、野菜である。1939年の国府村の総耕地は341.8町歩であり、うち水田23町歩、普通畑114.6町歩、桑園204町歩、その他0.2町歩であった[2]。水田は

約6.7パーセント、これに対して桑園は約60パーセントで4町村のなかでは養蚕への依存が最も高い地域であった。また、1935年の堤ヶ岡村の総耕地は482.3町歩で、うち田67.2町歩、畑96.1町歩、桑畑219町歩であった。田の占める割合は約13パーセントとやはり少ない[3]。また参考までに記すと、1942年の堤ヶ岡村の主食糧の作付は、水稲638反、陸稲660反、小麦1,943反、大麦541反である[4]。これに対して西に位置する上郊村の1937年の総耕地は491.2町歩、うち水田が122.5町歩と約25パーセントを占めており、畑が368.7町歩であった[5]。上郊村は4町村のなかでは水田の最も多い地域であった。

1943年3月、戦時下食糧不足が深刻になっていくなかで、水陸稲、大豆、甘藷、馬鈴薯、玉蜀黍、麻類、野菜類の増産目標が示された。それは開田、開墾、桑園跡地、桑園間作、空き地、荒廃地の利用、ほか作物の転換により作付け面積を増加するとともに耕種改善基準の実践につとめ、反当収量の増加を計るものであった[6]。ところが、まさに晴天の霹靂、陸軍飛行場の設定となったのである。

当時、教育訓練に最も効率のよい面飛行場（一辺1,300～1,500メートルの正方形で芝生のものがほとんど）の設定を許し、かつ国民生活を圧迫せずに設定経費の節約ができる、森林または畑地などの余裕のある地域は、関東地方においては埼玉、群馬、栃木、千葉の各県であった[7]。群馬県下では榛名山東南麓の群馬郡国府村と同堤ヶ岡村の、水田が僅少で北西から南東に緩傾斜する畑地主体のこの地域が選定されたことになる。それは東・南・西方に拡がる水田地帯を避けた結果であった。前橋飛行場が教育訓練用と設定されたのにもかかわらず、正方形を呈することなくやや変則的な設定が行われているのは、国府村の引間・塚田・稲荷台の各集落と、堤ヶ岡村の棟高・菅谷の各集落を避けた結果でもあった。しかしそれはまた、この地域にとって貴重な水田を接収されることになったのである。

5月24日に、堤ヶ岡村・国府村・中川村の3村長外委員が会合し、飛行場用地買収に関する要望をあげている。それは1.土地買収価格に関する件、2.上作補償料および離作料の件、3.中部用水溜池事業完成後開田予定地の買入価格に関する件、4.田用水路構築費借入未償還金補償に関する件、5.田用水堰堤構築費の補償に関する件、6.用地の周囲に農道設定方の件、7.関係農民の生活安定に関する施策に関する件、8.町村分与税増額に関する件、9.作付統制による割当に関する件、10.離農者の対策に関する件、の10項目であった[8]。

7月22日には土地価格協定委員と陸軍航空本部による「土地売り渡し価格協定書」が成立した。地元では田平均1反歩当たり1,100円を要望していたが、甲乙丙と区分され、反当たり甲は1,050円、乙900円、丙750円となった。また畑は同900円を要望していたが、甲乙丙丁と区分され、反当たり甲は960円、乙810円、丙660円、丁549円。山林は反当たり300円、宅地は坪5円であった。さらに9月5日には「地上物件補償額協定書」が成立した。桑・麦・蔬菜・人参種・麻・竹林・梨園・柿・栗・庭木・生垣など、その他松・杉・檜・桜・樫・欅・桐などが算定されている。ちなみに地元では桑の上作補償料を反当たり297円50銭、離作料を反当たり100円の合計397円50銭を要望していたが、反当たり補償料96円、離作料50円の合計146円となり、小麦は同じく247円30銭（反当たり補償料147円30銭、離作料100円）を要望していたが、補償料60円、離作料50円の合計110円となった。このほか墓碑・石碑・庚申塔・石灯籠・石垣などが規定されている[9]。

同じく9月5日には「家屋移転補償額協定書」が作られ、家屋移転補償額が決められた。このように飛行場敷地に係わる村と陸軍航空本部との間には各種協定書が成立して飛行場建設が進められ

ていった。

　菅谷の北部に航空本部の出張所が建ち、大野出張所長以下十数名が勤務をはじめた。飛行場の工事を兵庫県姫路市の神崎組（代表者神崎文治）が行い、その総指揮として代理前橋作業場主任の有澤政明が担当した。さらに一般土木を佐野組、松田組、村山組、安達組、建築土木を佐野組、建築を前山組が担当して工事が開始された[10]。

　8月1日付で堤ヶ岡村長宛に陸軍航空本部前橋建築工場（現場主任陸軍建技准尉深谷宗吉）から堤ヶ岡村の軍用地内に建築工事を開設する通知が、9月29日付では軍用地内立入制限の通知あった[11]。

　年の瀬の12月28・29日には飛行場拡張工事の敷地測量、翌る1944年2月には第二次軍事施設拡張による測量が実施されていったのである。

　飛行場造成工事には多くの人たちが勤労奉仕にかり出された。『堤ヶ岡村誌』には次の記述がある。
　「聯合青年団は郡の指導主事、池田佐膳、堤ヶ岡青年学校教官、間庭義政等の奔走に依り、国土防衛の第一線となるべきこの工事に蹶起し勤労奉仕隊を組織した。群馬郡町全村の青年団（北群馬郡を含む）は毎日三ヵ町村（一ヵ町村約三十名）づつ奉仕の桑株をどんどん振るった。更に勢多郡の木瀬、芳賀、南橘、下川渕、敷島等、碓氷郡の秋間、後閑、岩野谷、板鼻、磯部、安中、里見等の各町村の青年団が加わり、一日六ヵ町村づつ奉仕する様になったのである。其の他前橋刑務所の囚人、青年学校の生徒、在郷軍人分会、教員組合、警防団（消防団）、高崎市の土建業者組合、労奉、前橋小学校高等科の生徒等々必死の汗が来る日も来る日も流された。一日の就労人員が二千百十一名に及んだ日もあった。（中略）四月の物凄い砂ほこりの立つ空っ風のある日、作業中の囚人二名が脱走を企てて大さわぎをした事もあった」

2　「村日記」と「当直日誌」に見る飛行場設定前後の状況と勤労奉仕

　陸軍前橋飛行場設定前後の状況を『国府村誌』に収録された住谷修の「村日記」と飛行場西端から西へ約250メートルの所に位置した堤ヶ岡村国民学校の「当直日誌」に見よう。住谷の日記は「昭和十五年一月思うところあって戦時下に於ける郷土の姿を記録」した、「昭和十五年以降二十一年三月に亘る戦時下及び敗戦直後の村日記」[12]で、その抄出されたものが『国府村誌』に掲載された。また、現在堤ヶ岡小学校に所蔵されている「当直日誌」[13]は、学期毎に綴られたもので昭和十八年度から二十年度までを閲覧した。さらに飛行場の北西約1.8キロの上郊村国民学校の昭和二十年の「当直日誌」も参考とした（記載にあたっては、カタカナをひらがなに改めた）（表参照）。

1943年
5月19日　午後堤ヶ岡菅谷西方へ飛行場を作る由にて地元へ突然に通告し百六十町歩が強制買収されると云う。（「村日記」）
※寝ても覚めても身辺を離さない懐中時計が正午を示した高井道の田から父と共に家に帰ろうとする時北の方から二人の軍人（少佐と中尉）が来た。私達を見て「此処が東国分ですか」そうだと答えると「区長さんの家へ案内してください」住谷仁一と云う人です。帰りがけにその家の傍らを通りますから御一緒に参りませう。と云って「何が出来るのですか」「軍の飛行機のユウドウロが

出来るのです」そう云われたが何の意味か全然判らない、やたらの事を云っても悪いと思ってそれっきり何も聞かなかったが当時の軍人としてはあまりにも丁寧な言葉づかいだった。午後一時に隣保班長が集まり重要な軍の施設が出来ると聞いて驚きと不安で一杯だった。此の二人の軍人は簡単に説明して役場へ行き二時半頃堤ヶ岡の役場へ向かったと云う（後略）。

※の文章は、「村日記」の村誌収録にあたり、あらたにまとめられた住谷修の文章の一部である。

5月20日　明日午後一時より講堂使用して地主会を開く由（堤ヶ岡村国民学校「昭和十八年度（第一学期）當直日誌」、以下「当直日誌」）

5月21日　飛行場設置に付国府村分廿町歩強制買収となり今日午前中地主は村役場　にて承諾書を捺印。（「村日記」）

同日　午後二時より講堂にて地主調印に関する会議あり（「当直日誌」）

5月22日　飛行場測量開始。当村伊藤七五郎氏今朝より四日間出労を割付られ出る。（「村日記」）

5月26日　今日飛行場測量をつづけ飛行場周囲に五間巾の道路が予定され買収は更に面積を増すと云う。（「村日記」）

「当直日誌」には児童が飛行場への勤労奉仕に動員された記載がある。さらに住谷修の「村日記」にも勤労奉仕に触れた記述が、1943年10月、1944年2月、3月、5月、7月に認められる。

なお、―の文章は記事に対する、筆者のコメントである。

8月9日月曜日　青年学校勤労報国隊の件につき商工会議所へ間庭先生出向せらる（「当直日誌」）

8月24日火曜日　午後一時より草刈奉仕、初五以上男女（「當直日誌」）

―この草刈奉仕は飛行場敷地で行われたものである。翌日からは初等科4年以上の男女児童に拡大され、それは27日の金曜日まで続いた。当時、堤ヶ岡村国民学校の在籍児童は、初等科第1学年から同第6学年の計586名、高等科第1学年、同第2学年の計294名、総計777名であった（昭和18年6月1日現在）。初等科4年以上の男女児童数は493名である。

9月16日木曜日　来校者、工事関係半島人（児童入学について）（「昭和十八年度（第二学期）当直日誌」）

―半島人とは朝鮮人を指す。この記載から飛行場作業に朝鮮人労働者が従事させられていたことがわかるが、その人員などは不明である。

10月6日　早朝出発、塚田前飛行場勤労奉仕、東国分壮年隊四十三人行く四時半打切五時帰家、去三日の風雨にてひどくぬかり仕事容易ならず。（「村日記」）

10月11日　快晴壮年隊四十人飛行場へ出る。（「村日記」）

10月15日　壮年隊飛行場へ出労。（「村日記」）

12月13日月曜日　来校者半島人転入児童九名（「当直日誌」）

―そして翌日の会礼で転校児童9名が全校児童に紹介されている。

12月27日月曜日　全職員菅谷作業所奉仕（「当直日誌」）

1944年

1月4日火曜日　飛行場勤労奉仕の開始式のため校長先生、間庭先生出席せらる（勢多・碓氷の

青年団)(「昭和十八年度(第三学期)当直日誌」)
　　―『堤ヶ岡村誌』の記述にある連合青年団による勤労奉仕隊の開始式である。
1月9日日曜日　全職員菅谷作業所勤労奉仕十五名(「当直日誌」)
1月13日木曜日　勤労奉仕　村内麦踏‥初等科、菅谷作業所‥高等科(「当直日誌」)
2月1日火曜日　間庭教諭航空作業場勤労奉仕員引率さる(「当直日誌」)
　　―この引率は3日の木曜日まで続いた。
2月15日　午前十時二十分菅谷飛行場へ初めて数機の戦闘機来る。飛行場の完成はまだまだ今年一杯かかると云うも大体の整地出来使用始まる。(「村日記」)
同日火曜日　飛行場試験飛行あり(「当直日誌」)
　　―この二つの日誌から、飛行場としての使用開始は1944年の2月15日であることがわかる。『堤ヶ岡村誌』の「昭和十九年三月五日未だ出来上がっていない滑走路に金網を敷いて初めての飛行機が着陸した」という記述、さらにそれを踏襲した『群馬町誌』の記述は訂正を必要とする。
2月16日　赤く塗った練習機来たり木の葉返しや其の他高等飛行を行ない大勢が菅谷飛行場へ見に行く。(「村日記」)
2月17日　ヘッピリ坂塚田康三氏畑へ測量標杭建つ、飛行場関係の何かが出来るらしいとの噂、飛行場を囲んで四周に同様の標杭が建つと云う。(「村日記」)
2月24日木曜日　飛行機見学午後一時より初二以上(「当直日誌」)
3月25日　壮年隊にて飛行場の勤労奉仕、今日は飛行場西部観音寺より六時半発午後六時半帰る。(「村日記」)
5月14日　女子青年団菅谷飛行場へ勤労奉仕、此の多忙時に男も女も耐え難い事。(「村日記」)
5月15日　今日又女子青年飛行場へ奉仕。(「村日記」)
5月30日火曜日　初五以上全員飛行場より篠運搬第一時より正午迄。航空本部勤労奉仕終了式午後一時現場校長(「昭和十九年度(第一学期)当直日誌」)
　　―連合青年団の勤労奉仕終了式であろう。同団の勤労奉仕は5ヶ月間続いたことになる。
6月7日水曜日　作業場奉仕(「当直日誌」)
　　―菅谷作業場の奉仕は9日の金曜日まで、先生を対象としたものであった。3日間で9名の先生が参加した。
　　堤ヶ岡村国民学校の『自昭和十八年度進達書類綴』に、昭和19年6月27日付「木材配給申請の件」という書類が綴られている。これは「現在航空本部作業開始されて以来半島及内地人の全作業従事者の子弟約六〇名並に東京方面よりの疎開児童約五〇名半途入学せしに依り」[14)]、机と腰掛けが不足したためそれらを新調するための処置であった。
7月14日金曜日　本日より飛行場の草刈奉仕。午後四時半初五以上(「当直日誌」)
　　―この草刈作業は17日までの4日間続いた。
7月15日　今朝より村警防団を四分し飛行場へ連日勤労奉仕始まる。此の多忙時に全くどうにもならず。(「村日記」)
7月29日土曜日　(航空本部)勤労奉仕初五以上、七時―五時(「当直日誌」)
7月30日　女子青年団全員飛行場勤労奉仕、村内の男子組四分の一も共に行く。(「村日記」)
7月31日　連合全戸飛行場勤労奉仕、女子も行き一軒で二人の家も多い。飛行場への勤労奉仕

今夕にて打切明日より一般人は入れぬと云う。(「村日記」)
　8月1日　菅谷飛行場完成盛んに離着陸を行なう。(「村日記」)
　8月3日木曜日　高一、初六、全員草刈奉仕のため飛行学校に行き作業す(「当直日誌」)
　　―飛行場への一般人の立入は8月1日以降出来なかったようだが、児童の勤労奉仕は引き続き実施されていったことがわかる。
　8月7日月曜日　初四以上草刈奉仕(菅谷作業場)(「当直日誌」)
　　―この草刈作業は9日まで続いた。初等科4年以上の児童を対象に午前7時から午後5時まで実施。
　8月14日月曜日　初五以上草刈作業二時～六時(「当直日誌」)
　8月23日水曜日　初五以上午前中勤労奉仕(「当直日誌」)
　8月24日木曜日　飛行場アカザ根とり奉仕作業午前五時(「当直日誌」)
　8月28日月曜日　アカザの根掘り作業初五以上(「当直日誌」)
　　―これ以後、11月末日に至るまで、飛行場への勤労奉仕は記録されていない。11月26日になって「昭和十九年度(第二学期)当直日誌」には、「送行式午前八時半学徒動員により高二男生出動」の記載が見られる。これは堤ヶ岡村国民学校長から高崎国民勤労動員署長宛に提出された「学童勤労動員出動状況調」[15]によって、高等科第2学年の男子児童47名が飛行場にあった熊谷飛行学校前橋分教所に動員されたものであった。機体整備や通信などをはじめとする各部門に分かれて働いた。

　　―昭和20年度については上郊村国民学校の「当直日誌」からも関連記事を引用する。
1945年
　3月3日　飛行場の人足に大勢出る。(「村日記」)
　5月28日月曜日　飛行場道路奉仕作業午後二時、初三以上(堤ヶ岡村国民学校「昭和二十年度当直日誌」)
　5月29日火曜日　初四以上、誘導路奉仕作業を行う(足門)(上郊村国民学校「昭和二十年度当直日誌」)
　6月5日火曜日　飛行場大豆まき(堤ヶ岡村国民学校「昭和二十年度当直日誌」)
　6月15日金曜日　誘導路奉仕作業初五以上(堤ヶ岡村国民学校「昭和二十年度当直日誌」)
　　同日　初五以上は誘導路の勤労奉仕をなす(上郊村国民学校「昭和二十年度当直日誌」)
　6月16日土曜日　本日も初五以上引き続き奉仕作業を行うこと(上郊村国民学校「昭和二十年度当直日誌」)
　6月20日水曜日　高一、二、男女堤ヶ岡飛行場へ勤労奉仕(上郊村国民学校「昭和二十年度当直日誌」)
　6月25日月曜日　初五以上は直ちに集団勤労奉仕に出発(上郊村国民学校「昭和二十年度当直日誌」)
　6月28日木曜日　半島人と仲良くする(上郊村国民学校「昭和二十年度当直日誌」)
　　―この記載によって、堤ヶ岡村国民学校に限らず周辺の国民学校にも朝鮮人学童が半途入学していたことがわかる。
　6月29日金曜日　初五以上集団勤労奉仕(上郊村国民学校「昭和二十年度当直日誌」)
　7月7日土曜日　初六女飛行場芝植作業奉仕(堤ヶ岡村国民学校「昭和二十年度当直日誌」)
　7月16日月曜日　奉仕出動高二―初五迄(上郊村国民学校「昭和二十年度当直日誌」)

7月27日金曜日　高二男女堤ヶ岡飛行場へ勤労奉仕（上郊村国民学校「昭和二十年度当直日誌」）
7月28日土曜日　高一男女芝植作業勤労奉仕（上郊村国民学校「昭和二十年度当直日誌」）
8月2日木曜日　飛行場除草の勤労奉仕五以上、午前中（堤ヶ岡村国民学校「昭和二十年度当直日誌」）
同日　高等科男女飛行隊植付けの甘藷畑除草等の手入れのため勤労奉仕をなす（上郊村国民学校「昭和二十年度当直日誌」）
8月3日土曜日　高等科女生除草作業（堤ヶ岡村国民学校「昭和二十年度当直日誌」
8月9日木曜日　高等科一、二、男女誘導路奉仕作業（上郊村国民学校「昭和二十年度当直日誌」）

　「村日記」を読む限りでは、出労は1943年5月22日の測量に始まり、1944年7月31日まで続いたようである。そして8月1日に飛行場の完成をみている。しかし飛行場の使用は、大体の整地ができた1944年の2月15日のことであった。また、5月、7月の多忙時の出労を耐え難いことと記すなど、地元民としての率直な記述が認められる。また、1945年3月3日の出労は、陸軍特別攻撃隊36機（誠第36・37・38の各飛行隊）を受け入れる諸準備のためであろうか。各飛行隊に前橋への転進命令が伝えられたのは、3月4日のことであったからである。
　また、飛行場への国民学校児童の勤労奉仕は、1943年8月24日の草刈り作業に始まり、翌44年になると1月の作業所勤労奉仕、そして7月と8月には集中的に実施されている。45年の6月からは飛行機誘導路の奉仕作業や芝植え、除草作業が実施された。「当直日誌」からは、初等科4年以上の男女児童が頻繁に勤労奉仕に動員されたことがわかる。勤労奉仕は1945年になっても、そして敗戦を迎える8月15日の直前まで続けられたのであった（年表参照）。

3　棟高辻久保遺跡の調査

　遺跡は前橋市の中心部から約5キロメートル西に位置する。榛名山・赤城山・妙義山の上毛三山などを見渡すことができる、標高129〜134メートル前後の立地である。遺跡は図1でわかるように陸軍前橋飛行場中央部の北端近くに位置していた。調査面積は約3万5,116平方メートルであり、飛行場敷地の約2.2パーセントにあたる。発掘区の0区とⅠ区が旧国府村に、Ⅱ区からⅦ区は旧堤ヶ岡村に所属しているように、旧村境を横断している。飛行場設定前の標高は129〜136メートル、西北から東南に緩傾斜している。調査は現水田耕土の掘削から始めた。

3-イ-1　飛行場造成面の検出

　層厚約20センチの現水田面を掘削し、新たに検出した面を1面として調査を始めた。この面は飛行場設定に伴う造成面でⅡ区からⅥ区にかけて検出することができた（図2）。ただしⅥ区では、わずかな痕跡を検出したにとどまった。また、0区・Ⅰ区は戦後の開田により、Ⅶ区は飛行場設定時に削平された地区であることがわかった。
　Ⅱ区の調査面積は2,907平方メートルである。飛行場造成土は北壁で20〜60センチ、東壁で10〜40センチ、西壁で40〜70センチの厚さがあった。そして、その堆積状況から北西から南東にかけて順次整地されていったことがわかった。この造成土には黄灰色凝灰質砂のブロックからなる土層や、灰色軽石を含む暗褐色土などが認められた（図3）。軽石の多くはAs-Bに由来しており、

ほかに As-C や Hr-FA などに由来するテフラ粒子が混在している。また、造成の中にブロック状に含まれる黄色や黄灰色の凝灰質砂層には、古墳時代以降の特徴的なテフラ粒子が含まれておらず、層相を合わせると扇状地構成層に由来する[16]、と考えられるものであった。

Ⅲ区の調査面積は 4,656 平方メートルである。飛行場造成面から 3 基の土坑と 4 個のピット、4 基の（排）水路を検出した。土坑とピットの構築時期は、1943 年以降、戦後にかけてのものと思われる。

3（1・2・4号）基の排水路（詳細は報告書第一分冊第131図を参照）は、Ⅳ区で検出した排水路と同一構造である。いずれも 3 号（用）水路に接続するものであるが、Ⅲ区 2 号排水路は、Ⅳ-1区で検出した 1 基と連なるものである。これらのことから、北西から南東方向に走行する、径70センチのコンクリート管を埋設した 3 号（用）水路に接続する排水路は、計 5 基の検出で 40 メートル間隔の魚骨式配列となっている。このことから農道下にもう 1 基存在しているものと思われる。

1 号排水路は、上幅 0.9 ～ 1.4 メートル、下幅 0.3 ～ 0.5 メートル、深さ 0.5 ～ 0.6 メートル、そして長さ約 45.5 メートルを検出した。74 本のコンクリート管が埋設されているが、それは底面に石を敷き、その上に配置したものである。そして砂利と石、さらに掘削した飛行場の造成土で埋め戻されている。2・4号排水路の構築方法も 1 号排水路と同様である。

3 号（用）水路は、上幅 1.3 ～ 2 メートル、下幅 1 ～ 1.5 メートル、深さ 0.7 ～ 0.9 メートル、長さ約 44 メートル分を検出した。コンクリート管を埋設しているが、底面に石や木を敷き、その上に配置したものである。そして砂利と石、さらに掘削した飛行場の造成土で埋め戻されている。戦後、旧飛行場地帯に水稲の植付が計画されたが、この 3 号（用）水路は染谷川の分水口から元飛行場開田地までの中群馬用水の幹線である。

Ⅳ区の調査面積は 2,390 平方メートルである。飛行場造成面から 5 個のピットと 3 基の排水路を検出した。ピットの構築時期は、Ⅲ区と同様に 1943 年以降、戦後にかけてのものと思われる。ピットの覆土は砂利と石混じりであった。

3 基の排水路は、Ⅲ区で調査した 3 号（用）水路に接続するものであるが、Ⅳ-1区で検出した 1 基は、Ⅲ区・2 号排水路が延長したものである。いずれも本体径 17 センチで円孔 4 個が穿たれたコンクリート管を埋設している。Ⅲ・Ⅳ区検出の排水路は、すでに記したように 40 メートル間隔で魚骨式配列された暗渠排水である。管の継ぎ目や円孔から地下水を流入させる暗渠で、排水効果の良いこと、耐用年限の長いことなどの特徴をもつ。しかし戦後比較的早い時期に埋設された管であることから、見るからに粗悪な印象を免れないものであった。

飛行場造成土はこのⅣ区でもっとも厚く、1.2 メートル堆積していた。またその堆積状況からは、北北西方向から順次整地され、またⅤ区にあっても北から南に整地されていったことがわかる。

敗戦後、飛行場の様相は次のようであったという。「丈余の表土を抜かれて固い金岩の面と化した処、埋め立てられても表面に金岩をならされた場所、滑走路には小石が敷きつめられ、それ以外の地は地均後手も入れない雑草に覆われて居た」[17]。航空関係者の間で復員失業者の救済対策の一方法として飛行場の農地化が計画され、前橋飛行場もその対象となった。米軍撤退後は各関係町村にて就農組合を組織し飛行場地区開拓の許可を受け、開墾されていった。1949 年 2 月 1 日最初の売渡しが行われ、1951 年 11 月までに全耕地が売り渡しになり[18]、今日見られる景観となったのである。

3-イ-2 造成土からの出土遺物

　造成土中から土師器片や須恵器片が出土している。Ⅱ区の分布（図4）を見ると、西から中央部にかけて密で、東に向かってやや粗くなっている。しかしいずれの出土も、土師器片100グラム以下、須恵器片200グラム以下とわずかであった。他の区からも須恵器の碗、ガラスビン、蹄鉄などの出土がある（図5）。須恵器の碗や寛永通宝の出土は、飛行場造成に伴って破壊された、古代の遺跡や近世の遺跡の存在を裏付けるものである。

　発掘では縄文時代中期の配石土坑にはじまり、弥生時代後期、古墳時代前期と後期、奈良・平安時代の集落、中世、近世までの各種遺構が検出されている。この状況を見れば、飛行場跡地全域にわたって各時代の遺跡の存在が当然に予想されるものである。しかし戦時下においては残念ながら、こうした遺跡の存在はまったく顧みられることはなかったのであろう。造成土中の土師器や須恵器の出土は、戦争で遺跡が破壊されていった事実を確認することにもなった。

3-ロ-1　1943年の田畑検出

　造成土を掘削したところ、飛行場設定時に埋められた田畑をⅡ区〜Ⅵ区にかけて検出することができた（図6・7）。Ⅰ区は水路の痕跡だけであった。Ⅶ区については、標高が高いことから削平の対象となった。これらの遺構は1943年6月以降、1944年2月までの姿をとどめているものである。造成土によって完全にパックされていたが、それはまた、それ以前の遺跡をも完全に包含することになったのである。今日の大型土木機械を使用しての造成工事と異なって、人力を主力とした工事の結果であろう。

　北西から東南にかけて緩傾斜する地形は、Ⅳ区からⅢ区にかけて低地となる。「明治初期　群馬町小字図」[19]によると、この地区の小字名は「釜ノ口」である。湧水点が存在し、それを水源とした釜口川がかつて存在していた[20]。

　Ⅱ区からⅢ区にかけて田畑34筆と水路を検出した（図7、詳細は報告書第一分冊第105・135図を参照）。完掘（区画がほぼ完全にわかるもの）できたのは9筆で、報告書第1分冊の第105・135図の田畑番号⑥・⑦・⑩・⑬・⑰・⑱・⑲・㉔・㉖が該当する。面積は順に、109.2平方メートル、107.1平方メートル、375.6平方メートル、333.18平方メートル、（228.6平方メートル）、137.1平方メートル、379.8平方メートル、59.4平方メートル、（258平方メートル）である。田畑面には大きく見て方向の異なる2種類のサクがある。南北方向14区画、東西方向11区画であり、さらにそのあり方から10種類に分けることが可能である。すなわち南北方向は①②⑤⑥のグループ（サク間40〜60センチ、サク幅20センチ）、③④のグループ（サク間80〜100センチ、サク幅50センチ）、⑩⑬⑰⑱のグループ（サク間40センチ弱、サク幅数センチ）、⑳㉑のグループ、走行が異なるが㉒㉓のグループの5種類に、東西方向は⑦⑧のグループ（サク間100〜120センチ、サク幅10〜30センチ）、⑨⑫⑭⑮⑯のグループ、⑪の1・2グループ（サク間80センチ、サク幅数センチ）、㉕、㉞の各グループの5種類である。サク間隔の短いもの、幅広のものがある。Ⅳ〜Ⅵ区検出の田畑には、南西から北東方向のサクが検出されている（図6）。

　米の収穫後、秋から翌年までの期間、麦などの栽培が行われていたものと考えられるが、麦のほかにどのような蔬菜類が栽培されていたのかは現在検討中である。

　プラント・オパール分析の結果、造成土直下層および浅間Bテフラ（As-B, 1108年）直下層から

はイネが多量に検出され、これらの層で稲作が行われていたことが分析的に検証されている。また、浅間A軽石（As-A, 1783年）直下層などでも、稲作が行われていた可能性が認められた。さらに、造成土直下層やAs-B直下層ではムギ類が栽培されていた可能性も認められた。調査区周辺は、稲作が開始される以前はヨシ属などが繁茂する湿地の環境であったと考えられ、榛名二ツ岳渋川テフラ（Hr-FA, 6世紀初頭）より上層の時期にそこを利用して水田稲作が開始されたと推定されている[21]。

さらに田畑面には、飛行場造成時の痕跡を検出することができた。それらはトロッコ枕木の痕跡と轍跡、焼土分布である。枕木の痕跡は、長さ80〜130センチ、幅10〜20センチ、深さ約5センチの窪みが計33個、80〜100センチの間隔で延長約39メートルにわたるものであった（写真）。Ⅲ区中央の北端から南端にかけて、ほぼ直線上に検出した（詳細は報告書第一分冊第143図を参照）。途中、畦を壊したり、また畦上にも認められる。トロッコを使って土を運んだ、という証言を裏付ける遺構である。Ⅳ区造成面で出土した鉄製の枕木が、この遺構に該当するものであろう。

轍跡は、Ⅲ-2区の北西から南東に延びる畦道上に認められた（同第144図を参照）。この畦道は南東隅で壊されている。これらの痕跡もまた、飛行場設定に伴う諸作業に由来するもの、すなわち造成土を運び込んだ跡であろう。

さらにⅡ区の田畑⑦面には、焼土の分布と土師器片が認められた。これは飛行場設定時に遺跡の破壊が行われたことを裏付けるものであった。掘削した面に存在した古代住居跡の竈を壊し、その竈焼土が造成土の一部として運び込まれた結果と思われる。「地均しに当って小張地区（棟高―筆者注）から古代のものと思われる石棺、骨壺等が発見され、又大日林地区（菅谷―同）からは埴輪、石斧等の古代の器物が発掘されたという」[22]記述があるように、周辺地区の遺跡破壊が広範囲に行われたものと考えられる。発掘調査においてもⅦ区検出の住居跡の中にその痕跡を確認することができた。

また、水路は南北走行と東西走行の2種類を検出した。南北走行の1号水路（イ）は、上幅3〜4.6メートル、下幅0.8〜3メートル、深さ0.4〜0.9メートル、長さ約41メートル分を検出した。幹線的な水路である。北端から中央部の西側にかけて石敷きが認められた。とりわけ水路が分岐する個所に密集していた。東に分岐する水路を1号水路（ロ）としたが、これの規模は、幅0.7〜1.3メートル、深さ0.38〜0.6メートル、長さ約29.9メートル分を検出した。Ⅰ区に延びていることは確実で、その溝の痕跡が検出されている。1号水路（イ）からは江戸時代から昭和時代にかけての遺物が比較的多量に出土している。これらの遺物から判断すると、近世から近代（昭和18年まで）にかけて使用された水路である。4号水路は、調査区の北から南西へ、さらに東南方向へ走行している。

東西方向の水路は、南側を2号水路とし、北側を3号水路とした。5号水路は調査区の南西から弧を描くように検出されている。

Ⅳ区検出の6号水路は、上幅1.7〜6.5メートル、下幅0.2〜5メートル、深さ0.63〜1.3メートルである。調査区の北から蛇行しながら南に走行し、長さ35メートルを検出した。途中、径約10メートルほどの楕円形状の池が検出された。

なお、1・4・6号の各水路は、1873（明治6）年作製の「地引絵図」に描かれているが、1号水路（イ）は引間村と菅谷村の村境を、6号水路は菅谷村と棟高村の村境となっていた。5号水路とした遺構は、6号水路と同一遺構となることも判明した。

3-ロ-2　暗渠排水の検出

　1943年の田畑面（2面）を掘削した後、As-B下水田（3面）に至る間から暗渠排水を検出した。Ⅲ-1区の5～7号排水路は、田畑⑮⑯下に構築された石組みの暗渠である。いずれも同規模・同構造の暗渠で、幅0.4～0.7メートル、確認面からの深さ0.12～0.22メートルの溝で、壁に沿って石を配列して、その上にやや大きめな石を乗せたものであった。3号水路に接続する個所には同種の土管を埋設している、同時期の構築である。田畑面からの深さは30～40センチ程であった。

　また、Ⅲ-2区では8～14号排水路とそれに付属する土坑を検出した（図8、詳細は報告書第一分冊第145図）。この暗渠排水は、木組みの暗渠（8～11・13・14号）と石組み暗渠（12号）からなっている。その走行は、大きく見て東西走行（8・10・11・14号）と南北走行（9・12・13号）の2種類である。14号を除いていずれも連結している。

　8号排水路は、幅0.5～0.9メートル、確認面からの深さ0.2～0.35メートルである。長さ約23.5メートルを検出した。溝の両側に杭を配列して、その上に杭を蓋とした構造である。杭はすべてマツ属複維管束亜属である。東南隅で9号排水路とつながる。9号排水路の構造は8号と同様であるが、蓋の遺存は悪かった。10・11号は木蓋を使用している。10号の板は全点クリに同定された。土坑は、長径2.66メートル、短径1.35メートル、深さ1.1メートルである。土坑の上縁に6本の杭をわたして木製の蓋で覆っていた。樹種はクリとマツ属複維管束亜属である[23]。

　これらは土管以外の材料を用いた簡易暗渠排水である。安くて経済的であるが、その一方で腐りやすく、土砂が侵入して沈殿し易く、耐久年限の短いのが欠点である。石組みの場合、石の容易に得られる場所では構築費用は安価になるが、運搬距離が大きいと不利である。

　Ⅳ-2区では10～16号水路を検出した。この中には15・16号のように竹を使用した暗渠も含まれている（図8、詳細は報告書第一分冊第388図）。竹管暗渠はわが国特有のものである。竹の内径をそろえ、丁寧に接合すれば、粗悪な土管暗渠に劣らない結果が得られる。

　このようにⅢ区とⅣ区にあっては、土壌の過剰水分を排除し、その時の作物に都合のよい条件下に整えておくために、地下に管または透水に都合のよい材料を適当に埋設し、地下で過剰水分を吸収し、これを農耕地の外に導く排水工作が行われている。湧水点の存在による沼沢状の耕地を改良する必要があったのであろう。これらの暗渠排水の施工時期は、昭和時代に入ってからと思われる。

3-ロ-3　1943年の田畑と水路出土遺物

　田畑面と水路を中心に遺物が出土している（図9）。田畑面や畦上からの遺物は明治から昭和時代にかけてのもの、瀬戸・美濃磁器盃、湯飲み茶碗、鉢を主体として、18世紀の波佐見系磁器碗、明治14年の二銭、薬ビン・コップ・ニッキ水溶器などのガラスビン、石けり、おはじき、煙管、櫛、下駄、蹄鉄などは、田畑耕作時や造成工事の過程で廃棄されていったものと思われる。そしてわずかに須恵器の碗や壺が出土したが、これは破壊された遺跡の遺物である。

　1号水路（イ）の覆土下層からは、江戸時代の寛永通宝がまとまって出土している。また17世紀の美濃陶器皿、天目碗、在地系の焙烙、瀬戸・美濃陶器のすり鉢、18世紀の波佐見系磁器碗、瀬戸・美濃陶器茶碗、19世紀の瀬戸・美濃磁器湯飲み茶碗、そして明治・大正・昭和にかけての土瓶・急須・湯飲み茶碗などが出土している。一番新しい遺物は国民食器であった。この他、薬ビン・インクビンなどのガラス製品、煙管、櫛、下駄、大正10年の白銅貨五銭と昭和15年のアルミ

の一銭などが出土した。また底面には杭が残っていた。以上の出土遺物から判断すると、幹線的な1号水路は17世紀から機能していたものと考えられる。

5号水路の覆土中からは、土師器や須恵器、陶磁器などが出土している。2・4・5号水路の合流点は深く、多量の石に混じって五輪塔が出土した。また底面に多数の杭が残っている。6号水路検出の池覆土中からは、土管・瓦・茶碗・下駄・ガラスビン・明治15年の一銭などが出土している。底面に杭が残っていた。

おわりに

棟高辻久保遺跡の調査によって、次のことが判明した。

1943年から44年にかけての飛行場造成工事では、用地全域に存在したであろう遺跡の破壊を伴っていた。Ⅱ区～Ⅵ区検出の造成土中の遺物の存在からそれは明らかである。その一方で、造成土によって飛行場造成直前の田畑面やそれ以前の遺跡が完全にパックされ保存されたところもあった。調査地区においては、Ⅶ区検出の住居跡の一部が破壊されたにとどまり、比較的良好に遺存していたのである（報告書付図参照）。1998（平成10）年に開通した高崎渋川バイパスに接する所まで遺構が検出されている。同バイパスは飛行場跡地を南北に縦貫しているが、跡地のすぐ北では群馬町教育委員会によって西三社免遺跡が調査（昭和63年度）され、また跡地南側では菅谷石塚遺跡が(財)群馬県埋蔵文化財調査事業団によって調査（平成8～9、11～12年度）されている。西三社免遺跡からは、住居跡36軒、土坑47基、溝22条、畠1個所が検出された。住居跡の内訳は、古墳時代前期2、中期1、後期1、他は奈良・平安時代に属している。溝・土坑の多くは中世以降に帰属していた。菅谷石塚遺跡からは中世の掘建柱建物2棟、井戸、堀、古墳時代の水田、平安時代の水田、近世の畠跡が検出されている。

西三社免遺跡の本調査に先行して、飛行場跡地の大字棟高字小張地内の埋蔵文化財の状況が不明であることから、群馬町教育委員会によって試掘調査が行われている。結果として文化財が空白であることを確認した、という。このために発掘調査はまったく実施されなかった。思うに、飛行場跡地であったことから、たとえ遺跡が存在していたとしても造成工事の過程で破壊されてしまったであろう、否、たとえ一部に遺跡が存在していても、戦後の開田によって完全に破壊されてしまったのでは、との思いこみがあったのではなかろうか。それが試掘調査にも影響を与えたものと思われる。遺跡が存在しなかったということは、とうてい考えられない。

棟高辻久保遺跡の発掘によって、飛行場造成直前の接収された田畑の景観がよみがえった。それは水路の出土遺物から17世紀から続いていた村落景観、引間村・菅谷村・棟高村の一部を構成するものであった。田畑面に残る造成時の痕跡などからは、戦時下の歴史の一端を垣間見ることもできた。また、「村日記」や「当直日誌」からは、次のことが浮かび上がってきた。戦争遂行のために、子供達といえども飛行場への度重なる勤労奉仕が続けられたが、それは学校をあげての協力体制であり、まさに国民総動員であった。また地元に対する過度な負担の一端が明らかとなった。

近代遺跡の調査例は、全国的に見てもまだ多く実施されているわけではない。そんな中、当遺跡調査の過程で飛行場設定前後の遺構が調査できた背景には、この地域の近代史を考える場合に欠くことのできない陸軍前橋飛行場の存在があったからである。

注

1) 堤ヶ岡村誌編纂委員会『堤ヶ岡村誌』p.320、1956 年。
2) 国府村誌編纂委員会『国府村誌』p.210、1974 年。
3) 群馬町誌刊行委員会『群馬町誌　通史編　下　近代現代』p.322、2002 年。
4) 1) p.76。
5) 3) p.308。
6) 3) p.324。
7) 菊池　実「第 3 章　陸軍前橋飛行場の研究」『近代日本の戦争遺跡』pp.173-175、2005 年、青木書店。
8) 3) p.456。
9) 3) pp.457-458。
10) 1) p.320。
11) 3) pp.459-460。
12) 2) pp.851-909。
13) 堤ヶ岡小学校所蔵の堤ヶ岡村国民学校当時の当直日誌。昭和 18 年度と昭和 19 年度は 1 学期・2 学期・3 学期分の計 6 冊、昭和 20 年度は 1 冊。
14) 堤ヶ岡村国民学校『自昭和十八年度　進達書類綴』(堤ヶ岡小学校所蔵)。
15) 14) に同じ。
16)「棟高辻久保遺跡の土層とテフラ」『棟高辻久保遺跡調査報告書　第一分冊』pp.434-436、2006 年。
17) 1) p.324。
18) 3) p.468。
19) 3) に同じ、付図。
20) 廣津英一「群馬町棟高辻久保遺跡の中世水路について」『群馬文化』第 279 号、pp.19-29、2004 年。
21)「棟高辻久保遺跡におけるプラント・オパール分析」『棟高辻久保遺跡調査報告書　第一分冊』pp.437 〜 440、2006 年。
22) 1) p.321。
23)「棟高辻久保遺跡出土木製品の樹種」『棟高辻久保遺跡調査報告書　第一分冊』pp.440-444、2006 年。

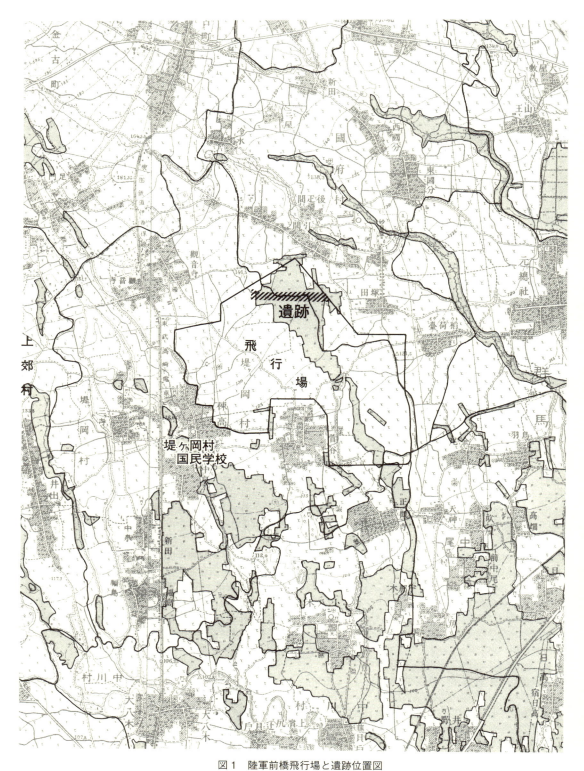

図1 陸軍前橋飛行場と遺跡位置図
(本図は昭和4年測図の旧版地図1/25000「前橋」に飛行場用地〈実線〉、遺跡〈斜線〉、町村境〈実線〉、水田〈アミ〉を表示)

第2章 陸軍前橋飛行場の研究

	飛行場関連	当直日誌（堤ヶ岡村国民学校）	佐修「村日記」
一九四三（昭和十八）年			
五月	5・18〜24 戦時重要農産物生産計画に関する協議 5・22 飛行場敷地買収に関し役場で臨時雇四人 5・24 「人件請負書」を陸軍航空本部経理部に提出 5・25 飛行場用地買収に関する要望	5・21 講堂にて地主印の会議	5・19 飛行場を作る由にて地元へ突然に通告 5・22 飛行場分地主承諾書に捺印
六月	6・12 測量機材セット、陸地測量部から役場に送付 賃貸用地測量のため使用する夫人延五三人分の労		飛行場測量開始
七月	7・1 「土地売り渡し価格協定書」成立		
八月	8・1 軍用地内に建築工事通知	8・9 青年学校勤労報国隊の件	
九月	9・5 「土地移転補償額協定書」成立 9・29 「家屋移転補償額協定書」成立	草刈奉仕（初五以上男女）	
十月	軍用地の立入制限	9・16 工事関係半局人来校	10・10 勤労奉仕（東国分年隊） 10・11 勤労奉仕（東国分年隊） 10・15 勤労奉仕（東国分年隊）
十一月			
十二月	12・28〜29 飛行場拡張工事の敷地測量	12・13 全員人転児童九名 12・27 全職員奉仕	
一九四四（昭和十九）年			
一月		1・4 勤労奉仕開始式 1・9 全職員奉仕作業所勤労奉仕 1・13 高等科奉仕作業所勤労奉仕	
二月	第三次軍事施設拡張による測量	2・15 勤労奉仕員計算 2・24 飛行場試験飛行あり 飛行機見学（初三以上）	2・15 飛・数機の戦闘機来る 2・16 赤く塗った練習機来たり
三月	作業中に囚人三名脱走を企てる		3・25 壮隊勤労奉仕 測量杭建つ
四月			
五月		5・30 飛・勤労奉仕終式（初五以上）	5・14〜15 女子青年団勤労奉仕
六月		6・7 勤労奉仕（先生）	
七月		7・14 木材配給申請の件 7・29 刈奉仕（初五以上） 勤労奉仕（初五以上）	7・15 村警防団勤労奉仕 7・30 女子青年団勤労奉仕 村内の男子
八月	8・1 少年特別操縦飛行兵飛行学校前橋教育隊 約八〇名入営 約一五〇名入隊	8・3 草刈奉仕（高二・初六・全員） 8・14 草刈奉仕（初四以上） 8・23 労奉仕（初五以上） 8・24 カヤ根とり奉仕（初五以上） 7・28 カヤ根とり奉仕（初五以上）	8・1 今連打切にて飛行場完成 盛んに離着陸を行う 国府15都21行14国民学校に戦闘機五十機飛来 飛行場への勤労奉仕 飛行隊に航空兵七十名入る
九月	9・3 少特「立木伐採の件」 少年飛行兵南方へ	9・30 飛行学校開設式	9・24 飛行学校開校式

月	飛行場関連	宿直日誌（堤ヶ岡村国民学校）参考	住谷修「村日記」	小林敏男「日誌」
十月				10・9 熊谷飛行学校前橋分教所閉鎖
十一月			11・26 学童勤労動員高等科二年生	11・1 二一三一照空隊（防衛隊）結成三・三堤ヶ岡飛行場警備
十二月			熊谷飛行学校前橋分教所へ	12・7 戦闘機急降下訓練（特攻隊）12・8 八紘隊（特攻隊）九州へ12・11 13飛・福の戦闘機急降下訓練12・12 防空委員飛行場へ

一九四五年（昭和二十年）

月	飛行場関連	宿直日誌（堤ヶ岡村国民学校）参考	住谷修「村日記」	小林敏男「日誌」
二月	2・9 熊谷飛行学校前橋分教所閉鎖 2・15 中島飛行機製作所工場 2・18 銀河25河 2・電・銀河		2 終日未方機の発着 2・17	2・2 特攻17機を出撃させる 特攻隊長の命令を拝す
三月	3・飛行隊（特攻隊）5 六式輪送機一〇機 星五機・米一機	3・18 米校よりオルガン借用に来校 3・19 飛行 3・23 正気隊（特攻）見送り	3 飛行 3・3 飛行場の人足に大勢出る	3・6 飛36・4 ヒ・と37 飛18 飛10号の飛行隊到着 3・38・2 特攻隊前橋へ転送の命 飛行機を海上に運ぶ
四月				4・3 熊・熊29本31岡任式先・出3・出3・隊 4・6 伊香保伊香保午後小野隊出発
五月		5・飛5・28 揚道路作業（初三以上）		
六月		6・飛5・5 誘導路奉仕作業（初五以上）6・4 飛行場大豆まき 6・16 誘導路奉仕作業（初五以上）6・20 払・払・払25 28 芝奉仕（女・三男女）6・29 払29 本29 芝奉仕（男・五女）		6・24 新田飛行場完了 6・26 死 事故死三名 6・27 住原飛行場から沖縄に向け出撃
七月	7・9 米名ニ飛 前陸軍艦載機七10 輪給航空機 第九飛行隊 複座戦二機 一式輪送機五 派遣隊	7・飛・払7 校10 芝奉仕（初五以上）7・16 空襲を受け全員異常なし 7・払20 27 芝奉仕（女・三男女）7・払23 本28 芝奉仕（男・五女）		
八月	8・敗戦15	8・除飛行場甘蓿除草（初等・一三男女高等女）8・4 飛行場奉仕作業	8・飛17 今飛行場 8・27 明上トラックで運ぶ飛軍機28 ラ格納庫物の破壊資材を兵隊が	
十月		10・兵16 三飛30〇人行場を見へる米に来る	10・米行場低空で飛来る	

参考として、堤ヶ岡村村誌に関連した小林敏男「日誌」は、青木町菊池書店「近代日本百年の参考にほ願して男「日誌」を青木書店「近代日本百年の戦 争」五年日本の欄に記事を参照した。

第2章　陸軍前橋飛行場の研究

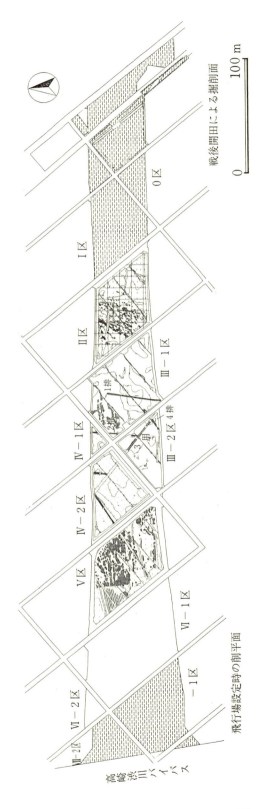

図2　飛行場造成面（1面）

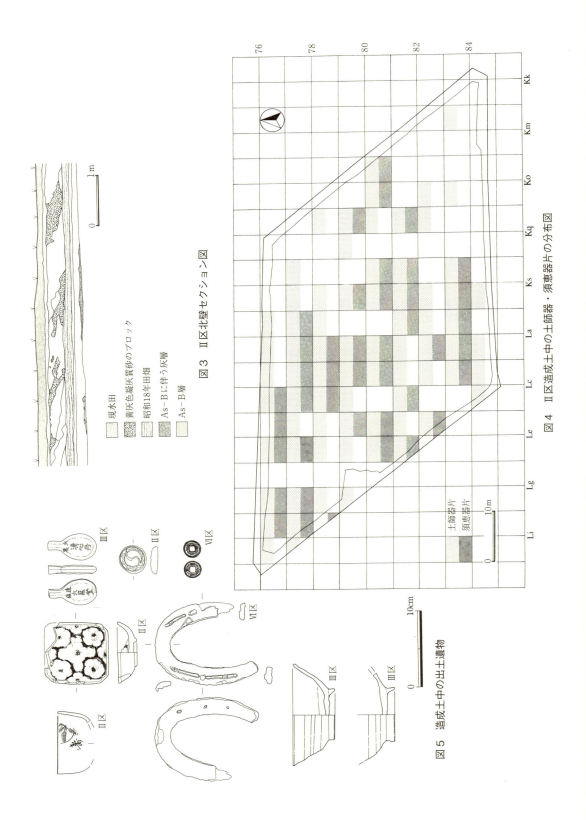

図3 Ⅱ区北壁セクション図

図4 Ⅱ区造成土中の土師器・須恵器片の分布図

図5 造成土中の出土遺物

第２章　陸軍前橋飛行場の研究

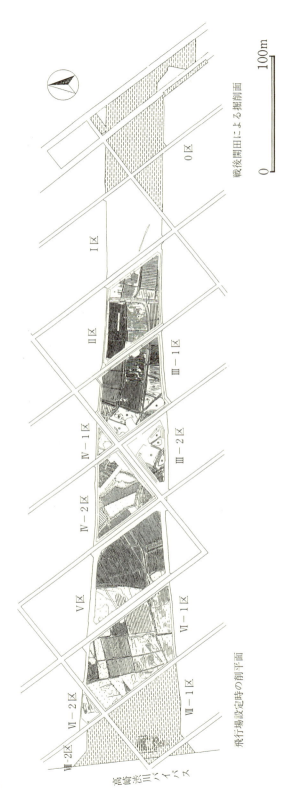

図6　昭和18年田畑面（2面）

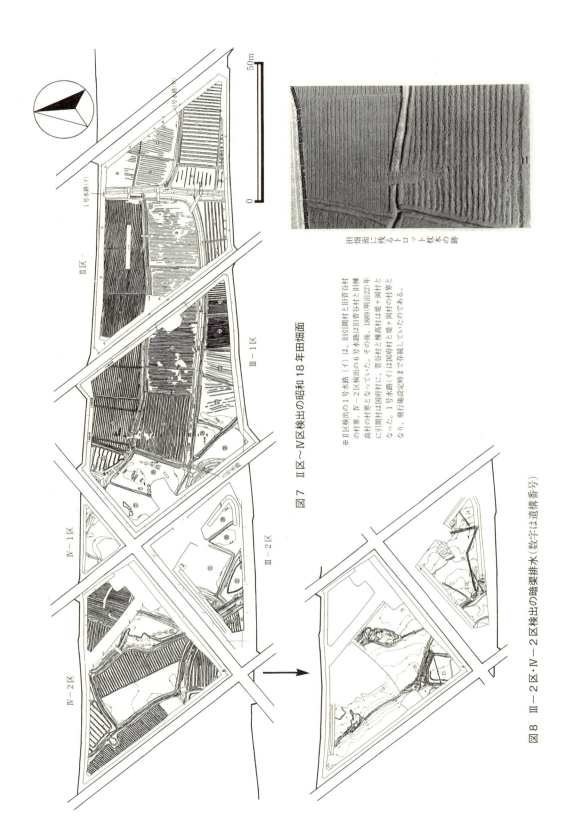

田畑面に残るトロッコ枕木の跡

※Ⅱ区検出の1号水路（イ）は、旧引間村と旧菅谷村の村界、Ⅳ－2区検出の6号水路は旧菅谷村と旧棟高村の村界となっていた。その後、1889(明治22)年に引間村と棟高村は堤ヶ岡村となり、菅谷村は国府村となった。1号水路（イ）は国府村と堤ヶ岡村の村界となり、飛行場設定時まで存続していたのである。

図7　Ⅱ区～Ⅳ区検出の昭和18年田畑面

図8　Ⅲ－2区・Ⅳ－2区検出の暗渠排水（数字は遺構番号）

第 2 章　陸軍前橋飛行場の研究

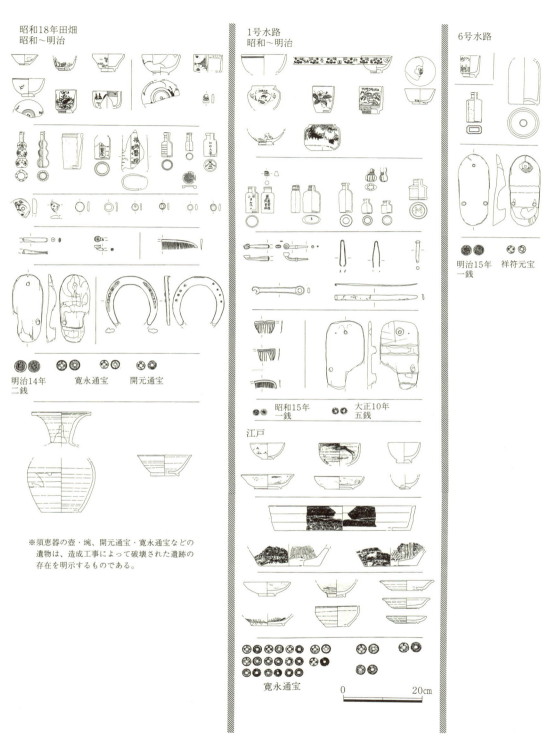

図 9　昭和 18 年田畑と水路出土遺物

第2節　発掘された飛行場関連の遺構と遺物

はじめに

　陸軍前橋飛行場にかかわる遺構と遺物の検出は、棟高辻久保遺跡からだけではなかった。遺跡の東側に広がる引間松葉遺跡、塚田村東Ⅳ遺跡から、飛行場を敵の空襲から守るための対空機関銃砲座や兵士の飯盒炊飯跡などの遺構が検出されたのである（図1）。いずれも一連の道路建設工事に伴う発掘調査からであった。

1　引間松葉遺跡検出の遺構群

　引間松葉遺跡[1]は棟高辻久保遺跡の東に位置している。この遺跡からは382基の土坑が検出されたが、このうちの1基の土坑（312号）が対空機関銃座となった。そしてその可能性がある土坑（192号）も検出された。これらは飛行場用地から約400メートル離れた地点から検出されたものである（図2・3、写真1）。

　もちろん、調査当初からそれを対空機関銃座であると判断したわけではない。「何かおかしな土坑だな」との印象であった。それは長径174センチ、短径167センチのほぼ円形を呈し深さ57センチあったが、その中心部は掘り残されていたからである。遺物の出土はなかった。

　その用途が判明したのは、明治大学校地内遺跡調査団が発掘を行っていた、東京都調布市の富士見町遺跡（調布飛行場に隣接）の調査からである。そこには引間松葉遺跡の土坑とは、規模こそ違うものの同様な遺構が検出されていたのである（写真2）。

　SX01・02と名付けられた土坑のうち、SX02の規模は経約3メートル、深さ約80センチで、円形に溝を巡らして中央に台を作り出し、この平坦面中央にピットが掘られていた。陸軍の重機関銃を取り付けた対空機関銃座である、との説明を現場視察時にうけた。掘り残した中央に機関銃を据えて、その周りを兵士が動けるようにしたものである[2]。

　この見学によって引間松葉遺跡の土坑も対空機関銃座であることが判明した。するとこの土坑の南側から接して検出されていた、309・310・311・313・314・315・316号の計7基の土坑の用途が判明してきた。これらはいずれも不整形（オタマジャクシの形）や長方形を呈し、長さ約120～160センチ、底面には焼土・灰・炭化物が堆積し、壁面も焼けていた。また燃し木の残りかすもあった（図4・5）。さらに309号土坑の覆土からは戦時中のガラス製品、「忠勇」の陽刻がある石けりが出土した（図6）。これらのことから、対空機関銃を操作する兵士の飯盒炊飯をした場所と判断するに至った。

　さらにこれらの土坑の北からも関連する遺構と思われるものが検出されていた。192号土坑は長径257センチ、短径225センチ、深さ150センチで、これも対空機関銃座になる可能性がある（図3）。東西に延びる溝は兵士の通路となる。覆土からはロート目薬のガラス瓶と「村正」と刀を陽刻したガラス製品の石けりが出土している（図7）。そしてこれに隣接する335号土坑も戦時中の構築

と思われる。覆土からは「神霊水」と書かれた陽刻のある目薬のガラス瓶と「旭日旗」の陽刻のあるガラス製品の石けりが出土した（図8）。

　以上、これらの遺構の数々は、1944年11月、軍命令によって飛行場の警備に任じた堤ヶ岡村の在郷軍人を主体とする防衛隊（約60～80名）にかかわるものと思われる。

2　塚田村東Ⅳ遺跡検出の対空機関銃座跡

　塚田村東Ⅳ遺跡[3]は引間松葉遺跡のさらに東、飛行場用地から約650メートルの所に位置している。

　発掘当初は、11号土坑の覆土上層から比較的新しいと思われる金属製の薬容器が出土したこともあり、いったんはゴミ穴と判断された。しかしその容器を仔細に観察したところ、旧漢字の使用と文字が右から左に書かれていたことから、さらに慎重に調査を進めることにした。近隣の住民からは、約20メートル北には東西に飛行機誘導路が延びており、それを挟んで千鳥足状に飛行機の掩体壕が存在し、付近に高射機関銃座があった、との証言が得られたこともあり、この土坑は対空機関銃座の可能性が高まった。

　土坑の大きさは経約2メートルで深さ70～80センチ、そして底面の中央部に経80センチで深さ1メートルのピットがあった（図9、写真3）。また北と南と東南東に張り出しをもち、北西の溝は調査区域外にまで延びている。遺物は流れ込みなどによる土師器片や須恵器片などの他は、先に紹介した金属製の薬容器で、これは埋め戻しの時に廃棄されたものと思われる。

　さらに機関銃座の構造についての証言も得られた。それは中心に丸太を置いて、その上に機関銃を設置、機関銃は取り外し可能で旋回できるようになっていたというものである。

　そこで防衛研究所図書館（現戦史研究センター）での調査となった。同図書館の専門官に土坑の図面を見てもらい、飛行場と土坑の位置関係、その他の状況を説明し教示を受けた。「機関砲ならば98式高射機関砲」「機関銃なら92式重機関銃」の公算が大きい、とのことであった。

　ただし98式高射機関砲は全長2.24メートルであり、11号土坑は経2メートルである。この場合、土坑の外に銃口がはみ出してしまい、旋回補弾操作に支障がきたしてしまう。最低でも全長程度の直径が必要であるという。92式重機関銃の全長は115センチ程であり、土坑の中におさまる。銃座の深さは盛り土を除くと70～80センチを必要とすることから、当土坑の深さと一致する。また、3ヶ所の付随する張り出し（長さ70～120センチ、幅30～70センチ）は弾薬格納に使用された可能性があり、そして土坑の北西に延びる溝は兵士の交通壕と判断された。

　これらのことから、引間松葉遺跡（312号）と塚田村東Ⅳ遺跡検出の土坑は、その規模から92式重機関銃を据えた銃座であることがわかり、引間松葉遺跡（192号）と調布市富士見町遺跡の事例は高射機関砲座であったものと思われる。

　なお、1945年7月10日の前橋飛行場に対する空襲（第3節参照）、そのドッグ掃討隊の戦闘報告書に「降下中、飛行場北側にほんのわずかな銃撃を確認したが、たいしたものではなく飛行機にも命中しなかった」とあるが、それに該当する対空機関銃砲座であるのかは判然としない。

3 不発弾の発見

引間松葉遺跡のⅢ区調査区[4]（飛行場用地の北東約500メートル）からは不発弾が発見された。発掘区の松杭を抜こうとしたときに、地表下約15センチのところでスコップに当たったものである。砲弾の長さ30センチ、直径9センチ、重量約3,000グラムで信管も付いていた（写真4）。

担当者が直ちに警察に連絡、県警察本部生活安全部銃器薬物対策課、高崎署員が到着して現場を封鎖し調べたところ、すぐには爆発の危険性はないということであった。砲弾は高崎署で保管し、自衛隊の定期回収の際、引き取ってもらうことになった。

その後、筆者がこの砲弾を調べたところ旧陸軍の「94式・97式軽迫撃砲」の砲弾であることが判明した。その威力半径は約30メートルである。この威力半径とは人員を殺傷するのに充分な破片1平方メートルに1個の密度を保持する距離をいう。従って威力半径外においては命中密度1平方メートル1個より小さくなるものの、依然破片は有効で危険半径は更に増大するという大変に危険な物であった。

戦争遺跡の調査では、このような事例は今後も増えるものと思われる。その取り扱いには慎重を期したい。

おわりに―現在に残る飛行場の痕跡

飛行場跡地周辺には現在どのようなものが確認できるのであろうか。地元の発掘作業員の方の情報をもとに周辺を踏査した。

飛行場に付属する掩体壕は残っていなかった。当時、掩体壕には各種の考案が行われ、土嚢を積んだ簡単なものからコンクリート製の完全なものまでいろいろとあった。しかし前橋飛行場では土手式の簡易な掩体壕で屋根もなかったために、戦後いち早くに壊されてしまった。

木造兵舎は戦後改修されて群馬中央中学校の校舎として1958年まで使用されていたが、その後取り壊されている。唯一、残されていたのは飛行場の西側地区にあった各種施設群の基礎コンクリートの一部である。これは、現在住宅地となった一角に残されていた。

1945年4月7日の米軍B-29により撮影された空中写真と戦後まもなくに同じく米軍によって撮影された空中写真から検討すると、この基礎コンクリートは格納庫の一部となることが判明した。1ヶ所は一辺45メートルの区画で残り（写真5）、その南西約53メートルの所に東西35メートルのコンクリート基礎が残っている（写真6）。コンクリートの厚さは約20センチであった。規模から判断すると前者は格納庫の大に、後者は格納庫の小にそれぞれ該当している。

滑走路に敷かれていた金網（写真7）は、戦後学校グランドのバックネットや民家の垣根の一部として再利用されていた。付近の民家に保存されていた金網の一部を発掘調査時に提供していただいた。この金網は南方戦線用として作製されたもののようであったが、すでに運ぶ船舶も不足していたために内地の飛行場に転用されたというものである。

注

1) 菊池　実編『引間六石遺跡・引間松葉遺跡・塚田的場遺跡・塚田中原遺跡』(財) 群馬県埋蔵文化財調査事業団、2007 年。
2) 新井　悟ほか編『明治大学校地内遺跡調査団　年報1』明治大学校地内遺跡調査団、2004 年。
3) 小林　正編『塚田村東Ⅳ遺跡・塚田中原遺跡（O 区）・引間松葉遺跡（Ⅲ区）』(財) 群馬県埋蔵文化財調査事業団、2005 年。
4) 3) に同じ。

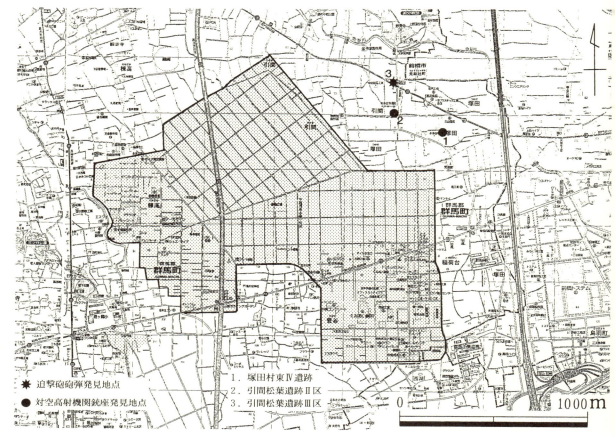

図1　飛行場と検出遺構・遺物の位置関係図

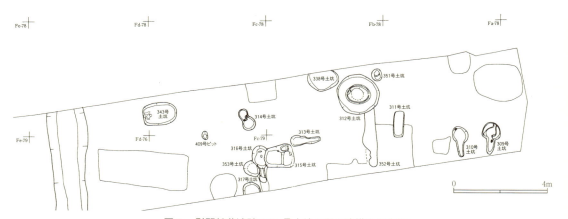

図2　引間松葉遺跡312号土坑と周辺遺構の分布図

第 2 章 陸軍前橋飛行場の研究

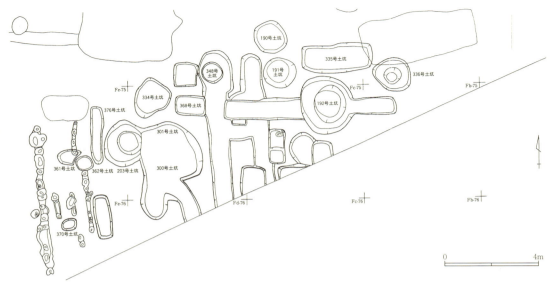

図3　引間松葉遺跡192号土坑と周辺遺構分布図

写真1　引間松葉遺跡312号土坑セクション写真

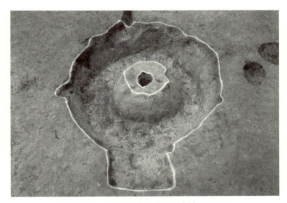

写真2　調布市富士見町遺跡SX02

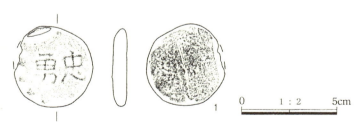

図6　引間松葉遺跡309号土坑出土遺物

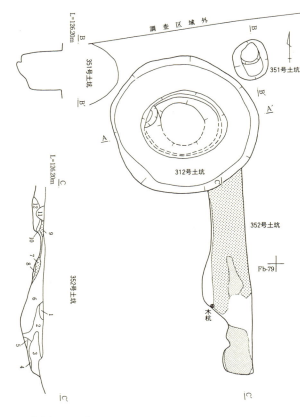

312号土坑　A－A'
1　灰白色土層　軟らかくて粘性あり。灰白色土と暗褐色土の混土。
2　暗褐色土層　軟らかくて締まり悪い。灰白色土ブロックを少量含む。
3　灰白色砂質土層
4　暗褐色土層　やや硬く締まる。灰白色土粒子を含む。
5　灰白色土層　やや硬く締まる。灰白色土と暗褐色土の混土。
6　暗褐色土層　軟らかくて締まり悪い。粘性あり。灰白色ブロックを多く含む。
7　暗褐色土層　硬く締まる。
8　暗褐色土層　灰白色土ブロックを含む。
9　暗褐色土層　やや硬く締まる。
10　灰白色土層　暗褐色土を含む。
11　灰褐色土層　やや硬く締まる。灰白色土ブロックを少量含む。
12　黒褐色土層　軟らかくて締まり良い。灰白色土を含む。
13　灰褐色土層　軟らかく締まり良い。
14　灰色土層　軟らかく締まり良い。粘性あり。

352号土坑　C－C'
1　灰褐色土層　軟らかくて粘性あり。黄褐色土ブロック、焼土粒子を含む。
2　暗褐色土層　軟らかくて締まり良い。
3　砂利層
4　砂利層　焼土を含む。
5　暗褐色土層　軟らかくて締まり良い。
6　暗褐色土層　軟らかい。黄褐色土粒子を少量含む。
7　灰層　焼土を含む。
8　褐色土層　焼土粒子、灰を含む。
9　灰層　焼土を含む。
10　砂利層　炭化物を含む。
11　暗褐色土層　軟らかい。
12　灰褐色土層　軟らかくて締まり良い。炭化物粒子を少量含む。

309号土坑　A－A'
1　褐色土層　軟らかい。焼土粒子を少量含む。
2　暗褐色土層　軟らかい。焼土ブロックを含む。
壁面と底面が焼けている。

310号土坑　B－B'
1　褐色土層　軟らかい。焼土粒子を少量含む。
2　暗褐色土層　軟らかい。焼土ブロックを含む。炭化物を含む。
壁面と底面が焼けている。

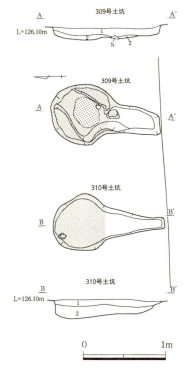

図4　引間松葉遺跡312号土坑と309号・310号土坑

第2章 陸軍前橋飛行場の研究

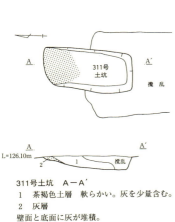
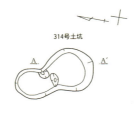
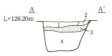
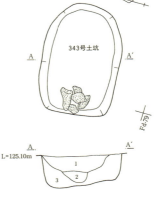
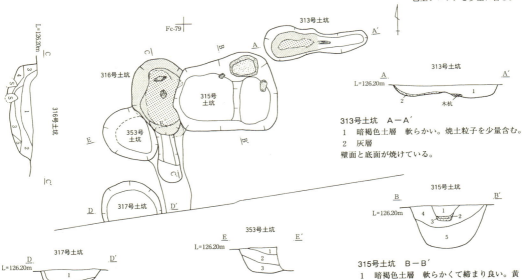

311号土坑　A－A′
1　茶褐色土層　軟らかい。灰を少量含む。
2　灰層
壁面と底面に灰が堆積。

314号土坑　A－A′
1　暗褐色土層　軟らかい。
2　赤褐色土層　軟らかい。焼土を多量に含む。
3　炭化物層
4　茶褐色土層　軟らかい。黄褐色土ブロックを少量含む。

343号土坑　A－A′
1　暗褐色土層　軟らかい。黄褐色土ブロックを含む。
2　暗褐色土層　軟らかくて締まり悪い。黄褐色土粒子を少量含む。
3　褐色土層　軟らかくて締まり良い。黄褐色土ブロックを多量に含む。

313号土坑　A－A′
1　暗褐色土層　軟らかい。焼土粒子を少量含む。
2　灰層
壁面と底面が焼けている。

317号土坑　D－D′
1　暗褐色土層　軟らかくて締まり悪い。
2　暗褐色土層　軟らかくて粘性あり。

316号土坑　C－C′
1　暗褐色土層　軟らかい。黄褐色土ブロック、炭化物を含む。
2　暗褐色土層　軟らかくて粘性あり。炭化物を含む。
3　赤褐色土層　軟らかくて粘性あり。焼土を多量に、炭化物を含む。
4　暗褐色土層　軟らかい。炭化物、焼土粒子を含む。
5　灰褐色土層　硬く締まる。

353号土坑　E－E′
1　暗褐色土層　軟らかい。As-C・Hr-FA、黄褐色土粒子を含む。
2　黒褐色土層　軟らかい。As-C・Hr-FA、黄褐色土粒子を少量含む。
3　茶褐色土層　軟らかくて締まり良い。黄褐色土ブロックを含む。

315号土坑　B－B′
1　暗褐色土層　軟らかくて締まり良い。黄褐色土ブロックを含む。
2　炭化物層
3　灰層
4　褐色土層　軟らかくて締まり良い。黄褐色土ブロックを多量に、炭化物を含む。
5　暗褐色土層　軟らかくて締まり良い。黄褐色土ブロックを多量に含む。

図5　引間松葉遺跡 311号・313号～316号土坑

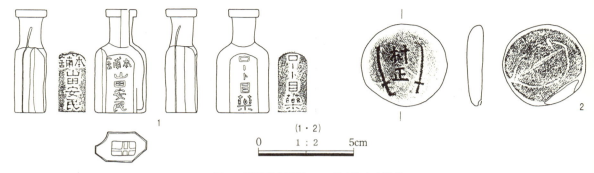

図7　引間松葉遺跡192号土坑出土遺物

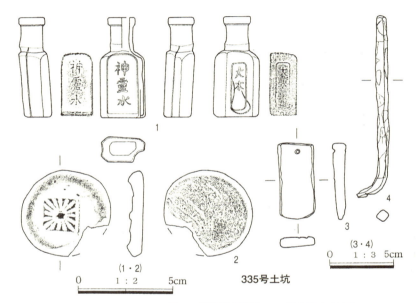

図8　引間松葉遺跡335号土坑出土遺物

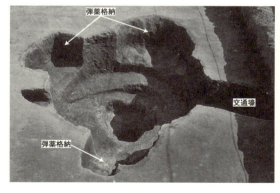

写真3　塚田村東Ⅳ遺跡11号土坑

写真4　発見された不発弾

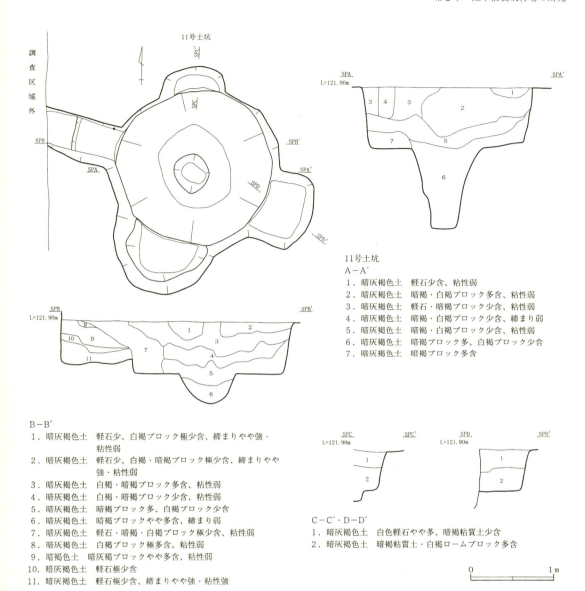

図9　塚田村東Ⅳ遺跡11号土坑

写真5　格納庫の基礎コンクリート（大）

写真6　格納庫の基礎コンクリート（小）

写真7　滑走路に敷かれていた金網

第3節　飛行場設定と米軍艦上機空襲
―日米両軍の発掘史料から―

はじめに

　本節では、発掘調査とともに実施してきた史料調査の成果の一端をここに詳述する。それは、前橋飛行場設定前後の状況、1945（昭和20）年7月10日の前橋飛行場に対する米軍艦上機の空襲を中心にしたものである。

1　史料の調査

　史料調査はおもに防衛研究所図書館（現戦史研究センター）、国立国会図書館憲政資料室、狭山市立博物館所蔵史料を中心に実施した。この他、発掘調査の過程で、伊香保町の元町長深井正昭氏からは、前橋飛行場で特攻訓練を積んだ、陸軍特別攻撃隊「誠第36・37・38飛行隊」にかかわる多数の資料提供もあった。

　防衛研究所図書館では、おもに陸軍航空関係の史料や飛行場関係史料にあたった。残念ながらほとんど史料は残されていなかったが、それでも「本土航空作戦記録」[1]、「飛行場記録」[2]、「本土における陸軍飛行場要覧」[3] などを調査、前橋飛行場にかかわる記述を確認することができた。また、飛行場設定にかかわった元陸軍航空本部総務部部員、陸軍中佐の回想記[4] も入手することができた。

　国立国会図書館憲政資料室では、米国戦略爆撃調査団史料（USSBS文書）を中心に調査をした。なかでも、EntryNo.55「太平洋戦争米国海軍・海兵隊艦載機戦闘報告書」[5] は詳細に調べた。米国海軍機動部隊の艦上機による日本本土空襲は、1945年2月16日から8月15日まで、ほぼ間断なく続いた。この期間の艦上機による攻撃に関する状況をまとめた米軍史料だからである。群馬県下への空襲を行った艦上機の戦闘報告書は20件あった。このうち7月10日に前橋飛行場を空襲した攻撃隊報告書の翻訳を試みた。

　狭山市立博物館では、「遠藤三郎日記」[6] を閲覧した。遠藤三郎は陸軍航空本部総務部長（1943年5月～9月）、航空兵器総局長官（1943年9月～20年8月）を歴任されたが、この間の日記を調査し、当時の飛行場設定にかかわる軍の動向の把握に努めた。

2　陸軍飛行場の設定―陸軍史料、自治体史から

　日本本土の飛行場設定については、アジア太平洋戦争開戦前から航空本部が計画し、地上兵団の経理部が主としてその実施に当たっていた[7]。歴史家の故藤原彰氏はこう記している。「経理部将校だった父は、私が陸士を卒業（1941年7月―筆者注）した頃は、陸軍航空本部の第十（建築）課長をしていた。当時は全国で飛行場作りがさかんにおこなわれていて、父はよく日本の国家予算の

なかで最高額を使う課長だと話していた」[8]。

　開戦頃の本土飛行場は、その大部分は教育訓練用飛行場であった（図1）。開戦後、1942年から43年頃の内地における飛行場設定の状況については、元陸軍航空本部総務部部員・陸軍中佐、釜井耕輝の資料[9]で把握することができる。また、45年に至るまでの航空基地整備の状況については、「本土航空作戦記録」[10]が参考になる。

　まず釜井資料によると、この時期、内地に新たに設定する飛行場の緩急順序は次のようであった。1．重要都市および重要施設の防空並びに教育訓練用の飛行場の設定。2．北東方面における対米対「ソ」の航空両面作戦飛行場並びに防空飛行場の増加、拡張。3．教育訓練用飛行場である。そしてその設定のために各地の偵察が、次のように行われた。

　既設飛行場との空域関係、地形地貌、天候気象条件を勘案、さらに食糧の生産を出来るだけ圧迫しないという条件を加味し、水田地帯を避けて平坦な森林、畑地と絞って検討すると、教育能率本位の飛行場候補地の地方は限定された、という。これらをまず図上で詳細に検討を加えて、大体の腹案を立てる。そして施設課の主計と技師を連れて実地偵察に赴く。現地踏査は飛行場候補地の細部に亘って偵察し、その夜の中に実施計画を立てて必要な経費資材などを計算する（踏査が終わった時には、この飛行場は何百万で出来るなあと主計と技師に「ヒント」を与える。主計と技師は一晩中かかってはじき出す）。従ってもし実施するだんになると事は順調に運ぶのであった、という。

　1942年には東北地方は東日本を除いて日本海沿岸を福井県まで、九州は南部に重点をおいてほとんど全地域、関東地方は全地域を踏査した。このように内地を広く踏査した結果、教育訓練に最も効率のよい、面飛行場（当時の飛行場は正方形の芝生のものがほとんど―筆者注）の設定を許し、かつ国民生活を圧迫せず設定経費の節約できる、森林または畑地などの余裕のある地域は、関東地方においては埼玉、群馬、栃木、茨城、千葉の各県に、九州地方では宮崎、鹿児島、熊本の各県に限定された。中部および中国地方では、僅少の水田地帯を取り上げない限りほとんど不可能な状態であった、という。

　また、1943年から44年3月に至る状況を「本土航空作戦記録」は次のように記している。航空要員の急速な大量養成に着手したが、これに伴って従来60数個であった内地の飛行場にさらに24個の飛行場を新設、7個の飛行場の拡張を行った[11]。新たに着工した飛行場も総て教育第一主義の飛行場であり、その規格は、一辺1,300〜1,500メートルの面飛行場であった（図2）。前橋飛行場も教育訓練用飛行場として、このような情勢下に設定されたのである。

　『堤ヶ岡村誌』（1955年）や『群馬町誌　通史編下』（2002年）によると、「菅谷、棟高、観音寺と、堤ヶ岡村の東側に位置するこの辺り一帯の耕地は、水田あり、畑あり平地林あり村にとっても極めて重要な産業の源でもあった」[12]が、「昭和18年5月、東京の陸軍航空本部の陸軍主計大尉井上廣也が堤ヶ岡村に来て、役場二階へ集合した耕作者、土地所有者達に対して、航空部隊の増強のため当地に飛行場を建設することになった旨を説明し、協力を求めた」[13]。地元に取っては、まさに晴天の霹靂であった。

　飛行場敷地は約160町歩に及び、そのうち国府村分約22町歩、中川村分1町9反、堤ヶ岡村菅谷分84町6反3畝13歩、同村棟高分51町4反4畝10歩であった。1943年から44年にかけて工事が進められ、44年2月15日にはいまだ完成していない滑走路に金網を敷いて初めての飛行機が着陸した。そして45年4月までに飛行場は3回の拡張工事が行われている。建設された建物施設

は次のとおりである。本部1棟、兵舎2棟、格納庫大3棟、小4棟、グライダー庫1棟、衛兵所1棟、コモキキ講堂（飛行機の模型を置いて講義を行う所）1棟、カーツー講堂（学科を行う所）1棟、シハキシ工場（修理所）1棟、雑品庫2棟、発動機修理工場1棟、防火用貯水池大4、小3、食堂、炊事場各1棟、および便所であった[14]。

「飛行場記録」[15]（図3）、「本土における陸軍飛行場要覧」[16]に記載された、前橋飛行場のデータは次のとおりである。飛行場は東西1,300メートル、南東～北西1,800メートル、そして掩体大30ヶ所が造られていた。

1944年7月の「サイパン」失陥後、陸軍航空本部長は内地の教育訓練用飛行場などを一律に作戦飛行場への切り替えを命じた。また6月16日のB-29における北九州爆撃後、内地の全飛行場では格納庫にかわり、地形を利用して分散した多数の飛行機置き場（掩体）が作られ、飛行機、燃料および弾薬の分散が実施されるようになった。空襲による飛行機の損害を防止するためである。飛行場は滑走路とそれと飛行機置き場を結ぶ運搬路（誘導路）が中心となった（図4）。飛行機置き場の配置は、相互間隔100メートル以上で極力分散、地形地物を利用して特に隠蔽に留意し、必ず掩体を一機毎に設置することにした。前橋飛行場の運搬路は「西は久留馬村に達し、北は金古、東は妙見寺の桜並木を切り倒して付近に11ヶ所の掩体壕を設けた」[17]。

同年8月1日、前橋飛行場には宇都宮飛行学校前橋教育隊が誕生し、陸軍特別操縦見習士官約150名が入隊、陸軍特別幹部候補生も約80名が古河から転属してきた。特操のグライダー訓練、特幹の練習機による飛行訓練が行われたが、10月9日には閉鎖され、かわって熊谷飛行学校前橋分教場となった（写真3）。この時期、「米空軍の攻撃に対しては所謂蛸足式誘導路掩体を以てしては飛行機の損害を減少し得さるに至りしを以て取敢えず著名なる目標を偽装遮蔽すると共に対空火器の増強に努力」[18]した。

1945年2月9日には熊谷飛行学校前橋分教場は閉鎖され、飛行場では特別攻撃隊の訓練が行われていった。

同年4月以降の状況は次のとおりである。B-29や艦上機による日本本土空襲が漸次熾烈となり、飛行機の損耗が増加し、その生産は低下した。米軍の本土上陸に備え、訓練を犠牲にしても現有機を絶対確保することが必要となった。このため、「重要施設の地下移行を理想とするも資材及び労力之を許さざる為燃料弾薬は洞窟内に収容する他飛行機は取敢えず飛行場周辺の地形地物を利用して分散秘匿することとし各部隊に対して一斉に之か実施を指令せられたり」[19]。前橋飛行場では「観音寺の観音様の西部お経塚やその西北部の雑木林、その他処々に掩体壕を設け爆弾やガソリン缶が積まれた」「建物は分散して半地下式兵舎にする為、解体作業が行われ始め、グライダー庫の如きは、建築が終わらない中に解体される始末であった」[20]。前橋飛行場において短時日のうちに3回の拡張工事が実施されているのは、こうした情勢に対応したものであろう。内地飛行場の整備とその防備強化が5月末完了を目途として、全国的に展開されたのであるが、「分散秘匿せる飛行機を戦機に投じ飛行場に運搬し発進せしむる事は、甚だ困難にして敵の制空圏外にある場合に於いても最小限4時間を要し、敵の制空時においては夜間以外飛行機の運搬不可能にして攻撃機は払暁と限定され」[21]、飛行場としての機能はほとんど喪失していたのであった。

敗戦時、県内駐屯の航空部隊は次のようであった。前橋飛行場には陸軍航空輸送部第9飛行隊前橋派遣隊の83名[22]、新田飛行場には第20戦闘飛行集団飛行第112戦隊（航空総軍所属）もしくは

飛行第 14 戦隊（第 1 航空軍所属、重爆、兵員定数 532）・第 165 飛行場大隊・第 166 飛行場大隊・第 169 飛行場大隊（いずれも第 1 航空軍所属、兵員定数各 372）・第 306 独立整備隊（第 1 航空軍所属、兵員定数 172）、新田郡綿内村に第 165 独立整備隊（第 1 航空軍所属、兵員定数 172）、館林飛行場には第 170 飛行場大隊（第 1 航空軍所属、兵員定数 372）・第 116 独立整備隊（航空総軍所属、兵員定数 172）、太田には航空輸送部第 2 輸送飛行隊（航空総軍所属）・第 101 独立整備隊（航空総軍所属、兵員定数 172）、邑楽郡中野村に第 64 対空無線隊（第 1 航空軍所属、兵員定数 196）、碓氷郡安中町に第 123 独立整備隊（航空総軍所属、兵員定数 172）、山田郡大間々町に常陸教導飛行師団第 2 教導飛行隊などであった[23)][24)]。ただし、1945 年 7 月 10 日の航空総軍各隊の戦力配置表によると、前橋飛行場には前記第 2 教導飛行隊の 97 式戦闘機 15 機、1 式戦闘機 9 機、2 式複座戦闘機 3 機、操縦者 67 名が配置されていた。また、館林飛行場には待機特別攻撃隊 19 隊（4 式戦・12 隊、キ 115・3 隊、100 式司偵・4 隊）が訓練していた。

3　1945 年 7 月 10 日の米軍艦上機空襲──艦載機戦闘報告書から

　7 月に入ると、日本本土来襲の米軍機は格段と増加し、連日数百機にのぼった。昼間の来襲は、主として中・小型機、夜間の来襲は主として B-29 であった。このような情勢下、陸軍航空総軍は 7 月 10 日零時をもって、制号作戦を発動する予定であった。この制号作戦とは、敵大型機を攻撃目標に、目の覚めるような戦果をあげることができないにしても、何とか敵に一矢を報いることを目的としたものであった。ところが、同日午前 5 時 17 分から、多数の米軍艦上機が関東地区に来襲し、主として飛行場攻撃を行った。早朝から午後 5 時 10 分に至るまで 6 波にわたって来襲した敵艦上機は、1,224 機と判断された。戦況の変化が著しく急激であったため、制号作戦の発動はきわめて困難となり、遂に発動されることはなかった[25)]。
　この空襲を行ったのは、米第 38 機動部隊である。空母 9 隻、軽空母 6 隻、戦艦 9 隻、重巡 3 隻、軽巡 16 隻、駆逐艦 62 隻の計 105 隻を数えた第 38 機動部隊は、空母 5 ～ 6 隻前後を中心に構成する任務部隊（機動群）に分かれ、第 38・1 任務群、第 38・3 任務群、第 38・4 任務群の 3 任務群で構成される大艦隊であった。フィリピン群島レイテ島のサンベデロ湾を 7 月 1 日に出動した機動部隊の任務は、日本の残存艦艇と航空兵力を撃滅し、日本軍施設や基地の破壊によって、日本本土侵攻作戦を容易にすることであった。機動部隊は燃料補給の間以外は、毎日の訓練、演習を実施しながら、一路日本に向けて北上した。7 月 9 日には、北緯 29 度、東経 147 度 28 分の位置から、東京地域内の目標に対する翌日の攻撃のため、発進地点へ向けて高速進行が開始された。東京南東 170 マイル（約 274 キロ）の戦闘開始地点に到達した第 38 機動部隊は、10 日、関東地方の飛行基地と飛行機を目標に、艦上機攻撃隊による空襲を敢行した。それは、機動部隊による日本本土の首都圏周辺中枢部に対する本格的攻撃の開始であった[26)][27)]（図 5）。
　前橋飛行場を含めた県下の飛行場に来襲したのは、第 38・1 任務群（空母 3、軽空母 2、戦艦 3、軽巡 7、駆逐艦 20）に所属した空母ハンコック発進の掃討隊・攻撃隊であった（図 6、表 1-1、表 1-2、表 2）。それは、エイブル、ベイカー、チャーリィ、ドッグ、イージィ、フォックスなどと、ＡＢＣ順に頭文字（フォネティックコード）の隊名を付けられていた。個々の艦上機隊はその機種によって、主に数機または十数機の編隊で戦闘飛行隊、戦闘爆撃飛行隊、爆撃飛行隊、雷撃飛行隊を構成

し、それらの編隊は一機種、あるいは数機種の混成によって掃討隊、攻撃隊の集団、隊群を形成した[28) 29)]。県下では、前橋・桐生（新田）・小泉・太田・館林の各飛行場（図7）が攻撃目標であった。

それでは、米国戦略爆撃調査団報告 EntryNo.55「米国海軍・海兵隊艦載機戦闘報告書」から、前橋飛行場をはじめとする県下各飛行場に対する空襲を見ていきたい。この報告書には、空母を発進した掃討隊・攻撃隊がどのように戦闘を行ったか、日本機との交戦・陸上や海上の軍事施設・飛行場・工場などに対する攻撃の状況などが記されている。書類の原文は、タイプおよび手書き複写で、空母の情報将校が、各攻撃隊の指揮官の許可を得て、上級機関に提出したものといわれているが、まだ詳しい関係は解っていないという[30)]。

なお、訳出にあたっては、石井勉、米山和也両氏の先行研究が大変に参考となった。

7月10日午前4時、海軍少佐R.W.シューマンによって指揮されたエイブル掃討隊[31)]は、本日最初の任務のために、ハンコックの甲板を発進した。第6戦闘飛行隊（グラマン F6F-5 ヘルキャット、7機）と第6戦闘爆撃飛行隊（ヴォート F4U-4 コルセア、4機）から編成され、日本の本州からおよそ130マイル（約209キロメートル）、北緯34度10分、東経142度30分から飛び立った。攻撃目標は桐生（新田）、児玉（埼玉）、下館（茨城）の各飛行場である。目標上空での時刻は午前5時30分から6時、帰還時刻は午前8時5分であった。飛行途中、目撃もしくは交戦した日本軍機はなかった。

重砲による対空砲火を避けて、最も短く可能な時間で日本の上空を飛行した。掃討隊が館林飛行場を通過しているとき、4機のF6F-5が飛行場撮影のために離脱した。他の飛行機は桐生に進んだ。桐生では貧弱、小泉では強烈な重砲による対空砲火に遭遇した。

掃討隊は、桐生（新田）飛行場の南東側分散地域を攻撃した。約15～20機の単発機が、この分散地域に目撃された。5,000フィート（1,524メートル）で260ポンド（約118キログラム）破砕爆弾を投下、そして4,000フィート（約1,219メートル）で急降下、機銃掃射を行った。戦果は次のようであった。6発の260ポンド破砕爆弾全ては、分散地域に駐機していた飛行機の頭上で爆発した。猛爆撃は正確であった。単発機2機を破壊し、2機に損害を与えた。500ポンド（約227キログラム）通常爆弾もこの地域で爆発し、1機を明確に破壊した。F4U-4投下の500ポンド通常爆弾1発が飛行場南東コーナーの格納庫地域に命中、火災が発生した。掃討隊は、館林、小泉、桐生の写真を1万2,000フィート（約3,657メートル）から撮影した、写真任務班と館林の北上空で集合、帰還した。

桐生（新田）飛行場に投下された爆弾は、260ポンド破砕爆弾6発、500ポンド通常爆弾4発、ロケット弾4発であった。3機を破壊し2機に損害を与えた、と報告書は記している。

午前4時30分に発進したベイカー掃討隊[32)]は、海軍少佐L.M.ビゲローに指揮された。第6戦闘飛行隊（グラマン F6F-5 ヘルキャット、8機）、第6戦闘爆撃飛行隊（ヴォート F4U-4 コルセア、12機）から編成され、館林、小泉、前橋の各飛行場を攻撃した。目標上空での時刻は午前5時から7時、帰還時刻は午前9時15分であった。飛行途中、目撃もしくは交戦した日本軍機はなかった。

第6戦闘飛行隊のF6F-5の2つの隊に、第6戦闘爆撃飛行隊が同行した。戦闘飛行隊の一つは、海軍大尉デイモン・メイエスに指揮され、他は海軍大尉ハーシェル・パールによって指揮された。写真操縦士デービッド・キップ海軍少尉が同行した。メイエス隊は260ポンド破砕爆弾を4機に搭載、2機にロケット弾を搭載、弾薬も十分に装填した。パールの飛行機は、弾薬だけを装填した。掃討隊は桐生、小泉、高崎、前橋、館林、太田そして児玉飛行場にざっと目を通した。

写真隊は前橋、小泉、館林を撮影したが、館林飛行場の写真を撮影している間に、F6F-5の2機が単発機を発見、それらのいくつかに損害を与えた。他のF6F-5隊は合間にF4U-4隊に同行した。彼らの最初の攻撃は小泉飛行場であった。その後、第2次攻撃を前橋飛行場に指向し、飛行場ランプの多数の練習機に狙いを付けた。F6F-5隊はそれらに1万フィート（3,048メートル）から攻撃を開始、2,000フィート（約610メートル）で4発のロケット弾を発射、500～1,000フィート（約152～305メートル）の間で猛爆撃を行った。いくつかのロケット弾が格納庫に命中したが、大部分は駐機していた練習機に命中した。練習機はこのフィールドの南西側掩体内に隠されていた。16発のロケット弾を発射、2機の単発機にロケット弾が命中、機銃掃射で明確な損害を与えた。
　第6戦闘爆撃飛行隊の12機は、前橋飛行場の駐機飛行機に対してロケット弾30発を発射、猛爆撃を行い2機を破壊した。戻って、館林飛行場を攻撃した。少なくとも15機がエリアに駐機していた。攻撃後、写真隊と館林の北上空で集合し、帰還した。
　前橋飛行場に対する初空襲は、ベイカー掃討隊の4機のヘルキャットと12機のコルセアが行った。ロケット弾合計46発を発射、そして機銃掃射を行い、2機を破壊し2機に損害を与えた、と報告している。
　午前6時43分に発進したチャーリー攻撃隊[33]の攻撃目標は、桐生、小泉の各飛行場である。攻撃隊は、第6雷撃飛行隊（グラマンTBM-3Eアヴェンジャー、11機）、第6爆撃飛行隊（カーチスSB2C-4Eヘルダイバー、11機）、第6戦闘爆撃飛行隊（F4U-4、7機）、第6戦闘飛行隊（F6F-5、7機）から編成されていた。目標上空での時刻は午前8時30分から10時20分、帰還時刻は午前10時58分であった。飛行中、午前8時27分から10時の間、水戸飛行場の近くで日本軍単発機3機と遭遇、また10時10分には東京の北東40マイル（約64キログラム）の地点で4機の単発機と遭遇したが、いずれも交戦はしていない。
　攻撃隊は、桐生（新田）飛行場に対して260ポンド破砕爆弾64発と500ポンド通常爆弾12発を投下、ロケット弾28発を発射して、単発機24機を破壊し34機に損害を与えた。また、小泉飛行場には260ポンド破砕爆弾6発と500ポンド通常爆弾12発を投下、ロケット弾12発を発射して、6機を破壊し15機に損害を与えた、と報告している。作戦時、第6雷撃飛行隊の1機が対空砲火によって右翼に被害を受けたが、わずかな修理で済んだ。
　午前9時に発進したドッグ掃討隊[34]の任務は、前橋と児玉の各飛行場への攻撃であった。目標上空での時刻は午前11時15分、帰還時刻は午後1時45分であった。飛行途中、目撃もしくは交戦した日本軍機はなかった。
　6機のF6F-5からなる第6戦闘飛行隊とF4U-4からなる第6戦闘爆撃飛行隊は、集結して攻撃目標地点である東京の北西方向に向かった。F4U-4は児玉、F6F-5はH.L.リード海軍大尉に率いられ、前橋飛行場を攻撃した。攻撃は1万5,000フィート（4,572メートル）から行われた。6機は編隊を離れ、飛行場の西にある格納庫に北西から急降下した。高度5,000フィート（1,524メートル）で破砕爆弾を投下し、4,000フィート（約1,219メートル）でロケット弾を発射、1,500～2,000フィート（約457～609メートル）で機銃掃射を行った。11発の破砕爆弾は、駐機していた飛行機の上または付近に投下され、それら全てに損害を与えた。不発弾はなかった。ロケット弾は格納庫に命中した。降下中、飛行場北側にほんのわずかな銃撃を確認したが、たいしたものではなく飛行機にも命中しなかった。1機が降下中にロケット弾を発射できなかったので、そのまま飛行場の南5マイ

ル（約 8 キロ）にある建物に向けて発射したが、命中しなかった模様である。次の攻撃のため 9,000 フィート（約 2,743 メートル）に上昇して、今度は 2 機で飛行場北西方向の 2 機の単発機を攻撃した。チャールズ・キャンベル中尉とラッセル・ハイシュー少尉は、9,000 フィート（約 2,743 メートル）から急降下し、3,000 フィート（約 914 メートル）で機銃掃射を開始し、900 フィート（約 274 メートル）まで高度を下げて飛行場上空を飛行しながら機銃掃射による攻撃を続けた。2 機とも機銃掃射によるたびたびの攻撃で大いに損害を与えた。南にある格納庫は炎上した。F6F-5 と F4U-4 の編隊は、合流し帰還した。

この攻撃では、前橋飛行場に 260 ポンド破砕爆弾 11 発が投下され、ロケット弾 24 発が発射された。単発機 4 機を破壊し 4 機に損害を与えた、と報告している。

なお、飛行場南 5 マイルにある建物に向けて発射されたロケット弾の行方については、後ほど述べる。

午前 10 時 15 分に発進したイージィ掃討隊[35]は、海軍大尉 A.G. ベッカーに指揮された 4 機の F4U-4 と 4 機の F6F-5 で編成された。目標上空での時刻は午前 11 時 50 分、帰還時刻は午後 2 時 50 分であった。飛行途中、目撃もしくは交戦した日本軍機はなかった。攻撃目標へのルートは、犬吠埼の東 15 マイル（約 24 キロメートル）のポイントを通って、高度 1 万 6,000 フィート（約 4,876 メートル）であった。

掃討隊は前橋飛行場上空を旋回したが、価値ある攻撃目標を発見できなかったので児玉飛行場へ向かった。攻撃地区をそこに指向し、さらに太田へ進んだ。飛行隊は前橋に戻ったが、飛行機を突き止めるまで旋回した。飛行場に 2 機の単発機と 1 機の双発機を発見し、双発機はヘルキャットが攻撃、コルセアは 2 機の単発機を取った。攻撃は南西から北東、7,000 フィート（約 2,133 メートル）から開始した。その時、飛行隊長は、6 機以上の飛行機を発見、射程内に捉えた。彼はロケット弾で猛爆撃、そして総てのロケット弾が飛行機の一団で爆発したことを目撃した。2 機あるいは 3 機が炎上し、4 機に損害を与えた。対空砲火はなかった。天候は広々とした雲高で良かった。可視 15 マイル、靄と煙があった。F4U-4 隊は午後 2 時 15 分に帰還した。

海軍大尉ジョセフ W. レディングに指揮された F6F-5 隊は、飛行場の南西コーナーの掩体に向かって急降下を開始した後、現場でよきしない攻撃目標を発見した。それはオスカー（米軍の日本軍用機コードネーム・1 式戦闘機「隼」）であった。レディング海軍大尉によって、格納庫の前のランプに駐機していた約 1 ダースの単発機を見る前に、ロケット弾の一組が分散地域に発射された。銀色のオスカーに命中させ撃破した。飛行機の断片は、レディングの飛行機の前に充満した。他のパイロットも飛行機を発見し、これらの飛行機にロケット弾 15 発を発射し機銃掃射を行った。飛行場にあった約 72 機の飛行機は、この隊によって、格納庫の前のランプ上で攻撃にさらされた。3 機が炎上し、2 機に機銃掃射で損害を与えた。

この攻撃では、前橋飛行場に対してロケット弾合計 27 発の発射と機銃掃射が行われ、7 機を破壊し 6 機に損害を与えた、と報告している。

午後 1 時 5 分に発進したフォックス攻撃隊[36]は、第 6 雷撃飛行隊（TBM-3E、12 機）、第 6 爆撃飛行隊（SB2C-4E、10 機）、第 6 戦闘爆撃飛行隊（F4U-4、4 機）、第 6 戦闘飛行隊（F6F-5、8 機）から編成された。攻撃目標は前橋飛行場であった。爆撃飛行隊の 10 機と雷撃飛行隊の 12 機は、12 機の戦闘（爆撃）飛行隊によって護衛された。F6F-5 は低空を、写真隊は中空を、F4U-4 は上空を

カバーした。1万6,000フィート（約4,876メートル）の高度で接近したが、離陸した敵機との遭遇はなかった。この接近の間、対空砲火の火の粉が5、6個炸裂した。高度は正確であったが、貧弱だった。目標上空での時刻は午後3時から3時15分、帰還時刻は午後5時35分であった。

　10機の爆撃飛行隊は、バーク海軍少佐に指揮された。飛行隊は1万4,000フィート（約4,267メートル）に上昇し、機首を西に向けた。不十分だが普通程度の対空砲火に遭遇した場所は、後に高崎飛行場とわかった。6/10の雲量と靄で、攻撃目標は不明瞭であった。1万4,000フィートで接近を開始、1万フィートで攻撃を開始した。バークは南に旋回しながら接近した。5,500フィートでロケット弾を発射、5,000フィートで爆弾を投下、4,000フィートで機銃掃射を行った。彼の爆弾とロケット弾は格納庫地域に命中した。キングの急降下は、南東から北西に、ロケット弾を発射し爆弾を投下した。キングもまた格納庫の建物を狙った。ホークスは1万フィートで西から入った。ロケット弾を発射し爆弾を投下した。彼の爆弾もまた、格納庫地域に命中した。スミスは1万フィートから突っ込み、6,000フィートから高崎飛行場の東の遮蔽されたエリアにロケット弾を打ち込んでいった。彼は同じ場所に爆弾を一個落とした。他の爆弾は、空母に戻る途中である町に捨てた。デコステは東から北西に向かって急降下したが、約5,000フィート（約1,524メートル）できりもみ降下していまい、約200フィート（約61メートル）まで回復しなかった。このためロケット弾を町に発射し、爆弾は帰途海に捨てた。両翼はきりもみの結果、歪んでいることがあとでわかった。

　12機の雷撃飛行隊は260ポンド破砕爆弾8発を搭載、180マイル（約290キロメートル）離れている水戸飛行場に高度1万1,000フィートで午後2時25分に到着した。そこから針路を変え前橋飛行場へ進んだ。飛行場を覆う7/10雲量のために、見逃してしまった。飛行隊がそれをわかったときには、すでに約20マイル（約32キロメートル）進んでしまった。飛行隊はコースを逆にとって雲の隙間から攻撃した飛行場は、前橋と思われたが、のち写真により近くにある高崎飛行場と確認された。攻撃後、2機の雷撃機は前橋の街に彼らの爆弾を捨てた。2ヶ所で火災が発生した。

　戦闘飛行隊の8機のうち4機は、写真班で攻撃には参加していない。他の4機も前橋飛行場を見失って隣接する高崎飛行場を攻撃した。2機が飛行場の北東側の掩体と同じエリアの格納庫の一つ、そして南西コーナーの対空砲火の陣地の中心部を攻撃目標に選んだ。掩体内に飛行機はなかった。しかしながら、12発のロケット弾と3発の260ポンド破砕爆弾を掩体の上に投下した。4発のロケット弾が格納庫を貫通した。写真隊は内陸の煙に妨げられつつも、水戸北、水戸南、筑波、壬生そして他の飛行場を撮影した。

　この攻撃では、260ポンド破砕爆弾80発、500ポンド通常爆弾21発が投下され、ロケット弾37発が発射された。2機に損害を与えた、と報告している。

　機動部隊は7月11日、翌日の燃料補給のため、北緯40度11分、東経150度06.8分付近へ退去した。

　以上が、1945年7月10日に群馬県下各飛行場に対して行われた、米軍艦載機戦闘報告書の概要である。これによって初めて、攻撃側の記録が明らかとなり空襲の実態がより鮮明になった。

　この日、県下に来襲した敵艦上機は計6波延べ115機（チャーリー攻撃隊SB2C-4Eのうちエンジントラブルで途中帰還した1機とそれに同行した1機を含む）に及び、このうち攻撃に参加した機数は延べ101機、他は写真偵察機であった。攻撃機は、グラマンF6F-5ヘルキャット延べ40機、ヴォートF4U-4コルセア延べ31機、グラマンTBM-3Eアヴェンジャー延べ23機、カーチスSB2C-4Eヘ

ルダイバー延べ19機である（表3）。写真偵察機は、第1次のエイブル掃討隊に4機、第2次のベイカー掃討隊に2機、そして第6次のフォックス攻撃隊に4～6機の計10～12機を数えた。日本軍飛行場の分散地区に秘匿された飛行機の位置を確認するために、写真を撮影することが来襲の目的であった。午前中に撮影した写真にもとづいて、帰還後、現像された写真が、午後の目標攻撃に使用された[37]。また最終の攻撃隊に同行した写真偵察機は、戦果確認のための撮影を行う目的であったと思われる。

掃討隊・攻撃隊の空母発進時間を見ていくと、次のことがわかる。早朝に2つの掃討隊と1つの攻撃隊が発進したが、第1次の掃討隊が帰還（8：05）後、1時間経って第4次の掃討隊が発進（9：00）、第2次の掃討隊が帰還（9：15）後、第5次の掃討隊が1時間後（10：15）に、第3次の攻撃隊が帰還（10：58）後、昼をはさんだ2時間後に第6次の攻撃隊が発進（13：05）している。ハンコック搭載の第6雷撃飛行隊（TBM-3E）は15機である[38]。第3次に11機、そして第6次に12機が含まれていることから判断すれば、この雷撃飛行隊に関しては2時間後に再度発進していったものと思われる。なお、掃討隊とは、戦闘（爆撃）機主体の編成をいい、攻撃隊とは、これに急降下爆撃機と雷撃機が加わって編成された集団を指したようである。

群馬県下に最初に来襲したのは、第2次のベイカー掃討隊であった。そして前橋飛行場には、このベイカー掃討隊の16機（目標上空での時刻5：00～7：00、日本側記録6：38～）、ドッグ掃討隊6機（目標上空での時刻11：15、日本側記録10：41～11：12、住谷修日記10：47～）、イージィ掃討隊8機（目標上空での時刻11：50、日本側記録11：45～12：35、住谷修日記11：58～）の計3波にわたり延べ30機が来襲した。内訳はグラマンF6F-5ヘルキャット延べ14機、ヴォートF4U-4コルセア延べ16機である。投下爆弾総数は、260ポンド破砕爆弾11発、ロケット弾97発であり、機銃掃射が行われた。そして日本軍単発機9機（「隼」1機を含む）を破壊し14機に損害を与え、格納庫を炎上させた、と報告している。

しかし第38・1任務群の全体資料中にある各種統計資料を見ると、前橋飛行場に対する攻撃では、単発機の破壊9機、損害を与えた単発機11機とあり、機数において若干の相違がある。

日本側の被害状況については、正式な記録が残されていないために、残念ながら比較検討することはできない。『戦災と復興』[39]に記された4発1機双発1機炎上の事実はなく、相当数の単発機が損害を受けた。その中には、1式戦闘機「隼」の姿もあった[40]。ただし、艦載機戦闘報告書は全体的に誇大な報告が多い、とも指摘されている[41]。

前橋飛行場の南西側掩体内に隠されていた練習機に攻撃を加えたベイカー掃討隊、約72機の飛行機を確認したというイージィ掃討隊は、陸軍航空輸送部第9飛行隊前橋派遣隊の95式1型練習機（黒塗りの赤とんぼ）を攻撃した可能性がある[42]。

なお、報告書中の桐生飛行場は新田飛行場を指すが、フォックス攻撃隊が空襲した高崎飛行場については、被害を受けた日本側の記録でその場所を特定しなければならない。高崎飛行場は存在していないからである。

4 地上の惨劇──日本側の各種資料や体験記から

この日、警戒警報・空襲警報が間断なく発令された。午前5時14分に警戒警報発令、同20分に

空襲警報が発令された。そして午前7時27分に解除となったが、この間約2時間、『戦災と復興』は午前5時40分に小型機22機、6時19分に小型機14機、同38分に小型機18機、この内の一部が生品、太田方面から桐生、前橋、高崎方面に飛来旋回、と記録している。これらに該当する米軍掃討隊・攻撃隊の艦上機は次のとおりであろう。午前5時40分の22機は、ベイカー掃討隊の20機の内16機による小泉飛行場への攻撃、午前6時19分の14機は、エイブル掃討隊の11機の内7機による桐生飛行場への攻撃、同38分の18機は、小泉飛行場攻撃後のベイカー掃討隊16機による前橋、館林の各飛行場への攻撃である。

　第2回目の警戒警報発令は午前8時17分、同28分に空襲警報発令、そして午前9時53分に解除となった。『戦災と復興』には、この間約1時間30分の飛来記録の記載はない（前橋地方空襲一覧のため）が、チャーリー攻撃隊の36機が飛来し、桐生、小泉の各飛行場を攻撃した。

　第3回目の空襲警報発令は午前10時11分、同13時20分に解除となった。この間約3時間、午前10時41分から11時12分に小型機13機が栃木佐野方面から桐生に侵入前橋高崎堤ヶ岡飛行場（前橋飛行場）に銃爆撃、午前11時45分から12時35分、小型機8機が足利方面から侵入前橋高崎及堤ヶ岡飛行場（前橋飛行場）を銃爆撃、と『戦災と復興』は記録している。前半の13機とは、ドッグ掃討隊の12機のうち6機による前橋飛行場への攻撃、後半の8機はイージィ掃討隊の8機による前橋、3機による太田の各飛行場への攻撃が該当する。

　第4回目の空襲警報は14時12分に発令、17時12分に同解除となった。この間3時間、飛来したのは、前橋飛行場を見失って高崎飛行場を攻撃したという、フォックス攻撃隊の34機であった。

　これらを整理したものが表4である。日本側はほぼ正確な飛来機数を捕捉していた。

　当時の新聞はこの空襲をどのように伝えたのであろうか。空襲のあった翌々日、7月12日の「上毛新聞」は、大本営発表（昭和20年7月10日14時30分）を「一、今七月十日朝來敵機動部隊より發進せる艦上機は數次に亘り主として關東地方各地のわが航空基地に來襲せり　二、七月十日十三時迄に來襲せる敵機は延八百機なり」と伝えている。さらに「艦載機下怒り滿つ必勝縣民」として「延べ約七十機が重要施設に執拗な波状攻撃を繰り返へし、更に前橋、高崎などの市街地にも謀略の爆弾投下と機銃掃射を敢てした、（中略）わが防空隊の敢闘にはゞまれ重要施設は言ふまでもなく市街地の被害も極めて軽微であつた、この日百五十万縣民の血を逆流させたのは前橋市の国民学校に機銃掃射を加え、更に多野郡下を進行中の八高線旅客車、田植中の農民あるひは勤労奉仕中の某中学生らにいづれも機銃掃射を加えた暴挙の数々である」「県都前橋に、そして県下主要都市高崎に、敵編隊機の侵入を許したのは今回が最初であり、然もこれら市民たちは初めて目前に敵爆弾を受け、機銃掃射の雨を浴びて今こそ腹のそこから憤激を発し、敵撃砕を誓ったのである」新聞の伝える防空隊の敢闘に米軍機は阻まれることはなかった。迎撃に飛び立った日本軍機は皆無であり、また小泉で強烈な対空砲火に遭遇はしたものの、他は貧弱であった。報告書中にも「対空砲火の火の粉が5、6個炸裂した。高度は正確であったが、貧弱だった」などの記述が見られる。作戦時、わずかにチャーリー攻撃隊の雷撃機1機が、対空砲火によって右翼に被害を受けたものの、攻撃に参加した全機無事帰還を果たしている。フォックス攻撃隊の報告書末尾には「The return trip to base was uneventful.（基地への帰途は平穏無事であった）」と結ばれていた。

　また、攻撃目標は、基本的には飛行場の分散された地区に秘匿された日本軍機であった。飛行場周辺に秘匿された掩体内の飛行機が目標とされたことにより、市街地は被害軽微となったが、掩体

周辺の民家にロケット弾や機銃掃射の雨が降りそそいだ。その中で、中央前橋駅付近に投弾、死者を生じた、と記録[43]されていることから、攻撃目標から逸脱した攻撃が行われたことも確かであった。これは高崎飛行場を攻撃（15：00～15：15）後、2機の雷撃機が余った「爆弾を前橋の街に捨てた」結果と思われるが、日本側の記録との間に時間のズレがある。

「上毛新聞」7月12日付には、「午前十時すぎ敵編隊のうち一機は前橋市上空で突如急降下し、小型爆弾を投下すると同時に機銃掃射を加へ即死者を出した」とある。当時の錯綜とした情報下、日本側記録の間違いである可能性もあるが、米軍側の報告書には記載されなかった、攻撃目標から逸脱した投弾の可能性も捨てきれない。ところが、群馬郡東村（現前橋市）にも投弾1発が記録されていることから判断すると、中央前橋駅付近への投弾と東村への投弾が、2機の雷撃機によって「捨てられた爆弾」と思われる。午後3時15分過ぎのことである。現前橋市への投弾はこれ以外に記録されていないからである[44]。

前橋飛行場に対する攻撃をつぶさに実見した住谷修の日記には、次のように記載されている。「十時四十七分村の北方を前橋北郊より飛来したグラマン戦斗機六機が二千五百米位の低空で西進し来り村ヤクシ堂北側より西国分のスグ北を通り新田国分上空より金古の近くに進んだ時、南方に東から西進する我一機あり之を認めた敵六機はクルリと反転南へ向ひ急降下にうつると見る一瞬六機一斉にドドドドと機銃を掃射、我機は黒煙に包まれて撃墜された。此の六機の内の二機は再度超低空で十時五十三分飛行場内の中島工場を銃撃引間の上空を低空飛行し一旦東へ去ったが十一時五十八分又東方より飛来飛行場を中心に旋回する内十二時二十四分八機が入乱れて一斉に堤ヶ岡国民学校の屋根を銃撃した。（中略）小学校前の二軒が焼夷弾により焼失北側志村友次郎氏方天井に中型爆弾一個がブラブラ下り（中略）此六機は東進して理研工場を銃撃工員三人死亡、田植中ノ江田村の娘が銃撃で死に付近で田植え中の住谷弁四郎氏家族と手伝い中の人々も射撃を受けた。此の日前橋の中央駅、前橋渋川間の電車もグラマンの掃射を受け県内の交通機関も大巾に乱れた」[45]。

『堤ヶ岡村誌』には「午前10時半頃突然空襲警報と同時に敵グラマン戦闘機6機が飛来、この時上空を旋回し着陸姿勢に移って居た我方の双発機1機に集中攻撃を加え我機を中川村の田の中に撃墜して去る。あっと思う一瞬であった。12時頃又も8機が姿を現し交互にうなりを立て急降下して来るのが夕立の雨足の様に砂ほこりを立てて機銃掃射して上昇しながら爆弾を落と」し、神崎組の給仕をしていた少年1名と、飛行場第三格納庫西側で爆弾の破片を頭部に受けて1名、棟高では爆弾の破片でえい児1名、が死亡した[46]。『群馬町誌　通史編下　近代現代』も基本的にその記述を踏襲している。

6機とは、ドッグ掃討隊のグラマンF6F-5ヘルキャット6機である。ただし、その戦闘報告書には双発機の撃墜についての記録はない。次の8機については、目標上空時刻11時50分のイージィ掃討隊のグラマンF6F-5ヘルキャット4機とヴォートF4U-4コルセア4機である。この隊の報告書に、双発機に関する記述がある。双発機を発見して、ヘルキャットが攻撃をこころみたが撃墜することはなかった。

これについては、次の体験記が事実を伝えているようである。引用にあたっては、その臨場感を極力伝えたいために、文章の一部省略はあるが、可能な限り紹介することに努めた。

　苗取りをしていた私達の頭上を、日本の輸送機が一機低空で行き過ぎました。「ずいぶん低

く飛ぶなあ」。誰かがふとそんなことを言い、そのまま苗取りをつづけていました。が、それも束の間、小型艦載機の編隊が後を追うように現れたのです。それが敵機だとすぐ解ったが、もう逃げる間もありません。(中略)艦載機は私達の頭上に来ると、急降下を始めたのです。そして編隊が大きく傾くと、今度一機ずつ編隊から離れて急降下し、機銃掃射を始めました。(中略)その間、何度か編隊が私達の頭上を行き来しながら、機銃掃射を浴びせたが、そのまま少し遠去かると、今度は近くにある飛行場を銃撃しはじめました。(中略)這這の態で逃げてきた私達が、その川(井野川、飛行場南西約3キロメートル―筆者注)のところに来たとき、川一面に油が浮いてガソリンの臭いがしておりました。"なんだろう？"おたがいに顔を見合わせている私達のところへ、近くに住む七〇歳の老母が竹槍を持って走ってきました。「友軍機が向こうに落ちました。早く行ってください」老母は叫ぶと、持っていた竹槍を対岸に向け、何度も何度も手招きをしました。(中略)川に梯子を渡して、這うようにして友軍機の落ちている向こう岸に渡り、そこに駆けつけると、土の中に頭半分突っ込んでいる飛行機を、田圃帰りの男の人が二、三人で掘りはじめており、操縦士一人が外に放り出されたまま、「まだ、土の中に六人居る」指差ししながら新手の私達に助けを求めました。それは、先刻私達の頭上を通過した輸送機で、(中略)中国大陸から軍の任務を持って内地に入ったが、目的の場所が空襲にあっているので、どこかの山の飛行場に行くように命令され、その途中でこの敵機に出くわして、追われながら畑にでも着陸しようと低空を飛んでいるうちに、電線(送電線―筆者注)に触れ、もんどりうって土の中に突っ込んだそうです」[47]。

　この体験記とイージィ掃討隊の戦闘報告書から、ことの次第が判明した。真相は次のようであろう。日本軍の双発輸送機1機が、着陸予定の飛行場に米軍艦上機が来襲したため、比較的安全と思われた前橋飛行場に向かった。しかし運悪く、飛行場上空でイージィ掃討隊と遭遇、ヘルキャットの攻撃から逃れるために低空飛行した結果、送電線に触れて墜落してしまった。これを遠望していた住谷修氏をはじめ地元の人々は、敵機によって撃墜されてしまった、と判断した。このまぼろしの「撃墜」は2002年に刊行された『群馬町誌　通史編下　近代現代』の記述まで、踏襲されていくことになった。
　また、当時国民学校2年生であった原田恒弘さんは、体験記『ひまわり』に次のように書かれている。

　忘れもしない昭和20年7月10日、午前10時ごろだろうか、いつものように警戒警報が発令された。この日は朝からしきりに警報が発令されていた。母と私は、余裕をもって身支度をして玄関を一歩でた。ちょうどその時、南東の方角から超低空で、一機の小型機が私たちに向かって飛来した。ほんの一瞬の間、私は直感的にその小型機がグラマンであることを察知した。(中略)敵兵の姿が見えた。敵兵は、航空用のメガネを額に当て、首にはピンクがかったマフラーをしていた。(中略)グラマンは、私の頭上機首を左に傾け、円を描くように反転した。翼に描かれた星のマークがひと際鮮やかであった。母と私はぼう然と、ただ立ちすくんだままこの光景を見ていた。(中略)間もなく、再び敵機の爆音が聞こえてきた。今度こそやられるに違いないと思った。ギューンという低空を飛行する気味の悪い爆音、敵機は急降下、急

上昇、反転を繰り返し、(中略)遠くのほうから、ダダダ、という鈍い機銃音が聞こえて来た。機銃掃射だ、やはり、そう思った瞬間「ズシーン」という鈍い音ともに、地面がびりびりと震え、ガラス戸がガタガタと震動した。爆弾だ」「思いもかけず、目の前で敵兵と遭遇しようとは、数秒間の、この信じがたい出来事は、映画のコマ送りのように、今でも鮮明に記憶」[48]されている、という。

原田さんが目撃したグラマンは、時間的に見て前橋飛行場を攻撃したドッグ掃討隊6機の内の1機である。

ドッグ掃討隊に限らず、その他の掃討隊・攻撃隊の戦闘報告書には、民間人に対する非人道的な行為は列車の襲撃以外に、一切の記述はない。前橋飛行場の攻撃前に、田植え中の民間人を機銃掃射するなどの行為である。

この時、藤岡では八高線の列車が機銃掃射を受け、小野信号所の藤岡よりのところで機関車のタンクの部分が損傷し2名の負傷者がでている[49]。八高線の列車を銃撃したのは、児玉飛行場を攻撃したドッグ掃討隊の第6戦闘爆撃飛行隊のコルセアであった。その報告書には「陸橋上の汽車に対して機銃掃射を行い、その結果、その汽車は蒸気に包まれて立ち往生した」[50]とある。

一方、高崎での空襲被害はどのようなものであったのか。フォックス攻撃隊が高崎飛行場に対して投下したのは、260ポンド破砕爆弾80発、500ポンド通常爆弾21発、ロケット弾37発に及び、この日の空襲では、最大規模であった。また、ドッグ掃討隊の1機が発射したロケット弾4発の行方はどうなったのだろうか。

高崎市の空襲被害としては、北通町の本元寺や田町、羅漢町などが機銃掃射やロケット弾の攻撃を受け、少年を含む男性2名、女性5名の計7名が亡くなり、多くの人が負傷した[51]以外は記録されていない。このことから、米軍が前橋飛行場を見失って攻撃したという高崎飛行場とは、隣接する埼玉県の児玉飛行場であった可能性が高い。

そして、この空襲被害こそ、前橋飛行場を攻撃したドッグ掃討隊の1機が、降下中にロケット弾を発射できなかったので、そのまま飛行場の南5マイル(約8キロメートル)にある建物に向けて発射した、結果によるものであった。「北通町の東本願寺近くの民家が被弾した。翌日動員工場からの帰途、古中山道にある古利・東本願寺(現・寺名は本元寺)に立ち寄ったのだが警防団の人が居て素通りを指示されたので被害状況は不明であった。次の日工場内で、東本願寺近くに住む同級生から死者と怪我人が出たと聞かされた。寺に近接していた民家が直撃(ロケット弾)され、この家の方を含めて六名が亡くなられ、寺に寄宿していた東京逓信講習所高崎支所の寮生三名が爆裂した破片で負傷した」[52]。また、「午前11寺30分艦載機1機襲来、市の北から侵入して南へ、引き返して来て田町、東本願寺辺を機銃掃射、渋谷下駄店、渡辺提灯店、羅漢町阿久沢助産婦、若林製材老夫婦などが死亡している。負傷者は数人、地域は田町、羅漢町、北通町第一辺りである」[53]。

前者では、時間を午前8時過ぎ、飛来した敵機をP51とするなど、誤りがあり、また後者ではロケット弾について触れてはいないが、これらの記述が、ドッグ掃討隊1機による攻撃の結末であろう。

『戦災と復興』は、7月10日の地域別投弾数を次のように記録した。

前橋市は投弾数―爆弾1、不発弾0、死者2、半壊建物1、群馬郡東村は投弾数―爆弾1、不発

弾0、重傷2、群馬郡堤ヶ岡村は投弾数―爆弾19、不発弾0、重傷3、軽傷5、半壊建物1、全焼建物4、堤ヶ岡飛行場（前橋飛行場のこと）は投弾数―爆弾8、不発弾0、死者1となっている。その備考欄には「前橋市に対しては爆弾一ヶ投下せる外一ヶ所に機銃掃射を行うのみにして来襲度数に比し被害軽微」、と記した。『群馬県戦災誌』では、「前橋市にも七〇機が前後四回にわたり攻撃、爆弾および機銃掃射を行い、市内で二人の死者を出した。また同時に高崎市にも攻撃を加えるなど、この日の空襲で前橋・高崎はもとより、群馬郡下の堤ヶ岡・東村、藤岡、新田郡下の尾島・生品、山田郡の矢場川村、邑楽郡下の高島村・小泉・館林など県下一一市町村に被害を与えた。特に堤ヶ岡飛行場に対しては銃爆撃も激しく、国民学校二棟が大破し、飛行場にあった軍用機も爆破された。この日群馬県下の被害は、死者一三人、負傷者二九人、家屋の全壊一〇戸、半壊二五戸、全焼四戸」[54]であった（表5）。

　投弾数、死傷者の数ともに、上記の数値は正確ではない。

　米軍側の資料によれば、前橋飛行場に対しては、260ポンド破砕爆弾11発を投下しロケット弾97発を発射している。高崎飛行場（児玉）には、260ポンド破砕爆弾80発、500ポンド通常爆弾21発を投下しロケット弾37発を発射、桐生（新田）飛行場には、260ポンド破砕爆弾70発、500ポンド通常爆弾16発を投下しロケット弾32発を発射、小泉飛行場には、260ポンド破砕爆弾14発、500ポンド通常爆弾20発を投下しロケット弾14発を発射、太田飛行場には、ロケット弾10発を発射、そして各飛行場や館林飛行場にも機銃掃射の雨を浴びせた。

　死傷者の数にしても、群馬郡堤ヶ岡村や前橋飛行場での死傷者、高崎における死傷者数など、実際の数よりも少ない。さらに言えば、前橋飛行場上空で墜落した双発機の搭乗員の死傷者は、その中に含まれていない。

おわりに

　B-29の日本本土空襲についての研究は、大都市を中心に行われており、比較的空襲の実態が判明している。しかし、前橋を含めた地方都市についての研究はこれからの課題である。ましてや今回紹介した米軍艦上機の空襲については、ほとんど研究されていない。そもそもその報告書の存在が確認されたのは、ごく最近のことであったからである。

　発掘調査の過程で、地元作業員の方から飛行場についての思い出や空襲体験などをたびたび聞かされた。また、現地説明会では、飛行場についての資料も紹介したところ、一番の関心がもたれたのは、それについての展示コーナーであった。

　本節で、飛行場設定前後の状況、1945年7月10日の米軍艦上機の空襲に焦点をあてて紹介したのも、わずか2年ほどの歴史である前橋飛行場ではあっても、そこには日本の昭和前半の歴史が凝縮されていたからである。

　60年余の歳月は、戦争体験を風化させていく。しかし忘れてはならない歴史、そしてまた明らかにしていかなければならない歴史がいかに多いかを、今回の調査で実感した。忘れ去られた事実を掘り起こしていく作業は、原始・古代の歴史を解明する作業と同等に、根気のいる作業であった。

　近現代の遺跡といえども、原始・古代の遺跡と同様に発掘調査は可能である。しかし発掘だけでは明らかにすることのできない歴史があることも事実である。史料調査や関係者・体験者の記録の

掘り起こしは、調査には欠かせない方法であった。

注
1）「本土航空作戦記録　附録第三　本土航空施設の梗概」防衛研究所所蔵。
2）「飛行場記録昭和19年4月20日調製第一航空軍司令部」防衛研究所所蔵。
3）「本土における陸軍飛行場要覧第一復員局作製」防衛研究所所蔵。
4）釜井耕輝「昭和17年～18年頃内地における飛行場設定の状況について」防衛研究所所蔵。
　釜井の略歴は次のとおりである。1940年8月熊谷飛行学校下館分教所の飛行場長、41年8月陸軍航空本部総務部部員、42年12月～43年7月陸軍大学校航空専科学生、43年8月陸軍飛行場設定練習部研究部部員兼陸軍航空通信保安長官部部員兼陸軍航空審査部部員、44年9月第32軍参謀として南西諸島の航空基地の強化に努む、45年2月第5航空軍参謀、5月朝鮮移駐、敗戦を向かえた。
5）国立国会図書館憲政資料室所蔵。
6）狭山市立博物館所蔵。
7）防衛庁防衛研修所戦史室『本土防空作戦』1968年。
8）藤原彰『中国戦線従軍記』2002年、大月書店。
9）4）に同じ。
10）1）に同じ。
11）1）に同じ。1943年以降整備した飛行場（除秘匿飛行場）は次のとおりである。新設飛行場—壬生、水戸北、成増、松山、児玉、前橋、松本、伊那、大島、新島、富士、小牧、清州、佐野、由良、広島、防府、高松、蘆屋、福岡、曽根、万世、上別府、唐瀬原。拡張飛行場—油川、印旛、松戸、老津、富山、三国、都城東。
12）堤ヶ岡村誌編纂委員会『堤ヶ岡村誌』1955年。
13）群馬町誌編纂委員会『群馬町誌』2002年。
14）12）に同じ。
15）2）に同じ。
16）3）に同じ。
17）12）に同じ。
18）1）に同じ。
19）1）に同じ。
20）12）に同じ。
21）1）に同じ。
22）13）に同じ。
23）「航空部隊一覧表（占領軍に対する説明資料）」防衛研究所所蔵。
24）群馬県『群馬県復員援護史』1974年。
25）7）に同じ。
26）米山和也「艦載機空襲の米軍資料」『空襲通信』第5号、2003年。
27）石井勉『アメリカ海軍機動部隊』1988年、成山堂。
28）26）に同じ。

29) 27) に同じ。
30) 26) に同じ。
31) EntryNo.55「太平洋戦争米国海軍・海兵隊艦載機戦闘報告書　報告書番号 VBF-6#51　VF-6#40」国立国会図書館憲政資料室所蔵。
32) EntryNo.55「太平洋戦争米国海軍・海兵隊艦載機戦闘報告書　報告書番号 VBF-6#52　VF-6#41」国立国会図書館憲政資料室所蔵。
33) EntryNo.55「太平洋戦争米国海軍・海兵隊艦載機戦闘報告書　報告書番号 CVG-6#31　VT-6#32　VB-6#27　VBF-6#53　VF-6#42」国立国会図書館憲政資料室所蔵。
34) EntryNo.55「太平洋戦争米国海軍・海兵隊艦載機戦闘報告書　報告書番号 VBF-6#54　VF-6#43」国立国会図書館憲政資料室所蔵。
35) EntryNo.55「太平洋戦争米国海軍・海兵隊艦載機戦闘報告書　報告書番号 VBF-6#55　VF-6#44」国立国会図書館憲政資料室所蔵。
36) EntryNo.55「太平洋戦争米国海軍・海兵隊艦載機戦闘報告書　報告書番号 CVG-6#32　VT-6#33　VB-6#28　VBF-6#57　VF-6#45」国立国会図書館憲政資料室所蔵。
37) 26) に同じ。
38) バレット・ティルマン、苅田重賀訳『第二次大戦のTBF/TBM アヴェンジャー部隊と戦歴』2003年。
39) 前橋市戦災復興誌編集委員会『戦災と復興』前橋市役所、1964年。
40) 阿久津宗二氏が「空襲のありさま（決戦下の小学生として）」の一文を書かれている（『総社町誌』1956年）。「六月十四日、私達は堤ヶ岡飛行場誘導路の芝植えの勤労奉仕に行った。すばらしい飛行機（ドンリュウ、ショウキ、ハヤブサ）をみた」。阿久津少年が見たのは空襲の26日前である。「隼」は確かに駐機していたのである。
41) 26) に同じ。
42) 13) に同じ。
43) 39) に同じ。
44) 39) に同じ。
45) 国府村誌編纂委員会『国府村誌』1968年。
46) 12) に同じ。
47) 鳥羽芳枝「機銃掃射の下で」『敗戦の傾斜』1979年、あさを社。
48) 原田恒弘『ひまわり』1995年。
49) 『藤岡市史　通史編　近世　近代・現代』1997年。
50) 34) に同じ。
51) 清水吉二「戦争と空襲」『街道の日本史17 中山道』2001年、吉川弘文館。
52) 一場要二郎「ああ紅の血は燃ゆる」発行年不詳。
53) 清水吉二氏提供資料。
54) 佐藤寅雄編『群馬県戦災誌』1989年、みやま文庫。

第 2 章 陸軍前橋飛行場の研究

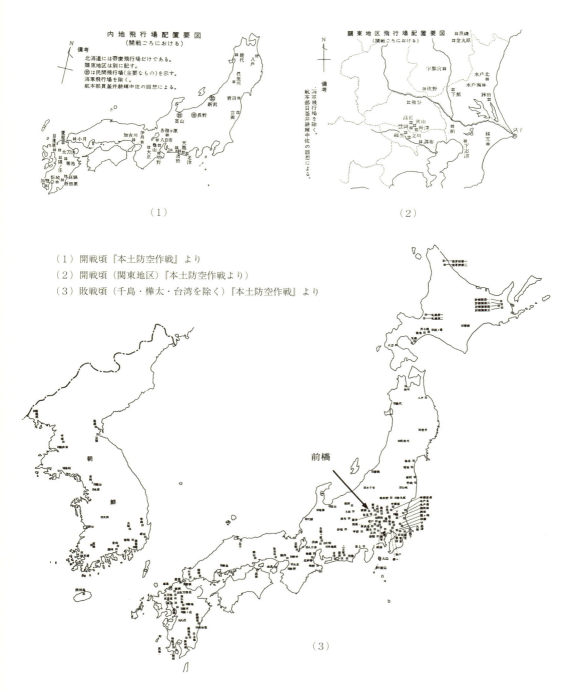

(1) 開戦頃『本土防空作戦』より
(2) 開戦頃(関東地区)『本土防空作戦より』)
(3) 敗戦頃(千島・樺太・台湾を除く)『本土防空作戦』より

図1 本土飛行場の配置

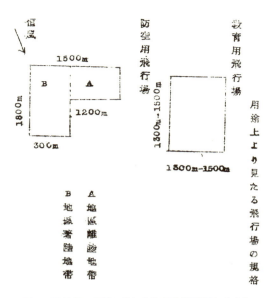
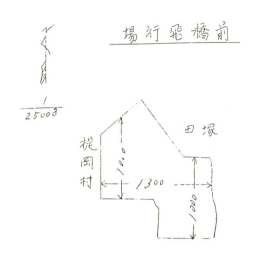

図2　飛行場の規格（『本土航空作戦記録』より）

図3　前橋飛行場（『飛行場記録』より）
（左下・新田飛行場、右下・館林飛行場
『陸軍航空基地資料第1　本州、九州』より）

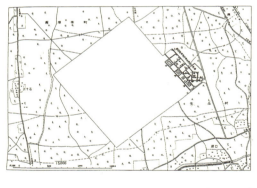
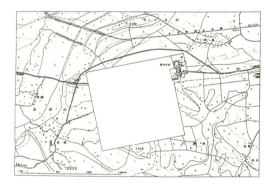
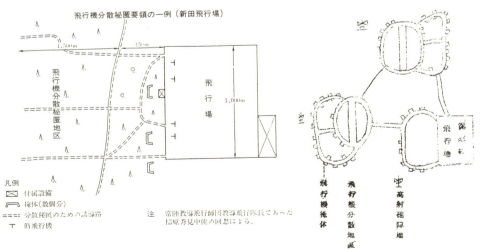

図4　飛行機分散秘匿要領（左『本土防空作戦』より、右『本土航空作戦記録』より）

第 2 章 陸軍前橋飛行場の研究

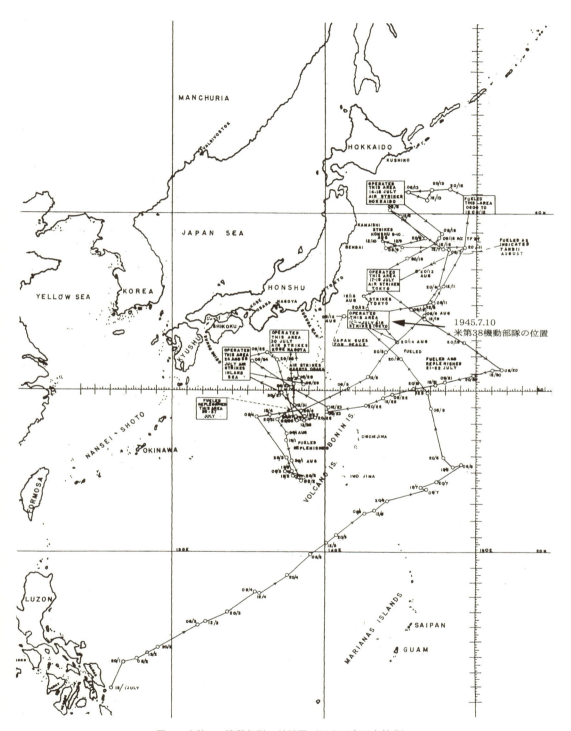

図 5　米第 38 機動部隊の航跡図（国立国会図書館蔵）

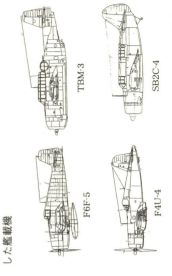

図6 第38・1任務報告書中のイラストと群馬県下を空襲した艦載機

※艦載機のイラストは、大日本絵画[オスプレイ軍用機シリーズ]と[エアロ・ディテール]、文林堂[世界の傑作機]所載のものから使用した。

表1-1 都市別爆弾投下トン数要約（全海空軍機による）

所在地	目標の種類	海空軍別	目標コード番号	年月	攻撃機数	投下爆弾数	投下爆弾総トン数	高性能爆弾	焼夷弾	破砕爆弾
伊勢崎	都市地域	第20航空軍	7626	45.8	87	614			614	
桐生	飛行場	海軍	9312	45.7	44	16		7		9
桐生	飛行場	海軍	9312	45.8	1	2		2		
	町			45.8	8	1				
小泉	中島飛行機	第20航空軍	9465	45.2	65	39		39		
小泉	小泉飛行機工場	海軍	9465	45.2	8	275		275		
小泉	飛行場	海軍	9465	45.7	1	1		1		
小泉	飛行場	海軍	9465	45.8	25	15		15		2
前橋	都市地域	第20航空軍	12213	45.8	92	724		1	691	18
前橋	飛行場	海軍	12213	45.8	6	1		1		1
太田	中島飛行機工場	海軍	17441	45.2	84	54		54		
太田	中島飛行機工場	海軍	17441	45.8	3	9		9		
太田	飛行場	海軍	17441	45.8	51	244		244		
高崎	都市地域	第20航空軍	22902	45.8	30	11		5		8
高崎	鉄道施設	海軍	22902	45.7	11	2		2		
高崎	工場	海軍	22902	45.7	30	17		6		11

表1-2 艦載機爆撃統計資料

場所	年月日	空母	任務	機種	目標番号	部隊名	高性能爆弾	破砕爆弾	焼夷弾	総計
桐生	45.7.10	ハンコック	1N	F4U	09312	780				7
桐生	45.7.10	ハンコック	1N	SB2C	09312	780				1
桐生	45.7.10	ハンコック	1N	TBM	09312	780				
小泉	45.7.10	ハンコック	1N	F6F	09465	780	5			
小泉	45.7.10	ハンコック	1N	F6F	09465	780	6			
小泉	45.7.10	ハンコック	1N	F6F	09465	780				
小泉	45.7.10	ハンコック	1N	F6F	09465	780	12	8		
前橋	45.7.10	ハンコック	1N	SB2C	12213	780			2	
前橋	45.7.10	ハンコック	1N	F4U	12213	780			3	
太田	45.7.10	ハンコック	1N	F6F	17441	780	4			4
太田	45.7.10	ハンコック	1N	TBM	17441	780	17			
高崎	45.7.10	ハンコック	1N	F6F	22902	780		1		10
高崎	45.7.10	ハンコック	1N	F6F	22902	780				1
高崎	45.7.10	ハンコック	1N	SB2C	22902	780				

※この表は、前橋飛行場および11・13の火炎ビン攻撃を除く

表2 ハンコック発進の掃討隊・攻撃隊

第1次作戦任務：エイブル掃討隊

機種	飛行隊	発進	発進時刻：0400	帰還時刻：0643	目標攻撃	搭載した爆弾
F6F-5	第6戦闘飛行隊	4機	敵機と交戦した機数：なし	帰還して交戦した機数：0	4機	桐生・児生・下館・下館の各飛行場攻撃（1機あたり）ロケット弾・260ポンド通常爆弾
F4U-4	第6戦闘爆撃飛行隊	4機		0	4機	ロケット弾4発、500ポンド通常爆弾1発

第2次作戦任務：ベイカー掃討隊

機種	飛行隊	発進	発進時刻：0430	帰還時刻：0915	目標攻撃	搭載した爆弾
F6F-5	第6戦闘飛行隊	12機	敵機と交戦した機数：0		6機	桐生・小泉の各飛行場攻撃（1機あたり）4発―260ポンド破砕弾4発、500ポンド通常爆弾1発（8機）能ロケット弾5発－フォード高性260ポンド破砕爆弾2発

第3次作戦任務：チャーリー攻撃隊

機種	飛行隊	発進	発進時刻：0643	帰還時刻：1058（日本標準時）	目標攻撃	搭載した爆弾
TBM-3E SB2C-4E	第6雷撃飛行隊 第6爆撃飛行隊	11機 11機	敵機と交戦した機数：0		11機 7機	桐生―260ポンド破砕弾4発、ロケット弾2発、500ポンド通常爆弾2発・500ポンド破砕爆弾2発、ロケット弾2発・フォード高性
F4U-4	第6戦闘爆撃飛行隊	7機				260ポンド通常爆弾2発
F6F-5	第6戦闘飛行隊	12機			12機	

第4次作戦任務：ドッグ攻撃隊

機種	飛行隊	発進	発進時刻：0900	帰還時刻：1345	目標攻撃	搭載した爆弾
F6F-5	第6戦闘飛行隊	6機	敵機と交戦した機数：なし		6機	前橋の各飛行場攻撃（1機あたり）4発―260ポンド破砕弾・大田の各飛行場攻撃（1機あたり）―260ポンド破砕弾1発、500ポンド通常爆弾1発
F4U-4	第6戦闘爆撃飛行隊	8機			7機	3発―260ポンド通常爆弾1発、ロケット弾4発、500ポンド通常爆弾1発、260ポンド破砕爆弾1発

第5次作戦任務：イージー攻撃隊（児玉）

機種	飛行隊	発進	発進時刻：1015	帰還時刻：1450（日本標準時）	目標攻撃	搭載した爆弾
F6F-5	第6戦闘飛行隊	4機	敵機と交戦した機数：0		4機	弾2発、1発―ロケット弾3発、260ポンド破砕爆弾1発
F4U-4	第6戦闘爆撃飛行隊	4機			4機	

第6次作戦任務：フォックス攻撃隊（児玉）

機種	飛行隊	発進	発進時刻：1305	帰還時刻：1735	目標攻撃	搭載した爆弾
TBM-3E	第6雷撃飛行隊	10機	敵機と交戦した機数：0		10機	前橋飛行場攻撃を変更高崎の260ポンド爆弾、ロケット弾2発
SB2C-4E	第6爆撃飛行隊	4機			4機	500ポンド、ロケット弾4発
F6F-5	第6戦闘飛行隊	8機			8機	260ポンド爆弾（1機あたり）

第2章 陸軍前橋飛行場の研究

図7 群馬県内の飛行場（1・前橋　2・桐生（新田）　3・小泉　4・太田（尾島）　5・館林）※6・埼玉県児玉
『空襲損害評価報告書』より（国立国会図書館所蔵）

表3

エイブル掃討隊　桐生（新田）・児玉・下館の各飛行場攻撃　目標上空時刻：0530-0600（日本標準時）

照準点	規模またはトン数	攻撃機数部隊	各照準点で消費した爆弾と弾薬	照準点に対する命中数	与えた損害
1	桐生飛行場南東分散地域	3機 VF-6	260ポンド破砕爆弾6発、50口径弾薬	6	2機破壊2機に損害
5	桐生飛行場南西コーナー地域掩体	3機 VBF-6	500ポンド通常爆弾3発、ロケット弾4発	2	1機破壊
6	桐生飛行場建物	1機 VBF-6	500ポンド通常爆弾1発	目撃できなかった	目撃できなかった

ベイカー掃討隊　館林・小泉・前橋の各飛行場攻撃　目標上空時刻：0500-0700（日本標準時）

照準点	規模またはトン数	攻撃機数部隊	各照準点で消費した爆弾と弾薬	照準点に対する命中数	与えた損害
1	小泉南東コーナー掩体	3機 VF-6	260ポンド破砕爆弾6発	4	単発機4機破壊
2	小泉飛行場の一式陸攻	1機 VF-6	260ポンド破砕爆弾16発	2	双発機1機破壊
3	前橋飛行場北西側掩体	4機 VF-6	ロケット弾16発、50口径弾薬	2	単発機2機に損害
4	館林南東飛行機掩体	5機 VF-6	50口径弾薬	確定せず	単発機6機に損害
5	館林飛行場の飛行機	1機 VF-6	50口径弾薬	確定せず	双発機1機に損害
6	小泉掩体内の飛行機	8機 VBF-6	500ポンド通常爆弾4発	3	2機に損害2機破壊
7	小泉エプロン上の飛行機	4機 VBF-6	500ポンド通常爆弾2発	1	1機に損害2機破壊
8	小泉飛行場の飛行機	1機 VBF-6	500ポンド通常爆弾1発	1	1機破壊
9	小泉格納庫	1機 VBF-6	500ポンド通常爆弾1発	至近弾	中位の損害
10	小泉砲陣地	1機 VBF-6	ロケット弾2発	確定せず	
11	前橋エプロン上と掩体内の飛行機	12機 VBF-6	ロケット弾30発	数個	2機破壊
12	館林エプロン上の飛行機	10機 VBF-6	猛爆撃	多数	3機に損害1機破壊

チャーリー攻撃隊　桐生（新田）・小泉の各飛行場攻撃　目標上空時刻：0830-1020（日本標準時）

照準点	規模またはトン数	攻撃機数部隊	各照準点で消費した爆弾と弾薬	照準点に対する命中数	与えた損害
1	桐生飛行場西掩体の飛行機	4機 VT-6	260ポンド破砕爆弾32発、機銃400発	14	7機破壊6機に損害
2	桐生飛行場の飛行機	4機 VT-6	260ポンド破砕爆弾16発、機銃200発	10	5機破壊4機に損害
3	桐生飛行場東掩体の飛行機	4機 VT-6	260ポンド破砕爆弾8発、機銃300発	2	2機に損害
4	桐生飛行場	3機 VB-6	500ポンド通常爆弾4発	6、4	7機破壊4機に損害
5	小泉飛行場	3機 VB-6	500ポンド通常爆弾10発・ロケット弾10発	10、10	3機破壊11機に損害
6	小泉飛行機工場	1機 VB-6	500ポンド通常爆弾2発・ロケット弾2発	2、2	軽微
7	桐生飛行場掩体	7機 VBF-6	500ポンド通常爆弾6発・ロケット弾24発	2-3、不明	2機破壊
8	桐生飛行場北東掩体の飛行機	4機 VF-6	260ポンド破砕爆弾8発	8	3機破壊3機に損害
9	小泉飛行場ランプの飛行機	1機 VF-6	260ポンド破砕爆弾2発	2	1機に損害
10	小泉飛行場掩体の飛行機	1機 VF-6	260ポンド破砕爆弾2発	2	1機破壊1機に損害
11	小泉飛行場分散地域	1機 VF-6	260ポンド破砕爆弾2発	2	1機破壊1機に損害

ドッグ掃討隊　前橋飛行場攻撃　目標上空時刻：1115（日本標準時）

照準点	規模またはトン数	攻撃機数部隊	各照準点で消費した爆弾と弾薬	照準点に対する命中数	与えた損害
6	前橋飛行場西側格納庫	5機 VF-6	ロケット弾20発・50口径弾薬	確定せず	重大
7	前橋飛行場北西部単発機6機	6機 VF-6	260ポンド破砕爆弾11発・50口径弾薬	確定せず	6機に損害
8	前橋飛行場5マイル南西建物	1機 VF-6	ロケット弾4発	確定せず	確定せず
9	前橋飛行場北西上空単発機2機	1機 VF-6	50口径弾薬	確定せず	重大

イージィ掃射隊　児玉・前橋・太田の各飛行場攻撃　目標上空時刻：1150（日本標準時）

照準点	規模またはトン数	攻撃機数部隊	各照準点で消費した爆弾と弾薬	照準点に対する命中数	与えた損害
3	前橋飛行場の飛行機	4機 VBF-6	猛攻撃ロケット弾12発	4-6	3機破壊4機に損害
7	前橋飛行場の飛行機	4機 VF-6	ロケット弾15発・50口径弾薬	確定せず	単発機爆破。他の3機炎上、2機に損害

フォックス攻撃隊　前橋飛行場攻撃、変更高崎（児玉）飛行場　目標上空時刻：1500-1515（日本標準時）

照準点	規模またはトン数	攻撃機数部隊	各照準点で消費した爆弾と弾薬	照準点に対する命中数	与えた損害
1	高崎飛行場の北西地域	6機 VT-6	260ポンド破砕爆弾48発	31	2機に損害
2	高崎飛行場の南西地域	4機 VT-6	260ポンド破砕爆弾32発	20	観察せず
3	高崎飛行場の格納庫と掩体	10機 VB-6	500ポンド通常爆弾6発、ロケット弾13発	16、12	重大
4	高崎飛行場の掩体	4機 VBF-6	500ポンド通常爆弾4発、ロケット弾24発	不明	観察せず

※ VF＝戦闘飛行隊（グラマンF6F-5ヘルキャット）、VBF＝戦闘爆撃飛行隊（ヴォートF4U-4コルセア）、VT＝雷撃飛行隊（グラマンTBM-3Eアヴェンジャー）、VB＝爆撃飛行隊（カーチスSB2C-4Eヘルダイバー）

表4　日米資料の比較

	日本側『戦災と復興』			米軍側			
	時間	機数		掃討隊・攻撃隊名	機数	目標上空	攻撃目標
第1回空襲警報発令	520	540-	22機	第2次　ベイカー掃討隊	20機	500-700	小泉飛行場
		619-	14機	第1次　エイブル掃討隊	11機	530-600	桐生飛行場
		638-	18機	第2次　ベイカー掃討隊	20機	500-700	前橋・館林飛行場
同・解除	727						
第2回空襲警報発令	828			第3次　チャーリー攻撃隊	36機	830-1020	桐生・小泉飛行場
同・解除	953						
第3回空襲警報発令	1011	1041-1112	13機	中央前橋駅付近投弾	第4次　ドッグ掃討隊	12機(内6機)	1115	前橋飛行場
		1145-1235	8機		第5次　イージィ掃射隊	8機	1150	前橋→児玉→太田→前橋飛行場
同・解除	1320						
第4回空襲警報発令	1412			第6次　フォックス攻撃隊	34機	1500-1515	前橋→高崎（児玉）飛行場
同・解除	1712						帰途、前橋の街に爆弾2個捨てる

表5　県下の空襲被害（『戦災と復興』による。『群馬県戦災誌』では数字が若干異なる）

7月10日 市町村別	死者	重傷	軽傷	計	全焼	半焼	全壊	半壊	計	罹災者数
前橋市		2		2				1	1	2
高崎市	3	8	2	13			3	3	6	
群馬郡堤ヶ岡村	1	3	5	9	4			1	5	10
群馬郡東村	1			1						
多野郡藤岡町			2	2						
新田郡尾島町					1				1	
新田郡生品村	1		1	2				4	4	
山田郡矢場川村		4		4			5	10	15	
邑楽郡高島村			1	1						
小泉町	2			2			4	6	10	
	総計10	総計15	総計13	総計38	総計5		総計9	総計25	総計39	総計18

第4節　陸軍特別攻撃隊
―誠第 36・37・38 飛行隊の足跡を追って―

はじめに

　昭和の時代が終わり平成の時代を迎えた 1989 年の 5 月、陸軍前橋飛行場で特攻訓練を行った、誠第 37 飛行隊（陸軍特別攻撃飛行隊）の隊長である小林敏男少尉の日誌（以下、「小林日誌」）が見つかった。この日誌は 1945（昭和 20）年 1 月 1 日からはじまり 4 月 5 日まで、沖縄に特攻出撃し散華した 4 月 6 日の前日までが記されていた。途中、2 月 12 日から 16 日までの 5 日間が未記入である。関係者の間でその日誌の複写が回覧され、やがてその一部は公表された。さらに『群馬町誌　資料編 3　近代現代』（2000 年）の中に、元伊香保町長・深井正昭氏から提供された「小林日誌」の 3 月 4 日から 3 月 26 日までが収録された。この 20 日間余りの期間、誠第 37 飛行隊のほかに同 36 飛行隊、同 38 飛行隊の計 36 名にのぼる特別攻撃隊員（表 1）が、前橋飛行場において特攻訓練を実施したからであった。

　筆者は群馬県群馬郡群馬町（現高崎市）所在の棟高辻久保遺跡調査を行っていた 2002 年、深井氏から日誌の複写の提供を受けた。さらに元宇和島市議会議長の入口健太郎氏からは、もう一つの日誌の提供を受けた。それは、誠第 36 飛行隊員岡部三郎伍長の日誌（以下、「岡部日誌」）である。この日誌は昭和 20 年 3 月 25 日、前橋飛行場を離陸してから沖縄に向けて特攻出撃する当日の 4 月 6 日までの記録であった。3 月 25 日以前の日誌も存在したようであるが、残念ながら現在は所在不明である。

　本節は発掘調査とともに実施してきた、前橋飛行場をめぐる史料調査の成果の一部である。前記の日誌はもちろんのこと、彼らが特攻隊員として所属させられた第 8 飛行師団司令部の昭和 20 年 7 月 31 日作成になる「天一号航空作戦戦闘詳報」「天号作戦間に於けると号部隊運用並に戦闘に関する戦訓」「天一号航空作戦戦闘詳報附録（其の一）」、作成日の記載のない「第八飛行師団特攻隊戦果調査表」「誠部隊天号作戦特攻戦死者諸統計表」「誠部隊天号作戦特攻状況一覧表」（以上、防衛研究所戦史センター所蔵）等の陸軍記録、当時の新聞記事や関係者の回想等から、彼らの足跡を可能な限り追い求めたものである。

1　戦時中の記事から

　米軍が沖縄本島に上陸して 6 日目の 1945 年 4 月 6 日、沖縄守備軍（第 32 軍）の総攻撃に策応した、陸軍の特攻 82 機（第 6 航空軍 54 機、第 8 飛行師団 28 機、ただし計 62 機とする書もある）の第 1 次航空総攻撃、海軍の特攻 215 機の菊水第 1 号作戦が展開された。

　陸軍の第 1 次航空総攻撃に参加した、誠第 36 飛行隊の住田乾太郎少尉以下 9 機、第 37 飛行隊の小林敏男少尉以下 8 機、第 38 飛行隊の小野生三少尉以下 6 機の計 26 機の 98 式直協偵察機は、戦果確認の同 39 飛行隊木下少尉機と共に「1430（午後 2 時 30 分―筆者注）新田原出発 1900（午後 7 時

一同）頃沖縄本島北中飛行場西側海面の有力なる敵輸送船団群を捕捉敵の熾烈なる対空砲大(火)を冒し必中の体当り攻撃を敢行」した（台飛作命第六号の戦闘経過による）。ただし「第8飛行師団特攻隊戦果調査表」によれば、新田原飛行場を出撃したのは1725（午後5時25分—同）となっており、出撃の正確な時間は今のところ不明である。公刊戦史である『戦史叢書　沖縄・台湾・硫黄島方面陸軍航空作戦』（防衛庁防衛研修所戦史室、1970年）では1430を採用している[1]。

　木下少尉機は戦果確認後、喜界島に着陸したが飛行機は大破し重傷を負った。また38飛行隊の原田覚伍長が沖永良部島に不時着している。少尉の報告したところでは、戦果は次のとおりであった。「轟沈大型輸送船1隻　撃沈同4隻　艦種不詳2隻　撃破大型輸送船3隻　炎上巡洋艦3隻　大型輸送船2隻　駆逐艦1隻　艦種不詳4隻　火柱5隻　計25」[2]。この報告ではほぼ全機が突入に成功したことになるのだが、この事実関係については後ほど述べる。

　4月25日付「毎日新聞」には、「中村曹長の遺骨を抱き出撃する特攻隊員」として、整備兵が差し出す鯉幟、挙手の礼で応え機上の人となる隊員の写真が掲載された（写真1・2）。

　「一人白布に包んだ小さな遺骨を首に吊してゐるのは下手曹長だつた　『この遺骨は戦友中村曹長のです、私と中村といま一人小川曹長と三人は少年飛行兵時代（下士官操縦出身—筆者注）からの同期で一緒に死ぬと誓い合つたのに中村は不幸殉職（3月31日熊本県隈庄飛行場で—同）したのでその分骨を私と小川が分けてもつて来ました、小川曹長は一足さきに突入し私たちの隊長住田中尉（住田少尉—同）もさきに行かれたので私一人最後になりました。隊長や戦友の弔ひ合戦に必ず戦艦を轟沈します』と固い決意を漏らした」とある。

　この記事の中の下手、小川の両曹長は誠第36飛行隊員で、中村曹長は同37飛行隊員であった。誠第36飛行隊12名のうち10名が4月6日に、1名が第3次航空総攻撃の4月16日に、そして最後の一人となった下手豊司曹長は、4月22日の第4次航空総攻撃に参加したものの生還、そして4月27日午前5時50分、鹿児島県の知覧特攻基地から沖縄に向けて突入を敢行したものと思われる。

　ところで26機が突入した4月6日の約1ヶ月後、5月3日付「朝日新聞」「毎日新聞」「讀賣報知」の各紙に、陸軍省5月2日発表の記事が掲載された。それは「特別攻撃飛行隊として敵船団に必死必沈の体当たり攻撃を加へ（中略）赫々たる武勲を挙げ襄に感状を授与せられ今般畏くも上聞に達せられたるもの次ぎの如し」として、誠第36飛行隊10名、同37飛行隊9名、同38飛行隊7名の計26名の氏名が公表され、その赫々たる戦果が記された。

　陸軍省発表の後、「茨城新聞」5月5日付に「自ら特攻歌を残す　恩賜品拝受の秀才小林少尉」として、郷土出身の特攻隊長小林敏男少尉の経歴が顔写真入りで紹介された。そして6月3日付「上毛新聞」に「想ひみる「特攻」の心境　いま、君と共に征く　いで湯伊香保の一夜」として、撃滅行に飛び立つ前の一日（3月18日—筆者注）を伊香保の塚越旅館に投宿した、特攻隊員一夜の団欒、今生別離の宴を人々の回想から紹介している。

　「塚越旅館にはその頃東京都王子第三国民校の疎開学童がゐた。子供たちの夕飯が一先づ終わつた夕刻、住田大尉（戦死後2階級特進—筆者注）他〇〇名の特攻隊員が旅館に着いた、（中略）疎開学童の寮母さんも宴会の手助けに出る事になつた」その寮母さんの語ることには、「（前略）一つじつくりと伊香保の夜を胸に叩き込んで征きますかな……」といはれてゐたのは確か小川曹長でした、みんな若い人ばかりで「ないぞ」と空の徳利を振られるお酒の好きな人もあるので旅館の方でも出来るだけ出されました、酔はれたのでせうか、赤峰さん（37飛行隊—筆者注）といふ若い伍長

さんが突然立ち上がって「やるぞッ」と大きな声を出されました、みなさんが「よし」とか「やるぞッ」とか口々に続けていはれました」さらに記事は続いて、「独りで勝手に軍歌を歌つてゐる人もあつた、「やるぞッ」と尚ひ続けてゐる人もあつた、（中略）深酔いの中にも"光り"のやうに口をついて出るのは「やるぞ」といふ不退転の意志だつた」

翌日、特攻隊員は疎開学童と一緒に並んで写真を撮って貰い、「勉強するんだぞ」と子供の頭を撫で万歳の喊声を浴びて山を下りて行った、という。3月18日の「小林日誌」には「午後一同を打つれて伊香保に至る、この地に於ける一時こそ、吾等が胸喜こびに満ちたる愉しき時なりき、あどき無き子等の吾等をしたひて集り来たる姿、涙流るゝ程うれしかりき、王子国民校五女小西愛子吾れがマスコットなり」とある。日誌を読む限りでは、この伊香保での疎開学童との交流が彼の心に残る最後の愉しい思い出となったようである。当時、塚越旅館には王子第3国民学校の3年生から6年生までの男女児童201名が疎開しており、訓導6名、寮母8名がその世話にあたっていた。

なお、この記事については後日談がある。1993（平成5）年10月19日付「東京新聞」に「小西愛子は私です」と名乗り出た女性がいた。新聞によると「ある時、先生に『特別なお客さまのところにつれて行きますが、あまり深いことを聞いてはいけないよ』と言われて部屋に案内されました（中略）そこで小林さんに「知っている歌を全部聞かせてください」と頼まれ、「しかられて」「カナリヤ」などの童謡を歌った。小林さんは飛行服を裏返し、裏地の白い毛皮を表にして愛子さんにかぶせ、「ほら、ウサギさんだよ」とおどけてみせた（中略）。その翌日、小林さんは愛子さんに別れを告げるため、複葉機に乗って伊香保の空に現れた。愛子さんは、この時のことを、「翼を左右に振ってマフラーをはためかせ、旅館の屋根すれすれを何回も旋回しました。爆音で聞き取りにくかったけれど、小林さんは『生きるんだぞ、生きるんだぞ！』と何度も叫んでいました」と語った。そして94年2月、存命中であった小林少尉の母堂、小林鈴さん（当時94歳）を訪れ、その思い出を語っている。

もう一つの後日談。それは1995年8月、当時の寮母さん二人が伊香保温泉を訪れ、特攻隊員の思い出を語ったのである。今まで語ることのできなかった、否、たとえ語ることができたとしても、決して新聞記事とはならなかった当時の悲しい思いである。それは若い隊員の「死にたくない、死にたくないよ」と言って泣き始めた、ことであったという（「東京新聞8月8日付」）。

「上毛新聞」の記事に限らず、当時の新聞は"喜んで""笑って"出撃していった特攻隊員を描いている。それは彼等を救国の英雄に仕立てる軍の要望であり、それに従わない記事は発表を許されなかったからである。記事のある部分は事実の一端を表しているかもしれないが、そこからは隊員たちの内面を推察することは難しい。

昭和20年7月14日付「朝日新聞」に、散華した誠飛行隊の将校は二階級特進で陸軍大尉に、下士官全員は陸軍少尉となる、神鷲特別進級の記事が掲載された。

2　戦後の記述

1956年に発行された『堤ヶ岡村誌』が比較的早い段階で特攻隊を紹介している。この中では「昭和19年12月28日に八紘隊を送り、次いで20年3月22日には正気隊の第一陣が出撃した。いよいよ明日出発と決まった日、隊員達の日頃行きつけている家ではお別れの御馳走に招いたりした。

沖縄地方の出身者が多く今更家へ行くことも出来ない隊員達は、この村人達の温かい気持ちをどんなに深く感謝していたことであろう。(中略)明くればいよいよ出発の日、見送りの人々は心を込めて正気隊の歌を唱う。(中略)注連縄を張り廻らした式場では、神官が厳かに祝詞を上げる。訓示がある。挨拶がある。そして終に出発。爆音高らかに一機そして又一機、飛び立った機はなつかしい村の上で旋回をし別れの翼を振って編隊を組み、次第に小さなとんぼになり、点になりやがて雲の彼方へ吸い込まれてしまった。(中略)次いで、23日、26日と正気隊の勇士は相次いで出発した。悲痛な面持ちで再び帰らぬ人達を村人は送った。」

ここに記された正気隊こそ、誠第36、37、38飛行隊であった。正気隊とは彼等が自称していたものである。

1945年1月29日に陸軍中央部は「と」号部隊仮編成要領を発令した。「と」は特攻隊の略号である。この時「と」18〜47隊までの計30隊が編成された。「と」36・37・38の計3隊は、大刀洗陸軍飛行学校で編成され、その仮編成完結(転属)は2月14日、転属先は8FDとなっている[3]。8FDとは第8飛行師団(師団司令部は台湾、師団長・山本健児)のことで、師団の通称号は「誠」といった。「誠」第〇〇飛行隊は第8飛行師団所属特攻の呼称となった。ちなみに陸軍のもうひとつの特攻隊である第〇〇「振武隊」とは、第6航空軍(軍戦闘司令所は福岡、軍司令官・菅原道大)隷下の特攻隊呼称である。

「小林日誌」の2月17日には、「大命遂に下りぬ。敏男二十五年の生命を捧げむ好機遂に至る。心中の正気正に爆発したる感あり。然もその任たるや嗚呼(中略)家に帰りて寝に就きしも容易に寝るを得ざりき」

そして、

・醜の吾れ特攻隊長の命を拝しぬ必ずや必ずや成さゞらめやも

の歌が詠まれた。

村誌に記述された第一陣の出撃は3月22日ではなくて24日である。この日の「小林日誌」には「先発の住田隊、小野隊出発す」とある。そして26日に小林隊が出発した。なお、隊員たちの中に沖縄出身者は皆無であり、出発に先立つ神儀、出陣式を20日午後4時から行っている。

ところで村誌に記された他の特攻隊、例えば昭和19年12月28日の八紘隊、昭和20年4月の9機、5月の9機、7月中旬の11機、これらの特攻隊については詳細不明である。

1980年に刊行された『前橋女子高校六十年史(下巻)』には、「決戦体制下の前橋高女」として次の文章が掲載されている。「四年生が堤ヶ岡飛行場(前橋飛行場のこと—筆者注)へ防空壕掘りの勤労奉仕に出かけた時のことである。特攻隊員が来ていると知った生徒たちは、ぜひ合わせてほしいと頼み込んだが、「隊員たちの心が乱れるといけないから」という理由で隊長の許可が得られなかった。そこで生徒たちは相談の上、マスコット人形を作って届けることにした。その一人である細野光枝は、乏しい布地をやりくりし、夜中の一時までかかって作りあげた人形の背中に小さくたたんだ血書の手紙をしのばせたのである。(中略)隊員の一人は出撃のため堤ヶ岡を去るにあたって、ふだん風呂を貰いに行っていた飛行場近くの農家に一通の手紙を持参し、前橋高等女学校へ届けてくれるように話した」。そして「徒々記」と題された特攻隊員の手紙を紹介してあるが、そこには

昭和20年3月24日付岡部生の名前があった。

　一前女生の「血書」を身につけて堤ヶ岡飛行場を出発した特攻隊員「岡部生」とは、いかなる人物でありその後はどうなったか、この本を編集された内藤真治氏はこう記して、「岡部生」なる人物を追いかけた。そしてその人物を香川県出身の当時24歳、岡部三郎伍長（誠第36飛行隊）であることを突き止めた。その経緯は「「特攻隊員岡部三郎」後記」「讃岐路掃苔記」としてまとめられている[4]。

　大きな転機は1995年になって、特攻隊員たちが残した寄せ書きが半世紀ぶりに発見されたことである。発見者は深井正昭氏である。すでに「小林日誌」を入手していた深井氏は、隊員が出撃直前の決意や身上を記した寄せ書きを旧清里村（現前橋市）農会長に託していたことを知り、東京に住む農会長の子息宅に保管されていた寄せ書きを発見したのである。このことは当時、新聞各紙に報道された。深井氏のこうした努力がきっかけとなって、遺族や関係者が次々と判明していったのである。そして『群馬町誌　通史編下　近代現代』（2002年）の中で、誠隊（正気隊）の特攻訓練から出撃までが、これらの成果のもとに紹介されることになった。

3　1945年1月から3月にかけての戦況

　当時の戦況を『戦史叢書　沖縄・台湾・硫黄島方面陸軍航空作戦』（防衛庁防衛研修所戦史室、1970年）をもとにまとめると次のようになる。

　陸軍航空の特攻攻撃は、すでに比島（フィリピン）の捷1号決戦（1944年10月から45年1月）で約210機を決戦場に投入していた。しかし敗れた日本軍は、2月天号作戦準備に着手した。これは連合軍の日本本土進攻に対し、本土防衛作戦の一環として本土前縁で戦う作戦である。方面別に天1号（沖縄）、天2号（台湾）、天3号（東南中国沿岸）、天4号（海南島以西）に区分されたが、当時の大本営では、天1号、すなわち沖縄が次期作戦目標となる公算が最も大きいと判断していた。

　比島決戦で戦力を消耗した結果、米軍の次期進攻に対し、戦力再建の余裕がなくなった。日本本土に米軍を迎え撃つというのに、準備万端整っていたのは米軍の方だった。そこで速成訓練が容易で技量未熟者でも実施可能な特攻攻撃を、陸海軍共に中核戦法として全面的に採用したのである。この徹底した採用により、敵の輸送船団300〜400隻を撃沈する案を樹立した。天号作戦において軍上層部は「性能の良い兵器の供給もできず、十分な弾薬も与えず、作戦の失敗を若者の血を以て補おうとしたのであり、最終段階では肉体自体も弾丸として用いた」[5]のであった。

　1月29日、陸軍中央部は「と」号部隊仮編成要領を発令、「と」18〜47隊の計30隊の特攻隊が編成されたことは先に記した。そしてその第2次編成、「と」48〜116隊の計69隊の編成準備を2月23日指示、3月20日その実行を発令したが、相当に訓練をしなければ特攻の戦果を危ぶまれる若い隊長、隊員を含んでいた。

　陸軍の第8飛行師団は、次期戦場と目された台湾、沖縄方面の航空作戦を担任した。天号作戦準備着手とともに、大本営は同師団に対して特攻隊11隊を配属した。このうちの3隊が大刀洗陸軍飛行学校の教官、助教で編成された、誠第36飛行隊、同37飛行隊、同38飛行隊であった。しかしこれら特攻隊の編成は遅れた。

　前年の12月に内地防衛のために創設された第6航空軍の作戦担任が、2月上旬頃から沖縄本島

以北となることが明らかになった。これに伴い、同師団の沖縄に対する考えには助攻という意識が強くなった。さらに沖縄の北、中飛行場確保のための地上部隊の配備問題で、沖縄守備軍の第32軍との間に意見の相違を生じた[6]。

一方、第32軍は、強大な航空特攻戦力を沖縄方面飛行場に配置して、敵上陸船団を洋上に撃滅することを希望した。そして2月末までに200個を目標に特攻機分散秘匿準備を完整して、中央および関係各部隊に特攻隊の派遣を要請していた。南西諸島の特攻隊が出撃を終われば、九州方面特攻隊は戦闘隊の掩護下に南西諸島に躍進して攻撃するというものである。

2月27、28、3月1日の3日間、福岡で大本営主催の天号関係陸海軍航空部隊の打ち合わせ会議が開催された。陸軍からは第6航空軍（防衛総司令官の隷下、本土・九州）、第8飛行師団（第10方面軍司令官の隷下、台湾・南西諸島）、第5航空軍（支那派遣軍総司令官の隷下）、海軍からは連合艦隊、第5航空艦隊（2月11日、九州方面に新たに創設）、第21航空戦隊等の幕僚が集まった。この会議で第8飛行師団は中央配属特攻隊未着のため、保有兵力としては宮古島、石垣島に展開した特攻2隊のみであること、また台湾から沖縄に対する航空攻撃は、戦術的に困難が多いことを説明した。

2月下旬、第8飛行師団参謀の神直道少佐が、沖縄第32軍参謀（第8飛行師団参謀兼務）に転じ、3月2日早朝着任した。折から沖縄は空襲を受けている真っ只中であったが、神少佐は敵の第一派攻撃前を狙って台湾から飛来した。

3月に入り、第8飛行師団では天号作戦に関する諸準備が着々と整備された。しかし中央から配属された特攻隊が1隊も台湾に前進する気配もなく、その所在や編成訓練の進捗状況さえ不明であった。そこで師団はこれら特攻隊の掌握、そして編成および展開の促進等のため、川野参謀を内地に派遣した。宮崎県の新田原飛行場に飛び、ここを根拠にして掌握する予定であったが、同地では1隊も掌握できなかった。このため大刀洗、明野、松本等の基地を回り数隊を掌握、それぞれ新田原に前進集結するように指示した。その後、川野参謀は航空本部で詳細調査のうえ、更に数個の飛行場を回って3月15日ころ新田原に帰還した。

おそらくは、前橋飛行場にも飛来し訓練中の3隊に新田原前進を指示していったものと思われる。

4　「小林日誌」に見る前橋飛行場での特攻訓練

「小林日誌」は3月6日から前橋飛行場での記述が始まる。この日誌（抜粋）をもとに訓練の日々を紹介し、若干の解説を加える。また日誌に遺された歌の一部もあわせて紹介したい。

なお、原文には句読点が付されていない個所が多いが、適宜句読点を補った。原文に使われている旧漢字は、常用漢字で表記した。送り仮名と誤字・脱字と判断されるものについては、原文どおりとした。判読については、深井正昭氏から多くのご教示をいただいた。また『群馬町誌　資料編3　近代現代』に収録された「小林日誌」、入口健太郎氏のまとめられた資料[7]も参考とした。

「午前、と号の飛機を掩体に運ぶ。力仕事にて久しく体を使はざりし身には相等の疲れを覚えたり（中略）午後同じ作業を続け」た（3月6日）。掩体とは飛行機を敵の攻撃から守るための秘匿施設である。前橋飛行場には掩体大30ヶ所あった[8]。

「午前飛機の偽装、午後艦船攻撃に就て学課せり（中略）正気隊々歌として大中氏に作曲を依頼せる」（3月7日）。大中氏とは大中寅二のことで、当時48歳の国民的作曲家であった。島崎藤村の

作詞『椰子の実』の作曲者として有名である。
　「師団長の視察ありとて午前中掃除を行ひ（中略）1300 来たり。会食時色々の話を承る。二旬を経ずして吾等出陣すと聞けり。訓練を望むも難き事なるべし。吾等が飛機逐次集中す」（3月8日）。同日の歌8首から2首。

　　・故郷の筑波の山の小さきに二十五年の生命を想ふ
　　・よもつ国は闇しと聞けり道連れに敵三千を引連れ行かむ

　「隊員一同飛行分散を終日行へりと。中村地上滑走にてペラを破損せりと聞く。精神の弛緩にあらずやと若干心配せり。赤峰外泊より帰る。吾等が飛機その大部は集結を完了す。出撃の日最早遠からず。只々うらむべきは吾れに夜間飛行の経験無き事なり」（3月9日）。
　「午前より行動を開始し終日物資の集中に奔走せり。（中略）隊員一同飛機の分散偽装。38 飛行隊等到着す」（3月10日）。
　「午前午後を通じ燃料の分散に奔走す（中略）十一の部下を持ちて隊長たる余の悩み多々あり。而も行かば断じて帰らざる12の命なれば（中略）八名の下士官の中、未だに心定かならざる者あり。これを喜こびて死地におもむかしむるもの、一にかゝって余の責任にあるを思へば、その任愈々重大なるを知る。如何すべしや。先ず以て適当なる精神訓話を必要とす（中略）一機一艦、三千の敵と心中する事のみを思ふべし。空母、戦艦をほふらむとは思ふな吾等が目標は輸送船にあり。教官助教たりし汝等よ今まで教へ子に対し如何なる精神教育を行ひ来たるや。今こそその言を実行に移すべき神機なり」（3月11日）。当時の陸軍は輸送船攻撃、海軍は機動部隊攻撃を目標としていた。
　「午前中燃料分散（中略）午後大中氏宛便りを書き遺書をしたゝむ」（3月12日）。
　「飛行演習開始。幾日振かにて高練に乗り空中操作を行ふ（中略）午後外出を許可さる。思出の地予備士校に行く」（3月13日）。小林少尉は、1942年2月現役入隊（近衛歩兵第1連隊）、同年5月に前橋陸軍予備士官学校に入校している。同年10月同校を卒業し、43年4月少尉に任官、同時に航空に転科し大刀洗陸軍飛行学校木脇隊に入る。その後少年飛行兵、特幹（特別幹部候補生、下士官養成制度）の教官をしていた。
　「下龍閣下午後初度巡視あるとて朝来大掃除を行ふ。0830-10、00 平面的照準演習についての学課あり。後飛行演習。午後清里村々長並松島農会長来隊さる。同時に下龍閣下着隊され忙がしさ一しきりなり。後飛行演習。平面的照準操作仲々以てむづかしきものなり。清里村々長以下の御厚意誠に身にしむ」（3月14日）。下龍閣下とは、宇都宮航空廠長の下田龍榮門陸軍少将である。また9日・10日の両日、物資調達のために奔走しているが、このとき清里村農会も訪れている。食料などの物資について格別の支援をしてもらったお礼に隊員の寄せ書き（1995年発見）が書かれ、贈呈されたものと考えられている[9]。
　「午前演習を行はむとせしめ小雨降りて視度悪く行ふを得ざりき。演習、平面的照準演習、午後五回行ふ。概ね手に入りたる感せらる」（3月15日）。
　「吾等午前中試飛を命ぜられしも進チョクせず四機にて止む。大中氏より電報ありぬ。午後隊長より家に帰れと命ぜられ振武隊の軍偵にて壬生へ行き石橋より汽車にて帰る。二四〇〇家に入る。母喜びぬ」（3月16日）。

・死出の道と知りても母は笑顔にて送りてくれぬ吾故郷（クニ）去る日
・広き広きホームに立ちて見送るは母と妹と友一人のみ
・故郷の梅を親しみさまよひぬこれも遂には最後となりぬ　（3月17日）

「思ふだに愉しき一日なりき。五時起床飛行演習、超低空を行ふ。後大中寅二先生を高崎に迎へに行き飛行場に至りて吾等正気隊々歌を練習す」（3月18日）。この日、先に記した伊香保温泉での今生別離の宴が開かれた。

「朝、子等に送られて伊香保を去る。帰隊後間無く、と二号発せられ飛機の演習を行ふは難かりき。大中氏を高崎に送る。午後明日の準備にて大童なり」（3月19日）。

「晴の門出出陣式の日なり。この日を迎へても而も出て立たむとする心境何等変る所無し。特攻隊として突撃を敢行するは他人の如く感せらる。一四〇〇師団長来たり。一六〇〇より神儀、出陣式を行ふ。引続き会食ありたるも態度不可なりとの理由に依りて師団長中途にて座を立ち冷き空気漲りたり」（3月20日）。

「昨夜の不愉快なる気未だ去らず。朝、師団長飛行場を去るに際し訓辞ありぬ。隊員に飛機を配当し試運転、試験飛行を行はしむ」（3月21日）。

「午前隊員には飛機の整備を行はしめ、飛行訓練を行ふ。課目、超低空並照準練習、相等手に入りたる感あり。一七〇〇より隊員一同と共に前橋に出て魚藤にて会食を行ふ」（3月22日）。

「特攻隊特攻隊と云ひておごるは不可なりと三井大尉殿より注意を受く。反発せむとする心若干ありとは雖、強く胸さゝれるものありき。果して大任を果し得べしや如何解らぬ身にして二言目には特攻隊の名を出し生き乍ら神様扱ひを受け省みて心に恥つべき点無しや。迫力に足らず闘志に欠けたりと云はれ而も反発し得る力ありや。師団長の一件と云ひ本日出発時の態と云ひ深く反省すべき点多々あるを認む」（3月23日）。この日強風のために出発中止となった。

「隊員の志気を左右するは実にかゝりて余一人の力にあり。隊員を喜こびて死に導き行く力余に欠けたり。隊員に優しすぎてなめられたりと汝認めざるや。悲しむべし、この吾誠持ちて導き行くを（中略）先発の住田隊、小野隊出発す。午後整備試験飛行整々と行ひ得たり（中略）余が修武の地を空から訪れ得たること喜こびの限りなり」（3月24日）。修武の地とは、前橋陸軍予備士官学校のことである。この日、彼は母校の上空に飛来し、2回3回と旋回した後、高度50メートルまで降下し「俺に続け」としたためた通信筒を落している[10]。

「午前試飛、羅針盤修正を行ふ。（中略）愈々出発を明日に備へて準備に多忙を極む」（3月25日）。

・せまり行く生命を思ひひもすがら机に向ひ航法計画を立つ
・すつるべき生命にあれど猶而も惜みて遂に究め得ざりき　（3月26日）

「小林日誌」を読む限りでは、前橋飛行場での最初の1週間は、飛行機の偽装、燃料の分散、物資の調達に明け暮れていることがわかる。飛行演習は3月13日から始まり、途中帰郷した1日を除いて、25日までの12日間行われた。しかしこの飛行演習、試験飛行については、十分な時間をかけて実施されたものとは思われない。

特攻隊要員の学術科教育課程表によると、教育期間約1ヶ月、その教育配当日数の基準は、操縦及び教練10日、射撃4日、爆撃10日、航法2日となっている。操縦及び教練での重点は、重装備状態で幅員50メートル以下の滑走路での離着陸をほぼ完全に修得すること、生地離着陸や分散飛行場からの離着陸、空中集合ならびに中隊の運動に慣熟すること。爆撃では、昼間（薄暮を含む）に於ける急降下、超低空爆撃の要領をほぼ完全に修得すること、となっている。ところがこれには重大な制約があった。各人1日の実搭乗時間は40分を基準として極力燃料を節約する[11]、ものであったからである。

　なお、22日から26日まで隊員たちとの交流を記した三上登喜子（旧姓静、当時県立高崎高等女学校3年生）氏の『神鷲誠飛行隊との交流記』（知覧特攻平和会館提供資料）は、隊員たちの動静を知る上で貴重な記録である。

　3隊が前橋飛行場を離陸した、3月24日から26日にかけての戦況は、前出の『戦史叢書』によれば次のようである。

　24日、沖縄本島南部の海岸付近に連合軍艦艇数十隻が出現、地上陣地等に砲撃を開始。米軍の沖縄本島来攻がいよいよ確定的となった。第10方面軍司令官は、天1号作戦必至と判断し、第8飛行師団長に作戦準備の促進を命じた。

　一方、第6航空軍は遅れている特攻兵力の九州前進の促進に努めたが、机上の計画より1ヶ月以上も遅れていた。最初の特攻隊は2月にできることになっており、軍はこれを沖縄に配置するよう計画していたが、第32軍の期待に反し遂に実現しなかった。

　翌25日、米軍の慶良間列島上陸が第32軍から報告され、敵の沖縄攻略企図は決定的となった。同日午後11時、第8飛行師団は次の命令[12]を発した。

　　　　　第八飛行師団命令　三月二十五日二三〇〇
　　　　　　　　　台　　　　　　　北
一、沖縄本島方面に対する敵の進攻企図は逐次歴たり
二、師団は九州付近に集結中の特別攻撃隊を逐次沖縄方面の戦闘に加入せしめんとす
三、西参謀は九州に到着せる誠飛行隊を指揮し左の如く処理すへし
　1、誠第三十一第三十三乃至三十五第三十九飛行隊適当なる誘導機を附して上海経由台北に前進せしむ
　2、誠第三十二第三十六乃至第三十八及第四十第四十一飛行隊、沖縄（中又は北）又は徳之島飛行場に前進して神参謀の指揮下に入らしむ
四、神参謀は前項第二号部隊を指揮し好機を捕捉して敵艦船を攻撃せしむへし
五、第三第四項部隊の指揮転移の時機は飛行隊の南西諸島到着の時とす
　　　　　　　　　　　　　　　　　　第八飛行師団長　山本健児

5　前橋から九州へ前進（図1）

　小林編隊は3月26日、「思へば愉しき二十日間なりき」の言葉を残して前橋飛行場を離陸した。この時点では、新田原から台湾へ前進する予定であったと思われる。それは小林少尉作詞の正気

隊々歌の一節にある、「如何に仇艦寄せ来とも　醜の神鷲此処に在り　敵数万を道連ずれに　台湾沖を血に染めむ　いざいざ突込め正気隊」や、3月24日付岡部伍長の「徒々記」に記された、「我が故山なる台湾沖に火の玉となって突っ込んで行こう」からも明らかである。

午前9時、始動出発しようとしたところ、「新田原敵艦載機の襲来を受く、と号第三十七飛行隊は大刀洗に向ひ進発すべし」との命を受け、10時に前橋を発した。浜松で給油、鈴鹿を超えて午後3時、兵庫県加古川飛行場に全機無事着陸した。

一方、岡部三郎伍長の所属する第36飛行隊は、24日に前橋を発ち、浜松、加古川に前進する予定であった。この間の動きを「岡部日誌」13) から見よう。

「浜松の編隊解散後の各機の着陸は不整なり。基地出発前の指揮官の指導及び生地に於ける僚機の編隊長を確信とする着意不良なり」とあり、浜松湖より引き返す機があり、加古川飛行場に着陸できたのは岡部機だけであった。その飛行コースは、豊橋、伊勢湾、佐久島、上野、笹ケ嶽、鷲峰山、生駒山、そして淀川と木津川の交流に至り、それより大阪、神戸を経て加古川である。飛行場で午後4時30分までの約2時間待ってみたものの他機は来なかった。京都付近で直協らしき4機飛行中との報によって捜索を行ったが、雨中飛行のために捜索を断念して京都飛行場に着陸した。

各機の着陸が不整になってしまったのは、航法（地図）の研究が不充分であったと指摘している。航法とは、出発前にまず地図の上に出発地点から目的地までの直線を引き、地図の必要な部分を上にして左膝の上に拡げておく。離陸後、その直線の方位と、飛行機の羅針盤の針とを合わせて10分間飛ぶ。地上の山、川、鉄道、道路、集落等の形と地図を見比べ、針路を修正しながら飛んで行く、という完全な有視界飛行法である14)。

「住田、小野各編隊長（中隊長）の航法は、地点の研究及天候利用に研究の要大なり。住田編隊長の航法実施にあたり基地に引き返すは其処置良好なり。されど一般に航法技術未熟にして僚機を誘導するには研究努力の要大なるを認む」

この記述は、飛行時間3,500時間のベテラン搭乗員であった岡部伍長の自信に裏打ちされたものであろう。その略歴は、1937年から操縦訓練をうけ、翌38年11月から39年5月まで飛行第7戦隊に所属。この間、熊谷陸軍飛行学校で操縦訓練を受けている。その後、41年から臨時召集される44年3月まで、関西学生航空連盟、京都航空機乗員養成所の操縦教官をしていたのである。

翌25日午前7時、彼は戦友に見送られて京都を発ち、7時30分、再度加古川飛行場に着陸した。すでに三井大尉機他2機が到着していた。9時30分には住田編隊全機が到着した。そして午後2時、新田原飛行場に向けて加古川を離陸した。

「途中全コース快晴、高松剣山亦指呼の間にあり。四国山脈は故山なり、母上のゐます山なり」。岡部伍長の故郷は香川県である。高知、豊予海峡、青島、そして宮崎県新田原飛行場に午後2時30分着陸した。「少佐の方が来られ直ちに博多に飛行すべしとのこと。生は別命にて熊本飛行場（菊地飛行場なり）に行き特攻隊出撃命令を伝達十九時三十分発す。夜間飛行にて博多（雁ノ巣飛行場—筆者注）に着す。他機来ておらず」

26日、朝7時25分博多を離陸、高松飛行場に着陸。同じ隊の嶽山機が加古川に引返すことになり、また加古川へ戻っている。そしてそこで小林編隊と合流した。岡部機の発動機は故障してしまった。

27日、前日加古川に到着した小林編隊は「出発若干遅延せるも一〇〇〇進発を決意して始動す。今出発線に就かむとせる時、大刀洗空爆中の情報に接し、離陸を断念す。午後空襲警報解除され大刀洗未だ延焼中と知りつゝも出発す」（「小林日誌」）。しかし小林機は急に振動が起り、さらに天候不良のために再び着陸。少尉は加古川に再泊している。

二つの日誌から明らかなことは、飛行機の故障が多発していたことである。九州前進を命じられながらも、行きつ戻りつしている状況は、飛行技術の未熟とともに飛行機の不良によるところが大きかったものと思われる。

一方、この日の岡部機は6時50分に加古川発、大阪第二飛行場に着陸、如来寺に行って別れを告げている。そして8時40分、赤峰伍長（第37飛行隊）を乗せて離陸、六甲の背を過ぎ加古川に着。10時30分に宇野少尉（第38飛行隊）、峰伍長（第36飛行隊）とともに加古川を発、大刀洗ではなくて博多に12時50分到着した。

27日のB-29による大刀洗飛行場爆撃は次の目的があった。それは沖縄攻略戦従事中の海軍部隊への間接支援で、具体的には、慶良間列島に上陸予定の第77歩兵師団輸送作戦の間接支援、大刀洗飛行場の機能覆滅、沖縄にある日本軍機の九州への誘き出し、九州地区にある日本軍機の沖縄への南下阻止である。大刀洗には74機のB-29が空襲を行った。この時、投下された一発の爆弾で30名を越える児童が集団爆死した「頓田の森の悲劇」が発生した[15]。

この時期、第8飛行師団の動きを見よう。同師団は特攻隊の掌握ならびに台湾に向かう前進を指導する任務を帯びた、西篤参謀を川野参謀に続いて新田原に派遣した（16日到着）。そして25日頃までに10隊前後の特攻隊を掌握したが、新田原飛行場は防空施設も少ないので、九州内飛行場に諸隊を分散させた。具体的には、誠第36、37、38飛行隊は秘匿飛行場として熊本の各飛行場を、発進飛行場として新田原飛行場が選定された[16]。また師団の指示により、在沖縄第32軍の神参謀に特攻隊の来着状況を通報していた。

「岡部日誌」の25日に記載された「少佐の方」とは、この西参謀を指すものと思われる。

神参謀（第8飛行師団兼任参謀）は26日、「八飛師電第一三七六号」に依って、次の特攻隊の指揮を委任された。それは、第36、第37、第38、第39、第40、第41、第32の各飛行隊である。中央から第8飛行師団に配属された11隊のうちの7隊であった。しかし実際に指揮したのは、第32飛行隊（武剋隊）と第41飛行隊（扶搖隊）の2隊のみであった[17]。

26日現在、第36、37、38飛行隊の3隊は、兵庫県加古川飛行場にとどまっていたのである。これは「小林日誌」「岡部日誌」から明らかである。

28日、「命あり南九州より攻撃を敢行すべしと、遂に時は至りぬ。嗚呼吾れが独り願へる如く吾が死所は九州沖と定まりぬ。うれしき限りなり。〇八〇〇加古川発、予定航路を一気に大刀洗に向ひ航進す。一〇、〇〇着、六航軍に報告せるに右の命を受けたり（中略）吾が第二の故郷大刀洗は昨日の爆撃にて無惨にも破壊しつくされたり。而れども再び大刀洗を訪れ得たる事、真に喜びの極みなり」（「小林日誌」）。「岡部日誌」にも「支那廻り変更にて琉球に行く予定とのこと」とあり、この日、台湾に前進することなく、南九州から沖縄に向けて攻撃することが伝達された。

29日、「命あり直に熊本に転進せよと、午前中もさもさして午後名残惜しき大刀洗を去る。熊本に着きしに直に隈庄に至るべしと、隈庄に展開完了。熊本にて一泊。吾が二十五年の尊き生涯残す処、四, 五日なりと知りつゝも未だに心の動揺を認めず。吾れが願ひは只一つ任務の必達のみ。

「あゝ神よ、私の一生は本当に美しうございました」隊員一同昨夜も一昨夜もそして今夜も人生最後の快楽を愉しまむと出て行きぬ」(「小林日誌」)。

博多に前進した岡部機は、午前10時、同飛行場を発ち熊本の健軍飛行場へ、しばし休憩の後、玉野軍曹機にて玉名に行き、夕暮になって隈庄飛行場に着陸した。ここで37飛行隊と合流した。「熊本城を散歩す。出撃は明日か、心期して親想ふなり」(「岡部日誌」)。

30日、「桜、桜、嗚呼桜の花を遂に見るを得たり。最早人生に対する何等の名残をも無し(中略)午前午後を通じ整備の完璧を期せり。熊本へ連絡に行けるも敵艦載機来襲するとの警報ありて間無く帰る。夜、三ヶ月振にて映画を見る(中略)命タンセキにせまるを知りつゝも何等平常と変る処なし。而れ共一日でも長く生きんとする慾望は矢張りかくす事を得ず。吾は聖人にあらず只の凡人なり」(「小林日誌」)。

「健軍に到り終日待機す(中略)明日は充分整備を行い夜出撃か」(「岡部日誌」)。

31日、この日重大な事故が発生した。それは隈庄飛行場において、午後4時20分、誠第37飛行隊の中村一郎曹長と石川輝夫伍長の2人が僚機の地上滑走中にプロペラに接触して事故死したことである[18]。

「小林日誌」には次のように記されている。

「多くは語らず悲めど悲しみを悲しみとせず。而れ共重大なる事故を起し神鷲と定まれる二人を殺したる事、天上に対し深く深く御詫申上ぐ。"吾等十二の若桜"の二人を失ひ憂ひに苦しむ。九名の部下を励まして任務の必達に引張り行く事、余にかせられたる当面の重大なる任務なり。わけても柏木の悲しみに沈める様見るも惨なり。神は吾等に大いなる試練を与へたり。而るも神よ吾等を見捨て賜ふな。命あり「誠第三十七飛行隊は明一日薄暮沖縄本島に近迫せる敵船団を求めて突撃すべし」と、夕新田原に事故報告に行ける際右の命令を受けぬ。死は勿論決してゐるものの修養足らざる身には矢張りドギッとしたる身の緊迫感を感じたり。一時して命令は変更し余等の攻撃目標は敵第二波船団と決定されぬ。八紘荘に一泊。明薄暮突入の命を受けたる三十九飛行隊員と寝を共にせり」

そして歌6首が詠まれた。後半の3首は突撃の命令を受けた時の心境をみごとに詠っている。

- 命あり明一日薄暮船団を求めて突撃せよと
- 一百五十の船団ひたにせまり来と聞きても遂に吾れたじろがず
- 大命を拝せしせつ那喜こびよりも緊迫感をたゞに感じぬ
- 薄明き光の下に開げたる沖縄の地図が眼に痛しも
- 船団の位置を赤鉛筆で記入せり此処ぞ吾等がおくつきどころ
- 参謀の与へる注意聞きつゝも胸とゞろきて半分は知らず

事故は「岡部日誌」にも記された。

「本日京都来の弟たりし石川伍長は中村曹長と共に蕎麦田少尉機のプロペラにて隈庄に死す。残念なることなり。この死一週間をそかれこの死一週間をそかれば君が死は本懐ならん。然るになんぞ、地上事故に於て死するとは、残念なことなり。かかることに死するは君の永恨亦案ずるに余りあり。されど君が魂は永遠に我々の機と共に琉球の海に鬼神とならん。君が魂よ、君が魂よ、安

らかに瞑せよ。この事故のごときは基本学校当時に於て教育せられたる飛行軍紀の厳守不充分なり。かゝることにては到底自己の任ムは完遂は覚束なし、吾等は死の寸前といへども用意周到以て後人の範となることが、否範ではない、これが普通のことなり。普通のことなり」

昭和20年4月25日付「毎日新聞」に掲載された、特攻隊員の写真に写る遺骨は、この事故の犠牲者の一人、中村曹長の遺骨である。また日誌には「吾らが隊、誠隊と名ずけらるゝとのこと」とあり、このときになって初めて「誠」第36飛行隊と呼ばれたことがわかる。それまでは「と」第36飛行隊と呼ばれ、自称「正気隊」を名のっていた。

これに先立つ27日、第8飛行師団は中央からの配属特攻隊の推進を一層強力にし、九州から直接攻撃させるため福澤丈夫大佐を九州に派遣した。川野、西両参謀に続いて3人目である。福澤大佐は上記事故の当日、新田原に到着して西参謀の任務を継承した。「小林日誌」にある夕方事故報告に行った際、受けた命令「誠第三十七飛行隊は明一日薄暮沖縄本島に近迫せる敵船団を求めて突撃すべし」は、この福澤大佐からの命令であった。

当時、沖縄各飛行場や徳之島飛行場に対する敵機の攻撃は次第に熾烈となり、沖縄に特攻隊を推進してのち、艦船攻撃を行おうとする当初の方針は難しくなった。戦況の進展が急なため、福澤大佐は九州にある師団特攻隊を第32軍の神参謀指揮下に入れることなく、直接、新田原から沖縄周辺の敵艦船を攻撃するよう指導したのである。

そして3月31日午後6時頃、沖縄本島南東海面の捜索に向かっていた第6航空軍の司令部偵察機から、大船団発見の報告が入った。敵の沖縄本島上陸の企図が明瞭になった。

6 1945年4月1日から5日までの足跡

4月1日、米軍は沖縄本島西岸の読谷、嘉手納海岸に大部隊を上陸させた。沖縄守備軍の大きな妨害を受けることなく、薄暮ころまでに約5万名の兵力を揚陸させ、縦深約5キロに達する橋頭堡を築いた。沖縄北および中の両飛行場は午後2時頃には占領された。このため特攻機が沖縄の各飛行場に推進することは全く不可能となった。

引き続き「小林日誌」「岡部日誌」で彼らの足跡（図2）をたどろう。

4月1日、「嗚呼、桜何と美しき事よ。吹く風にはらはら散る様眺めつゝ、暖けき心の喜こびを感じぬ。朝双練にて隈庄に帰り直にキ36（98式直協機―筆者注）にて熊本に行く。午後は何もせず早く帰る。佐々木と共に映画に行きて寝る」（「小林日誌」）。

岡部伍長は宿泊している司旅館の主人と共に熊本市内の見西寺に行く。「生、今となりては禅にても不充分なりの感を抱く。更に強力なるものにて己を鍛えることが必要なり。それは義なり」（「岡部日誌」）。

2日、「午前整備、連絡に行ける柏木少尉新田原より帰る。増加タンクは菊池に於て行ふべしと。入江、玉野、赤峰を行かしめ午後は訓練を行ふ。状況をもうけ海上の船舶を実践的に攻撃せしむ。得し処のもの多々在り。夕食後柏木、春島と共にビヤホールに行きて大いに飲みぬ。いくら飲みても酔はぬ身の余なれど、この夜は確かに酔ひたり。"東亜"に於て一人四、五本も飲みたるか。後、春島に別れ柏木と共に一昨々夜訪れし"共栄"を訪ぬ。此処に於て更に一本を飲む。酒飲めば理性は乱れ心中深くひそめる野性逐次現れぬ。時に気付きて驚く事もあれど"後四、五日の生命な

れば"と云ふ考、起り来て再びも野性に還りぬ。この気持隊長たる余に於てすら然り隊員一同のかくあるべきは論無し。余をかくも共栄に引とゞむるもの一に"みどり"の魅力なり。恥かしくはあれど野性に還りたる余は矢張り一個の男なり。戦友は酒の勢をかりて余に陥落をしふれど、それのみは遂に守りつらぬきぬ。女等に送られて夜道を宿に帰る。女の肩をいだきてふらふら歩く余の様、見る人見たれば何と思へるや。而しかつてかゝる経験の無き余に取りて、己を真裸にして野性をさらけ出したる此の一時、思へば思ふ程愉しき宵なりき」(「小林日誌」)。

「黒石(黒石原—筆者注)に行き滑圧を修理す。亦滑油交換をなす。夜池永信久、谷垣、の両氏来る。亦池永夫人来る。桜井荘にて酒傾く、二升。谷垣泊る。朝五時かへる。桜、熊本城に満開なり、春當に酣なり。□□亦多し唯憾うし心これに違ざるを」(「岡部日誌」)。

米軍はこの日の夕刻頃から、監視や哨戒阻止を強化した模様で、徳之島基地への攻撃強化と相俟って、沖縄の敵艦船に対する日本軍の攻撃は著しく困難となった。

3日、「午前中航法計画、戦斗教令其他の学科を行ふ。佐々木機、小屋機、藤沢機を菊池へ行かしむ。新田連絡の柏木機天候不良の為引返へせり。午後と予定せる訓練も中止す。夜の町を再び柏木、佐々木と共にさまよひぬ。最早あの家は訪れまじと心決めして居りしものゝ、誘はるゝまゝに然も内心何等かの喜こびを秘め遂に門をくゞりぬ。ビールを十二、三本飲みて又昨夜の如く酔ひたり。"みどり"は吾に約せる如く香水をくれぬ。女等は次ぐ日又訪れよと誘へり、近く満州に帰ると云ふ。"みどり"の別れを惜みて涙する様見るに堪えたり。而れども余は男子なり。二、三日の後に大事を決行すべき神州の男子なり。何ぞ女に心引かれてまよふものぞ、と云ふ自確自ずと湧き来たりて程無く宿に帰りぬ。春雨はしとど降り注ぎ満開の桜雨に打たれてあわれなり」

・死ぬるべき生命永らへ今此処に晴れの門出を迎ふ喜こび (「小林日誌」)

「朝十時頃電車にて黒石に到る。車中逸子に似たる少女あり、名を出井といふ、表情亦逸子似たり。カスリにて上下モンペを着す。熊本に於て逸子に会いたる心なり。生心亦淀を想ふ。電車黒石に来たりて遂に降る。少女車にて去る。この日亦筑後を赴れる。所長同期諸兄多くゐたりて歓待。午後六時黒石に着、酒酔、飛行場に漸時休む。夜二時駅前の上村という産婆様宅にて臥す」(「岡部日誌」)。

奇しくも二つの日誌の最終章になって若い女性が登場する。

4日、「隊員の半数を休養せしめ〇七〇〇飛行場に至る。増加タンク設置の為三機を菊池に行かしめ午後早く退庁す。美しき音楽にしたりたき衝動にかられ明るい中より外に出づ。レコード屋に行きしも適当なる盤を求め得ず。折柄来合せし竹内氏に誘はれ彼の家を訪れぬ。この夕べこそ昨夜まで下界に遊べる余を天上に引上げたる愉しき宵なりき。第五、シューベルトのリード、ショパンのピアノ、信時潔の沙羅等にああ何と美しき事よ。音楽こそ余の心にうるほひを与へる唯一の武器なり。二一、〇〇彼の家を辞す。床に入りて"みどり"に会はざりし淋しみをつくづく感じぬ。余と雖矢張りたゞの凡人なり。淋しく睡る」(「小林日誌」)。

「朝十時当所を発つ、朝雨なり、次第に止む。飛行機にて菊地に飛行す。増加タンク着用のためなり。夜司へかへる、夜矢島様宅に行く」(「岡部日誌」)。

この日、第10方面軍司令官は、海軍からの通報によって連合艦隊の総攻撃を知り、第8飛行師

団および第32軍で全面的に協力することを決め、同日24時、次のように命令した[19]。

　　台作命甲二五三号
　　　　　第十方面軍命令　四月四日二四〇〇
　　　　　　　　台　　　北
　一、連合艦隊、第6航空軍及第5航空艦隊は主力を挙げて沖縄周辺の敵艦船攻撃を企図す攻撃
　　　の時機は四月五日乃至六日と予定するも細部に関しては連合艦隊より通報する筈
　二、第八飛行師団は連合艦隊の企図に密に連繋し現任務を続行すへし
　三、第三十二軍は右企図に策応し本来の任務完遂すへし
　　　特に海空部隊の壮挙に比肩する地上部隊の積極果敢なる行動に依り其名誉を発揮せんこと
　　　を期すへし
　　　　　　　　第十方面軍司令官　安藤利吉

　5日、「菊池飛行場より飛機にて隈庄に至る。命あり明薄暮突撃を敢行せよと。命を拝して吾に感なし。桜花散る此の時散り得る身の幸福をつくづく感じぬ。凡人敏男の散るべき時は遂に来たりぬ。夜会食を行ふ。共栄の諸姉訪れくれぬ。愉しき最後の宵なりき。余が此の日誌を"みどり"に託す」そして最後はこう結ばれた。「人生は美しう御座いました」(「小林日誌」)。
　「今朝絵一枚矢島様に贈る、菩薩なり。今日菊地に行き亦筑後ををとづれ最後の別れをなす。七時黒石へかへる。夜宴会あり。生矢島様に行き坊ちゃん、嬢ちゃん（おぢいさんは陸軍少将、父は中佐なり。）より色々なもの送らる」(「岡部日誌」)。
　この日午後4時、第8飛行師団命令[20]によって明日6日の突撃が決定した。

　　台飛九作命第五号
　　　　　第八飛行師団命令　四月五日　一六〇〇
　　　　　　　　新田原
　一、陸海航空主力、明六日一四〇〇—一八〇〇の間に亘り南部沖縄西方海面に於ける敵船団を
　　　索め徹底攻撃を実施す
　二、誠第三六、三七、及第三八飛行隊は明六日一二〇〇迄に攻撃準備を完成すへし
　　　搭載爆弾は一〇〇瓩とし増装とす
　　　　　　　　師団長　山本健児

　　台飛作命甲第二四二号
　　　　　第八飛行師団命令　四月五日一八三〇
　　　　　　　　　　台　　　北
　一、連合艦隊は明六日以降其の主力（第六航空軍及第五航空艦隊）を以て沖縄周辺の敵機動部隊
　　　及輸送船団を攻撃し一挙に乾坤一擲の決戦を企図す
　　　球兵団亦之に呼応して近く反撃作戦を開始す
　二、師団は連合艦隊及球兵団の攻勢に呼応し主として敵水上艦艇（母艦を含む）を索めて攻撃

　　　　せんとす
　　三、（以下略—筆者注）

　隊員が搭乗する98式直協機の航続力には不安があったため、緊急整備として燃料の増槽330、このうち130を胴体内に、200を胴体下に取り付けた。爆弾1個は翼下に装着した[21]。日誌で見ると、この作業を2日から4日にかけて菊池飛行場で行っている。福澤大佐の回想では、一部は4月1日、主力は4月3日までに整備を完了する目途がついたという[22]。
　一方、4日から5日にかけて米軍は、海軍の鹿屋基地が発信した「天信電令作第39号」、連合艦隊司令長官が天1号作戦部隊に宛てた電報「連合艦隊電令作第601号」を傍受し、翻訳した。前者の内容は、米軍に対するX日（5日）予定の大規模な自殺攻撃（特攻）作戦が計画され、本作戦が菊水1号作戦と呼称されるということ、後者は波状攻撃をもって敵機動部隊と攻略船団を捕捉撃滅する計画、であった。さらに台湾の第8飛行師団の発信する電報も傍受、翻訳され、特攻隊の行動は逐一米軍に知られることとなった[23]。
　突撃命令が下された5日、最後の遺書をしたためた隊員は数多くいたことと思われる。小屋哲郎軍曹（37飛行隊）の遺書が、現在知覧特攻平和会館に展示されている。その一部を紹介する。
　「（前略）甘露の法雨をいだき突込み候故たとい戦死のしらせなくとも四月六日一八時体当り仕り候間仏前へ法雨上げられん事を御希い致し候。では御両親様御元気で。一足先に御奉公仕り皆様の御出を御待ち致し居り候。御祖父様へは父上より御報告なし下され度候。敬具　哲郎　御父上様　あす散ると思ひもされぬさくらかな」（うすい罫紙に墨で走り書き）[24]。
　なお、余談であるが、小林隊が隈庄に展開していた3月29日から4月5日までの期間、後年「世界のミフネ」と呼ばれた俳優の三船敏郎と接触する機会があったものと思われる。当時、三船は25歳、隈庄飛行場に偵察員として在隊し敗戦を迎えた。特攻機を涙ながらに送り出した思い出を戦後語っている。

7　1945年4月6日の特攻攻撃

　第8飛行師団は、4月6日の航空総攻撃に協力するため、九州にある師団特攻隊の主力、すなわち前橋飛行場で特攻訓練を行った3隊を使用することにした。
　「小林日誌」からはもはや特攻当日の行動はわからない。しかし「岡部日誌」によって、かろうじて早朝の行動がわかる。当日の天候は曇、隊員は5時30分に起床した。「愈々今日熊本を去る、無言のうちに司を去り、矢島様にも行かず、唯想いのみのこして。黒石より健軍に来る。健軍8時出発。琉球島に今宵行かんとす。この日誌はこれで終ります。
母上様　皆様　お元気にて
神国を守ってください」と、最後は結ばれた。
　午前10時、新田原において福澤大佐は次の命令を下達した[25]。

　　　台飛作命第六号
　　　　第八飛行師団命令　四月六日　一〇〇〇

新田原
一、誠第三六、三七、及第三八飛行隊は全力を以て一四.二〇乃至一五〇〇の間に、新田原を出発し一七三〇乃至一九〇〇の間を期し沖縄北（中）飛行場西側海面の敵輸送船団特に大型輸送船を索めて体当り必砕すへし

　『戦史叢書』では、この命令下達を「〇一〇〇」、すなわち午前 1 時としているが、午前 10 時が正しい。
　ところで悲惨な出来事がまたも彼等の上に降り注いだ。それは、熊本健軍飛行場において、誠第38 飛行隊の田窪力治曹長が試験飛行中に墜落、事故死してしまった（12 時 55 分）。田窪機は飛行場近くの陸軍病院に向かって急降下をかけ、引き上げ時機を誤り激突死したという[26]。彼等の衝撃はいかばかりであったろうか。6 日前の 2 人の殉職に続く、決行直前の死である。
　新田原飛行場で攻撃を命令した福澤大佐は、戦後次のように回想し、それは公刊戦史である『戦史叢書』に掲載された[27]。
　「特攻隊員の士気は非常に旺盛で、全く敬服に値する人が多かった。操縦技量は一般に未熟で、基本操縦を辛うじて終わった程度であった。飛行機は直協、九七戦等航続力もなく、爆弾搭載量も少ないものが多かった。直協機はすみやかに改装して、燃料タンクを二倍の大きさとし、爆弾は一〇〇瓩を一発搭載するようにした。攻撃要領は、目標から二〇粁以上のところで、なるべく山を背にする方向から超低空で接敵し、適当な間合いを計って急上昇、急降下し船体の中心部に必中するよう指導した。攻撃要領は通常、攻撃前日に図上で演練した。敵機の妨害、対空火器の損害を避けるため、攻撃時刻は目標の視認可能の範囲内でなるべく薄暮の遅い時刻を選定した。沖縄の地上無線情報により刻々戦果を知ることができた。（中略）特攻隊員は異口同音に必成を誓い、歓を尽くしてあたかもわが家に帰ったように、軽い気持ちで高唱乱舞し、何ら悲痛の面影を呈しなかった。いよいよ出撃のときは、恩賜の酒と煙草をいただき、代表者の出発の挨拶に次いで、喜々として機上の人となり、その沈着荘厳な姿は全く神々しかった。出発時の操縦は冷静沈着、正確であって、その持つ技量を十分発揮していた」
　はたして、この回想は事実を伝えているであろうか。
　沖縄北、中飛行場西側海面の敵艦を求めて新田原を発進した 3 隊の特攻隊は、沖縄に向けてどのようにして飛行したのか。次に「天号作戦間に於けると号部隊運用並びに戦闘に関する戦訓」（防衛研究所所蔵、以下、「戦訓」）から、彼らの飛行をたどりたい。ここに記された内容は、3 隊だけに当てはまるものではないが、特攻隊の状況がよくわかる。
　特攻隊員の多くは技量未熟であったため、九州から沖縄までの夜間洋上航法は、たとえ月明時といえども無理があった。これは当時、もっとも練度の高い搭乗員にとっても困難な任務であったという。このため大部分は薄暮攻撃（日没後 20 分から 40 分）に終始した。「小林日誌」でも技量の未熟を率直に認め（2 月 26 日）、また夜間飛行の経験の無いことも認めている（3 月 9 日）。
　さらに搭乗した 98 式直協機のような老朽機は、増槽、爆装による飛行機重量の増加、編隊航進等により著しく燃料を消費してしまう。このため各機毎に綿密な試験を必要とした。出撃当日に墜落、殉職した田窪曹長機は、まさにこうした試験飛行中であったと思われる。特攻隊員を送り出す原隊では、どうせ失われる機体なのであるからといって、老朽機を持たせることが多かった

という[28]。二つの日誌の中でも、発動機の故障や飛行機の不良がたびたび記されていた。

　第8飛行師団では、特攻隊出動にあたって多くの場合、その発進飛行場に部隊長自ら臨場し、または幕僚を派遣して、出発、航進、攻撃要領等、細部にわたり指導したという。新田原での指揮官は福澤参謀で、3月31日に新田原に到着している。3隊の特攻隊は3月27日から28日にかけて九州の基地に到着、29日に熊本の隈庄飛行場に展開を完了した。そして旬日を経ずして出撃していった。しかし幸いとでもいおうか、3隊は大刀洗陸軍飛行学校で編成された特攻隊である。熊本で待機中、関係者に別れを告げる機会があった。例えば、大刀洗陸軍飛行学校筑後教育隊の助教であった、岡部三郎伍長は同教育隊を訪問（4月1、3、5日）し、また同飛行学校木脇教育隊の助教であった、藤沢鉄之助軍曹（37飛行隊）は出撃の2日前、宮崎県木脇飛行場に飛来し教え子に別れをつげている[29]。しかし出撃する新田原飛行場で見送ってくれたのは見知らぬ他部隊の人々であり、初めて見る司令官や参謀たちで、心の通わぬ決別になってしまったと思われる。「特攻隊員の出撃を見送る高官たち、中佐・大佐、そして将官たちが、出撃して行く若者たちの落ち着いた笑みを含んだその顔、その態度を見て、天皇陛下に対する忠誠心から、莞爾として飛び立ったと見たのは、自己欺瞞といってよい」[30]。

　「新田原飛行場より出発せし誠三六、三七、三八、飛行隊の一隊の機数は概ね八乃至九機にして出発に方り相当の混乱を生じたるのみならず空中集合にも又多くの時間を費やしたり」

　攻撃部隊の発進順序は、誘導並びに戦果確認機、特攻機の順序である。しかし発進にあたっては、相当の混乱があった。「戦訓」はその主な原因を4点挙げている。

　それは、「1．離陸間隔過大。2．離陸後の場周経路過大。3．索敵機眼貧弱にして僚機を発見し得ず。4．欠機ありたる場合前進を開始すべきや中止すべきや等空地連絡法を講じあらざる為空中にて混雑状態を呈せる」である。

　さらにもう少し具体的に見ると、「離陸間隔は前方機が浮上るを目途とし著しく延伸せざるを要す、空中集合に著しく時間を要し且つ概して拙劣なる集合をなすものは離陸間隔の延伸するもの多し、場周経路過大にして僚機を見失い又前方機に注意しあらざる為出動準備の掩護戦闘隊の編隊と誤り集合したる為空中集合の時期を失い帰還着陸せる飛行機あり、空中集合十分ならず主力に稍々遅延したる理由を以て過早に進行を断念し帰還せる特攻機あり」ということであった。

　また、出撃までの待機中、飛行機の分散秘匿さらに特攻機の損害防止のために訓練を中断した結果、出発にあたり危険な離陸をする隊もあった。

　発進にあたり、36飛行隊の下手機と嶽山機、38飛行隊の宇野機、崎田機、安部機の5機が離陸を断念したものと思われる。その多くは飛行機の不良によるものであろう。結果として、28機が発進していった。

　「新田原飛行場を発進せし誠三六、三七、三八、飛行隊の航路は知覧、徳之島を通過することなく其の遙か西方洋上を沖縄に進攻」

　そしてこの飛行が友軍機によって目撃されていた。戦後の回想ではあるが紹介しよう。「沖永良部島特攻基地（徳之島と思われる─筆者注）救援の為、百式輸送機で出動した私は、夕闇迫る午後七時三十分頃、同島近海上空で（中略）特攻機七～八機の編隊を見ました。（中略）夕焼け雲の下を飛び行くその機影は、少々猫背にも見える九八式直協偵機であり、脚の出たその姿は、申し訳け無いがアヒルの行列の様に、哀れにも見えました」[31]。

「九州方面より沖縄に出動せし直協の特攻隊の1機が高度降下点たる沖永良部島付近に於て不時着陸せるはコックの切換へによるの疑いあり」

これは38飛行隊の原田機を指している。特攻機はこれで26機となった（その後の調査によって37飛行隊の春島少尉は喜界島に不時着し、原田機は発動機の故障で沖永良部島沖に墜落、救助されたことが判明。）

敵の電探威力圏（250キロメートル）に入る前に100メートル以下の超低空に移行する。そして敵戦闘機の哨戒幕100キロメートル圏に近接する前に、間隔5～10キロメートル横隊または距離2～3キロメートルの単縦陣に分解し、高度50メートルで目標に近迫する。航進間の誘導は攻撃隊の分解開始点（船団より50～100キロメートル）まで誘導することを通常とした（図3）。

突撃法は、急降下突撃法とする。このため目標の10キロメートル付近に近迫すれば、逐次高度を上昇しつつ索敵し次いで突撃するものとした。

第8飛行師団の天号作戦初期の特攻攻撃には、ほとんど戦果確認機をつけていた。3隊には木下少尉機（1式戦）が同行した。戦果確認機は攻撃隊の分解開始とともに攻撃隊の後方に移り、戦果を確認するのが通常であった（図4）。戦果確認機と隊長機は最後まで超低空で執拗機敏に行動し、全機の戦果を確認しこれを報告する必要あり、というが、果たしてそうしたことが可能であったろうか。

沖縄で特攻隊を指揮指導した神参謀は、第6航空軍と第8飛行師団の特攻用法に対する意見、感想等を次のように記している。

「攻撃時機、方法等も素質、練度等を実際考察の上行はれたかどうか。現地で見たところでは極めて疑問に思はれる。例えば払暁攻撃と云ひ薄暮攻撃と云ふも、その時間巾が大きく、あかるい時刻、くらくなってからの攻撃が多く、敵機に防遏されるか、目標が確認されないかの二途をえらぶ結果となった。（中略）極限すれば実際的な航空戦術を無視した攻撃が多く行はれたと云ふ点が多い様に思はれる」[32]。

米軍は日本軍の特攻攻撃に対して早期警戒態勢をとった。それは沖縄本島周辺の遙かな沖合、50カイリ（92.6キロメートル）の線に、レーダーピケット艦を配備したことである。北方の第1レーダー哨戒地点から時計回りに16のレーダー哨戒地点（図5）があり、そこには駆逐艦などのレーダーピケット艦とそれを支援する艦艇が常にいた。その上空には、必ず護衛機が旋回している。駆逐艦には高性能レーダーがあり、飛来する日本機の位置、高度、機数までも性格に探知することができた。それを後方の機動部隊に知らせる。機動部隊はその知らせを受け、航空母艦から迎撃戦闘機を発艦させ、特攻機が本隊上空にこないうちに応戦するのである[33]。たとえそこを突破できたとしても、最後には米軍艦艇群が打ち出す熾烈な対空砲火の弾幕があった（写真3～6）。このように何重もの防御網を廻らせて特攻機の攻撃を防いだのである。

4月6日の特攻機（陸軍82機、海軍215機）の総攻撃によって、米軍艦船の被害は、空母1隻破損、駆逐艦3隻沈没、同15隻破損、その他の艦艇1隻沈没、同6隻破損で、米軍の小艦艇に被害が多かった[34]（図6）。突入に成功した特攻機は24機、至近弾となった特攻機は5機である[35]。成功の確率は約8％であった。

おわりに

　戦果確認の木下少尉が報告したように、26機のほぼ全機が米軍の防御網を突破して突入に成功したのであろうか。また福澤元大佐が戦後の回想の中で、成功率70パーセント（4月1日から6日まで新田原から指揮した総合戦果）と記したのはどのような理由からであろうか。

　実際は、戦果を確認するどころか、誰がどのように戦死したのかさえもわからない。敵機に撃墜されたのか、対空砲火に被弾して海面に墜落したのか、目標に突入できたのか、ほとんどわからないのである。「第八飛行師団特攻隊戦果調査表」には、未帰還者26名全員が「残波岬南側海面」とだけ記されているのである。その中で唯一最後の様子がわかったのは、岡部三郎伍長機だけであった。

　4月6日の日没（那覇の日没は午後6時50分頃）後約1時間強ぐらいの頃、那覇沖合の「Caswell」号に特攻機がただ1機、突っ込んで来た。あわやという一瞬、機は舷側に激突してこっぱみじんに飛散した。遺体はすぐ艦に引き上げられたが、その額には鉢巻きがしっかりと巻き付けられていた。この血染めの鉢巻きは、米軍人が持ち帰り、戦後遺族に返還された。その鉢巻きの寄せ書きから、岡部三郎伍長の身につけていた鉢巻きであったことが判明したからである。鉢巻きは「岡部日誌」の4月3日にある、筑後教育隊を訪問したおり、教え子たちから贈られたものであった[36]。命中した特攻隊員の名前と命中された艦名が判明しているのは希有なことである。突入時刻は、「Caswell」号が水平線上にシルエットとして浮かび上がる程度の明るさであった[37]。

　この「Caswell」号は車両人員揚陸艇14隻、軌道揚陸艇8隻が搭載可能で、その他物資も多量に搭載できた、水陸両用戦用輸送船である。海兵第6師団の揚陸にかかわっていた。4月9日に修理と補給のために沖縄を離れ、パールハーバーに向かった[38]。

　陸軍前橋飛行場で特攻訓練を行った36名の隊員のうち、特攻戦没者は、4月6日の26名、16日の2名、27日の1名の計29名であった。37隊の2名は、3月31日午後4時20分、熊本県隈庄飛行場において、僚機の地上滑走中プロペラに触れ事故死している。1名は喜界島に不時着している。38隊4名のうち1名は4月6日午後0時55分、熊本健軍飛行場において試験飛行中、墜落事故死している。1名は4月6日に出撃したが沖永良部島沖に不時着、生還している。2名は4月16日に再出撃したものの不時着、生還している。

　最後に3隊が新田原飛行場を発進した時刻を検討しよう。

　「台飛作命第六号」による「一四.二〇乃至一五〇〇の間」、さらに命令を下した福澤大佐の戦後の回想等から、これらに記された時間が公式記録として採用されてきたものと思われる。最近でも村岡英夫著『陸軍特攻の記録』（2003年）の中に同時刻が採用されている。

　しかし、突入当日の健軍飛行場における突然のアクシデントや「戦訓」に記された出発時の相当の混乱等を考えれば、命令通り実行されたとは到底思われない。さらに隊員が搭乗した98式直協機の速度（最高速度348キロメートル／時、ただし増槽、爆装による飛行機重量の増加等により減速）、沖永良部島近海上空での目撃時刻、そして岡部機の突入時刻から判断すれば、『戦史叢書』の採用した午後2時30分ころではなくて、午後5時25分が正しいものと思われる。もちろんそこには時間幅がある。

　福澤元大佐は、前途有為の若者たちに突入命令を下した自責の念からなのか、あるいは参謀とし

ての自尊心からなのか、突入時間―(「一六時一五分ころより相次いで沖縄地上勤務部隊の戦果報告が戦闘指揮所の対空無線に入って来た」[39]、これが誤植でなければ)―までも恣意的に伝えた可能性がある。実際のところ、高度降下点である沖永良部島を過ぎてからは、もはや洋上の敵艦船の艦種識別はおろか目標発見もほとんど不可能な状況ではなかったろうか。

注

1) 攻撃命令を発した福澤丈夫大佐の戦後の回想では、「出動機は14時20分より15時にわたり各隊それぞれ3編隊となって特攻に出撃した」としている。「新田原方面8FDの沖縄特攻」『陸軍航空の鎮魂(2版)』pp.272-275、1979年。
2) 「第8飛行師団特攻隊戦果調査表」防衛研究所所蔵。前掲『陸軍航空の鎮魂(2版)』では「火柱5(木下少尉は7)」としている。
3) 防衛庁防衛研修所戦史室『戦史叢書 沖縄・台湾・硫黄島方面陸軍航空作戦』p.308、1970年。
4) 内藤真治『現在を問う』pp.59-65、1987年に収録されている。
5) 深堀道義『特攻の真実』p.197、2001年。
6) このあたりの経緯については、八原博通『沖縄決戦』pp.128-131、1972年に詳しい。八原は当時第32軍高級参謀であった。
7) 入口健太郎氏提供の「小林敏男遺稿日記」pp.1-18。
8) 「本土における陸軍飛行場要覧 第一復員局」防衛研究所所蔵。
9) 深井正昭「誠36、37、38特攻隊員の寄せ書きについて」『会報特攻』第30号、pp.22-23、1997年。
10) 『前橋陸軍予備士官学校戦記』p.63、1980年。
11) 防衛庁防衛研修所戦史室『戦史叢書 沖縄・台湾・硫黄島方面陸軍航空作戦』p.309、1970年。
12) 「台飛作命甲第二一三号其の二」『天一号航空作戦戦闘詳報附録(其の二)』防衛研究所所蔵。
13) 入口健太郎編著『蒼天に紅の血は燃えて』2002年、所収の「岡部日誌」pp.204-206も参考とした。
14) 桑原達三郎『大刀洗飛行場物語』p.109、1981年。
15) 桑原達三郎『大刀洗飛行場物語』pp.77-107、1981年。
16) 「天号作戦間に於けると号部隊運用並びに戦闘に関する戦訓」防衛研究所所蔵
17) 「沖縄基地の航空特攻に関する戦史資料」。これは沖縄で特攻隊を指揮指導した、神直道元中佐の1957年4月の記録。防衛研究所所蔵。
18) 「八飛師 特攻隊死亡通報綴」防衛研究所所蔵。
19) 『天一号航空作戦戦闘詳報附録(其の二)』防衛研究所所蔵。
20) 防衛研究所所蔵。
21) 「天一号航空作戦戦闘詳報」防衛研究所所蔵。
22) 福澤丈夫「新田原方面8FDの沖縄特攻」『陸軍航空の鎮魂(2版)』pp.272-275、1979年。
23) 原勝洋『真相・カミカゼ特攻』p.117、2004年。
24) 村永薫編『知覧特別攻撃隊』pp.54-55、1992年。知覧特攻平和会館には、高橋勝見曹長(38飛行隊)の遺書、さらに4月6日午後1時、出撃直前にしたためられた石川寛一軍曹(同)の遺書も展示されている。
25) 防衛研究所所蔵。

26）「八飛師　特攻隊死亡通報綴」防衛研究所図書館所蔵。入口健太郎編著『蒼天に紅の血は燃えて』pp.190-194、2002年。
27）防衛庁防衛研修所戦史室『戦史叢書　沖縄・台湾・硫黄島方面陸軍航空作戦』p.446、1970年。
28）深堀道義『特攻の真実』p.281、2001年。
29）「産経新聞」1996年8月14日付。
30）深堀道義『特攻の真実』p.271、2001年。
31）畠山卓次「青航一期生岡部三郎君特攻出撃のこと」『会報特攻』第24号、pp.7-8、1995年。
32）「沖縄基地の航空特攻に関する戦史資料」防衛研究所所蔵。
33）平義克己『我敵艦ニ突入ス』p.39、2002年。
34）防衛庁防衛研修所戦史室『戦史叢書　沖縄・台湾・硫黄島方面陸軍航空作戦』付表第六、1970年。
35）森本忠夫『特攻』pp.260-261、1998年。
36）鉢巻きは、現在知覧の特攻平和会館に展示されている。この他、岡部伍長にかかわるものとしては、熊本市内の司旅館宿泊中に描かれた菩薩の絵、短冊、仏像の彫刻などが展示されている。
37）磯部　巌「特攻隊員の鉢巻」『郷友』11月号、pp.46-48、1984年。
38）花井良夫氏提供資料。
39）福澤丈夫「新田原方面8FDの沖縄特攻」『陸軍航空の鎮魂（2版）』p.274、1979年。

「追記　沖永良部島へ―不時着した特攻隊員を追って」

　2009年9月29日付の『南海日日新聞』（鹿児島県奄美市）に「沖永良部で特攻機調査」「不時着隊員の足取りを追う」の見出しで、私の沖永良部島での調査が報じられた。

　勤務先刊行の『研究紀要』23号（2005年）に「特別攻撃隊誠第三十六・三十七・三十八飛行隊について」を発表以後も、この問題についていくつかの課題を抱えていた。その一つが生還した隊員の一人、誠第38飛行隊の原田覚伍長の足取りである。

　1945年4月6日、宮崎県新田原飛行場を発進した28機の特攻機と1機の戦果確認機は、沖縄に向け出撃した。特攻の各機は100キログラムの爆弾と増加タンクをつけていた。夕闇迫る午後7時30分頃、高度降下点である沖永良部島付近で1機が不時着した。原因は燃料コックの切換えによる疑いである。これが原田機であった。その後、再出撃の記録はなくてその足取りは不明のままであった。

　沖永良部島は、沖縄県の最北端辺戸岬から北東約60キロメートル、鹿児島市から南西に約540キロメートル、鹿児島県大島郡に属している。与論島に次いで沖縄に近い島である。東西約20キロメートル、南北約10キロメートルの小島に2012年現在約1万4,000人の人々が暮らしている。

　戦時中は陸軍と海軍の部隊が駐屯していた。和泊集落から西へ進めば小高い丘がある。標高186.6メートルで越山と呼ぶ。この地に600名余りの陸軍部隊が駐屯していた。海軍は知名集落の北、標高245メートルの大山に海軍特設見張所を設置、こちらの総員は16名であった。

　小さな島であることから、駐屯部隊関係者の記録類や島民の証言を得ることは可能では、との思いから現地に向かった。幸い、知名町職員の前利潔さんを会して「えらぶ郷土研究会」の川上忠志さんが不時着特攻機の調査をしていることがわかった。川上さんによると島内7箇所に9機の特攻機の不時着があり、身元不明のものが多い中で、和泊町手々知名の長浜海岸に2機、同西原の西原海岸に1機の中のどれかが原田伍長機の可能性が大であることがわかった。教育委員会職員の車でそれらの場所を確認することもできた。

　さらに知名町と和泊町の各図書館で自治体史を調べたり、また提供された資料を検討していくうちに、不時着機の原田伍長だけではなくて、他の生還した隊員3名のその後の足取りがおぼろげながら判明してきたのである。

　原田伍長は1945年7月17日現在、福岡の振武寮（生還した特攻隊員の隔離収容施設）にいることから6月末くらいまでは在島していた可能性が高い。さらに誠第37飛行隊の春島邦武少尉は出撃当日の4月6日、喜界島に不時着し7月2日現在喜界島に、7月初旬奄美大島に移動、そして7月27日に離島して福岡の振武寮に。彼は1975年に死亡している。誠第38飛行隊の崎田春男伍長は4月16日に再出撃、出水に不時着して6月11日知覧へ、6月19日福岡着。同飛行隊の安部祐次伍長もまた4月16日に再出撃、開聞岳付近黒島1キロメートル海面に不時着して5月12日知覧へ。彼は1998年に死亡している。

　陸軍前橋飛行場で特攻訓練をつんだ36名の隊員の消息は次のようであった。

　1945年3月31日―熊本県隈庄飛行場で2名事故死、4月6日―熊本県健軍飛行場で1名墜落死、

4月6日—26名特攻死（沖永良部島〜沖縄島）、2名不時着（原田機・春島機）。4月16日—5名再出撃、2名特攻死、2名不時着（崎田機・安部機）、1名機の故障で出撃中止？ 4月27日—1名特攻死。戦没者32名、生還者4名である。そして2011年になって生還者のうち1名がご健在であることがわかった。原田元伍長である。

「特攻の真実の姿を後世に残す努力こそ、特攻戦死を犬死にたらしめないために残された者に負託された最小限の責務ではないだろうか。それは犠牲を賛美するためというより記憶するためである。」と森岡清美はその著『若き特攻隊員と太平洋戦争　その手記と群像』(p.307)で述べられている。私もそんな思いで少しずつ証言を求めている。

第2章　陸軍前橋飛行場の研究

表1　第八飛行師団所属特攻隊

隊　名	戦死日	出撃基地	機　種	階級	氏　名	備　考
誠第三十六飛行隊	昭和20年4月6日	新田原	九八式直協偵察機	少尉	住田乾太郎	第一次航空総攻撃
〃	〃	〃	〃	〃	北村　正	〃
〃	〃	〃	〃	〃	片山佳典	〃
〃	〃	〃	〃	〃	高嶋弘光	〃
〃	〃	〃	〃	曹長	小川二郎	〃
〃	〃	〃	〃	軍曹	森　知澄	〃
〃	〃	〃	〃	〃	貴志泰昌	〃
〃	〃	〃	〃	伍長	岡部三郎	〃
〃	〃	〃	〃	〃	細木　章	〃
〃	〃	〃	〃	〃	峰　保昌	〃
〃	昭和20年4月16日	知覧	〃	軍曹	嶽山留二郎	第三次航空総攻撃
〃	4月27日	〃	〃	曹長	下手豊司	「毎日新聞」4月25日写真
誠第三十七飛行隊	昭和20年4月6日	新田原	〃	少尉	小林敏男	第一次航空総攻撃
〃	〃	〃	〃	〃	佐々木秀三	〃
〃	〃	〃	〃	〃	柏木誠一	〃
〃	〃	〃	〃	〃	春島邦武	生還
〃	〃	〃	〃	軍曹	小屋哲郎	第一次航空総攻撃
〃	〃	〃	〃	〃	藤沢鉄之助	〃
〃	〃	〃	〃	〃	玉野光一	〃
〃	〃	〃	〃	〃	入江　寛	〃
〃	〃	〃	〃	伍長	赤峰　均	〃
〃	〃	〃	〃	〃	百瀬恒男	〃
〃	昭和20年3月31日	(隈庄)	〃	曹長	中村一郎	事故死
〃	〃	〃	〃	伍長	石川輝夫	〃
誠第三十八飛行隊	昭和20年4月6日	新田原	〃	少尉	小野生三	第一次航空総攻撃
〃	〃	〃	〃	〃	蕎麦田水行	〃
〃	〃	〃	〃	〃	喜浦義雄	〃
〃	〃	〃	〃	曹長	高橋勝見	〃
〃	〃	〃	〃	軍曹	水畑正国	〃
〃	〃	〃	〃	〃	石川寛一	〃
〃	〃	〃	〃	〃	松井大典	〃
〃	〃	〃	〃	伍長	原田　覚	生還
〃	昭和20年4月6日	(健軍)	〃	曹長	田窪力治	事故死
〃	〃	新田原	〃	伍長	崎田春男	生還
〃	昭和20年4月16日	知覧	〃	少尉	安部裕次	〃
〃	〃	〃	〃	〃	宇野栄一	第三次航空総攻撃

(深井正昭氏提供資料をもとに作成)

生還者のその後
○誠第37飛行隊の春島邦武少尉は喜界島に不時着陸、7月2日現在喜界島に在島。7月27日奄美大島経由福岡へ。1975年死亡。○誠第38飛行隊の原田覚伍長は沖永良部島付近に不時着。奄美大島経由7月17日現在福岡。2015年現在生存。○誠第38飛行隊の崎田春男伍長は4月16日再出撃、出水不時着、6月11日知覧、6月19日福岡、6月25日鉾田教飛師付。○誠第38飛行隊の安部裕次伍長は4月16日再出撃、開聞岳付近黒島1キロ海面に不時着。5月12日知覧に帰還。1998年死亡。

写真1　鯉のぼりを贈られて出撃する特攻隊員
（毎日新聞社提供）

『別冊1億人の昭和史　特別攻撃隊』毎日新聞社、1979年のp.219写真説明では、飛行機をキ51襲撃機としている。これは誤り。

写真2　飛行服の胸に戦友の遺骨を抱き出撃する隊員
（毎日新聞社提供）

写真の左から二人目の人物は嶽山留次郎軍曹（36飛行隊）、中央は下手豊司曹長（36飛行隊）、右端は水畑正国軍曹（38飛行隊）と思われる。ほかの人物も誠隊員であろう。下手・嶽山隊員が抱いている白木の箱には、3月31日に事故死した中村曹長の遺骨が入っている。さらに桜の枝を身につけた状況から判断すれば、この写真は出撃当日の4月6日、新田原飛行場で撮影されたものと思われるが、詳細は不明である。

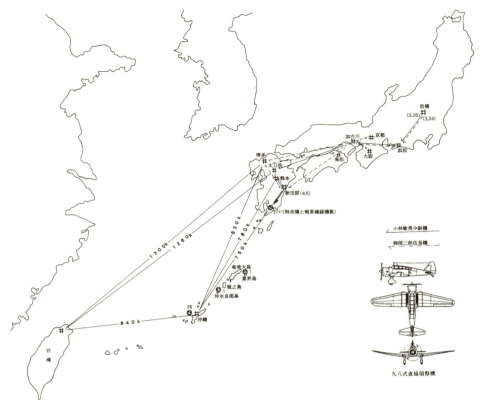

図1　陸軍前橋飛行場を離陸した小林敏男少尉機・岡部三郎伍長機航進図（昭和20年3月24日～4月6日）
「飛行場記録昭和19年4月20日調製」（防衛研究所蔵）をもとに作図

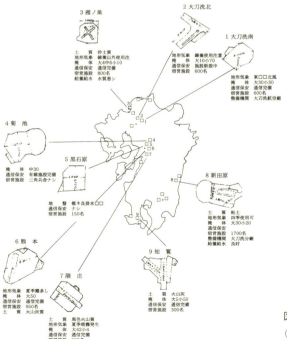

図2　誠三十六・三十七・三十八飛行隊の関係飛行場
（九州地区飛行場要覧昭和20年8月現在をもとに作製）

第２章　陸軍前橋飛行場の研究

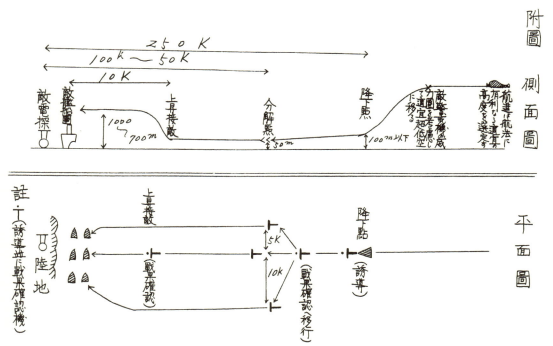

図３　敵艦船攻撃のための特攻隊航進並びに接敵要領（「天号作戦間に於けると号部隊運用並びに戦闘に関する戦訓」）

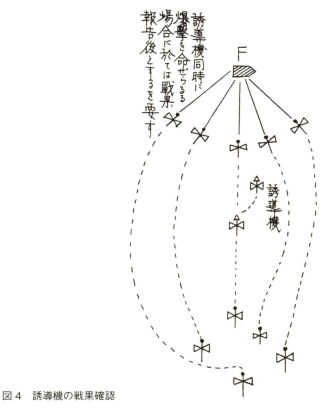

図４　誘導機の戦果確認

写真3 米艦船テュレイギ号により撃墜された日本軍機、海面すれすれに飛行機が見える。1945.4.6、慶良間（沖縄県公文書館蔵）

写真4 特攻機の攻撃で炎上するガソリンを満載した上陸揚舟艇。1945.4.6、慶良間（沖縄県公文書館蔵）

写真5 海面すれすれから攻撃してくる日本軍機に対し、高射砲とロケット弾幕で対応する米艦船。チャンデラー号より撮影。1945.4.6、慶良間（沖縄県公文書館蔵）

写真6 写真5と同じ（沖縄県公文書館蔵）

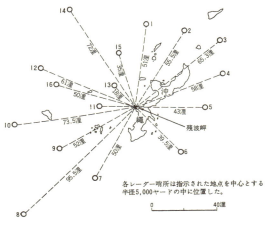
図5 レーダーピケットの位置（『戦史叢書』より）

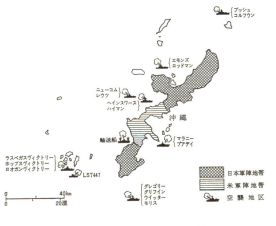
図6 4月6日の主な日本軍機の攻撃地域（『戦史叢書』より）

第3章　群馬県内の戦争遺跡群研究

第1節　歩兵第15連隊兵営跡の調査

1　発掘調査の歴史

　歩兵第15連隊が衛戍地（駐屯地）とした旧高崎城は、高崎市高松町に所在している。

　1872（明治5）年1月、群馬県庁として使われていた旧高崎城は、兵部省管轄と決定し、早速旧城内の整備が始められた。兵部省は同年2月には廃止され、かわって陸軍省・海軍省が設置される。兵営や練兵場を作るために、城門・櫓や立木の払い下げ、内堀の埋方整地、城内に居住する旧藩士の立ち退きなどが次々と実施されていった。

　翌年、東京鎮台高崎分営が設置され、旧本丸に4棟の兵舎が建てられた。その後、兵制の整備が進むとともに、1884（明治17）年5月には「軍都（軍事都市）高崎」の代名詞ともいうべき歩兵第15連隊が誕生した。また、兵営創設とともに城内の南西部に病室が設けられたが、これは後に高崎衛戍病院、そして1936（昭和11）年からは高崎陸軍病院となった。さらに高崎には第28旅団司令部、高崎連隊区司令部（1941年から前橋に移る）、高崎憲兵分隊も設置された。兵営施設の整備・拡充はその後も続けられ、1945年の敗戦に至るまで、高崎は一貫して陸軍の衛戍地であった。

　現在、かつての城内には高崎市役所、群馬音楽センター、シンフォニーホール、独立行政法人国立病院機構高崎病院、裁判所などの公的施設が集中している。

　この高崎城域を範囲とする高崎城遺跡は、これまでに1985年の市立高松中学校建設予定地をはじめとして、17次にわたる発掘調査が行われている（表参照）。そしてそれぞれの調査次に対応して、高崎城Ⅰ遺跡から高崎城ⅩⅦ遺跡として報告されている。Ⅰ～ⅩⅣ次、ⅩⅥ・ⅩⅦ次は高崎市教育委員会、ⅩⅤ次は（財）群馬県埋蔵文化財調査事業団による調査である（図1）。

表

調査	調査の原因	調査の期間
第Ⅰ次	市立高松中学校建設（校舎部分）	1985年10月
第Ⅱ次	市立高松中学校建設（校庭部分）	1986年10月～11月
第Ⅲ次	高崎駅西口線道路建設	1988年1月～2月
第Ⅳ次	高崎駅西口線道路建設	1988年11月～1989年3月
第Ⅴ次	高崎駅西口線道路建設	1989年6月～11月
		1990年1月～3月
第Ⅵ次	群馬シンフォニーホール建設	1989年6月～9月
第Ⅶ次	高崎市役所新庁舎建設	1990年5月～91年3月
第Ⅷ次	高松郵便局建て替え	1990年6月～7月
第Ⅸ次	高崎市役所新庁舎建設	1991年4月～12月
第Ⅹ次	前橋地方裁判所高崎支部構内の建物増築	1991年10月～12月
第ⅩⅠ次	市営高松地下駐車場・友好姉妹都市公園建設	1988年7月～8月

第XII次	都市計画道路高松若松線建設	1993年6月～7月
第XIII次	城址公園公衆便所建設	1993年8月～9月
第XIV次	国立高崎病院内視聴覚施設建設	1996年5月～6月
第XV次	国道17号（高松立体）改築工事	2002年4月～03年6月
		2003年11月～04年1月
第XVI次	国立高崎病院仮設病棟建設	2003年12月～04年1月
第XVII次	国立高崎病院新病棟建設	2005年7月～10月

　これら調査のうち、歩兵第15連隊関連の遺構や遺物が検出されたのは、III・IV・V・VI・VII・IX・XVの各遺跡である。XV遺跡を除いたこれらの場所には、かつて連隊の各種施設があった。XV遺跡からは兵営内で使用された各種の遺物が廃棄された状態で出土している。I・II・XIの各遺跡は城内の北側にあたる。営庭があったところであり関連する施設はほとんどなかったようである。XVII遺跡は城内の南西部にあたり、陸軍病院があった場所である。
　それでは歩兵第15連隊関連の遺構や遺物が検出された遺跡を見てみよう。

2　歩兵第15連隊関連の遺構と遺物

　①高崎城III・IV・V遺跡の調査[1] から
　III・IV・V遺跡は、シンフォニーロードと呼ばれている都市計画道路高崎駅西口線建設に伴う調査である。「昭和9年の歩兵第十五連隊平面図」（図1）や「営内掃除及保存担任区分一覧図」によれば、このIII～V遺跡の調査場所、特にV遺跡には、第1・第2大隊浴室、第3大隊浴室、機関室、下士集会所、靴工場などの施設があった。しかし調査区内にあった旧市立第3中学校の体育館跡地のように、取り壊しなどの際の攪乱によりほぼ全域で遺構が破壊されていることが予想されたことや、さらに共済会館と高崎労働基準監督署の跡地でもローム層まで破壊がおよんでいたために全面調査とはなっていない。
　それでも調査では、地表下約50センチ程で石炭殻を敷き込んだ層が検出され、この層付近から歩兵第15連隊に関連すると考えられる遺構が検出された。それらは2棟の浴室と機関室、大型排水路跡（土管製と大谷石製）、井戸跡、建物間をつなぐ吸水管、送水管、排水管である（図2）。
　ところで報告書では、機関室の東側から検出された東西12間、南北4間で柱穴内に自然石を用いた礎石を1ないし2個持っている遺構を、近世の大型建物跡として中級程度の武士たちの長屋であった可能性を指摘している。しかしながら「継ぎはぎ兵舎計画図・明治45年」（図3）には、この場所には薪炭雑物庫が描かれる。「昭和9年の歩兵第十五連隊平面図」や「営内掃除及保存担任区分一覧図」には描かれていないが、位置関係から検討すると、この建物の基礎になるものと思われる。兵営内では明治から昭和にかけて新築や増改築などが行われおり、それについては中村茂氏の「歩兵第十五連隊第二兵舎の建築年代について」『高崎市史研究13』[2] に詳しい。
　III・IV遺跡は、第1兵舎と第2兵舎があった場所の間にあたる。III遺跡からは明治時代以降の溝4条、方格溝（礎石及び大量の漆喰を伴う建物の基礎と考えられる溝状の掘り込み）が検出されている。報告書では触れられていないが、これは1877（明治10）年に新築された鎮台兵舎の基礎になるものと思われる。IV遺跡からは、煉瓦の入ったピット列が検出されている。建物の基礎とは異なるが、兵舎の方向と同方向と思われるので何らかの関係があるものと推測されている。このほかに、煉瓦

やトタン板などが多数廃棄された土坑、平瓦・赤煉瓦・耐火煉瓦などが多数出土した土坑が検出されている。

②高崎城Ⅶ・Ⅸ遺跡の調査（高崎城三ノ丸遺跡）[3] から
　高崎市役所新庁舎建設に伴い、1990（平成 2）年 5 月から翌 91 年 12 月まで発掘調査が実施された。
　調査場所は高崎城Ⅲ〜Ⅴ遺跡に隣接、高崎市立第 2 中学校、同第 3 中学校の跡地である。調査面積は 3 万 2,911 平方メートル。弥生時代中期から藩政時代の遺構の検出を目標としていたが、思いのほか歩兵第 15 連隊関連の建物跡などの遺構検出（図 4）と多量の軍隊遺物の出土があった。
　調査区毎に検出された遺構を紹介しよう。
〔133 調査地区・共同溝区〕　第 15 連隊第 2 兵舎の東辺基礎、兵舎を取り巻く凝灰岩切石の排水路と土管により連結される沈殿桝が検出された。
〔158 調査地区・第 3 中学校跡地〕　現地表直下に近代の遺構があり、特に 15 連隊の建物の基礎が比較的良く残されていた。このあたりは連隊の倉庫群が存在した地域で、被服庫 4 棟、兵器庫 2 棟、蔬菜庫 3 棟などの建物跡と明治期の倉庫跡、また兵士教練用の体操施設が検出されている。被服庫は、1966 年 3 月まで中学校校舎として利用されていた。調査ではこれらを無視することができなかったこと、そして建物の基礎から連隊当時の建物配置を復元することに努めた、と調査担当者は述べられている。
　予想外の遺構として、これら建物の周囲には主軸方向を同じくする地下式の土坑（地下壕）が数多く検出されたことである。これらのうち、SK5 と呼称された地下壕は、出入り口に階段がつき、内部は板敷き・板壁であったと思われる。火を受けて壁面と柱が焼けただれ灰や焼土がぎっしり詰まっていた。灰・焼土の中から軍隊遺物が多量に出土している。地下壕の規模は、長さ 4 メートル、幅 2 メートル、深さ 1 メートルであった。
〔185 調査地区・第 2 中学校跡地〕　東端から第 2 兵舎の基礎、兵舎の西側には兵営生活用の洗面所・物干場・厠、また大隊炊事所・魚菜調理所・石組かまど・排水桝と各種の軍隊使用遺物が検出された。地下壕も多数検出されている。地下壕は人員の緊急避難用であるのか、上部構造はどうなっていたのか、数多く検出されているが、かつての入営者に聞いても、誰も地下壕の存在を知らなかったということである。
　第 2 兵舎は南北 140 メートル・東西 15.2 メートルであり、その基礎は深い布堀の底部に栗石を敷き、その上に 55 センチ程度の厚さのコンクリートを打ち、さらにその上に赤煉瓦 6 段を積み上げたものである。地上部分は、木造大壁造り 2 階建て瓦葺きの建物で、中央に煉瓦の防火壁があった。1962 年 3 月まで市立第 2 中学校の校舎として使用されていた。
　この兵舎の建築年代は、これまで 15 連隊関係の文献や校史によって 1886（明治 19）年とされてきた。ところが、発掘の結果、1910（明治 43）年以前にはあり得ない建物であることが判明した。それは、発掘した兵舎基礎の内部に、床下の束の重複関係が確認され、新旧 2 種類の束が存在すること、兵舎の基礎および防火壁・兵舎周辺の排水桝には 1890 年以降製品化された「上敷免製」の刻印のある煉瓦が使用されていたこと、防火壁から北側の第 2 兵舎基礎のコンクリート内を兵舎建築と同時に敷設された 1910（明治 43）年以降の上水鉄管が貫通していたこと、からであった。
　発掘調査の結果とその後の史料調査によって、第 2 兵舎の建築年代は、1912（明治 45）年の改築

工事によって建て替えられたものであることがわかっている。

この第2兵舎よりも古い東西方向の建物基礎は、全長72メートル以上あるものである。この建物建設にあたっては、高崎城二ノ丸堀を横断するときには5メートルもある堀底まで凝灰岩の切石を等間隔に柱状に積み上げ、この切石列の周囲をすべて大小の川原石で充填するという大工事を行っている。第15連隊創設以前の東京鎮台高崎分営当時の建物跡である。この建物基礎の東端がⅢ遺跡で検出された方格溝である。

明治最初期では、陸軍の重要な施設は政府お雇い外国人に委嘱して、本格的な西洋建築で建てられたのに対して、一般兵営建築は雛形的なものに従って建設された。当時の建物が仙台、新発田などに現存している。

〔出土遺物〕 158調査地区最南端から検出された溝状遺構から、大量の近代陶磁器が出土している。出土総数は1,755点であり、このうち921点が磁器碗であった。営内で使用された飯碗であった可能性があり、酒保（日用品や飲食物の売店）の廃棄物と考えられている。この他に薬品容器などが出土している。

地下壕からは、軽機関銃・小銃・スピンドル油缶・保革油缶・防毒面・手榴弾、文書や新聞の燃えさし、そして1万枚に近い認識票が出土した（図5）。認識票の材質は黄銅・鉄・アルミの3種で、大きさは、長さ45ミリ、巾33ミリの小判型で、両端に紐穴があく。黄銅製の認識票には、片面に部隊（連隊）番号、中隊番号、認識番号が打刻されていて、その数約3,000枚にのぼった。

認識票とは、死傷した軍人軍属の氏名を識別するためのネームプレートである。戦地に動員される部隊所属の将兵、出戦部隊補充の際、補充員となる将兵に支給された。将校は部隊名と氏名、兵隊は中隊番号と認識番号（兵籍番号）が刻印されている。戦場では身元の確認できない死体が続出、また野戦病院には口のきけない重傷者があふれる。それらの確認のために必要であった。認識票は襦袢（肌着）の下に紐で右肩から左脇下に懸けた。

遺跡出土の認識票は、兵士が戦地から復員後、召集解除の際に返納したものであろう。所属部隊名のうち最も数が多かったのは、歩兵第115連隊で1,206枚、次いで歩兵第15連隊の757枚である。そのほかに歩兵215連隊などがあった。「歩兵第15連隊第11中隊の認識票の中に、正規の認識番号の裏面に線彫りで個人名が彫られているものが16枚あった。同じ隊の仲間同士が相談して彫りつけたものであろう。番号だけでは自分とわかってくれるか不安があったのかもしれない」とは、調査者の弁である。鉄とアルミ製は無刻印で、兵士に配布する前のものであった。

これらは、遺構の残存状況と遺物の出土状況から判断すると、敗戦時に装備品の一部を焼却処分したものと思われる。

以上、Ⅶ・Ⅸ遺跡の調査から鎮台兵舎、第2兵舎、兵器庫、被服庫などの近代建造物の基礎、各種の上下水道遺構、地下壕が検出され、歩兵第15連隊の兵営建物配置を復元することが可能となった。検出された遺構は、現在の「平和都市高崎」からは想像もつかない、かつての「軍都高崎」を明らかにするものであった。

③高崎城ⅩⅤ遺跡[4]の調査から

高崎城本丸と烏川との間に位置し、国道17号（高松立体）改築工事に伴い、2002年度から2003年度にかけて発掘調査を実施した遺跡である。

高崎城本丸の西側堀（調査時に1号堀と命名）の埋土上部には、石炭殻中に近代遺物を多く含む層があった。堀が埋没する過程の凹みに大量に廃棄されたものであり、歩兵第15連隊関連遺物が主体を占めていた。

　出土した遺物は陶磁器やガラス製品、金属製品、皮革製品などである。調査と整理を担当された大西雅広氏の観察所見を元に代表的な遺物を次に紹介しよう。

　出土陶磁器は、兵営生活を物語るような盃、徳利、湯飲み、碗、鉢、皿、急須などの飲食器が主体となっている（図6）。出土地点と文字資料から歩兵第15連隊で使用されたものであることは確実であった。

　その中で注目されるのは、酒保で使用された盃の一群である。白磁の見込みに青い上絵具で「酒保」と縦書きしている。この他に「所准士」と「兵第」の文字もあり、前者は「准士官下士集会所」、後者は「歩兵第十五連隊（酒保）」の文字が記されていたものと推測されている。下士集会所と酒保は高崎城V遺跡で発掘された浴室や機関室の南東にあった。V遺跡の調査区にその一部はかかっていたものと思われるが、攪乱によって遺構が破壊されているものと判断されて発掘は実施されていない。

　小碗（湯飲みとぐい呑みと思われる）にも酒保で使用されたものがある。湯飲みには陶器、硬質陶器、磁器の3種が見つかっている。硬質陶器の高台内には方形枠内に「硬陶」の銘を入れたものと「NY」を組み合わせたマーク上に「硬質陶器」と記されたものがあった。これは日本硬質陶器株式会社の製品である。口縁部外面に陸軍の「☆」マークが認められるものもある。また、磁器の湯飲み3個には「萩原」「西澤」「□村」の使用者名が記され、「下士」と記された湯飲みからはその使用場所が特定できる。VI遺跡[5)]からも「兵器委員加藤准尉」「柴崎特務曹□」と記名のある湯飲みが検出されている。

　徳利には使用場所を示す上絵文字がすべてに記されていたと考えられる。上絵文字には「歩（兵）第十（五）連隊　酒保」と「准士官下士集會所」の2種があった。

　急須には盃や徳利と同じ青色上絵具で「見習士官用」の文字が大きく書かれていた。蓋には「歩十五」が記されている。

　以上、これらはいずれも酒保や下士集会所で使用されたものが、連隊ゴミとして廃棄されたものであろう。このほかに、釦、襟章、肩章、歯ブラシも出土している。さらに円弾172点、椎実弾2点が集中して出土した。射撃練習に使用された可能性がある。昭和期の図では出土地点の北側に射撃場が存在していた。

　なお、遺構としてはアジア太平洋戦争末期に構築された地下壕3ヶ所が見つかっている。

　それは堀の壁面に掘削された横穴式の地下壕である。報告書には詳細な図面を掲載することはかなわなかったが、床面に等間隔の溝が掘られている細長い地下壕2基が写真図版に掲載されている。幅約2～2.4メートル、長さは22メートルと30メートルを測る、この地下壕は神奈川県横浜市の茅ヶ崎城跡で発掘された戦車壕と規模や構造が似ている。床面の溝には枕木を据え、キャタピラと噛むように構築されたと推定されている。茅ヶ崎城例は、本土決戦に備えて軽戦車を格納したものと考えられているが、高崎城例もそうであれば、どのような部隊が布陣していたのかは今後の検討課題である。

3 関連する遺跡―高崎陸軍墓地

　現在、高崎城跡に歩兵第15連隊の遺跡を見ることはできないが、旧営門を入って右手、営門歩哨の立哨位置にあたる場所に、戦友会や関係団体の手で「歩兵第十五聯隊趾」と記された大きな石碑が1976年に建立されている。

　次に関連する遺跡の一つとして高崎陸軍墓地をあげることができる。陸軍墓地は、陸軍省が設定した用地に設けられたもので管理者は師団であった。高崎陸軍墓地は、高崎兵営の南に位置していた龍廣寺（高崎市若松町85番地1）にある。1873（明治6）年に高崎に兵営が置かれると陸軍の要請によって当時の龍廣寺住職が、敷地の一部を寄進して創設したものであった。

　戦後は大蔵省財務局が管理していたが、1952年1月、元の所有者であった龍廣寺に払い下げられた。墓石・墓標がかつての敷地の4分の1ほどの区画に整理されたため、陸軍墓地としての原型をとどめていないが、墓地跡には現在も陸軍墓標が建ち並んでいる（写真1）。

　この高崎陸軍墓地の実態調査を行った手島仁・西村幹夫の両氏によれば[6]、個人墓257基、合葬墓碑4基（うち1基は戦後に建碑）、ロシア人捕虜の個人墓3基が確認されている。個人墓257基のうち明治期に建立されたものは211基、大正期は0基、そして昭和期は32基、不明14基であった。これを出身地別で見ると、長野78基、新潟39基、群馬37基、埼玉28基、栃木15基などとなり、5県で全体の約80パーセントを占めている。

　いちばん古いものは1873年の年号を確認できる。東京鎮台高崎分営第9大隊が誕生した年である。墓標の中には「生兵」と肩書きをつけたものが29基あった。これは訓練途中の新兵のことを指す。なれない兵営生活と厳しい訓練で死亡した兵の墓標であった。明治期の個人墓は、平時において病死した兵士を埋葬したものである。

　1904年～05年（明治37年～38年）の日露戦争において、数多くのロシア軍兵士が捕虜となり、日本各地に収容された。高崎においても500数十名の捕虜が収容された。収容先は、龍廣寺を初めとする長松寺、覚法寺、大信寺、大雲寺などの市内の寺院や高盛座、藤守座、睦花亭、共楽館など寄席や劇場であった。

　そのうち傷病兵だったニコライ・トカチューク、ステパン・シュレノーク、サムプソン・メルニチェンコの3人が療養のかいなく亡くなり、陸軍墓地に葬られた。ニコライ・トカチュークを除いた2名は第7収容所にあてられた興善寺で肺炎のために死亡して、埋葬されたものであった。その後、アジア太平洋戦争中には破壊される恐れもあり、地下に埋めて隠されたこともあった。1976年になって日ソ協会高崎支部、龍廣寺住職などの手により改修されている。

　西洋式の3基の墓碑は、台上に東向きに安置されている（写真2）。3基とも長さ85センチ、幅60センチ、厚さ12センチの大きさである。墓石面上部にロシア語で銘文が記され、中央には大きな十字架が彫られ、その左右には日本語で彼らの所属部隊、階級、氏名、年齢、没年が刻まれている。向かって左の墓碑は「関東要塞砲兵隊　兵卒サムプソン　メルニチェンコ　行年二十九　西暦千九百五年五月七日永眠」、中央の墓碑は「狙撃歩兵第二十連隊　兵卒ステパン　シェレノーク　行年二十二　西暦千九百五年五月十八日永眠」、右の墓碑は「狙撃砲兵第一大隊第二中隊　木工長ニコライ　トカチューク　明治三十八年十月廿四日死ス　年二十六」とある。

　明治以来、市民生活と深くかかわってきた高崎歩兵第15連隊が所在したことを象徴する貴重な

文化財として、1986年2月13日に史跡指定された[7]。ロシア人兵士の墓は、高崎のほかにも愛媛県松山市、金沢市野田山、大阪府泉大津市、仙台、名古屋などの各地にある。

　昭和期の墓標は、満州事変での戦死・戦病死・公務死の兵士や昭和10年の風水害犠牲兵士、二・二六事件の事故死兵士などである。

4　今後の調査に向けて

　高崎城域でのこれまでの発掘は、藩政時代やより古い時代の遺跡調査に主眼が置かれていた。このために鎮台や連隊時代の遺構や遺物については、たとえ発掘されたとしても充分な調査が行われず、報告書での記載は疎かにされてきた。陸軍病院跡についても同様である。遺構や遺物があったのか、なかったのか、という基本的な事項についてさえも全く触れられていない報告書もある。近代の遺跡については、これまで埋蔵文化財として認知されてこなかったことの影響によるものであろう。

　旧城内に鎮台分営の建物や連隊の兵舎などが建てられたのは、明治期に限ってみても6年、10年、19年、23年、26年から30年、45年である、という。これらの変遷については、調査担当者でもあった中村茂氏の研究におうところである。発掘の成果と文献資料との検証から判明した事実であった。ところが、報告書では検出された遺構や遺物の事実記載がほとんど行われていないために、第3者が研究を行おうとしてもまったくのお手上げ状態であった。

　しかし歩兵第15連隊関連の遺跡は今後きちんと調査して行かなければならないであろう。群馬の歴史や日本の歴史を考える場合になくてはならない遺跡だからである。前時代の遺跡調査と同様に遺構や遺物の詳細な調査が行われ、報告書に記載されていくことが求められる。

　これまでの発掘によって、近世高崎城に伴う遺構として報告されたもののなかに連隊時代の遺構があった。さらに検出された遺構の中には、敗戦末期に構築された地下壕などのように、構築背景の検討が加えられてしかるべきものが多々ある。

　明治初期に鎮台が設置され、さらに師団・連隊の設置が全国で進められたが、その場所は近世城郭内が多かった。このために高崎城に限らず近世城郭の調査にあたっては、鎮台や連隊時代の遺跡を考慮に入れた調査を進めて行かなければ、誤った報告が重ねられていくことになるであろう。

注
1) 高崎市教育委員会『高崎城遺跡　Ⅲ・Ⅳ・Ⅴ』1990年。
2) 中村　茂「歩兵第十五連隊第二兵舎の建築年代について」『高崎市史研究』第13号、pp.65-88、2001年。
3) 中村　茂・黒沢元夫『高崎城三ノ丸遺跡』高崎市教育委員会、1994年。
4) 大西雅広ほか編『高崎城ⅩⅤ遺跡』(財)群馬県埋蔵文化財調査事業団、2006年。
5) 高崎市教育委員会『高崎城遺跡Ⅵ　三ノ丸遺跡』1990年。
6) 手島仁・西村幹夫「軍事都市高崎の陸軍墓地」『群馬県立歴史博物館紀要』第24号、pp.63-118、2003年。
7) 高崎市教育委員会『高崎市の文化財』1993年。

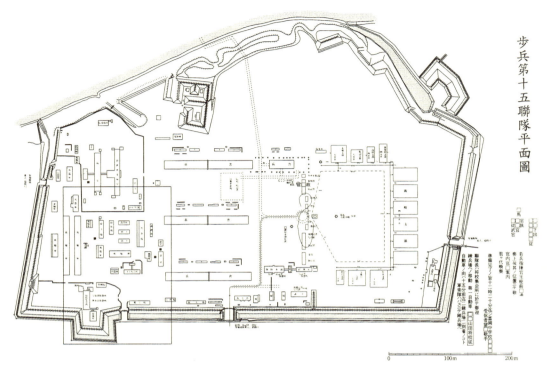

昭和9年　歩兵第十五連隊平面図

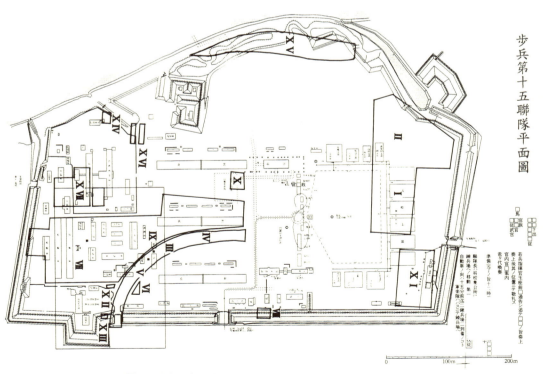

図1　昭和9年・歩兵第15連隊平面図（図に調査区を重ねる）

第3章 群馬県内の戦争遺跡群研究

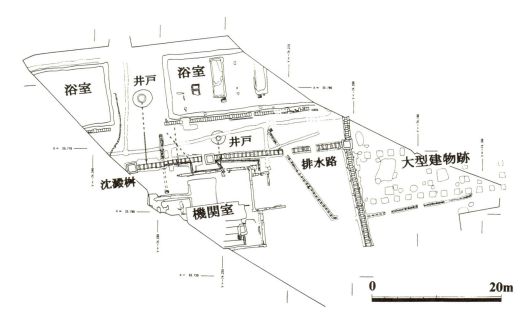

図2 高崎城Ⅴ遺跡（『高崎城遺跡Ⅲ・Ⅳ・Ⅴ』1990年）

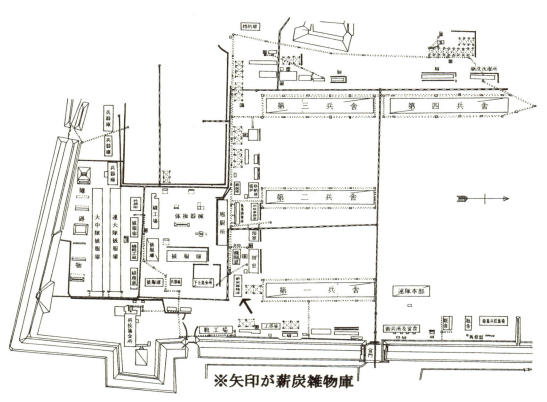

図3 継ぎはぎ兵舎計画図 明治45年（中村2001年）

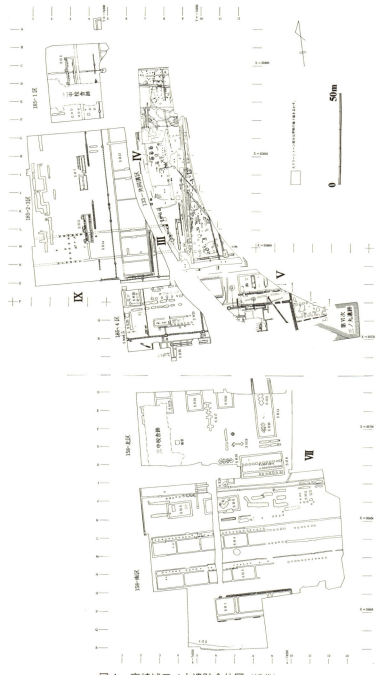

図4 高崎城三ノ丸遺跡全体図（近代）

第3章 群馬県内の戦争遺跡群研究

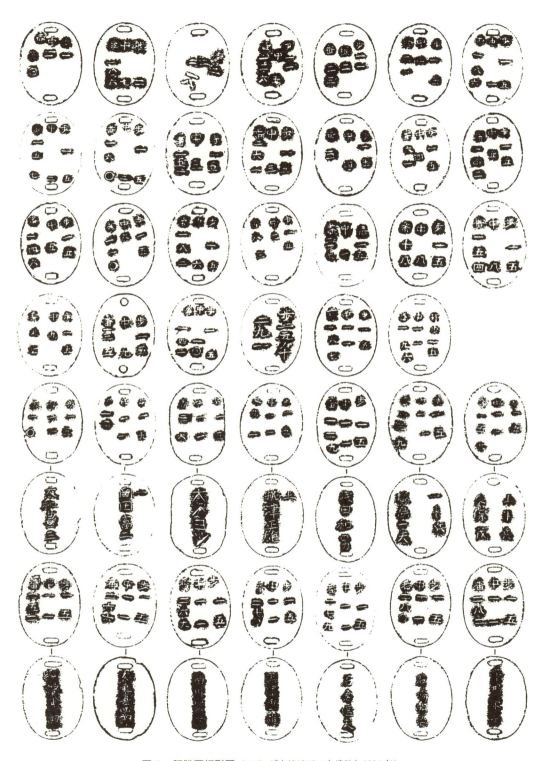

図5 認識票拓影図（1/3）（『高崎城三ノ丸遺跡』1994年）

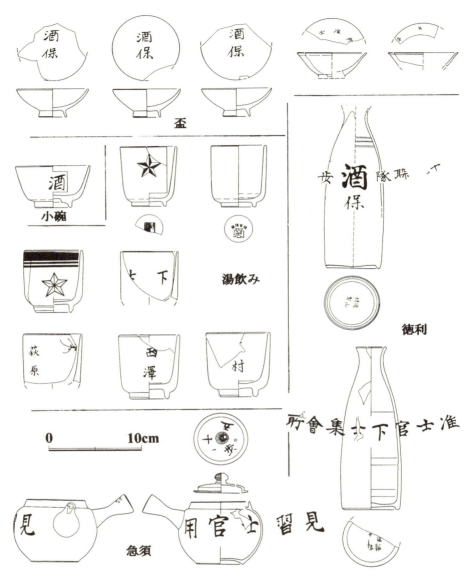

図6　出土陶磁器（1/4）（『高崎城ⅩⅤ遺跡』2006年）

写真1　陸軍墓地跡

写真2　ロシア人捕虜墓地

第2節　陸軍特殊演習場の研究　その一
―赤城演習場跡採集の迫撃砲弾と東部第41部隊（迫撃第1連隊）―

はじめに

　1945（昭和20）年8月の敗戦時、群馬県内の陸軍軍事施設は表1のとおりであった。これらの施設は東部軍管区軍事施設調書に記載されたもので、敗戦時に連合国軍に報告されたものである[1]。陸軍の軍隊官衙学校倉庫など総ての建物が記載されているというが、陸軍航空関係軍事施設については別冊として、また東京第2陸軍造兵廠関係[2]や地下軍事施設など[3]については別個に調査され報告されている。

　この表中に記載のある赤城演習廠舎、赤城演習場が今回紹介する迫撃砲弾片と密接な関係を有していた。そもそも迫撃砲弾片は赤城演習場跡地から、1985年10月25日から27日、利根郡昭和村糸井所在の吉野牧場の整備中に採集されたものである。そして勢多郡赤城村津久田（現渋川市）の狩野松之助さんから同村歴史資料館（現渋川市赤城歴史資料館）に寄贈されたのであった。

　片品川が利根川に合流する左岸の赤城山北面山麓一帯にかつて赤城演習場は存在し、沼田に駐屯していた東部第41部隊（迫撃第1連隊）の演習場、陸軍習志野学校特殊演習場、陸軍技術本部秘密兵器試験射場として供用された特殊演習場であった（図1）。採集場所もこの演習場の中央に近く、標高は670メートル付近である。遠くには谷川岳や武尊山、さらに越後の山並みを望め、眼前には沼田台地を見渡せる眺望のよい場所である。

1　採集された迫撃砲弾

　2点を除いていずれも破片である。総数は20点で信管3点と3種類の迫撃砲弾を確認できた。
　1～3は信管と啄螺部分である（写真1）。信管の長さは37.8ミリ、先端口径は15ミリ。1は先端部に「迫」、下端部に「昭十五2」の刻印が認められる。2・3は先端部に「迫」、下端部に「昭十五5★」の刻印が認められる。「迫」は信管標式で使用区分を示す[4]。すなわち迫撃砲弾用の信管である。3点の信管は93式2働信管「迫」（瞬発装置）と思われ、また製造年は刻印から判断して、いずれも1940年であろう。1～3の現存長は約74ミリで、重量はそれぞれ1・350グラム、2・350グラム、3・360グラムである。
　4～6は弾体片である（写真2）。いずれも厚さ10ミリ。4の現存長と重量は228ミリ、700グラム、5・145ミリ、450グラム、6・145ミリ、450グラムである。
　7も弾体片である（写真3）。厚さは薄いところで約5ミリ、ネジ山に近い部分で約9ミリ、ネジ山は14山である。現存長170ミリ、重量900グラムである。
　8～18は弾体下部～弾尾（写真4）。弾尾の長さ102ミリ、これに弾体に装着するためのネジ部分の長さ15ミリで117ミリとなる。径5ミリの孔24個が設けられている。この孔は火薬「ガス」の噴出する穴である。弾体の厚さの違いによって2種類の砲弾を確認できた。8～17の厚さは約

10ミリ、18は約5ミリである。榴弾の弾体は鍛鋼品、弾尾の体は棒鋼品、翼は鍛鋼品、駐底は棒鋼品である。また平時演習用の代用弾の弾体は鋳鉄品であった[5]。

8の現存長240ミリ、重量1,300グラム、9・230ミリ、1,200グラム、10・210ミリ、1,100グラム、11・185ミリ、950グラム、12・182ミリ、1,000グラム、13・143ミリ、800グラム、14・140ミリ、850グラム、15・150ミリ、800グラム、16・138ミリ、750グラム、17・117ミリ、600グラム、ネジ山は長さ15ミリ、16山である。18の現存長172ミリ、重量750グラム。8～17は破損しているものの3(6枚)翼現存し、また翼間には装着された薬包の痕跡も認められる。18は1翼だけ現存し、体内部に内容物の痕跡が認められるが、これについては分析を必要としよう。

19・20は信管を除いて現存している(写真5)。いずれも長さ約300ミリ、最大口径約84ミリ、弾尾の最大直径と長さ81ミリ、3(6枚)翼現存している。径5ミリの孔は18個あり、他砲弾で確認できた24個と異なる。現重量は19・2,750グラム、20・2,800グラムである。

以上、確認できた砲弾は19・20のタイプ(弾尾長さ81ミリ、孔18)と8～18の弾尾102ミリ(孔24)の長いタイプ、そしてこのタイプも厚さの違いから2種類あることがわかった。これらの砲弾はいずれも流線形有翼弾で、4～18については94式・97式軽迫撃砲の砲弾と考えられるものの、榴弾、毒ガス弾、発煙弾、平時演習用として実弾射撃演習で多用された代用弾、または演習弾であるかの識別については、資料不足のため現時点では明らかにできない[6]。19・20は米軍側資料によると100式81ミリ迫撃砲高性能爆薬として紹介されている砲弾に該当しよう(図2・図3)。使用した兵器は97式軽迫撃砲、99式小迫撃砲と紹介されている。

ところで迫撃砲とは、射程にとらわれないで比較的近距離目標に対し、曲射弾道を用いて弾丸威力を発揮するものである。

94式軽迫撃砲は1935年に制定されたが、それはその発射速度、軽便性、機動性のほか適当な公算躱避を有するなどの特性から、毒ガス投射機として毒ガスの弾幕射撃的用法に適するとの結論を得たからであった[7]。口径90.5ミリ、砲身長127センチ、重量159キログラム、初速227メートル／秒、最大射程(6包装薬にし射角45度の射程)3,800メートル、最小射程(零包装薬にて射角85度)約110メートルである。口径が90.5ミリとなっているのは、化学戦の要求として一弾のガス液量がほぼ1キログラム程度であることとの関係からであった[8]。また榴弾の威力半径は約30メートルであるが、この威力半径とは人員を殺傷するに充分な破片1平方メートルに1個の密度を保持する距離をいう。従って威力半径外に於いては命中密度1平方メートル1個より小になるが依然破片は有効で危険半径は更に増大する[9]。榴弾は野戦築城の破壊および人馬の殺傷を主目的とした。本砲は毒ガス弾の射撃を主任務とし、榴弾射撃を従とすることから、仮制式制定と同時に1級秘密兵器に指定された。

97式軽迫撃砲は94式軽迫撃砲に代わる火砲として、1937年9月に研究が開始された。1940年8月には仮制式の制定が上申されたが、実際に部隊に支給された数はごく少数であったという[10]。榴弾、毒ガス弾(あか弾・きい弾など)、発煙弾が制定されている。

「あか弾」を1ヘクタールに100発打ち込むと、相手の防毒マスク装着の有無に関係なく、ガス効力は強度制圧、砲弾の破片効力は殲滅、総合効力は殲滅となる。この殲滅とは死者または戦闘不能者が約半数以上というものであった[11]。

2　赤城演習場

　陸軍省大日記中に陸軍省建築課起案の「特殊演習場新設敷地買収の件」「赤城演習場廠舎新設工事の件」の書類が残されている[12]。

　　　　特殊演習場新設敷地買収の件
　　　　副官より第五十一師団経理部長へ通牒案（陸普）
　　　首題の件別紙の通実施することに被定たるに付依命通牒す
　　　追て細部に関しては主務課長をして指示せしめらるるに付申添ふ
　　　　陸普第七一六六号　昭和十五年十月八日
　　　　　　　（親展扱）
　　　　　　別紙控は建築課に保管す
説明
　本件は習志野学校特殊演習場技術本部秘密兵器試験射場及沼田に新設せらるる迫撃砲連隊の演習場として供用の為買収するものに付之か経費は前二者に対しては演習場射撃場及架橋場其他整備費、後者に対しては兵備改善費予算を充当するものとす
　尚前二者の演習場射撃場及架橋場其他整備費の残（四一二,〇〇〇円）は地役権設定、軍道施設及立木整理等本演習場整備の為使用の予定

　この起案から、赤城演習場が単なる演習場ではなくて、特殊演習場すなわち毒ガス演習場として新設されたことがわかる。また射撃場は秘密兵器試験射場であった。

　　　　赤城演習場廠舎新設工事の件
　　　　副官より第五十一師団経理部長へ通牒案（陸普）
　　　首題の件別紙の通り実施することに定められたるに付依命通牒す
　　　　陸普第八九五八号　昭和十五年十二月十四日
　　　　　　　（親展扱）
　　　　　　別紙控は建築課に保管す
　　　新設　習志野学校及沼田迫撃連隊にて使用す

　第51師団は1940年9月に設置された宇都宮師団である。隷下歩兵連隊には第66（宇都宮）、第102（水戸）、第115（高崎）連隊があった。
　赤城廠舎は糸之瀬村（現利根郡昭和村）糸井の上糸井の東側3町4反の地に建ち、1942年には西側に道をはさんで9反7畝の地に陸軍気象観測所ができた[13]。
　1940年12月、師団関係者が久呂保村（現利根郡昭和村）に来村。久呂保・糸之瀬両村民を一堂に集め、演習地の略図を示して来春5月迄に指定以外の立木は伐採撤去する様申し渡しがあった。また土地代金として山林部は金80円、原野部は60円を登記完了と同時に支払うこと、周囲に隣接する地帯を通称青線地区と仮称し地役権を設定する旨も申し渡しがあった[14]。

第八〇五号
昭和十六年三月十七日
　　　　　　　　　久呂保村長
　　　　　　殿
陸軍演習地買上土地中本年五月迄に伐採すべき土地確定に関する件
来る三月十八日午後三時頃より標記買上本年5月迄に伐採すべき土地を大体左記略図に依り測量の上決定可致旨通牒有之候に付き御繁忙中急々にて入恐候共関係者へ御通知方御取計ひ度
（略下）

　　　左記
　　　図

　そして陸軍習志野学校と沼田迫撃連隊使用の演習地として、当時の利根郡久呂保村、糸之瀬村の赤城原1,200町歩が強制的に買い上げられたのは、1941年12月4日のことであった[15]。翌年初頭、陸軍の経理部から演習場の工事で8,800人の勤労奉仕の申し込みが、川場、白沢、川田、利南、久呂保、糸之瀬および薄根の各村にあった。薄根村では1月中に1,260人を出すことになった。毎日午前6時30分、糸之瀬村役場前に集合して係員の案内で現場に行き、午前7時作業開始、午後5時終了で、1月8日から25日まで毎日90人が出役した。これには1人1日金2円20銭の謝礼金が支払われたという[16]。この工事では射撃場や赤谷にあるトーチカなどが作られた[17]。
　同年11月10日には演習場の周囲に地役権が設定され、地区内の家屋などの建築を取除き、また新たに設置しないこと、演習の状況によっては一時立入禁止をなすこと、補償費は反当4円を支払うこととなった[18]。
　演習場の新設と併行して東部第41部隊の施設建設が進められていった。1940年8月31日、沼田市原新町東方一帯の地主一同は沼田高等女学校（沼田尋常高等小学校か―筆者注）講堂に招集され、兵舎、営庭用11町3反、練兵場用8町4反、陸軍病院用7反、計20町4反の土地の強制的買い上げに同意させられてしまった[19]。

3　陸軍習志野学校と東部第41部隊

　陸軍習志野学校は1933年に創設された。化学戦の運用・教育にあたり、化学戦の訓練を受けた将校・下士官を約1万人も養成した。主な演習地には王城寺原、相馬ケ原、赤城、富士裾野、片貝海岸、富津海岸、北富士があった。このうち、相馬ケ原と赤城の演習場が群馬県内に所在していた。演習場では毒物の取扱いをするので、人里から離れた危害を及ぼさない場所が求められた。
　1942年から1945年にかけての習志野学校の研究項目には、部隊運用、迫撃、瓦斯防護、制毒、対火焰防護、発煙、気象、資材があった。簡単な研究試験は、校内や習志野原で行い、迫撃砲の実弾射撃や毒ガスを使用する場合は、赤城演習場が使用された。実施された研究演習には次のようなものがあった。1943年12月に部隊運用（山地、密林の攻防）、44年7月に迫撃（射撃法（射撃教範編

纂))、翌8月に瓦斯防護(熱地に於ける気状瓦斯効力研究)である[20]。

　1987年発行の『陸軍習志野学校』に記された赤城での演習の証言を摘出しよう。「赤城山の演習では利根川で泳いだり、実弾射撃演習に指揮班長をやらされ第一弾が目標地点にうまく落下した嬉しさ(幹候第7期)」(p.428)、「最後の野営は赤城山麓、早朝の寒さが身にしみました。生い茂る林、草の深さ、谷の深さ、廠舎では蚤、南京虫も沢山いたのでしたが昼間の演習の疲れからか、ぐっすり眠り込んで終いました(幹候第9期)」(p.431)、また昭和19年度第2次採用の甲種幹部候補生(第12期)の証言には、「赤城での演習は実弾射撃だったか。わしの時はガス弾だった」(p.465)、「赤城野営の帰途、焼け野が原と化した東京をみた」、「赤城の卒業演習は忘れられるものではない。猛吹雪におそわれる中で、担ぐ迫撃砲は積もる雪に覆われ、雪の止むのを待つほかなかった」(p.471)などである。

　一方、幻の部隊とまでいわれた東部第41部隊(迫撃第1連隊)についての歴史は、概略次のようである。1940年4月1日、第10師団の編合部隊として島根県松江の歩兵第63連隊内に内地における唯一の化学戦部隊として新設された。初代連隊長は黒瀬平一大佐。連隊は連隊本部、第1大隊(迫撃3個中隊、長、松尾茂男少佐)、第2大隊(瓦斯2個中隊、長、敷地秀彦少佐)、および材料廠(長、神田利吉大尉)からなり、平時編制定員は連隊長(大佐)以下1,055名、馬131頭、車輌116輌であった。1941年12月沼田に移駐。当時、新兵舎が竣工していたのは連隊本部の建物のみであったので、他は少し離れた赤城廠舎に入り竣工を待って連隊本部と合流した。沼田移駐後は専ら迫撃要員の訓練に専念し野戦迫撃隊の将校以下の補充業務を担当し、1944年8月以降は、多くの迫撃大隊の編成を担当した。1945年3月15日には、連隊は迫撃第23、および29大隊の編成、その編合部隊である迫撃第214連隊の創設過程で、連隊長以下多数が同連隊(展開地は北関東、敗戦の地は高崎もしくは真岡)に転属し、残余は迫撃第1連隊補充隊となり、本土決戦部隊である迫撃大隊、迫撃砲隊などの臨時編成に忙殺されつつ敗戦を迎えたという[21]。

　この部隊についての資料はこれまで皆無にちかいものと思われたが、防衛研究所所蔵の陸軍史料中に、1942年の同部隊「初年兵教育法計画」資料が存在することがわかった。今回は資料中の「射撃総合操作教育計画」「呼吸訓練教育計画」「迫撃中隊教練指導計画」の一部を簡単に紹介する。

　「射撃総合操作教育計画」には次のような記載がある。「日時8：00～10：00　場所　営庭　材料及携行品　一、九四軽迫砲一〇門(二号属品箱共)　2、木弾二〇発　鉄弾一〇発　3、偽砲五門」、主要訓練事項として、射向射角付与に於ける1、2番の協同、装填発射急射。これは「照準点及方向角を示し照準せしめ照準終れば木弾に依り発射せしむ」「弾薬の授受及装填発射鉄弾に依る体力の養成急射の要領を実施」するものであった。また「呼吸訓練教育計画」の方針として、「初年兵をして呼吸訓練及停止の必要性を認識せしめ以て軍紀厳正にして瓦斯防護の目的を完遂するの基礎を得しむ」。「迫撃中隊教練指導計画」には、「場所　沼田町西南二粁下川田附近　日時九月八日十三時半より二時間半」とあり、その6項には「弾薬集積　1、先づ目潰射撃準備を速に完了する如く試射用弾、煙弾、あか弾の順序に集積する如く指導す」とある。これらの計画から、初年兵にははじめ木弾や鉄弾で、そして毒ガス弾(あか弾)に至るまで教育されていたことがわかる。

　ところで、1941年8月、東部第41部隊の附属陸軍3等病院として発足した沼田陸軍病院は、同部隊、沼田憲兵分遣隊、赤城演習場および廠舎、赤城気象観測所の軍人軍属の患者を収容治療を任務とした病院である。さらに衛生部員の教育を行い衛生材料を保管しこれを各部隊に供給、衛生試

験を行うことも任務としていた[22]。1985年発行の『沼田陸軍病院記念誌』には次のような証言が掲載されている。戦時中の動員計画によって「沢山の衛生材料が倉庫に常時整備され、とりわけ隣接の迫撃部隊に関するものが多く、この保全、手入れは加藤薬剤官の担当で、同氏の苦心も偲ばれます」(p.42)。衛生材料とは毒ガスにかかわるものであろう。また「沼田の部隊のキャタビラーを履いたキャリアーが毒瓦斯の入った撒毒車や迫撃砲を引いて沼田の町の真中を通過して糸之瀬の山の中の演習地へ向かう」(p.85)、「患者は主として、毒ガスによる外傷が多く、疼痛が激しく患者は大変でした」(p.94)など、頻繁に毒ガスの実地訓練が行われていた様子を窺い知ることができる。

おわりに

　沼田周辺の軍の動きを再確認したい(図1)。まず1940年4月、内地における唯一の化学戦部隊として迫撃第1連隊が創設された。8月、同連隊敷地用地の強制買い上げが開始され、翌41年8月には附属沼田陸軍病院が発足した。そしてアジア太平洋戦争開戦直前の12月、迫撃第1連隊が沼田に移駐してきたが、前後して赤城廠舎建設と特殊演習場の新設が1941年から42年初頭にかけて実施されている。また気象観測所が赤城廠舎の西側に設置され、ガス気象などの観測を行った。

　演習場では東部第41部隊の演習、習志野学校の研究演習や幹部候補生の卒業演習などがさかんに実施された。敗戦の年には毒ガスの研究機関である第6陸軍技術研究所の一部(人員50、任務・実験材料の管理)が赤城廠舎に移転、また6月頃から陸軍火薬製造所の地下工場の建設が、赤城廠舎の北西約6キロメートルの上川田の地で始まっている。この地下工場の建設には、強制連行された中国人多数が働かされていた[23]。

　一方、1945年4月、本土決戦にあたり機動攻撃を目途とする野戦師団8個の臨時動員が発令されたが、このうちの第202師団(文字符青葉、師団長・片倉衷少将)が6月から県内に布陣していた。沼田には青葉第30406部隊(迫撃第202連隊)が駐屯した。この迫撃連隊には2式12センチ迫撃砲(口径120ミリ)が装備されていたというが、「赤城廠舎に移動していた部隊には、ただの一門の迫撃砲もなく、一個分隊に三八式歩兵銃が一挺ぐらい、帯剣もなく、これが本土決戦部隊の陣容であった」[24]という。

　敗戦後、米軍第97歩兵師団の進駐(埼玉・群馬・長野・新潟・福島・栃木)が行われ、軍事施設と資産の査察が徹底的に行われていった。11月には「我々の部隊は、陸軍沼田放送局と気象観測所を調査し、その結果、大型野戦用送信機、電信関係の膨大な蔵書、および完璧に揃った過去12年間の合衆国気象記録を発見した」[25]と報告している。米国の気象記録は何のために必要であったのか興味あるところである。また戦後の一時期、赤城廠舎には強制労働に従事させられていた中国人が収容されたが、このうちの傷病者は沼田陸軍病院に収容された。

　今回報告した迫撃砲弾の帰属は、青葉第30406部隊使用の砲弾ではなくて、陸軍習志野学校や東部第41部隊使用の砲弾となろう。弾尾に薬包の痕跡が付着していることから判断すれば、実弾射撃演習で多用された代用弾(炸薬量を減じた榴弾)の可能性が高く[26]、演習時の破片であろう。あるいは戦後に処理された可能性も否定できないが、これが発掘されていれば、その出土状況から明らかにすることは可能であったろう。しかしながら、採集された砲弾が資料館に寄贈されたことで、この地域の歴史を解明するうえで重要な役割を果たすことになったことは確かである。

ところで、1982年〜83年にかけて、赤城廠舎跡の一部が関越自動車道新潟線の工事に伴い県埋蔵文化財調査事業団によって発掘調査されている[27]。関連する遺構として幅40センチ、長さ55メートルの削平面、住居跡を壊すコンクリート製基礎、一辺1メートル程の方形のピット、また砂利を用いた地形などが検出された。遺物には磁器製の碗（図4）や皿が数点出土し、陸軍標石（写真6）もあった。調査・整理を担当された石守晃氏は、これらの遺物を報告書へ記載し、そして赤城廠舎と東部第41部隊について報告を行っている。当時としては、近代遺跡、とりわけ戦争遺跡についてほとんど関心の払われていなかった時期だけに、その姿勢は高く評価されるものである。

　このように近代の戦争遺跡やその出土遺物といえども、地域の歴史解明にとってはなくてはならない重要な資料となる。今回報告した砲弾は兵器研究の視点からだけではなく、地域の歴史解明の視点から今後も研究活用されるべきものであろう。

注
1)『終戦時における陸軍軍事施設調』防衛研究所所蔵。
　1940年7月に軍司令部令および師団司令部令の制定および陸軍平時編制の改定、7月24日に陸軍管区表の改正が令せられ、8月1日から東部、中部、西部軍司令部が発足し、各防衛司令部は廃止された。北部軍司令部は編制が遅れ、同年12月2日に業務を開始した。陸軍管区表によると群馬県は東部軍管区宇都宮師管前橋連隊区となった（防衛庁防衛研修所戦史室『本土決戦準備〈1〉』1971年）。管内にある連隊は、たとえば東部第〇〇部隊というように一連番号でよばれることになり、高崎の歩兵第15連隊は東部第38部隊、沼田の迫撃第1連隊は東部第41部隊とよばれることになった（山洞守次「今次大戦における郷土部隊の足跡」『桐生市苑』第36号、1997年）。
2)「昭和二十・十二造兵廠・土地建物・器具機械調査一覧表　東京第二陸軍造兵廠」防衛研究所所蔵。
3)「兵器製造施設　分散　地下工場建設、大陸移駐計画調査表　昭和二十年十一月十五日　陸軍兵器行政本部」防衛研究所所蔵。
4)『部外秘　歩兵弾薬参考書　昭和十三年五月』防衛研究所所蔵。
5)『軍事秘密　昭和十四年九月陸軍省印刷　陸軍兵器業務用書類集第三巻　兵器概説』防衛研究所所蔵。
6) 吉見義明・松野誠也編　解説『毒ガス戦関係資料Ⅱ』不二出版、1997年。
　本書所収の「陸軍仮制式兵器図」にはガス弾の標識の注記がある。これによれば迫撃砲弾（あか弾）の場合、流線部中央に幅約20ミリの赤色の1線を表示すとある。
7) 陸軍習志野学校史編纂委員会『陸軍習志野学校』1987年。
8) 竹内昭・佐山二郎『日本の大砲』出版協同社　1986年。
9) 4)に同じ。
10) 佐山二郎『大砲入門』光人社、1999年。
11) 辰巳知司『隠されてきた「ヒロシマ」』日本評論社、1993年。
12)『昭和十五年乙第二類第一冊　永存書類　陸軍省』防衛研究所所蔵。
13) 糸之瀬村誌編纂委員会『糸之瀬村誌』1958年。
14) 久呂保村誌編纂委員会『村誌久呂保』1961年。
15) 13)に同じ。
16) 薄根村誌編纂委員会『薄根村誌』1959年。

17）13）に同じ。
18）14）に同じ。
19）武井新平『沼田の歴史』1988年。
20）7）に同じ。
21）7）に同じ。
22）『沼田陸軍病院記念誌』1985年。
23）菊池　実「旧陸軍岩鼻火薬製造所と地下工場」『季刊　群馬評論』第61号、1995（平成7）年。
24）7）p.470。
25）日垣　隆『「松代大本営」の真実』講談社現代新書、1994年。
26）たとえば迫撃第1連隊が新設された当時、94式軽迫撃砲演習用弾薬として、榴弾弾薬筒30、演習弾薬筒1,000、代用弾弾薬筒1,000、あか弾弾薬筒60、きい弾弾薬筒60が記録されている（『昭和十五年乙第二類第三冊　永存書類　陸軍省』）。

一方、1940年度の資料であるが陸軍習志野学校演習用弾薬支給定数を見ると、94式軽迫撃砲では94式榴弾弾薬筒260、94式重榴弾弾薬筒30、94式代用弾弾薬筒2,000、95式きい弾弾薬筒700、95式あか弾弾薬筒2,200、94式演習弾弾薬筒1,000となっている。（『昭和十五年乙第二類第二冊　永存書類　陸軍省』）。

27）石守　晃編『糸井宮前遺跡Ⅰ』（財）群馬県埋蔵文化財調査事業、1985年。

表1

名　　称	所　在　地	敷地面積 (平方呎)	兵舎	事務所	工場	倉庫	其の他	計	摘要
沼田陸軍病院	(群馬県利根郡)	150,766		18,273		2,916	6,026	27,215	良
赤城演習廠舎	(群馬県利根郡)	1,226,819		37,810	3,661	8,100	51,159	100,730	良
赤城演習場	(群馬県利根川郡)	49,458,620					388	388	可
被服本廠国定集積所	(群馬県国定)					176,967		176,967	程度良
元歩兵第二十八旅団司令部	(群馬県高崎市)	11,700		1,910			620	2,530	可
歩兵第百十五連隊	(群馬県高崎市高松町)	3,212,470	168,390		7,320	68,140	43,300	287,150	可
歩兵第百十五連隊火除地	(群馬県高崎市)	10,280							
高崎陸軍病院	(群馬県高崎市)	223,430	40,790			2,840	8,380	52,010	可
高崎憲兵分隊及官舎	(群馬県高崎市)	10,800	790	1,780		60	1,120	13,750	可
高崎憲兵分隊	(群馬県高崎市)	12,790		3,200		290	620	4,110	可
前橋連隊区司令部	(群馬県前橋市)	48,690		7,860		1,020	2,650	12,020	良
太田憲兵分遺隊及官舎	(群馬県太田町)	24,950	720	1,680			1,520	3,920	良
相馬原演習場	(群馬県箕輪町)	40,369,070	34,670		5,190	5,480	58,240	103,580	可
前橋陸軍予備士官学校	(群馬県桃井村)	2,498,340	189,880		10,010	22,640	109,690	332,480	良
赤城演習場	(群馬県糸之瀬村)	74,055,470				560	90	650	良
前橋陸軍病院	(群馬県桃井村)	20,902	27,200			2,510	8,130	37,840	良
浅間演習場西廠舎	(群馬県嬬恋村)	587,570		17,950	2,030	1,890	19,560	41,430	良
浅間演習場東廠舎	(群馬県長野原町)	99,170	41,520		3,930	4,650	43,390	93,490	良

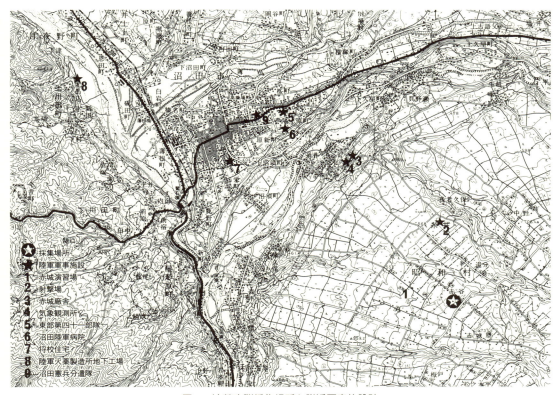

図1　迫撃砲弾採集場所と附近軍事施設跡

写真1

写真2

写真3

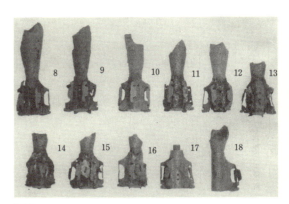

写真4

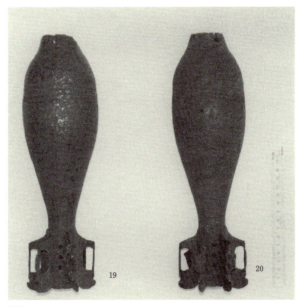

写真5

写真6

※写真2の6は上下逆
※写真6は(財)群馬県埋蔵文化財調査事業団提供

第3章　群馬県内の戦争遺跡群研究

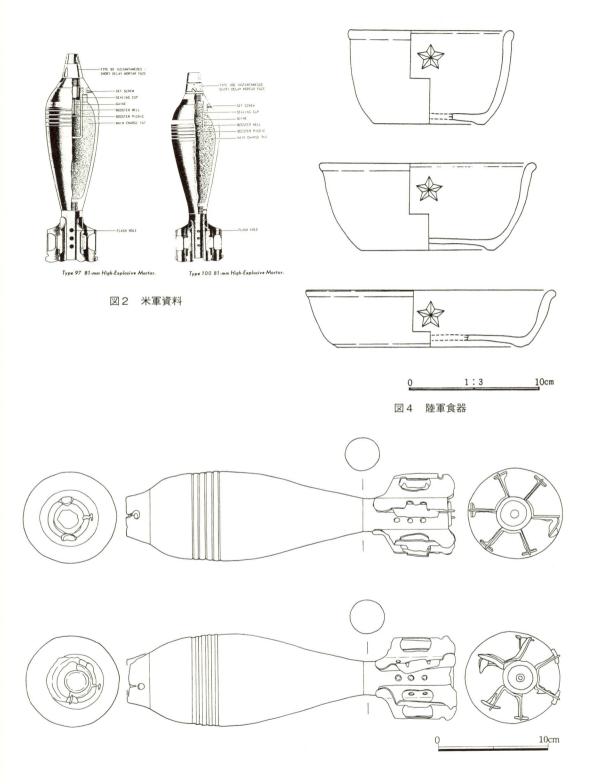

図2　米軍資料

図4　陸軍食器

図3　採集された迫撃砲弾実測図（上・20、下・19）

第3節　陸軍特殊演習場の研究　その二
―化学戦部隊としての迫撃第1連隊―

はじめに

　迫撃第1連隊は、1940（昭和15）年4月1日、第10師団の編合部隊として島根県松江の歩兵第63連隊内に、当時内地における唯一の化学戦部隊として新設された[1]。

　1941年12月、部隊は沼田に移駐したが、どのような経緯を経て実施されたものかは明らかでない。当時、新兵舎が竣工していたのは連隊本部の建物のみであったので、他は少し離れた赤城厩舎に入り、竣工を待って連隊本部と合流した。

　初代連隊長は黒瀬平一大佐である。連隊は連隊本部、第1大隊（迫撃3個中隊、長、松尾茂男少佐）、第2大隊（瓦斯2個中隊、長、敷地秀彦少佐）、および材料廠（長、神田利吉大尉）からなった。平時編制定員は連隊長（大佐）以下1,055名、馬131頭、車輛116輛であった。

　沼田移駐後はもっぱら迫撃要員の訓練に専念し、野戦迫撃隊の将校以下の補充業務を担当し、1944年8月以降は、多くの迫撃大隊の編成を担当した。1945年3月15日には、連隊は迫撃第23、および29大隊の編成、その編合部隊である迫撃第214連隊の創設過程で、連隊長以下多数が同連隊（展開地は北関東、敗戦の地は高崎もしくは真岡）に転属し、残余は迫撃第1連隊補充隊となり、本土決戦部隊である迫撃大隊、迫撃砲隊などの臨時編成に忙殺されつつ敗戦を迎えたという[2]。

1　陸軍文書から

　迫撃第1連隊の調査を進める過程で、防衛研究所所蔵の陸軍省大日記中から、当連隊創設初期の史料を確認することができた。それは、「化学戦闘器材」（①・②・③）、「演習用弾薬」「補充兵教育用弾薬」（④・⑤）の特別支給についての文書と「新設工事」の文書（⑥・⑦）である。沼田移駐前のいずれも昭和15年5月から同年11月までの文書で、これらは内地で唯一の化学戦部隊として新設された、当連隊の性格をよく物語るものである。

　「化学戦闘器材」特別支給の申請書は、教育訓練に必要として昭和15年5月6日付、6月10日付で第10師団長佐々木到一から陸軍大臣畑俊六宛に、11月9日付は師団長秋山義兌から陸軍大臣東條英機宛に、それぞれ提出されたものである。「演習用弾薬」「補充兵教育用弾薬」特別支給の申請書は、昭和15年6月7日付と9月11日付である。「新設工事」についての文書は、昭和15年7月9日付と11月27日付である。

　これらの文書を本節で紹介し、迫撃第1連隊の素顔に多少なりとも迫りたい。

イ・「化学戦闘器材」関係
①「化学戦闘器材特別支給の件」
　　陸密　副官より第十師団参謀長へ通牒

五月六日附十兵第六七九号申請の趣演習器材仮定数表改正に伴ひ六月下旬頃交付し得る予定に付承知相成度
　　追て撒車前車の交付は整備の関係上九月中旬以降となる予定に付爲念
　　　陸密第一〇五六号　昭和十五年六月一日

十兵第六七九号
　　　教育用兵器支給相成度件申請
昭和十五年五月六日　第十師団長　佐々木到一印
　　陸軍大臣　畑　俊　六　殿

左記兵器は迫撃連隊保管兵器表に明示しあらさるも瓦斯中隊教育上主要なるものなるに付至急現品支給方取計相成度
　　追而瓦斯中隊一ケ中隊分は至急交付相成度他の一ケ中隊分は本年八月となるも差支なきに付申添ふ
　　　　左　　記

品　目		1瓦斯中隊	材料廠	2瓦斯中隊 1材料廠	摘要
撒車	前車	10	4	24	
	後車	9	4	22	
消車	後車		3	3	

　　（『昭和十五年　乙第二類第三冊　永存書類　陸軍省』防衛研究所所蔵）

②「化学戦闘器材特別支給の件」
　　　陸普　副官より第十師団参謀長へ通牒
六月十日附十兵第九五五号申請の趣七月中旬仮定数表制定に伴ひ逐次交付せしめらるゝに付承知相成度
　　　陸普第四四九九号　昭和十五年七月一日

十兵第九五五号
　　　化学戦闘器材特別支給相成度件申請
昭和十五年六月十日　第十師団長　佐々木到一印
　　陸軍大臣　畑　俊　六　殿
首題兵器教育訓練上必要に付別紙の通特別支給相成度申請す
　　　支給部隊　迫撃第一連隊

別紙

品　目	所要数	受領数	差引支給希望数	摘要
94式甲号撒車前車（武装附）	28	5	23	5月6日10兵第679号に依り申請に依るもの
94式甲号撒車後車	26	5	21	
94式甲号消車後車	3	0	3	
95式物料検知器	9	3	6	
96式斥候検知器	39	15	24	
95式手撒々布器	100	35	65	受領数「35」の内「29」は除属品予備品とす
95式手撒補給缶	100	35	65	受領数「35」は除属品予備品とす
きい剤容器甲	100	Ⅱ 20	80	受領数Ⅱ種「20」はきい剤小型運搬貯蔵容器とす
同　　乙	40	21	19	
濾函	40	0	40	
97式移液具	30	6	24	
98式部隊用防毒面検査機1号	4	3	1	受領数「3」は部隊用防毒面検査機1号とす
同　　　　　　　2号	4	3	1	受領数「3」は部隊用防毒面検査機2号とす
除毒車	2組	0	2組	
瓦斯試臭器	20	2	18	
背負撒器	2	0	2	
消毒包	1,000	0	1,000	
野戦填実機	1	0	1	
91式一酸化炭素検知器	20	0	20	
除毒車　甲乙	2組	0	2組	
長柄鎌	8	0	8	
溶剤	1,950瓩	0	1,950瓩	
消函	205	32	173	
晒粉	2,500瓩	0	2,500瓩	

備考　本表兵器は迫撃連隊演習器材に包含せらるへきも目下同器材定数表不明のため差当り教育上必要なるもの（瓦斯2中隊、迫撃2中隊分）のみ申請す

（『昭和十五年　乙第二類第三冊　永存書類　陸軍省』防衛研究所所蔵）

③「94式甲号撒車後車特別支給の件」

　　陸密　副官より姫路師団参謀長へ通牒

十一月九日附姫師兵第七六七号申請に関はる首題器材は迫撃第一連隊演習器材定数補填として兵器廠より支給せしめらるゝに付依命通牒す

　　追て同隊演習器材定数には新に九四式甲号消車後車「四」を追加せらるゝ予定

陸密第二五四八号　昭和十五年十一月二十五日

姫師兵第七六七号

　　九四式甲号撒車後車特別支給相成度件申請

昭和十五年十一月九日　姫路師団長秋山義兊印

　　陸軍大臣　東條英機殿

当師団迫撃第一連隊演習器材仮定数表中には首題兵器の定数なきも瓦斯中隊の撒車手教育訓練上支障有之に付至急左記の通特別支給方詮議相成度申請す

　　追て演習器材仮定数表中の94式甲号消車後車を94式甲号撒車後車に改正方意見提出済に付申添ふ

　　　　左　　記

品　目	数量	摘　　要
94式甲号撒車後車	10	前車は演習器材定数として既に支給せられある94式甲号消車前車を使用す

(『昭和十五年　乙第二類第四冊　永存書類　陸軍省』防衛研究所所蔵)

　上記①〜③の文書は、当連隊の性格を端的に表している。そこに記された化学戦闘器材とは、どのようなものであったのか。「化学剤」「検知器材」「撒毒・除毒器材など」「その他」に分けて説明をする。
　以下の記述は、『陸軍習志野学校』(1987年)、『日本陸軍便覧』(1998年)、『陸軍兵器業務用書類集　第3巻　兵器概説』(防衛研究所所蔵)、『本邦化学兵器技術史』(防衛研究所所蔵) などを参考とした。

化学剤
　きい(剤)とは陸軍呼称で、毒剤名称はイペリット、英米ではマスタードガスという。弾丸および撒毒として用いる。皮膚を糜爛し眼および呼吸器を侵す。

検知器材
　毒ガスの検地方法には、視角、臭覚、刺激作用による主観的検知法と、化学的方法による客観的検知法、小動物(カナリヤなどの小鳥)を利用した生物学的方法がある。
　95式物料検知器は化学的方法によるもので、物料付着のガスを検知するのに用いる。検知液、試験紙、溶剤、試験管などを肩かけ式アルミニウム板製の箱に収容したものである。
　斥候検知器は、一方に多数の小穴を有するブリキ缶に検知粉(高度晒粉)を入れて密閉し、目張りしたものである。毒剤を撒布した草地に検知粉をふりかけると反応を起こして発火し、草地のイペリットまたはルイサイト(砒素剤)を検知することができる。
　一酸化炭素検知器は、大気中に存在する一酸化炭素を検知して、その濃度を判定するのに用いる。

撒毒・除毒器材など
　94式甲号撒車は94式軽装甲車に牽引され、毒剤を大量に撒布するための車輛である。全備重量4.3トン、前車2.7トン、後車1.2トンで、400キログラムの毒剤(きい1号)を収容[3]。
　回転円盤で毒剤を撒布する。毒剤の標準流失時間約6分、撒毒幅約8メートル、撒毒濃度50グラム／平方メートルである。通常、毒剤を積んだ車が後について行き、毒剤を補充できるようにした。
　消車は、晒粉約500キログラムを収容[4]し、回転円盤によって晒粉を撒布し除毒する車輛である。
　95式手撒撒布器は補給缶と撒布器からなる。補給缶は、きい剤7.7リットル入りの容器で、運搬は手提げ、または背負いによる。これに如雨露のような撒布器を取り付けたのが手撒撒布器である。毒剤を撒布するには吊紐を肩にかけ、撒布器の口を後方にして左右に振りながら前進し、自然流下により行う。填毒量約9キログラム(きい1号)、撒毒巾1メートル、流出時間3分30秒、撒布距離200メートルである。
　99式甲号除毒車は、自動貨車に除毒装置を搭載し、ボイラーで発生させた蒸気を除毒車に吸い込み、蒸気で衣類の除毒を行う。1939年に制式制定(兵器として正式に採用すること)。
　99式乙号除毒車は、軍靴・ゴム手袋・ゴム靴・防護衣など蒸気による除毒に不向きなものに用いる。自動貨車に除毒装置を搭載し、軽油を燃やして熱風を作って室内に送る。1時間に防毒衣150着の能力がある。1939年に制式制定された。

95式消函は、糜爛ガス（イペリット）汚毒地域または該ガスによる汚毒物量を消毒するのに用いる。消毒剤は晒粉で、7.5キログラム以上を収容し、肩紐を肩にかけて手撒消毒に使用する。
　96式消毒包は、糜爛ガスで汚毒した兵器、被服および身体の各部を応急消毒するのに用いる。制式制定は1939年9月8日で、それ以前は「除毒包」が制定されていた。
　写真1の「除毒包」は、2000年5月1日、中国黒龍江省東寧県所在の関東軍第1国境守備隊・東寧要塞（勝鬨山陣地）の地下繃帯所跡から採集したものである。崩落した繃帯所の瓦礫の下には多数の「除毒包」を確認することができた。押しつぶされているために正確な数値ではないが、長さ約7センチ、幅約5センチ、厚さ約2センチである。表面に「除毒包」の文字、裏面には次のような取り扱い説明が記されている。

　　　螺蓋を取外し　開いた口から水を入れ　その口を指で塞いで　ふり動かし　内容を泥状にして用ふ　除毒には　出来るだけ早期に　入組の脱脂綿を少しづつはぎとり　これで皮膚に着いてゐる毒物を□く吸ひとり　鑵の内容を□□□□□振り出し　軽く擦りこむ□□」（□は判読困難）

　小さなねじ蓋付きの緑色金属缶で、内部の除毒剤はクロラミンTを含む粉末である。イペリット、ルイサイトの双方に効果がある。
　晒粉は、毒剤の消毒に使用した。消毒作用が優秀で入手し易く、かつ廉価で粉末のまま利用できた。晒粉粉末は撒毒地に適する唯一の消毒剤であり、裸地に対して最小限1平方メートル当たり100グラム、草地では200グラム以上を必要とした。
　その他（防護器材・訓練用器材）
　97式濾函は1回廃棄式である。
　96式瓦斯試臭器は、兵員に主要毒剤の臭気を体得させるために使用した。試臭管（甲・乙・丙・丁・戊各18）、「ゴム」球10、鑵5、試臭管函（甲・乙・丙・丁・戊各1）、これらを収容する函からなった。試臭管は化学兵器の微量を含有した石綿を封入したガラス管で、甲はクロルアセトフェノン、乙・ブロムベンジル、丙・イペリット、丁・ルイサイト、戊・ホスゲンである。

　ロ・「演習用弾薬」「補充兵用弾薬」関係
　④「新設部隊演習用弾薬特別支給の件」
　　陸支普　副官より第十師団参謀長へ通牒
　　六月七日附十兵第九四四号申請の趣別紙の通陸軍兵器本部をして特別支給せしめらる、に付依命通牒す
　　　陸支普第一三七一号　昭和十五年六月二十八日
　　陸支普　副官より陸軍兵器本部次長へ通牒
　　別紙の通迫撃第一連隊に特別支給方取計はれ度依命通牒す
　　　追て費用は臨時軍事費令達予算内支弁なるに付申添ふ
　　　陸支普第一三七一号　昭和十五年六月二十八日

別紙

品 目			員　数	摘　要
38式銃実包	□弾子紙函共		500	
14年式拳銃実包			1,500	
11年式軽機関銃	実包□弾子紙函		9,000	
	被□実包 〃		1,000	
	空包 〃		10,000	
94式軽迫撃砲	榴弾々薬筒		30	
	演習弾々薬筒		1,000	
	代用弾々薬筒		1,000	
	あか弾々薬筒		60	
	きい弾々薬筒		60	
10年式擲弾筒	信号弾	黄龍	6	
		黒龍	6	
		赤吊星	6	
		白吊星	6	
		緑吊星	6	
94式小発煙筒	甲		700	
94式代用発煙筒	甲		700	
試製発射発煙筒			1,000	
93式持久瓦斯現示筒			500	
89式催涙筒	甲		500	
89式催涙棒	函		10	
98式小あ筒			30	
試製発射あ筒			60	
きい1号	甲瓱		18	
乙瓱			18	
きい1号	丙		200	
きい2号			11	
旧式爆破缶			30	
爆破用雷管			30	

（□は判読困難）

十兵第九四四号
　　新設部隊演習用弾薬特別支給相成度件申請
昭和十五年六月七日　第十師団長佐々木到一印
　　陸軍大臣畑　俊六殿
首題に関し本年4月新設されし迫撃第1連隊演習用弾薬として別紙の通り特別支給相成度
　　　『昭和十五年　乙第二類第三冊　永存書類　陸軍省』防衛研究所所蔵）

⑤「補充兵教育用弾薬特別支給の件」
陸支普副官より第五四師団参謀長へ通牒
　　九月十一日附姫師兵第一七三号申請の趣左記の通特別支給せらるゝに付依命通牒す
　　　　　左　記
　　　一、九四式軽迫撃砲九四式代用弾々薬筒　　　一五〇
　　　一、同　　　　　九四式演習弾々薬筒　　　　一五〇
陸支普第二二八四号　昭和十五年十一月四日

陸支普副官より陸軍兵器本部次長へ通牒
　　補充兵教育用として左記の通迫撃第一連隊に特別支給方取計はれ度依命通牒す
　　　追て費用は臨時軍事費令達予算内支弁に付為念

　　　　左　　記
　　一、九四式軽迫撃砲九四式代用弾々薬筒　　　　一五〇
　　　1、仝　　　　　九四式演習弾々薬筒　　　　一五〇
陸支普第二二八四号　昭和十五年十一月四日

姫師兵第一七三号
　　補充兵教育用弾薬支給相成度件申請
昭和十五年九月十一日第五十四師団長　秋山　義兌印
　　陸軍大臣　東條　英機殿
首題の件八月十七日附陸普第五六八六号に依り左の通所要に付申請す
　　　　左　　記

品	目	教育人員	所要数	摘　要
94式軽迫撃砲	94式代用弾々薬筒	110	550	
	94式演習弾々薬筒薬筒	110	550	

（『昭和十五年　乙第二類第四冊　永存書類　陸軍省』防衛研究所所蔵）

④の文書中に記された化学兵器について説明する。
化学剤
　イペリットの製造方法には、ドイツ式「きい1号甲」とフランス式「きい1号乙」とがあった。「きい1号丙」は酷寒地用イペリットである。「きい2号」とはルイサイトで、イペリットに比べると持久性は少なかったが、致死量はやや優っていた。
化学弾
　陸軍は各種砲弾に毒剤を填実した。あか弾（クシャミ・嘔吐性ガス）ときい弾（糜爛性の致死性ガス）はその種類である。
毒ガス筒
　毒ガス筒とは金属の筒状容器に毒剤と加熱剤を入れたものである。あか1号を撒布するのに用いる「あか筒」、催涙ガスを撒布するのに用いる「みどり筒」がある。
　89式催涙筒甲は、1929年に制圧・演習用として開発された。塩化アセトフェノン（みどり1号）を、セルロイドを細かく刻んだ細片の表面に付着させ、ブリキ筒に填実して不完全燃焼させると催涙性の強い白煙を発する。
　94式小発煙筒甲は、臭化ベンジル（みどり2号）を主剤とする。
　94式代用発煙筒は、94式小発煙筒甲が高価であったので、演習用として使用されたものである。
　発射発煙筒は、小型の発煙筒を擲弾筒で発射して小規模の煙幕を構成するもので、1940に制式化した。
　98式小あ（か）筒は、あか1号填実量90グラム、発煙時間40秒である。
　試製発射あ（か）筒は、あか1号填実量54グラム、射程150メートル、発煙時間30秒である。
　毒ガス筒は中国大陸の戦場においてきわめて普遍的に使用され、その種類も多かったという。
　89式催涙棒は、防毒面装着の教育および防毒面の気密点検のため「瓦斯訓練室」において使用するものである。

ハ・「新設工事」関係

⑥「迫撃連隊新設工事中止に関する件」

　副官より留守第二師団経理部長へ通牒案（陸　普）

　　三月三十日附陸普第二〇六二号通牒による首題工事は部隊編合の変更により他師管に於て新設せらるる予定に付之か実施は中止せられ度依命通牒す

　　陸普第四七〇八号　　昭和十五年七月九日

　　（親展扱）

　　位置　王城寺原

　　　　（『昭和十五年　乙第二類第一冊　永存書類　陸軍省』防衛研究所所蔵）

⑦「迫撃連隊新設工事の件」

　副官より第五十一師団経理部長宛通牒案（陸　普）

　　首題の件別紙の通実施することに定められたるに付依命通牒す

　　（親展扱）

　　陸普第八四〇二号　　昭和十五年十一月二十七日

　別紙控は建築課に保管す

　群馬県沼田町東方

　　　　（『昭和十五年　乙第二類第一冊　永存書類　陸軍省』防衛研究所所蔵）

⑥・⑦文書によって迫撃連隊の移駐先が、当初、沼田ではなくて、宮城県王城寺原の演習場であったことがわかる。この王城寺原演習場は、1881（明治14）年に陸軍の練兵場として、1908（明治41）年以降は演習場として使用されている。それが移駐先を変更したのは、常時毒物を取り扱う関係上、毒ガス専用の特殊演習場の設置が必要とされたためであろう。特殊演習場として新設されたのが、赤城演習場であった。

おわりに

「陸軍制式化学兵器表」（昭和13年4月5日陸軍省調製）や「主要化学兵器性状一覧表」（昭和13年5月陸軍科学研究所）（以上、防衛研究所所蔵）によれば、陸軍の化学兵器の種類は次のようであった。

呼　称	性　質	摘　　要
あを	窒息性	1　同一性質のものにありては制定順序により1号、2号と併称す
きい	糜爛性	
みどり	催涙性	2　二種以上の化学兵器を混合する場合にありてはあをしろ等併称す ただしこの場合は主剤を先にするものとす
あか	クシャミ性	
しろ	発煙性	
ちゃ	麻痺性	

今回確認した文書中からは、きい（1号甲・乙・丙、2号）、みどり（1・2号）、あか（1号）の化学

兵器の記載を見ることができた。

　きい1号甲の成分はジクロルジエチルサルファイドで、無色または褐色の液体である。持久性で、各種のきい弾、撒毒として使用された。皮膚を糜爛し眼および呼吸器を侵し吸収中毒となる。みどり1号の成分は塩化アセトフェノンで、無色または淡灰色の粉状結晶である。弾丸および毒煙として使用された。眼に灼熱的刺激をあたえ催涙並びに視力障害をおこす。あか1号の成分はジフェニルシアンアルシンで、淡黄色または褐色の固体もしくは淡褐色の液体である。各種のあか弾、毒煙として使用された。呼吸器、粘膜に灼熱的刺激をあたえクシャミおよび嘔吐をもよおす。その量が多くなると致死作用を呈する。

　こうした化学兵器の研究・開発は、1919（大正8）年に設立された陸軍科学研究所（後に第6陸軍技術研究所）があたり、毒ガス製造は広島県大久野島の忠海兵器製造所（1928年開設）で実施、福岡県の曽根兵器製造所（1937年開設）で毒ガスを各種砲弾に填実した。また1933年に創設された、陸軍習志野学校が化学戦の運用・教育にあたり、化学戦の訓練を受けた将校・下士官を約1万人も養成した。

　一方、満州（現中国東北部）には1939年8月、関東軍化学部（満州第516部隊）がチチハル郊外に設けられ、大規模な毒ガス兵器の実験・訓練が行われた。

　そして1940年に、内地初の化学戦部隊として迫撃第1連隊が創設された。翌年、部隊は沼田に移駐し、毒ガス演習場として新設された赤城演習場で敗戦の年に至るまで各種の毒ガス訓練を実施していったものと考えられる。

注
1) これより前の1938年、関東軍の直轄部隊として満州のチチハルに初めての常設化学戦部隊である迫撃第2連隊が新設されている。また、1943年の軍備改編により鯖江に迫撃第3連隊が新設された。
2) 陸軍習志野学校史編纂委員会『陸軍習志野学校』1987年。
3) 資料によって積載量が異なる。たとえば『陸軍習志野学校』には350キログラムとある。
4) 上記と同様に400キログラムとある。

第4節　戦時地下工場の研究
―強制連行・強制労働によって構築された地下工場など―

はじめに

　本節では、1945年の敗戦直前に中国人・朝鮮人の強制連行・強制労働によって構築された群馬県内の地下工場跡などを中心に、その遺跡分布と規模や現況、さらに構築の背景と当時の労働実態などを検証する。

1　群馬県下における強制連行

　1937（昭和12）年7月7日夜半、北京西郊の蘆溝橋で日中両軍による武力衝突が発生した。蘆溝橋事件の勃発である。ほどなく戦火は華北から華中へと広がり日中全面戦争へと突入していった。この日中戦争の長期化にともなって軍隊への徴集・召集が増え、日本国内は深刻な労働力不足になった。

　戦争の拡大による労働力不足を補うため1937年9月、日本石炭連合会は毎年相当数の朝鮮人労務者の雇入れを断行することを政府に申し入れた。そして、日本国内への朝鮮人の動員計画が実施され、1939年9月には「朝鮮人労務者内地移住に関する件」が閣議決定された。当初は「募集」の名目ではあったが、官吏や警察の強権のもとに行われ、42年2月には「官斡旋」形式によって、44年9月以後は朝鮮にも国民徴用令が適用された。このように朝鮮人の強制連行とは、労働力確保のために1939年から1945年にかけて、日本政府・朝鮮総督府によって実施された日本・占領地への朝鮮人の強制移住のことである。敗戦までに約126万人もの朝鮮人が日本などへ強制連行された[1]。過酷な労働、虐待、虐殺による死亡者も多く、厚生省ではその数を1万～4万人といっているが、6万人に及ぶとも言われている。

　中国人の強制連行もまた、1942年11月27日に「華人労務者内地移入に関する件」が東條内閣のもとで閣議決定され、中国人の日本への連行が始まった。敗戦までに3万8,939名の中国人が全国35企業135事業場（鉱山・土建・港湾など）に強制連行され、死亡者は6,834名に達している[2]。

　群馬県下における朝鮮人の強制連行者数は、1942年の官斡旋による移入者92名、43年移入者1,551名、44年の連行者数2,964名、45年の連行者数は不明であり、現在確認できる総数は4,607名となっている。しかし、この数は実際よりもかなり少ないものと考えられる。群馬県内政部長『昭和20年4月事務引継書』には、1944年12月末現在、県内の朝鮮人総数を1万2,356名（男8,888名、女3,468名）と記録しているからである[3]。

　中国人の県内への強制連行については、1953年に調査が行われておりその数が把握されている。それによると連行者数892名、死亡者109名、帰還者782名、残留者1名である[4]。しかし、1944年度の計画では県内の事業所5箇所に1,800名の中国人が割り当てられていたのである（表1）[5]。この事実は今まで全く明らかにされていなかった。

表1　華人労務者内地移入計画

昭和19年度中雇入計画数左の通りなり　（本県干係のみ）（ママ）

庁府県名	事業種別	工場、鉱山、事業場名	割当数	摘要
群馬	軽金属	関東電化　　渋川	300	6月前后移入
〃	金属山	日本鋼管　群馬	200	
〃	土建	吾妻郡東村箱島　熊谷組	200	
〃	〃	吾妻郡原町　大倉土木	300	未定
〃	〃	利根郡桃野村月夜野間組	800	4、5両月600名移入せり

指示第7号

昭和十九年四月十九日
　　　　　　群馬県警察部長

各警察署長殿

　　華人労務者監視規程作成に関する件

華人労務者監視規程別記の通作成せるに就ては爾今本規程に準據し華人労務者監視上万遺憾無きを期せするべし

　　　　　　華人労務者監視勤務規程

第一条　華人労務者（以下単に労務者と称す）監視勤務員（以下単に勤務員と称す）は本規程に依り服務すべし

第二条　監視は諜報謀略逃走等の予防及警察保護の為行ふものとす

第三条　華人労務者に対しては日本警察の威厳を最高度に保持しつつ厳密なる視察取締を実施し治安保持上些の遺憾なきを期すると共に一面大東亜戦争の真偽を理解せしめ労務者をして欣然積極的に就労せしむる様指導すべし

第四条　監視勤務は専務と別表第1号の通甲乙両部に分れ服務すべし

第五条　勤務員の服装携帯品左の如し

　一、服装　制服（但し帽は戦闘帽の使用を認む）巻ゲートル（履物は靴の外地下足袋の使用を認む）

　二、携帯品　制規に依るの外拳銃（必要あれば実包を装填し左肩より右脇下に掛く）

第六条　勤務員の服務要領概ね左の如し

　一、勤務員は常に会社側との連繋を緊密にし労務者の起床就寝給与其の他の処遇に関し些の差異なき様充分注意すること

　二、労務者の起床就寝の際は必ず会社側監督者立会の上把頭をして人員点呼を実施せしむること

　三、毎日労務者の稼働出発後その宿舎居室を巡視し容疑物件、不穏落書等の発見に努むること

　四、毎日労務者の作業開始後午前午後の二回作業現場に至り動静視察を為すこと

　五、作業開始前及終了後必ず把頭及会社側監督をして携帯品の検査を実施せしむること

　六、甲勤務者は午後六時三十分より全十時迄の間労務者宿舎を一巡し労務者の安眠を妨害するが如き行為の取締に当ること

　七、労務者に対する直接の指揮は把頭をして之を行はしめ直接叱責殴打等の所為なき様留

意すること
第七条　勤務員は左の事項を遵守すべし
　一、常に所定の宿舎に起居し勤務の内外を問はす外出せんとするときは監督者に申告すること
　二、同僚上下の間特に親密を旨とし苟も労務者の面前等に於て論争、叱責、注意等の所為なき様留意すること
　三、帯剣拳銃等の取扱に注意を払ひ紛失破損等の事故なきを期すること
　四、華人労務者に関する一切の見聞状況は部外者に絶対口外せさること
第八条　宿舎に勤務日誌を備へ労務者の就労、欠勤、発生事故等詳細に記載し後日に於ける勤務の参考と為すべし
第九条　労務者に関する事象は細大洩さず報告し特異事項は即報すべし
第十条　空襲警報発令の際は即時労務者の作業を中止せしめ各作業所毎に一ケ所に集合せしめ監視を厳にすべし
第十一条　非常事故発生の場合は沈着適宜の措置を講ずると共にその状況を署長に即報し指揮を待つべし
第十二条　労務者より発し又は労務者に宛てたる通信は勤務員に於て一括し通訳の検閲を受けたる後措置すべし
第十三条　宿舎に左の簿冊を備へ異動ある毎に整理すべし
　一、華人労務者名簿　（別表第2号）
　二、要警戒人視察簿　（別表第3号）
　三、通信記録簿　　　（別表第4号）
　四、事故者視察簿　　（別表第5号）
　五、休暇簿　　　　　（別表第6号）
　六、監督指示簿　　　（制規に依る）
　七、勤務表綴
第十四条　監督者は隔日毎に担当区内の勤務員を一ケ所に集合せしめ服装携帯品の点検各般の注意連絡等を実施すべし
第十五条　勤務員は毎月二日甲勤務の翌日一般休暇以外の休暇を与ふ
前項の休暇を実施せんとする者はその前日迄に監督者に届出て承認を受くべし監督者休暇を実施せんとする時は署長の承認を受くべし
第十六条　監督勤務員は毎月一回警察署特高主任の立会を求め労務者の「労働従事証」並に所持品等の点検を実施すべし
第十七条　経営者よりの提出書類は凡て監視勤務員を経由すべし
第十八条　本規程以外に於て労務者の行動を制限せんとする時は例規に依るの外署長の指示を受くべし

別表第1号　監視勤務員執務時間表

其の1　　甲勤務

自午前8時 至〃10時	自午前10時 至〃12時	自午後0時 至〃1時	自午後1時 至〃5時	自午後5時 至〃6時30分	自午後6時30分 至〃10時
労務者宿舎 巡　視	作業現場 巡　視	休　　憩	作業現場 巡　視	休　　憩	宿　舎 巡　視

其の2　　乙勤務

自午前8時 至〃12時	自午後0時 至〃1時	自午後1時 至〃4時
作業現場 巡　視	休　　憩	作業現場 巡　視

別表第2号　華人労務者名簿

出身地	作業上の階級	前　職	氏　　名	年令	備　考

別表第3号　要警戒人視察簿

1、　出身地
2、　作業上の階級及飯場名
3、　前職　　　　　　氏名
　　　　　　　　　　　年令
4、　警戒を要すべき理由（　　　　　　　　　）
　　視察記事

視察月日	記　　　　事

別表第4号　通信記録簿

受発信	先方の住所職業	受発の別	受発信氏名飯場名	取扱責任者	訳文者
月　日	氏名及関係				

別表第5号　事故者視察簿

1、出身地
2、作業上の階級及飯場名
3、前職　　　　氏名
　　　　　　　　年令
4、事故月日及状況（　　　　　　　　　）
　　視察記事

視察月日	記　　　　事

別表第6号　休暇簿

監督者認印	休暇実施月日	事由	実施者官氏名	実施者認印

(『昭和19年県参事会議案(5月)』群馬県立文書館所蔵)

　上記資料中に記載されているように、県内への連行は1944年4月と5月の両月、中国より直接群馬県利根郡下の岩本発電所隧道工事現場へ612名（輸送中6名が死亡したので実際は606名）が移送された始まりであった。

2　県下に存在する隧道・地下工場跡

①岩本水力発電所の隧道

　沼田市岩本町に所在し、利根川の右岸、沼田市街地から南約4.5キロメートルところに位置している（図1、写真1）。

　岩本水力発電所の建設工事は、戦争の拡大につれて軍需物資増産のために電力が極度に不足し、その対策とし利根川水系に設置されたものである[6]。

　間組は1942年1月、日本発送電から岩本水力発電所建設工事を特命で受注した。請負金額は1,469万5,000円である。同年2月、群馬県利根郡桃野村字月夜野（現利根郡みなかみ町）に利根川出張所（所長小倉兼友・次長原田五郎）を設置し、6月には管内に第1工区詰所（主任事務取扱杉浦堯土木係）、第2工区詰所（主任事務取扱岡本浩土木係）、沼田駅前詰所が設置された。同年秋から建設準備にかかり、翌1943年7月1日から工事が着手された。当初の竣工予定は1945年5月であったが、時局の要請によって工期は6ヶ月短縮された[7]。

　工事は利根川の上流上牧に堰堤を築き、そこから隧道で下流の岩本水力発電所に導き、最大出力2万7,300キロワットを得ようというものである。取水は利根川と、利根川の支流赤谷川であった。導水路は上牧から上川田を経て岩本に至るもので、隧道1万4,029メートル、蓋渠160.4メートル、開渠206.1メートル、水路橋73.1メートルで、合計1万4,468.6メートルという壮大な長さである（図2）。第1工区、第2工区に、間組の下請けである中村組、猪鼻組、中島組、宮本組、渡辺組、諫山組、国広組など[8]が18ヶ所の飯場を作り、22ヶ所の横坑から同時に隧道を掘り進めた。

　工事に動員されたのは強制連行された朝鮮人と中国人である。朝鮮人に関しては、間組労務課が朝鮮に数回募集に行き[9]、動員された朝鮮人の数は約1,000名に達したと、社史に記載されている。1944年4月17日現在の間組華工宿舎配置要図（図3）[10]によると、「半島労務者宿舎」として計18ヶ所の飯場が描かれている。単純計算すれば1個所の飯場に約50数名が分散して入っていたことになる。

　中国人612名は、1944年4月と5月の2回に分けて到着している。第一船は4月22日に塘沽を出港、346名を連れて28日に下関に到着、第二船は4月25日に266人を乗せて出港し、5月6日に下関に到着している。このうちの6名は移送途中で死亡した。612名の年齢別構成は、15歳以下・1名、16～19歳・44名、20～29歳・345名、30～39歳・188名、40～49歳・34名である。最高齢者48歳、最小15歳、平均27歳であり、独身者432名、妻帯者174名を数えた[11]。

間組華工宿舎配置要図によれば、606名の中国人は、北から中村飯場に100名、猪鼻飯場に100名、中島飯場記載なし、宮本飯場に100名、渡辺飯場に100名、国広飯場に100名と振り分けられる予定であった。そしてこれらの飯場は、朝鮮人の飯場と最短で500メートルの距離、最長で2000メートルの距離を隔てられ、中国人と朝鮮人は同じ現場で働かされなかった。これは、「移入華人労務者取締要領」の第一、事前措置の中の二項に「特に朝鮮人との接触に付ては事業場の内外を問はず之を防止する様特別の考慮を払はしむること」「3、宿舎は防諜並に公安風俗上支障なき場所を選定せしむる様指導を加ふること」[12]によったものであろう。

　当時食料は非常に粗悪で、満足に食べられない慢性的な飢餓状態にあった。過酷な作業のため中国人死亡者が続出したが、これを月別に見ると1944年5月・9名、6月・4名、7月・7名、8月・1名、9月・5名、10月・3名、11月・3名、12月・1名、1945年1月・1名、2月・9名の計43名となり、死亡者のでない月はなかった。死亡者の年齢別構成は、16～19歳・2名、20～29歳・19名、30～39歳・23名、40～49歳・4名、50～59歳・1名である。また負傷者は246名に達した[13]。朝鮮人死亡者については明確ではないが、1943年9月・1名、1944年11月・1名の死亡者が如意寺過去帳に記されている。旧月夜野町役場には1943年9月2日から46年2月までの期間に死亡した22名の朝鮮人の埋葬原簿が残されている。劣悪条件に耐えられず逃亡する朝鮮人、中国人も相次いだというが、死亡者の中には入水・溺死、飢餓過労死（1944年9月19日の同じ日に3名）などの死亡原因の記載もあり、こうした事実を裏付けるものと考えられる。

　昼夜兼行の突貫工事で中国人・朝鮮人の多大な犠牲のうえに、1945年2月には仮通水が行われたが、3月10日払暁の東京大空襲で水圧鉄管の製造所が消失したことと、大工業地帯の戦災により電力の需要が激減し、岩本水力発電所の緊急施工の意義は失われてしまった。最終段階の隧道は、側壁の下だけコンクリートを巻いて、上は木で支保工をつくって適当に上が落ちないように止めている状態にすぎなかった。

　1945年3月、海軍航空隊本部の将校が間組利根川出張所に現れ、出張職員、中国人・朝鮮人までを一括して徴用するとの令達書を読み上げた。岩本水力発電所の工事体制はすべて海軍に吸収され、利根川対岸の古馬牧村後閑（現みなかみ町後閑）の中島飛行機製作所の地下工場建設に動員されていった。こうして岩本水力発電所は工事中止のまま敗戦を迎えたのである[14]。

②旧中島飛行機小泉製作所尾島工場の地下工場跡
　利根郡月夜野町後閑（現みなかみ町）に所在し、利根川の左岸、JR上越線後閑駅の北東約500メートルの山腹に位置している（図1・3、写真2・3）。

　「㋜工事」の暗号名で呼ばれたこの工事は、中島飛行機小泉製作所（海軍・機体）尾島工場[15]の地下工場を建設するものである。1945年2月から海軍第3013設営隊（横鎮所属、1944年10月15日編成、1945年8月22日解隊、隊長三上善蔵技術大尉）と間組とによって行われた。不動沢の南側（飛行機製作工場）を間組、北側（電気関係工場）を三上部隊が担当した（図4）。間組土木係杉浦尭は、このとき海軍施設本部付嘱託佐官相当官待遇の資格を与えられ「㋜施設後閑建設隊長」に任命されている[16]。暗号名のセは字名の芹田から取られたものである。

　この地下工事は山に面して深いものは180メートルもあり、その間に16本の横坑が走り、碁盤の眼のように掘られている。岩本水力発電所工事に強制連行された中国人563名、朝鮮人勤労報国

隊1,500名[17]の他、中島飛行機小泉製作所尾島工場の工員約800名、郡内各村の青少年約150名による勤労報国隊が動員されたが、ダイナマイトや坑木、土工用具が大幅に不足していたために掘削工事は遅々として進まなかった。中国人は「大字後閑反田一,四一一番地四畝一五歩（所有者桑原徳治郎）と同地増田正五所有九畝歩の土地に、間口三間一奥行一〇間ほどの三角宿舎3棟」[18]に収容されていた。この工事における中国人死亡者は10名を数えた。すなわち1945年3月・2名、4月・1名、5月2名、7月・3名、そして敗戦後の9月になっても2名の犠牲者が生じている。1945年7月に死亡した1名は、鶴嘴による殴打死であった。死亡者の年齢別構成は、16～19歳・1名、20～29歳・4名、30歳～39歳・3名、40～49歳・3名である。負傷者は83名に達している（年齢別死亡者数では11名となるが、資料の記載ミスの可能性がある―筆者注）[19]。

　工事中は軍の機密工事だというので、汽車が上牧駅を出ると憲兵が乗り込んで来て、客車の左側の鎧窓を沼田駅まで閉めさせてのぞけないようにしたという。

　中島飛行機小泉製作所尾島工場の地下工場は、隧道が約1万4,900平方メートル、半地下が約1万平方メートルという構造の機体生産工場で、1945年8月10日に完成をみたものの、そのまま敗戦を迎えている。

　戦後、米軍第97師団第387歩兵連隊の情報将校リチャードソン陸軍大尉による調査が行われている。それによると、「約600フィート（180メートル）の長さの16本のトンネルが、565人の中国人捕虜によって掘られた。中国人捕虜は、近くの飯場に収容されていた。200台ほどの工作機械が、トンネル内に据え付けられていたが、他の多くの機械は、新しいトンネルの完成を待つ間、外部に置かれていた。工場内の各所に工作機械が2列に並べられていた。浅川と同様に、後閑の床も一般に湿っており、一部の機械はグリースと防水布で保護されていたが、他の多くの機械はひどく錆びていた。地下工場で作られた機体部品を組み立てるため、半地下式の工場がその近くで建設中であった」と、『米国戦略爆撃調査団報告書』第35巻[20]に記載されている。

　一方、間組が戦後元社団法人海軍施設協力会横須賀支部と元横須賀海軍施設部契約担当官に宛てた「（工事）証明願」によると、この工事の取下金額は514万5,488円にのぼっていた。またこの工事で多数の捕虜を使役したことにより、出張所次長だった原田五郎ら2名が戦犯に指名され裁判にかけられたが、途中占領軍の方針が変わったため中止され罪に問われることはなかった[21]。

　地下工場跡は、戦後の一時期地元農家がマッシュルーム作りで使用していた。内部に入ることができるが、一部崩落していたり、水の溜まったところがあるなど、内部状況の調査と詳細な図面の作成が急務である。筆者が1997年1月に撮影のため訪れたとき、周辺は急傾斜地のために保全工事が実施されており、開口している入口の多くが塞がれてしまう可能性が高い。現在、壕の一部でキノコ栽培が行われている。

③旧陸軍火薬製造所の地下工場跡
　沼田市上川田に所在し、利根川の右岸、後閑地下工場の南約3キロメートルの所に位置している（図1、写真4・5）。

　利根川の右岸側には、上川田町から下川田町、屋形原町へと、河岸段丘がきれぎれに続いている。段丘面も広くない。利根川との比高は、およそ50～60メートルである。北馬込の東側の崖には、緑色の岩石が露出しているが、凝灰角礫岩～火山角礫岩である。この岩石は硬く、掘っても崩落し

にくい性質がある[22]。この段丘崖に13ヶ所の横坑が穿たれている。

防衛研究所所蔵史料に『旧陸軍施設関係綴』があるが、この中に「陸軍兵器行政本部」作成による『兵器製造施設 分散 地下工場建設 大陸移駐 計画調査表』[23]が綴られている。1945年11月15日付の孔版印刷であり、また英文と日本文で書かれていることから判断すれば、占領軍提出用の資料と考えられる。

陸軍兵器行政本部とは、兵器本部に技術本部（研究設計審査機関）と兵器局（陸軍省内の兵器行政担当部局）とを合わせた組織であり、1942年に新設されている。敷地総面積4,800万坪（この内、造兵廠は1,500万坪）、建物総面積340万坪（造兵廠110万坪）、主要機械6万3,000台（造兵廠5万3,000台）、従業員25万人（内女子は30％）、管理監督工場700に達する生産規模を以て、年生産額20億円（昭和2年の100倍）の兵器を生産するとともに、広範な地域に分散する第一線の補給業務を遂行し、あわせて新兵器の開発に従事していた組織である。

この兵器行政本部作成の調査表（表2）によれば、敗戦末期の本土決戦の方針に伴い、陸軍火薬製造所の完全防空工場（地下工場）の建設が着手されていたことがわかる。それは群馬県利根郡沼田町（沼田地区）、岡山県勝田郡棚原町（吉井地区）、大分県下毛郡溝部（溝部地区）の3ヶ所である。

表2　1945年兵器製造施設地下工場建設計画調査表―16

（項目別）	（地下工場建設計画の概要）			（移設先）	（戦時の生産状況）			
	（品目）	（移設能力）月	（移設工場名）		（進捗度）％	（生産量）月	（比率）％	（摘要）
（弾薬）	（茶褐薬）	50 Tons	（東二造板橋製造所）	群馬県利根郡沼田町（沼田地区）	100％	16％		P.A.U　13,550㎡
	（黄色薬）	50 Tons	（東二造宇治）		80％			C.A.U　2,176㎡
	（茗亜薬）	5 Tons	（板橋製造所）		90％			P.L.U　3,043m
	（硝酸安母）	75 Tons	―		60％			C.L.U　450m
	（過塩素酸安母）	84 Tons	―		0％			
	（爆薬成型）爆薬に応する能力		―		0％			
	（硝酸）	250 Tons	（昭和電工）		75％			
	（硫酸）	250 Tons	（東二造岩鼻製造所）		80％			

註　進捗度（％）は地下工場建設計画調査表にありては隧道の完成度を以て示す
　　摘要欄中の下記略符号を用ふ
　　P.A.U――隧道計画面積（㎡）
　　C.A.U――〃　完成面積（㎡）
　　P.L.U――〃　計画長サ（m）
　　C.L.U――〃　完成長サ（m）

群馬県利根郡沼田町（沼田地区）の記載には、茶褐薬（T.N.T）月産50トンを東二造板橋製造所、黄色薬（ピクリン酸）月産50トンを東二造宇治製造所、茗亜薬（テトリール）月産5トンを東二造板橋製造所、硝酸月産250トンを昭和電工、硫酸月産250トンを東二造岩鼻製造所とあり、それぞれの設備・生産能力を移設するものである。さらに資料からは、進捗度を茶褐薬100パーセント、黄色薬80パーセント、茗亜薬90パーセント、硝酸安母60パーセント、過塩素酸安母0パーセント、爆薬成型0パーセント、硝酸75パーセント、硫酸80パーセントとあるが、掘削の進捗度16パーセントというものであった。隧道計画面積は1万3,550平方メートルであるが、完成隧道面積2,176平方メートル、計画長さ3,043メートル、完成長さ450メートルとある。敗戦時未完成であり、当然のことながら「終戦時の生産状況」の欄は0パーセントの記載であった。東二造とは東京第2

陸軍造兵廠の略である。

　史料では地下工場の所在場所を利根郡沼田町と記載してあるが、当時の利根郡川田村大字上川田地内、現在の沼田市上川田に火薬製造所地下工場の遺跡は所在している。後閑地下工場の工事着工から3ヶ月後に、暗号名「ト号工事」と呼ばれた火薬製造所の地下工場の建設が開始された。この時も間組杉浦堯は陸軍技術嘱託を命ぜられて一人で陸海軍の将校を兼ね工事にあたっている[24]。暗号名のトは利根（トネ）から取られたもので、これは松代大本営予定地の工事がマツシロのマを取って「マ工事」と呼ばれたのと同じである。

　地下工場入口の規模は幅約2.5メートル、高さ約2.1メートルであり、壁面には無数の鑿岩機ロッド穴を確認することができる。入口から約15メートル進むと突然に天井が高くなり幅広い空間になる。左には天井がドーム状に成型された空間もあった。ここからさらに35メートル進むと行き止まりで左右に連絡通路が延びている。床面には掘削途中の石屑（ズリ）が厚く堆積している。戦後半世紀も経っていることから天井や壁面の部分的崩落も考えられるが、その多くは掘削途中のズリと考えられ敗戦に伴う工事中断を端的に物語る。あるいは工室を確保して内部の爆発災害に対処するために意識的にズリを利用したものではないかとも考えられる。

　坑木の現存する竪坑が5ヵ所ほど、さらに天井に巨大な円形の掘り込み、壁面中段に横穴の存在など、他の地下工場の構造とは著しい相違を認めることができる。それは火薬製造所の移設ということに端的に現れているもので、天井が極端に高いのも内部爆発に対処するためであろう。

　長さ450メートルと記載されていたが、簡単な計測からだけでも現状の長さはこの数値を超えるものと思われる。進捗度16パーセントにもかかわらずこれほどの規模を有していることから判断して、完成していたら巨大な軍需工場になったものと考えられる。

　戦後編纂された『日本陸軍火薬史』[25]には、火薬製造所の移設について次の記述が見られる。「1、なるべく山谷を利用し得る如き土地を選定すること。2、山谷を利用し得ざるときはなるべく広い土地を選び、工室又は一作業系統間の距離を充分取り得る如くすること。3、作業系統は複数方式とし、一工室の被災により作業の流れが停止せざる如くすること。4、電気、ガス、水道等の工場の動脈施設には堅固な防壁を施し、且つ出来るだけ複系列とすること。5、被災後の復旧を迅速ならしめるため附属工事場の能力を相当充実しておくこと」

　こうした掘削工事に対処するため東京第二陸軍造兵廠直轄機関の利根常駐班がおかれたが、実質的作業は間組が担当した。中島飛行機小泉製作所の後閑地下工場は、1945年7月末日には掘削もほぼ終了して8月10日に完成していることから、工事に使役された中国人563名・朝鮮人約1,500名は6月の段階で一部はすでに「ト号工事」に振り分けられたものと考えられるが、実態は不明である。川田村誌には総人員200名位と中共人100人程としている[26]。

　朴慶植は1963年にこの上川田の地下工場跡に入り、「多少とも当時のことを連想すべく努めたが、悲しいかなわたしにはその心境をつづる文才がない。ここに文学者や詩人が訪れたら、何と感想をつづるであろうか。日本帝国主義の強行した侵略戦争の残骸を前にして、同胞や中国人にたいする残酷な取扱い方が脳裡を去来するとともに、何かまたこの横穴が音をたてて動きだそうとしているように思えた。（中略）わたしはこの横穴から日本帝国主義の亡霊が再び動きださないようにもっと積極的に動かなくてはと心に誓い」と、その心境をつづっている[27]。

　戦後の一時期地元農家がマッシュルーム作りで使用していたが、現在は全く使用されていない。

内部は崩落の危険性ほとんどなく、また水の溜まった場所もない。保存状態は良好である。内部の調査とともに詳細な図面の作成が急務である。

④旧中島飛行機太田製作所の藪塚地下工場跡
　太田市西長岡に所在し、旧中島飛行機太田製作所（陸軍・機体）の北西約7.5キロメートルの八王子丘陵に位置している（図1・4・5）。
　桐生市との境をなす八王子丘陵は、秩父古世層の足尾山塊の残丘であり、複雑な地質をもっている。桐生市側には、変成岩、泥岩などの露出した所があり、地形は急峻である。藪塚側・太田側はなだらかな尾根がいくつも張り出していて、それらの支脈に凝灰岩（藪塚石といわれている）が発達している[28]。ここに中島飛行機太田製作所の地下工場の一つとして、陸軍省の委託により運輸省第一地下建設事務所監督のもと、鹿島組請負による地下工場が構築された。着工は1944年11月、完成期限は1945年10月末日であり、操業開始を同年11月としていたが、敗戦のため工事の出来高2/3の段階で中止された。完成面積は9,900平方メートルである。
　鹿島組社史は地下工場の規模を次のように記している。「延長400メートル、幅4メートル、高さ4メートル素堀のトンネルを18メートル間隔で36本掘り、数カ所の連絡トンネルで繋いだが、工作機械によりトンネルの断面は多種多様に設計の変更を繰り返し、ことに前記特攻組立場所は高さ10メートルにも達する厖大なものであった」[29]。一方、『米国戦略爆撃調査団報告書』によると、「幅13フィート、高さ11フィートの地下道30本は完全に掘り抜かれ、木材の支柱が立てられた。これは、計画されていた範囲の1/2に相当した。掘削は、1945年1月に開始され、1500人が10時間交代で働いた」[30]と記載し、若干の相違が認められる。
　工事に従事させられたのは、強制連行された中国人と朝鮮人である。中国人については、1945年4月25日、前作業地の長野県木曽の御岳発電所工事現場より276名が連行されてきた。また、朝鮮人については、「昭和20年5月強戸村部落別家屋人口及主要食糧等の調」資料によれば、当時の新田郡強戸村西長岡地区の家屋数162軒、男420人・女460人の計880人の他に、半島（朝鮮）人男2,600人・女240人の計2,840人の記載とともに外人（捕虜）270人の記載もある[31]。他の地区には、半島・外人の記載はなく、これらの人員が地下工場掘削に使役させられていたのであろう。過酷な作業は他の地下工場建設と同様であり、中国人死亡者が続出した。1945年5月・11名、6月・8名、7月・9名、8月・8名、9月・6名、10月・7名、11月・1名であり、その数は計50名に達している。死亡者の年齢別構成は、16～19歳・2名、20～29歳・28名、30～39歳・17名、40～49歳・3名である[32]。県内事業所の中では短期間で最多の死者が生じ、死亡率は18パーセントにのぼった。負傷者数は24名である。朝鮮人の死亡者については今日にいたるも不明である。
　現在、地下工場跡周辺一帯には市営の公園墓地が造成され、またゴルフ場が隣接している。戦後の一時期まで、入口部は開口していたが、現在は崩落した土砂で埋まり内部に立ち入ることはできない。日中友好協会群馬県連や市民団体であるトンネルの会による粘り強い保存運動が取り組まれている。日中友好協会群馬県連による要望は、①この歴史的な史実を、太田市史に正確に記録すること、②現場には日中友好協会が30年前に建てた看板があるが、この看板の建て替えの実施、③地下工場跡地（トンネル）の保存を自治体で行う、というものである。その結果、太田市の96年度事業として地下工場跡の説明板（永久保存型・銅板やきつけ）が設置された[33]。

⑤旧中島飛行機太田製作所の大胡地下工場跡

　勢多郡大胡町（現前橋市）所在の大胡城跡本丸下に所在し、旧中島飛行機太田製作所の北西約24.5キロメートルのところに位置している（図1・6・7）。

　大胡町が所在する赤城山南麓地帯は、多くの放射谷が並走して相互の間に舌状台地が形成されている。大胡城の築城されている場所は、大胡町の北側に中心を持つ細長い台地上であり、この台地を形成したのは、東側を南流する荒砥川と西側を南流するその支流の浸蝕による結果である。

　大胡城本丸は計100メートル程の多角形で、この下に敗戦直前、地下工場が構築された[34]。掘削にあたった業者については不明であるが、労働力はすべて朝鮮人であったという。5個所の横坑が穿たれ、東西方向に3本（長さ約62～75メートル、幅約2.5メートル）の横坑とそれを連結する枝坑からなっている。総延長約461メートル、総面積約1,225平方メートルを測る小規模な地下工場である。敗戦直前にほぼ掘削も終了して、一部機械の搬入も行われたが、生産段階までにはいたっていない[35]。

　現在入口部はすべて塞がれ、内部の状況はわからない。しかし、1991年に町教委よる大胡城発掘に伴い地下工場の実測調査と写真撮影が実施されているが、これらの資料は公にはされていない。今回は猪上氏提供の資料を利用させていただいた。

⑥勢多郡大胡町大字堀越、正治地区の地下工場跡

　勢多郡大胡町（現前橋市）大字堀越、正治地区に所在し、大胡城下地下工場の北約1.3キロメートルのところに位置している（図1・6）。

　荒砥川によって浸蝕された台地の崖面に横坑が掘削されている。当初は6本を予定したというが、4本を掘ったところで敗戦になった。調査した猪上氏などよると、入口の高さ約3.5メートル、幅約3メートル、長さ60～70メートルの規模である。途中左に5メートル程の枝坑も存在している。掘削作業にあたったのは、日本人技術者のもと約100名ほどの朝鮮人であったという[36]。

　現在、内部にはいることができるが一部は途中で塞がれている。周辺を大がかりな急傾斜地崩壊対策事業が実施されており、永久に塞がれてしまう可能性が高い。早急な調査と詳細な図面の作成が急務である。

⑦旧中島飛行機小泉製作所の多野地下工場跡

　多野郡吉井町（現高崎市）に所在し、旧陸軍岩鼻火薬製造所（高崎市岩鼻町）の南西約7キロメートルの丘陵地帯に位置している（図1・8）。この丘陵地帯に陸軍岩鼻火薬製造所の射場が設置されたのは、1938年のことである（資料3）[37]。

　　極秘　陸造秘第一,一二七号
　　　　　土地買収概要の件申請
　　　　昭和十三年六月十六日　　　陸軍造兵廠長官　永　持　源　次　印
　　　　　　陸軍大臣　板垣征四郎殿
　　火工廠岩鼻火薬製造所製品検査に要する射場設置の為昭和13年度国防充備費令達予算を以て
　　概ね左記目途に依り土地買収致度に付申請す

　　　　　　左　　　記
　　場所、群馬県多野郡八幡村外一ケ村地内
　一、射場敷地、山林其他約五万五千坪
　　　此代金約　四万四千円也
　二、立木竹及地上物件移転補償見込額　金一万六千円也
　　　　　　　　　　　　　　　　　　　　以　上
（『昭和十四年　乙第二類第一冊　永存書類　陸軍省』防衛研究所所蔵）

　そして昭和14年度事業費550万円をもって射場の設置が進められた。1945年12月の調査によれば、入野射場の面積は21万9,374平方メートル、事務所建物2棟、工場1、倉庫3、雑12、建物計18棟であった（『昭和20・12造兵廠・土地建物・器具機械調査一覧表』東京第二陸軍造兵廠）。この敷地内に地下工場が構築されたのである。
　『米国戦略爆撃調査団報告書』の地下工場中に、多野工場として「小泉に対する最初の爆撃後、同工場を群馬県南部の多野に移し一部を地下式にするように計画された。多野には簡易着陸場が一つあり建設は1945年4月にはじまった」。月産45機の計画であったが、岩層がよくなかったので中止となっている[38]。全国の地下工場を調査をしている兵庫朝鮮関係研究会によると、多野工場については「場所不明で資料伝聞もない」[39]としているが、これについては、筆者などの調査によって最近明らかにされた。それは間組が敗戦間近に「岩馬借上地及入野敷地洞ソコ百ケ所増設工事」（取下金額42万2,334円）を実施している。この工事内容は不詳であると社史には記載されているが、岩とは岩鼻火薬製造所のことであり、馬とは地名の馬庭、入野も地名である。このことからも岩鼻火薬製造所入野射場に間組担当の軍工事が実施された。その軍工事が中島飛行機小泉製作所の多野地下工場であったものと考えられる[40]。
　このことは戦後の歴史を見ても明らかである。1953年防衛庁において、関東地区に弾薬貯蔵施設の建設が決議され、その候補地として利根郡月夜野町後閑と、多野郡吉井町馬庭が指定された。交通機関、道路事情その他立地条件など種々調査研究の結果、吉井町馬庭に決定されたと伝えられている[41]が、種々調査研究の中には当然のことながら地下工場の規模の大きさが考慮されていたことは確実であろう。完成面積は、県内最大の1万7,100平方メートルであったからである。大規模な掘削工事にもかかわらず工事に従事させられた人員などについては今日に至るも不明である。
　地下工場跡周辺一帯は、陸上自衛隊武器補給処吉井弾薬支処構内のため、一般には立ち入ることはできない。

⑧高崎市南八幡地区の直臨営第151号内102施設工事跡
　高崎市山名町に所在し、旧陸軍岩鼻火薬製造所入野射場の北東約1.2キロメートルのところに位置している（図1・8、写真6）。
　当時の多野郡八幡村に敗戦間近、間組が軍工事として「直臨営第151号内102施設工事」（取下金額113万8,454円）を実施している[42]。しかし、この工事内容についても前記「岩馬借上地及入野敷地洞ソコ百ケ所増設工事」と同様に間組社史は不詳としている。今回、その場所を新井仁氏のご教示により特定することができた。それは、烏川・鏑両河川の合流する観音山丘陵の東南端部に

位置し、近くに源を発する小河川が浸蝕東流することによって形成された南面急斜地に掘削途中で放棄された横坑2ヵ所を確認することができた。このうちの1ヶ所は、幅3メートル、長さ27メートルを測り、壁面には鑿岩機のロッド穴を確認することができる。規模や構造から判断して地下工場建設にかかわるものと考えられる。

⑨旧中島飛行機太田製作所の堤ケ岡地下工場跡

群馬郡群馬町（現高崎市）に所在している（図1・9）。陸軍前橋（堤ヶ岡）飛行場の中に中島飛行機の総組立工場が建設されたのは1945年のことであり、また小規模な地下工場（700平方メートル）も敗戦直前に構築されている。しかし、その場所は未確認[43]とされてきたが、斎藤利昭氏によると旧工場の西を流れる川の両岸にU字形を呈する素堀の防空壕があったという。

⑩安中市磯部の地下工場跡

JR信越線磯部駅の東1km、柳瀬川右岸の城山（じょうやま）と呼ばれる小山に掘削途中の横坑が3ヶ所程存在している（図1・10、写真7・8）。調査した矢中幸雄氏によると、大きいもので高さ2メートル、長さメートルm程の規模である。証言によると軍関係の工事を専門としていた鎌田組が請負、1945年5月頃から朝鮮人30名～40名が働かされていたという。地下火薬工場建設の予定であったと聞かされていたというが判然としない。

おわりに

強制連行・強制労働を抜きにしては語れない県下に残されている地下工場等は、計10ヶ所を数えた。その内訳は、中島飛行機関連6ヶ所（b, d, e, f, g, i）、軍関連2ヶ所（h, j）、陸軍火薬製造所関連1ヶ所（c）、発電所関連1ヶ所（a）である。工事を請け負った会社は、間組（5ヶ所）、鹿島組（1ヶ所）、鎌田組（下請けか？1ヶ所）であり、不明は3ヶ所を数えた。そして3年ほどの間で資料の発見と場所の特定がなされたのは、驚くべきことに実に6ヶ所（c, f, g, h, i, j）に及んだ。このうち筆者らが特定したものは4ヶ所（c, g, h, i）である。

強制連行された中国人がかかわったものは、岩本水力発電所の隧道工事、月夜野町（現みなかみ町）の後閑地下工場、沼田市上川田の地下工場、太田市の藪塚地下工場の計4ヶ所であり、朝鮮人がかかわったものは上記の他に、大胡町（現・前橋市）の地下工場2ヵ所、安中市磯部の地下工場で計7ヶ所となった。しかし、現在に至るも不明であるのは、吉井町（現高崎市）の多野地下工場、高崎市南八幡地区の軍工事、群馬町（現高崎市）の堤ケ岡地下工場の3ヶ所である。早急な聞き取り調査が求められる。それは①旧軍関係者と工事関係者、②勤労動員された地元民、③朝鮮人、④中国人である。従来の証言は②の勤労動員された地元民が圧倒的に多かったが、それぞれの立場からの証言が必要である。戦後すでに半世紀以上経過しているが、その重要性はますます高まっている。利根・沼田地区へ連行された中国人の中で、当時29歳までの人は390名、このうち死亡者は26名であり、364名が戦後帰還されている。本稿執筆時現在、生存していれば70～80歳代であり証言能力は充分にあったろう。

一方、地下工場の詳細な調査も急がれる。構築時の状況、使用時の状況、そして廃棄後今日に至

るまでの状況を詳細に調査した事例は皆無だからである。今日、図面を見ることのできるのは、藪塚地下工場の米軍作成の概略図と大胡城下地下工場であるが、どちらも充分に内部の情報を伝える図面ではない。聞き取り調査だけではない、地下工場跡の詳細な図面作成が必要である。

　県下に残されている地下工場跡の現況は次のとおりであった。内部に立ち入ることができるのは6ヶ所（b、c、f、g、h、j）、不可能なもの3ヶ所（d、e、i）である。保存状態が一番よかったのは、沼田市上川田の旧陸軍火薬製造所の地下工場であり、崩落の危険性はほとんどない。次いで月夜野町（現みなかみ町）の後閑地下工場、大胡町（現前橋市）堀越の地下工場、高崎市南八幡地区の軍工事、安中市磯部の地下工場が挙げられるが、前2ヶ所は周辺を安全対策のための保全工事が行われた。藪塚地下工場は、戦後の一時期まで入口部は開口していたが、現在は崩落した土砂で埋まり内部に立ち入ることはできない。しかし、入口の土砂を排除すれば内部調査は可能である。大胡城本丸下の入口部はすべて塞がり、内部の状況はわからない。しかし、町教委の発掘に伴い地下工場の実測調査・写真撮影が行われている。これらの資料は公にはされていないため資料の公開が求められる。

　このように地下工場跡は、このまま放置されていけば近い将来には、その存在そのものが抹殺されてしまうであろう。このため調査とともに今後検討していかなければならないことに、これらの遺跡の保存・活用の問題が挙げられる。遺跡の案内板がたてられているのは、僅かに藪塚工場跡1ヶ所であり、他は長い間放置されている。そこで、強制連行・強制労働の歴史の事実周知のためにも、遺跡の案内板を設置する取り組みからはじめても良い。こうした戦争遺跡の調査研究を進め、その歴史的事実を確定し、語り伝えるためにも遺跡の保存は急務である。

注
1) 朴慶植『朝鮮人強制連行の記録』pp.43-106、未来社、1965年。小田部雄次・林博史・山田朗『キーワード日本の戦争犯罪』pp.120-121、雄山閣出版、1995年など。
2) 日本中国友好協会『証言中国人強制連行』pp.8-16、78-83、1995年。
　　日本に向けて収容所を出発した中国人の数は、少なくとも4万1,762名。しかし、実際に乗船したのは3万8,939名であり、この差2,823名は乗船までに死亡または逃亡した人員である。
3) 『朝鮮人強制連行群馬県真相本部調査資料』1991年。
　　1万2,356名の他に、届け出なく労働者として飯場に寝泊まりしていた朝鮮人がたくさんいたという（猪上輝雄氏のご教示による）。
4) 中国人俘虜殉難者慰霊群馬実行委員会『群馬県中国人俘虜殉難者慰霊報告』p.10、1953年。
5) 『昭和19年県参事会議案(5月)』群馬県立文書館所蔵。
　　資料を提示したのは次の理由による。1994年12月5日付「朝日新聞群馬版」に県立歴史博物館長のインタビューが掲載された。それは第49回企画展「近代群馬のあゆみ展」(1994年10月～11月)の中で、戦中・戦後の外国とのかかわりや、外国人の強制連行、強制労働問題などが取り上げられなかった理由を問われ、その回答に事実を表現するために展示できるような資料がないからだ、と発言しているからである。
6) 田村民男『群馬の水力発電』pp.161-172、七月堂、1979年。
　　1939年4月1日に日本発送電会社が設立し、電力の国家管理が実施され、高度国防国家建設の根源である電気事業の戦時体制は一応整備完了した。しかし、太平洋戦争の進展につれ、航空機生産などのため莫大

な電力が要請された。このため、各地で水力発電所の新設、増設がおこなわれていった。

7) 間組広報部『間組百年史』pp.713-714、1989年。

8) 飯場名については、従来の報告と記載内容に若干の相違がある。朴論文(1965、p.162)では、国広・諫山・渡辺・松尾・宮川などと記載し、慰霊報告(1953、p.11)では十倉・中村・宮本・諫山・渡辺・国広・新井等、中島・持田報告(1991、p.47)では諫山・国広・新井・吉田・石坂・渡辺・小倉・宮本・中村等となっている。

9) 如意寺過去帳には、7名の朝鮮関係病没殉職者氏名が残されている。それによると、彼らの出身地は全羅南道、全羅北道、慶尚北道、京畿南道とあり、南朝鮮の出身者であることが分かる。

10) 『昭和19年県参事会議案(5月)』群馬県立文書館所蔵。

11) 田中宏・松沢哲成編『中国人強制連行資料』現代書館 1995年。中島佑介・持田宗武「利根・沼田における強制連行の記録」『季刊 群馬評論』第47号、pp.46-52、1991年。

12) 『昭和19年県参事会議案(5月)』群馬県立文書館所蔵。

13) 田中宏・松沢哲成編『中国人強制連行資料』現代書館、1995年。中国人俘虜殉難者慰霊群馬実行委員会『群馬県中国人俘虜殉難者慰霊報告』pp.15-16、1953年。

14) 間組広報部『間組百年史』pp.713-714、1989年。

15) 1942年末以降の中島飛行機株式会社の組織は次のとおりである。本社は東京にあり、製作所は、太田(陸軍・機体)、小泉(海軍・機体)、東京(発動機)、武蔵野(陸軍・発動機、海軍・発動機)で、研究所が三鷹にあった。この他に、半田製作所(愛知県半田市)、大宮製作所(埼玉県さいたま市)、宇都宮製作所(栃木県宇都宮市)、三島製作所(静岡県三島市)、浜松製作所(静岡県浜松市)、黒沢尻製作所(岩手県北上市)が1942年から44年にかけて増設されている。太田製作所には、前橋工場・太田機械工場・田沼木工場・太田病院・品川出張所があり、小泉製作所は、尾島工場・伊勢崎工場・小泉病院・大阪・田町・金沢・東北出張所をもっていた。

16) 間組広報部『間組百年史』pp.730-731、1989年。

17) 間組広報部『間組百年史』p.731、1989年。
この社史のなかでは、中国人について八路軍捕虜約1,000名としている。また、朴慶植著『朝鮮人強制連行の記録』の中では、同胞(朝鮮人)400余名が動員されたと記載している。

18) 古馬牧村誌編纂委員会『古馬牧村誌』pp.449-458、1972年。
慰霊報告(1953、p.12)では間組の下の渡辺、石坂飯場と、警備隊長吉田厚の直轄の飯場に分かれて作業をしたと推測される、としている。

19) 田中宏・松沢哲成編『中国人強制連行資料』現代書館、1995年。中国人俘虜殉難者慰霊群馬実行委員会『群馬県中国人俘虜殉難者慰霊報告』p.16、1953年。

20) 兵庫朝鮮関係研究会『地下工場と朝鮮人強制連行』pp.167-242、明石書店、1990年。『米国戦略爆撃調査団報告書(太平洋戦争)』は、全108巻、頁数にして約1万8,000頁にものぼる膨大な英文資料である。その第35巻が「日本の航空機の地下生産」としてまとめられている。しかし、地下工場の建設に従事した強制連行の中国人・朝鮮人についての記載はほとんどない。この全訳が上記書に掲載されている。

21) 間組広報部『間組百年史』p.731、1989年。

22) 沼田市『沼田市史自然編』1995年。

23) 『陸軍兵器行政本部 昭和二十年十一月 兵器製造施設 分散 地下工場建設 大陸移駐 計画調査

表』防衛研究所所蔵。
24）間組広報部『間組百年史』p.732、1989年。
25）長谷川治良編『日本陸軍火薬史』桜火会、1969年。
26）薄根村誌編纂委員会『薄根村誌』1959年の中では東京第2陸軍造兵廠が地下工場を建設する、川田村誌編纂委員会『川田村誌』1961年では陸軍直轄事業で岩鼻火薬工廠の火薬製造工場の設置とあり、いずれも工事内容については正確さを欠いている。
27）朴慶植『朝鮮人強制連行の記録』pp.160-165、未来社、1965年。
　同書23-25頁に、沼田市在住であった盧敬接氏(1903年忠清北道出身、証言当時62歳)の証言が掲載されている。それによると群馬県利根郡川田村の海軍火薬庫つくりにも同胞が大勢連行されてきたとしている。
28）藪塚町誌編纂委員会『藪塚町誌　上巻』1991年。
29）鹿島研究所出版会『鹿島建設百三十年史』上、1971年。
30）太田市『太田市史　史料編　近現代』pp.524-525、1987年、所収の『米国戦略爆撃調査団報告書』による。
31）太田市『太田市史　史料編　近現代』pp.946-947、1987年。
32）田中宏・松沢哲成編『中国人強制連行資料』現代書館、1995年。中国人俘虜殉難者慰霊群馬実行委員会『群馬県中国人俘虜殉難者慰霊報告』pp.16-17、1953年。
33）『日中友好新聞』1997年1月25日付。
34）大胡町誌編纂委員会『大胡町誌』1976年。
35）猪上輝雄「朝鮮人による大胡地下工場建設問題中間報告」1992年。
36）35）に同じ。
37）『昭和十四年　乙第二類第一冊　永存書類　陸軍省』防衛研究所所蔵。
38）久保井規夫『写真記録地下軍需工場と朝鮮人強制連行』p.57、明石書店、1995年。
39）兵庫朝鮮関係研究会『地下工場と朝鮮人強制連行』p.149、明石書店、1990年。
40）菊池　実「旧陸軍岩鼻火薬製造所と地下工場」『季刊　群馬評論』第61号、pp.100-107、1995年。
41）吉井町誌編纂委員会『吉井町誌』pp.1108-1109、1974年。
42）間組広報部『間組百年史』p.732、1989年。
43）兵庫朝鮮関係研究会『地下工場と朝鮮人強制連行』p.150、明石書店、1990年。

〔追記〕
　本稿の執筆は1997年のことである。その後、本節として発表するまでに大きな進展があった。それは、結語のなかでも紹介した中国人当事者に関することである。
　1997年9月、東京地裁に「中国人強制連行・強制労働損害賠償等請求事件」が提訴された。原告中国人42名中8名が、岩本水力発電所の隧道工事、後閑地下工場建設に強制労働させられていた人たちであった。このうちの1名、李万忠氏(1998年現在、71歳)が98年5月30日に後閑地下工場跡を訪問し当時の状況を証言した。さらに2003年には、生存が確認された中国の人たちが戦後補償裁判の一つである「中国人強制連行藪塚月夜野事件群馬訴訟」の原告として、過酷な強制労働の実態を法廷で証言している。

第3章　群馬県内の戦争遺跡群研究

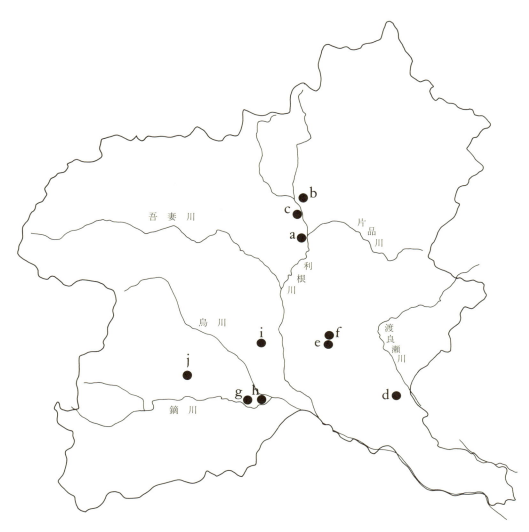

a：岩本水力発電所
b：旧中島飛行機小泉製作所の後閑地下工場跡
c：旧陸軍火薬製造所の上川田地下工場跡
d：旧中島飛行機太田製作所の藪塚地下工場跡
e：旧中島飛行機太田製作所の大胡地下工場跡
f：大胡町大字堀越、正治地区の地下工場跡
g：旧中島飛行機小泉製作所の多野地下工場跡
h：高崎市南八幡地区の軍工事跡
i：旧中島飛行機太田製作所の堤ヶ岡地下工場跡
j：安中市磯部の地下工場跡

図1　群馬県下に分布する戦時地下工場跡等

上から順に写真1、写真2、写真3

図3 みなかみ町（旧月夜野町）後閑の地下飛行機製作所周辺概要図（半丸は掩体壕）

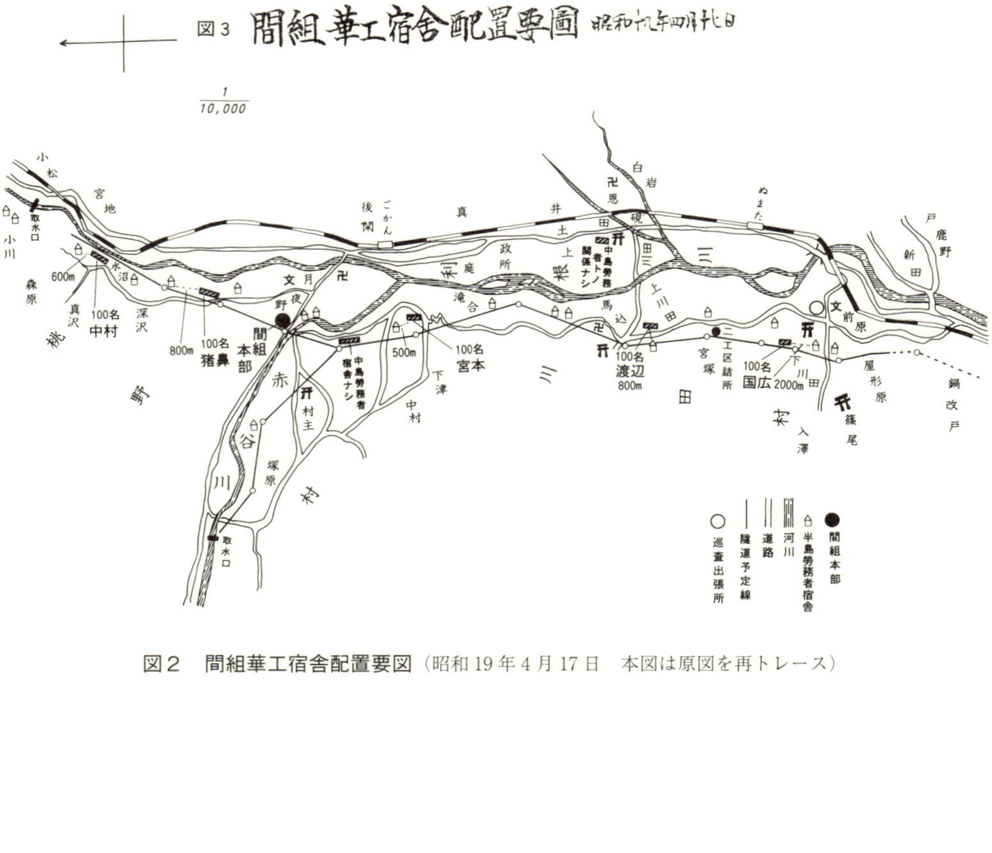

図2 間組華工宿舎配置要図（昭和19年4月17日　本図は原図を再トレース）

第3章 群馬県内の戦争遺跡群研究

写真4

写真5

図4　旧中島飛行機太田製作所の藪塚地下工場位置図

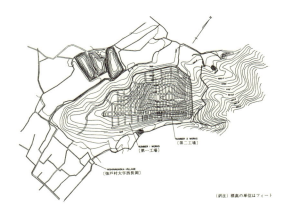
図5　藪塚工場配置図

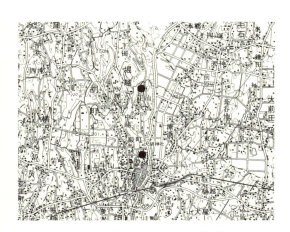
図6　大胡町所在の地下工場位置図

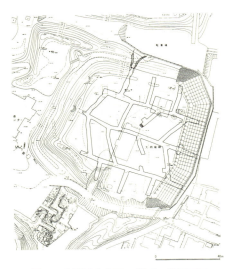
図7　大胡城本丸下の地下工場平面図

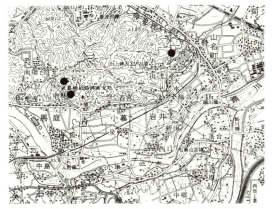

図8 旧中島飛行機小泉製作所多野地下工場(左)と軍工場跡(右)位置図

写真6

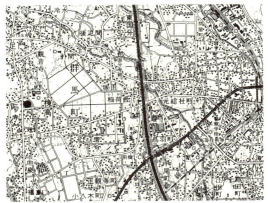

図9 旧中島飛行機太田製作所の堤ヶ岡地下工場位置図

写真7

図10 安中市磯部の地下工場位置図

写真8

第5節　本土決戦下の研究　その一
─1944年からの群馬県内駐屯部隊を追って─

はじめに

　1945（昭和20）年、本土決戦下の群馬県には青葉兵団に代表される、本土決戦兵団2万3,144名の移駐があった。県下国民学校への部隊の移駐実態については、本章第6節に報告したが、その調査の過程で、すでに前年の7月頃から国民学校校舎の一部が軍の兵舎として使用されはじめたこと、そして45年にかけて青葉兵団以外のさらに多くの部隊も県内に移駐や疎開していることが判明した。そこで本稿ではこれら部隊の全容を把握して、県下国民学校への移駐状況から本土決戦下における群馬、その様相の一端を明らかにするものである。さらに本土決戦にかかわる遺跡についても言及したい。

1　本土決戦への道

　まず本土決戦体制へと傾斜していった背景を、1971年刊行の『戦史叢書　本土決戦準備〈1〉─関東の防衛─』や2011年刊行の『本土決戦の虚像と実像』をもとに簡単に触れたい。
　1944年初頭からの中部太平洋の戦況は本土戦備の急速強化を必要とした。4月、大本営は内地にある留守師団6個を一般師団に臨時編成、そして7月に臨時動員、これらの師団は野戦師団となり本土決戦準備の中核となっていった。このうち第81師団（兵団文字符─納、以下同）、第93師団（決）、戦車第4師団（鋼）、電信第6連隊をもって、大本営直属として第36軍（富士）が編成された。これが、本土決戦を想定して最初に編成された決戦兵団である。
　第36軍は、作戦準備のため9月初旬から予想作戦地域の兵要地誌[1]の調査を実施したが、その主要な調査事項の一つに部隊の収容能力、学校、公会堂の位置と数量があった。そして第81師団は宇都宮地区、第93師団の主力は御殿場地区、一部は下志津および松本に、戦車第4師団は千葉および習志野地区に配置して訓練を実施、10月下旬からは九十九里浜、鹿島灘、相模湾方面の築城を開始した。
　この頃戦況は、7月上旬にサイパン島陥落、同月下旬には米軍のテニアン島、グァム島への上陸と続いた。そしてマリアナ諸島の陥落により絶対国防圏は崩壊、日本の防衛線は小笠原・沖縄・フィリピンまで後退した。内地の築城に着手した10月下旬、連合軍はレイテ島に本格的上陸を開始、大本営は第36軍を防衛総司令官の隷下に編入して同軍の関東地方での使用を指示した。
　しかしレイテ決戦は敗北、翌45年1月20日に本格的な本土決戦を想定した「帝国陸海軍作戦計画大綱」が決定された。そして本土作戦のために新設する部隊として一般師団40、混成旅団22、これに付随する軍直轄部隊など総計約150万に達する兵力の動員、いわゆる「根こそぎ動員」が実施された。新設兵団の動員は、2月下旬（第1次兵備─沿岸配備の16個師団の動員）、4月上旬（第2次兵備─機動攻撃に任ずる8個師団の動員）、5月下旬（第3次兵備─19個師団の動員）の三次にわたり、

さらに満州などからの兵団転用を行った。

2 本県駐屯部隊と本県編成部隊

　すでに記したように本土決戦の準備は1944年7月から本格化する。県内の国民学校校舎に部隊の移駐が認められるのは、まさにこの時期からである。それではどのような部隊が県内に配置されたのであろうか。参考になるのは『群馬県復員援護史』の記述である。そこには県内における本土決戦配備と郷土部隊を次のようにまとめている[2]。ただし誤りも散見されるので、防衛研究所戦史研究センター所蔵の「第三十六軍関係資料」、「通称号に関する綴」、「陸軍部隊調査表（其一〜其四）」[3]や『戦史叢書　本土決戦準備〈1〉—関東の防衛—』所収の「付表第一」「付表第二」に記載されたものを〈　〉に記した。

　（ア）本県駐屯部隊—第202師団（青葉兵団）と独立工兵第27連隊（幡第13001部隊、勢多郡富士見村）。『群馬県復員援護史』には、この二つの部隊が本土決戦における本県配備部隊として記されているが、このほかに戦車第1師団隷下部隊（拓部隊）の移駐もあった。これについては次節で触れる。

　（イ）本県編成部隊—これは本土決戦に備えて本県の東部第38部隊（高崎）と東部第41部隊（沼田）などで編成され、それぞれの任地へ派遣された部隊を指している。なお、東部第41部隊関係については、これが化学戦部隊であることから1987年刊行の『陸軍習志野学校』[4]の記述も参考とした。

〔東部第38部隊関係〕

○第81師団歩兵第173連隊（納第2878部隊）—1945年4月22日、駿河湾方面の陣地構築に出動し、爾後第36軍隷下に入り、決戦部隊として茨城県境付近〈第三十六軍関係資料—連隊本部は静岡県庵原郡富士川町国民学校、戦史叢書—富士川右岸、沼津〉に位置した。

○第214師団歩兵第521連隊（常磐第30858部隊）—同年6月10日、栃木県烏山付近に移動し、第36軍隷下に入り、決戦に備えた。

○第351師団歩兵第330連隊（赤城第27733部隊）—同年6月26日、福岡県に移駐し、第2総軍隷下に入り、九州方面の決戦に備えた。

○第151師団歩兵第214〈陸軍部隊調査表—435〉連隊（護宇第22558部隊）—同年4月15日、茨城県中野村付近に移駐し、第51軍隷下に入り、鹿島灘方面の決戦に備えた。

○第28独立通信作業隊（幡第36427部隊）—同年5月23日、独立通信作業隊として東京都に移駐し、首都防衛に任じた。

○第25兵站地区隊本部・兵站勤務第45中隊（健第4820部隊）が水戸付近に展開した。

○独立混成第6〈戦史叢書—115・116〉旅団　建第27760・27771部隊）—同年7月10日、歩兵第700・701大隊をもって〈独立混成第115旅団〉を編成、第705・706大隊をもって〈同第116旅団〉編成し、東部第38部隊（高崎）〈戦史叢書—115・茨城芝崎、神之池周辺、116・終戦時編成未完〉において決戦に備えた。

〔東部第41部隊関係〕

　化学戦部隊としての迫撃連隊、迫撃砲大隊が編成されている。『群馬県復員援護史』では、それ

を迫撃第7大隊、同23大隊（以上千葉）、迫撃第8～11大隊、同33（32の誤りか—筆者注）大隊（以上沼田）としている。しかし『陸軍習志野学校』で確認していくと、第214師団迫撃第214連隊（常磐第30859部隊）が1945年5月、沼田で編成されている。部隊の展開地は北関東であるが、敗戦時の所在地を旧厚生省資料では高崎、「第三十六軍関係資料」や『戦史叢書』では栃木県芳賀郡真岡町となっている。このほかに、迫撃砲第4大隊（敗戦時宮崎）、同第6・7大隊、同第23大隊（以上、敗戦時千葉）、同第32大隊は編成未完となっている。

（ウ）防空部隊

中島飛行機太田製作所と同小泉製作所防衛のために高射砲部隊が配置され、県下所在の飛行場（館林・桐生・新田・太田（小泉）・尾島・前橋）には航空部隊、航空錬成教育隊、学校などが配備され、防空と航空作戦に任じていた。晴は高射第1師団、帥は航空総軍、燕は第1航空軍隷下部隊を指す。

○高射第1師団独立高射砲第4大隊（晴第1955部隊、新田郡太田町）
○航空本部教導飛行師団第2教導飛行隊（風部隊、山田郡大間々町）
○航空総軍航空輸送部第2輸送飛行隊（帥部隊—『群馬県復員援護史』では「師」としているが誤りである。新田郡太田町）
○航空総軍第20戦闘飛行集団飛行第112戦隊（帥第34218部隊、新田郡）
○同第101独立整備隊（帥18959部隊、新田郡太田町）
○同第116独立整備隊（帥第18981部隊、邑楽郡館林町）
○同第123独立整備隊（帥第18988部隊、碓氷郡安中町）
○第1航空軍第4航空通信団第64対空無線隊（燕第19551部隊、邑楽郡中野村）
○同第165・166・169・170飛行場大隊（燕第18939・18940・18941—新田郡、18942部隊・邑楽郡館林町）

以上が『群馬県復員援護史』に記された防空部隊である。しかし、敗戦直後に軍が占領軍への説明資料として作成した「航空部隊一覧表」[5]、1947年にまとめられた「航空部隊配置要図」[6]には、上記部隊のほかに次の部隊が記載されている。

○第1航空軍飛行第14戦隊（燕第9906部隊、新田、兵員数532、重爆）
○第1航空軍第165独立整備隊（燕第19394部隊、新田郡綿内村、兵員数172）
○第1航空軍第306独立整備隊（燕第19086部隊、新田生品、兵員数172）
○航空総軍第182独立整備隊（帥第19067部隊、館林、兵員数172）

また、教導飛行師団第2教導飛行隊と第20戦闘飛行集団飛行第112戦隊は、1945年7月に廃止された明野及び常陸両教導飛行師団のことである。

（エ）軍後方部隊、病院、学校など

東部第38部隊（高崎）、東部第41部隊（沼田）、前橋連隊区司令部（前橋）、前橋憲兵隊（前橋）、高崎・前橋・沼田・渋川（渋川は陸軍航空本部及び航空総軍直轄部隊）の各陸軍病院、前橋陸軍予備士官学校（桃井）、浦和陸軍糧秣廠高崎集積所（高崎）、東京陸軍補給廠高崎集積所（高崎）、東京被服廠安中支所（安中）、陸軍岩鼻火薬製造所（臣第29612ろ部隊、岩鼻）、陸軍中野学校（東部第33部隊、富岡）、留守業務部（吉井）、地区司令部、地区第1特設警備隊、第18特設警備工兵隊（東部第13323部隊、太田）、特設警備第13中隊（東部第2871部隊、太田）、第3自動車隊（前橋）、前橋臨時

兵站業務班（前橋）、第2農耕勤務隊、東京地区鉄道司令部第178停車場大隊（線、高崎）、同第19独立鉄道作業隊（線第33969部隊、高崎）などである。

　『群馬県復員援護史』の記述は、その後『群馬県史』[7]にも踏襲されていったために、部隊名や敗戦時の位置などの誤りもそのままとなっている。本節では可能な限りその訂正も試みたい。

3　本県駐屯部隊と編成部隊の検討から

　それでは『群馬県復員援護史』の分類にもとづいて、以下記述する。
　（ア）本県駐屯部隊（図1）
〇第202師団（青葉兵団）
　部隊の県内移駐の詳細については本章第6節を参照されたい。ここではその簡単な概要と、その後の調査で判明したことを記す。
　青葉兵団の移駐は1945年5月中旬から6月初旬に先遣隊が、本隊は6月下旬から県内に移駐した。鉄道沿線を中心に、当時の前橋市、高崎市、伊勢崎市、佐波郡5村、勢多郡1町・5村、碓氷郡2町・8村（里見村と烏渕村を追加）[8]、群馬郡4町・16村（里見村を削除）、利根郡1町・6村、北甘楽郡2町・1村、多野郡2町3村におよんだ。現在の行政区域では6市3町3村（市—前橋・高崎・伊勢崎・沼田・渋川・安中、町—玉村・吉岡・甘楽、村—榛東・昭和・川場）となり、北は川場村から南は高崎市新町、東は伊勢崎市から西は安中市まで、そして埼玉県下の児玉郡1町・8村（現本庄市・上里町）、大里郡6村（現深谷市・寄居町）の広範囲であった。さらに国民学校で見ると、前橋市2校、伊勢崎市4校、佐波郡5校、勢多郡10校、碓氷郡10校（里見村国民学校と烏渕村東部国民学校を追加）、群馬郡23校（里見村国民学校を削除）、利根郡7校、北甘楽郡3校、多野郡5校の計69校、さらに県立学校など4校（2校追加）におよんだ。県立学校などの追加は、その後の調査によって境高等女学校（現県立伊勢崎高等学校）の「裏校舎の作法室に「青葉隊」という軍隊の一部の兵隊が泊まり込み、校庭に据え付けた2・3門の大砲を使って軍事訓練をした」[9]ことが明らかになったからである。また、佐波郡立農業学校（現県立伊勢崎興陽高等学校）の講堂が伊勢崎市南国民学校に移駐した歩兵第504連隊の連隊本部の倉庫となった[10]。
〇独立工兵第27連隊（幡第13001部隊）
　戦車第1師団と同様に満州から転用された機械化工兵の独立部隊である。隊員約1,000名は1945年5月2日から9日にかけて新潟港に到着した。10日、連隊の将校2人は、赤城山麓が地形的に連隊の特殊訓練に適し秘密保持にも良好だとして、前橋市に急行。前橋警察署で下田署長に会って種々問い合わせ、更に富士見村に急行し、古屋村長に会って状況を確認している。第36軍からは、同地区は既に第202師団の展開予定地域であるので、同師団が了承すれば結構であるとの回答があり、連隊長は仙台に急行。同師団と調整した結果、連隊の富士見村地区の使用に快諾を得、5月下旬勢多郡富士見村と南橘村の各国民学校に移駐した。連隊の部隊史によると、その状況は次のとおりである[11]。
　勢多郡富士見村原国民学校（現前橋市立原小学校）に連隊本部・強電隊・材料廠、そして連隊の被服修理工場は学校西の小さな森に、学校北西の横室十二山に材料廠の器材や資材、学校裏の村の集会所が糧秣倉庫となった。時沢国民学校（現前橋市立時沢小学校）には第1・第2中隊である。同

校の「当直日誌」5月23日の記事に「幡部隊将校3名来校」とあり、翌日の記事欄には「幡部隊先遣隊到着ス」となっている[12]。赤城街道と学校の間には幅の狭い旧道があり大きな松が両側に並んでいたが、その松と松の間に穴を掘って大釜を据付けて中隊の臨時炊事場に、学校の東方にあった鍛錬場と呼んでいた広場を兵器・器材の集積場としていた。石井国民学校（現前橋市立石井小学校）には第3・第6中隊、勢多郡南橘村桃川国民学校（現前橋市立桃川小学校）に第4中隊、その兵器・器材の集積は敷島公園脇の松林、細井国民学校（現前橋市立細井小学校）に第5中隊、そして兵器・器材の集積は学校裏の八幡山であった。

このように糧秣・被服などは村の公会堂や工場・倉庫などを一時借用して収納、兵器・車輌などは森や林、河原の繁みなどを利用していた。そして初年兵・補充兵の仕上げ教育、大河原地区の六角堂で幹部候補生教育、赤城山中腹の急増演習場で訓練が行われた。訓練内容は各種爆薬の取扱い、遮蔽・潜伏攻撃拠点の構築、あるいは破甲爆雷・手榴弾・手製爆弾による戦車攻撃などであった。

8月5日夜半から6日未明にかけての前橋空襲では、細井国民学校に移駐していた第5中隊の車輌2台が焼失している。12日、連隊はその主力をもって茨城県鹿島地区に転進、再び富士見村に戻ってきたのは敗戦後の8月24日である。

連隊本部・強電隊・材料廠が移駐した原小学校の「学校誌」には、次の回想が掲載されている。「後校舎は兵隊さんの宿舎になり、たくさん働いて居りましたので私達は全部前校舎を使用しました」「校庭にも戦車、自動車、ドラム缶等の軍事物資がいっぱいだった」[13]。また、第1・第2中隊が移駐した時沢小学校の「学校誌」には、「校舎に兵隊さんが入って来ました。戦車隊で私たちを守ってくれるということで、校舎の半分を使うことになりました。私たちは狭いところで勉強しなければなりませんでした。校舎の中には銃や弾丸がいっぱい置いてあり、子供心にも異様に感じました。（中略）学校の庭にも穴を掘って、大きな戦車を二台も三台も埋めました」[14]とある。この回想の中にある、穴を掘って戦車を埋めたとはどういうことなのか。実は敗戦直後、次のことが秘密裏に行われていったのである。

連隊の解散式は8月30日に原国民学校で行われている。この間、連隊の特殊兵器、それは被索引車を含む高圧発電車（中戦車）および小作業機・迫撃機用の発電車（軽装甲車）類96輌であったが、これらの破壊焼却、残骸埋没、利根川への投棄が行われたのである。1954年に刊行された『富士見村誌』には次の記述が見られる。「特に8月28日3時頃より夜にかけて戦車を爆砕する轟音は付近にとどろいた。（中略）戦車を爆砕した芳窪一帯の地は、開墾地に指定されて開拓が進んでいるが、未だに赤さびた鉄屑が残存して」[15]いる状況であったという。

なお、焼却処分した特殊兵器の残骸を捨てたところは、利根川に架けられた坂東橋で、ここから川底に投棄された。その後、投棄された特殊兵器の残骸は、米軍の命令で県による引き揚げが行われている。

以上、連隊の足跡は勢多郡下の国民学校5校で確認できた。現在、部隊の終焉の地となった前橋市富士見町にある忠霊塔の一隅に、部隊関係者によって「興源之碑」（1975年8月）が建立されている（写真1）。

○電信第30連隊（幡第12616部隊）

前橋市久留万国民学校の「昭和二十年度当宿直日誌」5月22日以降の記事にも「幡部隊」が登場する。22日「小黒板貸与」、6月28日「講堂貸与（午後七時より八時まで約一時間）」、7月12日

「疎開、ピアノ一、ミシン三、月田校へ、幡部隊のトラックニテ」、同 21 日「火鉢四コ貸与」、そして敗戦後の 8 月 18 日「幡部隊箱一ヶ寄贈ス」、翌日「長野りんご若干寄贈うく」、そして 8 月 29 日の宿直記事に「本校に居タ幡部隊は東京神田方面ニ出発スル旨お知らせがありました」[16)]とある。同校に移駐していた「幡部隊」は独立工兵第 27 連隊ではなくて、次の史料[17)]から第 12 方面軍通信隊の電信第 30 連隊（前橋中隊）である。

軍　密
十二方作命第一二号
　　　第十二方面軍命令　三月二十一日一六〇〇
　　　　　　　　　　　東　　　　　京
一、方面軍ハ電信第三十聯隊ノ移駐ヲ実施セントス
二、電信第三十聯隊長ハ四月上旬迄ニ各々有線約一中隊及無線ノ一部ヲ千葉、水戸、前橋附近ニ五月上旬迄ニ残部（主力）ヲ川越附近ニ移駐スベシ
三、（以下略）

十二方参指第六号
　　　　十二方作命第一二号ニ基ク
　　　　方面軍参謀長指示
一、二、略
三、移駐地ニ於ケル主要ナル利用建物ハ左記ノ通トス
　　　川越附近　（略）
　　　千葉附近　（略）
　　　水戸附近　（略）
　　　前橋附近　久留万国民学校、天理教支庁
　　以下、略
　　　昭和二十年三月二十一日
　　　　　　第十二方面軍参謀長　高嶋辰彦

　この部隊の隊長は召集の中尉、兵隊は応召の丙種合格者であった。装備は軽機一丁、小銃数丁で、電柱の穴掘りと電話線の接続が毎日の訓練だったという。
○第 12 方面軍（幡第 12345 部隊）の移駐
　1945 年 7 月 12 日、県立沼田中学校（現県立沼田高等学校）に 50 名の兵隊が設備準備のため来校、翌 13 日に幡第 12345 部隊飯田隊の兵隊 130 名が校舎 3 階の 4 教室に駐屯することになった。そして建物の偽装工作や迷彩を施すなど行っている。第 12345 は第 12 方面軍司令部の通称号であるが、その飯田隊とはどのような部隊であったのかは不明である。そして 9 月 12 日午前 5 時に復員式を行っている[18)]。なお、沼田中にはこれに先立ち陸軍気象部の校舎使用も行われている。
○戦車第 1 師団戦車第 1 連隊（拓第 12071 部隊）
　第 36 軍の戦闘序列に編入された、満州からの転用部隊としては戦車第 1 師団があった。転用時

の人員は1万33名で、師団司令部（師団長以下477名）、戦車第1連隊（連隊長以下887名）、同第5連隊（同886名）、機動歩兵第1連隊（同2,844名）などからなった。

前橋に駐屯した戦車第1連隊（1945年5月末日現在の人員889、戦車数60輌）[19]の移動日程を見ると、3月22日、満州国牡丹江省寧安（現中国黒龍江省）を出発、釜山港から4月7日に新潟港上陸、そして鉄道輸送で9日前橋に到着した。相馬ヶ原廠舎（前橋陸軍予備士官学校）に駐屯、5月末日になって移動するまでの間、戦闘・射撃・挺身切り込み訓練を行っている。この連隊の第5中隊第3小隊長であったのが福田定一少尉、若き日の司馬遼太郎である。彼は東部第38部隊への伝令時、高崎駅前の豊田屋旅館に宿泊しているが、この時、女優の森光子（当時は前座歌手として慰問活動を行い、東京大空襲の後、高崎の知り合いの旅館に疎開、高崎で敗戦を迎えている。）にあっている[20]。その後、同連隊は栃木県の佐野市周辺に移動する。早乙女務著『あの夏の日の司馬遼太郎』（2006年）には当時の関係者の回想をもとに、その状況が詳しく紹介されている[21]。

部隊の足跡は現在のところ次のとおり確認できる。

前橋市敷島国民学校（現前橋市立敷島小学校）の「昭和二十年度日直簿」[22]に戦車部隊の記事が認められる。4月7日に「戦車部隊ヨリ食糧搬入保管」、翌日「戦車部隊ヨリ軍人一名」来校、そして11日に「戦車部隊到着」である。その人数については150名としている[23]。戦車連隊は連隊本部と第1中隊から第5中隊、整備中隊から編制されている。150名は1個中隊の規模となる。16日の朝礼では「兵隊サンノ邪魔ヲセヌヨウ」伝えている。そして7月8日の記事に「拓部隊 机・腰掛・返却」とある。戦車第1連隊が新潟港に上陸したその日には、すでに部隊食糧が学校に届けられた。11日は前橋に到着して2日目のことである。しかしながら拓部隊の記載だけでは、移駐した部隊の詳細については不明である。なお、部隊が次の場所に移動した後、学校には青葉部隊が移駐することになる。

また、邑楽郡西谷田村国民学校（現板倉町立北小学校）には5月13日、拓部隊中澤隊本部が到着している。「突然本校に軍隊が駐営し校舎の半分が兵舎となり、教室も二クラス一室にて授業を受ける状態であった。」「夏休みが終わって登校してみると、駐屯していた戦車隊の兵隊さんが解散準備に大童」、そして9月10日に復員を開始している[24]。この部隊についても詳細は不明であるが、機動歩兵第1連隊の部隊である可能性が高い。この連隊は栃木県下都賀郡藤岡町（現栃木市）一帯に移駐しているからである。西谷田村国民学校とは比較的近い位置関係にある。

以上、県内では前橋陸軍予備士官学校（群馬郡桃井村）と国民学校2校（前橋市・邑楽郡西谷田村）でその足跡を確認できる。ただし前橋市久留万国民学校の「昭和二十年度当宿直日誌」4月16日に気になる記事がある。「軍隊ノ作業、或ハ軍用物件ニ児童ハ奇異ノ目ヲ以テ蝟集シタガル風ヲ性トシテモ□一般注意事項トシテ朝礼ニ於テ注意」[25]しているこの日は、敷島校でも朝礼時、児童に注意をうながしていること、そして翌日と21日午前中に講堂を部隊に貸与している。すでに記したが、5月22日以降の記事には「幡部隊」が登場する。この部隊（電信第30連隊前橋中隊）は4月上旬までには移駐していることを考えると、この記事はその「幡部隊」を指すものか、あるいは4月16日の日付から考えると拓部隊が該当する可能性も指摘できよう。

（イ）本県編成部隊（図2）

〇第81師団歩兵第173連隊（納第2878部隊）、野砲兵第81連隊（納第2880部隊）

本土決戦部隊として県内で最初に確認できるのは、第36軍隷下の第81師団第173連隊である。師団は総計2万338名にのぼるが、歩兵第173連隊は連隊本部（連隊長以下206名）、3個大隊（1個大隊は大隊長以下1,253名）、歩兵砲中隊（中隊長以下155名）、速射砲中隊（中隊長以下106名）、通信中隊（中隊長以下142名）、作業中隊（中隊長以下173名）、乗馬小隊（小隊長以下38名）の総計4,579名、馬915頭である[26]。

　なお、部隊の兵団文字符は「納」であったが、部隊の自活のために営農活動もしていたことから「農」部隊とも呼ばれていた。この連隊は1945年4月に第53軍に配属されて駿河湾の沿岸築城に出動している。現在のところ県内での足跡は次のように確認できる。ただし、納部隊といっても師団隷下部隊の全体を指しているので詳細を知るには、たとえば「納第〇〇〇〇部隊」まで確認する必要がある。しかし「学校日誌」「学校沿革史」「学校記念誌」などには、そこまで記されたものは極端に少ない。

　1944年7月から群馬郡桃井村国民学校（現榛東村立北小学校）の裏校舎と講堂を兵舎として使用したことが判明している[27]。さらに同年9月に入隊した人の回想には「兵営は、高商の新築された校舎」[28]とあり、県立高崎商業学校（現県立高崎商業高等学校）にも部隊が駐屯していたことがわかる。このことは1945年2月24日、納部隊による吾妻郡岩島村（現東吾妻町）の特産物である大麻（航空部隊の地上標識用縄に使用）の買付が行われ、その現物の送り先が高崎市上和田町高商業学校内　納、第2878部隊経理室となっていたことからも確認できる[29]。もちろんこれだけでは部隊の収容は不可能である。同年4月27日の入営者の回想に「当時の三十八部隊に入営、宿舎になっている相馬村小学校へ。全部で二百人位はいたと思います。校舎の東の玄関を入ったところの二階を新兵が使い、相馬ヶ原で訓練、原隊は納第二八七八部隊」[30]とあり、群馬郡相馬村国民学校（現榛東村立南小学校）も兵舎として割り当てられていた。このほかにも学校誌で確認できるのは、碓氷郡下の豊岡村国民学校（現高崎市立豊岡小学校）と八幡村国民学校（現高崎市立八幡小学校）である。豊岡村国民学校では1945年4月22日、「駐屯の兵隊さん、静岡方面に本土決戦の守りとして早朝出発移動せり」[31]とある。部隊名は記されていないが、静岡方面に移動していることから歩兵第173連隊の部隊であることがわかる。また八幡村国民学校には5月、「南平屋校舎に兵隊さんが入り、校庭に馬屋が建てられ、並木参道も八幡宮前から鳥居まで、軍馬がつながるようになりました。この軍隊は納部隊の騎兵一個中隊ほどでしたが、終戦直前に移動」[32]とある。連隊の乗馬小隊であろうか。同じく5月16日には県立前橋中学校（現県立前橋高等学校）いた納部隊の引っ越しがあった[33]。6月9日には邑楽郡伊奈良村国民学校（現板倉町立西小学校）の中央校舎の教室に納部隊1個小隊が駐屯し、初等科1年生から3年生の9学級が6学級に合併される事態となった[34]。また月日は明確ではないが、碓氷郡板鼻町国民学校（現安中市立東小学校）「校舎の一部には「農部隊」と呼ばれた軍隊が来ていました。武器を持っていない軍隊で天神山の松の根を掘ったり、開墾作業をやったりしていました。」[35]や群馬郡六郷村国民学校（現高崎市立六郷小学校）[36]でも部隊の存在が確認されており、複数の国民学校と県立学校に駐屯していたことがわかる。ただし移駐の時期は異なっているために、歩兵第173連隊に限定できないかもしれない。納部隊から青葉部隊に校舎提供が変更されていった学校は、桃井・相馬・豊岡・八幡の各国民学校と前橋中学校で確認できた。なお、前橋市敷島国民学校の「昭和十九年度日直簿」と「昭和二十年度日直簿」[37]にも納部隊の記事が認められる。それは1945年1月21日と4月1日である。ただしこれらの記事

は干し草の一部を取りに来たことや、茶殻代金が届けられたことであり、部隊の直接移駐を記すものではなかった。

　ところで、部隊名は不明なものの1944年から45年4月にかけて部隊の移駐が認められる学校がある。たとえば佐波郡境町国民学校（現伊勢崎市立境小学校）では「十九年からは陸軍の野砲隊の兵舎に校舎の一部が使われた。現校舎の玄関から東の階下四教室である。（中略）このため給食施設を軍隊に提供したので、給食は中止した。（中略）戦争が終わるまで児童と軍隊との寄り合い世帯がつづいた」[38]。この部隊は第81師団の野砲兵連隊の一部と思われる。また中には「昭和二〇年正月頃、赤堀村大字間野谷に青葉部隊一小隊が分駐し、（中略）民家に分宿し又小学校（佐波郡赤堀村国民学校のことか―筆者注）にも同部隊が止宿していた。（中略）防空壕を掘ったり竹槍訓練をしたりの日常だった」[39]との記述や碓氷郡坂本町国民学校（現安中市立坂本小学校）で「四月には青葉部隊が学校に駐留する為校舎の一部を提供した」[40]と記載されているのは、いずれも誤りと思われる。青葉部隊の編成は1945年4月、そして本県に移駐するのは5月から6月初旬に先遣隊が、本隊は6月下旬からである。おそらくは納部隊と混同したものであろう。

　部隊の足跡は7月にも碓氷郡烏淵村（現高崎市倉渕町）に兵士約50名がきて相間川入の大平で生産された薪炭の運搬にあたっていることが確認されている[41]。

　以上、県内における納部隊の足跡は、1944年7月から45年敗戦直前まで、県立学校2校と国民学校10校（このうち不確実3校）で確認できた。

〇第214師団歩兵第521連隊（常磐第30858部隊）
　県内では常磐部隊の移駐は認められないが、邑楽郡赤羽村国民学校（現館林市立第五小学校）の「沿革史」に次の記事が残る。1945年の「七月一日　常磐三〇八五八部隊鈴木部隊ニ豚児ヲ売却ス」[42]。このことから栃木県内でも群馬に比較的近い所に部隊の移駐が考えられ、さらには食糧の自給に追いつめられた軍隊の有様が垣間見える。

（ウ）防空部隊（図3）
〇高射第1師団高射第117連隊（晴第4101部隊）、同第115連隊（同第1901部隊）
　1945年7月中旬、高射第1師団高射砲第117連隊の主力（高射砲4個中隊3,449名―7センチ高射砲4門、8センチ高射砲18門、電波標定機Ⅱ型・Ⅲ型・改Ⅲ型、照空2個中隊）と高射砲第115連隊の第3大隊（照空3個中隊）が、空襲によって壊滅した横浜地区から前橋と高崎地区に派遣された。この時点ではまだ空襲被害のない同地の防空に当たらせるためであった。敵機は主として利根川に沿って飛来するものと判断して、前橋と高崎の以東に主力を配置した。高崎では新高尾、大類、競馬場、前橋では六供、元総社である。また第117連隊照空隊と第115連隊照空隊の照空燈計25基は、利根川を挟んで東に115、西に117連隊照空隊が中隊距離間隔概ね5キロに配置された。その陣地は粕川、宮城、富士見、箕輪（弥勒寺付近）、相馬ヶ原、西横手、藤岡方面であった[43]。

　これらの高射砲部隊が移駐した学校は次のとおり確認できる。群馬郡新高尾村国民学校（現高崎市立新高尾小学校）では7月、校舎を軍隊が使用したため分散授業を強いられている[44]。また一時的に使用されたのが高崎市東国民学校（現高崎市立東小学校）であった。「七月十四日（土）晴（前略）夕方、移動中の陸軍兵士が続々校庭に集合する。晴（陸軍の符号名称）部隊との由。中校舎二階と講堂を宿舎に開放。（中略）兵隊さんの水筒がほとんど太い竹筒であったのには驚かされた。

（中略）七月二十日（金）曇のち晴（前略）全部隊移動す」[45]。この記録から次のことがわかる。高射砲連隊は7月14日に鉄道輸送で高崎駅に到着、近接する東国民学校に一時的な宿営、準備を行って、競馬場や大類に向かったものと判断される。その大類の陣地は、上大類の飯玉神社より西方へ300メートル位の桑畑の中に急遽構築されたものであった。「二門位であったろうか。数十名の兵員は村の西南部に当る十戸程の民家に分宿し、飯玉神社東側の空壕の中に急造の待機所を設け（中略）村から南南西に当る方向からは毎夜二本の照空灯の光芒」[46]があったという。また、六供の部隊は県立前橋第二工業学校（現県立前橋商業高等学校）の校舎を使用していた[47]。

　照空隊については碓氷郡里見村（現高崎市里見町）の事例が判明している。「六月頃、照空隊というのが来た。人員は十数名であった（中略）下里見諏訪山の南面の畑二反歩位の地取りに地下壕を掘り、照空燈を据え付けその操作する附属設備も皆地下で、それに地下の連絡道路を作り、係員の宿営も半地下に茅葺き屋根を作り（中略）宿営等の設備品は殆どないので、不足勝な資材を村で整えてやるという厄介な部隊であった」[48]という。このほか、勢多郡宮城村と佐波郡芝根村の各国民学校でも照空隊を確認できる。

　なお、上記に先立つ1941年8月末、中島飛行機太田製作所や小泉製作所防空のために東部第1992部隊（高射砲第118連隊—筆者注）の林隊約130名が高射砲陣地を構築している。部隊は新田郡太田町九合国民学校（現太田市立九合小学校）に移駐し、学校の東に陣地が構築されるまでの1年近く、旧校舎3教室を兵舎として接収、使用していた[49]。学校を兵舎として使用した最も早い事例となろう。陣地は太田、小泉、下小林、古戸の4箇所で、1944年12月に編成の終わった、独立高射砲第4大隊（晴第1955部隊872名—4個中隊、8センチ高射砲18門、12センチ高射砲6門、電波標定機3基）が防空を担任した。下小林の陣地については、2003年にイオンモール太田の建設に伴い太田市教育委員会によって発掘調査が行われている。その結果、6基の砲座が約24メートル間隔で配置され、1基の砲座規模は直径約4.5メートル、低い円柱形のコンクリート製であった。現在、そのうちの1基が移設展示されている（写真2）。なお、海軍の機体生産を行っていた中島飛行機小泉製作所については海軍も担任し、1944年頃に赤岩県道の休泊川近くの低地に4基の砲座を構築している[50]。

　高射砲部隊やその関連部隊の足跡は、現在のところ高崎市と群馬郡・勢多郡・佐波郡、新田郡下の国民学校計5校と県立学校1校で確認できる。

○航空部隊の駐屯
　筆者は以前に敗戦時の県内駐屯航空部隊を次のようにまとめたことがある[51]。
　陸軍館林飛行場には第170飛行場大隊（第1航空軍所属、兵員定数372）・第116独立整備隊（航空総軍所属、兵員定数172）、邑楽郡中野村に第64対空無線隊（第1航空軍所属、兵員定数196）。
　陸軍新田飛行場には第20戦闘飛行集団飛行第112戦隊（航空総軍所属）もしくは飛行第14戦隊（第1航空軍所属、重爆、兵員定数532）・第165・第166・第169飛行場大隊（いずれも第1航空軍所属、兵員定数各372）・第306独立整備隊（第1航空軍所属、兵員定数172）、新田郡綿内村に第165独立整備隊（第1航空軍所属、兵員定数172）、山田郡大間々町に常陸教導飛行師団第2教導飛行隊。
　陸軍前橋飛行場には陸軍航空輸送部第9飛行隊前橋派遣隊の83名。
　中島飛行機太田飛行場には航空輸送部第2輸送飛行隊（航空総軍所属）・第101独立整備隊（航空

総軍所属、兵員定数172)。

　さらに碓氷郡安中町に第123独立整備隊（航空総軍所属、兵員定数172）などである。

　ただし、45年7月10日の航空総軍各隊の戦力配置表によると、前橋飛行場には前記第2教導飛行隊の97式戦闘機15機、1式戦闘機9機、2式複座戦闘機3機、操縦者67名が配置されていた。また、館林飛行場には待機特別攻撃隊19隊（4式戦・12隊、キ115・3隊、100式司偵・4隊）が訓練を行っていた。

　そして飛行場（館林・新田・前橋）に近接した町や村の国民学校、県立学校に航空部隊の移駐が認められる。

　1945年5月、常陸教導飛行師団が山田郡大間々町に移駐する。師団司令部を町立大間々農業学校（現県立大間々高等学校）や大間々高等実科女学校（現県立大間々高等学校）に置いた。このために、大間々町国民学校（現みどり市立大間々北小と南小学校に分離）では農業学校に東校舎6教室を敗戦まで貸与せざるを得なかった[52]。さらに軍需物資の貯蔵、保管を主任務とする兵員約20名が笠懸村に分駐し、新田郡笠懸村国民学校（現みどり市立笠懸小学校）の教室一部（東側1教室と西側の和室1）および農家の土蔵を借用していた。そして師団編成の特攻隊隊員は、大間々町ながめ遊園地の宿舎に隔離収容されていた。同所から連日、新田飛行場へ自動車で輸送され訓練を受けていたのである[53]。

　常陸教導飛行師団の移駐は、このほかにも新田郡藪塚本町国民学校（現太田市立藪塚本町小学校）と群馬郡総社町国民学校（現前橋市立総社小学校）でも確認できた。藪塚本町国民学校では4月28日から航空隊の宿舎、5月5日からは東部第9906部隊（飛行第14戦隊―筆者注）に12教室を貸与することになり、二部授業の実施や民家で分散授業をすることになった[54]。また総社町国民学校の「昭和二十年度学校日記」の5月から8月にかけて次の記事がある。5月の記事には「十九時頃講堂ニ宿ル兵隊サン荷物来ル（15日）」、「講堂ニ疎開シタ兵隊サンニ邪間（ママ）魔シナイコトヲ会礼デ訓話シタ（16日）」。「来校者航空隊ヨリ多数（18日）」、「兵隊六十名来リテ一男・女両教室ニ宿泊ス、明朝朝七時出発予定（30日）」、6月になると「兵隊さんの教室借用とそれに伴ふ件について（9日）」、7月は「午後特攻隊勇士慰安演芸会（17日）」、「校庭ニ於テ部隊主催ノ映画会アリ（24日）」、8月は「軍隊に一教室貸与（3日）」、「航空隊机二、腰掛八、学校ヨリ持参ス（10日）」と続いている[55]。『総社町誌』では師団名の「常陸」を「日立」と誤植しているが、5月26日に講堂と旧校舎数室を航空隊の兵舎に提供、本部、病室等が設けられ、堤ヶ岡（陸軍前橋飛行場）を基地とする特攻隊員の訓練が行われた、と記している[56]。なお、常陸教導飛行師団は7月に入り廃止、教導飛行師団第2教導飛行隊となり、それを基幹として第112戦隊が編成されている。

　次に陸軍館林飛行場関係について見てみよう。1945年5月、飛行場の北西約3キロメートルの邑楽郡中野村国民学校（現邑楽町立中野小学校）は飛行隊所属通信隊員の宿舎となった[57]。これは第64対空無線隊（燕第19551部隊）を指している。6月9日、飛行場の南約1.4キロメートルの三野谷村国民学校（現館林市立第七小学校）に「飛行機整備兵二〇〇名到着約一〇〇名本日ヨリ学校ニ駐屯」[58]した。これは第116独立整備隊と思われる。同じく東約2.3キロメートルの六郷村国民学校（現館林市立第六小学校）には6月から8月にかけて、その「沿革史」に次の記載が認められる。「特別攻撃隊勇士三十八名道場ニ宿泊ス（6月18日）、燕一四二三六四部隊長鈴木大尉以下一二四名新校舎ニ宿泊駐屯ス（7月22日）、帥一九〇二五部隊酒井隊通信班収納舎ニ宿泊ス（8月4日）」[59]。

ただし燕の正確な通称番号は 14236 で第 158 野戦飛行場設定隊に、帥 19025 部隊は第 30 戦闘飛行集団司令部になる。そして敗戦 4 日前の 8 月 11 日に至っても、北東 2.4 キロメートルの多々良村国民学校（現館林市立第八小学校）に「帥飛行部隊本校舎一部ヲ充用本日ヨリ駐留」、18 日になって「帥飛行部隊ノ将兵本日ヲ以テ当地ノ任務完了本部隊ニ復帰ス」[60] となっている。飛行場の東西南北に近接して位置する国民学校 4 校にその足跡が残されていることがわかる。

陸軍新田飛行場関連では、新田郡太田町九合国民学校で部隊の足跡を確認できる。1944 年 10 月 25 日から 11 月 10 日まで 10 教室を第 169 飛行場大隊（燕第 18941 部隊）約 500 名が使用、同じく 10 月 18 日から 12 月末日まで陸軍航空本部経理部太田工事隊約 150 名が 3 教室を宿舎として使用している。このために二部授業となった[61]。

なお、邑楽郡長柄村国民学校（現邑楽町立長柄小学校）には、1945 年 2 月 11 日、前日の中島飛行機太田製作所の空襲により宿舎を失った上小林航空勤務員 105 名が講堂に宿泊している[62]。

館林・新田・前橋の各飛行場にあっては、特攻隊の訓練が日常的に行われ、隊員は隔離された宿舎に、あるいは国民学校に宿泊していたことが判明した。

　(エ) 軍後方部隊、病院、学校、研究所など（図 3）
○陸軍中野学校（東部第 33 部隊）の移転

東京の中野にあった陸軍中野学校は、軍における情報勤務に従事する幹部の養成、戦争末期においては遊撃戦闘のための幹部養成を行った学校であり、その存在は極秘であった。

米軍の日本本土空襲激化にともない、日常の教育訓練に支障をきたしたこと、さらに松代大本営構想との関係で、北甘楽郡富岡町（現富岡市）に移転が行われたのは、45 年 3 月下旬から 4 月中のことである。県立富岡中学校（現県立富岡高等学校）に学校本部、学生隊本部、見習士官学生、将校学生、勤務隊の一部（無電班）、炊事班が移転、しかし富岡中だけでは収容しきれなかったために、学生隊指導部を富岡区裁判所、下士官学生を富岡国民学校（現富岡市立富岡小学校）講堂、見習士官学生を東国敬神道場、医務室を井口眼科医院、実験隊本部を北甘楽郡黒岩村国民学校分教場（現富岡市立黒岩小学校）、そして女子独身寮を沖電気富岡工場工員寮に分散させた。富岡町を中心に西は北甘楽郡吉田村から東は多野郡吉井町に至る、上信電鉄沿線の各町村に職員および将校学生約 600 名が分宿したのである[63]。富岡国民学校の講堂には、日夜将校が出入し、執務していた[64]。

陸軍中野学校は本土決戦に伴い、秘密戦部隊が指導する秘密戦・謀略戦を関東平野で展開しようとするのが任務であった。その一つに「泉部隊」の存在がある。完全に地下に潜り、身分、行動を秘匿し、個人または少数者が泉のようにわき出て遊撃戦を行う。さらに 4 月には、中野学校出身者を中心に「関八州部隊」も新設された。関東平野が米軍に占領され、大本営は長野県松代に移転し、作戦軍が関東北西部の山岳丘陵地帯に撤退を余儀なくされた時、米軍占領下の関東平野に残留する日本国民を組織して、米軍に対して後方攪乱、武装蜂起、遊撃戦等を行うというものである[65]。また、前橋地区司令部にも、中野出身者が司令部及び特設警備隊に配属され、主として特警隊員の遊撃戦指導と訓練に当たっていた。軍の内部においてさえ、一部の関係者を除いてその存在はまったく知られていなかったことから、8 月 11 日には早くも解散準備が命令されている。13 日夕から重要書類・秘密兵器・通信機材の焼却破棄が開始された。兵器の一部は校庭に埋められたが、前橋に進駐した米軍政部による中野学校に対する追求調査は激しく、隠匿兵器の摘発、関係者の召還な

どが行われた。これらの処置は独立工兵第 27 連隊に対する処置と同様であった。
　なお、県立富岡高等学校の敷地内には、「楠公社」（昭和 16 年 6 月）碑とその副碑「楠公社社号標銘」（昭和 53 年 3 月）（写真 3）、「陸軍中野学校終焉之地」の碑が建立されている（写真 4）。
　また、今後検討しなければならない事例に北甘楽郡磐戸村国民学校（現南牧村立南牧小学校）に統計局の一部疎開が行われていることである [66)]。松代大本営構想にかかわるものと考えられるが、現時点では詳細不明である。

○陸軍予科士官学校の疎開
　陸軍予科士官学校に在校した生徒は、陸軍幼年学校の卒業生、満 16 歳から 19 歳までの採用試験合格者や同じく試験に合格した下士官などである。
　疎開を目的として長期野営演習が実施されたのは、1945 年 5 月 20 日から 7 月 22 日、そして 8 月 7 日からの二度である [67)]。最初の疎開は群馬県新鹿沢に生徒隊第 27 中隊から第 32 中隊（第 60 期地上生徒）、埼玉県寄居地区に第 21 中隊から第 26 中隊（第 61 期甲生徒）であった。予科士官学校の疎開を『中之条町誌第二巻』では、中之条に疎開した当時の区隊長後藤健二大尉の記述によって、敗戦の年の 5 月頃としている [68)] が、他の資料で確認すると、吾妻郡草津町国民学校（現草津町立草津小学校）に 7 月 8 日宿泊している [69)] ことなどから考えると、一度目は浅間演習場の廠舎に疎開したものであろう。この第 60 期地上生徒隊 1,741 名は 7 月 29 日の卒業式出席のために 7 月 22 日帰校している。
　その後、中之条町国民学校（現中之条町立中之条小学校）では 7 月 27 日に臨時学務委員会が開かれ、士官学校の疎開対策を協議（二部授業の実施など）している。そして 8 月 11 日に予科士官学校富士隊が疎開している [70)] ことから、この疎開は 8 月 7 日に開始された、第 61 期（地上）生徒第 1 中隊から第 3 中隊の長期野営演習のために中之条への疎開であったことがわかる。8 日には生徒隊第 4 中隊から第 6 中隊が浅間廠舎に疎開している。
　沢田村国民学校（現中之条町立沢田小学校）には第 1 中隊、中之条町国民学校には第 2 中隊が疎開、両校とも中隊長以下各 200 名位、計約 400 名であったという。近くの桑畑などを借用して待避壕の構築、沢田村国民学校には東久邇宮俊彦王が一生徒として在籍していた。敗戦後、持参してきた機械、器具などの諸教育用品や書類は焼却したり、穴を掘って埋めている [71)]。さらに原町国民学校（現東吾妻町立原町小学校）には第 3 中隊が疎開、西校庭に炊事場が設けられ、前校舎西端の教室を物資納入の倉庫、裏校舎二階東端の裁縫室は中央を仕切って教官室と事務室、食堂は裏校舎階下の廊下、裏校舎階下の 5 教室を士官学校生徒の教室にあてている [72)]。
　このように陸軍予科士官学校の疎開は二度にわたっている。そして吾妻郡下の国民学校 4 校でその足跡を確認することができた。この疎開は陸軍中野学校の移転と同様に、松代大本営構想との関係から考えられた可能性がありそうである。

○多摩陸軍技術研究所の疎開
　1943 年 6 月、第 5・第 7・第 9 の各陸軍技術研究所と第 4 陸軍航空技術研究所の電波兵器研究部門が統合され、多摩陸軍技術研究所が新設された。1944 年頃になると各地に多数の出張所が疎開分散している。これらのうちのひとつに、県立藤岡中学校（現県立藤岡中央高等学校）に疎開した研究部第 2 科（藤岡出張所）があった [73)]。電波兵器の研究（機上用探索、妨害機などの研究）をおこなっていたが、研究開発は逐次停頓し敗戦と共に解散している [74)]。

○第6陸軍技術研究所の疎開

　1940年4月、内地における唯一の化学戦部隊として迫撃第1連隊が創設された。そして太平洋戦争開戦直前の12月、迫撃第1連隊は沼田に移駐してきたが、前後して附属沼田陸軍病院の発足、赤城廠舎建設と特殊演習場の新設が1941年から42年初頭にかけて実施されている。また気象観測所が赤城廠舎の西側に設置され、ガス気象などの観測を行った。沼田陸軍病院は、同部隊、沼田憲兵分遣隊、赤城演習場および廠舎、赤城気象観測所の軍人軍属の患者を収容治療を任務とした病院である。さらに衛生部員の教育を行い衛生材料を保管しこれを各部隊に供給、衛生試験を行うことも任務としていた。

　敗戦の年には毒ガスの研究機関である、第6陸軍技術研究所の一部（人員50、任務・実験材料の管理）が赤城廠舎に移転している[75]。1985年発行の『沼田陸軍病院記念誌』には次のような証言が掲載されている。戦時中の動員計画によって「沢山の衛生材料が倉庫に常時整備され、とりわけ隣接の迫撃特殊部隊に関するものが多く、この保全、手入れは加藤薬剤官の担当で、同氏の苦心も偲ばれます」[76]。衛生材料とは毒ガスにかかわるものであろう。

○陸軍気象部第1軍気象隊の移駐

　利根郡糸之瀬村（現利根郡昭和村）にあった赤城気象観測所は、すでに記したように毒ガス戦を想定したガス気象や関東・東北区域の気象業務を担任していた。この作業の一部が、県立沼田高等女学校（現県立沼田女子高等学校）と県立沼田中学校（現県立沼田高等学校）の教室で開始されたのは、1945年5月28日からであった。

　沼田高女に陸軍の見習士官が気象学の講話に来たのは、5月21日が最初である。そして同月28日午前9時から3年生の陸軍気象部入部式があった。学校長以下全職員生徒が参列し、陸軍側からは山岡大佐が出席した。作業の内容は、「他から送られてくる気象観測データー（風向、風速、雲量、晴雨その他）を、資料用紙に数字で表していくもので、国内ばかりでなくアジア各地域の記録をも処理した。（中略）ほぼ毎日資料整理を続けて」[77]、8月17日、校庭に2メートル四方の四角い穴を4箇所掘り山のような大量の紙を焼却処分している。

　沼田中も5月28日から教室が使用されている。赤城気象観測所で上げた気球等から観測データをとり、そのデータ伝票を整理転記する仕事を3階地歴教室でやっていた[78]。この作業には2年生が1学級ずつ動員されている。

○海軍第3013設営隊の移駐

　1945年2月5日、利根郡古馬牧村役場に、海軍第3013設営隊の隊長三上善蔵技術大尉以下兵600名、トラック、ブルトーザー、ローラー車等20数車輌の編成を以て、移駐する旨の公報が入った。これと共にその先遣隊が到着、古馬牧村南国民学校（現みなかみ町立古馬牧小学校）に本部を設け、校庭に事務所、倉庫など数棟の建物を建築した。10日には兵員も揃い、下士官以下の兵隊は講堂を間仕切りして起居、下士官以上は農家に分宿した[79]。中島飛行機小泉製作所尾島工場の地下工場を間組と建設するためであった。不動沢の南側（飛行機製作工場）を間組、北側（電気関係工場）を三上部隊が担当した。

　この地下工事には、岩本水力発電所工事に強制連行された中国人563名、朝鮮人勤労報国隊1,500名の他、中島飛行機小泉製作所尾島工場の工員約800名、郡内各村の青少年約150名による勤労報国隊が動員されている。

292

地下工場は、隧道が約1万4,900平方メートル、半地下が約1万平方メートルという構造の機体生産工場で、8月10日に完成をみたものの、使用されることはなく敗戦を迎えた。

○中島飛行機太田病院と第18特設警備工兵隊（東部第13323部隊）の疎開

1945年2月10日、米軍の中島飛行機太田製作所に対する空襲は、同製作所に甚大な被害を与えた。このために同製作所の太田病院は、翌日、負傷者収容のために近接する太田町韮川国民学校（現太田市立韮川小学校）に疎開した。裏校舎を使用し調理室は同院の炊事室に、西校舎は手術室、薬品、医療用具、寝具置場となった。さらに東部第13323部隊（永井隊）の宿舎として、雨天体操場と前校舎の玄関西6教室が貸与されることになった。このため学校側は寺院などで分散授業を行い、3月1日になって学級数を縮小して軍隊と共用することで学校において授業を再開している。この措置は4月7日に太田病院が藪塚伏島館へ、第13323部隊が小林寮へ移動するまで続いた[80]。

○宇都宮師管区部隊（東部第30838・30834・30848部隊）の駐屯

宇都宮師管区部隊の配当通称番号第30801部隊から第31000部隊のうち、県内では次の部隊を確認することができた。

群馬郡伊香保町国民学校（現渋川市立伊香保小学校）の講堂1棟、西側普通教室2、作法室1、及び学童の使用しない付属設備が、防衛招集待命者集合教育のため東部第30838部隊（部隊長 小山房吉）に貸与されている[81]。貸借期間は1945年8月3日から同年9月28日までとなっていたが、敗戦により僅かな期間の駐屯となった。同校には、軍のポスターカラー、製図用具等相当量の遺留品が残されて戦後の物不足を補ってくれたという[82]。また、東部第30834部隊長から古馬牧村長への通牒、「警発第五十一号　対空施設実施方依頼ノ件通牒　昭和二十年七月十七日」[83]、さらに碓氷郡臼井町国民学校（現安中市立臼井小学校）では東部第30848部隊に4室、第19独立鉄道作業隊（線33969部隊）に6室提供している[84]。

これらの部隊の詳細は不明であるが、前橋地区第1～第18特設警備隊のいずれかに該当するものと思われる。

○東京陸軍被服本廠・朝霞作業所（東京陸軍被服支廠）の疎開

群馬郡室田町（現高崎市室田町）の湯殿山隧道に、朝霞作業所の製靴工場が疎開してきたのは1943年10月のことである、と『室田町誌』は記す[85]が、この疎開年月日には疑問点が残る。

というのも、佐波郡赤堀村と東村の桜塚、女堀地区の数十町歩にわたる松林の中に、陸軍被服本廠の一部、朝霞作業所のそれも一部が疎開して来たのは1944年12月のことであるからである。人員は67名の軍人と工員技術者等で約700名に及んだ。この国定作業所の縫製裁断工場で夏衣袴、製靴工場内では編上靴、航空手袋、航空頭巾、装工場では航空手袋、航空頭巾が生産されていた。翌年には榛名山麓の室田に向かって製靴班全部が移動している。残った被服廠では航空用被服、軍手等の製造を行っていた。このため佐波郡東村国民学校（現伊勢崎市立あずま小学校）を宿舎としたことから、5月31日から児童分散授業が始まり、1年生は下集会所、2年生は竹沢方次郎方、4年生は三室集会所を仮校舎とせざるを得なかった[86]。また倉庫として亜鉛坑の坑道を利用した安中支庫（安中市安中・中宿）[87]、碓氷郡松井田町国民学校（現安中市立松井田小学校）の講堂にも被服廠の物資が保管された。そして学校の裏山の横腹に多量の物資を集積するための横穴の地下壕が掘り続けられていた[88]。

○東京第一陸軍造兵廠の疎開

利根川を挟んだ勢多郡敷島村（現渋川市）と群馬郡長尾村・白郷井村（現渋川市）に板橋の東京第一陸軍造兵廠が疎開している。
　敷島村と造兵廠との間の貸借契約書によると使用開始は1945年7月1日から、鉄筋コンクリート2階建の南国民学校（現渋川市立津久田小学校）に工場長で陸軍技術少佐の桜井稔以下80名、木造2階建の北国民学校（現渋川市立南雲小学校）には陸軍技術少尉・安吉信治以下130名の計210名の予定であった。実際は、南国民学校へは相当数の兵員が来たが、北国民学校は疎開準備中に敗戦となり、部隊は入らずある程度の工具が一般民家を借り受けて宿泊所としただけであった。敗戦後、武器や保管物資は校庭の一部を掘って埋めたり焼却処分にしているが、後にまた掘り出したという[89]。
　群馬郡下の長尾村国民学校（現渋川市立長尾小学校）、白郷井村では中郷国民学校（現渋川市立中郷小学校）[90]の疎開状況は不明であるが、国民学校4校でその足跡を確認できる。

○陸軍衛生材料本廠（臣第29751部隊）の疎開
　陸軍衛生材料本廠作業場として群馬郡室田町立室田高等実践女学校（現県立榛名高等学校）の校舎使用契約が結ばれたのは、1945年4月12日のことである。6月22日から校舎で工場施設の事業が着手され、そして8月1日から3教室と家事室で陸軍大尉以下技術者、女子工員等30数名が、カンフル注射薬製造を行った。この作業には4年生と専攻科の生徒が動員されている。ここでも敗戦後、製造した注射薬を軽子に入れて校庭に埋めている[91]。

（オ）その他（図3）
○農耕勤務隊の移駐
　陸軍では1945年1月30日に第1～第5農耕勤務隊が編成された。このうち第1～第3は、東部軍（東部軍管区）編成である[92]。『群馬県復員援護史』には第2農耕勤務隊の記載があったが、農耕勤務隊の宿泊が認められたのは邑楽郡下1町6村の国民学校である。
　それは、1945年2月19日から郷谷村国民学校（現館林市立第三小学校）、大島村国民学校（現館林市立第四小学校）、三野谷村国民学校（現館林市立第七小学校）に、同月21日には長柄村国民学校（現邑楽町立長柄小学校）、22日には館林町北国民学校（現館林市立第一小学校）である。3月になると14日に西谷田村国民学校（現板倉町立北小学校）、23日には赤羽村国民学校（現館林市立第五小学校）の「沿革史」に農耕隊の記載が見られる。次に個別に見てゆきたい。
　郷谷村国民学校[93]には、約100名が2月19日の午後10時30分頃到着している。小隊長は関根茂良少尉、翌日農耕隊員を児童に紹介した。宿舎は裁縫室と階下の2教室、炊事室は宿直室東の物置、隊長室は宿直室、下士官室は応接室、倉庫・物置・浴場などは農具舎が割り当てられた。5月7日になって農耕隊員の出発が記録されている。大島村国民学校[94]には、第3農耕勤務隊の中村隊約200名が校舎を宿舎として農耕作業を行った。そして6月15日になって栃木県那須に移動している。三野谷村国民学校[95]では農耕隊（小柴部隊）が4教室に駐屯、そして4月30日に新任地に向けて出発している。長柄村国民学校[96]には180名宿泊している。ここには5月16日になると第116独立整備隊（帥第18981部隊）の約150名が宿泊、裁縫室以東5教室を貸与することになった。館林町北国民学校[97][98]では表校舎を貸与している。西谷田村国民学校[99]には3月14日から駐屯、5月15日には児童が農耕隊の馬鈴薯手入れの手伝いを行っている。赤羽村国民学校[100]では、3月

23日に5年生以上の児童が農耕隊の馬鈴薯植付作業に奉仕、さらに5月15日・16日・28日、6月6日・7日にも農耕隊に奉仕の記載が認められる。そして8月10日農兵隊帰農につき校舎清掃9時解散となっている。中野村国民学校（現邑楽町立中野小学校）校舎の一部も農兵隊（農耕隊の誤りか—筆者注）が宿舎[101]としていた。

1校につき100名から200名の規模、期間は2ヶ月半から5ヶ月ほどである。邑楽郡下には第3農耕勤務隊が分散移駐し、食糧生産に携わっていたものであろうが実態はよくわからない。なお、第2農耕勤務隊の移駐を確認することはできなかった。『群馬県復員援護史』の誤りであろうか、第2農耕勤務隊は第3農耕勤務隊の可能性がありそうである。

また1944年に東部第38部隊（高崎）の兵士約50名が群馬郡倉田村（現高崎市倉渕町）の三ノ倉蘭津で山地を開墾し食糧の増産にあたり、さらに翌年5月横須賀海軍航空隊燃料班の兵士35名（傷病兵）が高芝の地で木炭生産を開始[102]した頃、陸軍前橋飛行場には東部第38部隊から農耕隊1個小隊が転属してきた[103]。勢多郡富士見村では朝鮮兵で組織された陸軍農耕部隊が石井一区の民家に、茨城より移駐した海軍農耕隊が石井三区会館に、その数合わせて約650名が天神平を開墾して農耕増産に当たっていた[104]。これらの記述から農耕勤務隊は陸海軍で組織されていること、さらに朝鮮人や傷病兵がその任にあたっていたこと、などがわかる。食糧に逼迫した、断末魔の軍の姿が垣間見える。

なお、これとは別に1943年12月に閣議決定された農兵隊という組織もあった。これは農家の長男で農業要員となるべきものが対象とされて食糧増産に携わった組織で、翌年には群馬農兵隊が知事の任命のもとに編成されている。名称は「群馬大隊」、そして各都市に中隊がおかれた[105]。

食糧増産だけではない。航空用ガソリンの代用としての松根油製造が県内各地で行われた。新田郡強戸村には多くの兵士がやってきて、神社やお寺、そして強戸村国民学校（現太田市立強戸小学校）に宿泊したために、授業は午前、午後の二部制になった[106]。勢多郡敷島村にも海軍の兵隊が上越線敷島駅の北方に大釜を備え付けて村民に無料で供出させた松根から製造[107]、室田町でも海軍建設隊兵士の管理指導下に製造、などの記述も確認できる。現甘楽郡南牧村でも作業隊が駐留していた[108]。

このほかに太田町鳥之郷国民学校（現太田市立鳥之郷小学校）では講堂兼教室校舎が中島飛行機の工場となったのは1945年、7月から各大字のお寺や集会所で分散授業が行われた[109]。同じく中島飛行機の下請け工場の疎開が群馬郡小野上村国民学校（現渋川市立小野上小学校）の東校舎3教室に[110]、多野郡八幡村国民学校（現高崎市立南八幡小学校）の2教室が海軍工作兵の宿舎となっている[111]。県立蚕糸学校（現県立安中総合学園高等学校）の講堂、加工室、生徒控え室、製糸工場は、航空機部品を製作する須賀工場が使用していた[112]というように、実に様々な軍関係工場が県立学校や国民学校に疎開しているのである。

4 本土決戦に関わる遺跡を考える

1944年7月以降、県下全域に様々な部隊の移駐を確認することができた（図1〜3）。それらは作戦軍の移駐と防空部隊や後方部隊の配置、軍施設の疎開、さらには食糧増産の部隊など多岐にわたった。このために国民学校を主体に県立学校の校舎までも兵舎や工場の一部とせざるを得なく、

その足跡は数多くの学校に残されていた（表1）。

　部隊移駐に伴い校舎の使用だけではなくて、校庭には炊事場、浴場、厠、訓練用のタコツボ、そして自活用の甘藷が栽培され、周辺には人馬用の防空壕、三角兵舎や洞窟兵舎が構築されている。これらについては『研究紀要』29でその概要を報告してあるが、再度確認しよう。たとえば炊事場と浴場について見ると、その構築基準は次の様になっていた。炊事場の大きさは概ね200〜300名を1単位として構築され、長さ21メートル、幅5.5メートルを必要とした。釜湯調理所30平方メートル、主食釜数3個、米麦塩蔬菜庫20平方メートルなどである。180名に対する浴場は長さ10.5メートル、幅5.5メートル、浴槽は3.6平方メートルである。いずれも1個中隊を単位として構築されたものであろうが、複数部隊の混在した学校もあり輻輳とした状況であったと思われる。校舎内には武器や弾薬、軍事物資の保管もあり、学校側は学級数を減らしたり、二部授業や分散授業などの対応をせざるを得なかった。

　そして敗戦時、さまざまな武器や弾薬類の破壊と書類の焼却が行われた。その残骸を埋没させるために穴が掘られたが、その多くは部隊が駐屯していた学校の校庭で実施されている。独立工兵第27連隊、陸軍中野学校や陸軍予科士官学校、陸軍気象部、東京第一陸軍造兵廠や陸軍衛生材料本廠の事例のように、兵器や器材の一部、保管物資などが校庭などに埋められた。また秘密兵器の一部は利根川への投棄も行われている。その後、その多くは米軍の命令によって回収されていったが、とりわけ陸軍中野学校と独立工兵第27連隊については米軍の厳しい目が向けられていた。

　このようなことから、県内での本土決戦に関わる遺跡、その遺構として検出されるものには次のものが考えられる。部隊の炊事場や風呂場跡、厠の跡、廃棄土坑、防空壕やタコツボ、そして大規模な地下工場跡である。

　廃棄土坑の中には、たとえば校庭に戦車を二台も三台も埋めた、との証言から相当大規模な掘削が行われたものもありそうである。これらはいずれも後に再発掘されているが、遺構として充分に確認することができるであろう。校舎の建て替えに伴う発掘調査ではこうした遺構に注意する必要がある。防空部隊にかかわる遺構については、陸軍前橋飛行場跡周辺から高射機関銃座の発掘、太田市の下小林では高射砲陣地跡の発掘が実施されている。

　さらに遺物として検出されるものは次のものが考えられる。焼却文書、武器・弾薬類、毒ガス溶剤などである。焼却文書はこれまでにも幾つかの遺跡から発見されている。武器・弾薬類についても陸軍特殊演習場跡などから発見されている。この場所には第6陸軍技術研究所や沼田陸軍病院保管の毒ガス溶剤が秘密裏に遺棄された可能性を指摘できる。となれば、今日まで残存しているものと思われる。

　戦後、部隊の移駐を記した記念碑が、県立富岡高等学校内と前橋市富士見町の忠霊塔に建立されている。

おわりに

　本土決戦下の群馬県における部隊の展開と配置を再確認しよう。まずこれに先立って軍隊が学校に駐屯した最も早い事例に太田町九合国民学校がある。それは太平洋戦争開戦直前の1941年8月のことであった。

本土決戦に伴う本格的な移駐は1944年7月からの歩兵第173連隊（納部隊）に始まる。県立学校2校、国民学校10校でその足跡を確認できた。45年になると、4月から5月にかけて満州からの転用部隊である、戦車第1師団（拓部隊）と独立工兵第27連隊（幡部隊）が展開、そして青葉兵団2万3,144名の本格的移駐へと続いた。この間においても部隊の移動は激しく、納部隊の移動後、青葉兵団が入れ替わるなどの事態が生じていた。また、複数の部隊が同居した学校もあった。これらの部隊は、県下の国民学校82校、県立学校5校、郡立学校1校に移駐していることが判明した。
　さらに高射砲部隊の移駐が国民学校5校と県立学校1校他、陸軍の飛行場に関係した部隊の配置が国民学校9校と町立学校2校で確認できた。これらは45年5月から7月にかけての移駐が多かった。さらに陸軍の3飛行場では特別攻撃隊の訓練が恒常的に行われている。
　陸軍中野学校（国民学校2校・県立学校1校他）と陸軍予科士官学校（国民学校4校他）の移転や疎開は、松代大本営構想と切り離して考えることはできない。群馬から長野へ向かうルートの2つに、遊撃戦を展開させるための陸軍中野学校を移転させ、正規将校の養成機関である予科士官学校を疎開させているのは、あくまでも松代大本営を死守するための構想の一環と考えることができよう。
　さらに様々な軍研究所や施設、軍関係工場の疎開もあった。とりわけ第6陸軍技術研究所の疎開は注意を要する。それらは県立学校4校、町立学校1校、国民学校15校に及んでいる。さらに食糧増産の部隊である、陸軍農耕勤務隊の足跡は45年2月から邑楽郡下の国民学校8校に残されていた。
　県は1945年3月27日に「国民学校教育緊急措置ニ関スル件」を通牒し、分散授業計画の提出を求めた。これは疎開者の収容宿舎、軍隊の移駐或いは工場の疎開場所として校舎を使用するため、さらには空襲による危険を避ける目的などからであった。そして4月からは国民学校初等科（1年生から6年生まで）を除き、むこう1年間、すべての学業は停止となり、生徒は学校工場、軍需工場、軍用施設などへと動員されていった。
　結果として、軍の足跡は県下国民学校121（重複校は1校として）校、県立学校10校、郡立学校1校、町立学校3校にも及んだ。何事にも軍が最優先した時代であったから、関係市町村長は校舎の貸与に関してこれを拒むことはできなかった。学校現場は二部授業や分散授業で対応せざるを得なかった。県立学校の使用については、1945年6月23日付の県内政部長から市長・地方事務所長・中等学校長へ宛てた文書「校舎使用料支払いに関する件」によると、東部軍管区経理部長と協定ができたこと、それによれば基準として常続使用の場合は堅牢建築の中等学校では1坪1月4円または一時的あるいは非常時使用に関しては無償を原則とすることが示された[113]。軍のすることに異論を挟む余地はなかった。
　なお、調査の過程で、敗戦直後に児童の死亡事故が多発していることもわかった。それは8月17日、館林町北国民学校の12名が飛行学校に遊びに行き爆弾を拾い持っているうち破裂、1名死亡6名負傷[114]、富士見村原国民学校でも同日、校庭で不発弾が爆発して死者2名、負傷者数十名に及んだ。「学校は夏休み中でしたが、十七日が登校日になっており（中略）校庭いっぱいに生徒が遊んでいました。（中略）突然「ドッカーン」と物凄い音と共に「キャー」と悲鳴が聞こえ何事かと窓から外を見ると、生徒達はくもの子を散らすように校庭の隅に逃げ、二三十人の子が「イタイ、イタイ」ところげ廻っており、倒れて動かない子もいました。（中略）B29が落としていった危険物が集めてあり、その中の不発弾が爆発したのです」[115]。さらに9月28日、焼夷弾のあき

がらを採集に行った吾妻郡高山村国民学校の高等科2年生1名死亡、2名重傷である[116]。戦争は終わってもなお悲劇は続いた。

　戦争を遂行していくために、銃後においては平時とちがってさまざまな非日常的な生活が要求された。そして1944年6月からのB-29による本格的な本土空襲後、前線と銃後の区別は全くなくなり、それに歩調を合わせるかのような本土決戦体制、個人の体験として個別化されていた、この時期のさまざまな戦時下の体験は、まさに戦場体験にほかならないといえるだろう。

注
1) 兵要地誌は戦略・作戦と結びついた、事前の準備・用意の役目を果たす応用地理学。軍事作戦を現地で遂行するために必要な予備知識。源　昌久「わが国兵要地誌に関する一研究」『空間・社会・地理思想』第5号、pp.37-61、2000年による。
2) 群馬県県民生活部世話課　『群馬県復員援護史』pp.2-4、pp.937-939、1974年。
3) 「第三十六軍関係資料」(文庫柚162)、「通称号に関する綴」(中央軍事行政編制339)、「陸軍部隊調査表(其一～其四)」(中央軍事行政編制335)以上、防衛研究所所蔵。この他に防衛庁防衛研修所戦史室『戦史叢書　本土決戦準備〈1〉―関東の防衛―』「付表第一　終戦時における第一総軍隷下部隊一覧表」「付表第二　終戦時における東北 東部 東海軍管区部隊一覧表」1971年を参考とした。
4) 陸軍習志野学校史編纂委員会『陸軍習志野学校』1987年。
5) 「航空部隊一覧表　説明資料」(陸空中央編制用法25)防衛研究所所蔵。
6) 「留航資第二十号　航空部隊配置要図　昭和22年7月21日」(航空中央編制用法8)、防衛研究所所蔵。
7) 群馬県史編さん委員会『群馬県史　通史編7　近代現代1』pp.724-726、1991年。
8) 森田秀策氏のご教示による。
9) 群馬県立境高等学校創立100周年記念事業実行委員会『境高百年史』p.57、2004年。
10) 創立50周年記念誌編集委員会『佐波農五十年』p.246、1973年。
11) 部隊史全般編纂委員『独立工兵第二十七連隊』1985年。
12) 時澤小学校創立130周年記念誌編集委員会『時澤小学校130周年記念誌』p.96、2003年。
13) 富士見村立原小学校『原小学校「いまむかし」創立百周年記念誌』p.37、p.45、1974年
14) 時沢小学校百二十年誌編集委員会『時沢小学校百二十年誌』p132、1994年。
15) 富士見村誌編纂委員会『富士見村誌』p538、1954年。
16) 前橋市久留万国民学校「昭和二十年度当宿直日誌」前橋市教育研究所所蔵。
17) 「第十二方面郡作命丙綴其一」(本土東部117)防衛研究所所蔵。
18) 沼田高等学校『沼高百年史　上巻』pp.162-163、1997年。
19) 「人員掌握一覧表　拓第12081部隊長」(本土東部274)防衛研究所所蔵。
20) 長谷川正人『女優森光子』2011年、また群馬県立女子大学群馬学センターの熊倉浩靖教授のご教示にもよる。
21) 早乙女務『あの夏の日の司馬遼太郎』2006(平成18)年、田沼　清『国民学校の軌跡』2003年を参照。
22) 敷島国民学校「昭和二十年度日直簿」前橋市教育研究所所蔵。
23) 前橋市教育史編さん委員会『前橋市教育史　上巻』p.1237、1986年。
24) 板倉町立北小学校記念誌編集委員会『桜が丘今昔―板倉北小学校　百二十年誌―』p.66、p.70、1994年。

25) 前橋市久留万国民学校「昭和二十年度当宿直日誌」前橋市教育研究所所蔵。
26) 防衛庁防衛研修所戦史室『戦史叢書　本土決戦準備〈1〉―関東の防衛―』「付表第三　第1総軍主要部隊編制概要」1971年。
27) 桃井小学校開校百周年記念事業実行委員会『桃井小学校百年史』p.159、1976年。
28) 多胡四郎「我が半生の記」『しらかば　高崎商業学校卒五十年記念誌』p.78-79、1993年。当時の高崎商業学校所在地は現在高崎警察や合同庁舎となっている。県立学校では移転や統廃合の結果、当時と異なる所在地となってい場合もあるが、学校の継続性を考えて現在の校名を記した。県立前橋中学校、同藤岡中学校なども同様である。この点については、齋藤利昭氏のご教示による。
29) 岩島村誌編集委員会『岩島村誌』pp.1069-1070、1971年。
30) 中坪　弘「軍隊生活の五ヶ月間」『しらかば　高崎商業学校卒五十年記念誌』pp.160-162、1993年。
31) 「豊岡誌」編さん委員会『群馬県高崎市　豊岡誌』p.96、2007年。
32) 高崎市立八幡小学校校史発行委員会『高崎市立八幡小学校のあゆみ』p.95-97、1977年。
33) 前橋高等学校校史編纂委員会『前橋高校百三年史　下巻』p.1179、1983年。
34) 板倉町史編さん委員会『板倉町史　通史　下巻』p.548、1985年。
35) 安中市市史刊行委員会『安中市史　第六巻　近代現代資料編1　別冊付録　人々の暮らし』p.127、2002年。
36) 「百年のあゆみ」編集委員会『六郷小学校「百年史」』p.170、1977年。
37) 敷島国民学校「昭和十九年度日直簿」「昭和二十年度日直簿」前橋市教育研究所所蔵。
38) 境小九十周年記念事業実行委員会『境小九十周年記念誌』pp.85-87、1967年。
39) 赤堀村誌編纂委員会『赤堀村誌（下）』p.1635、1978年。
40) 三小沿革誌刊行委員会『第三小学校百年のあゆみ』p.31、1975年。
41) 倉渕村誌編さん委員会『新編　倉渕村誌　第四巻　通史編』p.563、2011年。
42) 「沿革史　赤羽村国民学校」館林市教育研究所所蔵。
43) 菊池　実「陸軍前橋飛行場物語（4）―昭和20年8月5-6日の前橋空襲を検証する―」『研究紀要25』p.131、2007年。
44) 高崎市市史編さん委員会『新編高崎市史　通史編4　近代現代』p.938、2004年。
45) 永井健児『あゝ国民学校』p.60-64、1972年。
46) 大類村史編集委員会『大類村史』p.373-37、1979年。
47) 群馬県立前橋商業高等学校『前商70年史』p.81、1993年。
48) 里見村誌編纂委員会『里見村誌　下巻』pp.899-900、1960年。
49) 太田市立九合小学校『太田市立九合小学校百年のあゆみ』p.123、1973年。
50) 大泉町誌編集委員会『大泉町誌（下巻）歴史編』p.1428、1983年。
51) 菊池　実「陸軍前橋飛行場物語―日米両軍の発掘史料から―」『研究紀要22』p.436、2004年。
52) 大間々町誌編さん室『大間々町誌　通史編　下巻』p.565、2001年。同書や群馬県立大間々高等学校『大間々高校百年史』2000年では移駐時期を7月としているが、注53)の資料から5月が正しいものと思われる。
53) 笠懸村誌編纂室『笠懸村誌下巻』pp.267-268、1987年。
54) 藪塚本町小学校『藪塚本町小学校沿革史』p.38、1964年、藪塚本町立藪塚本町小学校『百年のあゆ

み　開校百周年記念誌』p.87、p.90、1975年、藪塚本町誌編さん室『藪塚本町誌』p.656、1995年。
55）総社町国民学校「昭和二十年度学校日記」前橋市教育研究所所蔵。
56）総社町誌編纂委員会『総社町誌』p.385、1956年。
57）邑楽町誌編纂室『邑楽町誌（下）』p.1348、1983年。
58）「沿革史　明治6年～昭和31年　第七小学校」館林市教育研究所所蔵。
59）「沿革史　昭和2年～昭和36年　第六小学校」館林市教育研究所所蔵、尾形誠信『刮目　六小の120年』p.61、1994年。
60）「沿革史　明治6年～昭和25年度　第八小学校」館林市教育研究所所蔵。
61）小林ふく『戦渦に生きた子どもたち—現場教師の記録—』p.105、1973年。
62）邑楽町立長柄小学校『長柄小100年の歩み』pp.45-47、1985年。
63）富岡高校七十五年史編さん委員会『富岡高校七十五年史』pp.633-636、1971年。
64）富岡市立富岡小学校『富小百年史』p.83、1973年。
65）中野交友会『陸軍中野学校』p.778、1978年。
66）南牧村誌編さん委員会『南牧村誌』p.1153、1981年。
67）「明治5.5～昭和20.8.29　陸軍予科士官学校歴史　陸予士校」（中央軍隊教育予科士校1）防衛研究所所蔵。
68）中之条町誌編纂委員会『中之条町誌第二巻』pp.631-633、1977年。
69）高原力三『我らの教育誌』p.132、1971年。
70）中之条小学校PTA『中之条小学校九十年史』p.32、1963年。
71）中之条町誌編纂委員会『中之条町誌第二巻』pp.631-633、1977年。
72）原町小学校百年のあゆみ『原町小学校百年のあゆみ』pp.122-123、1973年。
73）群馬県立藤岡高等学校百年史編集委員会『目で見る藤高百年史』p.60、1996年。
74）電波監理委員会『日本無線史　第九巻』p.168、1951年
75）菊池　実「陸軍特殊（毒ガス）演習場の研究」『近代日本の戦争遺跡』pp.141-170、2005年。
76）林　吉栄編『沼田陸軍病院記念誌』p.42、1985年。
77）群馬県立沼田女子高等学校創立50周年記念誌編集委員会『沼女五十年』pp.224-226、1972年。
78）沼田高等学校『沼高百年史　上巻』pp.163-164、1997年。
79）古馬牧村誌編纂委員会『古馬牧村誌』pp.449-450、1972年。
80）韮川小学校百年誌編集委員会『韮川小学校百年誌』p.54、1976年。
81）伊香保町教育委員会『伊香保誌』pp.561-562、1970年。
82）伊香保小学校百年史編集委員会『伊小百年のあゆみ』pp.139-140、1978年。
83）古馬牧村誌編纂委員会『古馬牧村誌』p.445、1972年。
84）松井田町誌編さん委員会『松井田町誌』p.1060、1985年。
85）室田町誌編集委員会『室田町誌』p.1335、1966年。
86）東村誌編さん委員会『東村誌』pp.968-969、p.1125、1979年。
87）中村　哲「東京陸軍被服本廠・朝霞作業所（東京陸軍被服支廠）の疎開について—太平洋戦争開戦から終戦処理まで—」『文化財研究紀要』第21集、pp.1-21、2008年。
88）松井田町誌編さん委員会『松井田町誌』p.994、1985年。

89) 群馬県勢多郡敷島村誌編纂委員会『群馬県勢多郡敷島村誌』pp.773-775、1959 年。
90) 子持村誌編さん室『子持村誌 下巻』pp.437-439、1987 年。
91) 榛名高校五十年誌編集委員会『榛名高校五十年誌』p.42、1990 年、室田町誌編集委員会『室田町誌』p.541、1966 年。
92) 「陸軍部隊調査表(其一〜其四)」(中央軍事行政編制335)防衛研究所所蔵。
93) 「沿革誌 昭和 2 年〜昭和 28 年度 第三小学校」館林市教育研究所所蔵。
94) 「沿革誌 明治 6 年〜昭和 30 年 第四小学校」館林市教育研究所所蔵、館林市立第四小学校記念誌編集委員会『私たちの小学校誌—第四小学校百十五のあゆみ—』p.77、1989 年。
95) 「沿革誌 明治 6 年〜昭和 31 年 第七小学校」館林市教育研究所所蔵。
96) 邑楽町立長柄小学校『長柄小 100 年の歩み』pp.45-47、1985 年。
97) 「沿革誌 昭和元年〜昭和 14 年、昭和 15 年〜 第一小学校」館林市教育研究所所蔵。
98) 落合敏男『館林小学西舎』p.82、1995 年。
99) 板倉町立北小学校記念誌編集委員会『桜が丘今昔—板倉北小学校 百二十年誌—』p.66、p.70、1994 年。
100) 「沿革誌 昭和 20 年〜平成元年 第五小学校」館林市教育研究所所蔵。
101) 邑楽町誌編纂室『邑楽町誌(下)』p.1348、1983(昭和58)年。
102) 倉渕村誌編さん委員会『新編 倉渕村誌 第四巻 通史編』pp.562-563、2009 年。
103) 群馬県史編さん委員会『群馬県史 通史編 7 近代現代 1』p.740、1991 年。
104) 富士見村誌編纂委員会『富士見村誌』p.537、1954 年。
105) 福田文治『わが町の戦記(町長メモ)』p.74、1970 年、黒保根村誌編纂室『黒保根村誌 3 近代・現代Ⅱ 軍事・産業』p.168、1997 年、安中市市史刊行委員会『安中市史 第六巻 近代現代資料編 1 別冊付録 人々の暮らし』p.127、2002 年など参照。
106) 太田市立強戸小学校『にったぼり』p.31、1994 年。
107) 群馬県勢多郡敷島村誌編纂委員会『敷島村誌』p.779、1959 年。
108) 南牧村誌編さん委員会『南牧村誌』p.1153、1981 年。
109) 鳥之郷小学校創立百周年記念事業実行委員会『太田市立鳥之郷小学校百年のあゆみ』p.46、1976 年。
110) 小野上村村誌編纂委員会『小野上村誌』p.536、1978 年。
111) 南八幡幼・小・中学校史編纂委員会『南八幡幼・小・中学校史』p.227、1991 年。
112) 蚕糸高校六十周年記念誌編集委員会『蚕糸高校六十年史』pp.332-333、1973 年。
113) 沼田高等学校『沼高百年史 上巻』pp.162-163、1997 年。
114) 富士見村立原小学校『原小学校「いまむかし」創立百周年記念誌』p.38、1974 年。
115) 「沿革誌 昭和元年〜昭和 14 年、昭和 15 年〜 第一小学校」館林市教育研究所所蔵。
116) 高山村誌編纂委員会『群馬県吾妻郡高山村誌』p.1195、1972 年。

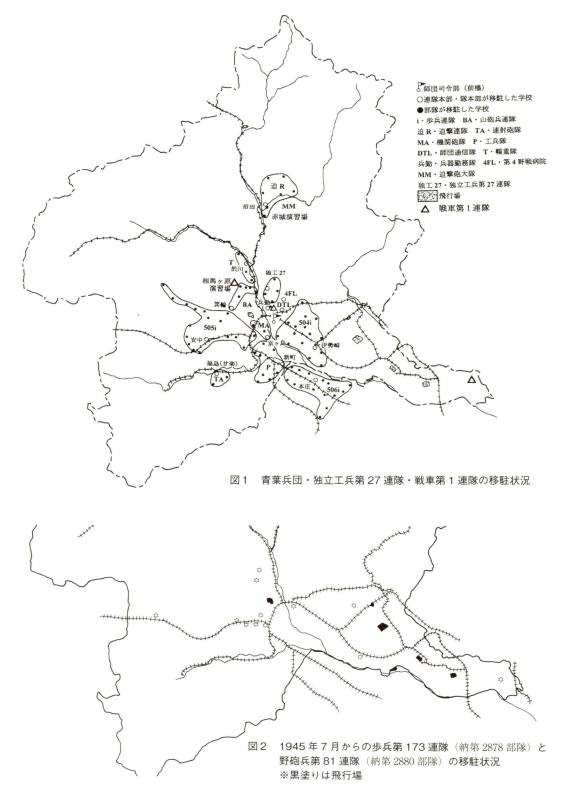

図1　青葉兵団・独立工兵第27連隊・戦車第1連隊の移駐状況

図2　1945年7月からの歩兵第173連隊（納第2878部隊）と野砲兵第81連隊（納第2880部隊）の移駐状況
※黒塗りは飛行場

第3章　群馬県内の戦争遺跡群研究

図3　1945年の部隊等移駐・疎開状況

☆　防空部隊
★　陸軍中野学校
☆　陸軍予科士官学校
△　陸軍気象隊他
●　海軍設営隊
▲　宇都宮師管区部隊
■　陸軍工廠他
□　陸軍農耕勤務隊

1　陸軍館林飛行場
2　中島飛行機太田（小泉）飛行場
3　中島飛行機尾島飛行場
4　陸軍新田飛行場
5　桐生愛国飛行場
6　陸軍前橋飛行場

写真1　「興源之碑」（1975年8月建立）

写真2　高射砲の砲座

303

表1　部隊の移駐状況

部隊と学校	部隊名	人数	移駐時期	校舎・校庭の使用状況	学校側の対応	その他
独立工兵第27連隊（幡第13001部隊）		1,000名				
勢多郡内						
富士見村原国民学校（現前橋市立原小学校）	連隊本部・強電隊・材料廠		1945年5月下旬〜8月30日	後校舎、校庭に軍事物資		校庭に戦車を埋める
富士見村時沢国民学校（現前橋市立時沢小学校）	第1・第2中隊		同年5月24日〜8月30日	校舎の半分、校舎内に銃や弾丸		
富士見村石井国民学校（現前橋市立石井小学校）	第3・第6中隊		同年5月下旬〜8月30日			
南橘村桃川国民学校（現前橋市立桃川小学校）	第4中隊		同上			
南橘村細井国民学校（現前橋市立細井小学校）	第5中隊		同上			
電信第30連隊（幡第12616部隊）						
前橋市久留万国民学校	有線約1中隊と無線の一部		1945年3月21日以降〜8月29日	南校舎の東半分約1/5など		
第12方面軍（幡第12345部隊）						
利根郡内						
県立沼田中学校（現県立沼田高等学校）	飯田隊	130名	1945年7月13日〜9月12日	校舎3階の4教室		
戦車1師団・戦車1連隊（拓第12071部隊）ほか		889名				
群馬郡内						
桃井村・前橋陸軍予備仕官学校			1945年4月9日〜5月末頃			
前橋市内						
敷島国民学校（現前橋市立敷島小学校）		150名	1945年4月11日〜5月中旬		児童に注意	
久留万国民学校			1945年4月16日〜5月中旬	講堂	児童に注意	
邑楽郡内						
西谷田国民学校（現板倉町立北小学校）	機動歩兵第1連隊		1945年5月13日〜9月10日	校舎の半分	2クラスを1室に	
栃木県佐野市内						
天明国民学校（現佐野市立天明小学校）	戦車第1連隊・連隊本部		1945年6月4日〜9月10日			
犬伏国民学校（現佐野市立犬伏小学校）	戦車第1連隊・第2中隊		1945年5月中下旬〜9月10日以降			
堀米国民学校（現佐野市立城北小学校）	戦車第1連隊・第4中隊		同			
植野国民学校（現佐野市立植野小学校）	戦車第1連隊・第5中隊		同			
佐野国民学校（現佐野市立佐野小学校）	戦車第1連隊・整備中隊		同			
栃木県安蘇郡内						
田沼町田沼第二国民学校（現佐野市立吉水小学校）	戦車第1連隊・第1中隊		1945年5月29日〜9月12日			
田沼町田沼中央国民学校（現佐野市立田沼小学校）	戦車第1連隊・第3中隊		1945年5月中下旬〜9月10日以降			
第81師団歩兵第173連隊（納第2878部隊）		4,579名				
高崎市内						
県立高崎商業学校（現県立高崎商業高等学校）			1944年7月〜			
前橋市内						
県立前橋中学校（現県立前橋高等学校）	野砲兵第81連隊（納第2880部隊）		1944年10月9日〜45年5月16日、後に青葉部隊			
群馬郡内						
桃井村国民学校（現榛東村立北小学校）			1944年7月〜、青葉部隊も使用	裏校舎と講堂		
相馬村国民学校（現榛東村立南小学校）		約200名	青葉部隊も使用1945年	校舎2階		
六郷村国民学校（現高崎市立六郷小学校）						
碓氷郡内						
豊岡村国民学校（現高崎市立豊岡小学校）			1945年4月22日移動、青葉部隊も使用			
八幡村国民学校（現高崎市立八幡小学校）	騎兵1個中隊?乗馬小隊か		1945年5月〜、青葉部隊	南平屋校舎、校庭に馬屋		
板鼻町国民学校（現安中市立碓東小学校）				校舎の一部	二部授業	
坂本町国民学校（現安中市立坂本小学校）			1945年4月〜	校舎の一部		
佐波郡内						
境町国民学校（現伊勢崎市立境小学校）	野砲隊		1944年〜	4教室	給食中止	
赤堀国民学校（現伊勢崎市立赤堀小学校）	1個小隊		1945年1月〜			
邑楽郡内						
伊奈良村国民学校（現板倉町立西小学校）	1個小隊		1945年6月9日〜	中央校舎の教室	9学級が6学級に	
第214師団歩兵第521連隊（常磐第30858部隊）						
邑楽郡赤羽村国民学校（現館林市立第五小学校）			1945年7月1日		豚児を売却	
高射第1師団（晴第4101・1901部隊）ほか		3,449名				
群馬郡新高尾国民学校（現高崎市立新高尾小学校）	高射砲第117連隊		1945年7月14日〜	校舎	分散授業	
高崎市東国民学校（現高崎市立東小学校）	高射砲第117連隊		1945年7月14日〜20日	中校舎2階と講堂		水筒が竹筒
県立前橋第二工業学校（現県立前橋商業高等学校）	高射砲第117連隊	70〜80名	1945年6月?以前に納部隊100名くらい			
勢多郡宮城村国民学校（現前橋市立宮城小学校）	高射砲第115連隊照空隊		1945年7月中旬			陸軍農耕隊も宿泊
佐波郡芝根村国民学校（現玉村町立芝根小学校）	高射砲第115連隊照空隊	30名ほど	1945年7月中旬	西校舎、校庭南べりに半地下壕のような穴に発電機を積んだトラックを入れる		

第3章　群馬県内の戦争遺跡群研究

部隊と学校	部隊名	人数	移駐時期	校舎・校庭の使用状況	学校側の対応	その他
新田郡太田町九合国民学校（現太田市立九合小学校）	東部第1992部隊	130名	1941年8月末〜約1年間	3教室		
航空部隊						
山田郡内						
大間々農業学校（現県立大間々高等学校）	常陸教導飛行師団		1945年5月〜			特攻隊員隔離
大間々高等実科女学校（同上）	常陸教導飛行師団		1945年5月〜			
新田郡						
笠懸村国民学校（現みどり市立笠懸小学校）	常陸教導飛行師団	20名	1945年5月〜	1教室と和室		
藪塚本町国民学校（現太田市立藪塚本町小学校）	常陸教導飛行師団		1945年4月28日〜	12教室	二部授業と分散授業	
	東部第9906部隊		1945年5月5日〜			
群馬郡内						
総社町国民学校（現前橋市立総社小学校）	常陸教導飛行師団		1945年5月15日〜	講堂と数教室	児童に注意、特攻隊員慰安演芸会	
邑楽郡内						
中野村国民学校（現邑楽町立中野小学校）	第64対空無線隊	196名	1945年5月〜			
長柄村国民学校（現邑楽町立長柄小学校）	上小林航空勤務員	105名	1945年2月11日〜			
三野谷村国民学校（現館林市立第七小学校）	第116独立整備隊	100名	1945年6月9日〜			
六郷村国民学校（現館林市立第六小学校）	特攻隊	38名	1945年6月18日	道場		
	燕第14236部隊	124名	1945年7月22日	新校舎		
	帥第19025部隊通信班		1945年8月4日〜	収納舎		
多々良村国民学校（現館林市立第八小学校）	帥部隊		1945年8月11日〜18日	校舎の一部		
新田郡内						
太田町九合国民学校（現太田市立九合小学校）	第169飛行場大隊	約500名	1944年10月25日〜11月10日	10教室		
	航空本部経理部太田工事隊	約150名	1944年10月18日〜12月末日	3教室	二部授業	
陸軍中野学校		約600名				
北甘楽郡内						
県立富岡中学校（現県立富岡高等学校）	学校本部・学生隊本部など		1945年3月下旬〜			校庭に兵器の一部を埋める
富岡町富岡国民学校（現富岡市立富岡小学校）	下士官学生		945年3月下旬〜	講堂		
富岡区裁判所	学生隊指導部		1945年3月下旬〜			
東国敬神道場	見習士官学生		1945年3月下旬〜			
井口眼科医院			1945年3月下旬〜	医務室		
黒岩村国民学校分教場（現富岡市立黒岩小学校）	実験隊本部		1945年3月下旬〜			
沖電気富岡工場工員寮	女子独身寮		1945年3月下旬〜			
陸軍予士官学校						
吾妻郡内						
草津町国民学校（現草津町立草津小学校）	第60期地上生徒		1945年7月8日			
中之条町国民学校（現中之条町立中之条小学校）	第61第2中隊	約200名	1945年8月11日〜		二部授業	
沢田村国民学校（現中之条町立沢田小学校）	第61第1中隊	約200名	1945年8月〜			機械、器具を埋める
原町国民学校（現東吾妻町立原町小学校）	第61第3中隊	約200名	1945年8月〜	前校舎と裏校舎の裁縫室と5教室、西校庭に炊事場		
浅間演習場廠舎	第60期地上生徒	1,741名	1945年5月20日〜7月22日			
浅間演習場廠舎	第61第4〜第6中隊	約600名	1945年8月8日〜			
多摩陸軍技術研究所						
多野郡内						
県立藤岡中学校（現県立藤岡中央高等学校）	出張所		1944年〜			
第6陸軍技術研究所						
利根郡糸之瀬村赤城廠舎		50名	1945年〜			
陸軍気象部						
利根郡内						
県立沼田高等女学校（現沼田女子高等学校）			1945年5月28日〜		3年1組動員	校庭に4箇所の穴
県立沼田中学校（現県立沼田高等学校）			1945年5月28日〜		2年生動員	
海軍第3013設営隊						
利根郡古馬牧村南国民学校（現みなかみ町立古馬牧小学校）	三上部隊	600名	1945年2月5日〜	講堂、校庭に事務所、倉庫数棟		
第18特設警備工兵隊（東部第13323部隊）						
新田郡太田韮川国民学校（現太田市立韮川小学校）	永井隊		1945年2月11日〜4月7日	雨天体操場、前校舎6教室	分散授業、学級数縮小	
	中島飛行機・太田病院		1945年2月11日〜4月7日 1945年7月12日〜9月12日	裏校舎、西校舎（手術室等）		
前橋地区特設警備隊（東部第30838部隊）						
群馬郡伊香保町国民学校（現渋川市立伊香保小学校）	防衛召集待命者		1945年8月3日〜	講堂1、教室2、作法室1、付属設備		
（東部第30848部隊）（線第33969部隊）						
碓氷郡臼井町国民学校（現安中市立臼井小学校）			1945年	4室（東部）、6室（線）		
陸軍被服本廠・朝霞作業所		約700名	1944年12月〜			
佐波郡東村国民学校（現伊勢崎市立あずま小学校）					分散授業	
碓氷郡松井田町国民学校（現安中市立松井田小学校）				講堂		
東京第一陸軍造兵廠						
勢多郡						

部隊と学校	部隊名	人数	移駐時期	校舎・校庭の使用状況	学校側の対応	その他
敷島村南国民学校(現渋川市立津久田小学校)	軍人、技術者、工員	80名予定	1945年7月1日～			校庭に埋める
敷島村北国民学校(現渋川市立南雲小学校)		130名予定	1945年7月1日～			校庭に埋める
群馬郡内						
長尾村国民学校(現渋川市立長尾小学校)			1945年7月1日～			
白郷井村中郷国民学校(現渋川市立中郷小学校)						
陸軍衛生材料本廠(臣第29751部隊)						
群馬郡・室田高等実践女学校(現県立榛名高等学校)	軍人、技術者、女工員	30数名	1945年6月22日～	3教室、家事室	4年生、専攻科生徒	校庭に埋める
農耕勤務隊						
邑楽郡内						
郷谷村国民学校(現館林市立第三小学校)		約100名	1945年2月19日～5月7日	2教室、宿直室、応接室、物置など		
大島村国民学校(現館林市立第四小学校)	第3農耕勤務隊中村隊	約200名	1945年2月19日～6月15日			
三野谷村国民学校(現館林市立第七小学校)	小柴隊		1945年2月19日～4月30日	4教室		
長柄村国民学校(現邑楽町立長柄小学校)		180名	1945年2月21日～	5教室		5月16日～第18981部隊約150名
館林町北国民学校(現館林市立第一小学校)			1945年2月22日～	表校舎		
西谷田村国民学校(現板倉町立北小学校)			1945年3月14日～		児童の手伝い	
赤羽村国民学校(現館林市立第五小学校)			1945年3月23日～8月10日		児童の奉仕	
中野村国民学校(現邑楽町立中野小学校)	農兵隊(農耕隊の誤りか)					
勢多郡富士見村内	陸軍農耕部隊	約650名				朝鮮兵
群馬郡倉田村内	海軍農耕隊					傷病兵
新田郡強戸村国民学校(現太田市立強戸小学校)	横須賀海軍航空隊	35名	1945年5月～		二部授業	松根油製造
中島飛行機関係工場						
太田町鳥之郷国民学校(現太田市立鳥之郷小学校)			1945年	講堂、教室	分散授業	
群馬郡小野上村国民学校(現渋川市立小野上小学校)				3教室		
海軍						
多野郡八幡村国民学校(現高崎市立南八幡小学校)	海軍工作兵			2教室		
須賀工場						
県立蚕糸学校(現県立安中総合学園高等学校)			1945年4月1日～8月28日	講堂、加工室、生徒控え室、製糸工場		航空機部品
統計局						
北甘楽郡磐戸村国民学校(現南牧村立南牧小学校)						

写真3 「楠公社」碑と副碑「楠公社社号標銘」

写真4 「陸軍中野学校終焉之地」碑

第6節　本土決戦下の研究　その二
―青葉兵団（陸軍第202師団）の群馬県移駐―

はじめに

　本土決戦下における群馬県の状況については、これまで詳細な分析は行われてこなかった。一般的な認識としては、1974（昭和49）年に刊行された『群馬県復員援護史』の中の記述、「本土決戦場が沿岸に求められた関係で本県は、軍の作戦配備上では後方機関が配置され各種補給廠が展開し、軍需生産、物資供給基地となった」、「長野、新潟に通じる裏日本の交通要路にあり、後方基地として、部隊の配置、物資資材の集積、決戦部隊の支援補給のため重要であった」[1]、といったところであろう。そして本土決戦計画そのものは、敗戦とともにすべて幻となってしまったために、それに備えて準備された様々な行動は歴史の中に埋没していったのである。

　本稿は、県内に布陣した決戦師団のひとつ青葉兵団（兵団とは通常、旅団と師団を指す）の動向を追いながら、本土決戦下の群馬、とりわけ部隊の移駐した国民学校の状況を浮き彫りにするものである。

1　関東の本土決戦計画

　1945年に入ると陸軍は、この年の9月以降九州に、関東地方には次の年の春ごろ、連合軍の本土進攻が確実なものと判断し、本土の兵備に着手するとともに、本土決戦の計画策定の準備促進がなされた。この作戦計画は3月中旬に策定を終わり、「決号作戦準備要綱」と呼ばれた。本土防衛のために新設する兵団として、一般師団40個、混成旅団22個など、総計約150万人に達する膨大な兵力の動員、いわゆる根こそぎ動員が3次にわたって実施された。2月28日の第1次兵備（沿岸配備の16個師団の動員）、4月2日の第2次兵備（機動攻撃に任ずる8個師団の動員）、5月23日の第3次兵備（19個師団の動員）である[2]。

　4月、第1総軍、第2総軍、航空総軍が創設され本土決戦態勢の骨幹が概成した。関東地方では、第1総軍、第12方面軍隷下（隷下とは、恒常的に指揮・命令をうけること）として米軍の上陸作戦（コロネット作戦・1946年3月1日実施予定）に備えていたのは、鹿島灘を防禦する第51軍（師団3、独立混成旅団2、独立戦車旅団1）、九十九里浜を防禦する第52軍（師団4、独立戦車旅団1、戦車連隊1）、相模湾周辺を防禦する第53軍（師団3、独立混成旅団1、独立戦車旅団1）、そして米軍の上陸地に向かって展開する予定で関東平野の内陸部に置かれた第36軍（表1）であった。

　第36軍の作戦準備は、訓練を主として築城と交通路の設備にあたり、応急新編成の200単位師団は訓練装備の充実に努めていた[3]。しかし、空襲の激化に伴う軍需品の生産低下、交通の逼迫、燃料食料の不足などに起因して、作戦準備の実質的内容、とくに部隊の装備と訓練と後方準備とは著しく遅滞していた。

表1

第36軍司令部（富士部隊）	軍司令官	中将	上村利通	浦和市
第81師団（納部隊）	師団長	中将	古賀 健	茨城県西部
第93師団（決部隊）	師団長	中将	山本三男	千葉県西北部　柏
第201師団（武蔵部隊）	師団長	少将	重信吉固	東京市西北地区　国立
第202師団（青葉部隊）	師団長	少将	片倉衷	前橋付近　高崎
第209師団（加越部隊）	師団長	少将	久米精一	富山付近
第214師団（常磐部隊）	師団長	中将	山本英刀	那須野ヶ原　宇都宮
戦車第1師団（拓部隊）	師団長	中将	細見惟男	栃木付近　佐野
戦車第4師団（鋼部隊）	師団長	中将	名倉栞	千葉市付近

2　青葉兵団と片倉衷

　1945年4月2日、軍令陸甲第61号[4]をもって野戦師団8個の臨時動員が発令され200台の番号が与えられた。第36軍隷下の第201、第202、第209、第214などである。

　師団長の補職は4月30日、方面軍（軍）戦闘序列編入は5月10日、動員完結の時期は、師団司令部、連隊本部などは4月30日、残部は6月10日である。兵器勤務隊、衛生隊、野戦病院、病馬廠は6月10日までに臨時動員を計画すると軍令に示された。その後6月4日に第4野戦病院、7月20日に兵器勤務隊の臨時動員が発令されたが、その他は未発令で敗戦となった[5]。

　最後の陸軍省人事局長であった額田坦の回想録の中に「敵の上陸部隊を撃砕するため精強なる師団八個と混成旅団十五個を新設することとなり、師団長には（新補職とせず、適任の少将を充当）新進気鋭、胆智充溢せる桜井徳太郎（30—陸士卒業期、以下同）、重信吉固（27）、片倉衷（31）、久米精一（31）等の勇将を揃え、参謀長と各部長とを欠く編制で師団長の軽快、縦横なる活躍が期待された。混成旅団長をはじめ、各級部隊長以下もまた同様の趣旨で厳選され、名実ともに必勝部隊が成立し、着々猛訓練が進んだが、間もなく終戦を迎えその威力を発揮する機会はついに得られなかった」[6]と言う一方、「部隊の編成にあたり、高級指揮官以下の指揮官の不足がはなはだしく、軍司令官、師団長、参謀要員など多数が外地から召還され、予備役の起用も行なわれた。また、師団長の一部には少将が充てられ、連隊長に中、少佐を充当せざるを得ない状況であった」[7]というように実は多くの問題があった。軍令の規定では、約3分の1は既教育兵を充用し、また200台番号の機動打撃師団ではなるべく素質の良い兵員を充当することとされたが、戦争末期の大動員となっては多数の未教育兵や老兵が含まれていた。河辺参謀次長の日誌には、「新部隊の多造、改変の頻繁なるこのときに已むを得ない点も多々あろうが、適材の取得容易ならず、素質の劣化を免れず、陸士卒業後二年以内で中隊長、四年以内で大隊長、無数の将官、猫も杓子も師団長となる」と慨嘆されている[8]。

　ところで第202師団長に補せられた片倉衷の略歴は以下のとおりである。

　1898（明治31）年～1991（平成3）年。陸士31期、陸大40期。「中村大尉事件」[9]の中村震太郎大尉とは、陸士31期の同期生であり、陸軍大学校もまた同窓の卒業生である。さらに陸大同窓に

は長勇（後の沖縄守備軍（第32軍）参謀長）もいた。1930（昭和5）年関東軍幕僚付として板垣征四郎高級参謀の補佐業務の一部を担任、また陸大在学中の兵学教官であった石原莞爾作戦参謀からの薫陶の機会にもめぐまれた。以後、満州国の建国運営に深く関与することになる。32年第12師団参謀、33年参謀本部第2部第4課第4班に勤務、34年陸軍省軍務局付。そして36年2・26事件の朝、片倉は叛乱軍鎮撫のため、三重の警戒線を突破して陸相官邸の前まで辿りついたが、叛乱軍の首謀者磯辺浅一元1等主計に銃撃される。事件後、陸軍省軍務局軍務課員に転属。37年関東軍参謀、関東軍第4課長として満州国の内面指導に辣腕を発揮。39年歩兵第53連隊長、40年参謀本部付、41年関東防衛軍高級参謀、42年第15軍参謀、43年ビルマ方面軍参謀、44年陸軍少将に進級して第33軍参謀長。そしてビルマ戦線から帰国して下志津教導飛行師団長に転補され更に一時歩兵学校付となった1945年4月、前橋に新設移駐された第202師団長に補せられた[10]。片倉47歳の時であった。

師団は歩兵連隊3、山砲兵連隊1、迫撃連隊1、速射砲隊、機関砲隊、工兵隊、通信隊、輜重隊、兵器勤務隊、第4野戦病院から編成され（表2）、総兵員数は1945年8月15日現在、2万3,144名であった。

表2

第202師団（青葉—兵団文字符） 少将 片倉 衷　青葉30401部隊				
部隊	指揮官	編成地	移駐先	部隊通称号
師団司令部		仙台	前橋市	青葉30402部隊
歩兵第504連隊	菅野善吉中佐	仙台	伊勢崎市	30403
歩兵第505連隊	中山佐武郎中佐	会津若松	碓氷郡安中町	30404
歩兵第506連隊	工藤鉄太郎中佐	山形	埼玉県本庄町	30405
山砲兵第202連隊	齋藤　武少佐	仙台	群馬郡箕輪町	22871
迫撃第202連隊	楢崎五郎中佐	仙台	利根郡沼田町	30406
師団速射砲隊	浜田信太郎少佐	山形	北甘楽郡福島町	30407
師団機関砲隊	平田孝太郎大尉	弘前	群馬郡京ヶ島村	30408
師団工兵隊	宮瀬　泰少佐	仙台	多野郡新町	30409
師団通信隊	池田照彦少佐	仙台	勢多郡桂萱村	30410
師団輜重隊	沢田熊衛少佐	仙台	群馬郡渋川町	30411
師団兵器勤務隊	本田熊次大尉	仙台	前橋市	30412　21415
師団第4野戦病院	高橋伊一郎軍医少佐	山形	勢多郡芳賀村	30416　21419
迫撃砲第8大隊	第3次兵備	沼田	利根郡沼田町	富士36376
迫撃砲第9大隊	〃	沼田	利根郡沼田町	富士36377
制毒隊、衛生隊、第1・第2野戦病院、病馬廠は終戦時未動員				

決戦兵団として随時所要の方面への転進を準備し、敵の進攻に際しては迅速にその主攻勢方面に進出して攻勢に転じ該方面の守備兵団とともに敵の上陸初頭において撃滅する任務を負っていた[11]。しかし第202師団をはじめ新設部隊の装備充足状況（1945年5月16日現在）は、惨憺たるものであった。九州、四国以外の方面では第1次兵備、第2次兵備ともに、銃剣は師団当り約4,000不足、拳銃は師団当り約400不足（3分の2欠数）、機関短銃は師団当り188不足（3分の2欠数）、47粍速射砲と12糎迫撃砲は相当の欠数があった。全般に最も不足していたのは、自動車、輜重車、中型以上の無線機、銃剣である。その対策として輸送力は牽引車により遊休車を牽引、小型無線の活用、そして銃剣については軍管区で自活できるように研究中であったという[12]。

3 片倉衷の「手帖」「備忘録」から

1944年12月12日から20年4月15日までの下志津教導飛行師団長時代の手帖1冊(以下「手帖1」とする)と1945年1月1日から11月11日までの手帖1冊(以下「手帖2」とする)、「昭和20年5月 皇土決戦 決勝準備 備忘録 青葉兵団長」(以下「備忘録」とする)が国立国会図書館憲政資料室に「片倉衷文書」の一部として所蔵されている。これら3冊から師団の編成された昭和20年4月以降、敗戦後に至るまでの7ヶ月間の動向を追ってみたい。ただし、いずれの手帖類も鉛筆、ペン、毛筆を使用して、ほとんどメモに近い内容を書きなぐり状態で記したもので、さらに軍隊符号も随所に見られるため判読が極めて困難である。誤読があるかもしれないことをお断りしておきたい。

まず「手帖2」から毎日の行動を抽出する。次に「備忘録」から該当月のメモを確認する。「手帖2」には記されていない司令部職員からの報告内容、団隊長会報の内容、部隊の状況などが記されているからである。しかしこれについても余りにも簡潔なために、その内容を理解することは容易ではない。以上のことを踏まえたうえで毎日の行動を月毎にまとめてみよう。なお、〔 〕内と各月の末尾の※は筆者の注、□は不明文字である。

昭和20年4月「手帖2」から
　　15日(日)8.50 内報／24日(火)東條大将／26日(木)内報202D長〔D長とは師団長のこと〕
　　※20日大本営陸軍部「国土決戦教令」配布
　　　　同　　5月
　　五月(青葉)、青葉城下　青葉兵団／2日(水)出発 9.40〜20.00 仙台／3日(木)11h〔午前11時〕司令部職員 13.30 報告各部／5日(土)504i〔i は歩兵連隊〕 DTL〔DTLは師団通信隊〕午前／7日(日)山形初度巡視 8.20-11.41 506〔歩兵第506連隊〕／9日(水)会津初度巡視〔歩兵第505連隊〕／10日(木)11h 部内会報 18.00 軍司令部偕行社／12日(土)戦闘□訓／15・16日会議／15日(火)弘前初度巡視〔棒線が引かれている〕／16日(水)杉山元帥〔第1総軍総司令官の杉山元陸軍元帥〕／19日(土)団隊長会報〔この日、団隊長会同席上で師団長訓示が行われた〕／21日(月)8.25-19.40 青森／22日(火)弘前初度巡視 10.30-11.50／23日(水)石原中将〔棒線が引かれている、予備役陸軍中将・石原莞爾〕／24日(木)義烈空挺奥山道朗大イ／28・29日中隊長教育／30日(水)〔この日、青葉兵団教育練成に関する指示が通達された〕／31日(木)10.47〜12.30 浦和〔浦和には第36軍司令部がある〕※7日ドイツ無条件降伏、22日「戦時教育令」公布
　　　　同　　6月
　　5日(火)宮崎〔宮崎周一参謀本部作戦部長〕／6日(水)仙台 504i〔歩兵第504連隊〕／7日(木)504i 仙台／8日(金)山形／9日(土)若松／10日(土)若松／11〜16日第二次初度巡視　軍司令部・師団司令部／11日(月)仙台／12日(火)盛岡／13日(水)青森／14日(木)BA山田の〔BAは山砲隊〕 弘前MA〔機関砲隊〕／15日(金)山形／16日(土)速射〔速射砲隊〕17.36 着部　仙台／17日(日)504i 仙台／19・20日出発〔片倉の履歴書では15日仙台出発、16日前橋着となっている13)〕／19日(火)軍旗親授式／20日(水)長中将〔沖縄第32軍参謀長〕／21日(木)県庁、前橋／22日(金)連隊区、市長／23日(土)知事／24日(日)師団司

310

令部 14.00 ／ 25 日（月）桂萓、渋川 DT〔師団輜重隊〕、通信巡視◎　招待 18h ／ 27 日～ 29 日作戦研究／ 27 日（水）本庄／ 28 日（木）504i〔棒線が引かれている〕午前◎／ 29 日～ 7 月 1 日後方主任研究／ 29 日（金）505i〔棒線が引かれている〕／ 30 日～ 7 月 2 日軍司巡視／ 30 日（土）伊勢崎　504i　※ 22 日「国民義勇兵役法」公布、23 日沖縄守備軍組織的戦闘終結

　　　同　　 7 月

1 日（日）本庄　506i ／ 2 日（月）505i ／ 3 日（火）10.30 部長会報／ 4 日～ 7 日団隊長図上戦術／ 4 日（水）5.30 知事、市長／ 8 日（日）MA〔機関砲隊〕4FL〔第 4 野戦病院〕兵勤〔兵器勤務隊〕／ 9 日（月）9.00 訓示　宇都宮／ 10 日～ 13 日司演富士演習〔第 36 軍司令部演習〕／ 10 日（火）南大将〔南次郎予備役陸軍大将のこと、片倉とは姻戚関係にあたる〕浦和／ 11 日（水）10h 歩兵連隊本部　浦和／ 12 日（木）浦和／ 13 日（金）伊勢崎／ 15 日（日）移動　工兵　速射砲／ 16 日（月）山砲隊　前橋／ 17 日（火）沼田／ 18 日（水）部長会報 10.00　19 日（木）伊香保 T〔輜重隊〕／ 20 日（金）8.00 司令部　P〔工兵隊〕10-11.30 ヒル 504i14.00-16.30　MA〔機関砲隊〕19.30-21.50　前橋／ 21 日（土）506i　前橋伊勢崎／ 22 日（日）TL〔通信隊〕15-16.30 BA〔山砲隊〕18-21.00　前橋／ 23 日（月）505i 9-13.00 TA〔速射砲隊〕13.00-13.50　MM〔中迫撃砲隊〕沼田／ 24 日（火）9-11.30　MM　前橋／ 25 日（水）部長会報　宮崎中将　前橋／ 26・27 日軍司令部初度巡視／ 26 日（木）軍司令部　前橋／ 27 日（金）沼田／ 28 日（土）沼田　前橋／ 30 日（月）505i 検閲　前橋／ 31 日（火）10h 部長会報　前橋　※ 26 日対日ポツダム宣言発表

　　　同　　 8 月

1 日（水）車　金子／ 2 日（木）船橋　東京／ 3 日（金）前橋／ 4 日～ 8 日研究演習／ 4 日（土）午前講話　前橋／ 5 日（日）前橋空襲　船橋／ 7 日（火）田中大将〔田中静壹第 12 方面軍司令官〕東金／ 8 日（水）船橋／ 9 日（木）蘇対日参戦　皇国危急　中央余裕ナシ／ 10 日（金）団隊長集合 11h 14h 水馬演習／ 12 日打電 11.12H〔第 11・12 方面軍〕36A〔第 36 軍〕意見具申／ 14 日（火）本庄伊勢崎　B29 伊勢崎／ 15 日（水）訓示　12h ラジオ大詔渙発／ 16 日（木）兵団長会同〔棒線が引かれている〕浦和　東京／ 17 日～ 20 日訓話／ 18 日（土）伊勢崎新町本庄小幡／ 19 日（日）安中京島箕輪沼田／ 20 日（月）沼田渋川前橋／ 22 日（水）東條　省部〔陸軍省・参謀本部〕／ 24 日（金）15h 知事　田中大将自決／ 25・26 日米兵進駐／ 28 日（火）506〔歩兵第 506 連隊〕／ 29 日（水）MA〔機関砲隊〕504〔歩兵第 504 連隊〕／ 30 日（木）BA〔山砲隊〕505〔歩兵第 505 連隊〕　マックアーサー厚木到着／ 31 日（金）TA〔速射砲隊〕在郷軍人会解散　※ 6 日広島に原爆投下、8 日ソ連対日参戦、15 日玉音放送、終戦

　　　同　　 9 月

1 日（土）T〔輜重隊〕MM〔中迫撃砲隊〕　沼田／ 2 日（日）降伏　DTL〔師団通信隊〕　8MM 復員／ 4 日（火）米兵県着／ 5 日（水）幡、富士〔幡は第 12 方面軍、富士は第 36 軍〕／ 6 日（木）9MM 復員／ 7 日（金）11h30 司令部将校全員 12h 会食／ 10 日（月）沼田／ 11 日（火）東條大将自決□□／ 13 日（木）大本営廃止予定　杉山元帥自決　小泉軍医中将自決／ 14 日（金）吉本大将自決／ 16 日（日）D 除隊　召集解除／ 20 日（木）大部復員完結／ 21・22 日軍需品検査　※ 2 日米艦ミズーリにおいて降伏文書調印

　　　同　　 10 月

9 日（火）会報富士／ 10 日（水）復員予定／ 11 日（木）部隊長会食予定／ 15 日（月）沼田／ 16 日

(火) 前橋

4 「手帖」「備忘録」からわかる事実

「手帖2」で関連項目の抽出を行ったが、さらに「備忘録」を参考にして群馬県移駐前と移駐後の状況を把握する。

移駐前の状況

片倉の下志津教導飛行師団長の職は4月15日まで、26日の内報は第202師団長の補職である。「手帖1」には4月2日の軍令陸甲第61号が記されていた。

航空から地上への移動について、片倉は後に次のように語っている。

> 四月十五日神武天皇祭の前に航空で東京で会議があった、全部の。そこへ行ったらぼくは航空を替っているんだよ。航空をおろされて特攻地上部隊要員として先づ歩兵学校付きね。私は。それですぐ航空総監のところに行ってその時阿南さんは替って航空総監は河辺正三。ビルマから帰った。「なってない、航空総監は。私がせっかく努力してこうやってやろうとしているのに、それを替えるのがあるか。私はもう軍人を辞める。民間で日蓮となって啓蒙運動をやるから辞めさせてくれ」。それから今度は四月二十二日参謀本部に行って参謀次長河辺虎四郎のところへ行ってこれにもまた言ったんです。それから軍務局長の吉積さん、宮崎第一部長等のところに行って言ったんですよ。(中略)「もうぼくは辞めるから軍人は。」、「そう言わんでやってくれ」、それで四月二十六日二〇二師団長の内命を受けたのです。「地上でやってくれ。少将で師団長やるんだから、特攻師団だから今度はやってくれ」、「冗談ぬかすな。人をだまして航空でしっかりやれって、何ごとだ」と言って、結局は今度は第二〇二師団長拝命になったんですよ。[14]

ひと悶着、ふた悶着あったことがわかる。24日は用賀にいた東條英機陸軍大将を訪問して「極秘 戦争指導緊急方策案」を閲覧に供している。東條が関東軍参謀長時代、片倉は関東軍第4課長でありよく知っていた関係であった。

5月に入り師団の編成された仙台に出発。3日、師団司令部職員に執務上の意図を開示、午後からは兵器部・経理部・軍医部・獣医部といった師団各部の報告を受けている。

「備忘録」によると、このとき参謀の栗城時男中佐から装備充実予定の概況についての報告が行われた。小銃は8月、火砲は秋までに3分の2充足、有線器材は秋までに5分の1、無線器材は8月までに3分の2充足、器具は8月までに全数、□□馬具は本年末までに2分の1充足、という師団の実態である。さらに兵器部の吉田大尉からは兵技准尉の不足、経理部の後藤少佐からは将校の欠員6、建技下士官1不足、下士16名予備役、軍資金は288万円、3ヶ月分、自活、経理勤務の3分の2は朝鮮人であること、軍医部からは胸部疾患と健兵保育、計画動員部隊についての報告、獣医部からは獣医資材の未交付、集合教育の件、馬の機動力の向上、調教、訓練、自活などについてであった。

5日から22日にかけて歩兵第504連隊(編成地・仙台)、師団通信隊(同・仙台)、歩兵第506連

隊（同・山形）、歩兵第505連隊（同・会津若松）、機関砲隊（同・弘前）などの各部隊の初度巡視を実施している。その結果、たとえば通信隊で見ると、現役将校は6分の1、馬の素質不良、兵器資材なし、被服、鉄帽3分の1欠、編成上医官並獣医務下士官の充員なし、また歩兵第504連隊では充足の将校84名のうち現役は11名、中隊長では現役なし、というものであった。このために6日、人事局長に人馬の素質、士官候補生配属考慮、兵器資材、将校下士官兵を通する編入（以上「備忘録」による）の申し入れが行われている。このように隷下諸部隊の大部を視察して概ねその現況を把握、錬成の方針を指示することになった。

　10日、師団は第36軍（司令部は浦和の埼玉師範学校）の戦闘序列に編入された。

　この日、内地防衛のために満州から転進してきた独立工兵第27連隊の将校2人は、赤城山麓が地形的に連隊の特殊訓練に適し秘密保持にも良好だとして、前橋市に急行。前橋警察署で下田署長に会って種々問い合わせ、更に富士見村に急行し、古屋村長に会って状況を確認している。第36軍からは、同地区は既に第202師団の展開予定地域であるので、同師団が了承すれば結構であるとの回答があり、連隊長は仙台に急行。同師団と調整した結果、連隊の富士見村地区の使用に快諾を得、5月下旬勢多郡富士見村・南橘村各国民学校に集結した[15]、とあるように第12方面軍隷下のもう一つの部隊が群馬に展開することになった。

　ところで、青葉兵団の移駐時期について自治体史や学校誌の中には、それを19年9月[16]や20年正月頃[17]、あるいは4月[18]、より具体例としては2月4日[19]、4月20日[20]、5月9日[21]の記載が認められるものもある。しかし「備忘録」によれば、転営準備の内示を5月10日の部内（師団司令部の各部）会報で、翌日には栗城参謀が移駐準備を開始、市街地を避けることや山砲隊の掌握命令、資材や馬の爆撃対策、地方側招待などの記載、18日には各部長に対して現地自活、洞窟三角兵舎、準備迫撃砲の記載があることから、先遣隊の派遣を含めた移駐開始の時期はこれ以後のこととなろう。実際には5月10日～16日にかけて県内外の関係市町村にたいして部隊の移駐が知らされたようである[22]。続いて「備忘録」の25日には新駐地配宿や移駐と防空、軍旗拝受の幕僚派遣などの記載が見られる。この時期の「備忘録」には各部隊の編成装備の充実予定や移駐に関するもの、また作戦準備に関するメモが主体となっている。

　なお、19の団隊長会同席上での師団長訓示は次の5項目からなっていた。一・統率、二・軍紀について、三・編成装備充実と資材の徹底的愛護、四・教育訓練即作戦準備、五・服務および内務である。この中で兵員の素質を「郷土的特質ニ基ク沈毅質実素朴隠忍持久ノ美点ヲ有スル反面敏速溌剌周密等ニ於テ欠陥ヲ有ス」と指摘、編成装備の充実は兵団焦眉の急務であること、作戦準備には資材の集積、交通築城施設などの事項を包含することなどの指摘があり、そして最後はこう結ばれていた。「戦場内務ノ躾ヲ適正ナラシメ苟モ戦陣生活ニ於テ安逸ヲ貪リ若クハ一般同胞ノ指弾ヲ招クガ如キ悪徳行為ノ根絶ヲ期スベシ」[23]。これは内部で悪徳行為が横行していたことの裏付けでもあろう。

　また5月30日には訓練速成の基準を指示している[24]。それによると6月10日から11月30日までを前中後の3期に分け、前期を6月10日から7月20日まで兵の基礎訓練を主体、中期は7月21日から8月31日まで前期の課目、中隊の訓練、歩砲兵大隊の指揮戦闘の訓練、下級幹部の指揮能力の向上、後期は9月1日から11月30日まで前中期の課目、大隊以上の訓練、そして各部隊は各期をとおして対化学戦教育を実施するものであった。

熾烈な砲爆撃と強力な戦車を伴う米軍橋頭堡陣地に対し果敢なる攻勢をとりこれを海岸に圧倒撃滅する、このための戦闘訓練の主眼のひとつ対戦車戦闘では各隊肉攻教育が行われ、また対空戦闘では損耗減少のために遮蔽と分散分置、掩護が重要視された。そして煙利用が検討されている。昼夜規模種類に応じ利用目的を確立して活用、となっておりこれは毒ガス戦を想定したものであろうか。
　6月に入って、5日に参謀本部作戦部長の宮崎周一中将と会見している。宮崎中将の「作戦秘録下」[25]の6月5日の項には、「一、片倉少将　1．機動師団の若さの問題　2．爆弾（大型匍匐用）　3．沿岸配備兵団と機動兵団との用法」と記載されており、その会見内容が知られる。すなわち機動師団といいながらも老兵の多さ、肉弾攻撃用の爆弾、兵団の用法についてなどであろう。翌日から仙台・山形・若松の部隊を巡り、11日からは第36軍司令部と師団司令部による第2次初度巡視のために仙台・盛岡・青森・弘前・山形の各部隊を回っている。また11日、師団の各部から次の報告が行われた。獣医部では下士官・蹄鉄工29名欠、工兵は過員、馬1,288頭のうち1,236頭充足、栄養面50パーセント、現地自活の件、軍医部からは衛生部将校、衛生材料について、経理部からは人員、糧食、日用品、被服、鉄兜について、兵器部からは機関短銃、中迫撃砲、馬と車、火焔発射器、兵器収集利用の件、などである。

　移駐後の状況

　そしていよいよ6月19日から20日、群馬に向けて移動を開始した。出発に先立って連隊旗の親授式が行われている。この頃、沖縄では住民の大きな犠牲とともに日本軍の組織的戦闘が既に終わり、23日未明に牛島第32軍司令官および陸大の同窓であった長参謀長は自決をとげている。
　移駐に先立って、6月2日に歩兵第504連隊先遣隊が佐波郡豊受村国民学校へ、歩兵第505連隊先遣隊が碓氷郡磯部町国民学校や群馬郡里見村国民学校へ、歩兵第506連隊先遣隊が埼玉県本庄町国民学校へ到着、本隊の受け入れ準備にあたっている。また翌3日には副官の市村少佐が前橋市城東国民学校に校舎の使用について来校した。
　各部隊の移駐完了は20日以降である。そして片倉は21日から23日にかけて、県庁や前橋連隊区、県知事や前橋市長を訪問している。25日になって桂萱に移駐した通信隊、渋川に移駐した輜重隊の巡視が行われ、同日午後6時から地方側招待が行われた。30日から7月2日にかけて軍司令部の巡視が行われ、伊勢崎に移駐した歩兵第504連隊の巡視は30日に行われた。
　「備忘録」の21日には「ロタ砲　移動修理班ノ活動　兵器勤務隊長　対戦車　煙利用　俘虜調査　蚊帳交付　援農方策　栄養失調　給養額　不軍紀　食糧保存法　乾燥食ノ研究」などの記載があり、また25日の巡視の結果、通信隊と輜重隊については次のように記載している。まず通信隊については「燈火管制　横穴ト湿潤対策　哨兵数　銃架　小部隊引率　不具又ハ個癖者処遇身上調査　分散ト監視」であり、輜重隊については「居住施設　水道　便所ト児童峻別　防空的廐舎　燈火管制　営内区分　通行証　哨兵防空壕　炊事煙突　師団調弁　倉庫給与　自活ノ程度　様式ノ決定指示　外出　援農援諭ト指揮　防空指針」などであった。
　上記のロタ砲とは、試製4式7糎噴進砲のことで、携帯式の対戦車ロケットランチャーのことである。ロケットのロと対戦車弾のタを取ってロタ砲と呼ばれた。対戦車戦闘が重視されていたことがわかる。また「便所ト児童峻別」などは国民学校の校舎が兵舎として使用されたことを端的に物語っている。
　27日の部長会報には次のメモがある。「自給食物品目　野戦病院関係準備ト住宅　煙利用　夜尿

症兵卒治療診断　経理勤務（鮮人）充足　移動修理班ノ活用　木炭車ノ改造（薪車）　洞窟兵舎施設　三角兵舎施設　相馬原附近ヘ作ル」などである。そして歩兵第504・505連隊については「民家出入禁　町ヘ出サヌ　逃亡　部隊防止—報告　対策確立　軍中逃亡　私的制裁ノ根絶　煙利用」などが記載されている。ここにおいて部隊から逃亡兵がでたことは、上層部にとって衝撃的なことであったろう。

7月に入ると師団の図上戦術や演習、県内移駐部隊の巡視や検閲が頻繁に行われている。1日は本庄の歩兵第506連隊、2日には安中の歩兵第505連隊の視察、8日は京ヶ島の機関砲隊、そして新たに第4野戦病院と兵器勤務隊の視察が行われた。1日の「備忘録」には次の記載がある。「505　中隊分離　屍ノ観念　兵ノ蓆　援農　水ノ炊事場　炊事　経理　　P　引率　服装　指揮　上履　防空壕意義　分屯　輸送　作戦訓練　馬匹管理　兵寮　504i逃亡　後発整理　命令　D交通隊　P三中　四小　四分隊　食事　遮蔽　工事ノ敏速　経理勤務隊ノ行動　躾　戦術講堂準備」などである。

部長会報は3日、18日、25日、31日の4回行われた。7日の団隊長図上戦術においては、1 教育練成と研究、2 戦略展開について、そして各団隊長からは次の報告（表3、□は不明文字）が行われた模様である。

表3

T〔輜重隊〕	自動車燃料　薪木炭　モビル配当　鞍馬具　部品　馬ノ配当　自転車　現地自活ノ方針　被服補修材料	
DTL〔通信隊〕	精白玄糀　改善　副食補給　兵器　通信器材　補給□□品	
P〔工兵〕	爆薬　作戦準備　自動貨車4　靴　襦袢　肩当　馬糧	
MA〔機関砲隊〕	被服　ミシン　荷車製作　自動貨車教育将校一、下士二	
TA〔速射砲隊〕	獣医務下士官（蹄鉄）　自動貨車修業□修学ノモノ入□　索引車教育　モビル　自動車部品　自転車　リヤカー　タイヤ　チューブ　蚊帳　防蚊覆面　糧秣　レントゲンフィルム	
MM〔中迫撃砲〕	演習用弾薬180キロ　作戦用弾薬弾替　暗号手　倍数教育　通信　工手　夜間　蝋燭　乾電池—平射教育ニ使用　観測器材　経理規定　定糧　県指令　ラジオ　ポンプ　新聞	
BA〔山砲隊〕	幹候補生120　50　研究　入換　駄□（砲車用）（迫撃モ同シ）　砲□　床板　行李　橇一五門　六〇〇門　磁針用方向鈑　草鞋　援農　ダットサン	
506i〔506連隊〕	駐屯地　道路標識　慰安施設　派遣将校予定　除役処分	
505i〔505連隊〕	民間土蔵借上　軍嘱託トスル件　公用兵　標識ナイモノアリ　証明書　各隊　教育連繋　冬季準備ノ編制　副食　調味品（味ソ醤油）　靴　草履　支那ワラジ	
504i〔504連隊〕	見習軍医官　充員外トス　兵器未交付見通シ　自活	
4FL	鉄帽	

これに対して様々な指示がだされているが、この中で特に注目したいのは「軍紀　逃亡　栄養失調　援農　機動渡河」である。

まず軍紀・逃亡について。宮崎周一中将の日誌（昭和20年7月25日付）には次のように書き留められている。第1総軍から「逐次弛緩　離隊逃亡違刑ノ六割ニ達ス」、第2総軍から「離隊—食糧不足」、航空総軍から「特攻隊要員ノ悪質犯罪、半島人ノ徒党離隊」、憲兵隊からは「物欲色欲ニ起因スル犯罪アリ　一般軍隊中散在スル小部隊ニハ軍紀ノ対外上不良ナルモノ少カラス　其主要原因左ノ如シ　離隊　半島、本島出身者大部（約八割）　飲酒ニ因ル将校非行＝下級召集将校」[26]の

多発が報告されているのである。そして「軍民離間事象＝大部ハ軍側ニ非アリ」と指摘せざるを得ない状況であった。師団の内実もまさにそのようなものであったのだろう。再召集の古参兵や老新兵に頼らざるを得ない（「備忘録」には「不具」、「個癖者」、「夜尿症患者」の記載もあり）、また物的戦力よりも精神力を重視せざるを得ない陸軍にとって、軍紀の崩壊は震撼する事態であった。内部では私的制裁が繰り返され、そして民間に対しては様々な供出や迷惑が重ねられていったのである。供出の一つに軍用干草があった。7月13日付の資料によると本県に於ける供出量増加事情を「多クノ部隊駐屯スルコトトナリ軍馬頭数モ増加」としている。県の供出量は2万160キロ、勢多郡下では2,272キロ割り当てられていた[27]。

　次に栄養失調・援農についてはどうだろうか。国力の低下、物資の不足、地方労働力の不足などは必然的に部隊の自活を必要とした。軍中央部は農耕に関する自活目標を各部隊に指示し、休耕地、荒地の開墾、耕作を要求した。このために学校の校庭までも耕作地としてしまったところもある。各部隊は直接の作戦に必要な兵器、戦闘資材、築城器材などの自活作業のほか、主食代用品、副食品、炊事用の薪炭などの生活物資の自活作業にも兵力を配当しなければならなかった。さらには国民が戦争そのものへの嫌悪感、軍に対しての不信感などを高めているために、麦刈、田植、農耕、播種などの援農を実施せざるをえなかったのである[28]。

　そして機動・渡河について。第36軍隷下の第202師団をはじめ各兵団は、決戦のための機動路建設を行ったが、その工事は遅れ、また米軍の激しい空襲をかいくぐって、2週間を目途に攻撃準備陣地にたどり着くのは至難と見積もられた。拘束部隊が沿岸部を守っている間に、機動打撃部隊が戦場まで到達し、統制のある攻撃ができるか否かに作戦の命運はかかっていた。日本の道路事情は悪い。米軍が九十九里浜に上陸した場合は現地を守る第52軍を支援し、相模湾に上陸した場合は第53軍のために、戦場に急行することになっていた。しかし、九十九里浜か相模湾のどちらに向かう場合でも、利根川と江戸川の渡河が大問題であった[29]。

　10日から13日にかけて第36軍の司令部演習があった。15日からは巡視、とりわけ20日午前10時から11時30分まで新町移駐の工兵隊、昼をはさんで午後2時から4時30分まで伊勢崎の歩兵第504連隊、午後7時30分から9時50分まで京ヶ島の機関砲隊を回り、21日は本庄の歩兵第506連隊、22日の午後は桂萱村の通信隊、箕輪の山砲隊、23日は安中の歩兵第505連隊を午前中に、午後から福島町（現甘楽町）の速射砲隊、そして沼田に移動して翌日迫撃第202連隊などを巡視している。

　18日の部長会報では、教育練成と各隊の現況が報告されたものと思われる。次のようなメモが認められる（表4）。

表4

504	突撃作業　資材　土工具　馬衛生不良　□食2834カロリー　脂肪　魚肉の補給　入浴施設
505	移駐ノ件　戦用被服受渡無用　わらじ　2700カロリー　昼夜□□
506	給養2920カロリー　石ケン　補修材料　用紙□　自活体制

　この時期、都市部住民の成人摂取カロリーは平均1,800キロカロリーに落ち込んでいた。そのうち配給によるものは1,200〜1,400キロカロリーでしかなかった。通常、成人には1日2,400キロ

カロリー（20〜40代で重い労働の場合は3,400〜3,550キロカロリー）が必要である。国内の食糧事情は極度に悪化していたため、青葉兵団のような新設部隊は、早期編成部隊に比べて自活実績がなく、副食の取得が困難となり給養維持に苦心していた。ところが各連隊のカロリー数値を見る限りでは、給養が取り立ててひどいわけではない。しかしこれはあくまでも紙の上の話であって、その実情となると、軍隊の身分制度によって天地の差が生じ、その実態はかけ離れたものであったのだろう。「備忘録」には栄養失調や食糧についてたびたび記されるなど、下級兵士にとっては過酷な食糧事情であったものと思われる。

ところで7月16日、大本営陸軍部は対戦車戦闘を重視し次のように示した。「対戦車戦闘ハ一死必砕ノ特攻ニ依ル肉迫攻撃ヲ主体トス」30)。「備忘録」にも対戦車戦闘に対する記載が多く認められる。6月に兵団司令部から示された「青葉兵団訓練指針（第3号）」にも「肉攻ハ必死体当リニ徹シ確信ヲ有スルニ至ルヘシ」、「我カ兵団ノ戦法ハ肉攻白兵ヲ主トシ爆薬ヲ用ヒ火器ハ至近距離ニ於テ弓矢程度ニ考ヘ使用シテ遠戦ヲ行ハス短刀ノ鳶口的使用ニ依リ必中必殺ヲ期スルヲ主眼トシ挺進捨身ノ戦法ヲ案出スヘシ」31)となっている。

8月に入り4日午前中、団隊長への講話が行われ（表5）、その後8日まで千葉県下で研究演習が行われた。前橋がB-29による空襲をうけた5日から6日にかけて、片倉はこの研究演習参加のために不在であったことがわかる。10日には団隊長へ次の指示が行われた（表6）。

表5

| 一、七月教育ト□□　油断ヲ戒ム |
| 一、部隊逃亡ノ根絶　責任者処分　指導不足　原因探求　□□□ |
| 一、援農援給　民家□入　自活ノ　以下不明 |
| 一、出張地域ノ制限　Dトノ連繫　（四字不明）　Dノ世話　思想ノ是正　今日ノ人心　反軍　軍神兵　毒薬　之正援農 |
| 一、三角宿舎　厩舎　手軽 |
| 一、昼ヤ　五字不明 |
| 一、防空　ポツツダム |
| 一、入浴　以下不明 |
| （一行不明） |
| 行李衛兵要員教育　師団司令部将校以下ニ訓話ノコト　軍紀観念　下士官以下 |
| 所持金制限　大正用水工事□　不寝番　□勤ム（使役　私物　上衣）　私物上衣ノ件 |
| 群馬県庁□―豊岡以下不明　歩兵連隊本部　安中　8/8野営　505i　小隊教練検閲 |
| 病院長　逃亡癖　昼間勤務　中隊二十名　助教助手27名　速射砲　迫　観測器材 |
| □□　磁針方向仮八　以下不明　T車輛　車輛→橇　「駄馬」→準備　八月七日 |
| □□戦訓 |

表6

| ソ連ノ攻撃開始ト神州危機　必勝信念　□□男　神州不滅　作戦準備ノ□□　原子爆弾ト対策　防ゴ　不条件処理、其他□□　人心ノ動揺以下不明　副官会同ノ活用　物資収集以下不明　□□ノ責任　連絡兵以下不明　軍紀視察　所持金制限　乗車券購入　私物　逃□　服□引率　上衣　戦闘　五字不明　大正用水工事←始末書　迫撃砲　事務敏捷　作戦資材整備　平井□　機動　戦□準備　宿営　道路橋　設営隊　防疫　T　速□　補給　□トノ関係　□其他部隊関係　司令部庁舎宿舎　勤務　充員外者ノ処理　二重準備ノ□□指示　松根油　馬□□　保健所　突撃資材　三角兵舎　八月十五日山砲機動演習　水馬演習 |

そして14日、この日歩兵第506連隊の各中隊は演習のため相馬ヶ原演習場へ夜行軍で出発した。

途中、本庄、岩鼻でB-29による空襲下を行軍し、高崎を午前2時頃通過していた。すでに高崎の電車通りは火災で焦熱地獄であった。午前5時頃、目的地相馬ヶ原についたがそれは終戦当日の早朝であった[32]。

「備忘録」には団隊長への指示を最後に、敗戦時の所感が続く。

ところで、敗戦時には宮城占拠事件、上野公園占拠部隊の事件、川口放送所占拠事件など不穏の動きがあったが、第202師団の動向にも注意が払われていたようである。「師団長片倉衷少将の日頃の性格、言動から、或は……との懸念も持たれたのであるが、終戦に決した直後只一度強硬なる意見具申の電報を寄越したのみで、その後の具体的な動きを見せなかった」[33]。これは12日に第11・12方面軍と第36軍司令部に打電した意見具申のことを指しているのであろう。このときの状況を片倉は次のように語っている。

十六日頃、「最後の時に例のいろいろ蹶起したでしょう。いろんな事件が。あの時にぼくのところに来たんですよ。（中略）陸軍省の軍事課の一部と、富士部隊の幕僚の一部が来た。列車準備するから出動してくれって。（中略）もう大詔が喚発されると、陛下のね。この際軽挙妄動をいましめる。お断りするといってそれでぼくは出なかった。（中略）もし私が出れば二〇一師団は出る。二〇一師団が出れば二〇九師団も出たんですよ。これは大変なことでしたよ。情勢がどうなったかわからない。これは非常に大きな問題です。だから私の師団は事故がなかったですよ」。

陸軍省からどなたが来たんですか、との問いに片倉は「極秘事項です。」と答えている。

決起を促した時、「軍旗を焼け」と言って来たんです。軍旗を。ぼくは焼くなと、奉還したんです。あれを焼いたらぼくの部隊は大変だった。（中略）動員書類は焼く準備をして焼かなかった。それがかえってよかったんです」とも語っている[34]。

17日、次のような師団命令[35]を印刷して隷下各部隊に配布、18日から20日、28日から31日にかけて県内駐屯部隊をまわって動揺を抑えている。

　　第二百二師団命令　　八月十七日前橋
　　一、師団ハ情勢ノ急転ニ伴ヒ愈々皇軍真姿ノ顕現ヲ強化セントス
　　二、各部隊長ハ将校以下ノ志気ヲ振作シ操守ヲ堅クシ軽挙妄動ヲ戒ムルト共ニ指揮掌握ヲ的確ナラシメ益々団結ヲ鞏固ニシ軍紀ノ確立ヲ期スヘシ
　　　　　　　　　　　　　　　　　　　師団長　片倉　衷
　　下達法　　印刷配布
　　配布区分　隷下各部隊
　　報告先　　36A 12HA

そして22日は「戦争が終結し、開戦の責任は東條だ等、世間が大変に混乱している時、私は用

賀にある私邸に東條を訪ねた、すでに女婿（古賀少佐）は割腹して、応接間にその遺骨が安置されてあり、その横に白木の短刀が置かれてあった」36)という。
　25日には第12方面軍司令官に意見具申を打電している37)。なお、この電文に対しては同方面軍参謀長の指示により通電先の調査が行われた。

　　受信者　第十二方面軍司令官　発信者　二〇二師団長　発信地　前橋
　　　　青葉参電第一三九号
　　承詔必謹　皇軍姿の顕現に邁進中にして当地は一般に微動だもせざるも軍全般の統制を即刻大詔の御趣旨に副はしむる為には左の諸件に関し明確なる御処断あるときは軍隊に於ける善後処理等に極めて容易なるものありと思惟せらるるに付特に具申す（以下略）

そして電文の脇には次の筆記が認められる。

　　通電先を富士小森参謀に照会の結果（参謀長要求に依り調査す）富士部隊も受領しあり上級司令部等へ発電しあるや否や不明なるに付富士部隊に於て調査中尚本電報の回答は富士部隊に於て回答指導せられある由　橋本少尉

とあるように、上級司令部においては、なお不穏な空気を感じていたのであろうか。
　片倉は9月に入っても部隊を回り、最後は沼田の迫撃第202連隊であった。そして16日に召集解除となり20日までに部隊のほとんどが復員を完了している。

5　青葉兵団（第202師団）の布陣

　それでは片倉文書や自治体史・学校誌などから部隊の県内外移駐を再現しよう（図1、表7）。
師団司令部の移駐
　昭和20年4月30日仙台で編成完結。師団長以下幕僚（参謀部・副官部）、兵器部、経理部、軍医部、獣医部からなり、8月15日現在、将校38名、准士官・下士官60名、兵207名の計305名の人員であった38)。
　司令部は前橋中学校におかれた。敗戦前後の一中学生の日記にこんな記述が見られる。「五月十六日、納部隊の引越しだ。校庭が一面湖のようになる。前中の校庭もいたんだもんだ。（中略）六月十三日、午前中新しく来る部隊のために作業をした（後略）」39)。納部隊とは本土決戦に備えて東部第38部隊（高崎）で編成された、第81師団隷下の歩兵第173連隊を指すものと思われる。その後、この部隊は沼津方面に移動、かわって青葉兵団司令部が移駐してきた。
　当初は前橋市城東国民学校（以下〇〇校）が予定されていたのであろうか。6月3日、師団副官の市村少佐が校舎使用の件で来校しているからである。さらに5日には部隊兵士が防空壕掘りにきているが40)、本格的駐屯には至らなかった41)。また6月10日には、敷島校北校舎7教室に42)、若宮校にも駐屯しているが43)、司令部の一部なのかは不明である。
　片倉師団長が前橋に到着したのは6月21日（履歴書では6月16日）である。以後、復員するま

での10月10日まで前橋中学校に司令部がおかれていた。

なお、参考までに敷島校には青葉部隊移駐前の4月11日から拓部隊（戦車第1師団）[44]の一部が駐屯、前橋市久留万校の「昭和二十年度　当宿直日誌」[45]の5月22日の項には「一、幡部隊へ小黒板　貸与」の記述があり、7月には桃井校の新校舎階上全教室が前橋連隊区司令部の将校・下士官宿舎となっている[46]。

歩兵第504連隊（青葉第30403部隊）の移駐

連隊本部、通信中隊、一部基幹人員は昭和20年4月30日、残部は6月10日に仙台で編成完結。連隊は連隊本部と3個大隊（1個大隊は4個中隊）、機関銃中隊、追撃砲中隊、歩兵砲中隊、作業中隊、通信中隊、乗馬小隊からなり、8月15日現在、連隊長菅野善吉陸軍中佐以下、将校132名、准士官・下士官332名、兵3,896名の総計4,360名であった[47]。このほか馬779頭が割り当てられていた[48]。

伊勢崎市とその周辺郡部に部隊の移駐が知らされたのは、5月16日のことである。伊勢崎市長の「卓上日誌」[49]によると、大隊部副官・宮下少尉が来所して、伊勢崎市、勢多郡の大胡町、荒砥村、木瀬村駒形、佐波郡の三郷村、宮郷村、上陽村に3個大隊4,000名の移駐を伝えている。2日後の18日午後、大隊部副官の大尉、設営隊長の少尉ほかが来所して市内の具体的配置に言及した。それによると、南校に連隊本部300名、16室使用、北校には通信有線無線16室、茂呂校には機関銃、馬200頭、6月下旬より移駐、殖蓮校には歩兵の移駐、というものであった。おそらくは前後して周辺町村長にも具体的な移駐が伝えられたものと思われる。

移駐に先立って、6月2日に先遣隊が南校、北校[50]、佐波郡豊受校[51]、勢多郡木瀬村永明校[52]に到着している。5月9日に佐波郡三郷校へ部隊の到着という『三郷小の百年』[53]や『伊勢崎市史』[54]の記述は検討する必要がある。

そして6月22日午後10時、軍旗とともに本隊が伊勢崎駅に到着、南校、北校、競馬場に展開、翌日にはさらに茂呂校、殖蓮校に分散移駐した。

すでに記したが、連隊本部は南校に、3個大隊の各大隊本部は、茂呂校、木瀬村駒形校[55]などにおかれた。伊勢崎市内の4つの国民学校、佐波郡下の5つの国民学校、勢多郡下でも7つの国民学校へ、あわせて16校に連隊将兵が中隊単位で移駐し、さらに周辺のお寺や神社なども使用されたのであった。

なお、勢多郡下川渕校にも敗戦前から学校の講堂へ青葉部隊が宿泊していた[56]が、歩兵第504連隊の将兵かどうかは不明である。ただし学校の所在地から考えるとその可能性は否定できない。

歩兵第505連隊（青葉第30404部隊）の移駐

会津若松で編成された歩兵第505連隊は、8月15日現在、連隊長中山佐武郎陸軍中佐以下、将校128名、准士官・下士官343名、兵3,814名の総計4,285名であった。馬は779頭である。

安中地域に部隊の移駐が知らされた日時は今のところ明らかでないが、おそらくは歩兵第504連隊と同様に5月中旬のことと思われる。

碓氷郡坂本校では4月、青葉部隊駐留のために校舎の一部を提供したとあるが[57]、これは納部隊の可能性がある。確実なところでは、群馬郡車郷校に5月から歩兵砲中隊約100名くらいが起居していたことと[58]、6月2日に青葉部隊の島貫隊150名が碓氷郡磯部校[59]へ、同日鬼沢隊約400名が群馬郡里見校[60]へ、そして6月10日現在、碓氷郡東横野校[61]や同月初旬に群馬郡久留馬校

にも移駐していること⁶²⁾、また同郡倉田村三ノ倉校を宿舎として約40名の兵士が薪炭の生産に従事⁶³⁾、同村権田校では5月27日に3教室を軍へ供出するための補強工事を実施している⁶⁴⁾。さらに高崎市内の片岡と塚沢の両校にも部隊の移駐が判明しているが、詳細は不明である⁶⁵⁾⁶⁶⁾。

連隊本部は碓氷郡安中校におかれたが⁶⁷⁾、大隊本部は今のところ不明である。現在のところ碓氷郡内の5校と群馬郡内の6校、高崎市内の2校で部隊の移駐を確認できるが、これだけでは連隊将兵全員を収容することは不可能であったものと思われる。表で示した、碓氷郡内8校、群馬郡内8校、高崎市内2校の計18校に分散移駐した可能性が高い。

磯部校では講堂下3教室、講堂東上2教室、下2教室、南物置（炊事）、南農場（馬つなぎ）を、東横野校では旧校舎59坪5合（2室7分）、前校舎100坪（1室20坪、5室）を、碓氷郡八幡校では南校舎に納部隊の騎兵1個中隊が入ったが、終戦直前に移動し、代わって青葉部隊1個中隊が入り、校庭に馬屋が建てられた⁶⁸⁾。同郡豊岡校では20年4月22日早朝に駐屯していた部隊が静岡方面に移動した。変わって新潟方面から来た兵隊が駐屯して訓練をしていたが⁶⁹⁾、これも納部隊から青葉部隊へと変わったことを指しているのであろう。里見校では8教室を部隊に貸与している。群馬郡室田校（6月26日から吹田隊）では校庭に炊事場などがつくられた⁷⁰⁾。

歩兵第506連隊（青葉第30405部隊）の移駐

山形で編成された歩兵第506連隊は、8月15日現在、連隊長工藤鉄太郎陸軍中佐以下、将校127名、准士官・下士官271名、兵3,893名の総計4,291名であった。

埼玉県児玉郡本庄町周辺に部隊の移駐が知らされたのは5月10日のことである。しかし連隊将兵全部を郡内に収容できないために、大里郡の本郷村、榛沢村、岡部村、中瀬村、大寄村、用土村の各村にも分散することになった⁷¹⁾。そして6月2日、先発隊の161名は炊事場、風呂場の設営のために本庄校へ、4日藤田校の南北両寮⁷²⁾に、本隊は24日に軍旗と共に本庄駅に到着、児玉郡・大里郡一帯の学校に移駐した⁷³⁾。それは児玉郡下の国民学校7（さらに2校に可能性あり）校、大里郡下の国民学校6校の計13校（15校の可能性）に及んだ。歩兵第504連隊、同505連隊とほぼ同一行動であったことがわかる。

ところが『本庄市史』⁷⁴⁾によると、2月4日、児玉郡仁手村に先発隊16名、22日には本隊到着としている。2月の段階では部隊の編成は行われていないので、これは明らかに他の部隊と混同したものであろう。

連隊本部は本庄校の4号館1階の一部4教室を使用、兵員は150名程度であった。同連隊の第9中隊（佐藤部隊）は岡部校の西側3教室を⁷⁵⁾、歩兵砲中隊（加藤部隊二百数十名）は本郷校の南校舎と中校舎を使用した⁷⁶⁾。他の学校を使用した部隊名は不明である。北泉校では2階の校舎4室に駐屯し、校庭には防空壕が掘られた⁷⁷⁾。神保原校では校舎の半分を使用⁷⁸⁾、仁手校でも教室の半ばが宿舎となった⁷⁹⁾。榛沢校では6月21日に道場・西校舎・東校舎一室が貸与され⁸⁰⁾・大寄校では高学年の教室が兵舎となった⁸¹⁾。

山砲兵第202連隊（青葉第22871部隊）の移駐

仙台で編成された山砲兵第202連隊は、連隊本部、2個大隊、連隊段列からなり、8月15日現在、連隊長齋藤武陸軍少佐以下、将校64名、准士官・下士官164名、兵2,199名の総計2,427名であった。

連隊本部は群馬郡箕輪校におかれたが、大隊の移駐先はよくわからない。箕輪周辺で見ていくと北東に接して榛東村（当時は群馬郡桃井村と同相馬村）、そして吉岡町（同じく駒寄村と明治村）が所

在している。これら群馬郡内の5校に移駐した可能性が高い。
　そこで該当する学校誌を見ていくと次のような記述が見られる。まず相馬校では校舎の三分の一程が、兵舎として接収されている[82]。駒寄校には新潟の坂本部隊が駐屯、校舎の東の上下4教室、裏の講堂、その裏の教員住宅が接収され、校庭の西方から五分の一位に甘藷が作付けされてしまった。人数は小隊程度（30人位）だったという。ただし移駐の時期を2月からとしている[83]。明治校では一番北側の二階建て校舎の8教室が使用された[84]。なお、桃井校には昭和19年7月に2878部隊（納部隊）が裏校舎と講堂を兵舎として使用[85]しているが、青葉部隊についての記述は見られない。しかし納部隊は20年の春頃までには移動しているので、その後に青葉部隊の移駐が考えられる。
　しかしこれだけでは兵員の収容は不可能であることから、西に広がる相馬ヶ原演習場が利用された。「備忘録」6月27日付にある「洞窟兵舎　三角兵舎　相馬原附近へ作ル」は、このことを指したものであろう。

迫撃第202連隊（青葉30406部隊）の移駐

　迫撃第27大隊（宮田正大尉）および迫撃第28大隊（山下智大尉）の2個を基幹として仙台で編成された。連隊は連隊本部と2個大隊、連隊段列、大隊段列からなり、8月15日現在、連隊長楢崎五郎陸軍中佐以下、将校51名、准士官・下士官150名、兵1436名の総計1,637名であった。馬821頭。
　先遣隊は6月17日に利根郡利南村や久呂保村に到着している。その時の状況を『村誌久呂保』は次のように伝えている。「昭和二十年六月十七日「先発隊来る」の電話に接し、午後八時頃、役場から提灯を持って岩本駅へ出迎えに行く、併し、岩本駅では下車せず沼田駅下車の連絡あり。東部三〇四〇六部隊（仙台師団管区）は、かくして六月二十六日当地へ一ケ大隊移駐することになった」[86]。
　連隊本部は利根農林学校に、大隊本部（大隊長山下大尉）は薄根村役場などにおかれた。そして升形校（150名）[87]、池田校（高橋千秋中尉以下、1個中隊150名）、薄根校（松井隊）、白沢校、久呂保校（迫撃第3中隊江口隊）、川場校に分散移駐することになった。
　池田校では講堂が宿舎となり、畜舎は校庭の南側に簡単な枠と柵を急造して造られた。馬匹はおよそ40頭であった[88]。久呂保校では東の山林内へ畜舎用の壕が掘られ、教練は赤城演習場で行われた[89]。川場校は第二校舎に兵隊が宿営、さらに別所の観音様にも同部隊が宿営した[90]。なお、利南村東校では20年6月21日に校舎屋根を迷彩色に塗装している[91]ことから部隊の移駐が考えられる。沼田校は前年の11月22日に第二から第四校舎計26教室など全焼していたために、部隊の移駐はなかった。このように移駐は利根郡内の8校と役場におよんだものと思われる。

師団速射砲隊（青葉第30407部隊）の移駐

　山形で編成された速射砲隊は、隊本部、3個中隊、段列1からなり、8月15日現在、隊長浜田信太郎陸軍少佐以下、将校17名、准士官・下士官40名、兵424名の計481名であった。
　隊本部は北甘楽郡福島校におかれたものと思われる。隊の規模から考えると、さらに小幡校や新屋校に分散移駐したものであろう。学校誌からは小幡校の「昭和二十年六月、青葉部隊が西校舎を使用する。八月、終戦となり、青葉部隊は引き揚げる」[92]という記述を確認できる。

師団機関砲隊（青葉第30408部隊）の移駐

弘前で編成された機関砲隊は、隊本部と3個中隊からなり、8月15日現在、隊長平田孝太郎陸軍大尉以下、将校16名、准士官・下士官50名、兵268名の計334名であった。

隊本部は群馬郡京ヶ島校の校舎8教室を使用[93]、他の中隊は位置的関係や装備から判断すると同郡東村や中川村の学校に移駐したものと思われる。東校では「滝川西の校舎全部を青葉部隊の兵舎に提供、人数などは不明であるが（中略）西校舎には高射機関銃（高射機関砲か—筆者）が据えられた。東校舎の裁縫室も青葉部隊の医務室として使用された」[94]。ただし、この時期を4月としているのは誤りであろう。また中川校では脱走者が目撃されていた[95]。

師団工兵隊（青葉第30409部隊）の移駐

仙台で編成された工兵隊は、隊本部、第1から第3中隊（一般工兵中隊）、第4中隊（対戦車中隊）、そして器材小隊からなり、8月15日現在、隊長宮瀬泰陸軍少佐以下、将校30名、准士官・下士官106名、兵860名の総計996名であった。馬76頭。

多野郡新町校に隊本部がおかれ、校舎の東半分が使われた[96]。さらに群馬郡滝川校には工兵2個小隊が移駐、裏校舎の8教室を使用、裏校庭には蛸壺壕をたくさん掘り、崖渕にも防空壕を掘った。馬は谷を利用して囲っていた[97]。なお、筆者が小学生だった昭和42年までは、崖渕の防空壕を見ることができた。

この2校だけでは兵員の収容は不可能と思われるので、両校に比較的近接している多野郡藤岡校と周辺の神流村・美土里村・平井村の各校[98]、群馬郡下の倉賀野町・佐野村・大類村の各校の校舎が使用された可能性は高い。結果として多野郡5校、群馬郡4校の計9校になるものと思われる。佐野校では東校舎と本校舎の一部に[99]、大類校では平屋建ての東校舎[100]、倉賀野校の部隊名は明らかでないが、校舎東半分に入ってきて兵舎としていた[101]。しかし岩鼻校では部隊の移駐を確認できなかった[102]。

師団通信隊（青葉第30410部隊）の移駐

仙台で編成された通信隊は、有線小隊2、無線小隊2に区分され、8月15日現在、隊長池田照彦陸軍少佐以下、将校6名、准士官・下士官25名、兵269名の総計300名であった。馬36頭。隊は勢多郡桂萱校に6月から駐屯している[103]。

師団輜重隊（青葉第30411部隊）の移駐

仙台で編成された輜重隊は、隊本部、輓馬中隊、自動車中隊からなり、8月15日現在、隊長沢田熊衛陸軍少佐以下、将校20名、准士官・下士官45名、兵366名の計431名であった。馬227頭。

先遣隊の到着を『渋川市誌』は4月20日としている。「先遣隊長桜庭庄太郎中尉（沢田部隊副官）以下二〇人が渋川に到着し、本隊の受入れ準備にあたった。五月初旬、本隊が到着して渋川、金島、古巻、豊秋の国民学校（現小学校）校舎の一部に分散駐留した」[104]。しかしこの記述は1ヶ月早すぎる。

実際は6月2日に群馬郡渋川校の南側校舎の一部に設営隊が到着、6月16日には本隊が到着、新校舎、新々校舎は兵舎となった[105]。将校と下士官の一部は渋川八幡宮の社務所に移駐し、社務所の東に厩舎が建てられた。しかし空襲に備えて兵士と軍馬は入沢地内の黒沢・中ッ沢・砂居沢に沿った山麓に野営構築をして分散し、八幡宮境内に炊事場を設備し、分散した各野営地から炊事当番兵がきて炊飯された食缶を2人で肩にかつぎ運んでいた[106]。このほかに同郡古巻校も平屋建校舎6教室が兵舎として使用された[107]。また豊秋校では柏隊が講堂と1階西側2教室と士官室に1

室使い、下庭に炊事場が置かれた。そして校庭は練兵の場として使われた[108]。金島校もまた同様であった[109]。

師団兵器勤務隊（青葉第30412もしくは21415部隊）の移駐

昭和20年7月20日臨時動員、編成地は仙台で7月末ころに編成完結と推定されている[110]。隊長の本田熊次陸軍大尉以下、将校3名、准士官・下士官14名、兵96名の計113名であった。小銃25、試製武器修理車1、自動貨車5、軽修理自動車1組を装備していた。この状況からもわかるように移動兵器修理班として活動したものと思われる。

「備忘録」に「兵器勤務隊動員」のメモが見られるのは7月18日である。その5日前の13日に「青葉部隊二瓶少佐来校、近日中ニ校舎使用ニ付中間報告ニ来校セラル」[111]と前橋市城東校の昭和20年度事務日誌にあることから、同校が兵器勤務隊の兵舎として使用交渉されたものと思われる。しかし市内の敷島校に移駐することになったようである。それは8月28・29日に敷島校長と本田印のある青葉21415部隊長との「保管転換ノ証」「借用証」の資料からそれは明らかである[112]。ただし同校には6月から他部隊が入っていることから、二つの部隊が同居した可能性がある。

師団第4野戦病院（青葉第30416もしくは21419部隊）の移駐

昭和20年6月4日に臨時動員、編成地は山形であるが編成完結日は不詳、移駐先も未記載であり[113]、第36軍司令部では移駐先を把握できていなかったようである。病院は院長の高橋伊一郎軍医少佐以下、将校21名、准士官・下士官37名、兵145名の計203名であり、この他に乗馬9頭、輓馬70頭となっている。

「備忘録」に野戦病院のメモが見られるのは、6月27日と7月7日であり、「手帳2」には7月8日に「4FL」のメモが認められる。第4野戦病院が勢多郡芳賀校に移駐したのは、昭和20年7月18日であった。村長から県知事・地方事務所長宛に報告された「軍部学校校舎転用ニ関スル件」によると、普通教室7室、特別室1室、その他3階小室1室の合計168坪、校庭に炊事場の新設、使用者数は205名となっている[114]。報告には貸与先として青葉21419部隊高山隊となっているが、高橋隊の誤りであろう。当時の芳賀村長「小林二郎によると芳賀小学校は衛生部隊で、小林家の倉庫に医薬品を貯蔵した」[115]とあることなどからも第4野戦病院の移駐であったことは間違いない。

そしてこの部隊が大正用水工事の応援に動員された部隊である。「備忘録」に「大正用水工事」のメモが見られるのは7月7日からで、18日の部長会報には「大正用水工事視察」、8月4日と10日にもメモが認められる。

工事の応援は農地開発営団の宮下技師と吉田技師が師団司令部のあった前橋中学校を訪ね、中佐参謀に面会して要請したものであった。作業現場は芳賀村地内で、徒歩行軍で工事現場にやって来た。部隊が工事の遂行に熱心に協力した理由を「戦争遂行には国民総動員により食糧の増産確保が、長期戦に必勝の絶対条件であった事、また当時密かな風聞として私語された事は（中略）本土決戦を決意した軍部が、（中略）大正用水幹線水路を、格好な散兵壕として使用する意図があったと噂された事である」[116]と記している。

この時期、国内の食糧事情は極度に逼迫していた。このために軍としても麦刈、田植、農耕、播種などの援農を実施しなければならない状況に追い込まれていたのであろうが、一方で8月4日の「備忘録」には、「今日ノ人心　反軍　軍神兵　毒薬　之正援農」とあるように、軍に対する反感を抑えるための工事応援であったこともわかる。さらに大正用水を散兵壕とする意図はなく、もし仮

に使用することを考えたとしてもそれ以前に全軍玉砕の運命を辿っていたであろう。
迫撃砲第8・第9大隊（富士第36376部隊・同第36377部隊）
　両大隊の編成地は沼田、その時期は昭和20年8月上旬である。第8大隊は将校34名、准士官・下士官67名、兵1,357名の計1,458名であり、第9大隊は将校35名、准士官・下士官74名、兵1,414名の計1,523名であった。短命な部隊のためにその経歴はほとんど不明である。片倉の「手帳2」に迫撃砲大隊が登場するのは7月23日と24日、そして復員する9月である。

6　部隊が移駐した学校の様相

　県は1945年3月27日に「国民学校教育緊急措置ニ関スル件」を通牒し、分散授業計画の提出を求めた[117]。これは疎開者の収容宿舎、軍隊の移駐或いは工場の疎開場所として校舎を使用するため、さらには空襲による危険を避ける目的などからであった。そして4月からは国民学校初等科（1年生から6年生まで）を除き、むこう1年間、すべての学業は停止となり、生徒は学校工場、軍需工場、軍用施設などへと動員されていった。
　それでは部隊が移駐した学校の様相についてまとめてみよう。まず歩兵連隊の場合について記す。一個連隊の規模は4,300名前後で馬匹の定数は700を超えていた。連隊将兵を収容するために、少なくとも十数校の校舎利用がなされ、それでも足りないために寺社も利用されている。そして校庭やその周辺に炊事場や厩舎、防空壕が設けられた。また食料確保のために校庭の一部には甘藷などが作付けされた。
　伊勢崎周辺地区（歩兵第504連隊）──伊勢崎市内4校、佐波郡下5校、勢多郡下7校（8校の可能性あり）の国民学校校舎の一部が兵舎となった。連隊本部のおかれた南校では「工場動員であいていた高等科使用の第三校舎及び工作室が宿舎にあてられ（中略）校庭の南よりに壕を掘って万一の際の軍旗その他の保管に備えていた。行動は厳正で授業の行われている校舎への立ち入りは努めてさけていた」[118]という。茂呂校には「南の校舎半分と講堂、それと校庭の半分を兵隊が使用」[119]、さらに退魔寺にも分散駐屯していた。殖蓮校では、移駐に伴って校庭周囲の桜の木が切り倒されたが[120]、その時期を昭和19年9月としている。名和校では、講堂、裏校舎2階、さらに飯玉神社、雷電神社境内が兵舎として使用された。「学校の庭の周囲にはたこ壺が掘られ兵隊が1人づつ這入れるようになっていた。馬も50頭もいて各神社の境内につながれていた」[121]。三郷校では、「厩舎を建て校庭の一部は甘藷畑と化し食料の確保をはかられた」[122]。筑井校の校庭には高射砲がすえられて探照燈が夜空を染めた[123]というが、歩兵連隊には高射砲は装備されていないので記憶に混乱が見られる。
　兵隊は「昼間は出兵留守宅の農作業の手伝や権現山等利用した訓練がされていた（三郷校）」[124]、「兵隊さんの訓練で印象にあるのは、竹で造った戦車の爆破訓練である。木製の爆弾をかかえ、戦車の下にもぐる（荒砥村南校）」[125]訓練などが行われていった。
　このように軍隊に学校を占領され、校舎が兵舎の一部と化してしまったことから、学校は幼い子供たちが無邪気に遊びながら学べるところではなくなってしまった。児童は分散して授業を受けることになったのである。
　たとえば大隊本部のおかれた駒形校では、下増田事務所、駒形事務所、社務所、市場で、永明校

では一部の児童は浄土院、萬福寺その他で、荒砥村北校は蚕室を借用[126]、同分校では最善寺・観昌寺・湯清寺で[127]、筑井校では「一年と六年は裏の二階建六教室の校舎で、三、四、五年は、それぞれ小屋原の井野さん宅の蚕室、同じく長谷戸の布施川さんの裁縫所、小島田の集会所へ移った。二年は（中略）女組が近戸神社の社務所へ、男組が東の安養院の本堂に疎開した」[128]など、お寺を中心にさまざまな場所が選定されていった。

子供たちの反応はどうであったのか。「西校門には歩哨兵が立ち、生徒も馴れぬ手つきで挙手をして登下校した（荒砥南校）」、「乗馬姿も凛々しい東方大隊長（少佐）を見て、立派な軍人になろうと憧れを抱きつつ（中略）放課後、家へ帰ってからすぐまた学校へ行き兵隊さん達と遊んでいた。なぜなら普段家では食べられない様な大きな水密桃やスルメ、菓子類などたくさんあって炊事当番の兵隊さんの手伝いをしながらご馳走にありつけたからであった」「青葉隊という若々しい名前に似ず年老いた兵が多かった（以上、茂呂校）」、「飼料がたりなくて河原の山の下草を提供した（名和校）」、「学校を追われて農家の納屋に疎開する羽目になって、子供心にも寂しさを覚えたものです（筑井校）」といった回想が記念誌などに散見される。

安中周辺地区（歩兵第505連隊）—碓氷郡下8校、群馬郡下8校、高崎市内2校の国民学校校舎が兵舎として使用された可能性が高い。里見校の8教室に分宿した将兵は「装備など殆ど持っていない軍隊で寝具や炊事道具まで心配してやるという状態で、毎日烏川原で演習（中略）時には小学校前の欠下山に防空壕を掘る事もあり、又麦の取り入れなどに協力した事もあった。（中略）隊全体で水筒が二十個位しかなかった」[129]というほどの実態であった。これは久留馬校の将兵についてもまったく同様であった[130]。「中隊長は二十才代の若い中尉で、北校舎の中三階にベッドをおいて、寝泊まりしていました。中隊長でもまさに神さまで、児童はおろか、職員でもろくろく顔を見ることがありませんでした。だが兵隊さんは皆老兵で、服装も武器も貧弱を極め、全員に銃剣がいきわたっていませんでした。その銃剣も竹のさやでした。いつも食糧にうえ、風呂にも事かいて、よく農家に食べものと風呂を、もらいに来ていました」。そして教室全部が使えなくなったので「児童は藤塚の旧学校、剣崎のお寺、八幡宮の神楽殿、その他各大字のお寺や民家が教室となりました。中でもひどいのは、鼻高の高崎炭礦の坑（シキ）の中でも、授業がありました。分散授業中でも、男女は別学でした（八幡校）」[131]という、悲惨な状況に追い込まれた。学校への部隊駐屯は戦時中の痛々しい記憶として記されているのである。

本庄周辺地区（歩兵第506連隊）—児玉郡下7（9校の可能性あり）校、大里郡下6校の国民学校校舎の一部が兵舎として使用された。部隊装備は劣悪で兵士1人に小銃1挺（実弾120発付き）、帯剣1振を与える迄にすら至らなかった。さらに薪・麦藁などの燃料、馬鈴薯などの食料、炊事道具や蚊帳、寝具などにいたるまで周辺村々から供出をうけている。たとえば仁手村では6月10日に麦藁・麦稈・藁・薪などの供出、さらに7月24日ころには次の物品が供出されている。薪1戸1束、青竹寸竹30本、馬鈴薯毎戸1貫目、青竹10束（仁手村駐屯部隊使用）、麦稈100束（連隊本部使用）である[132]。コーリャン飯を食べ、年寄りも多くテキパキと動く姿を見る事は少なかったという。

学校の授業は午前と午後に別れた二部授業となった。「学校の周辺に竪穴が掘られ兵隊が機関銃を据えつけて、空を見あげているそばをこわごわと家へ帰った（神保原校）」[133]。そして敗戦、校舎に駐屯していた部隊も玄関前で大声をあげて泣いて解散して行った。「兵隊の残した悪い面は児

童の心にも表れて（七本木校）」[134]いたという。

　次に山砲兵と迫撃の両連隊は、歩兵連隊の4割から6割ほどの人員規模であったが、部隊の性質上、馬は相当数いたものと思われる。このために軍馬の飼料供出に各村の農業会は努力していた。

　箕輪周辺地区（山砲兵第202連隊）——群馬郡下5校の国民学校校舎の一部が兵舎として使用された。相馬校では「鉄砲もロクに持たず、ヤセた馬を引いた兵隊さんが校舎に泊まり込むようになり、我々六年生は、男女百人を超す生徒が、裁縫室に押し込められて授業を受けることになった。（中略）校舎の正面には、一階と二階の羽目板に「米英鬼畜」と、大きなプラカードが掲げられました。又、私達のイメージでは、帝国日本の軍隊は、厳しい軍律の中で、強く、正しく、堂々と潔よいものだと思っていたのですが、行軍演習の最中、倒れた兵士を将校が、何回も蹴りつけるのを見たり、兵士達の食事が、私達の食べていたイモ飯よりも、もっと粗末な物であるのを知ったりして、子供心に、何か、タブーに触れたような、恐れと不安を感じさせられたものでした。」「校庭では毎日戦闘訓練が行われていた。竹かごで作った戦車（タンク）が通ると、伏していた兵隊が爆弾かかえて体当たりするさまが展開された。裏庭の方では銃剣術のかけ声がこだましていた。この軍隊に刺激され勢い生徒に「兵隊さんを見習え」という厳しい訓練が要求されていった」[135]。

　次に駒寄校。「6年生男女2組は机を持って東にある長松寺を間借りして、そこで勉強しました。庭には竹槍用の藁人形ができていました。「軍隊の行動は秘密」で、校長先生と隊長が、お話するだけで他の教員とは無交渉だったそうです。（中略）東北出身者が多く、言葉がわからず、会話に苦労しました。」「奇声を発しながら「鬼畜米英」に見たてたわら人形を竹槍でつきさす」訓練が行われていた[136]。

　明治校では「偉い人が横になって、毛布にくるまって、兵隊はこずかれて」いたことや「馬がうんと来たので、朝草を刈って、それを乾して乾燥用として、それを学校へ背負っていって（中略）薪取りもやらされた」[137]。

　沼田周辺地区（迫撃第202連隊）——利根郡下の県立学校1校と7校の国民学校校舎の一部が兵舎として使用された。部隊が展開した各村の農業会では、部落農事組合を通じて、兵馬の食糧特に野菜飼料等の斡旋供出に努力した。それでも池田村では馬鈴薯、玉蜀黍、甘藷等の野荒しがあって農民は悲鳴をあげたが、決戦下の行動なので我慢していた[138]。一方、部隊では7月中に2回、援農作業に出征兵留守家族へ勤労奉仕している[139]。川場校では二部授業の実施や大きい学年は家庭勤労として仕事の手伝いをするなど勉強も十分にできなかった。校庭には大砲をのせた砲車が並べられ、子どもたちは訓練をした時など目を輝かせて見物していた。兵隊は草履をはいていたという[140]。

　最後に渋川周辺地区（師団輜重隊）について見てみよう。群馬郡下4校の国民学校校舎の一部が兵舎として使用された。渋川校の正門には歩哨が昼夜立つようになった。兵士は一般に妻子をもつ年輩者が多く、校庭で若い見習士官の怒号で訓練している様子は哀れさを感じさせたという。装備が貧弱であったことや「偉い人は最期まで銀シャリだったが、兵員はコーリャンだった」ことからも、多くの兵士が苦しい戦陣生活を強いられた。教科書で語られた軍人像とはかけはなれたものが子どもたちに目撃されていた[141]。

　豊秋校の兵士は、行幸田の字伊勢の森、空沢他数か所の弾薬貯蔵庫の警備や馬糧の草刈りなどをおこなっていた[142]。このため付近の農家は家畜に与える草が日増しに窮乏し、近くでの草刈りはできなくなってしまった。校庭では橇を使って物資の運搬を行う訓練がされたり、唐沢川の土手に

防空壕や学校付近にタコツボが掘られた。「講堂前で上官が兵卒を制裁しているのをみたことがある、何か怖い印象が残り、ある時は軍馬が校庭を暴走し遊んでいた児童が逃げ遅れ負傷を負ったこともあった。隊の食糧は下庭の炊事場で作られていたが主食は殆どコーリャン飯であつた。」[143]。

金島校では引き上げる時、若い少尉が「我々が敗戦で悲しんでいるのに敵国の歌をひくとは何事だ」と大声でどなり、軍刀で廊下の柱を切りつけたという[144]。

以上、これらを通してわかるように、校舎を兵舎として使用された国民学校は、二部授業や分散授業でその対応をせざるを得なかった。それは結果として授業効率を極度に低下させたことは否めず、学校はその教育機能をほとんど失ってしまった。そしてこの体制は強化こそされたが、ついには本来の学校授業の形態に復することなく敗戦を迎えたのである[145]。

7 復員業務と終戦業務

各部隊の復員業務は8月下旬から開始された。そして迫撃砲第8大隊の9月2日を皮切りに、同第9大隊は6日、師団通信隊以外の各部隊は9月14日から9月20日に亘る間に復員を完結した。それを具体的に見ると、15日に迫撃第202連隊、16日に歩兵第506連隊、山砲兵第202連隊、輜重隊、17日に機関砲隊、兵器勤務隊、18日に歩兵第505連隊、速射砲隊、工兵隊、19日に第4野戦病院、20日に歩兵第504連隊であった。そして10月10日の師団司令部と同通信隊の復員を最後に、創設以来5ヵ月有余にして師団全部隊の復員を完結した[146]。

師団の保有軍需品などは第36軍の指示に基づき、一部を地方官庁や自治団体などに払い下げを行ったほか、鉄道沿線にあった各部隊本部の所在した県内7ヶ所、埼玉県1ヶ所にそれぞれ集積して整理、連合軍への引渡準備を行った。埼玉地区の分は9月19日に米第43師団に引渡を完了している。師団保有兵器器材中の通信器材の大部は前橋電信電話工事局に、機甲車輛の一部、土工、木工器材、測量器材、鍛工器材、機力器材、爆破資材の一部、雑器材、兵器用資材は群馬県庁にそれぞれ保管転換し、また輜重兵器の大部は群馬県庁をとおして民間に有償払い下げ、一部器材はこれを焼却破棄した。そのほかの兵器器材や自動車類は残置軍需品として各集積地に集積した。県下所在の自動車類は、その大部を渋川に終結して整備を実施した。

衛生材料の個人装備用材料は各人に交付し、部隊装備用や常続用材料は高崎および沼田陸軍病院に保管転換した。

さらに保管馬1,214頭中541頭は群馬県庁をとおして民間に払い下げ、そのほかは在営中の希望者に優先払い下げを実施したが、その払い下げ価格は平均277円14銭であった。獣医資材は全保有分を一括して群馬県庁をとおして獣医師会ならびに装蹄師会に有償払い下げを行った。

おわりに

本土決戦下の県内の状況については、これまで詳細な分析は行われてこなかった。今回、片倉衷の「日誌」と「備忘録」から、今まで不明であった県内移駐師団の実態と行動を把握し、あわせて部隊が布陣した県内各地や埼玉県下の国民学校の状況を集約してみた。

その結果、表7から明らかなように、部隊の移駐開始は1945年5月中旬以降、6月初旬にかけ

て実施された。ところが前年9月や1945年初頭とする市史や学校誌などもあった。これは1944年7月24日に新設された第81師団（納部隊）隷下の歩兵第173連隊や満州から転用された戦車第1師団（拓部隊）隷下の部隊で、これらと混同したものであった。すでに青葉兵団移駐前に学校を兵舎として使用することが始まっていたのである。

青葉兵団の移駐は図1のように鉄道沿線を中心に、当時の前橋市、高崎市、伊勢崎市、佐波郡5村、勢多郡1町・5村、碓氷郡2町・6村、群馬郡4町・17村、利根郡1町・6村、北甘楽郡2町・1村、多野郡2町3村におよんだ。現在の行政区域では6市3町3村（市―前橋・高崎・伊勢崎・沼田・渋川・安中、町―玉村・吉岡・甘楽、村―榛東・昭和・川場）となり、北は川場村から南は高崎市新町、東は伊勢崎市から西は安中市まで、そして埼玉県下の児玉郡1町・8村（現本庄市・上里町）、大里郡6村（現深谷市・寄居町）の広範囲であった。さらに国民学校で見ると、前橋市2校、伊勢崎市4校、佐波郡5校、勢多郡10校、碓氷郡8校、群馬郡24校、利根郡7校、北甘楽郡3校、多野郡5校の計68校、さらに県立学校2校におよんだ。このために学校は午前と午後に分かれた二部授業や分散授業を実施せざるを得なかった。学校はその教育機能をほとんど失ってしまった。

そして子どもたちが見た部隊の実態を、戦後の回想ではあるが、貴重な証言として紹介した。これらから見えてきたことは、本土決戦師団とは名ばかりで、小銃や銃剣もろくにない貧弱な装備で、陣地構築や自活・援農作業に明け暮れてろくに訓練もできない、さらに周辺の村々からの食糧・馬糧供出に頼らざるを得ない軍隊であった。新兵（老兵）たちの足下を見れば草鞋履き、さらには栄養失調者や逃亡者をだしながらも本土決戦に突き進もうとした。校庭などで実施された訓練から見えてきたことは、物資輸送には橇を使い、兵士一人一人が爆弾を抱えて敵戦車に飛び込む人間爆弾になるだけのことであった。

1945年4月20日、大本営陸軍部が配布した『国土決戦教令』の「第十一」には「決戦間傷病者ハ後送セザルヲ本旨トス　負傷者ニ対スル最大ノ戦友道ハ速カニ敵ヲ撃滅スルニ在ルヲ銘肝シ敵撃滅ノ一途ニ邁進スルヲ要ス　戦友ノ看護付添ハ之ヲ認メズ　戦闘間衛生部員ハ第一線ニ進出シテ治療ニ任ズベシ」とある。それに続いて「第十二」では「戦闘中ノ部隊ノ後退ハ之ヲ許サズ」[147]とし、全将兵に「玉砕」を強いるものであった。さらに6月からの国民義勇隊に編入された男性（15歳から60歳）や女性（17歳から40歳）までも、敵戦車に体当たりして自爆することを強制されたであろう。一方、大本営は自己温存を図るために、最後まで松代大本営工事を督促していた。

ところで近年注目されている戦争遺跡に本土決戦に関わる遺跡、その中でも陣地壕などの調査がある。紙幅の関係で今回紹介することはできなかったが、県内の遺跡としてはどのような遺構が想定され、そして現在に残されているのであろうか。

まず遺構として想定されるのが、学校の校庭や周辺に構築された人馬用の防空壕、炊事場、浴場、訓練用のタコツボ、さらに三角兵舎（図2）や洞窟兵舎（図3）であろう。たとえば先遣隊が構築した炊事場と浴場について見るとその基準は次の様になっていた[148]。炊事場の大きさは概ね200～300名を1単位として構築され、長さ21メートル、幅5.5メートルを必要とした（図4）。釜湯調理所30平方メートル、主食釜数3個、副食釜は主食釜数の半数、米麦塩蔬菜庫20平方メートルなどである。浴場（180名に対して）は長さ10.5メートル、幅5.5メートル、浴槽は3.6平方メートルである。

渋川に展開した輜重隊が復員した後には、野営構築壕や、埋葬した軍馬の墓標などが山麓中に

しばらく見られたという。それは戦後40年たっても、入沢延命寺平以西の中ツ沢左岸の尾根には、なお厩舎壕の跡がその名残を留めていたという[149]。筆者が小学生だった1967年までは、通学した滝川小学校の崖面には防空壕が複数認められた。校舎の増改築時の発掘調査で、炊事場跡や浴場跡、さらに壕などの遺構が検出されることがあるのではないだろうか。また相馬ヶ原演習場や赤城演習場跡周辺には関連する遺構がまだ残されている可能性がありそうである。埼玉県内では実際に発掘された遺跡もある。それは1981年金鑚大通り線の予定地発掘調査のおり、無数の径1メートル前後の円形土坑が確認されたが、これらは青葉部隊が訓練のために掘ったタコツボであった[150]。

注
1) 群馬県『群馬県復員援護史』pp.939～941、1974年。
2) 防衛庁防衛研修所戦史室『戦史叢書　本土決戦準備〈1〉―関東の防衛―』p.208、1971年。
3) 徳永鹿之助「第三十六軍の復員に関する資料」防衛研究所所蔵。
4) 片倉衷の「手帖1」から(本文3を参照のこと)。〔　〕内は筆者の注、□は文字不明。
軍令陸甲61号　2/4/20〔20年4月2日〕30/4〔4月30日師団長補職〕15/4〔4月15日歩兵学校付〕10/6〔6月10日主力の編成完結〕
師団司令部　300　馬20
R〔連隊〕　4500　700頭
　　　　連隊本部　三大〔三個大隊〕(大隊本部 4中〔四個中隊〕Mg〔機関銃中隊〕1　L〔迫撃砲中隊〕1)
　　　　iA〔歩兵砲中隊〕1
　　　　作業〔中隊〕1
　　　　通信〔中隊〕1
　　　　乗馬小隊1
迫〔迫撃連隊〕1700　馬900
　　　　連隊本部　二大〔二個大隊〕(1〔大隊本部〕、三中〔三個中隊〕、段列1)
　　　　連段〔連隊段列〕1
速射　500　1〔隊本部〕　三中　段列1
機関砲　350　1〔隊本部〕　三中
P〔工兵〕　1000　馬80
　　　　三中〔一般工兵中隊〕対戦車中隊1　器材〔小隊〕1
通信隊　300　馬30
　　　　有線二小〔二小隊〕　無線二小〔二小隊〕
T〔輜重兵〕450　馬230
　　　　本部　鞍馬1中　自動車1中
師団　三iR〔三個歩兵連隊〕　AR〔野砲兵連隊〕1　迫R〔迫撃連隊〕1　速射砲　機関砲　P〔工兵〕　通信　T〔輜重兵〕　兵勤務×　衛生隊×　野病3×　病馬廠1×　計画10/6×
5) 2)のpp.223-224。
6) 額田担『最後の陸軍省人事局長　額田坦回想録』pp.172-173、1999年。

7) 松田正雄「本土決戦準備と人事」『大東亜(太平洋)戦争戦史叢書第51冊付録』1971年。
8) 和田盛哉「国民総武装の体制」『本土決戦』pp.36-67、2001年。
9) 「中村大尉事件」とは、1931年6月27日、陸軍参謀中村震太郎大尉と他3名が軍用地誌調査の命を受け、大興安嶺の東側一帯(興安嶺地区立入禁止区域)を密偵していた際、中国張学良配下の関玉衛の指揮する屯墾軍に拘束され、銃殺後に遺体を焼き棄てられた事件のこと。
10) 片倉衷『戦陣随録』1972年などを参照。
11) 3)に同じ。
12) 「新設部隊ノ装備充足状況 昭二〇、五、一六 第三課」(市ヶ谷台史料23)防衛研究所所蔵。
13) 「片倉衷文書 片倉衷履歴書断片」(分類番号2548)国立国会図書館憲政資料室所蔵。
14) 日本近代史料研究会『片倉衷氏談話速記録(下)』p.267、1983年。
15) 部隊史全般編纂委員会『独立工兵第二十七連隊』pp.261-269、1985年。
16) 神谷下諏訪26会同窓会『まなびや 伊勢崎市立殖蓮小学校昭和23年 殖蓮中学校昭和26年卒業』p.11、2004年。
17) 赤堀村誌編纂委員会『赤堀村誌(下)』p.1635、1978年。
18) 三小沿革誌刊行委員会『第三小学校百年のあゆみ』p.31、1975年。
19) 本庄市史編集室『本庄市史(通史編Ⅲ)』p.778、1995年。
20) 渋川市市誌編さん委員会『渋川市誌 第三巻 通史編・下 近代・現代』p.564、1991年。
21) 伊勢崎市『伊勢崎市史 通史編3 近現代』p.469、1991年。
22) 伊勢崎郷土文化協会『伊勢崎の昭和二十年—市長の「卓上日記」にみる—』pp.42-43、1995年。
23) 「片倉衷文書 昭和20年5月団隊長会同席上師団長訓示」(分類番号712)、国立国会図書館所蔵。
24) 「片倉衷文書 青葉兵団教育錬成ニ関スル指示」(分類番号708)、国立国会図書館所蔵。
25) 宮崎周一「作戦秘録 下」『大本営陸軍部作戦部長宮崎周一中将日誌』p.161、錦正社、2003年。
26) 25)のp.186。
27) 芳賀村誌改訂並びに町誌編纂委員会ほか『芳賀村誌 芳賀の町誌』pp.356-357、2003年。
28) 2)のpp.490-491。
29) 2)のp.401。
30) 2)のp.503。
31) 「片倉衷文書 青葉兵団訓練指針第三号」(分類番号710)、国立国会図書館所蔵。
32) 逸見八郎「内地勤務」『燦たり石門幹候隊!—第11期甲種幹部候補生の手記』pp.146-147、1982年。
33) 参謀本部所蔵『敗戦の記録』p.383、原書房、1967年。
34) 日本近代史料研究会『片倉衷氏談話速記録(下)』pp.275-277、1983年。
35) 「終戦後ニ於ケル部隊ノ行動ニ関スル綴 東部軍管区司令部」(本土全般77)防衛研究所所蔵。
36) 片倉衷『片倉参謀の証言 叛乱と鎮圧』p.94、芙蓉書房、1981年。
37) 「終戦後に於ける部隊の行動に関する綴 東部軍管区司令部」(本土全般78)防衛研究所所蔵。
38) 「片倉衷文書 状況報告 昭和二十年十月十日 第二百二師団」(分類番号694)国立国会図書館憲政資料室。以下、各部隊の将兵数についてはこの資料に基づいている。
39) 前橋高等学校校史編さん委員会『前橋高校百三年史 下巻』p.1179、1983年。
40) 前橋市教育史編さん委員会『前橋市教育史 上巻』p.1237、1986年。

41）城東小学校『城東小五十年のあゆみ』p.35、1977年。
42）前橋市史編さん委員会『前橋市史 第五巻』p.268、1984年。
43）前橋市立若宮小学校『開校五十周年記念誌わかみや』p.48、1985年。
44）40）に同じ。
45）前橋市久留万国民学校「昭和二十年度 当宿直日誌」前橋市教育研究所所蔵。
46）前橋市桃井小学校創立百三十周年記念事業委員会『桃の花』p.65、2002年。このほかに前橋市立桃井小学校PTA 厩橋桃井小学校同窓会『桃井校沿革余話』p.36、1967年。
47）38）に同じ。
48）2）の付表第三。以下、各部隊の馬匹についてはこの資料に基づいている。
49）伊勢崎郷土文化協会『伊勢崎の昭和二十年―市長の「卓上日記」にみる―』pp.42-43、p.48、1995年。
50）49）のp.48。
51）伊勢崎市『伊勢崎市史 通史編3 近現代』p.469、1991年。
52）永明小学校百周年記念事業協賛会『永明学校沿革誌・永明町村誌』p.13、1975年。
53）三郷小学校百年誌編集委員会『三郷小の百年』p.21、1975年。
54）51）に同じ。
55）前橋市立駒形小学校百年誌編集委員会『百年誌』p.72、1974年。
56）下川渕村誌編纂委員会『下川渕村誌』p.486、1958年。
57）18）に同じ。
58）車郷小学校開校100周年記念事業実行委員会『わが母校100年のあゆみ』p.21、2003年。
59）安中市市史刊行委員会『安中市史 第一巻 近代現代資料編2』p.46、2000年。
60）里見村誌編纂委員会『里見村誌 下巻』p.899、1960年。
61）東横野村誌編纂委員会『群馬県碓氷郡東横野村誌』p.307、1984年。
62）久留馬村誌編纂委員会『久留馬村誌』p.187、1963年。
63）倉渕村誌編さん委員会『新編 倉渕村誌 第四巻 通史編』p.563、2009年。
64）中央小開校記念事業実施委員会校誌編さん部会『倉渕中央小百十年の歩み』p.227、1991年。
65）高崎市立片岡小学校『片岡小学校百十年のあゆみ』p.189、1985年。
66）高崎市立塚沢小学校百年史編纂委員会『塚沢小学校百年史』p.67、1977年。
67）安中市市史刊行委員会『安中市史 第二巻 通史編』p.790、2003年。
68）高崎市立八幡小学校校史発行委員会『高崎市立八幡小学校のあゆみ』pp.95-97、1977年。
69）「豊岡誌」編さん委員会『群馬県高崎市『豊岡誌』』p.96、p.246、2007年。
70）室田町誌編集委員会『室田町誌』p.520、1966年。
71）32）に同じ。
72）本庄市史編集室『本庄市史（通史編Ⅲ）本庄市歴史年表』p.167、1995年。
73）本庄市史編集室『本庄市史（通史編Ⅲ）』pp.775-777、1995年。
74）73）p.778。
75）岡部町立岡部小学校開校百年記念事業協賛会『開講百周年記念誌おかべ小』p.52、1989年。
76）本郷小学校開校百年記念事業協賛会『開校百周年記念誌』p.64、1988年。
77）本庄市立北泉小学校開校百年記念事業実行委員会『開校百年のあゆみ』p.31、1974年。

78) 神保原小学校開校百年記念事業実行委員会『開校百年誌』pp.131-132、1987年。
79) 仁手小学校開校百周年記念事業実行委員会『仁手小学校開校百周年記念誌』p.104、1993年。
80) 岡部町立榛沢小学校開校百年記念事業協賛会『開校百年記念誌』p.51、1988年。
81) 開校百周年記念事業記念誌委員会『おおより』p.57、1988年。
82) 相馬小学校百周年記念事業実行委員会『相馬小学校百年史』pp.131-143、1975年。
83) 駒寄小学校開校百周年記念事業実行委員会『駒寄小学校百周年記念史』pp.107-113、1985年。
84) 明治小学校百年史作成委員会『明治小学校百周年記念史』pp.231-234、1985年。
85) 桃井小学校開校百周年記念事業実行委員会『桃井小学校百年史』p.159、1976年。
86) 久呂保村誌編纂委員会『村誌久呂保』pp.687-688、1961年。一方、次のような記述もある。「五月四日、私は青葉師団の先発隊となり、群馬県利根郡に移駐した。わが迫撃第三中隊(江口隊)は久呂保村小学校に屯営を設けた。半地下式の厩が山の中腹に二十棟設営されて馬は空襲から守られることになった。(陸軍習志野学校史編纂委員会『陸軍習志野学校』p.469、1987年)
87) 沼田市立升形小学校開校百年記念事業推進委員会『開校百年記念誌』p.27、1974年。
88) 池田村史編纂委員会『池田村史』pp.441-443、1964年。
89) 86)に同じ。
90) 川場小学校開校百年のあゆみ編集委員『川場小学校百年のあゆみ』pp.84-89、1974年。
91) 沼田市史編さん委員会『沼田市史　通史編3　近代現代』p.527、2002年。
92) 甘楽町史編さん委員会『甘楽町史』p.1175、1979年。
93) 京ヶ島村誌編纂委員会『京ヶ島村誌』p.187、1961年。
94) 東村誌編纂委員会『東村々誌』p.238、1959年。
95) 中川小学校百年史委員会『高崎市立中川小学校百年史』pp.193-195、1979年。
96) 新町小学校百年史編集委員会『新町小学校百年史』p.99、1975年。
97) 滝川小学校百十年史編集委員会『滝川小学校百十年史』pp.90-91、1984年。
98) 藤岡市教育史編さん委員会『藤岡教育百年のあゆみ』pp.57-58、p.186、1978年。
99) 高崎市立佐野小学校『佐野小学校百年のあゆみ』p.239、p.246、1974年。
100) 大類小学校史編纂委員会『大類小学校史』pp.233-234、pp.273-274、1997年。
101) 倉賀野小学校開校百年記念事業実行委員会『倉賀野小学校百年史』pp.166、1978年。
102) 岩鼻村国民学校「昭和二十年度　当直日誌」高崎市立岩鼻小学校所蔵。
103) 前橋市立桂萱小学校『桂萱小学校沿革誌』p.43、1974年。この他に、桂萱地区自治会連合会『桂萱村誌』p.433、2006年。
104) 渋川市市誌編さん委員会『渋川市誌　第三巻　通史編下　近代・現代』p.564、1991年。
105) 渋川北小百年史編纂委員会『渋川北小百年史』p.509、1973年。
106) 104) p.564。
107) 渋川市立古巻小学校創立百周年記念事業実行委員会『古巻小学校百年の歩み』p.205、1976年。
108) 渋川市立豊秋小学校創立百周年記念事業実行委員会『小学校百年の歩み』pp.159-161、1975年や行幸田百周年記念事業実行委員会『行幸田百年の歩み』p.448、1995年。
109) 金島小学校創立百周年記念事業実行委員会『金島小学校百年のあゆみ』.p32、p.40、1973年。
110) 48)に同じ。

111) 40）に同じ。
112)「昭和二十年度　教務関係書類　敷島国民学校」「昭和二十年度　日直簿」前橋市教育研究所所蔵。
113) 2）付表第一・三。
114) 芳賀小学校『芳賀小学校百年誌』pp.32-33、1974年。
115) 丑木幸男編『大正用水史』p.133、1983年。
116) 115）に同じ。
117) 群馬県教育史研究編さん委員会『群馬県教育史　第四巻（昭和編）』pp.263-265、1975年。
118) 南小学校50周年記念誌刊行委員会『南小五十年のあゆみ』p.48、1980年。
119) 茂呂小学校百年史編集委員会『茂呂小学校百年史』pp.40-43、1974年。
120) 16）に同じ。
121) 名和小学校百年誌編集委員会『名和小百年』p.34、p.104、1979年。
122) 三郷小学校百年誌編集委員会『三郷小の百年』p.64、1975年。
123) 前橋市笂井小学校『笂井小学校百年誌』p.123、1974年。
124) 122）に同じ。
125) 二之宮小学校創立百周年事業実行委員会『百年のあゆみ』p.163、1974年。
126) 荒子小学校百周年記念誌編集委員会『あゆみ―荒子小の百年―』pp.81-84、1974年。
127) 前橋市立大室小学校『おおむろ百年のあゆみ』p.25、p.120、1978年。
128) 木瀬村誌編纂委員会『木瀬村誌』pp.206-207、1995年。
129) 60）に同じ。
130) 62）に同じ。
131) 高崎市立八幡小学校校史発行委員会『高崎市立八幡小学校のあゆみ』pp.95-97、1977年。
132) 19）pp.778-779。
133) 78）に同じ。
134) 七本木小学校記念誌発刊実行委員会『七小記念誌』pp.127-129、1976年。
135) 82）に同じ。
136) 83）に同じ。
137) 84）に同じ。
138) 88）に同じ。
139) 86）に同じ。
140) 90）に同じ。
141) 105）pp.497-498。
142) 行幸田百周年記念事業実行委員会『行幸田百年の歩み』pp.448、106）p.564、1995年。
143) 108）に同じ。
(144) 109）p.40。
145) 117）に同じ。
146) 38）に同じ。
147) 2）p.337。
148) 陸軍省「兵力ニ依ル居住施設構築ノ参考」筆者所蔵。「設計参考」として綴られた冊子群には上記

資料のほかに「昭和二十年度陸軍需品補給品種及単価決定ノ件通牒」「戦局ニ伴フ工事設計規格規制要領」「地下工場建設指導要領案　昭和20年2月　技術院・陸軍省」もあることから、昭和20年発行と思われる。

149）20）p.565。
150）19）p.780。

このほかに保阪正康『本土決戦幻想　コロネット作戦編』毎日新聞社、2009年、樋口隆晴「一撃講和に賭けた本土決戦計画」『本土決戦』学習研究社などを参考とした。

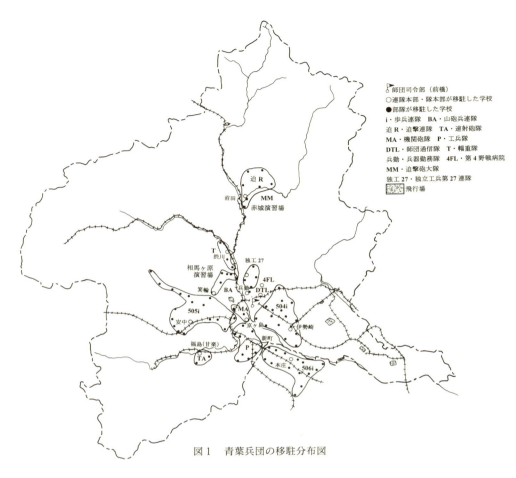

図1　青葉兵団の移駐分布図

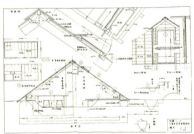

図2　三角兵舎式施設設計図
「戦局に伴フ工事設計規格規制要領」筆者所蔵

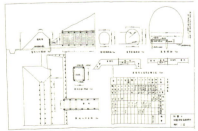

図3　洞窟（素掘）施設設計図
「戦局に伴フ工事設計規格規制要領」筆者所蔵

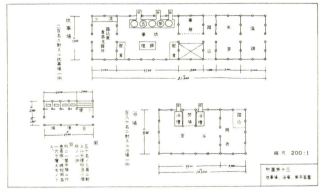

第3章　群馬県内の戦争遺跡群研究

表7　青葉兵団（陸軍第202師団）の移駐

部隊名	部隊名	先遣隊	本隊	校舎・校庭の使用状況など	兵隊の様子など	学校側の対応など	子どもたちの反応	文献
師団司令部（前橋市内、305名）								
前橋中学校（現市立前橋高等学校）	司令部		6月13日以降		5月16日 師団隊舎引っ越し			39
城東国民学校（現市立城東小学校）		6月3日		防空壕、不使用	6月24日 陸軍第5技術研究所			40,41
敷島国民学校（現市立敷島小学校）				北校舎7教室	4月11日戦車第1旅団（東部隊）150名			42
若宮国民学校（現市立若宮小学校）								43
桃井国民学校（現市立桃井小学校）	前橋通信隊司令部	6月10日	7月〜	校舎附土金教室宿舎				46
歩兵第504連隊（青葉第30403部隊、4360名）								
伊勢崎市内								
南国民学校（現伊勢崎市立南小学校）	連隊本部	6月2日	6月22日〜	第3校舎、工作室、工作機、16教、楼				49
北国民学校（現伊勢崎市立北小学校）	通信中隊	6月2日	6月22日〜	16室	行動は厳正、武器充実、5月10日祈部隊	8月14日〜15日の空襲で焼失	炊事当番の兵隊の手伝い	49
茂呂国民学校（現伊勢崎市立茂呂小学校）	大隊本部、機関銃（中隊）、馬（乗用小隊か）		6月22日〜	校舎半分、講堂、講堂、たこ壺	年老いた兵が多かった	分散授業		49
殖蓮国民学校（現伊勢崎市立殖蓮小学校）	歩兵（歩兵砲中隊か）		6月23日〜	校庭の桜の木、切り倒される？				49
退機学								
佐波郡内								
豊受国民学校（現伊勢崎市立豊受小学校）		6月2日	6月	裏校舎2棟、講堂、たこ壺		二部授業	餌馬のための下草提供	51
名和国民学校（現伊勢崎市立名和小学校）		5月9日?		厩舎、校舎と一部畑	授業、棟見山で訓練			53
三郷村国民学校（現伊勢崎市立三郷小学校）								49
宮郷村国民学校（現伊勢崎市立宮郷小学校）								49
上縁村国民学校（現玉村町立上縁小学校）								49
勢多郡内								
敷文神社・霊龍神社								
大胡町国民学校（現伊勢崎市立大胡小学校）	大隊本部		6月	校庭に高射砲と探照灯？	戦闘の爆破訓練	分散授業（事務所・社務所・市場）	寂しさを覚えた	49
木瀬村国民学校（現市立木瀬小学校）				教室		分散授業（神社・集会所・寺など）		55
東大明国民学校（現市立大明小学校）						分散授業（教室・寺など）		52
馬庭村国民学校（現伊勢崎市立東樹原小学校）						分散授業（医院など）		
荒砥村北国民学校（現市立二宮小学校）						分散授業（医院・寺など）		
荒砥村北国民学校分校（現市立二之宮小学校）						分散授業（恩養寺・観昌寺・源清寺）	挙手をして登下校	56
駒形村国民学校（現伊勢崎市立倉賀野小学校）								
下川淵村国民学校（現下川淵小学校）	?	6月2日	4月?	講堂	戦地の爆破訓練			
歩兵第505連隊（青葉第30403部隊、4285名）								
榛名郡内								
安中中国民学校（現安中市立中央中学校）	連隊本部	6月2日	6月	7教室、博物教室、南農場				47
磯部国民学校（現安中市立磯部小学校）	烏川隊（150名）	6月10日以前		7教室				59
東横野村国民学校（現安中市立東横野小学校）	1個中隊							61
八幡村国民学校（現安中市立八幡小学校）				8教室、防空壕	老兵、服装・武器貧弱、肌え、5月納部隊到着兵（1個中隊）			68
豊岡村国民学校（現安中市立豊岡小学校）	可能性あり		6月26日〜	3～1教室	4月22日静岡方面に移転は納部隊か	分散授業（寺・神社・民家・洞穴）		69
後家国民学校（現安中市立後家小学校）	可能性あり				装備、食事が悪い、終部隊か			57
秋間国民学校（現安中市立秋間小学校）	可能性あり							60
群馬郡内								
里見村国民学校（現高崎市立里見小学校）	憩隊本部（約400名）	6月2日			烏川原で演習、提壙、水間20個所	分散授業（寺・神社・民家・災穴）		58
久留場村国民学校（現高崎市立久留馬小学校）	歩兵砲中隊（約100名）	5月			装備貧弱、提壙			62
室田町中国民学校（現高崎市立下室田小学校）	吹田隊	6月初旬		校庭にに炊事場	装備貧弱、提壙			70
室田町上室田小分校（現高崎市立上室田小学校）	可能性あり		6月26日〜					
倉田村三ノ倉国民学校（現高崎市立倉渕東小学校）	可能性あり	20名						
倉田村上倉田小分校（現高崎市立倉渕中央小学校）	約40名							
高崎市								
片田国民学校（現市立片田小学校）	?		6月	北校舎	観音壕に楼槽構築	5月27日、3教室供出のため補修		63
塚沢国民学校（現市立塚沢小学校）	?				8月14日校歌戦死、中川村国民学校に移転			64
歩兵第506連隊（青葉第30405部隊、4291名）								
児玉郡内								
本圧町本庄国民学校（現本庄市本庄西小学校）	連隊本部（150名程度）	6月2日161名、6月14日以降	6月24日〜	4教室	装備劣悪、老兵、コーリン飯	三部授業		74
藤田村国民学校（現本庄市立藤田小学校）		2月14日16名、2月22日以降		教室の半分使用		二部授業		72
旭村国民学校（現本庄市立北泉小学校）				4教室、防空壕		二部授業	軍歌の顔の歌（仮作）	79
旭村国民学校（現本庄市立北泉小学校）								73
仁村村国民学校（現上里町立神保原小学校）				校舎半分		二部授業		77
七本木国民学校（現上里町立七本木小学校）						二部授業	兵隊の残した悪い面	78
長幡国民学校（現上里町立長幡小学校）								134
賀美村国民学校（現上里町立賀美小学校）								
大郡郡内								
本郷村国民学校（現高崎市立本郷小学校）	司令部あり	6月		南・中校舎、校庭甘薩蕨病	観音壕に楼槽構築			76
藤岡村国民学校（現高崎市立藤岡小学校）	司令部あり			道場、西校舎、炊事場・事場、防空壕	8月14日校歌戦死、中川村国民学校に移転			80
岡崎村国民学校（現高崎市立岡崎小学校）	歩兵中隊（佐藤部隊）			西側教室				75
中鶴村国民学校（現藤岡市立中鶴小学校）	第9中隊（佐藤部隊 250名）		6月	両学年の教室		分散授業（神社）		67
大野村国民学校（現藤岡市立大野小学校）								81
用土村国民学校（現寄居町立用土小学校）								71

337

青葉兵団（陸軍第202師団）の移駐	部隊名	先遣隊	本隊	校舎・校庭の使用状況など	兵隊の様子など	学校側の対応など	子どもたちの反応	文献
山砲兵第202連隊（青葉第22871部隊、2427名）								47
群馬郡内								
東梅町国民学校（現高崎市立東梅小学校）	連隊本部			裏校舎と講堂	昭和19年7月～第81師団所属兵第173連隊（柳287B）	二部授業	恐れと不安	85
桜井村国民学校（現桜井北小学校）	可能性あり			校舎の3/2～1/2分	安藤隊弱い、やせた馬、粗末な食事、戦車当たらぬ訓練		会話に注意	82
相馬村国民学校（現駒形小学校）駒寄分校		2月、3月？		上下4教室、講堂、村長住宅、校庭作付け	警備、防空壕の構築、防空監視、庭に藁人形		馬の飼い葉、兵隊がこっそりと	83
駒形村国民学校（現駒形立明柏小学校）	坂本部隊			8教室			馬の餌、兵隊…	84
								47
追撃砲202連隊（青葉第30406部隊、1637名）								87
利根郡内								
利根林業学校（現、県立利根実業高等学校）	連隊本部	6月17日～		講堂、校庭に露営（馬匹約40）	野形らし	校舎屋根を迷彩色		91
利南村井国民学校（現沼田市立利形小学校）	150名							88
利南村東国民学校（現沼田市立利根東小学校）	可能性あり							86
池田村国民学校（現沼田市立池田小学校）	高橋隊（150名）							86
沢田村役場	大阪本部							86
白沢村国民学校（現沼田市立澤田小学校）	松井隊							86
久呂保村国民学校（現昭和村立白砂小学校）		6月17日～	6月26日	庭20棟	赤城演習場で教練、7月2回出農	二部授業	兵馬の食糧供出	86,89
川場村国民学校（現川場村立川場小学校）	追撃第3中隊（江口隊）			第2校舎	校庭に大砲と露を載せた砲車、草軽付き		訓練を目を輝かせて見物	90
別所の観音寺								
								47
師団速射砲隊 8 第2中隊（青葉第30407部隊、481名）	陸本部		6月～	西校舎		二部授業		92
北甘楽郡内								
福島村国民学校（現甘楽町立福島小学校）	可能性あり							
小幡村国民学校（現甘楽町立小幡小学校）								
新福島村国民学校（現甘楽町立新福小学校）								
								93
師団独立機関砲隊（青葉第30408部隊、334名）	隊本部	5月～	4月？	8教室	校舎に高射機関砲（高射機関砲か）	三部授業から分散授業（神社など）		94
群馬郡内				西校舎、東校舎の最縫室	脱走者	西校舎出入り禁止		95
京ヶ島村国民学校（現高崎市立京ヶ島小学校）								
東村国民学校（現高崎市立新町第一小学校）								
中川村国民学校（現高崎市立中川小学校）								
師団工兵隊（青葉第30409部隊、996名）	隊本部			校舎半分	昭和20年8月18日～晴4101部隊	三部授業		96
多野郡内						三部授業		98
新町国民学校（現高崎市立新町第一小学校）						三部授業		98
藤岡町国民学校（現藤岡市立藤岡小学校）						三部授業		98
神流村国民学校（現藤岡市立神流小学校）								98
美土里村国民学校（現藤岡市立美土里小学校）								
三波村国民学校（現藤岡市立三波小学校）								
平井村国民学校（現藤岡市立平井小学校）								
								97
師団通信隊（青葉第30410部隊、300名）	2個小隊	6月2日		裏校舎校庭、校庭に納屋廃、防空壕		分校授業		101
勢多郡内	?			校舎半分		分散授業・分校授業		99
南橘村国民学校（現前橋市立南橘小学校）	?			東西校舎、木校舎の一部		三部授業・分校授業		
城南村国民学校（現前橋市立城南小学校）	?					三部授業		
大胡町国民学校（現前橋市立大胡小学校）						三部授業・分校授業		
佐野村国民学校（現前橋市立佐野小学校）						分校授業		
								103
師団衛生隊（青葉第30411部隊、431名）	隊本部	6月16日	6月～	新9棟校舎	老兵、装備貧弱、ユーリャン飯	二部授業・分校授業	教育費最悪	105
群馬郡内	相隊		昭和19年？	6教室	橋を使って物資の運搬を行う訓練、削根、削髪	三部授業	軍馬の暴走で負傷	107
堤村国民学校（現前橋市当新北小学校）				裏校舎 3教室、庭に炊事場、タコツボ				108
金島村国民学校（現渋川市立古巻小学校）				講堂校舎、木校舎、炊事場				109
豊秋村国民学校（現渋川市立豊秋小学校）								106
渋川八幡宮								
兵器勤務所（青葉第30412部隊もしくは21415部隊、113名）	木田隊	7月13日頃	7月18日	9室、校庭に炊事場	大正用水工事応援	三部授業		112
前橋市内								
敷島村国民学校（現前橋市立敷島小学校）								
第4野戦病院（青葉第30416もしくは21419部隊、203名）	高橋隊		7月23日			三部授業		114
多野郡			7月23日					
芳賀村国民学校（現前橋市立芳賀小学校）								
追撃砲第8大隊（富士36376部隊、1458名）								
勢多郡内								
追撃砲第9大隊（富士36377部隊、1523名）								
								15
独立工兵第27連隊（晴第13001部隊）	連隊本部・通信隊・材料廠	5月下旬～						
勢多郡内	第1・第2中隊	5月下旬～						
富士見村時沢国民学校（現前橋市立時沢小学校）	第3・第6中隊	5月下旬～						
富士見村石井国民学校（現前橋市立石井小学校）	第4中隊	5月下旬～						
有橋村国民学校（現前橋市立桃川小学校）	第5中隊	5月下旬～						
南橘村国民学校（現前橋市立細井小学校）								

第4章　空襲研究
―群馬県下空襲の実像を追って―

第1節　中島飛行機太田製作所に対する米軍艦上機空襲

はじめに

　1945（昭和20）年2月10日、太田の中島飛行機製作所が「超空の要塞」といわれたB-29によって初空襲された。その6日後、今度は海軍機動部隊の空母艦上機（艦載機）による空襲をうける。この2月16日の米軍艦上機の来襲企図を日本軍は、一・硫黄島攻略の為の上陸艦船の掩護、二・我が本土よりする増援妨害、と判断していた。

　「午前七時、警戒警報が発令されたが、そのサイレンは、途中から突然、空襲警報に変わった。ラジオは、敵小型機数十機来襲と知らせている。艦載機である。はじめてだ。アメリカの戦闘機が、とうとう東京までやってくるようになったのだ」、その驚愕が一色次郎の『日本空襲記』[1]に綴られた。

　敵艦載機はグラマンF6Fヘルキャット（戦闘機）、ヴォートF4Uコルセア（戦闘爆撃機）、カーチスSB2Cヘルダイバー（爆撃機）、グラマンTBMアヴェンジャー（雷撃機）である。午前7時から午後4時の間、7次にわたった敵機の来襲状況は次のようであった。

　約90機からなる第1波は午前7時から8時5分、同じく約90機の第2波は午前8時10分から8時45分、約100機の第3波は午前8時40分から9時30分、約120機の第4波は午前10時35分から11時45分にかけて来襲した。これらはいずれも鹿島灘および九十九里浜方面から侵入して、主として沿岸地区の陸海軍各飛行場を攻撃した。

　午後には、零時30分から1時10分に約90機の第5波が九十九里浜方面から侵入し、印旛、成増、調布、厚木などの飛行場を攻撃した。更に午後2時15分から3時40分に計約450機の第6波が鹿島灘から侵入、主力をもって中島飛行機太田製作所を、一部をもって成増、調布、厚木飛行場などを攻撃した[2]。

　敵機の攻撃目標は、一・飛行基地の制圧、二・港湾施設と船舶、三・軍関係施設、軍需工場であった。

　そして午後3時20分、群馬県から内務省に次のことが報告されている[3]。
1　一五時敵小型三〇機二編隊ヲ以テ太田町ニ侵入爆撃ヲ開始セリ
2　敵小型約三〇機小泉地区ニ侵入爆弾投下
3　敵ハ太田町ノ中島製作所ニ急降下爆撃開始警察署西方ニ爆弾ヲ投下セリ
　太田工場ハ火災発生セルモ工場以外ニ火災発生ナシ

1 陸海軍防空陣の動き

　当日の状況を関東の防空を担任していた陸軍の飛行第10師団の記録と第302海軍航空隊の戦時日誌から見てみよう。

　この日の天候は晴れ、午前7時頃千葉県の白浜監視哨から敵小型機の編隊が北進している、との情報が突如として入った。電波警戒機乙は低空で侵入する敵機を捕捉することができず、日本本土は敵機動部隊によって奇襲されてしまったのである。

　飛行第10師団は直ちに飛行第244戦隊（飛燕）や同18戦隊（飛燕）などの各戦隊を逐次出動させた。さらに地上飛行機の燃料、弾薬を除去して飛行場外に徹底的に分散遮蔽を行わせた。夜間専任戦隊の飛行第53戦隊（屠龍）では、技量乙以下の夜間錬成飛行隊と中間錬成飛行隊を県下の新田飛行場に退避遮蔽させ、技量甲のものは根拠飛行場である松戸で分散遮蔽して燃料と弾薬の除去を徹底させたのである[4]。

　一方、第302海軍航空隊の動きはどうであったろうか。

　午前7時2分に横須賀鎮守府中管区警戒警報第1種が発令され、続いて同10分から9時35分まで警戒警報発令、そして午前10時43分から午後5時18分まで空襲警報が発令されている。

　この間、航空隊では午前7時15分から午後5時45分まで、敵機邀撃のために雷電18機、零夜戦30機が離陸し厚木から横須賀上空を哨戒している。また敵の空襲から飛行機を守るために内陸の飛行場に雷電19機、零夜戦4機、月光10機、彗星12機、銀河11機、彩雲1機を退避させた。

　当日午後6時現在、退避中の飛行機は次のようであった。前橋飛行場には月光4機、銀河5機、彗星7機、零戦1機、館林飛行場に彗星1機、甲府飛行場に銀河1機、加古川飛行場に銀河1機、鈴鹿飛行場に月光2機、相模飛行場に彩雲1機、古河飛行場に彗星1機である。なお、前橋へ退避中の月光4機は午後5時20分までに夜間待機のために厚木へ帰隊している[5]。

　以上の動きからは、敵小型機に対する邀撃戦闘を極力避け、本土決戦に備えて航空戦力の温存を図っていたことがわかる。また県下の新田・前橋・館林の各飛行場には、沿岸地区飛行場に対する退避飛行場の役割があった。

2 陸海軍の戦果と損害

　この日、飛行第10師団の各戦隊は、はじめて本格的な対戦闘機戦闘を実施することになった。それまではB-29に対する戦闘訓練重視のあまり対戦闘機戦闘訓練はほとんど実施してこなかったのである。このために戦闘は思うようにいかなかった。

　敵機撃墜は62機、撃破27機と発表されたが師団ではこの発表に疑問をもった。地上監視哨は敵戦闘機に不慣れのため彼我戦闘機の識別を混乱した嫌いが濃厚であったからだ。一方、師団の損害は37機で、しかも各戦隊とも対戦闘機戦闘に経験のある優秀な操縦者を大量に失ってしまい、師団の戦力は一挙に低下してしまった。このような戦闘を更に数回繰り返せば師団の戦力は零となり、戦局の前途は暗澹たるものがあった。

　師団管下の地上における飛行機の損害は僅かに2機であったが、横芝、香取、神ノ池等の海軍各飛行場では甚大であった。

一方、第302海軍航空隊の戦果は撃墜9機（1機は不確実）としている。損害は零戦2機大破炎上して荒木大尉と杉原少尉の2名が戦死、雷電3機大破して1名戦傷死、1名軽傷であった。零戦に搭乗して戦死した杉原基司少尉は、1921（大正10）年3月30日生まれの享年23歳であった。1943年9月、東京美術学校建築科を繰り上げ卒業、結婚して大東亜省に入省したがすぐに海軍予備学生として入隊。土浦、神ノ池などを経て302海軍航空隊に所属していた。そして2月16日、神奈川県厚木上空での空中戦において撃墜されてしまった。美術学校在学中に画いた油絵が、現在長野県の無言館に展示されている[6]。

地上部隊の高射師団では各飛行場付近の高射砲と高射機関銃砲で対空戦闘に任じ、撃墜19機、撃破17機の戦果を得たという[7]。

さらに防空情報室がまとめた陸海軍総合の戦果と損害は次のようになっている[8]。

戦果は陸軍撃墜90機、撃破50機、海軍撃墜55機の計195機、一方の損害は陸軍自爆未帰還34機、地上での大破炎上71機、海軍自爆未帰還26機で、陸海軍計60機が自爆未帰還となっている。

3　新聞の発表

「上毛新聞」1945年2月17日の紙面には、本土近海に敵機動部隊出現、艦載機で波状攻撃、我が制空部隊邀撃中、太田地区に機銃掃射、盲爆に次ぐ愚なる謀略行為、我が防空陣微動もせず、との活字が躍っている。そして大本営発表（2月16日18時20分）として「一、有力なる敵機動部隊は我が近海に現出し其の艦載機を以て本二月十六日七時頃より十六時迄の間主として関東地方及び静岡県下の我が飛行場に対し波状攻撃を実施せり　我が制空部隊は之を邀撃し相当の戦果を収めたり」と報じた。さらに18日の紙面には大本営発表（2月17日15時30分）「一、敵艦載機は本二月十七日七時頃より昨十六日に引続き関東地方及静岡県下に来襲せり　二、本土来襲の敵機動部隊に対する昨十六日の邀撃戦果中現在迄に確認せるもの次の如し　飛行機撃墜＝百四十七機、損害を与へたるもの＝五十機以上、艦船大破炎上大型艦一隻　我が方自爆未帰還＝計六十一機　地上に於ける損害は僅少なり」

大本営の発表によれば、撃墜された味方機の2.4倍もの敵機を撃墜したことになっている。さらに地上における損害は僅少としたが、この発表は事実と大きく異なっていた。

防空情報室がまとめた地上の被害は次のとおりであった[8]。まず、軍関係のうち陸軍関係では次の飛行場が被害をうけた。

〇日立陸軍飛行場（爆弾25発）－格納庫、兵舎各1棟破壊、飛行機11機炎上、死傷6。
〇水戸陸軍通信学校（爆弾5、焼夷弾2発）－格納庫、工場各1棟破壊、練習機3機中破、死傷19。
〇航空審査部水戸出張所（爆弾9発）－飛行機2機炎上。
〇鉾田陸軍飛行場－飛行機7～8機炎上、格納庫1棟中破、4棟小破。
〇鉾田飛行師団第2教導隊（爆弾10数発）－器材庫（在庫品なし）半壊、死者2、飛行機1機炎上。
〇吉田村航空通信学校（茨城）－火災発生。
〇各務原航空分廠、中部第113部隊（練習飛行隊）－格納庫、兵舎、庁舎火災または破壊、飛行機若干被害。
〇浜松陸軍飛行場－格納庫若干破壊、飛行機5機炎上。
〇天竜飛行場－若干ノ被害。

さらに海軍関係では次の基地が被害をうけた。

○横須賀航空部隊（5ヶ所）－飛行機炎上13機、戦死1。
○追浜航空隊－飛行機炎上3機。
○館山航空隊－数機炎上。
○茂原海軍航空基地－飛行機炎上4機。
○土浦海軍航空隊－工場1棟小破。
○香取海軍航空基地－一部炎上。
○木更津航空隊－傷者4。
○同第2航空廠－爆弾投下軽微。

船舶、鉄道関係は次のとおりである。

○成田線、松崎駅附近、大東駅附近進行中の貨物列車に対し銃撃乗務員重・軽傷若干。
○下田南方、御前崎南方各海上輸送船1隻被弾、同1隻沈没。
○大島附近海上貨物船（1千トン）1隻沈没。

工場関係は次のとおりである。

○中島飛行機製作所（太田）爆弾43、焼夷弾5、工場2棟半焼、その他11棟に被害若干、死傷17、待避中ノ者死傷105、未完成機被弾25機。
○日本楽器、織物工場　死傷7。
○福島県原町工場　死傷5。
○羽田飛行場　油倉庫、飛行機各1、炎上。

その他としては、

○館山市街　死傷大。
○水戸市農業倉庫に友軍機墜落在庫米5,000俵焼失。
○浜名湖上空、栃木県富山町、茨城県久慈村に各宣伝「ビラ」撒布。

　以上、防空情報室がまとめた軍関係を中心とした被害状況一覧である。民間の被害状況はほとんど記載されていないが、それでも大本営発表の伝える「地上に於ける損害は僅少なり」とは、とてもいえない惨状であった。なかでも中島飛行機太田製作所の被害は大きかった。

4　米軍艦載機（艦上機）戦闘報告書から

　「米国海軍・海兵隊艦載機戦闘報告書」[9]から、中島飛行機太田製作所と同小泉製作所への攻撃を見ていこう。この報告書を分析することによって、この日の空襲の実態がより鮮明にされるものと思われる。
　中島飛行機の両製作所攻撃を予定していたのは、米第58任務部隊（空母機動部隊）である。
　空母「レキシントン」所属の第9戦闘飛行隊のグラマンF6F-5ヘルキャット16機、第9爆撃飛行隊のカーチスSB2Cヘルダイバー13機、第9雷撃飛行隊のグラマンTBM-3,TBM-1Cアヴェンジャー15機の計44機と軽空母「サンジャシント」所属の第45戦闘飛行隊のF6F-5・7機、第45雷撃飛行隊のTBM-3・9機の計16機である。両空母の60機が同一の作戦任務のもとに攻撃隊を

編成した。

　さらに空母「バンカーヒル」所属の第84戦闘飛行隊のヴォートF4U-1Dコルセア15機、F6F-5P（戦闘偵察型）1機、海兵戦闘飛行隊のF4U-1D・2機、第84爆撃飛行隊のSB2C4E・13機、第84雷撃飛行隊のTBM-3・14機の計45機で攻撃隊を編成した。

　また空母「エセックス」所属の第4雷撃飛行隊のTBM-3・13機、第4戦闘飛行隊のF6F-5・4機、戦闘爆撃飛行隊のF4U・16機の計33機と軽空母「カウペンス」所属の第46雷撃飛行隊のTBM-3・9機、第46戦闘飛行隊のF6F-5・4機の計13機である。両空母の46機で同一作戦のもとに攻撃隊を編成した。

　その結果、総計は151機にのぼった。しかし空母「エセックス」と「カウペンス」所属の46機は気象状況によって太田と小泉両製作所の攻撃を断念、水戸飛行場攻撃を行った。結果として105機が攻撃に参加したのである。日本時間の午後1時前後、攻撃隊は各空母を発艦した。

空母「レキシントン」搭載の各攻撃隊

　第9戦闘飛行隊のF6F-5・16機（このうちの9機は5インチ高速航空ロケット弾4発を各機搭載）は、13機の爆撃飛行隊（10機のSB2C-3と3機のSBW-3、1機あたりの搭載爆弾は500ポンド通常爆弾2発と250ポンド通常爆弾2発）と15機の雷撃飛行隊（6機のTBM-3と9機のTBM-1C、1機あたりの搭載爆弾は100ポンド通常爆弾10発）を掩護するために、午後1時、発艦した。

　雷撃飛行隊の下方を爆撃飛行隊が飛行し、掩護のF6F-5隊は上空を飛行した。まばらな中程度の対空砲火が海岸で観察された。重砲による間断のない鋭い砲火は、目標域のおよそ約16キロメートル東で開始された。その後いったん止み、目標で再開された。攻撃の間、貧弱から中程度にそれは増加した。

　午後2時45分、F6F隊は太田の東約16キロメートルのところで、零戦・疾風・隼・鍾馗の計25機の日本軍戦闘機から攻撃をうけた。15機が交戦し、零戦2機を破壊し2機に損害、さらに疾風1機に損害、隼1機を破壊する戦果をえた。F6Fの防御は効果的であった。一方、3機が重砲によって被害をうけ、1機が零戦の機銃によって損害をうけたが、人員の被害はなかった。

　目標上空時刻は午後3時、上空の雲は4,572メートルで高積雲、目標視度は曇っていなかった。

　第9爆撃飛行隊は約3,660メートルから高速の接近を始めた。地域がすぐに特定できたので、工場屋根のカモフラージュは効果的ではなかった。攻撃は約2,743メートルから開始した。北西部から急降下、そして続く急降下は南西から、65度から70度の急降下で高度762-914メートルで投下、457-610メートルで離脱した。500ポンド通常爆弾20発と250ポンド通常爆弾24発は、目標域の建物に着弾するのが見られ、ひどい損害をあたえた。

　1機の500ポンド通常爆弾2発と2機の500ポンド通常爆弾2発は降下時に偶然に投下されてしまい失敗した。離脱と同時に零戦・疾風・隼と思われる、およそ20機の敵戦闘機が接近しているのが見られた。遭遇時刻は午後3時5分である。搭乗員が銃撃したので隼と疾風が煙りを出し始めた。隼の損害は小さく、雷撃飛行隊の射手10人が同じ疾風に射撃したので、疾風は撃墜された。爆撃飛行隊の四機が高射砲などにより損害を受けたが人員の被害はなかった。掩護戦闘機隊のカバーはすばらしく、すべての攻撃を撃退した。なお、爆撃飛行隊は宣伝リーフレット6種類、計1万8,500枚も目標に投下している。

その一つに「まこと新聞」というのがあった。「紙質の悪いザラ紙を使い、右肩の題字は竹の模様を配して平仮名で「まこと」とあって、(中略)欧州戦線でのドイツ軍の敗退ぶりがのせられていた」[10]。

第9雷撃飛行隊の爆撃方法は降下爆撃で、間隔約61メートル、投下高度は762-914メートルである。爆撃照準点は工場地区の中央南西部で、命中数は122発(28発は中止する)で相当な損害をあたえた。

最初の急降下は3,962メートルで開始した。そして2,895メートルで瞬間的に水平に、それから最終的な急降下に入った。飛行機が310ノットの速度を達成し45度から50度の角度で急降下した。対空火器は集中砲火タイプで大部分は不正確であった。14機は122発の爆弾を投下、すべての爆弾が①と②の区域で着弾した(図1)。掩護戦闘飛行隊はすべての爆弾が目標域を攻撃したことを報告した。はずれた爆弾はなかった。雷撃飛行隊の前に13機の爆撃飛行隊が②の区域に投下している。離脱と同時に編隊の後ろに零戦、飛燕、鍾馗、疾風の計20機がついてきた。遭遇時刻は午後3時、太田の北東で内陸約32.2キロメートルのところである。1機の零戦がバイロン・E・クック少佐(戦隊長)機と接触、零戦は翼が折れて墜落した。クック少佐のプロペラは湾曲したが、無事であった。

一方、高射砲で2機が損傷、負傷者1名で人差し指にけがをした。遭遇した対空砲火の重砲は貧弱、中口径砲は中程度、小口径砲はなかった。

前記の飛行隊の投弾後、第9戦闘飛行隊が西側から攻撃に入った。爆撃照準点は工場地帯の中央である。16機のうち6機が40度から50度の急降下で目標にロケット弾24発を発射して、重大な損害をあたえた。

軽空母「サンジャシント」搭載の各攻撃隊

第45戦闘飛行隊のF6F・7機(1機あたりロケット弾6発を搭載)は、第45雷撃飛行隊のTBM・9機の掩護のために、午後零時45分に発艦した。そして空母「レキシントン」の攻撃隊と合流した。目標上空での時刻は午後3時5分である。

50機から60機の日本軍戦闘機と目標域で短い空中戦が起こった。すくなくとも飛燕を15機、鍾馗も15機、隼12機、零戦6機、その他15機で、遭遇時刻は午後3時5分から同35分であった。

敵の数の優勢に直面して爆撃機と雷撃機を掩護するために、敵機と交戦した。そして隼5機、零戦1機、鍾馗2機、飛燕2機を撃墜した。さらに隼1機、鍾馗2機をおそらく撃墜、零戦1機、鍾馗1機に損害をあたえた。そしてテイラー少尉によって撃墜された1機が撮影された。

小泉製作所を攻撃したロバート・R・キッドウェル少尉機は、館林の上空で3機の飛燕から攻撃をうけた。6時方向から突進して2機が発砲してきたが射程は短かった。キッドウェル少尉機を攻撃したのは、陸軍の第244戦隊長・小林照彦大尉とその僚機であった。

小林大尉の日記には「機動空襲あり。出動五回、敵F6F五十、我三式戦三。館林西北方上空に於て、敵戦爆連合約五十機と交戦、その二機を撃墜せるも、僚機二機は遂に帰らず。噫!」、そして翌日の日記には「昨日の戦闘の結果、僚機新垣少尉、戦死判明。自爆なり。鈴木伍長は未だ不明。自爆せること確実なり。遠藤軍曹・釘田伍長未だ帰還せず。損害大なり」と記された[11]。

米軍報告書には、「パイロットは決してパラシュートで脱出しなかった」とある。

一方、自軍機は2機に損害があったが人員の負傷者はいなかった。遭遇した敵の対空砲火は太田で高射砲が中程度、館林で小口径砲があった。

第45雷撃飛行隊の作戦任務参加機は9機のTBM-3で1機あたり100ポンド通常爆弾10発を搭載している。本州の東海岸から太田製作所への112.651キロメートルの飛行の間、利根川がガイドとして使われた。天気は最高で、眼下の土地はよく耕されており平和に見えた。目標上空時刻は午後3時5分、工場の北を通り過ぎて、目標を確認して西から、太田工場の南東3.2～4.8キロメートルにある小泉飛行場の対空火器を避けて行われた。

アプローチは3,352.8メートルで、爆弾は1,524メートルで投下、30度から45度の角度で降下し、320ノットの平均速度であった。降下時に1機が日本の戦闘機によって攻撃され、大部分は降下後に攻撃された。この干渉にもかかわらず最高の攻撃ができた。76発を投下して重大な損害をあたえた。

午後3時5分から35分、隼35機、鍾馗5機あるいは6機、零戦6機あるいは7機と遭遇した。隼2機を撃墜し同4機に損害をあたえた。一方、対空砲火で3機が損傷し、1名負傷した。重砲・中口径砲は中程度であった。

空母「バンカーヒル」搭載の攻撃隊

第84戦闘飛行隊のF4U-1D・15機、海兵戦闘飛行隊のF4U-1D・2機、写真偵察機のF6F-5P・1機、爆撃飛行隊のSB2C4E・13機（各機500ポンド通常爆弾2発と250ポンド通常爆弾2発を搭載）、雷撃飛行隊のTBM-3・14機（500ポンド通常爆弾4発を搭載）の計45機から編成されている。海兵戦闘飛行隊の2機は1機の写真偵察機を掩護する役割があった。

午後3時、目標に接近して鍾馗10機と遭遇、そして午後3時10分には太田製作所上空と東で隼24機と交戦している。目標到達時刻は午後3時20分で上空に雲はなかった。視度は明るく広々としている。目標五分前に上空の掩護機が4機の飛燕に攻撃されたが、編隊に影響はなかった。空母「レキシントン」と軽空母「サンジャシント」攻撃隊の約20分後に目標に到達したことになる。

目標に達すると即座に旋回して北西から攻撃を開始した。爆撃飛行隊は70度の急降下爆撃、雷撃飛行隊は降下爆撃で、爆弾投下高度は爆撃飛行隊の609.6メートル、雷撃飛行隊は1,219.2メートルである。爆撃飛行隊が急降下を始めた直後に雷撃飛行隊は降下爆撃をした。掩護戦闘機は地上の対空火器を掃射した。ヒルズ大尉は、急降下爆撃機の第2グループを掩護して彼らより前に工場域の周辺部を地上掃射した。

爆撃照準点は製作所の建物の中心である。爆撃後の高速離脱は正確な観察を許さなかったが、目標外に投下されるのは見られなかった。爆撃飛行隊の13機は、24発の500ポンド通常爆弾と8発の250ポンド通常爆弾を投下し、広範囲にわたる損害をあたえた。粉砕された工場屋根の下では火事が猛威をふるった。建物のいくつかは崩れているように見えた。爆弾を投下し振り返っているパイロットと搭乗員は、全部の工場が爆発してるように思った。この13機のパイロットのうち11機のパイロットは新人であった。報告書には「空中ルーキーのための最初のゲームはワールドシリーズであった。得点は戦闘喪失0、日本の大きな航空機工場に対して32のヒット」と、書かれている。

雷撃飛行隊の14機は、51発の500ポンド通常爆弾を投下、4個は放棄し1個は鉄道の線路に投下した。同じく広範囲にわたる損害をあたえた。

35分から40分の間、上空の掩護戦闘機は12機の飛燕と8機の鍾馗から攻撃をうけた。帰還時、3時50分には目標東で飛燕20機、零戦6機と遭遇して交戦している。

これらの交戦によって、鍾馗1機を撃墜、飛燕2機を撃墜、飛燕1機と零戦1機をおそらくは撃墜、鍾馗3機と飛燕1機に損害をあたえた。

一方、2機のTBMが撃ち落とされたのは海岸への飛行の間で、1機は2機の隼か高射砲によって、1機は高射砲か4機の飛燕によってである。またF4U-1D・1機が鍾馗によって撃墜された。1機は小口径砲で損害している。爆撃飛行隊の搭乗員はF4U-1Dが制御できなくて丘の上に墜落するのを見た。ウィリアム・M・ペンブル大尉がパラシュートで降下する姿が見られなかったので、戦闘中行方不明と報告された。行方不明者は計7名となった。写真チームは小泉航空補給所と桐生飛行場の写真を撮影した。

米軍機が遭遇し交戦した日本軍機は、海軍の零戦と陸軍の隼、鍾馗、飛燕、疾風であった。各攻撃隊の報告書に記載されていることから、機種の誤認はなかったものと思われる。零戦は海軍第302航空隊や第252航空隊所属と思われ、隼は飛行第23戦隊、鍾馗は飛行第47戦隊と同70戦隊、飛燕は飛行第244戦隊と同18戦隊所属と思われる。そして太田から館林上空、房総半島上空で空中戦が行われた。この空戦の模様については、次節で報告する。

5　地上の惨劇―西門付近の悲劇―

空襲は午後3時過ぎから約30分間続いた。『太田市遺族会誌』には、この時の様子が次のように記されている。「その日十三時から、中島飛行機太田製作所では、去る十日、B-29、九〇機の爆撃で爆死した所員の社葬を、社長・中島知久平氏等の参列のもとに、大和田所長を委員長とし、各地からの遺族を集めて執り行われていた」。さらに時間は定かではないが、「工場の中に創立した若鷲青年隊の結成式を行うことになりその式場に、大日本産業報国会、柏原理事長を迎えた。(中略)二十五才以下の男女従業員が工場の一隅に集まりかゝった頃、突然空襲警報を告げるサイレンがけたゝましく鳴り響いた」[12]。

午後2時55分、この日四度目の空襲警報が発令された。「射撃部隊は、所定の配備について、対空射撃態勢に入った。十四時五十五分ごろ、まず屋上の射撃部隊に機関銃二挺を配置し、その態勢に入った」。その直後、足利方面、渡良瀬川上空から桐生方面に向かって、小型機の編隊が飛んで行くのが望見された。この編隊は、毛里田村付近で突然左に旋回、金山上空で編隊を解き、45〜60度の角度で次々に中島飛行機工場への急降下爆撃を行った。

「十四時五十分ごろ、工場所員は場外退避しようとして西門に集まり、守衛に開門するよう申し入れたが、防衛課の指示がなかったため、「開けない。開けろ」の押し問答があった。(中略) 開門と同時に我れ先に出ようとする所員は(中略)門から溢れ出た。これを奇襲してきた艦載機が発見して、この人波めがけて機銃掃射を浴びせかけてきた」[13]。

この日、朝から空襲警報が断続していたが敵の来襲がなかったため、待避するのを億劫がった工員がいたことは事実であったろうが、『米国戦略爆撃調査団報告書』には、「工場内には比較的多数の人員が配置されていた。これは、工場幹部が、この攻撃は焼夷弾が中心になると予測したためであった。この結果、艦載機により低空爆撃及び機銃掃射が行われた際、多くの死傷者を出すことに

なったのである」と記載されている。さらに「建物 13・15・17・37・55 が爆撃を受け、製作途上の多くの疾風が重度の損害を被り、または破壊された。また、機銃による猛攻撃で、何台かの工作機械が損害を受けた」[14]。

　民間人に対する無差別な機銃掃射に加えて、工場側の対応が犠牲者を増やす結果となった。その意味では、死傷した工員たちは日米双方の犠牲者であった。

　この空襲によって工場では「死者二三名ともいわれるが、また七〇数名ともいわれ、戦後米国側が調査・編集した『米国戦略爆撃調査団報告書』には、死者六四名・負傷者五八名と記されている」[15] としているように、これまで死傷者数については明確さを欠いていた。しかし防空情報室がまとめた死傷 17、待避中ノ者死傷 105 という数字と米国戦略爆撃調査団の死者 64 名・負傷者 58 名の計 122 名の数が一致することから、この死傷者数が正確なものとなろう。

　さらに、太田町民の死者は 42 名、重軽傷者は 60 名、全焼 3（大川村を含む）、半焼 2、全壊 11、半壊 20（矢場川村を含む）、罹災者数は 215 名にのぼった[16]。

おわりに―空襲の結末

　中島飛行機太田製作所や小泉製作所に対する、1945 年 2 月 16 日の空襲には米軍艦上機 105 機が参加した。午後 3 時、太田上空に空母「レキシントン」と軽空母「サンジャシント」の攻撃隊 60 機が到達した。『太田市史　通史編　近現代』に記載されている 64 機という数字は、この攻撃隊をさしているものと思われる。しかし実際には、これに遅れること約 20 分、さらに空母「バンカーヒル」所属の 45 機が太田上空に到達したのであった。空襲にさらされている地上からは、この識別は困難であったものと思われる。今日に至るまで正確な攻撃機数が把握されてこなかったのである。

　105 機の機種別内訳は、F6F・24 機、SB2C・26 機、TBM・38 機、F4U・17 機である。そして目標には、500 ポンド通常爆弾 95 発、250 ポンド通常爆弾 32 発、100 ポンド通常爆弾 76 発、ロケット弾 24 発が投下された。「工場内に落下した通常爆弾は五九発であり、うち二九発が建物に命中し、一六発は不発であった」[17] という記述も正確さをかくものであった（図2）。さらに機銃掃射が加えられた。機銃掃射の記述があったのは、空母「バンカーヒル」所属の攻撃隊報告書である。このときの地上掃射によって、場外に退避しようとした工員多数が死傷することになった。しかし報告書では、非戦闘員に対する無差別な機銃掃射については触れられていない。

　この空襲によって中島飛行機の従業員の士気は、目にみえて衰えた。艦上機がこれほど内陸深く攻め込んでくるとは思ってもいなかったからである。「太田工場の幹部は、これらの空襲以後、彼らの部下が非常に神経過敏となり、異常に長引くようになった空襲警報のために多くの時間が失われたと述べている」と、『米国戦略爆撃調査団報告書』[18] は結んでいる。

注
1) 一色次郎『日本空襲記』p.293、文和書房、1972 年。
2) 「第十飛行師団命令綴」防衛研究所所蔵。
3) 東京都『東京都戦災誌』pp.311-312、明元社、2005 年。

4) 復員局「本土防空作戦記録(関東地区)」pp.71-74、1950 年、防衛研究所所蔵。
5) 第三〇二海軍航空隊「第三〇二海軍航空隊戦時日誌」1945 年、防衛研究所所蔵。
6) 窪島誠一郎『無言館の詩』p.14、講談社、2001 年。
7) 復員局「本土地上防空作戦記録(関東地区)」pp.30-31、1951 年、防衛研究所所蔵。
8) 防空情報室「極秘 二月十六日敵機動部隊我ガ本土空襲状況」防衛研究所所蔵。
9) 「米国海軍・海兵隊艦載機戦闘報告書」国立国会図書館憲政資料室所蔵。
10) 富田昌三「飢えとの戦い」『思いははるか太田に(その四)』pp.22-38、1981 年。
11) 小林千恵子『ひこうぐも』pp.199-200、光人社、2005 年。
12) 鮫島建男「太田慕情」『思いははるか太田に』p.92、1976 年。
13) 太田市遺族会誌編集委員会『太田市遺族会誌』p.37、1979 年。
14) 太田市『太田市史 史料編 近現代』p.504、1987 年。
15) 太田市『太田市史 通史編 近現代』p.731、1994 年。
16) 佐藤寅雄編『群馬県戦災誌』pp.59-61、みやま文庫、1989 年。
17) 高橋泰隆『中島飛行機の研究』p.217、日本経済評論社、1988 年。
18) 14) p.513。

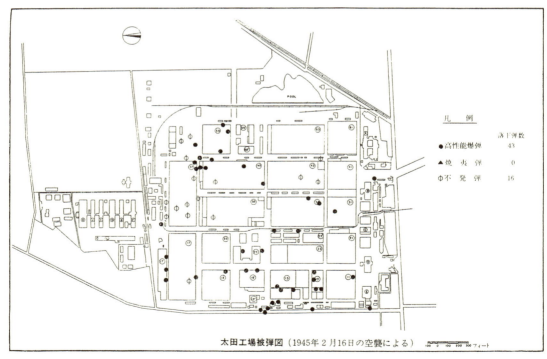

図1 1945 年 2 月 16 日の太田工場被弾図

第2節　二つの碑から―館林上空の空戦を追って―

はじめに

　1945（昭和20）年2月16日、米第58任務部隊（空母機動部隊）の艦上機による日本本土初空襲が行われた。午前7時から午後4時の間、7次にわたった敵機の来襲は延べ一千機に及んだ。群馬県下では中島飛行機太田製作所と同小泉製作所が襲われたが、このとき、敵機邀撃（当時の航空戦用語で「迎撃」のこと）に飛び立った日本軍機と米軍機のあいだで空中戦が展開された。館林上空においては邀撃に飛び立った陸軍飛行第244戦隊の飛燕2機が撃墜され、一方、米軍艦上機も空母「バンカーヒル」搭載のグラマンTBMアヴェンジャー（雷撃機）2機とヴォートF4Uコルセア（戦闘爆撃機）1機が撃墜されている。
　この空襲については前節で報告してあるが、空襲を調査する過程で、館林市と足利市に墜落した飛燕操縦者の慰霊碑があることを知った。
　本稿は撃墜された日米両軍の操縦者について、可能な限りその顛末をまとめたものである。

1　二つの碑

館林市常楽寺の慰霊碑（写真1）
　館林市木戸（当時は邑楽郡多々良村大字木戸）の古刹常楽寺境内に、2月16日の空戦で撃墜された新垣安雄少尉の慰霊碑がある。その碑正面には「大空院一心道貫居士」とし、裏面には次の文面が刻まれている。

　　昭和四十年乙巳歳六月吉日
　　本籍地　沖縄県島尻郡南風原村字津嘉山三三一　新垣安雄
　　昭和二十年二月十六日旧正月四日六算除縁日昼頃常楽寺上空にて大空中戦あり
　　米国艦載機グラマンP51を迎撃せる日本新鋭戦闘機飛燕善戦甲斐なく墜落
　　壮烈無比の戦死なり嗚呼忠烈新垣大尉我等耳目に生々しく記憶之新たなる所也
　　當山三十九泰元和尚発願して英霊を宝篋印塔西北に仮埋葬す
　　時昭和二十年四月六日、同八月徒弟泰臣随行して懇に回向せり
　　其の後昭和二十二年十二月、当山四十世、常楽寺仏教青年会を創設せしより
　　会員功徳主となり、爾来年々継続回向する処となる
　　時満ちて会員有志発起して供養の為此の碑を建立す
　　因みに新垣氏沖縄の産にして大戦の際一家壊滅すと聞く唯一妹在って東京に住むと云ふ絶えて沙汰無し

　この碑文については、事実誤認がある。米国艦載機の機種はグラマンP51ではなくてグラマン

F6F ヘルキャット、新垣安雄の階級は大尉ではなくて少尉（戦死後中尉）、大戦の際一家壊滅、などである。

　新垣安雄少尉は1919（大正8）年6月7日沖縄に生を享け、麻布獣医専門学校に学んだ。1943年に特別操縦見習士官の制度が設けられると、卒業後その第1期生として10月1日、大刀洗陸軍飛行学校に入校した。44年3月、基本教育を終了して第4航空軍の比島（フィリピン）教育隊に於て戦闘戦技を錬磨し8月頃その教育を終了、そして本土防衛の重任を負って再び内地に帰還、柏の飛行第1戦隊をへて調布の飛行第244戦隊に着隊した（写真2）[1]。

足利市富田の慰霊碑（写真3）
　館林市木戸町の常楽寺から北北東約5.3キロメートルの足利市西場町（当時は足利郡富田村）にある慰霊塔の一角に、同じく2月16日の空戦で撃墜された鈴木正一伍長の碑がある。

　表　鈴木正一君之碑
　裏　昭和二十年二月十六日於此地戦死
　　　昭和二十八年五月三日建設
　　　　　　富田村

　鈴木伍長戦死の地となった足利郡富田村の人たちは、伍長（戦死後軍曹）の霊をとむらうため毎年2月に慰霊祭を行い、1953年には富田村遺族会が中心となって墜落した現場の千代ヶ岳に「鈴木正一君之碑」を建立した[2]。
　鈴木正一伍長は1925（大正14）年1月14日の山形県生まれで、陸軍少年飛行兵（少飛）の第11期出身である。この少年飛行兵の制度は1933年度から採用され、徴兵の年齢に達しない少年を志願させて飛行兵を養成するものである。操縦生の応募資格は満17歳以上19歳未満であった。彼は43年4月に飛行第244戦隊に配属され、その後、45年1月29日付で戦隊の本部小隊所属となっていた。

2　空戦前夜

　1944年11月1日、マリアナ基地からのB-29による日本本土偵察が始まった。これに対する日本軍の邀撃は現用戦闘機の高々度性能不良のために、いずれも失敗に終わった。7日、第10飛行師団長は各飛行戦隊に対して4機をもって特別攻撃隊（後に震天隊と命名）を編成し、高々度で来襲する敵機に対し体当たりを敢行し、これを撃墜するよう命じた。24日、B-29による本格的な空襲が開始されたが、12月3日の中島飛行機武蔵製作所に対する攻撃では、対空特攻隊の3機体当りを含む6機撃墜の戦果が報じられた[3]。一方、米軍資料によれば日本軍機の邀撃は微弱ないし中程度で攻撃回数は75回。この交戦で日本軍機を6機撃墜、10機不確実撃墜、5機を撃破し、B-29の損失は5機であった[4]。
　防衛総司令官はB-29を捕捉撃滅させるために、第10飛行師団の一部を浜松に移動するように命じた。この命令に基づき、飛行第244戦隊の主力は19日、調布から浜松へ移動した。以後、翌

年2月下旬まで、戦隊は浜松と調布の間を機動しつつ連日のように邀撃を行っている。そして2月19日までに撃墜破計100機という戦果を記録した(この数値はあくまでも日本側記録)。この中には、計14回の体当り攻撃(うち戦死6名)による戦果も含まれている。

なお、体当り攻撃は敵の帝都来襲時のみであった。これは市街地侵入前(投弾前)の短時間に撃墜しなければならなかったからである。

新垣少尉の1945年1月の「備忘日記」(表)[5]から、その間の行動をわずかながら知ることができる。

表(新垣少尉の「備忘日記」から)

20.1.2日	一回　三七　初飛行(編隊)
	一一九・一七
1.3日	一回　二九　分隊戦闘
	一一九・五二
1.5日	一回　三二　分隊戦闘
	一二〇・二四
1.6日	四回　一・四二　分隊戦闘
	一二二・〇六
1.8日	二回　分隊戦闘
	一二三・一一
1.9日	一回　二五　一二三・三六　分隊戦闘　B29　六〇機来襲　高山少尉
	体当たり一機撃墜　生還　丹下少尉体当たり一機撃破　戦死
1.10日	一回　一八　一二三・五四　分隊戦闘　故丹下少尉出棺式　横井様列席
	サル有難シ　午前演習　本部付トナル
1.20日	一　二〇　一二六・二〇分　空2
1.21日	一　一・〇二　一二七・二二分　小隊教練
1.23日	二　二・〇〇　一二九・二二分　出動　戦隊の戦果　撃墜六機
	撃破一四機　二〇機
1.24日	一　四〇　一三〇・〇二分　浜松ヨリ調布帰還天候不良ノ為伊豆上空
	ヨリ浜松ニ引カヘス
1.25日	一　四三　一三〇・四五分　浜松ヨリ調布ニ帰還

各日にちに記された回数と数字は、1日の飛行回数と飛行時間である。そしてこれまでの飛行時間がまとめられている。

日記に記された1月3日には、B-29による名古屋市街地爆撃があった。97機のうち、名古屋に投弾したのは57機であった。飛行第244戦隊主力は浜松上空高々度に配置し、洋上を離脱しようとする敵機を捕捉攻撃している。米軍資料には日本軍機の邀撃は中程度ないし強烈、非積極的ないし積極的で攻撃回数は346回、これによって1機損失、3機が未確認の原因で損失、1機が帰途に不時着水している。一方、日本軍機を14機撃墜、14機不確実撃墜、20機を撃破、と記録した[6]。

9日は、B-29・72機による中島飛行機武蔵製作所攻撃であったが、強風のため編隊が崩れ、目標を爆撃したのは18機のみであった。2機が日本軍機によって損失、1機が帰途に不時着水、2機が未確認の原因で行方不明となった。日本軍機による2機の損失は、震天制空隊長の高山正一少尉(航士57期)と隊員の丹下充之少尉(特操1期)が小平付近上空で衆人注視の中、B-29に体当たりを敢行、各1機を撃墜したものであった。しかし丹下少尉機は空中分解し、少尉は落下傘も開かぬまま小平町の陸軍経理学校北側に落下、戦死した。一方、高山少尉は立川付近に落下傘降下し、無事生還している。その高山少尉も、1月27日、銚子東南方50キロの地点から「我、B-29を攻撃中」との無線通報を最後に消息を絶ち、のちに体当たり戦死と認められた[7]。

10日に記された「本部付」とは本部小隊のことで、戦隊長の僚機となった。本部小隊は、小林照彦戦隊長、新垣安雄少尉、板倉雄二郎少尉、安藤喜良伍長の4機編制となった。そして27日の安藤伍長戦死による後任に、29日付で鈴木正一伍長が任命されている。

1月23日は、B-29による三菱重工業名古屋発動機製作所の爆撃であったが、天候上の理由で27機が名古屋の市街地を爆撃した。戦隊は浜松付近上空でこの敵の帰路に乗じて攻撃を行っているが、B-29の損失はなかった。

3　2月16日の米軍艦上機空襲

前節で詳細に述べているので、その概略のみ記す。中島飛行機太田製作所や同小泉製作所に対する空襲には米軍艦上機105機が参加した。午後3時、太田上空に空母「レキシントン」と軽空母「サンジャシント」の攻撃隊60機が到達した。これに遅れること約20分、さらに空母「バンカーヒル」所属の45機が太田上空に到達したのであった。

105機の機種別内訳は、グラマンF6Fヘルキャット（戦闘機）24機、カーチスSB2Cヘルダイバー（爆撃機）26機、グラマンTBMアヴェンジャー（雷撃機）38機、ヴォートF4Uコルセア（戦闘爆撃機）17機である。そして目標には、500ポンド通常爆弾95発、250ポンド通常爆弾32発、100ポンド通常爆弾76発が投下され、ロケット弾24発が発射された。さらに機銃掃射が加えられた。機銃掃射の記述があったのは、空母「バンカーヒル」所属の攻撃隊報告書である。このときの地上掃射によって、場外に退避しようとした工員多数が死傷することになった。しかし報告書では、非戦闘員に対する無差別な機銃掃射については触れられていない。

この空襲による太田製作所の建物13・15・17・37・55が爆撃を受け、製作途上の多くの疾風が重度の損害を被り、破壊された。また何台かの工作機械が破壊された。製造所側の人的被害は死者64名、負傷者58名である。

4　撃墜された日本軍機

当日の状況を櫻井隆がまとめた『陸軍飛行第244戦隊史』[8]に依拠すると次のようであった。

飛行第244戦隊は敵機来襲の警報を受けるや、未明に浜松を出発、原隊の調布飛行場に帰還し、全力30機が早朝から夕刻まで6次にわたって出撃を繰り返した。浜松からの出撃を1度目として4度目の出撃が終わった段階では、計6機が未帰還となっていた。

「四度目の出撃を終えて、本部小隊の新垣安雄少尉が戻ってきた。彼はエンジンを停止するや機付の岡部恒男一等兵に、「燃料を入れてくれ」と言った。しばらくして、燃料と弾丸の補給を完了した岡部一等兵が操縦席の新垣少尉に呼び掛けた。（中略）「必ず帰ってきてくださいよぉー」すると新垣少尉は、「おぉー！帰ってくるぞー！」と、元気よく応えて滑走路に向かって行った。」

しかし新垣安雄少尉は館林市郊外の桑畑に墜落、戦死したのである。

新垣少尉と同じく戦隊長編隊で2番機を務めていた鈴木正一伍長も館林上空でグラマン20数機と交戦中に撃墜された。鈴木伍長は火ダルマと化した飛燕を、最後の力で人家のない所へ持っていき、力つきて足利市郊外の水田に突入散華した[9]。飛燕と交戦したのは軽空母「サンジャシント」

のロバート・R・キッドウェル少尉機であった。

　戦隊長編隊のもう1人のメンバー、板倉雄二郎少尉も早朝から繰返し出撃していたが、5度目の出撃には参加していなかった。

　戦隊は初の対戦闘機戦闘に苦戦して未帰還計8機、戦死者4の損失を被った。新垣少尉、鈴木伍長、釘田健一伍長、遠藤長三軍曹の4名である。更なる損害を恐れた防衛総司令部は、244戦隊を第10飛行師団指揮下から第6航空軍指揮下に編入して一時的に防空任務を解除した。戦隊の総合戦果は、撃墜F6F・10機、SB2C・1機、撃破F6F・2機とされている。

　この時の模様が「讀賣報知」新聞（2月25日付）の「邀撃戦記21」に取り上げられている。

　「基地直掩の編隊がぐるぐる旋回している飛行場上空を、コ隊長（小林隊長－筆者注）を先頭に、ニ少尉（新垣少尉－筆者注）、ス伍長（鈴木伍長－筆者注）を僚機とする第〇飛行小隊がみごとな編隊離陸で東北の空に向け機影を没した、間もなくこの小隊は、館林西北方で要地爆撃のSB2Cを掩護する廿数機のグラマン戦闘機と遭遇したのである、発見は敵味方ともほとんど同時刻だつた、（中略）僚機が長機の急をきはどいところで救つたのである、しかしそのとき、その僚機は、後方と側方から敵二機の執拗な挟撃をかけられてゐた、そしてコ隊長が急いで反転してその横を衝く姿勢をとつたときには、すでに僚機は一箇の火の塊と化し、地上にみえる低い山の中腹に吸いこまれるように墜ちていつたのである」

　米軍機が遭遇し交戦した日本軍機は、海軍の零戦と陸軍の隼、鍾馗、飛燕、疾風であった。各攻撃隊の報告書に記載されていることから、機種の誤認はなかったものと思われる。零戦は海軍第302航空隊所属と思われ、隼は飛行第23戦隊、鍾馗は飛行第47戦隊と同70戦隊、飛燕は飛行第244戦隊と同18戦隊所属と思われる。そして太田から館林、房総上空で空中戦が展開されたのであった。

　小林戦隊長の3月20日の日記には「葬儀執行、僚機安藤喜良（一月二十七日戦死）同じく鈴木正一、僚分隊長新垣安雄、相共に戦いたる戦友なり、弟と思いたる部下なりき、（中略）新垣、鈴木また余の僚機にして出動。ともに敵グラマンと交戦、敢然衆敵に向かいたる勇壮極まりなき戦闘、眼に浮かぶ。きりりと締めたる日の丸鉢巻き　新垣少尉第二分隊長　鈴木伍長僚機　安藤伍長僚機　報告の声はなお耳朶を打つ……」[10]（写真4・5）

　そして新垣少尉の遺骨と愛機は、1979年に発掘されるまで、地中深くに埋もれていたのである。

5　撃墜された米軍機

　一方、米軍機も空母「バンカーヒル」搭載のグラマンTBMアヴェンジャー2機とヴォートF4Uコルセア1機が撃墜されている。そして7名が行方不明者として報告された。

　「高射砲部隊の一部は、足利の渡良瀬川中州付近にあって対空射撃を行っていた。十四時四十分ごろ、集団艦載機に集中砲火を浴びせたとき、二機に命中し、敵機は上流の河原に墜落した」[11]という記述から、2機のTBMがこれに該当するものであろうか。米軍報告書では1機は2機の隼か高射砲によって、1機は高射砲か4機の飛燕によって撃ち落とされた、としている[12]。17日の「下野新聞」には、「足利郡某町には我方の攻撃により撃墜された敵機から火災を起こしたが、民防空陣の活動により直ちに鎮火した」との記事が見られる。

撃墜された米軍機については、今日に至るまで誤認され続けてきた。「上毛新聞」(1945年2月18日)では「グラマンF6F」とし、『足利市史』[13)]では、これを「カーチスSB2C」とした。さらに『太田市史』[14)]では「F6F」としている。

　「急降下爆撃機カーチスSB2C 一機が田中町へ墜落した。(中略)中川町付近で乗員一名がパラシュートで降下後、大きく右へ旋回し高度を急激にさげながら渡良瀬川に沿って東に飛び、東武鉄道足利市駅の約四〇〇メートル東方の田中町二丁目(線路の北約五メートル)地内に黒い物体を落し、急に機首を南に向け約一五〇メートル先の民家の屋根を一部壊して墜落した。(中略)中川方面へ降下した一名は死亡し、田中町へ墜ちた乗員は民家の屋根に落ち奇跡的にも一命を取り留めた。名前をエドワード＝ビンセントといい、三十歳前後であったという(他にもう一人の計三人説もある)」[15)]。

　この記述によって、当時の栃木県足利郡山辺町字田中(現足利市田中町)に墜落したのは、空母「バンカーヒル」搭載の第84雷撃飛行隊のグラマンTBMアヴェンジャー1機(機体番号68316・乗員3名)であったことがわかる。米軍報告書中に行方不明者の1人としてEdward V. ANDERSENが記されているからである。

　当時、敵機が墜ちたなら一般はどう処置すればよかったのか。空戦のあった翌17日の「下野新聞」には、宇都宮師団司令部からの注意を促す記事が掲載されている。それには、撃墜した敵機やその搭乗員は、防衛作戦上重要な情報源であることから、軍部特に憲兵において処理することになっている、したがって撃墜(不時着)敵機やその搭乗員(落下傘により降下したものを含む)を発見した場合、速やかに最寄の憲兵隊か、軍隊もしくは在郷軍人会防衛隊に通報しなければならない、もし付近に上記部隊のいない場合は、最寄の警察あるいは警防団に直ちに通報し引きわたさねばならない、としている。また機体、携行品等はできるだけ現状のままにして、毀損とか焼失盗難を防止すること、搭乗員に対しては目隠しをして抗争抵抗、逃亡等を防止する手段を講ずること、そして許可なくして写真撮影をしたり無用に危害を加えることは慎まねばならない、としているが、当時の騒然とした状況下を考えると生存米兵に対して充分な保護が加えられたとは考えにくい。

　艦上機空襲6日前の2月10日、中島飛行機太田製作所に対するB-29の爆撃で、太田町で死者152名、重傷者92名、軽傷者95名の人的被害があり、さらに製作所の東約7キロメートルに位置していた足利市百頭町にも爆弾と焼夷弾が落下し、27名の爆死者と多数の負傷者が生じていた。また隣接町村である山田郡休泊村(現太田市)で死者10名、同矢場川村(現太田市及び足利市に編入)で同じく1名、邑楽郡高島村(現邑楽郡邑楽町)・同渡瀬村(現館林市)・同伊奈良村(現邑楽郡板倉町)でも軽傷者が生じていたのである[16)]。

　搭乗員3人のうち、操縦士のリチャード・ブラザーズ(Richard BROTHERS)海軍少尉は、墜落現場から100メートルほどの桑畑に投げ出されて死亡、警防団員が近くの河川敷に遺体を埋葬したが、8月頃掘り返してナカガワ墓地に再埋葬された。Walter L. パウリッセンはパラシュートが開かず墜落死した。足利市本城3丁目の樹覚寺に埋葬されたが、戦後、あらためて火葬されて遺灰は寺に納められた。2人の遺骨は戦後、米軍が回収している。Edward V. ANDERSEN三等射撃兵曹はパラシュート降下して捕まり、病院へ運ばれる途中に頭部の負傷により死亡、東京小石川の陸軍墓地に埋葬された[17)]。

　もう1機のグラマンTBMアヴェンジャー(機体番号68451)の乗員である、Arthur T. PORTER海軍少尉、George L. TANV□E三等飛行通信兵曹、Jack D. WARE三等機関兵曹は墜落死している。

このうち2人は筑波郡作岡村大字作谷（現つくば市作谷）に埋葬され、もう1人は翌日遺体が発見され、筑波郡大穂村若森（現つくば市若森）に埋葬された[18]。

ヴォートF4Uコルセア1機（機体番号57816）は日本軍機の鍾馗によって撃墜され、William M. PEMBLE海軍大尉が墜落死している。遺体は茨城県行方郡香澄村堀之内（現潮来市堀之内）の二本松寺に埋葬された。米軍報告書には、制御できなくて丘の上に墜落、パラシュートで降下する大尉の姿は見られなかった、と記されている[19]。

なお、「下小林の高射砲陣地からの対空砲火によりF6F一機が被弾して、足利方面に墜落した。その搭乗員二名のうち操縦士は即死、もう一名はパラシュートで脱出して無事であった」[20]という不正確な記述は、前記のTBM1機（機体番号68316）を指したものであろう。

6　遺骨と機体の発掘

新垣少尉機は当時の邑楽郡多々良村大字木戸（現館林市大字木戸甲575番地）の桑畑に墜落、土中深く突っ込み炎上した（図1・2）。飛び散った翼やレシーバー、遺体の一部、印鑑が収容されたが、機体や遺体の完全収容はできなかった。地元警防団が発掘を実施したが、砂層や湧水などで作業は難航、断念せざるをえなかったのである。

そして撃墜されてから34年後、地元の発掘要請に対して市と県とが協議、自衛隊に要請して1979年2月19日から22日までの4日間、作業が実施されることになった[21]（写真6）。発掘は2月19日の午後1時から自衛隊員30人によって始められた。大型油圧ショベル車、中・小2台のブルドーザーが投入され、まず現場一帯の表土が掘削された。さらに土質、湧水の状態を調べるために深さ3.5メートルほどの穴を掘ったところ遺物が発見された。そこで5メートルまで掘り下げ、人骨らしい長さ1センチの骨片と機体の破片5点が発見された。

翌20日は45人によって作業が進められた。直径10メートル、深さ7メートルまで掘り下げて行われたが、地下水がわき出し泥流となるなど作業は難航した。この日、発掘された遺骨は、頸椎片（5.5センチ）1個、腕骨（24センチ、25センチ）2個、手指骨12個、爪1個である。遺品としてはワイシャツのそで、飛行服の一部（チャックのついた腕の部分）、毛糸の胴巻、毛糸のズボン下の一部である。出征前に、無事を祈って妹の和子さんが編んだセーターは、あちこちに銃撃の穴があいたまま、右腕にまとわりついていたという。収集された銃弾は、射空薬莢（12.7ミリ）14個、実弾（12.7ミリ）1個、機体の破片は約300点（6キログラム）となり、オイルパイプ、オイルポンプ、オイルシリンダー、キャブレターなどエンジン部分、ジュラルミンの破片、風防ガラスの破片などであった。

21日は47人によって作業が進められた。ショベル車で直径14メートル、深さ8メートルまで掘り下げた後は隊員による手掘りで行われた。午前11時40分ごろ肋骨の一部が見つかったのに続き、エンジンヘッド、燃料手動ポンプ、操縦装置など機首部分が次々に発掘された。さらに主翼の付け根部分、尾翼方向舵部分、プロペラ1枚が穴の底から引き上げられた。手足などの遺骨や飛行服のエリの部分が見つかり、地中に眠っていた遺骨と機体のほぼ全部が回収されることになった。この日収容された遺骨は、肋骨の一部（10センチ）1個、鎖骨（7センチ×1.4センチ）1個、肩胛骨1個・肩胛骨下片（7.2センチ×7.4センチ）1個、肩（肩関節）（19センチ）1個、前腕骨（6.3セ

ンチ×3.4センチ）1個、頭骨下片（10.2センチ×1.5センチ）1個、手足の指骨28個である。遺品は飛行服のエリ（毛糸）、銃弾は射空薬莢（12.7ミリ）27個、実弾（12.7ミリ）3個、機体の収集は約2,500点（310キログラム）になり、エンジンヘッド（30キログラム）、燃料手動ポンプ（3.5キログラム）、燃料パイプ、エンジンカバー、補助翼の破片、プロペラ1枚（26キログラム）、操縦席の一部、速度計、翼（1メートル、15キログラム）、燃料噴射ポンプ（18キログラム）、脚の部品及びタイヤのリム、カムシャフト（2.5キログラム）などであった。

最終的には穴の大きさは東西12メートル、南北11メートルに及び、深さは平均6メートルで最深部は8メートル余に及んだ。掘削土量は700立方メートルになった。

遺骨は23日に茶毘に付され、翌日常楽寺において慰霊祭が執行されている。

7　沖縄県南風原文化センター所蔵の遺品

新垣安雄少尉（戦死後中尉）の出身地、沖縄県島尻郡南風原町の南風原文化センターには彼の資料が収蔵されている。2008年12月、同文化センターのご好意でそれら資料を閲覧することができた。受け入れ番号2606～2650に及ぶ資料は、次のように分類することができる。

①生前の資料—麻布獣医専門学校時代の写真、大刀洗陸軍飛行学校時代の「操縦学（1）正手簿」「操縦手簿」「地図入れと大刀洗の野外航法計画図」、書簡、書籍、婚約者との写真、1944年末頃飛行第244戦隊のあった調布飛行場での写真（写真2）などである。

②墜落時から葬儀執行までの資料—火葬認許証（昭和20年2月17日、邑楽郡多々良村長印）、特別操縦見習士官同期生代表陸軍少尉板倉雄二郎の弔辞（昭和20年3月20日）、葬儀の写真二枚（昭和20年30月20日）（写真4・5）、そして発掘された飛燕の機体（補助翼）の一部や身につけていた衣類（マフラーなど）の一部である。

③1979年の発掘時の写真と関連する資料—発掘時の一連の写真（写真6）と「故新垣中尉発掘状況」「故新垣中尉遺骨収集事業の概要」などである。

これらの資料をもとに本節の2と6をまとめることができた。

おわりに

新垣少尉の遺骨と愛機が発掘された1979年は、奇しくも前年の秋11月に見つかった、海軍の紫電改が愛媛県南宇和郡城辺町の久良湾の水深40メートルの海底から7月14日に引きあげられた年でもあった。

34年のあいだ、陸軍機は地中深くに、そして海軍機は暗い湾の光の届かない水底に沈んでいたのである。飛燕の機体は原型をとどめずにバラバラになっていたが、紫電改はほぼ原型をとどめていた。しかし34年間海水に曝されていた機体は腐食してボロボロな状態であった。プロペラは曲がり、左の水平尾翼は折れ、胴体には無数の弾痕が残っていた。機体は詳細に調べられたが、遺骨や遺留品はまったくみつからなかった。1945年7月24日の空戦で長崎の大村基地を発進した、海軍第343航空隊の未帰還となった6機のうちの1機ではないかといわれている。このため搭乗員については今日に至るも不明である[22]。

新垣少尉の事例は希有なことなのであろう。しかし、その遺骨と愛機の発掘に34年という歳月がたっている。一方、戦後連合国最高司令官総司令部（GHQ）法務局は、戦犯裁判のために日本本土空襲で失われた米軍機とその搭乗員の運命について徹底的な調査を行った。米軍の無差別爆撃に対する報復として生存米兵の処刑や虐待が行われ、また戦死兵が遺棄されたなどの事件があったからである。

　2月16日の空襲では、日本本土上空で米軍機グラマンF6Fヘルキャット19機、グラマンTBMアヴェンジャー3機、ヴォートF4Uコルセア2機、カーチスSB2Cヘルダイバー1機の計25機が撃墜されている[23]。このうち3機が中島飛行機太田製作所攻撃に参加した空母「バンカーヒル」搭載の艦上機であった。7名が行方不明者として報告されたが、うち6名は墜落死、1名は生存していたものの病院へ運ばれる途中に死亡した。

　2月18日の「上毛新聞」紙面には、大本営発表として撃墜147機、損害を与えたもの50機以上、と実際の約6倍近くの戦果と、我が方の自爆未帰還61機が報じられた。自爆未帰還の中には館林上空で撃墜された、新垣安雄少尉と鈴木正一伍長の2名が含まれている。戦争は戦った双方の、前途有為の若者たちに多くの犠牲を強いたのである。

注
1) 1945年3月20日の葬儀執行にさいして、同期生代表の陸軍少尉板倉雄二郎の弔辞から。沖縄県南風原文化センター所蔵。
2) 「日刊両毛新聞」1990年6月23日付。
3) 防衛庁防衛研修所戦史室『戦史叢書　本土防空作戦』p.419、朝雲新聞社、1968年。
4) 小山仁示訳『米軍資料　日本空襲の全容』東方出版、1995年。
5) 沖縄県南風原文化センター所蔵。
6) 4) p.25に同じ。
7) 櫻井隆『陸軍飛行第244戦隊史』p.84、p.594、そうぶん社、1995年。
8) 7) pp.105-106。
9) 渡辺洋二『液冷戦闘機「飛燕」』pp.326-328、光人社、2006年。
10) 小林千恵子『ひこうぐも』pp.215-216、光人社、2005年。
11) 太田市遺族会誌編集委員会『太田市遺族会誌』p.38、1979年。
12) 「米国海軍・海兵隊艦載機戦闘報告書」国立国会図書館憲政資料室。
13) 足利市『近代　足利市史　第二巻通史編　近代（三）～現代』p.673、1978年。
14) 太田市『太田市史　通史編　近現代』p.732、1994年。
15) 13) に同じ。
16) 佐藤寅雄編『群馬県戦災誌』pp.59-61、みやま文庫、1989年。
17) 福林徹「本土空襲の墜落米軍機と捕虜飛行士」（POW研究会のホームページから）
　　2009年6月14日、群馬近現代史研究会の例会で「県下空襲の実像を追って」（県立文書館研修室）と題して簡単な発表を行った。そのとき参加者から搭乗員3人の死について疑問があることを指摘された。8月ころ掘り返して再埋葬されたり、戦後、あらためて火葬されるなどの行為の背景に、墜落死した米兵に対するなんらかの仕打ちが考えられるのではないだろうか、また病院へ運ばれる

途中に頭部の負傷により死亡したことについても虐待はなかったのであろうか、などである。この問題については、引き続き調査を進めていきたい。

18) 17) に同じ。
19) 12) に同じ。
20) 14) に同じ。
21) 「故新垣中尉遺骨等発掘状況」「故新垣中尉遺骨収集事業の概要」沖縄県南風原文化センター所蔵。
22) ところで撃墜された新垣少尉機や海没の紫電改に限らず、沖縄近海には今なおたくさんの特攻機が海没している。「特攻の若者たちは国のために犠牲になった、といいながら、国や私たちは、彼らの遺骨の一片も拾おうとしたのでしょうか。(中略)その海の光のとどかぬ水底に、特攻で逝った若者たちは、いまなお、水漬く屍のまま、眠っています」(毛利恒之『ユキは十七歳　特攻で死んだ』p.244、ポプラ社、2004年) という指摘は、重く受け止めるべきではないだろうか。
23) 17) に同じ。

第4章 空襲研究―群馬県下空襲の実像を追って―

写真1 館林市常楽寺の慰霊碑

写真2 新垣安雄少尉（前列右・飛行機は飛燕）

写真3 足利市富田の慰霊碑

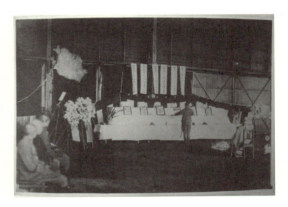

写真4 3月20日の葬儀

写真5 3月20日の葬儀

写真6 遺骨と機体の発掘

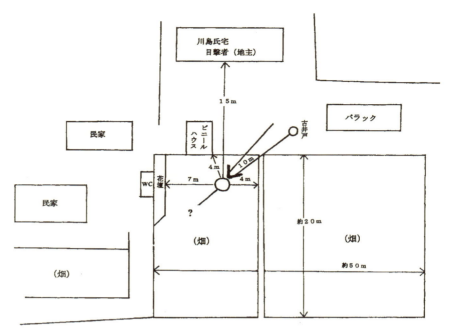

図1 「飛燕」墜落現場見取図

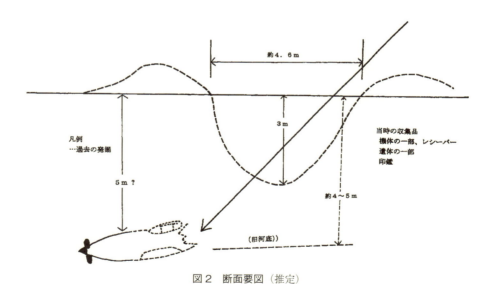

図2 断面要図（推定）

第3節　中島飛行機小泉製作所に対する米軍艦上機空襲

はじめに

　海軍機体工場として、中島飛行機太田製作所の所在する群馬県太田町（現太田市）に隣接する邑楽郡小泉町と大川村に、小泉製作所の建設が始まったのは1939（昭和14）年のことである。そして1941年、太田製作所と小泉製作所の間約130万平方メートルの敷地に1,300メートル滑走路と格納庫・整備工場などを有する太田飛行場（米軍は小泉飛行場と呼んでいた）、飛行場と両製作所の間に幅30メートル以上の完成機運搬専用道路も併設され（図1）、海軍機の生産が開始された。
　工場敷地は、東西914メートル、南北853メートル、面積132万平方メートルに及んだ。さらに運動場や寮などの付属施設を入れると200万平方メートル以上にも達する。58棟の工場の総床面積は31万平方メートルで、その75パーセント以上は鉄筋コンクリート造りであった（図2）[1]。1944年12月末現在、小泉本工場（分工場を除く）[2]の従業員は2万5,138人、動員学徒6,448人、援助工員1,605人で、合計3万3,191人、分工場を含めると総計5万3,730人にのぼり[3]、「零戦」と「銀河」および試作中の「橘花」を生産していた。
　この小泉製作所に対して米軍は二度の大規模な空襲を敢行した。その最初が1945年2月25日のことである。この空襲による被害はきわめて大きかった。
　本稿はこの2月25日の米軍艦上機空襲の実態を日米両軍の史料、とりわけこれまで分析されてこなかった「米国海軍艦上機戦闘報告書」から明らかにするものである。

1　2月25日の陸海軍の処置と戦闘状況

　まず日本側の史料[4]をもとに2月24日から25日にかけての経過を記すと次のようであった。
　北の風でおだやかな一日であった24日の関東地区の天候は、夜に入り悪化し吹雪となった。午後9時頃、小笠原諸島の北東にいた海軍監視船は銚子南東方約800キロ付近に敵機動部隊を発見した。また同日の特殊情報[5]により、翌25日にマリアナ基地のB-29の大挙本土来襲が予想された。このために防衛総司令官（東久邇宮稔彦王大将）は、25日払暁（日の出前）以降、主として関東地区へ敵機動部隊の艦上機による空襲とこれに引き続き予想されるB-29の来襲に対し、警戒を厳にするように処置した。
　25日の天候は本曇り、のちにまた吹雪となり、約30センチの積雪を記録した。
　「第三〇二海軍航空隊戦時日誌」[6]には、25日の気象状況を次のように記録している。「午前六時　本曇　風向風速北北東二・〇　気温（一）三・八　視界一〇－二〇、正午　雪　風向風速北北東二・〇　気温（一）一・五　視界二－四、午後六時　雪　風向風速北四・〇　気温（一）三・〇　視界〇・二－〇・五」
　敵艦上機とB-29の同時攻撃を受けることを予想した、陸軍第10飛行師団では午前5時30分より各隊警戒戦備甲（出動待機態勢）で準備した。艦上機の邀撃については、飛行第23戦隊（飛行

361

機・1式戦、飛行場・印旛)、同第70戦隊（2式戦・柏)、同第18戦隊（3式戦・柏)のみに限定した。B-29に対しては、独立飛行第17中隊（100式司偵・調布)、飛行第28戦隊（100式司偵・東金)、同第53戦隊（2式複戦・夜間専門飛行隊を除く、松戸)を払暁以後、成るべく速かに群馬県の新田飛行場に機動させて邀撃を準備させた。また各戦隊の震天隊（空対空特攻隊)は現配置のまま艦上機に対しては分散遮蔽しつつ同じく邀撃を準備させた。100式司偵及び2式複戦装備のその他の部隊はB-29に対する邀撃のみを実施するように処置した。

　ところが、マリアナ基地B-29の本土来襲は午後1時30分から午後2時頃と判断されたため、師団長は一部で実施する機動部隊邀撃の決心を変更した。しかも関東地区は全天雲厚く、後に雪となったために結局のところ出動することはできなかった。このために各飛行隊は飛行機の燃料、弾薬を除去し全機に対して分散遮蔽を行わせて損害の絶無を期した。そして各隊には地上火器に依る敵機の撃墜を図るように準備を命じた。すなわち敵艦上機とB-29の邀撃を断念したのである。

　当日午前、敵機動部隊の哨戒機は鹿島灘沿岸に出没し、また少数機は時々沿岸要地に散発的に来襲した。主力は関東北部及び東部の飛行場、工場及び交通機関などを攻撃後、逐次洋上に脱出した。午前10時20分頃には関東地区にはほとんど敵機を認めなくなり、10時35分空襲警報は解除された。来襲艦上機は約600機と判断された。そして午後1時30分、八丈島290キロを先頭とし、B-29七梯団（数個編隊に対する日本側の呼称)30目標が北上するのが捕捉された。経路は御前崎・甲府・大月・八王子を経て午後2時20分から午後3時50分に亘り東京に侵入、市街地に対し雲上より爆弾、焼夷弾を混投し神田付近に火災を起こし、宮城（皇居)内にも焼夷弾が落下した。この間、艦上機は八丈島や伊豆諸島に来襲していた。

　結果として、陸軍では高射第1師団の飛行場付近の部隊が敵艦上機やB-29に対戦し、特に太田部隊（独立高射砲第4大隊)は来襲した敵艦上機延200機に対し撃破9機の戦果を報じた。

　一方、海軍の第302航空隊では、午前2時49分から午前7時5分までの間、月光3機による黎明（明け方)索敵を実施した。野島の110度250浬（463キロメートル)に1機、115度250浬に1機、120度250浬に1機である。午前5時に横須賀鎮守府全管区警戒警報第1種発令第1警戒配備第1航空戦配備、そして午前7時39分には横鎮中管区空襲警報が発令された。午前7時42分から午前11時43分、雷電15機と零戦9機が厚木北方上空の哨戒にあたった。一方、午後1時現在、避退のために群馬県の前橋飛行場へ降着した飛行機は次のようであった。雷電4機、月光10機、銀河7機、彗星5機、九六輸送機1機、また栃木県の那須野飛行場へは彗星2機である。このほかに横須賀航空隊、第11連合航空隊（訓練部隊)、第601航空隊、第252航空隊の計123機が邀撃に飛び立った[7]。そして午後4時3分、空襲警報は解除され、引き続き横鎮中管区警戒警報も解除された。第302海軍航空隊の戦果は、グラマン戦闘機2機撃墜で、損害はなかった。

　大本営は陸海軍の戦果と損害を同日午後8時45分、次のように発表した。「一、本二月二十五日午前敵機動部隊よりの艦上機延約六百機関東地方に来襲せり　別に同日午後B29約百三十機主として帝都に侵入雲上より盲爆せり　二、右盲爆により宮内省主馬寮（旧宮内省の一部局、馬車・馬具などの管理、馬匹の給養、牧場の経営などにあたった－筆者注)付近及大宮御所（昭和天皇が貞明皇后のために1930年に造営－筆者注)門側守衛所付近に少数の焼夷弾、爆弾を落下せるも被害僅少なり　三、帝都各所に火災発生せるも夕刻迄に概ね鎮火せり、其の他損害は僅少なり　四、邀撃戦果に関しては目下調査中なり」[8]。防空情報室によると「一、戦果　二十六日迄ニ判明セルモノ艦載機一〇

撃墜 一、損害 別紙ノ如シ 宮中並ニ皇族関係ノ御被害ニ対シテハ洵ニ恐懼ニ堪エズ」[9]。さらに高松宮日記にはこの日の被害を次のように記している。「宮城（主トシテ大手、主馬寮厩舎、内閣附近、局ノ辺ガ宮殿ニ一番近イ焼夷弾）、大宮御所（御守衛、兵舎ニ爆弾、防空壕デ将校一、兵四即死、約十名負傷。お文庫ノ上ニオチテ大キナ音ヲシタ焼夷弾）ニ初メテ爆弾落下」[10]。

そして２月26日の新聞には撃墜35機、損害をあたえたもの５機、さらに太田、小泉の工場地帯における被害も極めて軽微であると報じられた[11]。しかし実態はどうであったのか。

２　米国海軍艦載機（艦上機）戦闘報告書から

それでは中島飛行機小泉製作所と同太田製作所への攻撃を具体的に見て行こう。ただし報告書の中にはタイプ印刷の文字が滲んで判読不可能な箇所があるものもある。

中島飛行機の両製作所攻撃を実施したのは、米第58任務部隊（空母機動部隊）である。その旗艦である空母「バンカーヒル」[12]所属の第84戦闘飛行隊（VF-84）のヴォートF4U-1Dコルセア２機、グラマンF6F-5P（写真偵察）２機、海兵戦闘飛行隊（VMF-221）のヴォートF4U-1Dコルセア20機、第84雷撃飛行隊（VT-84）のグラマンTBM-3アヴェンジャー13機、第84爆撃飛行隊（VB-84）のカーチスSB2C4Eヘルダイバー13機の計50機、軽空母「カウペンス」所属の第46戦闘飛行隊（VF-46）のグラマンF6F-5ヘルキャット12機、第46雷撃飛行隊（VT-46）のグラマンTBM-3アヴェンジャー９機の計21機、空母「エセックス」所属の第４戦闘飛行隊（VF-4）のグラマンF6F-5ヘルキャット16機、第４戦闘爆撃飛行隊（VBF-4）のヴォートF4U-1Dコルセア16機、第４雷撃飛行隊（VT-4）のグラマンTBM-3アヴェンジャー15機の計47機で、３隻の空母から総計118機が同一の作戦任務のもとに攻撃隊を編成した（表１）。

表１　　　　　　　　　　　　　　　　　　　　　　　　　　　　　　　空母「バンカーヒル」

飛行隊	機種	発進	敵機と交戦した機数	目標攻撃	１機あたりの搭載爆弾
VF-84	F4U-1D	2	2	0	
	F6F-5P	2	-	0	
VMF-221	F4U-1D	20	0	20	500ポンド通常爆弾１、50口径機銃2,400
VB-84	SB2C-4E	13	-	13	1,000ポンド通常爆弾１、250ポンド通常爆弾２
VT-84	TBM-3	13	0	13	500ポンド通常爆弾４
計		50	2	46	250ポンド通常爆弾26、500ポンド通常爆弾72、1,000ポンド通常爆弾13

軽空母「カウペンス」

飛行隊	機種	発進	敵機と交戦した機数	目標攻撃	１機あたりの搭載爆弾
VF-46	F6F-5	12		8	なし
VT-46	TBM-3	9		9	500ポンド通常爆弾４
計		21		17	500ポンド通常爆弾36

空母「エセックス」

飛行隊	機種	発進	敵機と交戦した機数	目標攻撃	1機あたりの搭載爆弾
VF-4	F6F-5	16			なし
VBF-4	F4U1D	16			※500ポンド通常爆弾1発
VT-4	TBM-3	15			※500ポンド通常爆弾4発
計		47	不明	不明	※500ポンド通常爆弾76発

　日本時間の午前7時から45分の間、攻撃隊は各空母を発艦した。攻撃目標は中島飛行機武蔵製作所であったが、東京湾地域の悪天候のために小泉製作所へと目標が変更されたのである。目標到達時刻は午前9時15分から45分で上空は雲に覆われていたが目標視度はすみきって広々としていた。「バンカーヒル」と「カウペンス」の攻撃隊は小泉製作所と陸軍館林飛行場を、「エセックス」の攻撃隊は太田製作所を攻撃した。この間、小泉上空で陸軍戦闘機の疾風2機、鐘旭6機、飛燕2機、隼2機、海軍戦闘機の零戦5機を目撃、このうち疾風1機、零戦1機と交戦し、零戦1機に損害を与えている。しかし当日、公式には陸軍機の邀撃は行われていない。米軍側の誤認も考えられるが詳細は不明である。そして帰艦時刻は午前11時35分から11時50分にかけてであった。

(a) 空母「バンカーヒル」発艦の攻撃隊
・第84戦闘飛行隊（VF-84）4機
　写真偵察機2機と護衛戦闘機2機は海兵戦闘飛行隊（VMF-221）の20機とともに、雷撃飛行隊と爆撃飛行隊を援護する一部として行動した。犬吠埼の右を北上、鹿島灘から日本本土上空に入った。
　雷撃飛行隊と爆撃飛行隊が小泉製作所を攻撃をするまで、4機は上空で待機していた。爆撃後すぐに高度1万2,000フィート（3,658メートル）から1回の実行で太田製作所と小泉製作所を撮影した。小泉製作所工場北側の二つの大きな建物は全焼しているようであった。中央部分は煙に覆われ、西側の幾つかの建物は解体されているように見えた。このことは1944年11月7日に第21爆撃群団が撮影した写真[13]との比較において認められた。写真偵察機と護衛機は5,000フィート（1,524メートル）から小泉、桐生、友部、涸沼の各飛行場を、その75パーセントから85パーセントを撮影した。1機の疾風に護衛機が射撃したが効果はなかった。
　東海岸への退去後、戦闘機の全ては沖合で漁船を掃射して母艦に戻った。
・海兵戦闘飛行隊（VMF-221）20機（各機500ポンド通常爆弾1発を搭載）
　午前7時45分に発艦した。雷撃飛行隊と爆撃飛行隊と合流し、犬吠埼の右を飛行、西にターンして目標へ向かった。編隊の高度は1万フィート（3,048メートル）。対空砲火には目標域で遭遇した。予測された重砲による砲火は、高度に関して正確であったが、多数の爆発は爆撃航程より前に編隊の回りで観察された。
　午前9時30分に攻撃を開始。南東から北西にかけて50度の角度で降下、19機が2,000フィート（610メートル）で500ポンド通常爆弾を投下した。攻撃成果は後の評価写真によって優れた結果と認められた。2個の爆弾が目標をはずれた。デランシー大尉は目標を捉えることができなかったので小泉飛行場の格納庫を爆破した。爆撃後、4機が小泉飛行場を機銃掃射した。様々なタイプの多数にのぼる単発機と双発機が単縦列でV字型に駐機している様が観察された。3機の攻撃によって

駐機している深山1機を破壊し、単発機1機をひどく攻撃したが炎上や爆発はしなかった。

　退去時、8機が2機の零戦を破壊し他を損傷させ、単発機と双発機およそ40機が観察された館林飛行場を掃射した。12機から15機の単発機は黄色の塗装が施されているので練習機と思われた。古河飛行場はスエット大尉とグレンディング中尉によって掃射され、零戦2機を炎上させた。日本本土上空での日本軍機による迎撃はなかった。5機から6機の戦闘機が編隊の物陰に、時折観察のために雲の中から姿を見せたが再び後方に上昇していった。疾風と思われる1機は、攻撃することなく編隊を通過、再び現れることはなかった。北緯36度08分、東経140度20分の地点で敵機の墜落するのが見られた。

　編隊は犬吠崎の右数マイルで我々の救出潜水艦に向かっている漁船の一群かピケ艦を発見した。これらは16機によって猛攻撃された結果、4隻が燃え他は損害を受けた。午前11時50分に着艦した。

・第84雷撃飛行隊（VT-84）13機（各機500ポンド通常爆弾4発を搭載）
　TBM-3アヴェンジャーに搭乗するのは、パイロット1人、レーダーを操作する通信員1人、50口径機関銃を使う後部銃手1人の計3人である。

　13機は二つの編隊に分かれている。雷撃隊の指揮官はC.W.スワンソン少佐で機体番号301に搭乗、第1編隊は7機、第2編隊は6機である。第2編隊には機体番号307に搭乗するG.A.ターンブル少尉がいる。ターンブル機に同乗していたのは、銃手のジャック・ヴァインセック、レーダーと無線担当のジョージ・ゲルダーマンであった[14]。

　空母「エセックス」と空母「カウペンス」からの攻撃隊と合流後、編隊は高度2,000フィート（610メートル）、速度150ノットで日本の東海岸に向かって飛行した。途中で第1目標の中島飛行機武蔵製作所上空の雲高がわずか3,000－4,000フィート（914－1,219メートル）であったという知らせを受け取った。このために雷撃隊の隊長は代替目標の中島小泉製作所を攻撃するように攻撃隊長に提案した。海岸に到達する前に攻撃隊長はエンジン故障のために母艦に戻ることを余儀なくされた。そこでエセックス隊の雷撃隊長に指揮権を渡した。犬吠埼の右、北を通り過ぎた後に西にターンした。そして午前9時12分に海岸を横切った。地上には雪、雲高は1万3,000フィート（3,962メートル）、編隊は1万1,000フィート（3,353メートル）に上昇した。目標へのアプローチの間に対空砲火は観察されなかった。陸路を飛行中、レーダー妨害用のチャフは連続的に出番であった[15]。

　4機の鍾馗が目標の東約25マイル（40キロメートル）で発見されたがいなくなった。地上の雪にもかかわらず目標は簡単にピックアップされた。重い中程度の対空砲火に遭遇した。北から目標に接近、爆撃飛行隊は左旋回して、1万1,000フィート（3,353メートル）から急降下、直ちに雷撃飛行隊も続いた。攻撃は西から東へ、速度30ノット（原文では30ノットとなっているが130ノットの誤り―筆者注）、40度の降下で目標を横断して行われた。13機が3,500フィート（1,067メートル）で500ポンド通常爆弾47発を投下、2,000フィート（610メートル）で離脱した。対空砲火を避けるために編隊は少なくともコースのわずかな変化とともに2マイル（3.2キロメートル）その高度を続けた。離脱時に1機の零戦が左翼下から雷撃機1機を攻撃してきたが損害はなかった。銃座の射手は50口径の弾薬118発を発射、零戦の攻撃は止んだ。

　目標の東約10マイル（16キロメートル）離れたところで各機は集合、そして海岸に向かった。犬

吠崎から45度、およそ15マイル（24.1キロメートル）で上陸用舟艇タイプの24隻の小型船舶が観察された。これに対して半分が機銃掃射を行った。編隊が去ったときに4隻から煙がみられた。母艦への帰艦は問題なかったが、1機が着艦時において右翼を損傷した。

・第84爆撃飛行隊（VB-84）13機（各機1,000ポンド通常爆弾1発と250ポンド通常爆弾2発を搭載）

　午前7時30分、爆撃機が低くたけ込めた雨雲の下に発進したとき、攻撃目標は小泉製作所ではなくて東京の中島飛行機武蔵製作所であった。爆撃飛行隊はバローズ大尉によって導かれた。甲板を発進したすべての爆撃機は、1,500フィート（457メートル）で集合し他の攻撃隊と編隊を組んだ。目標上空の天候は爆撃のためには雲が低く垂れ込めていた。このためにまだ爆撃していない小泉製作所に目標は変更された。犬吠埼の北海岸を北上、1万フィート（3,048メートル）まで編隊は上昇した。平野すべては雪で覆われていたが、重大なラインが飛行場に向かって走っている道路であり、黒の個体ブロックは仮設滑走路と爆撃機の基地であることは明瞭であった。中島飛行機小泉製作所は雪の間に見られる黒い滑走路の1マイル（1.6キロメートル）南、太田製作所よりも明らかに目立っていた。

　1万3,000フィート（3,962メートル）からパイロットは照準点を選ぶことが出来た。爆撃機が200ノットを超えたところで高速のアプローチを開始、パイロットは大きな建物ののこぎり屋根を見ることができた。1万フィート（3,048メートル）から70度の急降下、13機が2,500フィート（762メートル）で1,000ポンド通常爆弾12発と250ポンド通常爆弾27発（報告書の記載ミスで実際は26発－筆者注）を投下、1,200フィート（366メートル）で離脱した。閃光は建物から、そして炎は雪で覆われた屋根の先端を溶かした。12発の1,000ポンド通常爆弾は建物に囲まれた地域で爆発、22発の250ポンド通常爆弾はさらに破壊を増した。最初のいくつかの命中弾後、黒煙は後の爆発の正確な位置を覆ってしまったが、各々落下している爆弾は工場から上がった発達する煙の幕へさらに貢献をするようであった。それは中島飛行機製作所に対する3回目の壊滅的な攻撃となった。眼下のいくつかの飛行場のちっぽけな幅の狭い滑走路から、2、3機の戦闘機が遅ればせながら離陸し始めていた。しかしこれらの日本機は我々の射撃網の中に決して入ってはこなかった。複数機がわきに回って飛行場のうちのひとつから離陸している零戦を地上掃射する機会があった。

　主要な任務を達成して、爆撃機はより小さな目標（洋上の漁船のことか—筆者注）をほうっておいて帰途に着いた。空母への着艦ではわずかにひとつの災難が生じた。

　以上、空母「バンカーヒル」攻撃隊の攻撃要領を再整理すると次のようになる（表2）。

　海兵戦闘飛行隊と雷撃飛行隊は降下爆撃、爆撃飛行隊は70度の急降下爆撃で、爆弾投下高度は海兵戦闘飛行隊の2,000フィート（610メートル）、爆撃飛行隊は2,500フィート（762メートル）、雷撃飛行隊は3,500フィート（1,067メートル）であった。

　爆撃照準点は小泉製作所の中心である。海兵戦闘飛行隊の20機のうち19機は、組立工場に19発の500ポンド通常爆弾を投下し2発が目標をはずれた。照準点に対する命中数は17発で重大な損害を与えた。1機は小泉飛行場の格納庫を爆破した。雷撃飛行隊の13機は、500ポンド通常爆弾47発を投下し、照準点に対する命中数は確認できなかったが、重大な損害を与えた。爆撃飛行隊の13機は、27発（26発の間違いと思われる）の250ポンド通常爆弾と12発の1,000ポンド通常爆弾を投下し、照準点に対する命中数は34発で同じく重大な損害をあたえた。対空砲火は目標地域で見られ、重砲は中程度、中口径砲と小口径砲は強烈であった。そして爆撃後の帰途、鹿島灘沖で

第4章 空襲研究―群馬県下空襲の実像を追って―

漁船団を機銃掃射し、少なくとも4隻を炎上させている。

表2   空母「バンカーヒル」

照準点	規模	攻撃機数 飛行隊	各照準点で消費した爆弾	照準点に 対する命中数	損害
工場の中心		13 VT-84	47×500ポンド通常爆弾	観察できなかった	重大
工場の中心	1,200×1,200	13 VB-84	12-1,000ポンド通常爆弾 27(26)-250ポンド通常爆弾	34	重大
組立工場	1,000×1,500	19 VMF-221	19-500ポンド通常爆弾	17	重大
	100×200	1 VMF-221	1-500ポンド通常爆弾	1	格納庫－重大

空母「カウペンス」

照準点	規模	攻撃機数 飛行隊	各照準点で消費した爆弾	照準点に 対する命中数	損害
6隻のディーゼル漁船	15-20トン	8 VF-46		100	2隻重大、4隻 わずかな損害
小泉飛行場の飛行機	7単発機	8 VF-46		70%	破壊
館林飛行場の飛行機	11単発機	8 VF-46		70%	5破壊、6損害
小泉工場		8 VT-46	26-500ポンド通常爆弾	26	重大
駐機の飛行機と格納庫		1 VT-46	4-500ポンド通常爆弾	4	観察できなかった

 (b) 空母「カウペンス」発艦の攻撃隊
・第46戦闘飛行隊（VF-46）12機
　F6F-5 ヘルキャット12機の発艦時刻は午前7時、帰艦時刻は午前11時30分である。

　目標は中島飛行機武蔵製作所から小泉製作所と館林飛行場に変更された。目標上空での時刻は午前9時15分、目標上空の雲は1万3,000フィート（3,962メートル）、目標視度はすみきっていた。可視距離は50マイルである。午前9時、小泉の近くで隼6機を目撃している。

　攻撃隊が対空砲の射程内に入ったとき対空砲火が開始された。重砲は強烈、中口径砲は貧弱、小口径砲はなかった。戦闘飛行隊の半分は爆撃飛行隊、雷撃飛行隊と一緒に高速のアプローチで降下していった。残りの半分は飛行場付近にある地上の飛行機と建物を機銃掃射、小泉飛行場の単発機7機に対して8機が攻撃、破壊した。館林飛行場の単発機11機に対して8機が攻撃、5機を破壊し6機に損害を与え、格納庫にも機銃掃射をあびせた。地上の敵航空機に対して破壊10機、損害4機を与えた。

　帰途、16隻のディーゼル漁船を攻撃した。6隻のディーゼル船（15～20トン）に対して8機が攻撃、2隻に重大な損害、4隻にわずかな損害を与えた。2隻の味方潜水艦がこの周辺で見られた。
・第46雷撃飛行隊（VT-46）9機（各機500ポンド通常爆弾4発を搭載）
　9機のTBM-3アヴェンジャーは午前7時8分から7時22分の間、空母を発艦した。そして第

46戦闘飛行隊の12機と一緒に、空母「バンカーヒル」の攻撃隊、空母「エセックス」の攻撃隊と合流した。

　F.C.カイ中尉は9機を攻撃に導いた。攻撃は南西から北東になされた。第46雷撃飛行隊は第84雷撃飛行隊に続いて、降下爆撃を行った。8機が工場の建物に、1機が飛行場に駐機する1機と格納庫を狙って4発の爆弾を投下したが、結果は観察できなかった。26発の爆弾は目標に投下された。残りの爆弾は後に日本の領域で投棄された。すべての攻撃は非常に効果的で、目標に重大な損傷をあたえたと考えられる。数機のパイロットと搭乗員は工場の角で少なくともひとつの大火、たくさんの小火、そして多くの煙を視認した。これは撮影された写真によって検証できる（写真1）。

　以上、空母「カウペンス」攻撃隊の攻撃要領を再整理すると次のようになる（表2）。

　目標上空にいち早く到達したのは戦闘飛行隊の8機であった。この飛行隊の任務は館林飛行場と小泉飛行場を攻撃することであった。そして雷撃飛行隊が「バンカーヒル」の雷撃飛行隊に続いて降下爆撃を実行した。爆弾投下高度は5,000フィート（1,524メートル）、爆撃照準点は小泉製作所の中心である。雷撃飛行隊の8機は、500ポンド通常爆弾26発を投下し、照準点に対する命中数は26で重大な損害を与えた。1機は小泉飛行場の格納庫と飛行機を狙って爆弾を投下した。そして爆撃後の帰途、鹿島灘沖で漁船団を機銃掃射し、少なくとも2隻に重大な損害を与え4隻にわずかな損害を与えている。

　（c）空母「エセックス」発艦の攻撃隊

　国立国会図書館憲政資料室所蔵の「米国海軍艦載機戦闘報告書」中からは、その報告書の存在を確認できなかった。しかし空母「バンカーヒル」と空母「カウペンス」の報告書から参加機数を確認することができる。すでに記したが、第4戦闘飛行隊（VF-4）のグラマンF6F-5ヘルキャット16機、第4戦闘爆撃飛行隊（VBF-4）のヴォートF4U-1Dコルセア16機、第4雷撃飛行隊（VT-4）のグラマンTBM-3アヴェンジャー15機の計47機である。これらの飛行隊は中島飛行機太田製作所の攻撃部隊となった。

3　空襲の結末

（イ）地上の惨劇

　『大泉町誌（下巻）歴史編』[16]と『太田市史通史編　近現代』[17]、さらに各種の資料に依拠しながら地上の惨劇を確認していこう。

　当日、警戒警報の発令は午前7時36分、そして5分後の7時41分、たちまち空襲警報の発令となった[18]。米軍機の来襲時間について鳥之郷国民学校（現太田市立鳥之郷小学校）の「教務日誌」には次のように記されている。「午前九、四〇～一〇、一〇頃敵艦載機約百機、二次ニ亘リテ当地上空ニ侵入、急降下銃爆撃ヲ、主トシテ小泉工場方面ヘ、一部太田町ヘ加ヘタルモ当地区異常ナシ」[19]。翌日の「上毛新聞」には「敵米は戦闘約百機の醜翼を連ねて廿五日午前九時三十五分三たび我が東毛地区に来襲」とあり、米軍報告書の攻撃開始時間と一致している。

　しかし来襲機数をはじめとした細部については、各種資料に相違が認められる。たとえば、さきの「教務日誌」では約百機、翌日の「上毛新聞」にも約百機とある。一方、米国戦略爆撃調査団

「太平洋戦争報告第一五」によると、小泉に対する攻撃飛行機数65、投下爆弾39トン、太田には20機、投下爆弾15トンとなっている[20]。『太田市史通史編　近現代』ではこの数値を採用しているが、実際は小泉へ71機、太田へ47機の合計118機である（このうち1機が途中から引き返している）。正確な機数は今日まで把握されてこなかった。

　また攻撃要領についても「この日は吹雪であったので、小泉製作所の発見が遅れ反転引き返して、西方より小泉上空へ急降下で進入してきた。」[21]とあるように、不正確な記述が認められる。目標は明確に捉えられていたのである。また「高度二百五十メートルで飛行場を攻撃していた」[22]との記載もあるが、攻撃後の離脱高度は366メートルから610メートルであった。地上からの目視による限界であったのであろう。

　投下された爆弾については「米国戦略爆撃調査団報告書」の記載（数値は製造所の幹部によって示されたもので、時間的な遅れと米軍による占拠・工場撤去により、正確さを確認することができなかったというもの）によって、小泉では高性能爆弾39屯（111発）、敷地命中31屯、建物命中12屯（43発）（艦上機の報告書では500ポンド通常爆弾92発、1,000ポンド通常爆弾12発の計104発投下）、太田には16発（艦上機の報告書では500ポンド通常爆弾76発投下）の通常爆弾が工場西側に投下され、工場建物に7発が命中し、不発は1発のみであった[23]（図3）。さらに「爆弾のほか焼夷弾も投下しているようで、ところどころ火災も発生していた」[24]とあるが、この攻撃による焼夷弾の投下はなかった。

　この空襲時には「まこと新聞」などの伝単が多数投下されている。鳥之郷国民学校の「教務日誌」には「昨日ノ敵機ノ伝単『まこと』約百全校集ル」[25]と記されている。また「毎日新聞群馬版」の2月28日の記事には「宣伝ビラは廿五日襲来した敵機から太田地区とその周辺の町村にまかれた」とあるが、空母「バンカーヒル」と同「カウペンス」の戦闘報告書には、宣伝ビラ投下の記述はない。空母「エセックス」所属の部隊によるものであったのだろうか。

　米軍の攻撃に対して地上の高射砲部隊は「頭上でひっかきまわされていて、射撃するどころではなかったらしい」[26]とあるように、撃破9機の戦果どころではなかった。米軍機の損害は皆無であった。

　そして小泉製造所の損害は、第2号棟（材料及び部品倉庫）被弾24ヶ所で80パーセント、第7号棟（「銀河」最終組立）被弾11ヶ所で70パーセント、第4号棟（「銀河」部品組立）被弾10ヶ所で60パーセント、第5号棟（「銀河」部品組立）被弾4ヶ所で75パーセント、第9号棟（試作工場）被弾4ヶ所で60パーセントとなり、全建物損害概略割合は破壊10パーセント、損害40パーセント、機械損害台数は、破壊29台、損害5台であった。43発が構内東半分の建屋を中心に命中し、「銀河」棟に広範囲な損害を与えた。第7号棟は、屋根のスレートが破損落下して生産ライン上の「銀河」に刺さり、また爆風で高いレール上から「銀河」が落下したり、コンクリート床は爆弾で大きな穴があく等被害は甚大であった。このため「銀河」16機破壊、27機破損の計43機が損害となり7号棟の機体はほとんど損傷した。その他に小物組立部品、工作機械、治工具等が破壊された。しかし「零戦」の生産施設にはほとんど損害はなかった[27]。このほか、目標をはずれた爆弾が小泉線西小泉・仙石河岸間に落下、線路50メートルおよび貨物積卸場1ヶ所を破壊、電車線600メートル、通信線6,000メートルが断線した[28]。

　太田製作所は2月10日と16日の空襲によってすでに壊滅状態となっていた（図4）。このために、

設備等のない建物またはすでに損害を受けた建物が爆撃されたために損害は少なかった。

人的被害については小泉製作所構内で死傷者89名（もしくは死者7名、負傷者14名）[29]、小泉町では死者6名、重傷2名、家屋被害は半壊8、罹災者数は3名であった[30]。また渡瀬村（現千代田町）では負傷者1名、家屋全焼1、罹災者数1名である[31]。太田町では軽傷1名、家屋全焼1、全壊13、半壊18、罹災数は126名[32]で、工場周辺の家屋に被害が生じたものの、死者・重傷者はなかった。結果として米軍艦上機空襲による死傷者数99名（もしくは死者13名、負傷者18名）を数えた。

しかし実際はこれだけではない。艦上機の通過コースや館林飛行場に近接した、邑楽郡渡瀬村国民学校（現館林市立第九小学校）の「沿革史」[33]には「小型機十数機ノ本校銃撃アリ被弾約六十瓦其他ニ被害アリ人員重要施設ニ異常ナシ」、また同郡大島村国民学校（現館林市立第四小学校）の校舎上空を艦上機が通過したが、こちらは幸い被害はなかった[34]。同じく六郷村国民学校（現館林市立第六小学校）は「幸本日日曜に付児童登校せず、異常なし、全職員登校警備に当」[35]った記載がある。

そして当日午後3時ごろ、今度はB-29の編隊が飛来し、太田製作所・小泉飛行場・小泉製作所付近を雲上から爆撃して東方へ去った[36]というが、これについての被害状況は詳細不明である。ところが翌日の「上毛新聞」には「敵は山間も狙ふ　北毛地区にB29の焼夷弾」として、利根郡下の沼田町と川田村（現沼田市）で被害が報告されている。「沼田公園からお搗屋稲荷・天桂寺を経て忠霊塔近くにかけて焼夷弾が落とされた。幸い不発に終わった処が多く、上堀川岸の雑穀貯蔵庫の全焼の他に小火が数件あった程度で被害は比較的少なかった。当時の記録によると120発の焼夷弾が投下されたとのこと。その実物が当時の沼田警察署前に暫時の期間、立てかけて陳列されていた。直径40センチ程度の円柱、長さは2メートル近かった」[37]。沼田町では重傷2名、軽傷4名、家屋全焼1、半焼1、罹災者数は48名、そして川田村では軽傷2名、家屋半壊1、罹災者数2名となっている[38]。

次に小泉製作所に動員された学徒の日記の一部と証言記録を紹介する。

「二月二十五日（日）　晴後曇　（前略）敵機は凡そ十五、六分の間頭の上にいた。音が遠のいて、やっと壕からはい出た。太田・飛行場・小泉工場の方向で煙りが上がっていた。グラマンF6Fと急降下爆撃機のカーチスだ。小泉工場もやられたらしい。七号棟もやられたそうだ。（後略）」[39]。なお、無着成恭も1944年8月7日から45年3月31日まで小泉製作所に動員されている。第7号棟で働き、中島高林寮に寄宿していた[40]ことからこの空襲に遭遇していたものと思われる。

『館林女子高校六十年史』には、館林航空器材（株）へ動員された生徒の日記が掲載されている。「朝出動すると空襲警報、その中で朝礼を行う。その後遠方待避杉林の中、艦載機の機銃掃射を受けた。急降下音と機銃音マークと人影が見え、木よりも低いと思われる程の超低空、口惜しかったがどうにも手が出ない。幸い怪我人はなかった。即刻帰宅、その後B29の空襲をうける。青年学校、社長室は機銃掃射で天井に穴があいた」[41]。製作所や飛行場だけではなくて広範に被害のあったことが、この日記からもわかる。

（ロ）海上（鹿島灘）の惨劇－江名漁船の悲劇

「米国海軍艦載機戦闘報告書」に記された、中島飛行機小泉製作所の攻撃後に犬吠崎のおよそ数

マイルから 15 マイル（10 キロメートル〜24.1 キロメートル）の地点で 2 隻の救出潜水艦に向かっている 16 隻から 24 隻の小型船舶（米軍は 15〜20 トンの漁船団と認識していた）を攻撃した、その顛末はどうなったのであろうか。調査の過程で次の事実がわかってきた。

　福島県石城郡江名町（現いわき市）漁業会所属の底引き網漁船団 30 隻が出港したのは、2 月 24 日午後 11 時 30 分すぎであった。各船に 10 人前後ずつ乗り組んでおり、出漁したのは総計 335 人である。洋上監視並びに敵情報提供、さらに軍納入食糧確保のためであった。鮫の大群を追って 25 日午前 5 時すぎには日立沖 10 キロほどの海上に到着、そして操業中に空襲からの帰りと思われる米軍機に襲われた。米軍機は漁船団を目がけてすれすれの高度で攻撃してきた。

　生存者の証言がある。「夜が明けて漁船団は最初の網を入れて操業を開始、私の感じでは第一波は午前七時ごろだったと思う。機銃が火を吐き、仲間の船が次々に被弾する。彼らは旋回すると、執拗に機銃をあびせてきた。第一波の攻撃は三十分ほど続いたと思うが、これだけでほとんどの船は被弾していた。第二波は午前十時ごろにきた。六機または十二機の編隊で、このあと午後三時ごろまでの間、何波にもわたって銃撃された。私の乗っていた第二明神丸は、第一波の三機の攻撃で機関部がやられ、火が噴き出して動きがとれなくなっていた」[42]。この証言の第 2 波の時間が、中島飛行機小泉製作所と太田製作所を攻撃した艦上機の攻撃と重なるものであろう。しかし第 1 波や第 3 波以降の攻撃については現時点では定かでない。

　この攻撃によって、炎没 1 隻、沈没確実なもの 8 隻、かろうじて江名港に単独帰港できたのは 13 隻、曳航されて帰港できたのは 1 隻、途中で座礁したもの 5 隻、漂着したもの 2 隻であった。無事に帰港しても、船内は血にまみれ、機銃によって死んだ人々が横たわる悲惨な姿であったという。結果として、海上死亡者 50 名、事後死亡者 12 名、推定死亡者 69 名の計 131 名の生命が奪われた。さらに重傷者 21 名、軽傷者 19 名を数えた[43]（表3）。遭難者の慰霊祭は江名漁業会の手で 3 月 10 日、江名国民学校校庭で行われた。ひとつの港でこれだけの被害を受けると、再起不能に近い打撃となった。

表3　鹿島灘被害状況

船名	総員	海上死亡	事後死亡	死亡推定	重傷	軽傷	無事	船体
第二清栄丸	9	1			2	1	5	単独帰港
第三諏訪丸	13					1	12	単独帰港、名簿では 5 名の死亡者（誤り）
第五諏訪丸	14	6			1		7	単独帰港
第二広運丸	11	1			2		8	単独帰港
熊野丸	12	2	2				8	単独帰港、名簿では 2 名の死亡者（茨城県平潟港へ）
第二福吉丸	14				1	1	12	単独帰港
第二日康丸	12	1				1	10	単独帰港
第二宝来丸	8		1				7	単独帰港
第二昭栄丸	9	1	1			1	6	単独帰港
第二万勢丸	12					1	11	単独帰港
第二定勝丸	15	2				1	11	単独帰港
善宝丸	11	1			1		9	単独帰港、（ふくしま戦争と人間 – 10 名死亡、読み間違い）
第七権現丸	12	2	1				9	単独帰港

船名								備考
共進丸	11	4			1	2	4	帰港、小名浜より朝日丸曳航す
第二徳丸	10	1				5	4	鹿島灘坐礁
吉丸	11	5			2		4	鹿島灘坐礁
第二長栄丸	11		1		1		9	多賀郡にて坐礁
第六海運丸	12	6	1		3		2	茨城県鹿島郡にて坐礁
第二栄洋丸	10	3				2	5	勿来沖坐礁
第二嘉吉丸	10	2		6		1	1	銚子漂着
第八清勝丸	10	4			1	2	3	多賀郡漂着（茨城県多賀海岸漂着）
三岬丸	9	5	3		1			炎没、茨城県の川尻漁船に乗員救助される（9名死亡）
第二明神丸	15	2	1		3		9	沈没の見込、死傷者熊野丸に救助される（証言あり）
福寿丸	9	5			1		3	沈没の見込、死傷者第二日康丸に救助される
大昭丸	11			9	1		1	沈没の見込、吉丸に2名救助される
日康丸	9			9				沈没の見込、船体乗員行方不明（ふくしま戦争と人間4名）
第六八汐丸	12			12				沈没の見込、船体乗員行方不明　名簿では11名の死亡者
福栄丸	11			11				沈没の見込、船体乗員行方不明
第三永運丸	12			12				沈没の見込、船体乗員行方不明（第三永渾丸、誤り）
第二東丸	10			10				沈没の見込、船体乗員行方不明
第三泉運丸				8				死亡者名簿にある船名（誤り）
計	335	54	12	69	21	19	160	※（　）は筆者注

　江名漁港の近くにある真福寺境内には3基の碑が建立されている。一番古いのは惨劇のあった年の7月13日に「大昭丸」船主によって建立された「漁船殉職者之碑」（写真2）である。この碑面には亡くなった船長以下9名の氏名と当日の様相が記されている。それによると「捕鮫一千五百貫収網作業ニ入ルヤ米機突如トシテ襲来被爆連続終ニ操縦ノ自由ヲ失ヒ万策尽キ生還纔ニ二名他ハ尽ク愛船大昭丸ト最期ヲ共ニシテ悲壮玉砕ス嗚呼」と記されている。個別漁船の慰霊碑はこれだけであるが、戦後間もなくの1946年8月9日には「江名町漁船殉職者供養塔」（写真3）が、江名町漁業会と江名町船主一同によって建立されている。その脇には1970年に建立された「鹿島灘　戦没漁船員之副碑」（写真4）がある。この碑の裏面には船名とその船に所属し亡くなられた漁船員の氏名が刻まれている。ただしこの碑には2月25日の犠牲者だけではなくて、45年7月7日福島県塩屋岬沖合と同月10日宮城県唐桑沖合で機銃掃射されて死亡した漁船員4名の氏名も刻まれており、計135名となっている。遺族たちの調査活動の結果、1969年に、これらの漁船の出漁は軍の命令だったとして準軍属の立場が認められ叙勲などが行われ、さらに供養塔の副碑が建立されたものである。筆者が現地調査をした2011年9月29日、この副碑は3月11日の東日本大震災によって倒壊、破損したままの状態であった。

おわりに

　中島飛行機小泉製作所に対する米軍の攻撃について再確認する。投下した爆弾の種類と個数は、250ポンド通常爆弾26発、500ポンド通常爆弾97発、1,000ポンド通常爆弾12発の総計135発であった。このうち5発の500ポンド通常爆弾は小泉飛行場の格納庫と駐機する飛行機に投下された。

目標をはずれた爆弾は6発で、これらが小泉線西小泉・仙石河岸間に落下した。この空襲は小泉製作所にきわめて大きな打撃、とりわけ「銀河」生産施設に広範囲な損害を与え、生産を困難化していった。

中島飛行機太田製作所に対する米軍の攻撃についての詳細は、空母「エセックス」の報告書が確認されていないために不明である。しかし参加機から判断すると500ポンド通常爆弾76発が投下されたものと思われる。太田製作所に対する、この2月25日の空襲は第3回目となる。すでに大破あるいは全壊となった工場に対して、この空襲はとどめとしてなされたものであった。

陸軍館林飛行場に対する米軍の攻撃は、駐機している11機に対して機銃掃射が行われ5機破壊、6機に損害を与えている。さらに飛行場の北東約3.8キロメートルに位置している邑楽郡渡瀬村国民学校（現館林市立第九小学校）が銃撃された。幸い、この日は日曜日であったので児童に犠牲者はなかったが、報告書には記載されない無差別な攻撃が行われてたのである。その典型的な事例が空襲の帰途、鹿島灘沖で操業中の江名漁港の漁船団に対して行われた執拗な機銃掃射であった。

結果として、3空母による2月25日の空襲犠牲者は、小泉製作所で死傷者89名、周辺町村で死者6名・負傷者4名、鹿島灘沖で死者131名・負傷者40名、さらに製造所を除く家屋の損害は41以上に及んだ（表4）。

表4　被害状況（艦上機）

製作所	死者	負傷者
小泉	7	(89) 14
太田		
計	7	(89) 14

飛行場	死者	負傷者
小泉	不明	不明
館林	不明	不明

町村	死者	負傷者	全焼	半焼	全壊	半壊	罹災者
小泉町	6	2				8	3
渡瀬村		1	1				1
太田町		1	1		13	18	126
計	6	4	2		13	26	130

	死者	負傷者	沈没	坐礁	漂着	帰港
江名漁船団	131	40	9	5	2	14

被害状況（B-29）

町村	死者	負傷者	全焼	半焼	全壊	半壊	罹災者
沼田町		6	1	1			48
川田村		2				1	2
計		8	1	1		1	50

最後にバンカーヒル搭載の第84雷撃飛行隊のその後について触れる。同隊は小泉製作所の空襲以後、硫黄島戦そして沖縄戦に参加していったが、同隊の2月中旬から5月中旬までの損失は、対空砲による1機、日本軍戦闘機による2機を含め4機だけであった。しかし、沖縄戦参加中の5月11日、1機の特攻機によって母艦とその航空群が大損害を受けた。この特攻機の搭乗員は群馬県碓

氷郡八幡村、現在の高崎市八幡町出身の小川清少尉であった。この突入によって、バンカーヒル艦上の航空機のほとんどすべては破壊され、人的損失は戦死、行方不明389名、負傷者264名の甚大にのぼった。バンカーヒルの戦死者のうち、103名は第84航空群に所属し、26名は第84雷撃飛行隊の士官および兵だった。戦闘飛行よりも遙かに多い戦死者を出したのである。飛行隊の15機のグラマンTBMアヴェンジャーも飛行甲板と格納庫で荒れ狂う炎の中に燃え尽きた。小川少尉の遺体は、粉々になった零戦の操縦席から投げ出され、しっかりとその姿をとどめたまま、甲板に転がっていた[44]。そして彼の遺品は戦後56年たって高崎にいる遺族の元に戻ってきたのである[45]。突入された艦船と突入した隊員の氏名、そして遺品が関係者の元に戻ってくることは希有な事である。同様な事例は、陸軍前橋飛行場で特攻訓練を行い、1945年4月6日宮崎県の新田原飛行場から沖縄に出撃した、岡部三郎伍長にも当てはまる[46]。

　特攻機の突入によって飛行隊の報告書は、燃えてしまうか消火のために水浸しになった。第84雷撃飛行隊の生存者の一人、G. A. ターンブルはその後の真珠湾への航海中のほとんどの時間を、書類を作ること、作戦行動の報告書の断片をつなぎ合わせることなどにあてたという[47]。こうして作成された報告書類が、今回分析した「米国海軍艦載機戦闘報告書」の一部を構成したのであろう。

注
1) 高橋泰隆『中島飛行機の研究』p219、1988年や『富士重工業三十年史』1984年などを参考とした。
2) 小泉製作所は小泉の本工場だけではなくて尾島や伊勢崎など22の分工場があった。
3) 大泉町誌編集委員会『大泉町誌(下巻)歴史編』pp.1034-1035、1983年。
4) 「本土防空作戦記録(関東地区)昭和25年12月調整　復員局」防衛省防衛研究所所蔵と防衛庁防衛研修所戦史室『戦史叢書　本土防空作戦』pp.482-485、1968年。
5) 『本土防空作戦』p.408には「特殊情報班は暗号解読者及び英会話に堪能な者を集め、無線受信機をもってサイパン、テニアン基地の米軍電波を傍受解読し、B-29来襲に関する情報をその基地発進以前に入手しようとするものであった」とある。
6) 「第三〇二海軍航空隊戦時日誌」防衛省防衛研究所所蔵。
7) 渡辺洋二『日本本土防空作戦』p.212、1979年。
8) 「朝日新聞」昭和20年2月26日付。
9) 「昭和一九・一一・以降　米機本土来襲状況　防空情報室」防衛省防衛研究所所蔵。
10) 高松宮宣仁親王『高松宮日記　第八巻』p.39、1997年。
11) 「讀賣報知」昭和20年2月26日付。
12) 中村有以訳・マクスウェル・テイラー・ケネディ『特攻　空母バンカーヒルと二人のカミカゼ』2010年によると、この空母には通常104機が搭載されていた。その内訳は、戦闘機が50機、SB2Cヘルダイバー急降下爆撃機が約30機、TBMアヴェンジャー雷撃機が20機、そして、夜間の戦闘のための特殊レーダーを備えたF6Fヘルキャットが3〜4機である。バンカーヒルは、1945年に改良型コルセアを艦上機とした、数少ない空母のうちの1隻で、パイロットの多くは、太平洋での戦闘に何度も参加しているベテランだった。
13) 写真偵察機F-13により1944年11月7日に撮影された写真。この戦闘任務報告書「4M4」を工藤洋三氏から提供していただいた。

14) 中村有以訳・マクスウェル・テイラー・ケネディ『特攻　空母バンカーヒルと二人のカミカゼ』p.211、2010年。
15) チャフはウィンドウとも呼ぶ。レーダーを妨害したり惑わしたりするために撒かれる小片のことである。幅はおよそ1センチで、様々な長さに切って用いる。長さによって、妨害できる電波の波長が変わる。ゲルダーマンは、10センチの長さのチャフを持たされており、それを6秒ごとにハッチから外へ手で撒くことになっていた。

　日本軍用に用いられた電波妨害片は10メートル以上の長さになることもあった。細長いその形状からロープと呼ばれるようになった（工藤洋三『米軍の写真偵察と日本空襲』p.42、2011年）。
16) 大泉町誌編集委員会『大泉町誌（下巻）歴史編』1983年。
17) 『太田市史通史編　近現代』1994年。
18) 前橋市戦災復興誌編集委員会『戦災と復興』p.24、1964年。
19) 小林ふく『戦禍に生きた子どもたち』1973年。太田市教育史編さん委員会『太田市教育史　上巻』p.1128、1995年。
20) 『太田市史　史料　近現代』pp.493-535、1994年。
21) 河内山雅郎『銀河の里—中島飛行機（株）小泉製作所』p.117、2007年。
22) 太田市遺族会誌編集委員会『太田市遺族会誌』p.39、1979年。
23) 高橋泰隆『中島飛行機の研究』p.217、1988年。
24) 太田市遺族会誌編集委員会『太田市遺族会誌』p.39、1979年。
25) 小林ふく『戦禍に生きた子どもたち』p.33、1973年。
26) 太田市遺族会誌編集委員会『太田市遺族会誌』p.39、1979年。
27) 河内山雅郎『銀河の里—中島飛行機（株）小泉製作所』pp.117-118、2007年。
28) 大泉町誌編集委員会『大泉町誌（下巻）歴史編）』p.1428、1983年。
29) 高橋泰隆『中島飛行機の研究』p.224、1988年。
30) 前橋市戦災復興誌編集委員会『戦災と復興』p.93、1964年。
31) 前橋市戦災復興誌編集委員会『戦災と復興』p.93、1964年。
32) 前橋市戦災復興誌編集委員会『戦災と復興』p.91、1964年。
33) 「沿革史　昭和6年～平成元年度　第九小学校」館林市教育研究所所蔵。
34) 「沿革史　明治6年～昭和30年　第四小学校」館林市教育研究所所蔵。
35) 「沿革史　昭和2年～昭和36年　第六小学校」館林市教育研究所所蔵。
36) 太田市遺族会誌編集委員会『太田市遺族会誌』p.39、1979（昭和54）年。
37) 『沼高百年史　上巻』p.160、1997年。
38) 前橋市戦災復興誌編集委員会『戦災と復興』p.90、1964年。
39) 小野祐己「昭和二十年一月～六月」『文殊の水』p.83、1992年。
40) 無着成恭「動員日記」『ぼくの青年時代』pp.13-61、1960年。
41) 館林女子高校六十年史編纂委員会『館林女子高校六十年史』p.472、1978年。
42) 福島民友新聞社『ふくしま戦争と人間7 痛恨編』pp.140-141・145、1982年。
43) 江名町漁業協同組合『江名漁業史』pp.81-85、1962年。
44) 中村有以訳・マクスウェル・テイラー・ケネディ『特攻　空母バンカーヒルと二人のカミカゼ』p.396、

2010年。
45）「上毛新聞」2001年4月1日付。
46）菊池　実『近代日本の戦争遺跡』pp.209-248、2005年。
47）中村有以訳・マクスウェル・テイラー・ケネディ『特攻　空母バンカーヒルと二人のカミカゼ』p.587、
　　2010年。

第4章 空襲研究―群馬県下空襲の実像を追って―

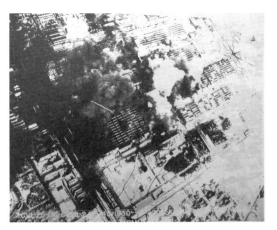

写真1　空襲される中島飛行機小泉製作所（3枚とも）

写真2　「漁船殉職者之碑」1945年7月13日建立

写真3　「江名町漁船殉職者供養塔」1946年8月9日建立

写真4　「鹿島灘　戦没漁船員之副碑」1970年建立

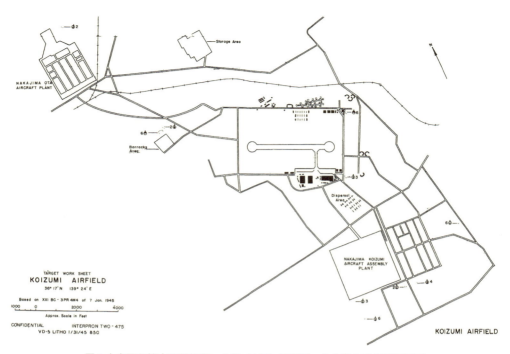

図1 中島飛行機太田製作所－小泉（太田）飛行場－小泉製作所位置関係図

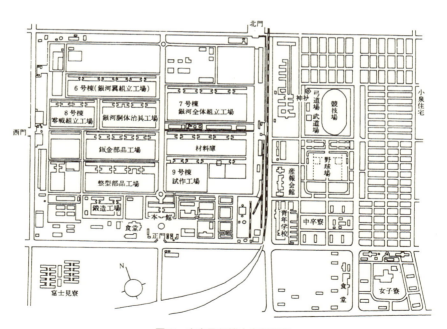

図2 中島飛行機小泉製作所

第4章　空襲研究―群馬県下空襲の実像を追って―

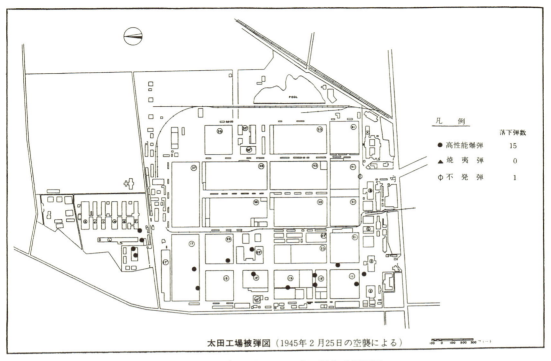

図3　1945年2月25日の太田製作所被弾図

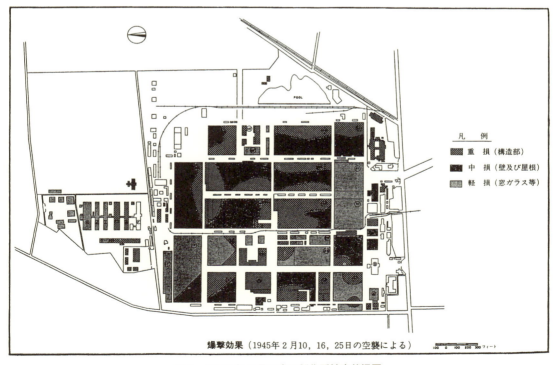

図4　1945年2月の太田製作所被害状況図

第4節　1945年8月5-6日の前橋空襲を検証する

はじめに

　県都前橋にB-29による空襲が敢行されたのは、昭和20（1945）年8月5日夜半から6日未明のことであった。この前橋空襲については、戦後の比較的早い時期に戦災の状況とその後の復興の歩みを記した『戦災と復興』[1]が刊行され、詳細な記録化が行われている。その後も体験者による数々の出版物が刊行された[2]。そして今日に至るも空襲被害の語り伝えと慰霊行事が続けられている[3]。

　ところで、空襲の実態を解明するために、これまで戦時中の日本軍や警察の史料、当時の新聞記事などが多用されてきたが、攻撃したB-29の作戦行動などの米軍史料の訳出は、県内では1945年2月10日の太田空襲を除くとこれまで行われてこなかった[4]。

　そこで本稿は、陸軍前橋飛行場もその対象となっていた前橋空襲について攻撃を実施した側の記録、すなわち米国戦略爆撃調査団史料中の「作戦任務報告書（Tactical Mission Report）」と「空襲損害評価報告書（Damage Assessment Reports）」などから、空襲の実態について分析するものである。あわせて当日の日本側防空陣の戦闘についても報告したい。米第20航空軍司令部作成の経過記録（1945.7.1～9.2）によると、大阪と前橋の空襲の際に14回の日本軍機の攻撃があったが、これが夜間作戦期間中の最高回数の敵機の攻撃であったことが記されているからである[5]。

1　空襲前の米軍作戦

　米軍は一般的に1都市に対して攻撃前の写真偵察と攻撃後の写真偵察を各1回実施した。前橋に対する攻撃前任務（5M356）は7月25日に、攻撃後任務（5M412）は8月29日に実施されている[6]。しかし7月25日以前にも偵察されていた。

　沖縄本島に米軍が上陸して1週間たった4月7日、1機のB-29が午前「10時10分頃本県の西毛地区に侵入県下を横切ってこの間投弾せず東毛方面から脱去した」[7]。このB-29は第3写真偵察戦隊所属のF-13写真偵察機で、この時前橋市街地の写真撮影が行われた。この日は、午前7時15分に警戒警報が発令され、同9時26分には空襲警報となった。そして同10時41分に空襲警報は解除となり、11時には警戒警報も解除となっている。

　そして7月25日午後零時、B-29は前橋の周囲を旋回、翌26日午前8時50分には、前橋中心部を旋回している。29日は午前8時28分と12時10分にも前橋中心部を旋回、そして7月31日夜から翌朝の間に、空襲を事前予告したビラが投下された[8]。このようにB-29による執拗な偵察が続行されていた（表1）[9]。

2　空襲計画

　「空襲損害評価報告書」の中に「目標概要（Target Summary）」（図1）と「目標情報票（Target Information Sheet）」が含まれている。いずれも前橋空襲実行の12日前、7月24日作成のものである。まずこれによって、前橋空襲がどのように計画されていたのかを確認しよう。なお、分析にあたっては、中山伊佐男、工藤洋三、奥住喜重の先行研究[10]を参考とした。

　目標概要中、実行欄（execution）、写真欄（photos）、結果欄（results）は未記載である。

　計画欄（planning）中の最初に照準点（AIM.PT.：Aiming Point）102 072の記載がある。この数字は、リト・モザイク（Litho-Mosaic）横座標の目盛り102、縦座標の目盛り072を意味し、その交点が爆撃中心点となり、B-29の爆撃手が狙いを定める点だった（図2）。使用された写真は1945年4月7日に撮影されたものである。これによって前橋空襲の爆撃中心点は、県庁の東約700メートルの桑町、前橋駅から渋川に至る東武電車道が市の中心部で屈曲する北東、現在の千代田町2丁目、前橋テルサの北東であったことがわかる（図3）。そしてここを中心に半径（rad）4,000フィート（1,200メートル）の円（確率誤差円）が描かれている。これは当時の市街地の大部分を含み、北は敷島国民学校、東は勢多農林学校、南は前橋駅、そして西は利根川に及んでいる。爆撃方法（bombing method）は夜間、レーダーによるものである。

　攻撃始点（IP：Initial Point）は北緯36度9分－東経140度19分の霞ヶ浦北端で、レーダーで識別しやすい地点が選ばれた。2月10日の太田空襲時と同じ攻撃始点である。また、もう1枚のリト・モザイク上には、北から時計回りに284度の爆撃中心点を通る攻撃軸（Axis of Attack）を示す長い線が記入されている。

　爆弾欄（bombs）には、M47焼夷弾（焼夷効果と爆発効果を併せ持つ、先導機が使用することが多かった）搭載機が33機、M69集束焼夷弾搭載機が66機とあり、計99機の出撃が予定されていたのである。さらに手書きでM17 5000′ 35′ 3Gpsとある。

　目標円内確度（% W/N tar circle）50%とあるが、これは照準点をめがけて投弾すれば50パーセントの確率で半径4,000フィートの円内に爆弾は投下される、市街地を壊滅状態にするように設定されていたものである。そして風（wind）・風向（direction）・風速（velocity）の欄が続いている。

　次に「目標情報票」を見よう。これは1．概要説明、2．位置および確認、3．目標の説明、4．重要性、5．照準点、から構成されている。最初に前橋の位置、北緯：36度24分、東経139度04分、海抜300-470フィート（およそ）の記載に続き、概要説明に入っている。以下、要約する。

　1．概要説明　前橋は重要な航空機部品製造の郊外の中心地を象徴する。以前は、織物の中心地で、10-15の織物工場、30-40の小さな鉄工所、機械工場、その他であったが、1942年の早い時期に中島のための航空機部品製造に転換した。二つの大きな航空機部品工場が中島と理研によって操業され、それらは市の郊外に位置している。市には高崎、熊谷、伊勢崎、桐生、そして小泉への優れた交通機関がある。前橋のようなより小さな中心地は、航空機製造の分散、重要な航空機の製造、副組み立て、最終組み立てのための可能な敷地を供給する観点から、重要性が増している。

　2．位置と確認　前橋は関東平野の北西コーナー、東京の宮城から北西約60マイルに位置している。高崎の北東約4.5マイル。利根川が町の西方境界を形成している。

　3．目標の説明　前橋は1940年8万6,997人の人口であった。市街地の範囲は、約1.85平方マ

イル、主として東西走行の両毛線（米軍はAYOMO Railwayと記している）の北に集中している。都市の原型は、小さな紡績工場、各種の店舗と住宅の密集した部分、市の至るところにいくつかの学校と市役所は点在している。

　街の北東区画には少なくとも10の紡績工場、東部と東中央の区画には少なくとも5個、その他が位置している。30-40の小さな製造工場（鉄工、機械、器械）は市街地の内側に位置している。これらの小さな工場は、都市のはずれにある2つの重要な目標、中島飛行機前橋部品工場と理研工業に部品原料を送っている。その重要性は、太田と小泉のような一流工場の破壊によって高まっている。

　目標№なし。都市の産業と労働者は、1942年中島によって飛行機部品製造の転換と再教育のために接収された。

　目標1546　中島飛行機前橋部品工場－操車場と駅の南東に位置している。陸軍航空機のための新しい軍需工場である。以前は水力ポンプ、器具などを製造していた。この工場は今や最も重要な副組み立て工場である。

　目標1646　理研工業会社－生産品はピストンリング、エンジン鋳造、機体組み立て部品などである。近くにある群馬紡績工場は工場の北西一直線にある。理研によって改造された。

　目標2774　前橋飛行場－街の西約2マイル、都市の産業活動と関係があるかもしれないが、既存の写真では分析を許さない。

　2つの重要な鉄道が街の南の端に位置している。目標1546の北西、この線は東の太田へ走っている。そして目標1646の東、この線は南の高崎と熊谷に走っている。桐生からの電鉄は街の東中枢部分で終結している。

　4．重要性　織物工場と小規模の産業が航空機産業に転換している。市街地の中の目標－10-15の織物工場と30-40の他の産業、市の北東域に位置している。伊勢崎と太田に至る両毛線の前橋駅は、都市の南の境界にある。

市街地の外の目標－ 90.13-1546- 中島飛行機製作所前橋部品工場
　　　　　　　　－ 90.13-1646- 理研工場
　　　　　　　　－ 90.13-2774- 前橋飛行場
　　　　　　番号なし：群馬紡績工場
　　　　　　　　　　前橋紡績工場
　　　　　　　　　　新前橋駅

　5．照準点　照準点は野戦命令書に明記するものとする。

1945年7月24日　　　　　　　　　　　　　　　　　　　　目標情報部　A-2
　　　　　　　　　　　　　　　　　　　　　　　　　　　第20航空軍

　「目標情報票」によって郊外の中島飛行機前橋第1工場や理研工業株式会社などの軍需工場、陸軍前橋飛行場も攻撃目標とされていたことがわかったが、焼夷弾攻撃の第1目標はあくまでも市街地の住宅密集地域であった。照準点をその中心部に設定していることからも明瞭である。なお、1945年当時の前橋市の人口は7万9,155人である[11]。

中島飛行機製作所の前橋進出は 1938 年、また、同年に新前橋駅の西に理研鍛造株式会社前橋工場の建設が始まった。そして 1941 年には理研系列工場は合併し、理研工業株式会社となり、前橋地域では東の中島、西の理研と呼ばれた、軍需工場の花形であった[12]。

3　空襲の実行

　前橋空襲の「作戦任務報告書」（任務番号 313）は、8 月 5 日－6 日に実施された、佐賀市（任務番号 312）、西宮－御影（同 314）、今治（同 316）とともにまとめられている。その内容は、戦術を主体に付属書類 A ～ G からなる。

　付属書類 A は作戦（第 1 部・航行図及び報告、第 2 部・爆撃中心点、第 3 部・爆撃、第 4 部・飛行技術報告、第 5 部・レーダー及びレーダー写真、第 6 部・射撃、第 7 部・空海救助図）、B は天候（第 1 部・天気概要、第 2 部・予報対観測された天候、第 3 部・予報天気図、第 4 部・総観天気図）、C は通信（第 1 部・レーダー対策、第 2 部・無線通信）、D は情報（第 1 部・神経戦の公開、第 2 部・敵機の抵抗、第 3 部・敵の対空砲火、第 4 部・損害評価）、E は集約統計表、F は野戦命令書、G は報告書配布先一覧表である。

　では「作戦任務報告書」に沿って、前橋空襲を確認することにしたい。

　前橋を空襲したのは、マリアナ基地テニアン北飛行場の第 313 航空団所属の 3 個群団であり、奇しくもその任務番号も 313 であった。

　第 313 航空団の当日の手持ち機数は 143 機である。先導機 12 機、部隊主力 90 機（3 機の予備機を含む）、3 機のレーダー対策機、1 機の風程観測機、1 機のスーパーダンボ機（救助機）の計 107 機がテニアン北飛行場を離陸した。作戦参加人員は 1,182 名である。先導機と部隊主力機で計 102 機、これは当初計画の 99 機よりも 3 機多かったが、予備機が含まれた結果であろう。1 番機の離陸時間は 8 月 5 日の 0629Z（グリニッジ標準時、日本時間では 8 月 5 日 15 時 29 分）、そして最後尾機の離陸は 0801Z（同、日本時間 17 時 1 分）であり、全機が離陸するまでに 1 時間 32 分を要した。

　第 313 航空団の 3 個群団は、佐賀に対する任務と同じく、同種の爆弾、信管、信管セット間隔で攻撃することになっていた。すなわち M-19,500 ポンド集束焼夷弾（3,866 発・773.2 トン）[13]を目標上空 5,000 フィート（1,500 メートル）で解束するようにセット、T4E4,500 ポンド破片集束弾（99 発・19.8 トン）[14]を投下 3,000 フィート（900 メートル）で解束するようにセット、AN-M64,500 ポンド通常爆弾（61 発・15.2 トン）は近接信管弾頭と無延期弾底を使用した。

　当初計画にはなかった、T4E4 破片集束弾が各機に 1 発搭載された。これは消火活動にあたる人員の殺傷用、消防設備の破壊用として準備されたものであった。また、2 機の先導機が AN-M64,500 ポンド通常爆弾を搭載して同様の効果を狙った。焼夷弾投下後に投弾される T4E4 破片集束弾によって火災の消化力が妨げられるならば、住宅街の木造建造物と小さな織物工場は、M-19 集束焼夷弾に起因する大火災をおこすものと思われた、と報告書は記している。

　当日の作戦予報は、層積雲 2/10、雲底 2,500 フィート（750 メートル）、雲頂 4,000 フィート（1,200 メートル）、上空 1 万 5,000 フィート（4,500 メートル）での風は 260 度で 20 ノットである。

　飛行航路（図 4）は基地から硫黄島通過（1 番機―日本時間 18 時 40 分、最後尾機―20 時 30 分、以下日本時間で記す）、そして北緯 35 度 45 分－東経 141 度 5 分の銚子沖約 20 キロメートルへ、これは

日本軍の邀撃機を避けるために選定された。銚子付近で日本軍の妨害電波に気づいている。B-29は編隊を組むことなく、単機で目標域まで飛行した。陸地接近の最大エラーは50マイル（80キロメートル）であった。1機のB-29で報告されたが、他のすべての機は航法の許容誤差の範囲内で陸地接近をはたした。部隊主力の陸地接近は21時17分〜23時43分となっている。そして北緯36度9分、東経140度19分の霞ヶ浦北端の攻撃始点へ、ここから攻撃軸283度で前橋上空の投弾まで爆撃航程（bombing run）に入る（図5）。前橋上空まで約114キロメートルの地点、時間にして19分30秒の航程である。目標へのコースは利根川とその特徴的なカーブと平行に、そして利根川に架かる橋梁は目標となった。また高崎と伊勢崎の位置を参考とすることになっていた。この区間は指定された高度で水平飛行を行うために、地上からの対空砲火にさらされやすい。とりわけ米軍は太田にある高射砲陣地に注意を払っていた。

太田地域で予想される日本軍の激しい攻撃のために、レーダー対抗策として3機の特別な航空機が準備されていた。これらの特別機は、1万6,000（4,800メートル）、1万6,500（4,950メートル）、1万7,000（5,100メートル）フィートの高度で、北緯36度15分・東経139度23分の太田南上空を旋回し、レーダー妨害用のアルミ箔リボンを投下することになっていた。

偵察写真からは前橋地域での高射砲陣地を明らかにすることはできなかった。目標までの予定航路には、太田でおよそ30基の重砲が待ちかまえている。この射程の中を飛行させることは危険であったが、攻撃の計画的な軸線はレーダー接近のために必要であった。対空砲火は1万2,000フィート（3,600メートル）の高度で予想された。また日本軍機からの若干の抵抗を受けることも予期していた。

第313航空団は日本本土侵入から離脱までに、以下のように日本軍の照空灯を観察している（表2）。一般に総ての照空灯は効果がなかったが、例外として次のことが報告されていた。館山を空爆しているB-29は、同時に8つの光線によって捕捉された。このために中口径砲の中程度の正確な攻撃を受けた。

目標域で観測された天候は、2-4/10層積雲、雲頂4,000フィート（1,200メートル）、上空1万5,000フィート（4,500メートル）での風は215度で20ノットである（図6）。前橋地方気象台による当日午後10時の気温は26.3度、北北西の風1.6メートルであった。

第313航空団は59分で部隊の90パーセントを目標上空に置いた。先導機と部隊主力機の計102機のうち前橋上空に到達したのは92機であった。ここに至るまでに機械の故障で6機、要員の過誤で2機、その他2機の計10機が離脱していた。

「作戦任務報告書」では部隊主力の投弾時間を051240Zから051508Z、すなわち日本時間の5日21時40分から6日0時8分としている。一方、「作戦任務概要」[15]では、第1目標上空時間を8月5日22時28分から6日0時8分としている。日本側記録と照合させると「作戦任務報告書」に記された、21時40分は22時40分の誤りと考えてよい。

第313航空団のB29にはAN/APQ-13というレーダーが装備されている（図7）。このレーダーは、主に航行用に開発されたもので、投弾の精度には限界があった。そこで優秀なレーダー手12名を選抜し、12機の先導機に乗り込ませて目標に先行投弾させ、後続機はその火災を目印に投弾するという方法を採用した[16]。攻撃の方法は個々のB-29によって、できるだけ短時間攻撃に圧縮された。82機が目標をレーダーで確認、10機が目視で確認している。しかし目標をとらえるのが難し

かったようで、いくつかの B-29 は目標をはずして爆弾を投下した。第 313 航空団ではリト・モザイクが不正確であったと報告している。

爆撃高度は 1 万 2,000－1 万 2,800 フィート（3,600－3,840 メートル）が命令されていたが、実際は 1 万 5,200－1 万 6,900 フィート（4,560－5,070 メートル）であった。爆撃機数と投弾時間、投下高度などについては、表 3 のとおりである。

爆弾投下機数の 12a は先導機である。前橋市街地への投弾の開始時間は、先導機による 22 時 28 分から 22 時 57 分、高度 4,800－5,070 メートルで行われた。部隊主力の 80 機は 22 時 40 分から 24 時 08 分まで、高度 4,560－4,980 メートルにより実施された。1 時間 28 分にわたって、M-19,500 ポンド集束焼夷弾 3,455 発（M-69 ナパーム焼夷弾 13 万 1,290 個）、T4E4,500 ポンド破片集束弾 88 発（M-41A1 弾 1,760 発）、AN-M64,500 ポンド通常爆弾 61 発が投下されたのである。装填した M-19,500 ポンド集束焼夷弾の 89.4 パーセント、すなわち M-69 ナパーム焼夷弾 13 万 1,290 個が前橋上空にばらまかれた。T4E4,500 ポンド破片集束弾の 88.9 パーセント、AN-M64,500 ポンド通常爆弾 100 パーセントが投下された。館山海軍基地と銚子への投弾は臨機目標に対する投弾である。M-19,500 ポンド集束焼夷弾 149 発（M-69 ナパーム焼夷弾 5,662 個）、T4E4,500 ポンド破片集束弾 4 発（M-41A1 弾 80 発）が投下されたが、これは目標である前橋を捕捉できなかったために好きなところに投下した、というのが実態であったようだ。

装填された爆弾と目標への投下は、表 4 のとおりである。爆撃精密度は不明である。

目標上空に 3－4 の非常に大きなオレンジの爆発があり、15－20 秒の間ゆっくり燃えているのが目撃された。また数人の乗組員は、目標上空にいくつかのパラシュート照明弾を報告している。それらは黄色がかった赤であって、およそ 10 秒続いた。推定高度は 1 万 5,000－1 万 6,000 フィート（4,500－4,800 メートル）である。そして爆弾を投下している乗組員は、目標地域で大火を報告した。

空襲中、30－35 機の日本軍機が B-29 搭乗員に目撃されている。5 機は双発機で他は不明であった。1 機が Nick（ニック、屠龍・川崎二式複座戦闘機）で、未確認機のうちの 1 機は Baka（バカ、桜花）[17] であると考えられた。そして 3 機はジェットエンジンで動く飛行機と思われた。日本軍機による 14 回の攻撃のうち 5 回は積極的であり、総ての攻撃は航空団の後続部隊が体験している。交戦で 100 発の弾丸を発射しているが、洋上における試射の 1,520 発に比較すれば、ほんのわずかの消費ですんでいる。日本軍機の攻撃により 1 機が損害を受けた。

また、太田と銚子で対空砲火に遭遇したが、それらは乏しくて不正確であった。目標においても中口径砲と重砲の攻撃は乏しくて不正確と評された。

離脱は左旋回して 1 万 5,000 フィート（4,500 メートル）より高く、6 日 0 時 38 分にかけて、そして宇都宮と水戸からの攻撃を避けるように指示されていた。

帰還航路は北緯 36 度 05 分－東経 141 度 0 分、硫黄島、そしてテニアン基地である。万一に備えて救難にあたる、潜水艦、水上艦艇、スーパーダンボ機が、それぞれ定位置に配備されていた（図 8）。硫黄島に部隊主力のうち 15 機が不時着している。テニアン北飛行場での最初の着陸は 052009Z（日本時間 6 日午前 5 時 9 分）、最後の着陸は 052308Z（同、6 日午前 8 時 8 分）である。平均飛行時間は 14 時間 26 分、平均燃料消費は 6,059 ガロン、損失機 0、損傷機 1 機、作戦参加人員 1,182 名中の死傷者は皆無であった。

以上が「作戦任務報告書」の概要である。これまで明らかにされていなかった数々の事実が浮か

び上がってきた。それは前橋を爆撃することの意味、空襲の実行部隊と攻撃機数、爆撃航程、使用された爆弾と投下弾量、投下個数などの詳細なデータ、攻撃要領、日本軍の応戦などである。これまでは『戦災と復興』に掲載された、前橋市長の照会に対する駐日アメリカ大使館空軍武官の回答した簡単な文書が引用されてきた。「作戦任務報告書」の公開は1981年のことである。公開後これまでに十分に検討していく時間はあったと思われるが、残念ながらそれらの分析は行われてこなかった。たとえ何年、何十年たとうとも事実を検証していくことの重要性が、あらためて問われることになろう。

4　日本軍の応戦—第10飛行師団と高射砲部隊

　関東の防空を担任していた、陸軍第10飛行師団の当日の動きを確認しよう[18]（図9）。

　すでに5日午後6時20分には空襲を予測して、午後8時までに警戒戦備甲（夜間出動可能全力待機姿勢）の態勢に入っていた。

　午後9時警戒警報が発令され、ラジオは敵機の北上を告げた。同13分、八丈島南方20キロメートルを先頭に北進中のB29を捕捉、各戦隊に非常戦備（出動可能1/2警急姿勢　出動可能1/2待機姿勢）が下令された。同19分、112戦隊（新田）の4機が大宮上空高度5,500メートルに出動、続いて20分に51（下館－四式戦）・53（藤ヶ谷－二式複座戦闘機）・70（柏－一式・二式戦）・23（印旛－一式・二式戦）の各戦隊から計14機が、岩槻・江戸川河口・川口・草加上空の高度5,000－55,00メートルに出動した。さらに23分に53戦隊の4機が市川上空高度5,000に出動した。30分、勝浦付近に敵らしき爆音を捕捉、70・18（松戸－五式戦）・52（下館－四式戦）・53の各戦隊は31分〜35分にかけて計12機、浦和・越ヶ谷・月島・千住上空高度5,000－5,500に出動させた。この間、34機の日本軍機がB-29の邀撃に飛び立った。45分、警戒警報は空襲警報へと変わる。しかし第10飛行師団では、敵B-29の空襲目標が前橋とは把握していない。邀撃機は埼玉南部から東京東部上空に飛び立っていた。50分、岩槻上空の51戦隊4機に対して宇都宮上空への移動を指示した。

　そして午後10時、「先頭目標は土浦付近東北進勝浦南方続々北上中」のB-29を捕捉。同2分、大宮上空の112戦隊4機に対して前橋上空への移動、03分には江戸川河口上空の53戦隊4機に対して高崎上空への移動を命じた。05分「一、敵は下館付近より西進前橋、高崎に向ふものの如し　二、112FR 更に四機出動高崎上空高度五〇〇〇」を命じた。敵B-29の空襲意図を察知したのは、前橋に焼夷弾が投下される実に23分前のこと、すでにB-29先頭機は爆撃航程に入っていた。09分、江戸川河口上空の53戦隊在空機を前橋上空に、13分、市川上空の53戦隊在空機を高崎上空に、15分、「53FR112FR 現在機数を常に高崎、前橋上空に在空せしめよ」との命令が続いた。これまでに38機の邀撃機が出動し、このうち53・112戦隊の計20機に対して前橋と高崎上空に在空させることになった。さらに20分、1戦隊（高萩－四式戦）と11戦隊（高萩－四式戦）に対して各4機、計8機を前橋・高崎上空高度5,000－5,500に出動させた。これで28機が前橋・高崎上空に在空することになった。

　B-29による前橋への最初の投弾から10分後、「一、前橋付近に於ける敵の高度五〇〇〇〜六〇〇〇　二、70FR、18FR、23FR、51FR、52FRは夫々適時着陸現在空域に現在機数を在空せしめよ」。計18機が南関東上空に在空することになっていたが、これは投弾を終了して離脱していく

B-29を邀撃するための処置であったのだろう。49分、70戦隊の在空機を浦和から大宮に、23戦隊を草加から松戸に、72戦隊（52戦隊の誤りと思われる―筆者注）を月島から江戸川河口上空に変更している。いずれも離脱していくB-29を捕捉するためであった。この間、空襲は間断なく実行され、地上での惨劇が続いている。

最初の投弾から1時間17分たった午後11時43分、「各飛行部隊次期出動は暫く待て」に続いて、午前零時「在空機全機着陸」を命じている。B-29による最後の投弾が続いているさなか、日本軍邀撃機は敵1機に損傷をあたえたのみで戦闘を終了した。

第10飛行師団では次の様に総括している。「B-29約一三〇機は二一三〇より主力は九十九里方面、一部は鹿島灘方面より侵入主力は前橋、高崎を一部は館山、銚子を焼夷弾攻撃す。師団は附録第一六作命第一六二号の如く戦闘せるも照射部隊との協同十分ならず。戦果なし」とした。

米軍は日本軍戦闘機数をほぼ正確に把握していた。しかし機種については誤認があった。前橋・高崎上空5,000－5,500メートルには、二式複座戦闘機と四式戦が在空し、桜花の戦闘参加は考えられないからである。

一方、地上配備部隊、第12方面軍の防空作戦はどのようなものであったろうか。

7月中旬に、横浜地区高射砲第117連隊の主力（高射砲4個中隊－7センチ高射砲4門、8センチ高射砲18門、電波標定機Ⅱ型・Ⅲ型・改Ⅲ型、照空2個中隊）と高射砲第115連隊の第3大隊（照空3個中隊）を前橋と高崎地区に派遣して同地の防空に当たらせた（表5）[19]。敵機は主として利根川に沿い飛来するものと判断して、前橋と高崎の以東に主力を配置した。それは高崎では新高尾、大類、競馬場、前橋では六供、元総社である。第117連隊照空隊と第115連隊照空隊の照空燈計25基は、利根川を挟んで東に115、西に117連隊照空隊が中隊距離間隔概ね5キロに配置された（図10）。粕川、宮城、富士見、箕輪（弥勒寺付近）、相馬ヶ原、西横手、藤岡方面に陣地があった。しかし、新陣地に展開後日が浅く、また各方面の準備が十分でないなかで8月5日を迎えたのである。なお、太田と小泉には、独立高射砲第4大隊の4個中隊、8センチ18門、12センチ6門、電波標定機3基が配備されていた。

8月5日の戦闘を「B-29約一三〇機二一、三〇より主力は九十九里方面、一部は鹿島灘方面より侵入し主力は前橋、高崎を一部は館山、銚子を焼夷弾攻撃す。高射師団は前橋高崎地区に在る高射砲第百十七連隊を以て奮戦せるも戦果不明なり」[20]とし、同方面に対する敵の攻撃に対し戦果をあげることはできなかった。当時の新聞に掲載された、東部軍管区司令部横須賀鎮守府司令部6日9時発表の「我が高射砲隊は猛然これに反撃を加へ遂にその一機に火を吐かしめ」[21]た、という事実はなかったのである。

このことは、当時の目撃証言からも明らかである[22]。「八月五日夜は警戒警報とともに、この照空燈（粕川村深津の本郷―筆者注）が照射され出した。しかし敵機が来るころは照射をやめた（p418-419）」「宮城国民学校にいた照空隊が役場の南の畑から照空燈を盛んに照射した（p419）」「前橋の周囲を円形に一〇数本の味方の照空灯が取り巻いたが、敵一機も落とせぬうちにたちまち消えた（p430）」などであり、そして六供の「今の生川住宅のところには高射砲が六門すえられてあり（p297）」「八月五日敵機の来襲とともに生川地区の高射砲が盛んに活動した。しかし敵機は落ちなかった（p284）」。

「作戦任務報告書」には、太田と銚子で対空砲火に遭遇したが、それらは乏しくて不正確、また

目標でも中口径砲と重砲の攻撃は乏しくて不正確と評されたのである。日本側は、照射部隊との協同が空地ともに十分でなく、地上部隊においても戦果をあげることはなかった。

5 『戦災と復興』に収録された証言の検証

『戦災と復興』の出版計画は、戦後10年たった昭和30（1955）年のことである。具体的な編集作業は同34年8月にはじまり、4年の歳月を経て同39年3月に刊行された。

「有力筋をたずねて当時の真相を確かめ、倉庫にもぐって書類の残片を収め、空襲による敵の投下物をさがし、敵機の進行路と思われる町村や、当時市を救援された町村はもれなくこれをたずねて、その実情をつぶさに聴取（中略）関係者で、当時中心となって活動された方で、進んで体験記を寄せられた分については、これをそのまま、ほとんど全文掲載した。これらは、一字一句が、当時のいつわりのない貴重な記録」となり、今日まで前橋空襲の惨状を余すところなく伝えている。

この『戦災と復興』に収録された各種の証言を、a. リーフレット（日本側は伝単と称した―筆者注）散布、b. ラジオ放送、c. B-29の旋回と照明弾の投下、d. 投弾開始時間と爆撃中心点、e. 空襲目標の実際、f. 投下弾種、g. 飛行コース、h. 消火活動と避難などに分けて検証する。

a. リーフレット散布

前橋空襲に先立つ7月31日午後9時頃から10時頃の間に、米軍による第2回リーフレット心理作戦が実行された。前橋を含む空襲予告都市12ヵ所の記載があるリーフレットを詰めたM-26計8発が、前橋に投下されたのである[23]。

「若宮国民学校当直日誌」には、次のような記載がある。「八・二　今晩敵状に関し十分注意せられ度しと教学課長より至急電話あり。（午後六時十五分）（p140）」。これは明らかに前橋が空襲予告されたことを知っての行動であったものと思われる。

また次のような証言がある。「前橋の空襲前七月二五日ごろの日曜日（実際は二九日）田の草取りの最中、上沖の前の水田に敵機が爆弾らしい大きい物を落とし不発のまま田に突き刺さっているというので団長らが行って見たところ、敵の宣伝ビラを入れた筒だったので警察に届けた。（p415）」「敵機はいろいろな伝単を散布したが、私がそれを見たのは八月二日のことであった。（中略）社員が、二日午前一一時ごろ私のところに来て天川大島の松並木付近でこれを拾ったといって、一枚の伝単を見せた。（中略）それに爆撃目標の都市が点々としるされてあった。しかも前橋も目標都市としてはっきり示されてあるので、私は驚いてしまった。二日に拾ったのであるから、前日ごろ散布したのかも知れない。（p353-354）」

そして「空襲の際は、最初の話では一人も逃げないでその場を守るように指示されてあったものが、八月一日の市常会でその方針が一変し、危険な中央部は全部遠方待避ということになった。（p261-262）」「前橋に火の手が上がったらすぐたき出しをしてくれるように話が進んでいたが、それが確定し各方面に正式通知を出したのが、空襲三日前のことであった。（p433―市役所産業経済課食糧配給係主任）」

最初の証言には日にちの誤りがあるものの、米軍散布のリーフレットを手にした市民複数がいたことがわかる。しかし「当時はあの伝単さえ公然と持ってはいられなかった（p354）」のである[24]。

第4章　空襲研究―群馬県下空襲の実像を追って―

　また、8月1日の市常会での方針変更、2日の教学課長から若宮国民学校への至急電、炊き出しの正式通知などはリーフレット散布の影響と思われる。
　その一方で、県警察部特高課職員の「当時盛んに米軍が放送した所謂デマ放送で、前橋空襲は今日あたりと聞いていたが、飽くまでデマであることを念じ（p439）」とあるように、県警察部はリーフレットだけではなくて、米軍の対日ラジオ放送によって空襲予告都市名を掴んでいたのである。しかしこれらの情報をデマとして黙殺した。このために米軍の予告が市民にどの程度伝わっていたのかは判然としない[25]。これとは別に空襲前日には、市中などへ「マリアナ通信」が投下されている（p220―市総務課長・p427）。

b．ラジオ放送
　5日午後9時45分、警戒警報についで空襲警報が発令された。「東部軍管区の発表として敵B-29の編隊が九十九里浜方面より侵入、関東北部に向かいつつある旨のラジオ放送（p217）」があり、「来るかなと一同外に出た。職員室の前にムシロやいすを持ち出し、ラジオに聞耳をたてながら、非常持出品のリュックを調べ若いふたりが担当して防空ごうに運び、暗闇の中でラジオを聞き入っているうち「宇都宮上空より前橋に向かっている」との知らせ（p150-151―元久留万国民学校訓導）」があった。
　関東の防空を担任していた、第10飛行師団がB-29の前橋空襲を察知したのは、焼夷弾投下23分前のこと、午後10時5分である。B-29が霞ヶ浦北端の攻撃始点から西進、爆撃航程に入ってからであった。ラジオ放送はその直後のことであろうが、すでにB-29は前橋上空に迫っていたのである。

c．B-29の旋回と照明弾の投下
　そして多数の市民が、空襲直前に前橋上空を旋回するB-29を目撃していた。
　「八・五（日）一、敵機市内三回旋回、照明弾投下、焼夷弾投下（若宮国民学校当直日誌）」「前橋地区を旋回しつつ、（8月7日付上毛新聞）」「市の北方芳賀村方面の上空を旋回した（p312）」「敵機が来て市の上を何回か旋回すると見るまに西の方で照明弾が投下され（p158-工業学校教諭）」「この夜は最初に敵機五、六機が来て旋回（p422）」などである。
　さらに照明弾については、「先行機がまず照明弾を四ヵ所に投下して市街を真昼のように照らし（p99）」「敵機がやって来たので、投弾するまでは待避しないで様子を見ることとし、北と南に照明弾が投下された（p199―大泉寺住職）」「一番最初に照明弾を投下されたのは芳賀村の小坂子であった。（p413）」「あの夜の米軍機の照明弾は第一発が国領町の当学園（当時平方実業女学校）の庭の真上に投下され、（中略）まちを真っ昼間のように明るくしながら共愛学園の上のあたりまで流れたと思う（p159-平方学園校長）」などの証言に代表される。
　前橋上空を旋回したB-29は、米軍史料から判断すると1機の風程観測機と3機のレーダー妨害用のアルミ箔リボンを投下する特別機と思われる。
　アルミ箔リボン（すずはく）は次の地点で確認されている。新里村（現桐生市）武井地内に約10ヵ所と、山上、新川、小林の各地内、粕川村（現前橋市）深津、宮城村（現前橋市）一之関地内、荒砥村（現前橋市二之宮町）役場付近、清里村（現前橋市）前原、上青梨子付近である。東西約21キロ、南北約9.3キロにおよぶ広範囲にわたり落下している。3機の特別機が照明弾も合わせて投下したのかはわからないが、計画では2機が目標識別弾（照明弾）を投下することになっていた。

389

そして B-29 搭乗員によって照明弾の観察が報告されている。

　d. 投弾開始時間と爆撃中心点

　B-29 の来襲時刻と投弾時刻についての証言は必ずしも一致していない。一番早いのは「午後九時半ごろ（p144―中川国民学校長）」としている。しかし翌日の知事布告にある「昨八月五日午後十時三十分頃より敵機は群馬県下に来襲し主として焼夷弾による無差別爆撃を敢行」が、米軍史料の先導機による午後 10 時 28 分の投弾開始時間と一致する。

　そして「北西部に焼夷弾を投下し始めたのを武井主事さんらがカーテンのすき間から見て、いよいよ始まったと声をあげた。（p131―前橋郵便局電話課）」「私は前橋警察署の防空本部にあって警察官及び警防団の指揮に当たるとともに、防空監視隊を指揮していたが、報告によれば市の西北部岩神方面から逐次……といってもきわめて短い時間に全市をやられてしまった。（p448―前橋警察署長）」「一番先に焼夷弾が落とされたのは岩神町共愛女学校付近（p276―前橋防空監視哨長）」「国領町通りの東側（実際は琴平街一番地）のたばこ屋さんが第一番に火を吹いた。（中略）このたばこ屋の発火が前橋では一番早かったと私は思っている。工業学校その他は、それよりもあとであった（p159-160―平方学園校長）」とあるように、市北西部に第 1 弾の投下があった。

　さらに「竪町は周囲の各町よりも一番早く爆撃された。おそらく岩神の工業学校に次いで投弾されたのであろう。（中略）その中の一発が電車軌道の中央に落ちて爆発（p245―竪町防空第二班長）」「紺屋町は爆撃の中心であった（中略）焼夷弾が落下しだしたのは、中央部一帯と同様の時刻で、その時は、すでに市の北部は火になっていた（p250―区長で防空班長）」と、証言は続いている。

　市北西部の岩神町一帯に第 1 弾が投下されたことは、多くの証言から確かである。しかしこの地点は、爆撃中心点から北西約 1,100 メートル、半径 4,000 フィートの確率誤差円から外れるギリギリのところであった。第 313 航空団ではリト・モザイクが不正確であったとしているが、明らかに先導機による照準点の誤認があったようである。残されているリト・モザイクは正確なものであったからだ。後続機による投弾は、ほぼ正確に爆撃中心点を目がけて投弾していることが、証言から明らかである。

　e. 空襲目標の実際

　証言には爆撃の対象となった複数の建物や構造物が語られている。それらは、役所や学校、あるいは照空燈陣地や監視哨である。また火災によって明るくなったために敵機の好目標となり攻撃された、などもある。

　「当校がまず第一に攻撃目標になったのは、付近の民家で電灯の光がもれていたためだという説があるが（中略）敵はすでに前橋をじゅうぶん偵察して知っており、中島第一、第二工場よりも、むしろ学校の方に軍需生産力が集中していることを知っているため、学校をねらったものと思う。（p158―県立前橋工業学校教頭）」「本校は校舎の間に満水のプール（防火のため満水にしておいた）があり、それが窓ガラスに反映していっそうはっきりした目標になったためか多数の焼夷弾が投下され（p145―中川国民学校長）」「市の中央部の火災が池の水面に映ったため敵機の攻撃がはげしく（p258）」「一機は県庁を目がけて焼夷弾を落とした。（p224―兵事厚生課書記）」「油倉庫が燃えあがって明るくなり、敵の好目標となった（p261―区長）」「監視哨をねらった敵機が、その周辺の避難者を発見して投弾した（p278）」「西横手に照空燈陣地があったので、それをねらったのではないかと言われた（p426）」などである。

これとは別に市街地から外れた投弾については、「江田、日高間に汽車が待避していたので、敵機はそれをねらったのであろう。(p428)」「上越線をねらってやって来たのだと思った。(p426)」「敵機は佐久発電、関東製鋼、関東電化などの工場をねらったらしく（p429）」「松根油採取場のある小坂子をねらった（p312）」などがある。

しかし前橋市街地に対する夜間焼夷空襲は、レーダーを使用して面爆撃を実施、このために弾着点は広範囲に分散した。照準点に近いほど密に、離れるに従って周辺に広く拡散する結果となったのである。市街地を完全に覆う半径4,000フィートの円内を無差別に爆撃することが本来の任務であったが、それでも目標円内確度50パーセントであり、周辺に相当量の焼夷弾が投下されることになった。市街地の外の目標である、中島飛行機前橋工場、理研工場、前橋飛行場、2ヵ所の紡績工場（軍需工場）、新前橋駅を除いた、証言にあるような個別具体的な目標は、上空の意図にはなかった。あくまでも空襲された側の憶測となる。

「当夜は三機編隊で、四〇〇－五〇〇メートル、最低は二〇〇メートルぐらいまで降下して爆撃した（p443―県警察部警務課巡査）」との証言も事実とは大きく異なるが、地上からはまさにこのように実感したというのが、偽らざる心境なのであろう。

f. 投下弾種

焼夷弾だけではなくて、空中爆弾（空中爆雷）や機銃掃射が目撃された。

「西北から東南に向かって来た敵機から三六本一束になった焼夷弾が投下され（p308-309―県立勢多農林学校教頭）」たとするが、38本1束が投下されたM-19,500ポンド集束焼夷弾である。「焼夷弾が投下され、そのつぎは空中爆弾が投げられた。(p159―平方学園校長)」「この時の爆弾は地上に落ちて爆発するものではなくて、飛行機から落とされる途中で爆発するもので、その弾片はかつおぶしを荒く削ったようなものであった（p276-前橋防空監視哨長）」という、この二つの証言にある爆弾はT4E4,500ポンド破片集束弾を指す。

そして「敵機が本市およびその周辺に投下したのは主として六ポンド油脂焼夷弾で、これに爆弾を混投（中略）爆弾は一五〇キロ瞬発信管のものおよび空中爆雷と認められるもので、防衛当局が同月九日までに調査した記録によると五日夜県下に投下された焼夷弾（p99-100）」は、20万2,080発（うち前橋18万4,646発）、不発弾2,060発、爆弾は922発（うち前橋871発）、不発弾2発とまとめられている。「作戦任務報告書」には、M-19,500ポンド集束焼夷弾3,455発に集束されたM-69ナパーム焼夷弾（6ポンド油脂焼夷弾のこと）13万1,290個、T4E4,500ポンド破片集束弾88発に集束されたM-41A1破片弾1,760発、AN-M64,500ポンド通常爆弾（250キロ爆弾）61発が記録されている。

焼夷弾については7万2,850個が多く見積もられ、爆弾については150キロではなくて250キロ（T4E4は200キロ）で、投下弾の約1/2が報告されたことになった。

ところで証言には機銃掃射についても触れている。「機銃掃射も行なわれた。私はその際右足に貫通銃創を負った（p261）」「敵機は、機関銃弾（長さ八センチ、直径二センチ）も多数発射した。(p257)」「あの付近は防空監視哨があったため機銃掃射などを受けて多数死傷（p264）」などである。

「作戦任務報告書」の中に集約統計表があり、弾薬消費量の記載がある。それによると戦闘中の発射はわずかに100発と記録されている。これは日本軍機との交戦での消費と思われるが、機銃弾はその際の日米両軍機による流れ弾なのであろうか。

g. 飛行コース
　攻撃始点から目標の前橋に向かう攻撃軸は、真北から時計回りに283度であった。そして離脱は、左旋回して1万5,000フィート（4,500メートル）より高い高度が指示されていた。夜間には編隊飛行はできなかったので、単機で行動することになった。南北にわたりかなりの幅をもって飛行した形跡が、証言から浮かび上がる。
　「五日夜の敵機は三郷の北を通り帰りは利根川沿いに行ったらしい。（p421―佐波郡三郷村警防団長）」「敵機の飛来は最初町の北の方を西に進み、まもなく町の南の方を進むものもあり、ふた手になって前橋に行ったと記憶する。（p425―大胡町警防団第一分団員）」「あの夜の敵機は岩神の工業学校付近に第一発を投下しそれから機首をやや右に転じて敷島公園の上に向かい、利根川を越して大旋回をして東へ去った。しかも、どの飛行機も第一機と同じように飛んだ。（p314）」「小神明付近に投弾した敵機（これが最後に来た敵機であった）がそのまま南橘を通過して群馬郡駒寄村大久保方面に向かった（p414―南橘村警防団副団長）」「飛行機が市街を爆撃後、次々に清里上空を旋回して退去した。（中略）飛行機の旋回したのは大字池端一本松の西、当時の桃井村大字新井に属する丘陵の上あたりが一番西の限界であったようだ。（p427―清里村長ほか）」「敵機は一、二機、ごく少ない数で村の西で左旋回をして行った。（p426―駒寄村組長）」「萩原地内（下川淵村の対岸）に焼夷弾が落ちて若干の被害があった。これは前橋空襲の際敵機が左周りして京ヶ島の上空を通って退去したためである。（p426）」
　これらの証言から判断すると、市街地のはるか北側を飛行したB-29は少数機であったようで、勢多郡富士見村木暮および勢多郡芳賀村小坂子（現前橋市小坂子町）を、西は群馬郡駒寄村（現吉岡町）大久保を投弾、そして左旋回して残りの焼夷弾を市街地に投弾している。圧倒的多数のB-29は市街地を投弾、西の元総社村元総社（現前橋市元総社町）を投弾、そして左旋回して離脱していった。その最南端が勢多郡下川淵村横手（現前橋市横手町）付近であったのであろう。
　この夜、高崎市にも投弾が記録されている。「第二波の若干機は同じく十二時ごろ高崎市中の一部民家に雲上盲爆を加へた（8月7日付上毛新聞）」。これは前橋市街地を空襲後、利根川を超えて左に大きく旋回したB-29が、高崎の上並榎付近に残りの焼夷弾を投下し、最後に破片爆弾を投下した結果、高崎市台町・請地町・末広町に被害が発生したものと思われる。
　　h. 消火活動と避難
　8月1日の市常会での方針変更は、各町内に伝達されていたのであろうか。
　「当夜警戒警報発令次第、町民が自己の判断で適当な方面へ避難するように達してあった（p250―榎町区長夫人）」「一般の市民に対しては、初めは不退転の決意で持ち場を死守するよう呼びかけて来たが、それが危機切迫とともに早く避難するよう指導することになったりした。（p354―前橋警防団副団長）」
　しかしその一方で「人々が逃げないように指導した。逃げた場合焼夷弾が落ちても消火できないからで、当時自分は指揮刀を持っていたので、それを抜き放ち、声をからして防いだものである（p443―県警察部警務課巡査）」「市民が避難のため通りかかると憲兵は「なぜ家を守らぬか、家へ帰れ」などと抜刀してしかったりした（p226―市役所防衛課書記）」との証言もあり、一致した方針はみられない。
　消火活動にたいしては、ある種のあきらめきれない思いがあるようである。それらは次の証言に

代表される。

「あの夜空襲が始まるとすぐ前の大通りをみんな逃げろ、みんな逃げろとどなりながら走った人があるので、付近の人たちも避難したのであるが、あれが避難せずにいくらか残っていたら全滅せずに相当の家屋が助かったと思う。(p341—片貝町区長)」「もし人々が居残っていたなら、もっと助かったかも知れない。(p268-269—天川原区長)」「町内はガラあきの家が多く、家が燃えていても消す者がいない。あの時もっとのこっていたらあんなに焼けずに済んだはずである (p256—竪町)」などである。しかし消火活動のために命を落とす人たちもいた。「この人たちは、当夜付近のものが主として六供方面へ待避したが、自分だけは居残って防火に当たっていて殉難したのである。(p345—田町)」

米軍は焼夷弾投下だけではなくて、消火活動を行う人員殺傷用の破片爆弾と通常爆弾を投下している。これら爆弾の混投は、この日に実施された前橋・佐賀・西宮－御影・今治に対する第14回中小都市空襲のみに実施されたものである。避難せずに消火活動を行うことは、米軍の思うつぼ、市民のさらなる犠牲者が生じたことであろう。

「堀川町ではだいたい盲唖学校方面へ避難することになっていたが、敵機がまず久留万校に投弾して炎上したため、退路をしゃ断された。(中略) 町民は南の方面への避難ができなくなった (p246—区長)」「小坂子は、比較的早く空襲されたもので、敵はこれによって、市民の北の退路をしゃ断したのであろう (p313)」。これらの証言や投弾場所などをもとに『戦災と復興』は、当日の米軍の作戦を次のように総括している。

「敵機は最初東の大胡町の茂木に投弾し、次いで前橋市に第一弾を投じ、次に南の下川淵、次に北の小坂子と木暮、次に西の元総社に投弾して住民の退路をしゃ断し、そして前橋市の中央部を全滅させ、最後に芳賀村小神明、南橘地区から群馬郡駒寄村地方を襲って南東方面に退去したもののようである」。そして、それは半ば定説となって語られ、今日まで記述されてきた[26)]。

しかし、リト・モザイクの存在とB-29の投弾方法から明らかなように、当時米軍といえども夜間に周辺部から焼夷弾を投下して市民の退路を断ち、そして中心部へ焼夷弾や爆弾を落とすような精度の高い技術は、持ち合わせていなかった[27)]。ただし、市民の避難が遅れたために、結果として退路を遮断されてしまったことは往々にしてあった。

今回報告した米軍の「作戦任務報告書」「空襲損害評価報告書」などの分析は、市民の証言や伝聞、憶測の誤りを正し、さらには当時の軍発表の虚構を克服できるようになったものと思われる。前橋空襲に関する資料の空白が埋められることになった。

6 空襲成果の判定

米軍は攻撃の成果を、どの程度と見積もっていたのであろうか。「作戦任務概要」では、成果は未確認ないし甚大と報告している。その後に作成された9月1日付の「空襲損害評価報告書」では、攻撃前の写真と攻撃後の写真[28)] (図11) を比較しながら、市街地の破壊について詳細な分析を行った。それは、攻撃後の写真に透明のシートを当て焼失区域の輪郭をトレース、さらに写真の縮尺を考慮して焼失面積を計算し、破壊率を算定しているのである[29)]。

それによれば、市街地の総計2.34平方マイルのうち、その破壊を1.00平方マイルとして破壊42

パーセント、計画された目標地域は1.3平方マイルとして、その破壊を77パーセントとした。これは市街地を覆った半径4,000フィートの確率誤差円内の破壊を意味するものであろう。また、4つの織物工場を100パーセント破壊し、市街地の外側（都市の中心5マイル圏内の中で）の損害を0.007平方マイルとした。しかし目標番号が付せられた陸軍前橋飛行場や軍需工場は、ほとんど攻撃されることはなくて、いずれも損害不明とした（表6）。

『戦災と復興』は次のようにまとめている。「最初の照明弾投下地点である国領町を中心として計算すると、東は中心点から七・九キロメートル、西は大久保が六キロメートル、元総社が三・三キロメートル、南は七・三キロメートル、北は五・七キロメートルとなり、すなわち東西直線一一・八キロ、南北直線一二・五キロにわたっている（p113）」、そして「市街の約八割が焦土と化し、全市二〇、八七一戸の内全焼実に一一、四六〇戸、半焼五八戸に上り、（中略）死者五三五名、負傷者は少なくとも六〇〇名以上に達した」

死者については、旧市街地の535名が公式に記録されている。しかし、周辺の町村での死者を含めた数が、前橋空襲での正式な犠牲者数であることを再確認する必要がある。その数は587名である。

おわりに

マリアナ基地からのB-29による日本本土空襲は、3つの段階に区分される。第1段階は、1944年11月24日に最初の攻撃が行われた、航空機工場を目標とする高々度（1万メートル前後）昼間精密爆撃。第2段階は、1945年3月10日に開始された大都市に対する夜間大量焼夷弾爆撃。そして第3段階は同年6月17日からの地方中小都市に対する夜間焼夷弾爆撃である。これは8月15日まで合計16回実施され、全国57都市が焦土と化した。

第3段階の8月5日-6日の第14回中小都市空襲は、前橋・佐賀・西宮－御影・今治にたいして実行された。その作戦任務313番が前橋に対する空襲である。4都市には焼夷弾のほかにT4E4破片集束弾と通常爆弾が投下されたが、これらの混投はこの第14回にのみ実施されたものであった。またリーフレット心理作戦の第3回が組み合わせられた。

T4E4破片集束弾というのは、すでに述べたが9キロ鋼弾（破片弾）20発を集束した500ポンド（200キログラム）爆弾で、消火活動を行う人員殺傷用につかわれたものである。ところが日本の軍部は、B-29がこの残酷な爆弾を投下したという事実を公表しなかった。この爆弾の性能を知った市民が恐怖心をおこし、消火活動をやめて逃げてしまうのをおそれたから、という[30]。

前橋空襲による死者の数は今日に至るも不確定なところがある。1946年6月発行の『昭和二十一年朝日年鑑』（朝日新聞社）によると死者568名、1949年4月7日付の「太平洋戦争による我国の被害総合調査報告書」（経済安定本部総裁官房企画部調査課）では死者570名、そして1964年発行の『戦災と復興』では587名となっている。これがほぼ正確な数値なのであろう。

ところが、1975年8月発行の『日本列島空襲戦災誌』（東京新聞出版局）では336名、1979年発行の『TARGET TOKYO 日本空襲』（月刊沖縄社）では719名となった。その後、死者702名の記述は、松浦総三の『天皇裕仁と地方都市空襲』（1995年）に見ることができる。しかし1975年以降の数値は、あきらかな間違いである。『戦災と復興』に記された犠牲者数の転記ミスや芳賀村と桂萱

村の死者数が余分に加算されたものであった。

　これまでの県内における空襲記述は、大本営と軍管区司令部発表や新聞記事などを使用するなど根拠不明の数字をもとにしている場合が多く、事実からかけ離れたものが多かった。今後、日米双方の史料を充分に活用して、群馬の空襲・戦災史をあらためてまとめていかなければならない。

注
1) 前橋市戦災復興誌編集委員会『戦災と復興』1964年。
2) 証言集としては、『直撃弾を逃れて―8.5前橋空襲の記録』1978年、創価学会青年部反戦出版委員会編、『街角の証言―市民が語る前橋空襲―』1988年、前橋空襲を記録する会、『街角の証言第2集―市民が語る前橋空襲―』1994年、前橋空襲を語る会、など。
3) たとえば「讀賣新聞群馬版」2005年6月7日の記事や「上毛新聞」2006年8月6日の記事など。
4) 太田市『太田市史　史料編　近現代』1987年。
5) 米山和也「地方都市空襲の地域的区分」『空襲通信』第3号、2001年。
6) 5M356、5M412とは、1945年の作戦任務番号356、同じく412を意味する。
7) 「上毛新聞」1945年4月8日付。
8) 奥住喜重『B-29　64都市を焼く』2006年。
9) 1)に同じ。
10) 中山伊佐男「米軍資料『空襲損害評価報告書』の概要」『空襲通信』準備号、1999年、「B-29出撃機数の規則性とそのゆらぎ」『空襲通信』第4号、2002年、「『空襲損害評価報告書』に見る豊橋空襲」『空襲通信』第5号、2003年、「『空襲損害評価報告書』に見る長岡空襲」『空襲通信』第7号、2005年などの一連の研究、工藤洋三『写真が語る　山口県の空襲』2006年、奥住喜重『B-29　64都市を焼く』2006年。
11) 前橋市史編さん委員会『前橋市史　第五巻』1984年。
12) 11)に同じ。
13) E-46のことで、6ポンド(2.7kg)小型ナパーム焼夷弾M-69を38発集束している。
14) 200kgの破片集束弾。M-41A1という破片弾を20発集束している。
15) 小山仁示訳『米軍資料　日本空襲の全容』1995年。
16) 工藤洋三『写真が語る　山口県の空襲』2006年。
17) 桜花は一式陸攻に懸架された有人の特攻機である。本土上空での使用形跡はない。報告書に記されたBakaの正体は不明であるが、この日邀撃に飛び立った日本軍機は一式戦(隼)・二式戦(鍾馗)・四式戦(疾風)・五式戦・二式複座戦(屠龍)である。
18) 「本土防空作戦記録(関東地区)　昭和二十五年十二月調製　復員局」防衛研究所所蔵。
19) 「本土地上防空作戦記録(関東地区)　昭和二十六年七月調製　復員局」防衛研究所所蔵。
20) 19)に同じ。
21) 「上毛新聞」1945年8月7日付。
22) 1)に同じ。
23) 8)に同じ。
24) 宣伝ビラについては読まないで警察に届け出ることが要求され、守らなければ処罰の対象となった。

敗戦後、内務省警保局長は、米軍の取調官にたいして次のように語っている。「警察の推定では、最初ビラの七〇～八〇％が届け出られました。おわりごろになると、警察の推定では、届け出られた数は投下されたものの五〇％以上になることはなかったのです。」『横浜の空襲と戦災　4　外国資料編』横浜の空襲を記録する会、1977年所収の「米国戦略爆撃調査団報告　戦略爆撃が日本人の戦意におよぼした効果」による。

25) 戦時中、日本国民が敵の放送を聴取することは、ほとんど不可能であった。「人びとがどのようにして予告のことを知ったか(中略)親戚や友人の「口から口への」報告によってこれに触れたのである。そのつぎの重要な手段はビラであり、三つ目の、重要さがほとんどないにひとしいものはラジオであった」「空襲予告がきわめて成功したことは明らかである。空襲予告は住民の大きな部分に達し、それぞれの場合に重要な比率を占める人びとに初期の効果をもたらした。すなわち名指しされた都市から人びとを立退かせることと、戦意を低下させることである。」『横浜の空襲と戦災　4　外国資料編』横浜の空襲を記録する会、1977年所収の「米国戦略爆撃調査団報告　戦略爆撃が日本人の戦意におよぼした効果」による。

26) 片野　勧「群馬県の空襲のあらまし」『日本の空襲―二』1980年、石原征明『ぐんまの昭和史（上）』2003年。

すでにこのような指摘は当時の「上毛新聞」(1945年8月8日)紙面に見られる。前橋の戦訓として「敵の焼爆戦法は例によって外郭から市街地中心へと移行」、また敵中小都市爆撃の実相として「空襲に当たってまづ市民の避難先となりそうな近郊の山村、空地に焼夷弾を投じ市民を市中に釘付けにした上で市中の焼夷攻撃を開始し無辜の民衆を一人でも多く殺傷せんとした例が極めて多い」などである。

27) 16)に同じ

28) 3PR5M356によって1945年7月25日に撮影された偵察写真、ロールⅣ、プリント番号51-52と3PR5M412によって1945年8月29日に撮影された偵察写真、ロールⅣ、プリント番号951が使用された。

29) 中山伊佐男「米軍資料『空襲損害評価報告書』の概要」『空襲通信』創刊号、1999年。

30) 松浦総三『天皇裕仁と地方都市空襲』1995年。

第4章 空襲研究―群馬県下空襲の実像を追って―

表1

7月24日	米第20航空軍による前橋空襲作戦計画書	
7月25日	午前11時35分警戒警報発令、午後零時50分同解除	写真偵察
7月26日	午前7時50分警戒警報発令、同9時30分解除	
7月29日	午前8時警戒警報発令、同8時57分解除	
	午後零時7分警戒警報発令、同34分解除	
7月30日	艦載機空襲	
7月31日	午後8時10分警戒警報発令、同10時35分解除	リーフレット心理作戦
8月4日	午前11時57分警戒警報発令、同12時27分解除	マリアナ時報投下

（※本表は偵察飛行関係のみを記載）

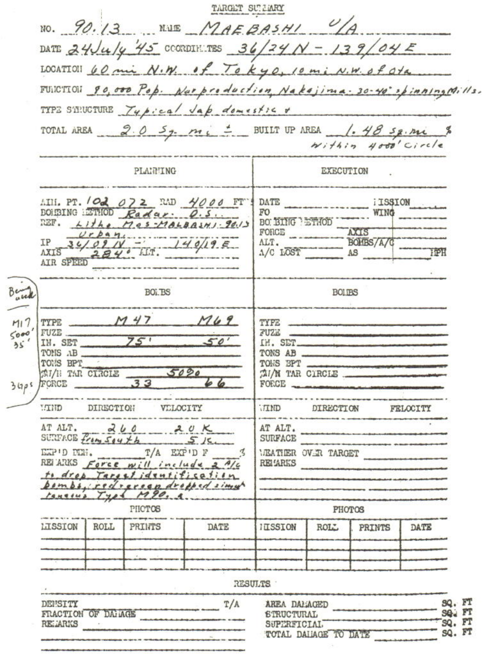

図1 『空襲損害評価報告書』中の「目標概要」（国立国会図書館蔵）

図2 リト・モザイク（「空襲損害評価報告書」所収）
爆撃中心点を通る攻撃軸が記入されている

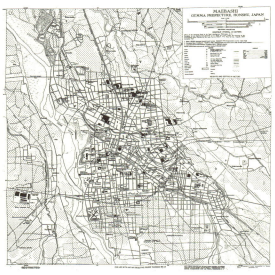

図3 「空襲損害評価報告書」所収）の前橋地図
（爆撃中心点と確率誤差円を重ねる）

397

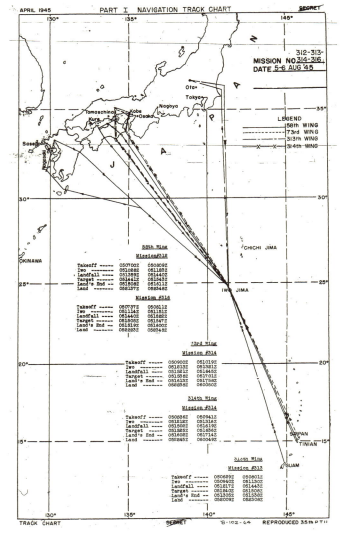

図4 飛行航路（「作戦任務報告書」所収　国立国会図書館憲政資料室蔵）

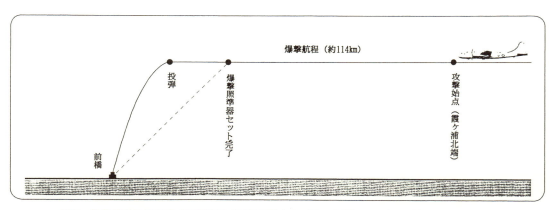

図5 爆撃航程の概念図（工藤洋三『写真が語る山口県の空襲』2006年、所収図を一部改変）

第4章 空襲研究—群馬県下空襲の実像を追って—

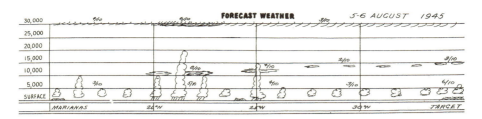
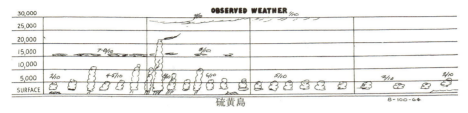

硫黄島

図6 気象断面図(「作戦任務報告書」所収)

表2

位置	数
Katsuri（勝浦?）	2
古河	4-9
水戸	10
熊谷飛行場	3
36°30N-140°05E	4
霞ヶ浦	2-4
Tarachiki	2-4
36°30N-139°55E	6
石岡	2-12
太田-小泉	5-6
土浦	4
足利	12
桐生飛行場	4
35°55N-134°40E	5
Tachio	6-8
宇都宮	4-11
銚子	3
Jima	10
小山	9
高崎	4
Tsuchida	4
栃木	10-15
前橋（目標）	4-37
館山	10

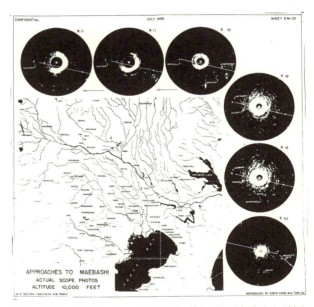

図7 前橋への接近（レーダー映像）(「作戦任務報告書」所収)

表3

爆撃目標		爆弾投下機数	投弾時間		投下高度		目標目視可能		目標目視不可能	
目標名称	種別		最初	最後	最低	最高	目視	修正レーダー飛行	レーダー飛行による	推測航行
前橋市街地	第1目標	80	1240Z	1508Z	15200	16600	4	6	70	-
前橋市街地	第1目標	12a	1328Z	1357Z	16000	16900	-	-	12	-
館山海軍基地	臨機目標	2	1348Z	1404Z	8500	10000	1	-	1	-
銚子	臨機目標	2	1336Z	1352Z	12900	13100	-	-	2	-

表4

爆弾の種類	装填した爆弾		目標投下				投棄		返却	
			第1目標（前橋）		臨機目標（館山・銚子）					
	個数	トン数	個数	トン数	個数	トン数	個数	トン数	個数	トン数
M-19,500#I.Clu.	3866	773.2	3455	691.0	149	29.8	259	51.8	3	6
T4E4,500#Frag.	99	19.8	88	17.6	4	0.8	7	1.4	-	-
AN-M64,500#G.P.	61	15.2	61	15.2	-	-	-	-	-	-

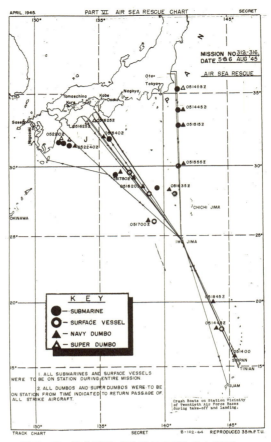

図8　空−海救助図（「作戦任務報告書」所収）
●潜水艦　○水上艦艇　▲海軍ダンボ　△スーパー・ダンボ

表5　高射第一師団陣地一覧表　1945年8月調

高射砲第百十五連隊

部隊号	陣地名	派遣先	照空一式	照空九三式
第三大隊本部	市川	前橋		
13	瑞江	前橋		5
14	金町	前橋		4
15	中和倉	高崎	1	4

高射砲第百十七連隊

部隊号	陣地名	派遣先	七高	八高	照空一式	照空九三式	電波標定	木材砲床
連隊本部	野毛山	前橋						
第一大隊本部	本牧	前橋					Ⅱ型	
1	本牧	高崎		6				6
2	岡村	高崎	4					4
5	星川	高崎		6				6
第二大隊								
7	菊名	前橋		6			改Ⅲ型	6
第三大隊本部	保土ヶ谷	前橋						
14	官根	前橋			1	5		
15	池辺	前橋				5	Ⅲ型	

（この他、11中隊の電波標定Ⅲ型を前橋に派遣）

独立高射砲第四大隊

		十二高	八高	電波標定
本部	太田			Ⅲ型
	1　太田	6		
	2　小泉		6	Ⅱ型
	3　下小林		6	改Ⅲ型
	4　古戸		6	
合計		6	18	3

※七高は7センチ高射砲で最大射高9,100メートル
　八高は8センチ高射砲で最大射高10,000メートル
　十二高は12センチ高射砲で最大射高14,000メートル

第4章　空襲研究―群馬県下空襲の実像を追って―

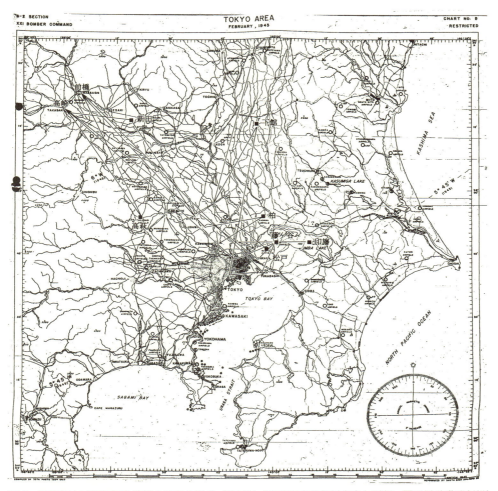

図9　陸軍第十飛行師団各戦隊の当夜の動き（地図は「空襲損害評価報告書」所収　■戦隊発進飛行場）

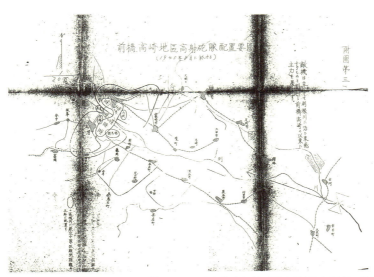

図10　前橋・高崎地区高射砲隊配置要図（「本土地上防空作戦記録（関東地区）」所収　防衛研究所蔵）

表6

この攻撃からのエリア破壊	破壊		
	平方マイル	平方マイル	パーセント
市街地	2.28	0.92	40
〃（産業）	0.08	0.08	100
〃（総計）	2.36	1	42
現在までの損害－1.0平方マイル	市街地－42パーセント		

目標	損害	『戦災と復興』
1546　中島	不明	第一工場では構内東北隅にあった雑品及び油庫が約100坪焼失
1646　理研	不明	焼夷弾の落下－被害なし
2774　前橋飛行場	不明	被害なし
番号なし目標	損害	
群馬紡績工場	不明	沖電気前橋工場（海軍用の有線機・無線機の製造）－全焼
前橋紡績工場	不明	
新前橋駅と構内	不明	駅信号所焼失

図11　1945年8月29日撮影の偵察写真（工藤洋三氏提供）

終章　近代日本の戦争遺跡調査における諸問題

第1節　各章における研究の総括

　各章で取り上げた近代日本の戦争遺跡研究の成果と現状の諸問題に焦点をあて、総括としたい。

1　序章について

　第2節・第3節では、戦争遺跡全般の問題について論じてきた。戦争遺跡を取り巻く状況は次のようであった。1995年の史跡指定基準の一部改正、原爆ドームの国特別史跡から世界遺産への登録、96年度からの文化庁による「近代遺跡総合調査」、98年度には「政治・軍事」の分野を対象とした所在調査が行われてきた。そして2002年、詳細調査の対象「軍事に関する遺跡」全国50（後に追加1）ヶ所の選定があった。1945年のアジア太平洋戦争終結時までを対象とする、史跡・有形文化財指定基準改正と登録文化財、登録記念物制度によって、戦争遺跡を文化財として扱う年代的障害はなくなったが、埋蔵文化財行政の中での戦争遺跡を含めた近現代遺跡の取り扱いなど、問題点はまだ残されている。今後、全国各地で調査の対象となった戦争遺跡の種類や遺物を集成分類する必要があり、その過程で近現代考古学研究の中での戦争遺跡の位置づけ、埋蔵文化財としての位置づけなどをあらためて考えて行かなければならない。

　第4節は、戦争遺跡調査には欠かすことのできない史料調査について述べた。『陸軍省大日記』類や米国戦略爆撃調査団史料中の「作戦任務報告書（Tactical Mission Report）」と「空襲損害評価報告書（Damage Assessment Reports）」、さらに「米国海軍・海兵隊艦載機戦闘報告書」などである。遺跡調査と併行した調査を進めることによって、さらには関係者や体験者の証言を検討していくことにより、個々の遺跡の実態をより鮮明にすることが可能と思われる。それでも日中全面戦争期（1937年～45年）、そしてアジア太平洋戦争期（1941年～45年）は、史料や証言だけでは語りきれないさまざまな特殊事情があり、遺跡調査の重要性があらためて指摘できるであろう。

2　第1章—陸軍岩鼻火薬製造所の研究について

　第1節は現存する施設や遺構、遺物を報告したものである。県立公園「群馬の森」周辺には製造所が存在した事実の一端を今日に伝える石碑、施設や遺構の一部が良好に残されている。また遺物も採集することができる。今後これらの有効活用を考えていかなければならない。

　第2節から第6節で、明治操業期から昭和期に至る陸軍史料、各種の配置図、旧版地図、空中写真などの史料をとおして、敷地・建物の変遷と各時代における災害発生の状況とその対策、生産部隊である火薬製造所の動向から日中全面戦争へ突入していった状況、軍需動員下の生産体制、そして空襲問題を考察した。

製造所では操業以来、爆発、火災、公害などの社会的災害（人災）、および風水害、地震などの自然災害（天災）がたびたび記録されている。昭和期だけで見ても爆発事故は 8 回を数え、死者は合計 30 名に達した。明治時代からの通算では、31 回の爆発（明治期 10 回、大正期 13 回、昭和期 8 回）、死者は 47 名（明治期 17 名、昭和期 30 名）の多数にのぼり、重軽傷者は計り知れない。殉職者 65 名中、現在判明している爆死者は 47 名である。『火薬類による事故集』（1964 年）では事故件数とその犠牲者数を 11 件、死者 32 名、『日本産業火薬史』（1967 年）では 8 件、32 名、そして『日本陸軍火薬史』（1969 年）の記録では、11 件、死者 34 名であったから、歴史の中に埋もれてしまった事実がいかに多いかがわかる。民間の被害も甚大であったが、その実態も明らかにすることができた。

第 7 節は採集した遺物から製造所建物の変遷や製品について考察したものである。採集した煉瓦は多種に亘り、その編年史を辿るだけでも、近代考古学上貴重な資料となり得るし、不発ダイナマイトの存在は地下壕掘削の問題をあらためて浮上させた。

第 2 節から第 6 節にかけて敷地・建物の変遷を詳細に追ったことにより、現存する施設や遺構の構築年代を確定することが可能となった。このように本章はどちらかといえば史料で概要を把握した施設について、現地踏査を実施して確認するという方法をとった。そしてすでに失われてしまった製造所建物の復元と現存する遺構群の解明とをあわせて進めた研究である。こうした調査方法は近代日本の軍事史・産業史の解明に大きく寄与できるものと考えている。

3　第 2 章―陸軍前橋飛行場の研究について

第 1 節は、遺跡の調査や史料調査から飛行場造成前後の景観を復元したものである。1943（昭和 18）年から 44 年にかけての飛行場造成工事では、用地全域に存在した遺跡の破壊を伴っていた。造成土中の遺物の存在からそれは明らかであった。それはまた、戦争で遺跡がどのように壊されていったのかを確認する作業でもあった。その一方で造成土によって飛行場造成直前の田畑面やそれ以前の遺跡が完全にパックされ保存されたところもあった。調査地区においては、住居跡の一部が破壊されたにとどまり、縄文時代から近代にかけての遺跡が比較的良好に遺存していたのである。そして飛行場造成直前の接収された田畑が発掘されたが、それは水路の出土遺物から 17 世紀から続いていた村落景観の一部を構成するものであった。

第 2 節は、引間松葉遺跡と塚田村東Ⅳ遺跡から検出された、対空機関銃座跡と兵士の飯盒炊飯を行った跡を解明した。これらは地域史に対する考慮がなければ、攪乱や用途不明の土坑と判断されてしまったかも知れない遺構である。発掘では遺構や遺物の基本的調査を疎かにせず、また証言が得られたこともあって、遺構の用途を確定することができた。さらに現地を踏査して今に残る遺構を確認、それを戦中や戦後間もなくの空中写真と比較検討して、その遺構の用途を確定していった。このように地上や地下に残された構造物の解明を行った調査である。当時の飛行場と現在の建物配置の厳密な関係を示す基準はあまり残されていなかった。このような状況に陥った場合、発掘調査で検出された遺構・遺物の情報は空間復元をするにあたっては有効となる。

第 3 節・第 4 節では、発掘調査とともに実施した日米両軍の史料調査の成果である。第 3 節は、攻撃を実施した側の記録である米軍史料の訳出と分析を行い、空襲の実態を解明した。すでにたび

たび指摘したところであるが、これまでの空襲記述は戦時中の日本軍や警察の史料、当時の新聞記事などが多用されてきた。そこで米国戦略爆撃調査団史料中の「作戦任務報告書（Tactical Mission Report）」と「空襲損害評価報告書（Damage Assessment Reports）」、さらに「米国海軍・海兵隊艦載機戦闘報告書」を解明することによって、これまで知られていなかった数々の事実を明らかにすることができた。これら史料の分析は、市民の証言や伝聞、憶測の誤りを正し、さらには当時の軍発表の虚構を克服できるようになったからである。

　第4節は飛行場で訓練を行った陸軍特別攻撃隊員の日記をその分析の中核とすることで、前橋飛行場での訓練の日々や沖縄への無謀な特攻作戦の実態、生と死のはざまで揺れる隊員の心情を明らかにすることができた。これらの事実は、残念ながら遺跡調査では明らかにすることはできない。遺跡を調査することによって、その一部を解明をすることは可能と思われるが、その限界性とその遺存性とによって、得られる情報の質と量が極めて限定的であるからである。近代の戦争遺跡調査にあたっては様々な史資料を駆使しながら、その歴史復元を試みなければならない。

4　第3章―群馬県内の戦争遺跡群研究について

　本章は第1節から第6節の構成で、このうち第2節・第3節と第5節・第6節がそれぞれ同一テーマを対象としたものである。

　第1節は行政により発掘された、高崎城遺跡調査成果の検証である。高崎城域でのこれまでの発掘は、藩政時代やより古い時代の遺跡調査に主眼が置かれていた。このために鎮台や連隊時代の遺構や遺物については、たとえ発掘されたとしても充分な調査が行われず、報告書での記載は疎かにされてきた。近代の遺跡については、これまで埋蔵文化財として認知されてこなかったことの影響によるものであろうが、前時代の遺跡調査と同様に遺構や遺物の詳細な調査が行われ、報告書に記載されることが求められる。高崎城に限らず近世城郭の調査にあたっては、鎮台や連隊時代の遺跡を考慮に入れた調査を今後進めて行かなければならない。

　第2節・第3節は採集された遺物の分析や史料調査によって遺跡の内容を明らかにしたものである。群馬県にあった赤城演習場が国内唯一の毒ガス専用演習場（特殊演習場）であったことは、これまでまったく知られていなかった。採集された迫撃砲弾の詳細な観察から地域の歴史解明と、さらに日本の毒ガス戦部隊の存在を浮かび上がらせることができた。今後、「旧満州」にあった関東軍化学部（満州第516部隊）や毒ガス戦部隊の迫撃第2連隊、演習場や実験場についても研究を行う予定である。筆者はこの問題解明にあたり、すでに中国黒龍江省チチハルやハルビン郊外の安達にあった関東軍防疫給水部（満州第731部隊）の実験場、内蒙古自治区海拉爾の関東軍細菌戦実験場などを踏査し史料を収集している。

　第4節は戦時地下工場の研究成果である。県内の分布調査を実施して遺跡の現状と問題点を明らかにした。このような地下工場の調査を進め、記録を残し、そのうえで安全対策を施したり遺跡として保存公開を検討することを考えていかなければならないであろう。地下壕などの調査では、構築時の痕跡、使用時の痕跡、そして廃棄後今日に至る様々な痕跡を記録することが、これら地下壕のもつ歴史的事実、それら構築の歴史的背景に迫る第一歩である。早急に取り組まなければならない重要課題であることを指摘した。

さらに地下工場掘削にあたっては、中国人・朝鮮人の強制連行・強制労働問題と密接な関係にある。群馬県下における朝鮮人の強制連行者数は、1942年の官斡旋による移入者92名、43年移入者1,551名、44年の連行者数2,964名、45年の連行者数は不明であり、現在確認できる総数は4,607名となっている。しかし、この数は実際よりもかなり少ないものと考えられる。中国人の県内への強制連行者数892名、死亡者109名、帰還者782名、残留者1名である。しかし、1944年度の計画では県内の事業所5ヶ所に1,800名の中国人が割り当てられていたのである。この事実はこれまで全く明らかにされていなかった。

　中国人・朝鮮人の強制連行・強制労働によって構築された戦時地下工場（地下壕）は原爆ドームと同様に、継承してはならない過去文化の遺産、しかも忘れてはならない事実の厳粛なるモニュメントである。

　第5節・第6節は本土決戦下の研究である。戦争を遂行していくために、銃後においては平時とちがってさまざまな非日常的な生活が要求された。そしてB-29による本格的な本土空襲後、それに歩調を合わせるかのような本土決戦体制、それは国民学校校舎が兵舎となったことに象徴されるものであろう。個人の体験として個別化されていた、この時期のさまざまな戦時下の体験は、まさに戦場体験にほかならない。さらにこの時期の遺跡調査にあたって想定される遺構や遺物についても言及した。

5　第4章─空襲研究　群馬県下空襲の実像を追って

　第1節・第2節は、慰霊碑や遺品そして日米両軍の史料調査を実施して、撃墜された日米双方の操縦者の顛末を追ったものである。機体と遺骨の発掘された新垣少尉の事例は希有なことなのであろうが、戦後すでに34年という歳月がたっている。機体と遺骨の回収が主体であったために、考古学でいう発掘調査とはなっていない。出土状況の詳細な記録や観察が行われなかったために、失われてしまった情報が数多くあったものと思われる。これは戦没者の遺骨収集活動と共通する問題点であろう。

　第3節・第4節は、「米国海軍・海兵隊艦載機戦闘報告書」とB-29の「作戦任務報告書」「損害評価報告書」を分析し、日本側の証言を含めた諸記録と検証することによって明らかにすることのできた空襲の実態である。事実は決してそのまま情報にはなりえないし、逆に情報は決して事実を完全には伝達できないことをあらためて確認しながら、今後も検証作業を進めていかなければならない。

　そして最後に、これまでの研究をとおして近代日本の戦争遺跡を調査する場合に浮上する大きな問題を明らかにする。それは近代化遺産と近代遺跡の調査問題、埋蔵文化財としての遺跡・遺物の取り扱い問題である。これらの問題点を明らかにしたのが終章第2節である。そして近代の戦争遺跡全般の問題点を明らかにしたのが同第3節・第4節である。未来のためにいかなる過去を掘り起こし共有していくべきなのであろうか。本研究は遺跡と史料をとおして地域史研究の新たな視点を提示する、そういう問題意識からまとめたものである。

第2節　戦争遺跡をとおして考える遺跡と遺物

はじめに

　21世紀を迎えて、考古学・埋蔵文化財を取り巻く社会的状況は一段と厳しさを増している。考古学ブームの裏に潜む考古学と埋蔵文化財の危機が、一層深刻なものとなってきたのである。考古学の危機、それは20世紀も残り僅かとなった2000年11月に発覚した「旧石器発掘捏造」事件に収斂されるものではないが、発掘された過去の生活の様々な痕跡である遺構や出土した遺物はきわめて寡黙だが真実を体現しているという大前提、それがいとも簡単に覆されてしまった。考古学に対する信頼、発掘された事実に対する信頼性を大きく失わせてしまったのである。

　戦前の国定教科書の歴史は神話から始まっていたが、アジア太平洋戦争の敗戦により皇国史観から解放された国民は、登呂遺跡や岩宿遺跡の発掘を通して考古学が真実の歴史を明らかにする学問であることを知った。そして神話に代わる科学的な原始・古代史の主役として考古学の成果が取り入れられるようになった。考古学による記述は、原始・古代に限らず、中世や近世に、そして近代の歴史にも及びつつある昨今であったのである。

　そこで本節では、第1章から第4章の戦争遺跡の研究をとおして指摘してきた、考古学や埋蔵文化財の問題をあらためて考えてみたい。

1　近代化遺産と近代の遺跡調査

　第1章で研究対象とした陸軍岩鼻火薬製造所跡は、近代化遺産や近代遺跡の調査対象とされている。そこでまず近代化遺産と近代遺跡の問題点について考えてみよう。

　文化庁建造物課は1990年度から「日本近代化遺産総合調査」を行った。群馬県の『近代化遺産総合調査報告書』は1992年3月に刊行された。県内の江戸時代末期から第二次世界大戦終了時までの近代的手法でつくられた建造物（各種構築物、工作物を含む）で、産業・交通・土木にかかわるものが調査報告された。全国的な調査事業のパイロット的役割を担ったものであったが、「近代化遺産」そのものの概念がまだ十分にまとまっている段階ではなかったために、その取り扱いに苦慮されている。最終的には各市町村で「近代化」に関わった建造物、近代化を象徴する物件を取り上げている。このため建築的な意味をもった物件と共に地域の歴史的な遺物も多数含まれることになり、その数は総計979件にのぼった。

　この中で戦争遺跡関係は16件報告されている。高崎市の旧陸軍岩鼻火薬製造所施設12件、渋川市のロケット燃料製造に使用された甕、太田市の高射砲陣地跡、月夜野町（現みなかみ町）の旧地下飛行機製作所であるが、それでも戦争関連の遺跡はほとんど欠落してしまっている。それは近代化遺産という造語に振り回された結果であろうし、さらにいえば「近代遺産」ではなくて「近代〔化〕遺産」と名付けられた背景にある、近代資本主義社会の陰の部分に対する視点の欠落がそもそもあげられよう。

一方、文化庁記念物課においては1996年度から近代遺跡の全国調査を始めた。この中で戦争遺跡は「政治軍事に関する遺跡」に主に属しているが、これ以外にも重工業に軍需工場跡、交通運輸通信業に飛行場跡、文化に学校奉安殿が含められているように、軍事以外の分野でも戦争遺跡が調査対象となっている。

　「近代化遺産総合調査」と「近代の遺跡調査」はどのように違うのか。文化庁記念物課の説明はこうである[1]。第一に、記念物課の近代遺跡の調査は、近代化に関する遺跡を含む我が国の近代という時代におけるあらゆる分野の遺跡を対象とする。第二に、建造物課の近代化遺産の調査は、主として建造物を対象とするが、近代遺跡の調査は建造物を含む敷地全体すなわち一定のエリアを対象とする。一例として西南戦争の激戦地であった田原坂も調査の対象とする、としている。第三に、近代化遺産の調査は建築史的・土木史的・技術史的観点に重点を置くのに対し、近代遺跡の調査は歴史的観点に重点を置く。一例として原爆ドームは建築史的には調査の対象にならなくても、歴史的観点から調査の対象とする、というものである。

　この「近代の遺跡調査」は「近代化遺産総合調査」と異なり、都道府県から市区町村へ文化財保護行政を通じて調査票の提出を求めただけであったこと、また先行する近代化遺産の調査データを適宜援用して調査の重複を避けたためか、1998年に公表された「近代遺跡（戦跡）の所在調査一覧」では、43都道府県から544件の戦争遺跡が報告されたにすぎなかった。このうち明治軍制以降の戦争遺跡では520件となり、遺跡数は極端に少なく、さらに地域的なばらつきが大きかった。そして詳細調査の対象として50（後追加1）件の遺跡が選定された。これについては「代表的なものの多くを含むが、あくまで例示であって、価値の高い順に選んだ50の遺跡ではないと考えるべき」[2]としているが、「近代化遺産総合調査」とほぼ同様な残存状況の良い建造物―戦災・戦闘経緯が認められない有形文化財―をその対象と考えるという傾向が窺える。

　近代遺跡という分野が、新しい概念での文化財分野であり、さらにその多くが戦災を受けたという事実から、埋蔵文化財となってしまったケースが多いということも影響してか、文化庁記念物課の実施した全国所在調査一覧の544件という遺跡数はあまりにも少ない。建造物関係の近代化遺産としての調査が先行しており、近代遺跡といっても、すでに指摘したとおりそこには形としての残存割合の高い建造物をその対象と考える傾向が見られる。実際、詳細調査の対象になったのは、その多くが軍事施設であり、残存状態のよいものに限定されている。

　たとえば近代化遺産で取り上げられ、その後2002年に近代遺跡の詳細調査対象遺跡に選定された陸軍岩鼻火薬製造所跡という近代遺跡は、日本の近代史（軍事・産業史）を考えるうえで、さらには群馬県の近代史を考えるうえに欠くことのできない重要な遺跡であろう。しかしながら近代化遺産という建造物中心の調査がまず実施されたために、敷地全体を含めた調査やその歴史的背景については残念ながら充分な調査は行われていない。では、建築史的・土木史的・技術史的観点に重点がおかれた調査かというと、報告書の内容からは必ずしもそのレベルにまでは到達していない。その歴史的事実が明らかにされることなく、保存・活用の埒外におかれてしまったように思われてならない。

　このように近代遺跡の全国調査は進展していない。埋蔵文化財はもちろん、地上に明確な遺構を残しているものについても、その全貌は未だ十分に明らかになっていないというのが、現状である。

2 遺跡と遺物の取り扱い問題

　戦争遺跡を含めた近代遺跡の調査例は全国的に見てもまだ多く実施されているわけではない。序章第3節で指摘したように、戦争遺跡は過去の調査例からもわかるように従来さまざまな対応がとられてきた。たとえば、発掘当初から明確な調査目的をもって調査された遺跡もあれば、調査地に軍事施設が存在したことが確かな遺跡でも、調査される場合とそうでない場合があった。偶然に発見された場合でも同様で、記録として残されることは少なく「攪乱」として処理され調査対象外とされてしまうことが多かった。古い時代の遺跡にとどまらず新しい時代の遺跡をも含めた土地利用の歴史を解明する作業をとおして地域史を復元する。これが発掘調査であり、考古学研究の基礎である。しかしそのためには埋蔵文化財としての取り扱い問題について触れておかなければならない。

　考古学研究の基礎となる遺跡・遺物の取り扱いについて、1997年8月に「出土品の取り扱いについて」、98年9月「埋蔵文化財の保護と発掘調査の円滑化等について」という文化庁通知がだされた。「埋蔵文化財は、国民共通の財産であると同時に、それぞれの地域の歴史と文化に根ざした歴史的遺産であり、その地域の歴史・文化環境を形作る重要な要素である」[3]としながらも、その内容は、残念ながら埋蔵文化財のレベルダウンをはかったものとなっている。98年の文化庁通知では、埋蔵文化財として扱う遺跡の範囲に関する原則を次のように述べた。

　①おおむね中世までに属する遺跡は、原則として対象とすること。
　②近世に属する遺跡については、地域において必要なものを対象とすることができること。
　③近現代の遺跡については、地域において特に重要なものを対象とすることができること。

　ここで示されている原則は、全国で実施されている発掘調査の水準、また今日の考古学研究の到達点からしても、きわめて問題のある内容となった。それは多くの研究者が指摘されたように、解釈と運用の仕方によっては、開発にともなう事前調査において発掘調査の対象を原則的に中世（16世紀）までとし、近世以降については例外を除いて調査対象としなくてもよい[4]といっているからである。

　それでは、文化庁通知にもとづいて1999年6月に発表された群馬県の基準（遺跡の範囲）を簡単にまとめると次のようになる[5]。

　①おおむね中世までに属する遺跡は、原則として対象とする。
　②近世の遺跡については、ア）城館跡・塚・関所跡等、地域の歴史上特に重要であると判断された遺跡、イ）都市（城下町）については、文献資料の点検や分布調査・試掘調査の実施等を踏まえたうえで、遺構の遺存状況と重要度を勘案、ウ）天明3年（1783年）浅間山起因によるAs-A（浅間A軽石）層や泥流層を良好に遺存している地域にあっては遺跡の重要度に応じて、対象とすることができるものとする。
　③近現代の遺跡については、ア）「近代化遺産」リスト中の不動産に関係する物件であって、特に重要であると判断されるものについては、県教育委員会と地元市町村教育委員会が協議したうえで対象、イ）「近代化遺産」リスト未掲載のものであって、リストに追加する必要が生じた場合、および埋蔵文化財として取扱う必要が生じた場合は、県教育委員会と市町村教育委員会で協議し、埋蔵文化財の対象としての可否とその取扱いについて決定するものとする、としている。

上記の問題点は、次のようになろう。
　古い時代の歴史は重要で、新しい時代の歴史は重要でないということは決してありえない。すべての時代を同等に扱うことを大原則としなければならなかったが、近世以降の歴史を原則切り捨てることにしてしまった。また、遺跡を対象として調査を実施している以上、文献資料の有無を一つの要素として決めるということは矛盾である。遺構の遺存状況と重要度を勘案するということでは、群馬県内に歴史の空白域、地域の中でも歴史の空白部分が生じてしまう可能性が多分にあろう。遺跡調査に足枷をはめるものとなった。
　さらに何度も指摘してきたところであるが「近代化遺産」リストは、建造物を主体としてまとめられているために、そこには埋蔵文化財としての認識が甚だ乏しい。このために「近代化遺産」リストから漏れた遺跡は数多いのである。結果として、中世までを全国一律の遺跡として扱い、近世の遺跡は地域に必要なもの、近現代の遺跡は地域において特に重要なものは調査できるとした文化庁通知に準拠したものとなっている。文化財行政では近現代の遺跡は原則として周知の遺跡として登録されていない中で近代の戦争遺跡が発掘調査されているのは、研究者としての行政担当者の学問的関心（地域史の必要性）や良心にもとづいているという現実があるのである。
　次に遺物の問題について考えてみたい。
　日本全国で年間に発掘される遺跡の数は膨大で、各地方自治体は出土遺物の収蔵に頭を痛めている。収蔵庫のないところもあり、遺物の管理に問題がでている。そこで文化庁は、「出土品については、一定の基準に基づき、将来にわたり文化財として保存を要し、活用の可能性のあるものとそれ以外のものを区分し、その区分に応じて取り扱いを行うこと」、その区分に関する基準は、「その種類、性格その他の要素を勘案して各都道府県教育委員会が定める」[6]とした。
　この文化庁通知の問題は、「将来にわたり保存・活用を図る必要性・可能性がないとされた出土品については、発掘調査現場から持ち帰らず、あるいは埋納、投棄などにより廃棄することができることとなるが、これらの措置は、発掘調査の段階、出土品の整理作業の段階、それ以降の段階等において、発掘調査主体、法第64条第1項又は第3項の規定による譲与を受けた地方公共団体等が行うこことなる」[7]としている点である。
　現在実施されている遺跡調査の多くは、土木工事などにより破壊される遺跡の緊急調査（行政調査）である。第2章で取り扱った陸軍前橋飛行場にかかわる棟高辻久保遺跡、引間松葉遺跡、塚田村東Ⅳ遺跡の調査はすべて緊急調査である。その動機が破壊される遺跡の記録を残すことにあっても、学術研究の一環として実施されるべきである。それを選別して廃棄するということは考古学の発展を阻害することになる。出土遺物である考古資料は、研究成果の上に立って保存・活用されるべき国民の歴史的遺産、地域の歴史的遺産であり、行政上の都合によって選別され、廃棄されるべきものでないことは自ずから明らかであろう。このことは第2章の研究をとおして明らかにしてきたところである。

おわりに

　今日の考古学・埋蔵文化財を取り巻く状況、その問題点を把握しておかなければ、学問の未来を語ることも難しい。今求められていることは、遺跡や遺物を選別して切り捨てることではなくて、

調査体制の整備、埋蔵文化財の公開施設や保管施設、それらにともなう専門職員の充実である。そして調査の成果を様々な形で国民や県民に還元することであろう。遺跡が破壊されるという現実の代償として今日の考古学の成果があることを自覚するべきである。それであるからこそ、遺跡から様々な情報を取り出して保存・活用し、後世に伝えていくことが埋蔵文化財調査に携わる者の使命である。

　遺跡とは土地に刻まれた歴史そのものである。遺構の重複関係とはその土地が積み重ねてきた遍歴を示している。地域史としての考古学を考えるならば、過去は現在と密接に関連しており一昔前の資料は地域史の解明に有効に活用できるのである。しかしながら、古い時代の遺跡や遺物の調査を優先させるため、戦争遺跡に限らず近現代の遺跡や遺物は過去においてほとんど調査されてこなかったというのが現実であった。

　そのような中で本研究で取り扱ってきた戦争遺跡の調査研究には大きな意義がある。その詳細な調査と記録化が、戦争の実態解明への第一歩となるからである。こうした調査の累積と史料や聞き取り調査などの成果を総合することで、あらたな地域の歴史像を構成することが可能なのである。

注
1) 柳雄太郎「近代遺跡の調査について」『月刊文化財』No.432、pp.44-48、1999年。
2) 鈴木　淳「近代遺跡の多様性」『史跡で読む日本の歴史10　近代の史跡』p254、吉川弘文館、2010年。
3) 文化庁「埋蔵文化財の保護と発掘調査の円滑化等について（通知）」1998年。
4) 「特集　文化財保存と埋蔵文化財行政」『明日への文化財』43・44合併号、文化財保存全国協議会、1999年。
5) 群馬県教育委員会資料、1999年。
6) 文化庁「出土品の取扱いについて（通知）」1997年。
7) 6)に同じ。

第3節　戦争遺跡調査の問題点

1　戦争遺跡の再確認

　弥生時代の高地性集落から中世・近世の合戦場や城郭に至るまで、戦争に関係する（と思われる）遺跡は数多く認められる。これらの遺跡は、その時代の考古学研究の中で取り扱われてきている。
　ここでいう戦争遺跡とは、幕末・開国頃から第二次世界大戦（アジア太平洋戦争）の終結頃までをその時代の範囲とする、近代の戦争遺跡を対象としている。ただし、伊藤厚史氏の指摘される[1]、1870（明治3）年の海軍兵学校設置以後の海軍と、翌年の御親兵組織後設置された鎮台以後の陸軍にかかわる明治初期からを、その対象とする場合もある。戦争遺跡の考古学的研究は、近現代考古学の一部を構成する研究領域となる。
　近代日本の戦争は、戊辰戦争から1877（明治10）年の西南戦争に至る間を除くと、その戦場はすべて中国をはじめとする他国の領土での戦争であった。1944（昭和19）年6月のB-29による日本本土空襲が行われて、はじめて国内も本格的な戦場となったのである。従って、調査研究の対象地域は、国内の戦争遺跡だけではなくて朝鮮半島、中国大陸、東南アジア、南太平洋地域、すなわちアジア・太平洋全域に残されている遺跡までも考えていかなければならない。ここまで視野を広げなければ、近代日本の戦争遺跡の実相を把握することはできない。

2　戦争遺跡取り扱いの過去と現在

　戦争遺跡に対する取り組みを概観したい。1970年代から全国各地で戦争展の開催と戦争体験、戦争遺跡の掘り起こし運動がはじまる。しかしこの運動のなかに考古学研究者の参加はほとんどなかった。1984年に沖縄の當眞嗣一氏が、雑誌『南島考古だより』に「戦跡考古学のすすめ」を発表、沖縄の戦跡に対する考古学研究の必要性が指摘された。90年代に入ると、埋蔵文化財として調査される戦争遺跡も徐々に増え、97（平成9）年、戦争遺跡保存全国ネットワークが発足する。そして98年、日本考古学協会沖縄大会の第5分科会で「戦争・戦跡の考古学」が取り上げられるまでになった。戦争遺跡が学会において認知された、といっても過言ではないであろう。『日本考古学年報』でも、その97年度版から近世研究の動向欄中に近現代遺跡の問題が取り上げられるようになった。そして筆者と十菱駿武氏が編集に携わった『しらべる戦争遺跡の事典（正・続）』[2][3]の刊行は大きな反響を呼んだ。2003年の世界考古学会議では、第一次世界大戦、第二次世界大戦、そして戦後の冷戦時代の遺跡までもが考古学研究の分科会テーマになるほど、戦争遺跡に対する国際的関心は高まってきている。
　一方、行政の動きはどうであったろうか。1990年、沖縄県南風原町では全国に先駆けて戦争遺跡である「南風原陸軍病院壕」（後に正式名称は沖縄陸軍病院南風原壕群、図1）の文化財指定をおこなった。その5年後、「特別史跡名勝天然記念物及び史跡名勝天然記念物指定基準」の一部が改正され、第二次世界大戦終結頃までの政治、経済、文化、社会などあらゆる分野における重要な遺跡

が史跡指定の対象となる。これを受けて、広島市の原爆ドームが国の史跡に、そして翌年には世界遺産条約にもとづき世界遺産一覧表に記載された。

1996年から文化庁記念物課は「近代遺跡の調査等に関する検討会」を設けて、「近代遺跡調査実施要項」を定め、近代遺跡の全国調査を始めた。それは11の分野に区分され、戦争遺跡は「第9分野　政治、軍事に関する遺跡」に含まれた。98年度に進められた「近代遺跡（戦跡）の所在調査一覧」では、43都道府県から544件の戦争遺跡が報告される。この一覧には江戸時代開国期の台場や明治初年の戊辰戦争の遺跡が含まれているため、明治軍制以降では520件となっている。しかし一覧を見る限りでは各県の対応に大きなバラツキが認められた。このことはすでに前節でも指摘した。

所在調査一覧の中から50件が詳細調査の対象に選ばれたが、その多くは軍事施設であり、かつ形状のよく残されているものに限られてしまった。2002～05年の詳細調査では、松代大本営予定地壕、舞鶴海軍施設群、日吉台地下壕、浅川地下工場跡などが現地調査されている。当初、06年度に『近代遺跡調査報告書（9）政治軍事』が公表される予定であったというが、2012年7月段階ではまだ刊行されていない。

また2004年の文化財保護法改正で登録文化財の対象に記念物が加わり、近代の建造物だけではなくて、上部構造のない遺構や地下壕なども登録記念物（史跡）としてゆるい届出制の網で保存できることになった。

全国的見ると、1995年の文化財指定基準の改正以降、市町村での指定が進みつつあるようだ。2005年の千葉県館山市の「赤山地下壕跡」の史跡指定はその代表例となろう。すでに序章・第3節で紹介したが、2014年7月現在、国指定文化財23件、県指定13件、市町村指定95件、国登録文化財70件、市区町村登録文化財13件、道遺産・市民文化資産3件の計217件が指定されている。これを地域別に見ると、北海道・東北地方32件のうち北海道の屯田兵関連17件、関東地方62件では空襲・戦災関連と要塞群、中部地方19件では師団関連、近畿地方20件では舞鶴の鎮守府関連、中国・四国地方23件では原爆と呉の鎮守府関連、九州・沖縄地方61件では長崎の原爆関連、熊本の西南戦争関連、鹿児島の知覧特攻関連と奄美大島の奉安殿、そして沖縄では人工壕・ガマ・集団自決跡地・特攻艇秘匿壕が含まれ、地域的特色が認められる。

そうした中で、1998年には埋蔵文化財として扱うべき遺跡の範囲がしめされた。近現代の遺跡については、地域において特に重要なものを調査の対象とすることができるとした文化庁通知は、埋蔵文化財調査に足枷をはめるものとなり、戦争遺跡を含めた近代遺跡の取り扱い方に矛盾が生じてしまった。このことはすでに終章・第2節で指摘したところである。

3　戦争遺跡調査の進展

広大な地域を研究対象とし、考古学的な遺構（埋没資料）以外にも地上に残る建築物や土木構造物（非埋没資料・地上資料）までにも目を向けていかなければならない。遺跡によっては埋没していない遺構も多く、現況図や配置図を作製するなど、考古学の実測調査で大きな成果を得ることも可能である。この中には、遺構・遺物の使用期間が極めて短期間なものもある。さらに金井安子氏の指摘されるように[4]、遺物の中にはそれを生産した会社や工場などの転廃業があったり、さらに

は自社製品の保存や記録類の保存がなされていない場合も多い。このような場合でも考古学は有効な調査方法となり得る。

近年の発掘調査では近現代の遺跡も、より古い時代の遺跡調査に伴って実施されるようになり、その中で戦争に関係する遺跡も調査されるようになってきた。しかし1998年の文化庁通知は遺跡調査に足枷をはめた。

地域に残された戦争遺跡は、地域の近代史を、あるいは日本の近代史を考えるためには欠くことのできない遺跡である。そのためには前時代の遺跡の調査と同様に発掘や保存もされ、検出された遺構・遺物の詳細な観察と記録化が行われることを大前提としなければならない。

ところで戦争遺跡では次ぎのような分類も行われている。それは被爆遺構や空襲・戦災跡など被害の戦争遺跡と軍事防衛施設、軍需工場、戦闘地などの加害の戦争遺跡である。日本の戦争遺跡では広島の原爆ドームに代表される被害の遺跡については、積極的な調査や保存が図られてきたが、加害にかかわる戦争遺跡、たとえば第3章・第4節で考察した朝鮮人や中国人の強制連行・強制労働を抜きにしては語れない地下工場跡については、行政の対応は消極的である。

そんな中、沖縄県と愛知県の戦争遺跡に対する取り組みは高く評価される。沖縄県立埋蔵文化財センターが1998年度から8年かけて実施した「沖縄県戦争遺跡詳細分布調査」(図2)は、都道府県単位で戦争遺跡の分布をまとめた全国で初めての試みであった。沖縄本島南部で347ヶ所、同中部181ヶ所、同北部133ヶ所、那覇市63ヶ所、本島周辺離島75ヶ所、宮古諸島66ヶ所、八重山諸島111ヶ所の計979ヶ所を確認し、報告書6冊を刊行している。遺跡の大半は1944年8月の陸海軍部隊の配備から45年8月の敗戦までの1年間に構築されたものであった。全県的な戦争遺跡分布調査の成果は、戦争遺跡を文化財として保存検討するための資料として、諸開発事業との調整や歴史学習・平和教育としての活用につなげていくための基礎資料として役立つものとなろう。

また2006年に発行された『愛知県史　別編　建造物・史跡』では、軍事施設57ヶ所(図3)、軍需工場22ヶ所、空襲・戦災の跡20ヶ所、防空壕・奉安殿41ヶ所の計140件の遺跡が収録された。戦争遺跡の時期、歴史的な意味、規模、遺構の内容を検討し、分類ごとに収録物件を選定している。さらに県下の軍事施設145ヶ所、軍需工場29ヶ所、その他の戦跡94ヶ所の合計305ヶ所に及ぶ遺跡位置図が作製された。

このほか、2002年に発行された『小笠原村戦跡調査報告書』では、父島58ヶ所(陸軍29ヶ所、海軍29ヶ所)、母島22ヶ所(陸軍1ヶ所、海軍21ヶ所)の合計80ヶ所の戦争遺跡が取り上げられている。

こうした基礎的作業の積み重ねが、戦争遺跡の調査研究には求められているのである。

4　消滅していく戦争遺跡

全県的な分布調査が行われている一方で、戦争遺跡を取り巻く状況は楽観視できない。その事例に、東京都日野市や神奈川県大磯町、そして鹿児島県鹿屋市で問題となった地下壕の陥没問題がある。さらに2005年4月、鹿児島市の地下壕内で中学生4人が亡くなる事故が発生したことである。これらを受けて国は特殊地下壕(戦時中に旧軍や地方公共団体などが築造した防空壕など)の全国実態調査を続けた。2001年度の調査では、全国5,003ヶ所の地下壕の存在が判明したが、「平成

17 年度特殊地下壕実態調査中間取りまとめ」によると、新たに 6,296 ヶ所が見つかり、すでに埋め戻しなどにより減少した 1,019 ヶ所を除いて、全国に現存する特殊地下壕の総数は 1 万 280 ヶ所となった（表 1）。このうち危険またはその可能性がある特殊地下壕は 1,210 ヶ所で、各自治体では地下壕の陥没防災対策としての閉鎖や埋め立てを進めている。2009 年度現在、全国で地下壕の数は 9,850 ヶ所で、この内 487 ヶ所が崩落などの危険があるという。国交省と地方自治体は 195 ヶ所の壕を 1998 年〜 2009 年度に計 53 億円をかけて埋め戻すなど行っているが、この特殊地下壕対策事業では過去 5 回の地下壕データを原則非公開にしているなど、問題が残されている。

　今後は地下壕を遺跡、文化財として把握してその歴史的調査を必ず行い、そのうえで保存活用をはかるもの、あるいは安全対策のために埋め戻し等を実施するもの、との判断がなされてしかるべきであろう。

5　戦争遺跡の重要性

　戦後 67 年余が経つ。この歳月は、戦争を体験した世代が語り継いだ「戦争の記憶」を風化させてしまうには十分過ぎる時間である。しかし戦争の悲劇を繰り返さないため、さらには戦争の実相を正しく次の世代に伝えるためには、どうあるべきであろうか。それは「戦争の記憶」を刻印した全国各地の戦争遺跡の、さらには海外に残る日本の戦争遺跡の調査や研究を進め、その保存と活用を考えていくことではないだろうか。

　たとえば筆者らが 1993 年から調査している中国東北部（旧満州）には、数多くの戦争遺跡が残されている。それらは今日、文化財として保存の対象となり、遺跡からの出土遺物は博物館に収蔵展示されている。東南アジア諸国には、日本軍による現地住民への虐殺事件を伝える様々な記念碑があり、また一方、太平洋諸島では日本軍全滅の地などが数多くあり、今なお遺骨収集が続けられている。加害と被害の両面から戦争を考えていかなければならない遺跡が数多く残されているのである。

　かつての戦争を調べるには、数多くの史料があり有力な手がかりとなる。しかし、日中戦争やアジア太平洋戦争では、史料だけではとうてい語りきれるものではない。戦争遺跡の重要性があらためて認識されることであろう。戦争の実相を正確に語り継ぐうえで、過去文化の「負の遺産」、しかも忘れてはならない事実の厳粛なるモニュメントである、戦争遺跡の役割は歳月の経過とともにますます重要になっている。

注
1) 伊藤厚史「戦争遺跡とは何か」『愛知県史別編　建造物・史跡』pp.441-446、2006 年。
2) 十菱駿武・菊池　実編『しらべる戦争遺跡の事典』2002 年。
3) 十菱駿武・菊池　実編『続しらべる戦争遺跡の事典』2003 年。
4) 金井安子「戦争遺物」『保存版ガイド　日本の戦争遺跡』pp.231-232 頁、2004 年。

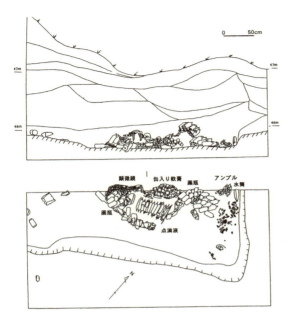

図2 前田高地平面遺構略図 (1/1000)
(『沖縄県戦争遺跡詳細分布調査 (Ⅱ)』2002)

図1 南風原陸軍病院壕群20号壕東側入口調査区の遺物集中出土土坑実測図 (1/60) (『南風原陸軍病院壕群Ⅰ』2000)

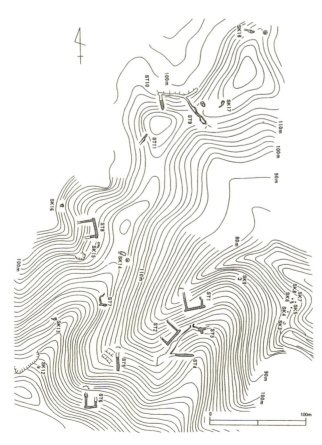

図3 高松陣地平面図 (1/4000)
(『愛知県史別編 建造物・史跡』2006)

終章　近代日本の戦争遺跡調査における諸問題

表1　地下壕が残存する市区町村（国土交通省HPより）

単位：箇所数

	都道府県名	市区町村別件数	都道府県合計
1	北海道	札幌市(3)　函館市(1)　室蘭市(1)　根室市(3)　千歳市(4)　松前町(2)　余市町(3)　女満別町(1)　常呂町(1)　厚岸町(1)　白糠町(1)　音別町(1)　中標津町(1)　標津町(1)	29
2	青森県	青森市(1)　八戸市(14)　三沢市(1)　むつ市(6)　西目屋村(2)　中泊町(1)　大間町(1)　名川町(7)	33
3	岩手県	大船渡市(1)　水沢市(5)　北上市(1)　久慈市(2)　一関市(1)　陸前高田市(4)　釜石市(2)　江刺市(4)　二戸市(1)　藤沢町(1)　大槌町(2)　山田町(2)	26
4	宮城県	仙台市(11)　石巻市(3)　塩竈市(4)　名取市(3)　東松島市(7)　山元町(1)　七ヶ浜町(3)　利府町(16)　加美町(1)　小牛田町(1)　女川町(14)	64
5	秋田県	秋田市(2)　鹿角市(4)　小坂町(1)	7
6	山形県	山形市(2)　鶴岡市(2)　新庄市(2)　寒河江市(28)　上山市(3)　天童市(7)　東根市(5)　尾花沢市(1)　西川町(4)　大江町(5)　真室川町(3)	63
7	福島県	福島市(1)　郡山市(3)　いわき市(1)　須賀川市(4)　二本松市(1)　矢吹町(1)　富岡町(1)　双葉町(4)	16
8	茨城県	日立市(9)　土浦市(3)　常陸太田市(1)　高萩市(3)　北茨城市(12)　ひたちなか市(7)　鹿嶋市(5)　行方市(2)　茨城町(1)　大洗町(2)　友部町(1)　岩間町(1)　阿見町(3)　玉里村(1)	54
9	栃木県	宇都宮市(16)　足利市(5)　鹿沼市(7)　日光市(4)　矢板市(3)　那須塩原市(1)　那須烏山市(3)　河内町(1)　粟野町(1)　大平町(1)　高根沢町(1)　那須町(2)	46
10	群馬県	前橋市(1)　高崎市(2)　太田市(2)　沼田市(2)　富岡市(1)　みなかみ町(2)　玉村町(1)	10
11	埼玉県	所沢市(2)　東松山市(3)　日高市(4)　滑川町(1)　嵐山町(2)　小川町(7)　吉見町(3)　横瀬町(1)　寄居町(1)	24
12	千葉県	千葉市(8)　銚子市(40)　館山市(86)　木更津市(23)　野田市(1)　佐原市(3)　茂原市(1)　成田市(3)　佐倉市(1)　東金市(22)　八日市場市(12)　習志野市(1)　柏市(3)　勝浦市(15)　市原市(6)　鎌ヶ谷市(1)　君津市(31)　富津市(35)　袖ヶ浦市(1)　印西市(2)　酒々井町(1)　栄町(3)　神崎町(1)　東庄町(24)　大網白里町(7)　成東町(7)　山武町(2)　松尾町(2)　大多喜町(15)　御宿町(20)　富浦町(3)　千倉町(1)　和田町(2)	387
13	東京都	中央区(1)　港区(1)　新宿区(2)　目黒区(1)　北区(2)　足立区(1)　八王子市(19)　立川市(1)　三鷹市(1)　府中市(1)　昭島市(1)　町田市(1)　小平市(1)　日野市(1)　国分寺市(1)　武蔵村山市(3)　西東京市(1)　大島町(4)　八丈町(1)　小笠原村(108)	163
14	神奈川県	横浜市(26)　川崎市(41)　横須賀市(111)　平塚市(5)　鎌倉市(47)　藤沢市(8)　小田原市(17)　茅ヶ崎市(10)　逗子市(76)　相模原市(14)　秦野市(3)　厚木市(4)　大和市(51)　伊勢原市(29)　海老名市(2)　座間市(17)　南足柄市(5)　綾瀬市(5)　葉山町(2)　寒川町(1)　大磯町(28)　二宮町(1)　大井町(5)　箱根町(1)　愛川町(7)　城山町(3)	517
15	新潟県	新潟市(1)　三条市(1)　五泉市(3)　上越市(1)　阿賀町(1)	7
16	富山県	富山市(4)　高岡市(4)　氷見市(2)　砺波市(2)	12
17	石川県	七尾市(1)　小松市(1)　加賀市(10)　白山市(1)　穴水町(5)	18
18	福井県	福井市(15)　敦賀市(12)　小浜市(10)　大野市(3)　勝山市(1)　鯖江市(10)　越前市(5)　美山町(3)　松岡町(2)　三国町(1)　池田町(1)　清水町(4)　美方町(7)　高浜町(13)　大飯町(6)	94
19	山梨県	甲府市(1)　富士吉田市(2)　都留市(2)　山梨市(10)　大月市(7)　韮崎市(13)　北杜市(1)　甲斐市(13)　上野原市(1)	50
20	長野県	長野市(2)　松本市(2)　上田市(3)　小諸市(4)　駒ヶ根市(2)　中野市(1)　塩尻市(3)　佐久市(3)　東御市(1)　御代田町(9)　丸子町(6)	38
21	岐阜県	大垣市(1)　高山市(15)　中津川市(1)　瑞浪市(6)　土岐市(4)　各務原市(12)　可児市(6)　坂祝町(5)　川辺町(7)　八百津町(11)	68
22	静岡県	静岡市(39)　浜松市(75)　沼津市(46)　熱海市(13)　三島市(24)　富士宮市(4)　伊東市(2)　島田市(2)　富士市(7)　磐田市(2)　掛川市(24)　藤枝市(1)　御殿場市(3)　袋井市(7)　下田市(104)　湖西市(17)　伊豆市(2)　御前崎市(41)　菊川市(3)　松崎町(1)　西伊豆町(18)　清水町(2)　小山町(2)　富士川町(11)　蒲原町(5)　森町(15)　新居町(7)	477
23	愛知県	名古屋市(4)　豊橋市(2)　岡崎市(8)　豊川市(2)　豊田市(26)　安城市(3)　西尾市(1)　犬山市(1)　常滑市(5)　小牧市(1)　新城市(2)　知多市(17)　尾張旭市(3)　日進市(1)　田原市(15)　甚目寺町(1)　美浜町(15)　幡豆町(1)	171
24	三重県	津市(7)　四日市市(1)　伊勢市(23)　松阪市(1)　桑名市(2)　鈴鹿市(2)　尾鷲市(1)　亀山市(1)　久居市(1)　志摩市(7)　伊賀市(4)　明和町(1)　鵜殿村(1)	54
25	滋賀県	大津市(1)　彦根市(1)　米原市(1)　安土町(1)　蒲生町(1)　多賀町(1)	9
26	京都府	京都市(7)　福知山市(4)　舞鶴市(94)　宇治市(1)　宮津市(17)　亀岡市(1)　京丹後市(3)　久御山町(1)　宇治田原町(1)	129
27	大阪府	岸和田市(2)　池田市(1)　高槻市(5)　茨木市(3)　和泉市(7)　箕面市(1)	19
28	兵庫県	姫路市(5)　明石市(1)　西宮市(7)　洲本市(9)　相生市(4)　豊岡市(1)　加古川市(2)　赤穂市(1)　宝塚市(1)　小野市(2)　三田市(4)　加西市(19)　南あわじ市(3)　福崎町(12)	72
29	奈良県	天理市(1)　橿原市(1)　香芝市(3)	9
30	和歌山県	橋本市(13)　新宮市(4)　岩出市(1)　かつらぎ町(4)　由良町(9)　串本町(6)	37
31	鳥取県	鳥取市(5)　米子市(12)　倉吉市(11)　境港市(5)　北栄町(1)	34
32	島根県	浜田市(7)　出雲市(3)　益田市(5)　安来市(12)	27
33	岡山県	岡山市(7)　倉敷市(13)　笠岡市(1)　備前市(2)　真庭市(2)　美作市(1)　鴨方町(1)	27

34	広 島 県	広島市(114) 呉市(324) 竹原市(7) 三原市(19) 尾道市(4) 因島市(24) 福山市(8) 府中市(9) 大竹市(1) 東広島市(6) 廿日市市(11) 江田島市(53) 府中町(1) 海田町(2) 熊野町(3) 坂町(9) 大野町(7) 宮島町(5) 安芸太田町(1) 大崎上島町(6)	614
35	山 口 県	下関市(193) 宇部市(11) 山口市(3) 防府市(10) 下松市(20) 岩国市(28) 光市(18) 長門市(5) 柳井市(2) 美祢市(3) 周南市(3) 山陽小野田市(8) 和木町(1) 玖珂町(9) 周東町(3) 平生町(12)	330
36	徳 島 県	徳島市(1) 鳴門市(3) 阿南市(5) 吉野川市(1) 美馬市(7)	17
37	香 川 県	高松市(9) 善通寺市(3) 観音寺市(11) 内海町(2) 土庄町(18) 牟礼町(1) 庵治町(1) 直島町(4) 満濃町(1) 詫間町(7) 仁尾町(1)	58
38	愛 媛 県	松山市(20) 今治市(2) 伊予市(3) 西予市(7) 東温市(1) 上島町(7) 砥部町(1) 愛南町(4)	45
39	高 知 県	高知市(16) 室戸市(2) 宿毛市(13) 土佐清水市(1) 四万十市(4) 野市町(1) 本山町(1) 春野町(7) 大方町(4) 大月町(3)	52
40	福 岡 県	北九州市(28) 福岡市(16) 久留米市(1) 直方市(9) 飯塚市(1) 中間市(3) 筑紫野市(2) 前原市(3) 宇美町(11) 篠栗町(1) 水巻町(1) 岡垣町(9) 遠賀町(1) 宮田町(2) 庄内町(2) 穎田町(1) 東峰村(1) 大刀洗町(1) 広川町(5) 山川町(2) 糸田町(1) 川崎町(1) 築城町(11)	113
41	佐 賀 県	佐賀市(3) 唐津市(44) 多久市(15) 伊万里市(27) 武雄市(5) 鹿島市(12) 有田町(3) 西有田町(15) 山内町(1) 大町町(6) 江北町(1) 太良町(3) 塩田町(3) 嬉野町(1)	140
42	長 崎 県	長崎市(195) 佐世保市(128) 島原市(71) 諫早市(70) 大村市(112) 平戸市(28) 対馬市(2) 壱岐市(49) 五島市(1) 時津町(7) 川棚町(66) 波佐見町(1) 有明町(6) 南串山町(1) 口之津町(7) 南有馬町(1) 有家町(1) 布津町(2) 鹿町町(5) 小佐々町(6) 佐々町(24) 新上五島町(19)	738
43	熊 本 県	熊本市(103) 人吉市(15) 荒尾市(5) 水俣市(47) 玉名市(6) 本渡市(37) 山鹿市(41) 牛深市(1) 菊池市(40) 宇城市(47) 阿蘇市(1) 城南町(2) 美里町(16) 横島町(5) 天水町(19) 玉東町(1) 菊水町(3) 三加和町(21) 南関町(57) 植木町(62) 大津町(36) 菊陽町(2) 西合志町(4) 小国町(12) 西原村(4) 御船町(7) 益城町(1) 甲佐町(1) 氷川町(3) 芦北町(4) 津奈木町(14) 錦町(28) 湯前町(4) あさぎり町(3) 新和町(1)	655
44	大 分 県	大分市(63) 別府市(14) 中津市(71) 日田市(71) 佐伯市(72) 臼杵市(37) 津久見市(9) 竹田市(13) 豊後高田市(52) 杵築市(19) 宇佐市(122) 豊後大野市(7) 由布市(18) 国見町(2) 国東町(2) 武蔵町(3) 安岐町(5) 日出町(22) 九重町(15) 玖珠町(12)	586
45	宮 崎 県	宮崎市(146) 都城市(12) 延岡市(74) 日南市(56) 小林市(3) 日向市(68) 串間市(35) 西都市(23) えびの市(5) 清武町(7) 田野町(4) 佐土原町(99) 南郷町(2) 三股町(8) 高城町(2) 山田町(4) 高崎町(3) 高原町(11) 野尻町(11) 須木村(3) 高岡町(16) 国富町(34) 高鍋町(16) 新富町(44) 西米良村(1) 川南町(1) 都農町(2) 門川町(4) 東郷町(1) 西郷村(3) 北方町(21) 北川町(7) 諸塚村(1) 高千穂町(5)	744
46	鹿 児 島 県	鹿児島市(1039) 鹿屋市(521) 枕崎市(16) 串木野市(37) 阿久根市(23) 名瀬市(30) 出水市(31) 大口市(3) 指宿市(74) 加世田市(56) 国分市(5) 西之表市(8) 垂水市(122) 薩摩川内市(220) 日置市(144) 曽於市(27) 三島村(1) 十島村(1) 山川町(7) 頴娃町(34) 開聞町(11) 笠沙町(1) 大浦町(16) 坊津町(42) 知覧町(49) 川辺町(39) 市来町(17) 金峰町(45) さつま町(12) 野田町(10) 高尾野町(11) 東町(51) 長島町(12) 菱刈町(3) 加治木町(5) 姶良町(7) 蒲生町(24) 溝辺町(13) 横川町(14) 牧園町(8) 霧島町(50) 隼人町(13) 福山町(6) 湧水町(16) 輝北町(2) 松山町(12) 志布志町(6) 有明町(11) 大崎町(2) 串良町(42) 吾平町(29) 錦江町(19) 南大隅町(22) 肝付町(55) 中種子町(4) 南種子町(3) 宇検村(2) 瀬戸内町(12) 住用村(4) 龍郷町(10) 笠利町(7) 喜界町(25) 徳之島町(6) 知名町(2)	3,149
47	沖 縄 県	那覇市(76) 宜野湾市(1) 石垣市(22) 浦添市(10) 糸満市(37) 沖縄市(7) 宮古島市(3) 本部町(2) 恩納村(6) 金武町(6) 伊江村(1) 読谷村(7) 北谷町(9) 北中城村(1) 中城村(2) 西原町(7) 東風平町(2) 玉城村(34) 佐敷町(2) 南風原町(2) 渡嘉敷村(5) 竹富町(11)	248
		合　計	10,280

市区町村名については平成17年10月1日現在にて表記

第4節　戦争遺跡の調査研究を考える

1　戦場の考古学——慰霊行為とのはざまで

　戦場がそのまま遺跡として残ることは少ない。それは戦闘後戦線の近傍を捜索し、死傷者や死傷馬の収容、毀損、残置、または鹵獲した軍需品、あるいは再用可能の物件を回収する、いわゆる「戦場掃除」が行われたからである。しかし状況が切迫している場合はその限りではなかった。また玉砕が続いた南方戦線や硫黄島、沖縄本島では、戦闘終了後に勝者による戦場（壕など）をそのまま埋める、結果としての遺跡化が行われていった。

　沖縄県那覇市真嘉比で2009年10月から12月、地域開発工事と併行して沖縄戦にかかわる遺骨収集が行われた。対象面積は6,000平方メートルであり、そこには遺跡化した戦場そのものが埋もれていた。砲弾で粉々になった者、タコツボの中で戦死した者、壕の中で自爆した者などの遺骨計172体分、そして彼らが身につけていたであろう遺品（遺物）の数々、印鑑、万年筆、インク瓶、歯ブラシ、懐中時計、認識票、飯盒、軍靴、鉄帽、そして銃弾多数が発見されたのである[1]。

　これまでの遺骨収集は遺族に遺骨を還す目的のない、慰霊の対象としての回収に過ぎなかった。人工壕や自然壕内部の遺骨収集において、たとえば壕のもつ歴史的情報（構築時・使用時・廃棄後など）、遺骨や遺品の出土状況やその共伴関係を含めた詳細な記録化が行われることはなかった。結果として個人の特定に繋がるようなさまざまな情報は失われていった。それが真嘉比では、発掘調査に近い方法で遺骨収集が行われたことで注目を集めた。遺骨や遺品の出土状況をある程度記録化することで、戦死者の身元解明につなげようとの執念があったからだ。しかし民間団体による活動であり、開発工事に伴う埋蔵文化財調査として実施されたものではなかったために、そこには自ずと限界があったものと思われる。

　沖縄では多くの遺跡調査において、近現代の遺跡もそれ以前からの時間的連続性を持つものとして、ごく普通に考古学的調査の対象として取り扱われる[2]としながらも、残念ながら実態は異なっていた。90年代以降、沖縄戦に関連する遺跡調査に関心が持たれてきたものの、戦争遺跡の大多数は開発工事においても本格的な調査がなされないまま破壊されているのが現状であった[3]。

　同時代情報が集積された中で行われる発掘調査であっても、得られる情報は数多い。真嘉比の事例のように、戦闘にかかわる物質資料の残存状況が良ければ、考古学から詳細な戦場の実態を描き出すことは可能であり、また戦死者の身元解明に貢献することもできるであろう。遺跡を発掘する調査者、そして考古学研究者や近現代史研究者、さらに人類学研究者は、戦争遺跡を含めた近代の遺跡にどのように対峙するのかが、いま問われている。

2　戦場・被災地の考古学——戦争遺跡か軍事遺跡か

　幕末・開国頃から第二次世界大戦（アジア太平洋戦争）終結頃までを、その取り扱う時代の範囲

とするが、1869（明治2）年を日本の近代軍制の成立ととらえて遺跡形成の開始期とする場合もある。

　国内には、近年その調査が注目されている西南戦争（1877年）の遺跡（二俣瓜生田官軍砲台跡・山頭遺跡）はあるが、日清戦争や日露戦争、第一次世界大戦における戦場の遺跡はない。これはアジア太平洋戦争の末期を除いても同様である。戊辰戦争から西南戦争までの間（例外として1874年の台湾出兵）を除くと、すべて他国の領土での戦争であったからである。このために戦争の全体像を理解するには、「大日本帝国」の地域や「大東亜共栄圏」における戦争遺跡というように「空間」の組み替えや「時間軸」の延長が必要である。そして1944年6月のB-29による日本本土への本格的空襲以後、国内も戦場となった。前線と銃後の境界の溶解である。そして敗戦までのわずかな期間に、国内の遺跡が形成されていった特色がある。

　しかしながら戦争遺跡は戦場だけでなく、戦争に関連するあらゆる遺跡を包含する。このために国内の遺跡を見る限りでは、明治以降の師団や連隊に関わる遺跡、沿岸要塞（砲台）などの海峡や軍港・要港の防御施設、陸海軍の工廠跡などの遺跡がその主体となってしまう。このことから戦争遺跡に対して「国内での平時戦時を問わない軍事活動の全ての面の遺跡を含むという点で、軍事遺跡という言葉を用いる方が適する」[4]、あるいは「負の遺産という前提で捉えたくないために」敢えて「軍事遺跡」とし対象を限定する[5]などの指摘がある。しかしこれでは沖縄の戦争遺跡や空襲・戦災跡のように非軍事施設が戦災を受けて戦争の歴史的経緯を伝える遺跡となっていること、さらに敗戦時にそのほとんどが未完成で強制連行や強制労働の場となっていた地下工場跡、国民に玉砕を強いる本土決戦用陣地跡などの遺跡に対する視点[6]、植民地を含むアジア太平洋全域にまで及ぶ調査研究の視点は欠落してしまう。軍事遺跡の視点からでは国内外に残されている遺跡を正確に理解することはできない。軍事遺跡なる用語は、戦争遺跡の中の一項目、軍事にかかわる遺跡として把握されるべきものである。

3　戦場・被災地の考古学－非埋没資料と埋没資料

　旧日本軍の施設の多くは、戦災による消滅（国内外）、敗戦時における意図的な破壊（主に国外－満州第731部隊施設など）があり、さらに関連資料の焼却（陸海軍文書など）、軍装品や毒ガス弾に代表される砲弾類の地中や水中への処分、すなわち証拠隠滅が徹底的に行われた。このため物質資料の残存状況に大きな制約を受ける。そして戦後の解体や都市開発によっても少なくなっているが、それでも地上に残るものは多く、また地中や水中に残されているものも数多い。

　地上に残る代表的なものに建造物（木造・煉瓦造・鉄骨造・鉄筋コンクリート造）がある。これは建築物、土木構造物（射場・隧道など）、そのほかの工作物（掩体壕など）に大別される。地下陣地の多くも実は地上に施設のあったものが、空襲や地上戦の過程と戦後の経緯の中で建造物などが消滅してしまったのである。そして地中にはその下部構造や基礎構造が残り、さらに様々な遺跡が埋没している。このために遺跡を理解するには、戦後も含めて遺構がどのように破壊されていったのかを検証することも重要となる。

　地中にある遺跡の調査には、発掘がもっとも有効な調査方法である。検出された遺構と遺物の出土状況と遺存状況、さらに遺物そのものからも戦争遺跡の実態を解明することは可能であろう。とりわけ過去の調査例から見ると、ごみ穴（土坑）や地下壕に多くの情報が埋もれていることがわか

る。それは日本軍による組織的証拠隠滅が、これらの施設によって実施されたからにほかならない。昭和時代の戦争遺跡の特殊性といえる。

　なお、参考までに記すと2009年にユネスコによる「水中文化遺産保護条約」が発効した。しかしこの条約に我が国は批准していない。さらに保護すべき遺産を少なくとも100年間水中にあったものと定義しているため、第二次世界大戦の戦争遺跡は対象となっていない。ところがかつて日本の委任統治領であったパラオでは、国内法により第二次世界大戦に関連する戦争遺跡を文化財と認定し、保護の対象としているという[7]。

　このように近代の戦争遺跡は、非埋没資料（地上資料）と埋没資料（地中・水中資料）に分かれる。

4　慰霊の考古学

　兵士の遺体処理のあり様と兵士の霊魂の祀り方、すなわち埋葬や慰霊と追悼にかかわる遺跡としては、陸海軍墓地、村や家の軍人墓、戦争記念碑などが考えられる。

　西南戦争の官軍戦没者の墓地が発掘調査されている。それは熊本県八代市の「若宮官軍墓地跡」（陸軍関係者）と「横手官軍墓地跡」（警視隊関係者）である[8]。前者の調査では石垣跡、堀跡、そして木棺土坑墓114基と115体の人骨、後者でも石垣跡、堀跡、暗渠跡、65基の棺と53体の人骨が出土した。また、両墓地の棺内からはボタン類や煙管などの着用品や副葬品があり、そして切断痕のある人骨が6体あった。壮絶な戦いの一端が垣間見える。陸軍や警察創設時の組織形態、軍装、墓地構造の解明などに役立つ貴重な資料となった。

　日本各地に存在する戦争記念碑については、これまで考古学研究の対象となることはほとんどなかった。今後、招魂碑から忠魂碑、忠魂碑から忠霊塔への変遷とその歴史的背景、そして戦後に建立された民間人の戦争犠牲者慰霊碑などについても検討材料として考えてゆくべきものと思う。これらの戦争記念碑の分析をなおざりにしては、近代の戦争、戦死者と遺族、宗教に関わる様々な問題を理解できないからである[9]。そして明治から昭和前半までに建立された戦争記念碑は、「戦没者を追悼しつつ顕彰し、次の戦争を準備する、という役割を負ってきた」[10]ことを、地域ごとに検証していかなければならない。たとえば、2011年12月に『玉村町の戦争事跡』（群馬県佐波郡「玉村町九条の会」編）が刊行されたが、この地域調査を紹介することで今後の研究課題の一端を記したい。

　玉村町の会では、明治以来の町の戦争犠牲者（戦死者）と戦争に関係した事跡の調査を始めたが、それは「町内全墓地を墓碑毎に被葬者をたしかめ、戦没者であればその墓誌を読み、故人の経歴・軍歴・戦没年月日・戦没地・戦没状況」や没年齢を確認するものであった。そこからは戦争の実相と地域戦没者との関係が見え、それは地域と戦争のつながりの一面を語るものとなった。たとえば戦争別戦没者数で見ると、満州事変からアジア太平洋戦争開戦前では60名であった戦没者が、日本が敗戦の道を歩み始める1942年以降では一挙に484名に達していること、戦没者の年齢別割合では30歳以下がほぼ80パーセントを占めていた事実などである。また建碑年月日、墓碑の形状・規模、墓誌などの変遷、墓地での墓碑のあり方などを観察することで、国家や軍隊、青年会や在郷軍人会といった団体などの戦没者への葬送対策とその変遷を把握することが可能となった。さらに寺社の境内に所在する、戦争記念碑の忠魂碑・彰忠碑、慰霊碑、戦役記念碑、従軍・生還記念碑な

どを分析対象とした。

　日清戦争からアジア太平洋戦争に至るそれぞれの戦争が、「玉村にどんな現れ方をし、それを当時の人々がどのように受け止め、いかなる形でそれを遺したか。玉村町は戦争の時代をどう語り継いでいるのか」。そうした問題意識から上記の碑類や痕跡などが綿密に調査され、そしてその時々の国の動きを受けた地域・住民の姿の表象との立場で詳細な解説を行っている。今後このような調査が県内各地区で行われることが課題となろう。

　戦争遺跡は日本の侵略戦争や植民地支配に関わる歴史的事実を伝える。さらには地域が戦争で失った貴重なもの、地域が戦災のあと復興し生きてきた歴史を考えるうえでも[11]、調査研究、そして保存活用されるべき遺跡なのである。

注
1) 比嘉豊光・西谷修編『フォト・ドキュメント　骨の戦世』岩波書店、2010年。
2) 池田榮史「沖縄」『季刊考古学』第72号、pp.63-65、2000年。
3) 山本正昭「沖縄の戦争遺跡」『史跡で読む日本の歴史10　近代の史跡』pp.211-239、吉川弘文館、2010年。
4) 鈴木　淳「近代遺跡の多様性」『史跡で読む日本の歴史10　近代の史跡』p.255、吉川弘文館、2010年。
5) 飯田則夫『図説　日本の軍事遺跡』河出書房新社、2004年。
6) 菊池　実「青葉兵団（陸軍第202師団）の群馬県移駐―史料と遺跡から見た昭和20（1945）年本土決戦の一様相―」『研究紀要』29、pp.171-190、（公財）群馬県埋蔵文化調査事業団、2011年。
7) 石村　智「楽園と戦争の考古学－パラオにおける水中戦争遺跡の調査－」『考古学研究』第57巻第3号、pp.118-121、2010年。
8) 八代市教育委員会『若宮官軍墓地跡・横手官軍墓地跡』2002年。
9) 本康宏史「慰霊のモニュメントと「銃後」社会」『国立歴史民俗博物館研究報告』第102集、p.518、2003年。
10) 原田敬「慰霊と追悼－戦争記念日から終戦記念日へ」『岩波講座　アジア・太平洋戦争2　戦争の政治学』p.316、岩波書店、2005年。
11) 清水肇「戦争遺跡のとらえ方と歴史的環境における戦争遺跡のあり方」『第14回戦争遺跡保存全国シンポジウム南風原大会「開催要項」』pp.26-27、2010年。

あとがき―本書刊行にあたって

　2015年は、アジア太平洋戦争の敗戦からちょうど70年の節目の年にあたります。敗戦時、20歳の若者は90歳に、10歳の国民学校児童でさえも80歳になる、そういう長い歳月が経ったということです。戦後一貫して平和な日本であったのは、先の大戦を深く反省し、二度と悲劇を繰り返さないという多くの戦争体験者の切実な思いが実った結果と思います。ところが、最近になって再び戦争ができる国を目指そうとする策動が見られます。歴史から学ぼうとしない戦後生まれの政治家が多くなってきたことも影響しているのでしょうか。

　本書は2013年度に明治大学に提出した学位請求論文「近代日本の戦争遺跡研究―地域史研究の新たな視点：群馬県の事例を中心に―」を書籍化したものです。審査にあたられた主査の明治大学文学部教授山田朗先生（近代史・軍事史）、副査の明治大学文学部教授石川日出志先生（日本考古学）、同じく副査の明治大学兼任講師渡辺賢二先生（近現代史）に改めて感謝申し上げます。

　主査の山田朗先生に仮綴じの論文を提出したのは、2012年7月のことでした。その後、学位請求書、履歴書、業績書（著書・論文・学会発表・その他）に加えて英文要旨、中文要旨、論文要旨の提出と続きました。業績書の論文欄では、査読論文の有無から掲載誌の発行年月日、掲載論文の頁、また学会発表では学会名と発表会場、発表日の記載まで求められましたので、過去の資料を再発掘するなど思いの外時間がかかりました。

　博士学位を取得するように勧められたのは、もう10年ほど前のことです。当時、国文学研究資料館教授（その後、別府大学教授）をされていた丑木幸男先生（近代史・アーカイブズ学）からのお言葉でした。それに応えるために準備を進めてきましたが、主査をしていただける先生がなかなか見つかりませんでした。なにしろ、考古学と近現代史双方に学問的蓄積のある先生は当時ほとんど見あたらず、またその可能性のあった先生の勤務先大学には文学研究科の大学院がないために、論文提出は不可能だったからです。ことはうまく運びませんでした。

　そうして数年が経った頃、群馬県歴史教育者協議会でともに活動をし、一緒に学位を取ろうと相談していた國學院大学大学院同窓の明和学園短期大学教授川原秀夫さん（古代史）を通して母校國學院大學の大学院委員長をされていた鈴木靖民先生から近現代史の先生をご紹介していただきました。しかし文献史学と考古学、その研究方法の相違から思うようには進展せず、ここでもまた頓挫。それでもこの間、新稿を準備しつつ時機到来をまちました。結果的には論文に厚みが加わり、内容のさらなる充実ができたことで、決して無駄な時間ではなかったと今では思っています。

　そして明治大学生田校舎に残されていた旧陸軍登戸研究所施設を戦争遺跡として調査研究し、それを大学資料館として活用をはかられた山田朗先生や渡辺賢二先生の存在が私のなかであらためて浮かび上がってきました。以前から戦争遺跡の調査研究でご指導いただいている渡辺先生にご相談したところ、一気にことが進みました。今、あらためて明治大学教授陣の層の厚さを実感しています。

　博士学位請求論文は序章から終章までの全体で6章構成、400字原稿用紙1,860枚換算になりました。過去に発表した論文の改稿、新たな論文の執筆、縦書き原稿と横書き原稿の統一、西暦と元号の統一、数値の表記統一、引用・参考論文の掲載頁の再確認等、ことは単純に進まなくて相当な時間を費やすことになりました。その過程で事実誤認なども発見、訂正を行いながらの作業でした。

それなりの大冊な論文となりましたが、さぞかし審査にあたられた先生方には大変な労力を強いることになったのではと思っています。それでも、今回の論文には旧満州関係の論文は収録しませんでした。これについては、新たな論文集としてまとめようと考えているからです。それは中国社会科学院近代史研究所長をされていた歩平先生、黒竜江省社会科学院、黒龍江大学の諸先生との約束だからでもあります。旧満州への移住も視野に入れながら……。

　今回の博士論文については、主査から早期の刊行を勧められていましたので、新稿を追加して準備を進めてきました。ここにようやく戦後70年の節目の年に、それを意識して刊行することができました。

　学を志す楽しみ、学を志す崇高さをあらためて感じています。その志が喪失したときは、考古学や埋蔵文化財の世界からの完全なる引退なのでしょう。

　本書は私の博士学位論文であり、結果として還暦記念論集になり、さらには33年4ヶ月勤務した公益財団法人群馬県埋蔵文化財調査事業団を退職する記念論集となりました。これまでの様々な皆様からの学恩に感謝します。退職後は、かねてからの希望どおり中国黒龍江省にあるハルビン師範大学に赴任することになりました。ハルビンの地にあっては中国の大学生・大学院生教育にあたりながら、私のもうひとつの研究テーマである「旧満州国の戦争遺跡研究」の集大成をめざしたいと考えています。

　最後になりましたが、これまでに様々な研究や情報交換をおこなってきました文化財保存全国協議会・戦争遺跡保存全国ネットワーク・空襲・戦災を記録する全国連絡会議に集う全国各地の皆様、そして群馬県歴史教育者協議会・ぐんま教育文化フォーラム・群馬考古学研究会に集う皆様にこの場をお借りして厚く御礼を申し上げます。

2014（平成26）年12月16日　満60歳の誕生日を迎えて
菊池　実

参考文献一覧

（専門書・一般書）

大久保弘一『陸軍読本』日本評論社、1938年。
陸軍兵器学校高等官集会所『兵器学教程（火薬爆薬）第二巻』1941年。
安積幸二『我等の兵器　火薬』田中宋栄堂、1942年。
西松唯一『火薬学　改訂増補版』共立出版、1951年。
電波監理委員会『日本無線史　第九巻』1951年。
日本産業火薬会編『火薬類統計集録』1号、1955年。
無着成恭『ぼくの青年時代』国土社、1960年。
江名町漁業協同組合『江名漁業史』1962年。
前橋市戦災復興誌編集委員会『戦災と復興』1964年。
日本産業火薬会保安部編『火薬類による事故集』1964年。
朴慶植『朝鮮人強制連行の記録』未来社、1965年。
参謀本部所蔵『敗戦の記録』原書房、1967年。
日本産業火薬会『日本産業火薬史』1967年。
防衛庁防衛研修所戦史室『戦史叢書　本土防空作戦』朝雲新聞社、1968年。
日本工学会『明治工業史　火兵編鉄鋼編』（復刻版）原書房、1969年。
長谷川治良編『日本陸軍火薬史』桜花会、1969年。
防衛庁防衛研修所戦史室『戦史叢書　陸軍軍需動員〈2〉実施編』1970年。
防衛庁防衛研修所戦史室『戦史叢書　沖縄・台湾・硫黄島方面陸軍航空作戦』1970年。
防衛庁防衛研修所戦史室『戦史叢書　本土決戦準備〈1〉―関東の防衛―』1971年。
鹿島研究所出版会『鹿島建設百三十年史　上』1971年。
片倉衷『戦陣随録』経済往来社、1972年。
『海軍施設系技術官の記録』刊行委員会『海軍施設系技術官の記録』1972年。
一色次郎『日本空襲記』文和書房、1972年。
永井健児『あゝ国民学校』朝日新聞社、1972年。
八原博通『沖縄決戦』読売新聞社、1972年。
小林ふく『戦渦に生きた子どもたち―現場教師の記録―』鳩の森書店、1973年。
佐藤賢了『佐藤賢了の証言』芙蓉書房、1976年。
横浜の空襲を記録する会『横浜の空襲と戦災　4　外国資料編』1977年。
中野交友会『陸軍中野学校』1978年。
創価学会青年部反戦出版委員会編『直撃弾を逃れて―8.5前橋空襲の記録』1978年。
三上昭美編『日本古文書学講座第九巻近代編Ⅰ』1979年。
『敗戦への傾斜』あさを社、1979年。
渡辺洋二『日本本土防空作戦』徳間書店、1979年。
太田市遺族会誌編集委員会『太田市遺族会誌』1979年。
田村民男『群馬の水力発電』七月堂、1979年。
航空碑奉賛会『陸軍航空の鎮魂（2版）』1979年。
松浦総三編『日本の空襲―二』三省堂、1980年
相馬原会『前橋陸軍予備士官学校戦記』1980年。
片倉衷『片倉参謀の証言　叛乱と鎮圧』芙蓉書房、1981年。
桑原達三郎『大刀洗飛行場物語』葦書房、1981年。
外山操編『陸海軍将官人事総覧〈陸軍編〉』芙蓉書房、1981年。
渡辺洋二編著『本土防空戦[海軍航空隊]編』徳間書店、1981年。
福島民友新聞社『くしま戦争と人間7痛恨編』1982年。
笹島恒輔編『燦たり石門幹候隊！―第11期甲種幹部候補生の手記』産業新潮社、1982年。

日本近代史料研究会『片倉衷氏談話速記録（下）』1983年。
丑木幸男編『大正用水史』大正用水土地改良区、1983年。
富士重工業株式会社『富士重工業三十年史』1984年。
部隊史全般編纂委員会『独立工兵第二十七連隊』1985年。
林吉栄編『沼田陸軍病院記念誌』1985年。
竹内昭・佐山二郎『日本の大砲』出版協同社、1986年。
陸軍習志野学校史編纂委員会『陸軍習志野学校』1987年。
久保在久編「大阪砲兵工廠衛生調査報告書」『大阪砲兵工廠資料集』1987年。
辻薦『月は光を放たず　満州敗戦記』北洋社、1987年。
内藤真治『現在を問う』群馬評論社、1987年。
石井勉『アメリカ海軍機動部隊』成山堂、1988年。
高橋泰隆『中島飛行機の研究』日本経済評論社、1988年。
前橋空襲を記録する会『街角の証言―市民が語る前橋空襲―』1988年。
佐藤寅雄編『群馬県戦災誌』みやま文庫、1989年。
間組広報部『間組百年史』1989年。
竹内清和『耐火煉瓦の歴史』内田老鶴圃、1990年。
兵庫朝鮮関係研究会『地下工場と朝鮮人強制連行』明石書店、1990年。
大日本窯業協会編『日本窯業史総説　第1巻』柏書房、1991年。
村永薫編『知覧特別攻撃隊』ジャプラン、1992年。
辰巳知司『隠されてきた「ヒロシマ」』日本評論社、1993年。
前橋空襲を語る会『街角の証言第2集―市民が語る前橋空襲―』1994年。
日垣隆『「松代大本営」の真実』講談社現代新書、1994年。
北博昭『日中開戦』中公新書、1994年。
日中共同学術平和調査団日本側編集委員会『ソ満国境　虎頭要塞』、青木書店、1995年。
田中宏・松沢哲成編『中国人強制連行資料』現代書館、1995年。
小田部雄次・林博史・山田朗『キーワード日本の戦争犯罪』雄山閣出版、1995年。
小山仁示訳『米軍資料　日本空襲の全容』東方出版、1995年。
櫻井隆『陸軍飛行第244戦隊史』そうぶん社、1995年。
松浦総三『天皇裕仁と地方都市空襲』大月書店、1995年。
原田恒弘『ひまわり』1995年。
日本中国友好協会『証言中国人強制連行』1995年。
北村恒信編『陸海軍服装総集図典』国書刊行会、1996年。
吉見義明・松野誠也編　解説『毒ガス戦関係資料Ⅱ』不二出版、1997年。
高松宮宣仁親王『高松宮日記　第八巻』1997年。
森本忠夫『特攻』光人社、1998年。
額田担『最後の陸軍省人事局長 額田坦回想録』芙蓉書房、1999年。
佐山二郎『大砲入門』光人社、1999年。
戦争遺跡保存全国ネットワーク『戦争遺跡は語る』かもがわ出版、1999年。
佐藤昌一郎『陸軍工廠の研究』八朔社、1999年。
藤井忠俊『兵たちの戦争　手紙・日記・体験記を読み解く』朝日選書、2000年。
中原正二『火薬七つの謎―火薬史漫歩―』2000年。
山本武利『日本兵捕虜は何をしゃべったか』文春新書、2001年。
山本武利編『米軍による日本兵捕虜写真集』青史出版、2001年。
窪島誠一郎『無言館の詩』講談社、2001年。
深堀道義『特攻の真実』原書房、2001年。
藤原彰『中国戦線従軍記』大月書店、2002年。
十菱駿武・菊池実編『しらべる戦争遺跡の事典』柏書房、2002年。

入口健太郎編著『蒼天に紅の血は燃えて』2002年。
平義克己『我敵艦ニ突入ス』扶桑社、2002年。
十菱駿武・菊池実編『続しらべる戦争遺跡の事典』柏書房、2003年。
戦争遺跡保存全国ネットワーク『戦争遺跡から学ぶ』岩波ジュニア新書、2003年。
宮崎周一「作戦秘録　下」『大本営陸軍部作戦部長宮崎周一中将日誌』錦正社、2003年。
石原征明『ぐんまの昭和史（上）』みやま文庫、2003年。
バレット・ティルマン、苅田重賀訳『第二次大戦のTBF/TBMアヴェンジャー部隊と戦歴』2003年。
田沼清『国民学校の軌跡』2003年。
戦争遺跡保存ネットローク『保存版ガイド　日本の戦争遺跡』平凡社新書、2004年。
飯田則夫『図説　日本の軍事遺跡』河出書房新社、2004年。
毛利恒之『ユキは十七歳　特攻で死んだ』ポプラ社、2004年
原勝洋『真相・カミカゼ特攻』KKベストセラーズ、2004年。
菊池実『近代日本の戦争遺跡』青木書店、2005年。
『岩波講座　アジア・太平洋戦争全8巻』岩波書店、2005年。
東京都『東京都戦災誌』明元社、2005年。
小林千恵子『ひこうぐも』光人社、2005年。
渡辺賢二『近現代日本をどう学ぶか』教育史料出版会、2006年。
君塚仁彦編『平和概念の再検討と戦争遺跡』明石書店、2006年。
奥住喜重『B-29　64都市を焼く』揺籃社、2006年。
工藤洋三『写真が語る　山口県の空襲』2006年。
渡辺洋二『液冷戦闘機「飛燕」』光人社、2006年。
早乙女勝元『あの夏の日の司馬遼太郎』2006年。
菊池実・原田正純『陸軍岩鼻火薬製造所の歴史』みやま文庫、2007年。
戦争遺跡保存全国シンポジウム群馬大会実行委員会『フィールドワーク群馬県の戦争遺跡』平和文化、2008年。
菊池実『戦争遺跡の発掘―陸軍前橋飛行場』新泉社、2008年。
東京都歴史教育者協議会編『新版東京の戦争と平和を歩く』平和文化、2008年。
矢野慎一『日本の遺跡と遺産〈7〉戦争遺跡』岩崎書店、2009年。
静岡県戦争遺跡研究会『静岡県の戦争遺跡を歩く』静岡新聞社、2009年。
保阪正康『本土決戦幻想　コロネット作戦編』毎日新聞社、2009年。
伊藤純郎編『フィールドワーク茨城県の戦争遺跡』平和文化、2010年。
比嘉豊光・西谷修編『フォト・ドキュメント　骨の戦世』岩波書店、2010年。
鈴木淳編『史跡で読む日本の歴史10　近代の史跡』吉川弘文館、2010年。
中村有以訳・マクスウェル・テイラー・ケネディ『特攻　空母バンカーヒルと二人のカミカゼ』2010年。
岩脇彰・平井美津子・辻隆広・本庄豊・磯崎三郎編『シリーズ戦争遺跡全5巻』汐文社、2010年。
吉浜忍・大城和喜『沖縄陸軍病院南風原壕』高文研、2010年。
戦争遺跡に平和を学ぶ京都の会編『語りつぐ京都の戦争と平和』つむぎ出版、2010年。
熊本の戦争遺跡研究会『熊本の戦争遺跡』創思舎、2010年。
山田朗監修『本土決戦の虚像と実像』高文研、2011年。
渡辺賢二『陸軍登戸研究所と謀略戦』吉川弘文館、2012年。
牛田守彦『戦時下の武蔵野Ⅰ』ぶんしん出版、2012年。

（自治体史など）
富士見村誌編纂委員会『富士見村誌』1954年。
総社町誌編纂委員会『総社町誌』1956年。
堤ヶ岡村誌編纂委員会『堤ヶ岡村誌』1956年。
糸之瀬村誌編纂委員会『糸之瀬村誌』1958年。

下川渕村誌編纂委員会『下川渕村誌』、1958年。
東村誌編纂委員会『東村々誌』1959年。
群馬県勢多郡敷島村誌編纂委員会『敷島村誌』1959年。
薄根村誌編纂委員会『薄根村誌』1959年。
里見村誌編纂委員会『里見村誌　下巻』1960年。
京ヶ島村誌編纂委員会『京ヶ島村誌』1961年。
久呂保村誌編纂委員会『村誌久呂保』1961年。
久留馬村誌編纂委員会『久留馬村誌』1963年。
池田村史編纂委員会『池田村史』1964年。
室田町誌編集委員会『室田町誌』1966年。
国府村誌編纂委員会『国府村誌』1968年。
伊香保町教育委員会『伊香保誌』1970年。
岩島村誌編集委員会『岩島村誌』1971年。
高山村誌編纂委員会『群馬県吾妻郡高山村誌』1972年。
古馬牧村誌編纂委員会『古馬牧村誌』1972年。
群馬県『群馬県復員援護史』1974年。
吉井町誌編纂委員会『吉井町誌』1974年。
大胡町誌編纂委員会『大胡町誌』1976年。
中之条町誌編纂委員会『中之条町誌第二巻』1977年。
赤堀村誌編纂委員会『赤堀村誌（下）』1978年。
小野上村村誌編纂委員会『小野上村誌』1978年。
足利市『近代　足利市史　第二巻通史編　近代（三）～現代』1978年。
群馬県史編さん委員会『群馬県史　資料編19　近代現代3』1979年。
大類村史編集委員会『大類村史』1979年。
甘楽町史編さん委員会『甘楽町史』1979年。
東村誌編さん委員会『東村誌』1979年。
南牧村誌編さん委員会『南牧村誌』1981年。
大泉町誌編集委員会『大泉町誌（下巻）歴史編』1983年。
邑楽町誌編纂室『邑楽町誌（下）』1983年。
前橋市史編さん委員会『前橋市史　第五巻』1984年。
東横野村誌編纂委員会『群馬県碓氷郡東横野村誌』1984年。
板倉町史編さん委員会『板倉町史　通史　下巻』1985年。
松井田町誌編さん委員会『松井田町誌』1985年。
太田市『太田市史　史料編　近現代』1987年。
笠懸村誌編纂室『笠懸村誌下巻』1987年。
子持村誌編さん室『子持村誌　下巻』1987年。
群馬県史編さん委員会『群馬県史　通史編7　近代現代1』1991年。
渋川市市誌編さん委員会『渋川市誌　第三巻　通史編・下　近代・現代』1991年。
伊勢崎市『伊勢崎市史　通史編3　近現代』1991年。
藪塚町誌編纂委員会『藪塚町誌　上巻』1991年。
太田市『太田市史　通史編　近現代』1994年。
沼田市『沼田市史自然編』1995年。
藪塚本町誌編さん室『藪塚本町誌』1995年。
木瀬村誌編纂委員会『木瀬村誌』1995年。
行幸田百周年記念事業実行委員会『行幸田百年の歩み』1995年。
本庄市史編集室『本庄市史（通史編Ⅲ）』1995年。
伊勢崎郷土文化協会『伊勢崎の昭和二十年―市長の「卓上日記」にみる―』1995年。

藤岡市『藤岡市史　通史編　近世　近代・現代』1997年。
黒保根村誌編纂室『黒保根村誌3　近代・現代Ⅱ　軍事・産業』1997年。
高崎市市史編さん委員会『新編　高崎市史　資料編10　近代・現代Ⅱ（大正・昭和前期）付図4』1998年。
安中市市史刊行委員会『安中市史　第一巻　近代現代資料編2』2000年。
大間々町誌編さん室『大間々町誌　通史編　下巻』2001年。
沼田市史編さん委員会『沼田市史　通史編3　近代現代』2002年。
群馬町誌刊行委員会『群馬町誌　通史編　下　近代現代』2002年。
安中市市史刊行委員会『安中市史　第六巻　近代現代資料編1　別冊付録　人々の暮らし』2002年。
安中市市史刊行委員会『安中市史　第二巻　通史編』2003年。
芳賀村誌改訂並びに町誌編纂委員会ほか『芳賀村誌　芳賀の町誌』2003年。
高崎市市史編さん委員会『新編高崎市史　通史編4　近代現代』2004年。
桂萱地区自治会連合会『桂萱村誌』2006年。
愛知県『愛知県史別編　建造物・史跡』2006年。
「豊岡誌」編さん委員会『群馬県高崎市『豊岡誌』』2007年。
倉渕村誌編さん委員会『新編　倉渕村誌　第四巻　通史編』2009年。

（教育史・学校史誌・記念誌など）
中之条小学校PTA『中之条小学校九十年史』1963年。
藪塚本町小学校『藪塚本町小学校沿革史』1964年。
境小九十周年記念事業実行委員会『境小九十周年記念誌』1967年。
前橋市立桃井小学校PTA厩橋桃井小学校同窓会『桃井校沿革余話』1967年。
高原力三『我らの教育誌』1971年。
富岡高校七十五年史編さん委員会『富岡高校七十五年史』1971年。
群馬県立沼田女子高等学校創立50周年記念誌編集委員会『沼女五十年』1972年。
原町小学校百年のあゆみ『原町小学校百年のあゆみ』1973年。
渋川北小百年史編纂委員会『渋川北小百年史』1973年。
金島小学校創立百周年記念事業実行委員会『金島小学校百年のあゆみ』1973年。
富岡市立富岡小学校『富小百年史』1973年。
蚕糸高校六十周年記念誌編集委員会『蚕糸高校六十年史』1973年。
太田市立九合小学校『太田市立九合小学校百年のあゆみ』1973年。
創立50周年記念誌編集委員会『佐波農五十年』1973年。
前橋市立桂萱小学校『桂萱小学校沿革誌』1974年。
沼田市立升形小学校開校百年記念事業推進委員会『開校百年記念誌』1974年。
富士見村立原小学校『原小学校「いまむかし」創立百周年記念誌』1974年。
芳賀小学校『芳賀小学校百年誌』1974年。
前橋市筑井小学校『筑井小学校百年誌』1974年。
前橋市立駒形小学校百年誌編集委員会『百年誌』1974年。
茂呂小学校百年史編集委員会『茂呂小学校百年史』1974年。
二之宮小学校創立百周年事業実行委員会『百年のあゆみ』1974年。
荒子小学校百周年記念誌編集委員会『あゆみ―荒子小の百年―』1974年。
川場小学校開校百年のあゆみ編集委員『川場小学校百年のあゆみ』1974年。
高崎市立佐野小学校『佐野小学校百年のあゆみ』1974年。
富士見村立原小学校『原小学校「いまむかし」創立百周年記念誌』1974年。
本庄市立北泉小学校開校百年記念事業実行委員会『開校百年のあゆみ』1974年。
群馬県教育史研究編さん委員会『群馬県教育史　第四巻（昭和編）』1975年。
藪塚本町立藪塚本町小学校『百年のあゆみ　開校百周年記念誌』1975年。
三小沿革誌刊行委員会『第三小学校百年のあゆみ』1975年。

三郷小学校百年誌編集委員会『三郷小の百年』1975年。
新町小学校百年史編集委員会『新町小学校百年史』1975年。
渋川市立豊秋小学校創立百周年記念事業実行委員会『小学校百年の歩み』1975年。
永明小学校百周年記念事業協賛会『永明学校沿革誌・永明町村誌』1975年。
相馬小学校百周年記念事業実行委員会『相馬小学校百年史』1975年。
渋川市立古巻小学校創立百周年記念事業実行委員会『古巻小学校百年の歩み』1976年。
韮川小学校百年誌編集委員会『韮川小学校百年誌』1976年。
七本木小学校記念誌発刊実行委員会『七小記念誌』1976年。
鳥之郷小学校創立百周年記念事業実行委員会『太田市立鳥之郷小学校百年のあゆみ』、1976年。
桃井小学校開校百周年記念事業実行委員会『桃井小学校百年史』1976年。
高崎市立塚沢小学校百年史編纂委員会『塚沢小学校百年史』1977年。
高崎市立八幡小学校校史発行委員会『高崎市立八幡小学校のあゆみ』1977年。
高崎市立八幡小学校校史発行委員会『高崎市立八幡小学校のあゆみ』1977年。
城東小学校『城東小五十年のあゆみ』1977年。
「百年のあゆみ」編集委員会『六郷小学校「百年史」』1977年。
藤岡市教育史編さん委員会『藤岡教育百年のあゆみ』1978年。
倉賀野小学校開校百年記念事業実行委員会『倉賀野小学校百年史』1978年。
前橋市立大室小学校『おおむろ百年のあゆみ』1978年。
伊香保小学校百年史編集委員会『伊小百年のあゆみ』1978年。
館林女子高校六十年史編纂委員会『館林女子高校六十年史』1978年。
中川小学校百年史委員会『高崎市立中川小学校百年史』1979年。
名和小学校百年誌編集委員会『名和小百年』1979年。
南小学校50周年記念誌刊行委員会『南小五十年のあゆみ』1980年。
前橋高等学校校史編纂委員会『前橋高校百三年史 下巻』1983年。
滝川小学校百十年史編集委員会『滝川小学校百十年史』1984年。
高崎市立片岡小学校『片岡小学校百十年のあゆみ』1985年。
駒寄小学校開校百周年記念事業実行委員会『駒寄小学校百周年記念史』1985年。
明治小学校百年史作成委員会『明治小学校百周年記念史』1985年。
邑楽町立長柄小学校『長柄小100年の歩み』1985年。
前橋市立若宮小学校『開校五十周年記念誌わかみや』1985年。
前橋市教育史編さん委員会『前橋市教育史 上巻』1986年。
高崎市岩鼻小学校校史編纂委員会『百十二年史』1986年。
前橋市教育史編さん委員会『前橋市教育史 上巻』1986年。
神保原小学校開校百年記念事業実行委員会『開校百年誌』1987年。
本郷小学校開校百年記念事業協賛会『開校百周年記念誌』1988年。
岡部町立榛沢小学校開校百年記念事業協賛会『開校百年記念誌』1988年。
開校百周年記念事業記念誌委員会『おおより』1988年。
岡部町立岡部小学校開校百年記念事業協賛会『開講百周年記念誌おかべ小』1989年。
館林市立第四小学校記念誌編集委員会『私たちの小学校誌―第四小学校百十五のあゆみ―』1989年。
榛名高校五十年誌編集委員会『榛名高校五十年誌』1990年。
中央小開校記念事業実施委員会校誌編さん部会『倉渕中央小百十年の歩み』1991年。
南八幡幼・小・中学校史編纂委員会『南八幡幼・小・中学校史』、1991年。
群馬県立前橋商業高等学校『前商70年史』1993年。
『しらかば 高崎商業学校卒五十年記念誌』1993年。
仁手小学校開校百周年記念事業実行委員会『仁手小学校開校百周年記念誌』1993年。
板倉町立北小学校記念誌編集委員会『桜が丘今昔―板倉北小学校 百二十年誌―』1994年。
太田市立強戸小学校『にったほり』1994年。

時沢小学校百二十年誌編集委員会『時沢小学校百二十年誌』1994年。
板倉町立北小学校記念誌編集委員会『桜が丘今昔―板倉北小学校　百二十年誌―』1994年。
尾形誠信『刮目　六小の120年』1994年。
太田市教育史編さん委員会『太田市教育史　上巻』1995年。
落合敏男『館林小学西舎』1995年。
行幸田百周年記念事業実行委員会『行幸田百年の歩み』1995年。
群馬県立藤岡高等学校百年史編集委員会『目で見る藤高百年史』1996年。
沼田高等学校『沼高百年史　上巻』1997年。
大類小学校史編纂委員会『大類小学校史』1997年。
群馬県立大間々高等学校『大間々高校百年史』2000年。
前橋市桃井小学校創立百三十周年記念事業委員会『桃の花』2002年。
時澤小学校創立130周年記念誌編集委員会『時澤小学校130周年記念誌』2003年。
車郷小学校開校100周年記念事業実行委員会『わが母校100年のあゆみ』2003年。
神谷下諏訪26会同窓会『まなびや　伊勢崎市立殖蓮小学校昭和23年　殖蓮中学校昭和26年卒業』2004年。
群馬県立境高等学校創立100周年記念事業実行委員会『境高百年史』2004年。

(遺跡調査報告書)
浅川利一編『町田市田中谷戸遺跡』町田市田中谷戸遺跡調査会、1976年。
茨城県鹿島町教育委員会『山王台遺跡分布調査報告書』1981年。
宍道年弘ほか編『平野遺跡群発掘調査報告書　Ⅰ』斐川町教育委員会、1983年。
小林義典編『下小足立北遺跡発掘調査報告書』狛江市下小足立北遺跡調査会、1984年。
太田好治・村瀬隆彦編『瓦屋西C古墳群・瓦屋西Ⅱ遺跡範囲確認調査報告書』浜松市遺跡調査会、1985年。
新東晃一編『中ノ原遺跡（Ⅱ）中原山野遺跡　西原掩体壕（5分冊）』鹿児島県教育委員会、1985年。
石守晃編『糸井宮前遺跡Ⅰ』（財）群馬県埋蔵文化財調査事業団、1985年。
峯岸章雄ほか編『法政大学多摩校地遺跡群Ⅰ―A地区』法政大学、1986年。
伊藤玄三ほか編『法政大学多摩校地遺跡群Ⅲ―C・R地区』法政大学、1988年。
大村浩司編『下寺尾西方A遺跡』茅ヶ崎市埋蔵文化財調査会、1988年。
坂本嘉弘編『左知遺跡』大分県教育委員会、1989年。
桐生市教育委員会『桐生市指定史跡「日本織物株式会社発電所跡」隣接地煉瓦積遺構調査報告』1989年。
黒済和彦・柿崎良夫編『赤羽上ノ台遺跡』東京都北区教育委員会、1990年。
高崎市教育委員会『高崎城遺跡　Ⅲ・Ⅳ・Ⅴ』1990年。
高崎市教育委員会『高崎城遺跡Ⅵ　三ノ丸遺跡』1990年。
渡部徹也編『橋牟礼川遺跡』鹿児島県指宿市教育委員会、1991年。
伊藤厚史編『見晴台遺跡発掘調査報告書　近代編』名古屋市見晴台考古資料館、1992年。
谷本靖子ほか編『黒川地区遺跡群報告書Ⅳ』黒川地区遺跡調査団、1992年。
堀苑孝志編『小笠原諸島他遺跡分布調査報告書』東京都教育委員会、1992年。
對比地秀行・江上幹幸編『弁財天池遺跡』狛江市教育委員会、1992年。
横浜市埋蔵文化財センター『上の山遺跡』1992年。
岡本孝之編『湘南藤沢キャンパス内遺跡　第4巻　弥生時代～近世・近代』慶應義塾藤沢校埋蔵文化財調査室、1992年。
群馬県教育委員会『群馬県近代化遺産総合調査報告書』1992年。
河野重義編『練馬区武蔵関北調査報告書』武蔵関北遺跡調査団、1993年。
奈良市教育委員会『第11回平城京展―平成3・4年度発掘調査成果速報展』1993年。
高崎市教育委員会『高崎市の文化財』1993年。
中村茂・黒沢元夫編『高崎城三ノ丸遺跡』高崎市教育委員会、1994年。
（財）岩手県文化振興事業団埋蔵文化財センター『白木野Ⅰ・Ⅱ・Ⅲ遺跡発掘調査報告書』1994年。
目黒区茶屋坂遺跡調査会『東京都目黒区茶屋坂遺跡』1994年。

東京都北区教育委員会『東京砲兵工廠銃包製造所建造物調査報告書』1996年。
館林市教育委員会『旧上毛モスリン㈱関連近代化遺産調査報告書』1997年。
東京都埋蔵文化財センター『汐留遺跡』1997年。
目黒区大橋遺跡調査会『大橋遺跡』1998年。
上福岡市教育委員会『旧陸軍造兵廠　福岡工場（川越製造所）』1998年。
都立学校遺跡調査団『小石川（近世・近代遺物編）』1998年。
八代市教育委員会『若宮官軍墓地跡・横手官軍墓地跡』2002年。
小笠原村教育委員会『小笠原村戦跡調査報告書』2002年。
新井悟ほか編『明治大学校地内遺跡調査団　年報1』明治大学校地内遺跡調査団、2004年。
小林正編『塚田村東Ⅳ遺跡・塚田中原遺跡（O区）・引間松葉遺跡（Ⅲ区）』（財）群馬県埋蔵文化財調査事業団、2005年。
『松代大本営皆神山地下壕学術調査報告書』第二次松代大本営学術調査団、2006年。
菊池実編『棟高辻久保遺跡調査報告書』（財）群馬県埋蔵文化財調査事業団、2006年。
大西雅広ほか編『高崎城ⅩⅤ遺跡』（財）群馬県埋蔵文化財調査事業団、2006年。
菊池実編『引間六石遺跡・引間松葉遺跡・塚田的場遺跡・塚田中原遺跡』（財）群馬県埋蔵文化財調査事業団、2007年。

初出一覧

序章　近代日本の戦争遺跡研究のために

第1節　本研究の課題と方法（新稿）

第2節　戦争遺跡の調査研究、そして保存・活用を考えるために
（原題「戦争遺跡の調査研究、そして保存・活用を考えるために」『近代日本の戦争遺跡』pp.13-24、青木書店、2005年8月をもとに改稿）

第3節　戦争遺跡調査の視点
（原題「近代戦争遺跡調査の視点」『近代日本の戦争遺跡』pp.13-24、青木書店、2005年8月をもとに改稿）

第4節　戦争遺跡を調査研究するための史資料
（原題「史資料の調査方法」『しらべる戦争遺跡の事典』pp.39-48、柏書房、2002年6月をもとに改稿）

第1章　陸軍岩鼻火薬製造所の研究

第1節　製造所跡地、県立公園「群馬の森」周辺を踏査する
（原題「製造所跡地、県立公園「群馬の森」周辺を歩く」『陸軍岩鼻火薬製造所の歴史』pp.3-22、みやま文庫、2007年7月をもとに改稿）

第2節　明治・大正期の陸軍岩鼻火薬製造所
（原題「明治・大正期の陸軍岩鼻火薬製造所」『陸軍岩鼻火薬製造所の歴史』pp.27-48、みやま文庫、2007年7月をもとに改稿）

第3節　明治・大正期の災害
（原題「明治・大正期の災害」『近代日本の戦争遺跡』pp.50-65、青木書店、2005年8月、原題「明治・大正期の災害補遺」『近代日本の戦争遺跡』pp.66-73、青木書店、2005年8月、原題「関東大震災と陸軍岩鼻火薬製造所」『陸軍岩鼻火薬製造所の歴史』pp.52-61、みやま文庫、2007年7月をもとに改稿）

第4節　昭和期における敷地・建物の変遷
（原題「昭和期における敷地・建物の変遷」『陸軍岩鼻火薬製造所の歴史』pp.63-88、みやま文庫、2007年7月をもとに改稿）

第5節　陸軍軍需動員下の岩鼻火薬製造所
―1937年〜40年の動向―
（原題「陸軍軍需動員下の岩鼻火薬製造所―1937年〜38年の動向」『近代日本の戦争遺跡』pp.86-119、青木書店、2005年8月、原題「昭和十五年度の陸軍岩鼻火薬製造所」『陸軍岩鼻火薬製造所の歴史』pp.90-111、みやま文庫、2007年7月をもとに改稿）

第6節　写真偵察―陸軍岩鼻火薬製造所
（原題「写真偵察―陸軍岩鼻火薬製造所」『群馬文化』第287号、pp.19-34、群馬県地域文化研究協議会、2006年12月）

第7節　製造所跡地採集の遺物と地下壕出土のダイナマイト
（原題「製造所跡地採集の遺物について」『近代日本の戦争遺跡』pp.120-140、青木書店、2005年8月、原題「長野

県松代大本営予定地壕から発見された岩鼻製ダイナマイト」『陸軍岩鼻火薬製造所の歴史』pp.115-129、みやま文庫、2007年7月をもとに改稿）

第2章　陸軍前橋飛行場の研究

第1節　発掘調査と史料から判明した飛行場設定前後の状況―景観復元の試み―
（原題「陸軍前橋飛行場物語（3）」『研究紀要』24、pp.131-146、（財）群馬県埋蔵文化財調査事業団、2006年3月をもとに改稿）

第2節　発掘された飛行場関連の遺構と遺物
（原題「対空機関銃砲座の発見」『戦争遺跡の発掘　陸軍前橋飛行場』pp.68-77、新泉社、2008年6月をもとに改稿）

第3節　飛行場設定と米軍艦上機空襲―日米両軍の発掘史料から―
（原題「飛行場設定と米軍艦載機空襲―日米両軍の発掘史料から」『近代日本の戦争遺跡』pp.171-208、青木書店、2005年8月をもとに改稿）

第4節　陸軍特別攻撃隊―誠第36・37・38飛行隊の足跡を追って―
（原題「陸軍特別攻撃隊―誠第36・37・38飛行隊の足跡を追って」『近代日本の戦争遺跡』pp.209-248、青木書店、2005年8月をもとに改稿）

第3章　群馬県内の戦争遺跡群研究

第1節　歩兵第15連隊兵営跡の調査
（原題「歩兵第十五連隊兵営跡の調査」『帝国陸軍　高崎連隊の近代史　上巻　明治大正編』pp.281-299、雄山閣、2009年5月をもとに改稿）

第2節　陸軍特殊演習場の研究　その一
―赤城演習場跡採集の迫撃砲弾と東部第41部隊（迫撃第1連隊）―
（原題「赤城演習場跡採集の迫撃砲弾と東部第41部隊（迫撃第1連隊）」『近代日本の戦争遺跡』pp.141-156、青木書店、2005年8月をもとに改稿）

第3節　陸軍特殊演習場の研究　その二
―化学戦部隊としての迫撃第1連隊―
（原題「化学戦部隊としての迫撃第1連隊」『近代日本の戦争遺跡』pp.157-170、青木書店、2005年8月をもとに改稿）

第4節　戦時地下工場の研究
―強制連行・強制労働によって構築された地下工場など―
（原題「戦時地下工場の研究」『近代日本の戦争遺跡』pp.249-281、青木書店、2005年8月をもとに改稿）

第5節　本土決戦下の研究　その一
―1944（昭和19）年からの群馬県内駐屯部隊を追って―
（原題「本土決戦下の群馬―1944（昭和19）年からの県内駐屯部隊を追って―」『研究紀要』30、pp.67-86、（財）群馬県埋蔵文化財調査事業団、2012年3月をもとに改稿）

第6節　本土決戦下の研究　その二
―青葉兵団（陸軍第202師団）の群馬県移駐―
（原題「青葉兵団（陸軍第202師団）の群馬県移駐―史料と遺跡から見た昭和20（1945）年本土決戦の一様相―」『研

究紀要』29、pp.171-190、（財）群馬県埋蔵文化財調査事業団、2011年3月をもとに改稿）

第4章　空襲研究―群馬県下空襲の実像を追って

第1節　中島飛行機太田製作所に対する米軍艦上機空襲
（原題「中島飛行機太田製作所に対する米軍艦載機空襲」『戦争と群馬』pp.182-206、みやま文庫、2008年11月をもとに改稿）

第2節　二つの碑から―館林上空の空戦を追って―
（原題「昭和二十（1945）年二月十六日・館林上空の空戦を追って」『群馬文化』第302号、pp.5-19、群馬県地域文化研究協議会、2010年4月）

第3節　中島飛行機小泉製作所に対する米軍艦上機空襲
（原題「中島飛行機小泉製作所に対する米軍艦上機空襲」『東国の考古学』pp.371-388、六一書房、2013年2月をもとに改稿）

第4節　1945（昭和20）年8月5日―6日の前橋空襲を検証する
（原題「陸軍前橋飛行場物語（4）」『研究紀要』25、pp.121-138、（財）群馬県埋蔵文化財調査事業団、2007年3月をもとに改稿）

終章　近代日本の戦争遺跡調査における諸問題

第1節　各章における研究の総括（新稿）

第2節　戦争遺跡をとおして考える遺跡と遺物（新稿）

第3節　戦争遺跡調査の問題点
（原題「戦争遺跡の問題点」『季刊　考古学』第100号、pp.120-123、雄山閣、2007年8月をもとに改稿）

第4節　戦争遺跡の調査研究を考える
（原題「戦争遺跡の調査研究を考える」『季刊　考古学』第116号、pp.14-17、雄山閣、2011年8月をもとに改稿）

■著者紹介

菊池 実（きくち みのる）

1954年12月、群馬県生まれ。
國學院大學大学院文学研究科博士課程前期日本史学（考古学）専攻修了。2013年、博士（史学、明治大学）。
2007年、藤森栄一賞受賞。
2015年1月まで公益財団法人群馬県埋蔵文化財調査事業団に勤務。その後、中国黒龍江省にあるハルビン師範大学に勤務。群馬県立女子大学リサーチフェロー、NIPPON語学院・NIPPON実学院非常勤講師、新潟大学非常勤講師。文化財保存全国協議会常任委員、戦争遺跡保存全国ネットワーク運営委員、空襲・戦災を記録する会全国連絡会議全国幹事、ぐんま教育文化フォーラム共同研究員。

《主要編著書》
単著：『近代日本の戦争遺跡』2005年、青木書店。
　　　『戦争遺跡の発掘―陸軍前橋飛行場』2008年、新泉社。
共著：『陸軍岩鼻火薬製造所の歴史』2007年、みやま文庫。
編著：『ソ満国境関東軍要塞はいま』2001年、かもがわ出版。
　　　『ソ満国境関東軍要塞遺跡群の研究』2001年、六一書房。
　　　『しらべる戦争遺跡の事典』2002年、柏書房。
　　　『続しらべる戦争遺跡の事典』2003年、柏書房
　　　など多数。

2015年2月10日　初版発行　　　　　　　　　　《検印省略》

近代日本の戦争遺跡研究
―地域史研究の新視点―

著　者　　菊池　実
発行者　　宮田哲男
発行所　　株式会社　雄山閣
　　　　　東京都千代田区富士見2-6-9
　　　　　ＴＥＬ　03-3262-3231／ＦＡＸ　03-3262-6938
　　　　　ＵＲＬ　http://www.yuzankaku.co.jp
　　　　　e-mail　info@yuzankaku.co.jp
　　　　　振　替：00130-5-1685
印刷・製本　株式会社ティーケー出版印刷

©Minoru Kikuchi 2015　　　　　　　ISBN978-4-639-02333-3 C3021
Printed in Japan　　　　　　　　　　N.D.C.210　435p　28cm